Wissenschaftliche Untersuchungen
zum Neuen Testament · 2. Reihe

Begründet von Joachim Jeremias und Otto Michel
Herausgegeben von
Martin Hengel und Otfried Hofius

26

Jesu Zeichen
im Johannesevangelium

Die Messias-Erkenntnis
im Johannesevangelium
vor ihrem jüdischen Hintergrund

von

Wolfgang J. Bittner

J. C. B. Mohr (Paul Siebeck) Tübingen

CIP-Kurztitelaufnahme der Deutschen Bibliothek

Bittner, Wolfgang J.:
Jesu Zeichen im Johannesevangelium: d. Messias-Erkenntnis im Johannesevangelium vor ihrem jüd. Hintergrund / von Wolfgang J. Bittner. –
Tübingen: Mohr, 1987.
  (Wissenschaftliche Untersuchungen zum Neuen Testament: Reihe 2; 26)
  ISBN 3-16-145186-4
  ISSN 0340-9570
NE: Wissenschaftliche Untersuchungen zum Neuen Testament / 02

Druck von Gulde-Druck GmbH in Tübingen; Einband von Großbuchbinderei H. Koch KG in Tübingen.

Printed in Germany.

gewidmet

Prof. D. Otto und Ilse Michel, Tübingen
in Dankbarkeit und Verehrung

und den Freunden des
Gomaringer Theologenkreises
Helmut Burkhard,
Reinhard Frische,
Karl-Heinz Michel,
Werner Neuer und
Rainer Riesner
als Dank für die Bruderschaft.

VORWORT

Die Arbeit am Johannesevangelium wurde in unserem Jahrhundert in hohem
Mass von der Hypothese einer Zeichenquelle geprägt, die dem Evangelium
zugrunde liegen und darin verarbeitet sein soll. In dieser hypothetisch erschlossenen Quelle erkannte man das Gegenüber, von dem sich
der Evangelist wunderkritisch absetzen soll. Johannes wurde damit zum
Kronzeugen einer existentialistisch geprägten Christologie.

Bei Vertretern dieser Hypothese wie bei ihren Bestreitern ist eine
entscheidende Frage bisher kaum einmal gestellt und nie näher untersucht worden. Warum gewinnt bei Johannes der Begriff 'Zeichen' zentrale Bedeutung für die Christologie, während derselbe Begriff von den
Synoptikern als Bezeichnung der Taten Jesu streng vermieden wird? Die
vorliegende Untersuchung versucht, dieser Frage so nachzugehen, dass
zunächst die Bezüge, in denen der Begriff Zeichen im biblischen und im
religionsgeschichtlichen Umfeld auftaucht, erhellt werden. Im Licht
dieser Beobachtungen werden darauf die johanneischen Belege untersucht.

Die vorliegende Arbeit wurde im Juli 1986 der theologischen Fakultät
der Universität Basel als Dissertation eingereicht und von ihr ange-
nommen. Zu danken habe ich der ganzen Fakultät für ihre grosse Zuvor-
kommenheit und Freundlichkeit, die ich in den Jahren meines Studiums
erfahren habe. Herr Prof. M. Barth hat seinen eigenwilligen Doktoran-
den mit Geduld, Humor und grossem Einsatz begleitet. Seine Vorschläge
und Einwendungen haben wesentlich zur jetzigen Gestalt der Arbeit bei-
getragen. Ihm und Herrn Prof. E. Jenni, der mich durch manchen Rat unterstützt und das Korreferat übernommen hat, danke ich sehr, ebenso
Herrn Prof. E. Stegemann für das Dritt-Gutachten und die so freundli-
che Ermutigung. Herrn Prof. Lochman danke ich manche Anregung auf sy-
stematisch-theologischem Gebiet. Was Prof. E. Buess mir und vielen als
väterlich-geistlicher Lehrer und Begleiter wurde, gehört zum grössten,
was sich an einer Universität ereignen kann.

Dass diese Arbeit geschrieben wurde, verdanke ich dem reformierten
Kirchenrat des Kantons Aargau und seinem Sekretär, Pfr. Kurt Walti,
der zur Nachholung von Maturität und Studium ermutigt und diesen Weg
einer ganzen Familie ermöglicht und begleitet hat. Was meine Frau und
meine Kinder mitgetragen haben, ist weder auszurechnen noch zu vergel-
ten. Zu danken habe ich auch der Kirchenpflege der Kirchgemeinde Mei-
sterschwanden-Fahrwangen/Schweiz, die solch grosses Verständnis für
ihren wissenschaftlich arbeitenden Pfarrer aufbrachte. Verlag und Her-
ausgeber danke ich für die Übernahme der Arbeit in ihre Buchreihe.

Gewidmet sei das Buch den Menschen, durch deren Begegnung mein theologischer Weg seine verpflichtende Ausrichtung erhalten hat. Ohne ihre
treue brüderliche Begleitung wäre diese Arbeit nicht entstanden.

Fahrwangen/Schweiz, 12. März 1987

                    Wolfgang J. Bittner

INHALTSVERZEICHNIS

Inhaltsverzeichnis

ZUR FORSCHUNGSSITUATION

1. Einleitung

Die Berichte des Johannesevangliums über die Wunder Jesu stellen die
exegetische Arbeit vor verschiedene Probleme.

Zunächst fällt auf, dass Johannes die Wundertaten Jesu mit der Frage
verbindet, in welcher konkreten Sendung Jesus steht. Aufgrund der Taten Jesu "weiss" Nikodemus um Jesu Sendung als "Lehrer, von Gott gesandt" (3,2). Aufgrund der Speisung schliesst die Menge, Jesus sei
wohl der von Gott versprochene, eschatologische Prophet (6,14). Die
Heilung des Blinden lässt direkt die Frage aufbrechen, ob Jesus von
Gott gesandt sei. Oder ist er ein 'Sünder', weil er nach der pharisäischen Halacha den Sabbat bricht (9,16)?

Der Eindruck der Besonderheit gegenüber der synoptischen Überlieferung
verstärkt sich durch weitere Beobachtungen. Johannes[1] kann Jesu öffentliche Wirksamkeit dadurch zusammenfassen, dass er sie als ein Tun
von Zeichen (σημεῖα) bezeichnet. "Obwohl er aber so viele Zeichen vor

---

1. Wir bezeichnen der Einfachheit halber den bzw. die Verfasser des
    vorliegenden Evangeliums als 'Johannes', ohne dass damit eine be-
    stimmte Verfasserschaft bzw. Abfassungstheorie zitiert werden
    soll. Uns scheint deutlich, dass das Evangelium einem Schulkreis
    entstammt, hinter dem eine konkrete Autorität steht. Von diesem
    "Zeugen" hat der Schulkreis den besonderen Traditionsstoff über-
    nommen und gibt ihn autoritativ weiter. Vgl. 19,35 und 21,24. Zum
    Begriff der "johanneischen Schule" vgl. z.B. CULPEPPER, R.A.: Jo-
    hannine School, 1975.

    Dasselbe gilt für die Worte Jesu, die Johannes überliefert. Wir
    formulieren: "Jesus spricht", ohne dass damit zum Problem, in
    welchem Verhältnis die johanneische Jesusdarstellung zur synopti-
    schen bzw. zum historischen Jesus steht, Stellung genommen ist.

ihnen getan hatte, glaubten sie nicht an ihn ,..." (12,37).[2] Dazu
kommt, dass er auch das ganze vorliegende Evangelium einen Bericht
über Jesu Zeichentaten nennt: "Noch viele andere Zeichen nun tat Jesus
vor den Jüngern, die in diesem Buche nicht aufgeschrieben sind. Diese
aber sind aufgeschrieben, damit ..." (20,30f). Auch hier werden Jesu
Wunder Zeichen genannt und mit dem Glauben der Menschen in positivem
Zusammenhang gesehen. Der Schluss von Jesu Wundertaten auf seine von
Gott ergangene Sendung als "Christus, der Sohn Gottes" stellt geradezu
den Abfassungszweck des Johannesevangeliums dar. Damit ist den Wundertaten Jesu eine Bedeutung zugesprochen, die ihnen so im übrigen Neuen
Testament nicht zukommt.

2. Die Semeiaquellen-Hypothese

2.1. Zur Geschichte der Hypothese

In der bisherigen Forschungsarbeit am Johannesevangelium hat die Frage
nach dem Begriff σημεῖον relativ wenig Aufmerksamkeit gefunden.[3]
Starkes Gewicht erhielt dagegen die Frage nach den Quellen bzw. den
Traditionen, die hinter den johanneischen σημεῖα-Berichten stehen.[4]

---

2.   Dieser Satz leitet die abschliessende theologische Wertung der
      öffentlichen Wirksamkeit Jesu durch den Evangelisten ein (12,37 -
      43). Mit *σημεῖα* wird die gesamte öffentliche Wirksamkeit Jesu zu-
      sammengefasst. Von Jesu Predigt ist dabei nicht besonders die
      Rede. Nur das Verhältnis zwischen den *σημεῖα* und dem Glauben wird
      erörtert.

3.   Dazu weiter unten. Literaturangaben in I. Hauptteil, Anm. 2.

4.   Die grosse Mehrzahl der Forscher meint, von Quellen sprechen zu
      können, die Johannes verarbeitet habe. Eine Ausnahme bildet HAEN-
      CHEN. Sprach er in früheren Arbeiten noch von Quellen, so wurde
      er im Verlauf seiner Arbeit immer zurückhaltender. In seinen
      letzten Entwürfen spricht er nur noch von Traditionen. Vgl. dazu
      ROBINSON, J. M. in HAENCHEN, E.: Komm, VIIf.
      Forschungsberichte: Ältere Literatur verzeichnet MALATESTA, E.:

Im Zusammenhang der Wunder Jesu hat sich die Diskussion hauptsächlich auf die Semeiaquellen-Hypothese konzentriert, die vor allem von Rudolf Bultmann postuliert und umfassend begründet wurde. "Die Verbreitung der Hypothese ... gleicht der Beschreibung eines Siegeszugs."[5] In der Nachfolge Bultmanns wurden die Methoden verfeinert, die Abgrenzung der Semeiaquelle wurde weiter diskutiert und teilweise korrigiert.[6] Wo

---

St. John's Gospel, 1967, 40ff. Wichtig ist der Forschungsbericht von HAENCHEN, E.: ThR 23 (1955), 295-355. Dieser Bericht wurde durch H. THYEN und J. BECKER weitergeführt: THYEN, H.: ThR 39 (1974), 1-69.222-252. 289-330; 42 (1977) 211-270; 43 (1978) 328-359; 44 (1979) 97-134; BECKER, J.: ThR 47 (1982), 279-301.305-347 und 51 (1986), 1-78. Im englischen Sprachraum erschienen unabhängig voneinander zwei monographische Forschungsberichte: KYSAR, R.: The Fourth Evangelist, 1975 [13-37: Recent Signs Source Analysis]; SMALLEY, S.: John: Evangelist and Interpreter, 1978 [85ff: III How John Wrote]. Aus neuester Zeit stammen CARSON, D.A.: Recent Literature on the Fourth Gospel, themelios 9 (1983), 8-18; KYSAR, R.: Fourth Gospel, ANRW II 25,3, 1985, 2389-2480 [2398ff: Source Theories]; BEUTLER. J.: Literarische Gattungen im Johannesevangelium, ebda 2506-2568 [2545ff: Semeia ('Novellen')]; SMALLEY, S. S.: ExT 47 (1986), 102-108.

5.   HEEKERENS, H.-P.: Die Zeichenquelle der johanneischen Redaktion, Stuttgart 1984, 11. R. BULTMANN verweist Komm. 78, Anm. 4 auf A. FAURE: ZNW 21 (1922) 99-121, als Begründer der Semeiaquellen-Hypothese. Umfassend erarbeitet die Vorgeschichte TEEPLE, H. M.: The Literary Origin of the Gospel of John, 1974, 30-51 [Chapter 4: Source Theories]. TEEPLE bespricht die Forschung bis etwa zum Jahr 1972. Ausführlich wird die Geschichte der Semeiaquellen-Theorie referiert bei VAN BELLE, G.: De Semeia-Bron in het vierde evangelie, Leuven 1975.

6.   Vgl. die Besprechung der verschiedenen Positionen in den Anm. 4 genannten Forschungsberichten. Für die Diskussion sind zwei Arbeiten entscheidend geworden. FORTNA, R.: The Gospel of Signs,

jedoch die Existenz einer solchen Quelle nicht grundsätzlich bestritten wurde, hat die Diskussion kaum Gesichtspunkte angeführt, die bei
Bultmann nicht schon vorhanden sind. "Die Begründung für die Hypothese
ist vornehmlich von Bultmann geliefert worden. Nach ihm wurden weitere
Argumente nicht genannt. Vielmehr sind Bultmanns Begründungen auf einige allein stichhaltige Beobachtungen eingeschränkt worden."[7]

2.2. Die Begründung der Semeiaquellen-Hypothese

Die durch Bultmann 'klassisch' gewordene Semeiaquellen-Hypothese setzt
ungefähr folgendes Bild voraus: Der Evangelist setzt sich mit einer
von ihm vorgefundenen Wunderschrift - der Semeiaquelle - auseinander,
die bereits zum festen Besitz der Gemeinde wurde. Diese Wunderschrift
vertritt eine 'primitive' Wunder-Christologie und vor allem einen
Glaubensbegriff, der die Wunder Jesu als Voraussetzung christlichen
Glaubens anerkennt. Damit ist das Gegenüber des Johannes angezeigt. Es
geht also letztlich um eine Auseinandersetzung, die sich auf die Christologie zugespitzt hat. Da Johannes der Gemeinde das Wunderevangelium
nicht mehr wegnehmen könne, werde es von ihm übernommen und so korrigiert, dass es seiner Christologie und seinem Glaubensbegriff diene.
Die ursprüngliche Semeiaquelle sei innerhalb des Textgefüges noch er-

---

1970, meint einerseits, den Umfang der Semeiaquelle mit Hilfe
formgeschichtlicher Methodik noch genauer rekonstruieren zu
können. Andererseits weist er über BULTMANN hinaus auch den Pas-
sions- und Osterbericht der Semeiaquelle zu. Wesentlich vorsichtiger in Fragen einer möglichen Rekonstruktion bleibt NICOL, W.:
The Semeia in the Fourth Gospel, 1972. Zu den profiliertesten
Vertretern der Semeiaquellen-Theorie gehören SCHNACKENBURG, R.:
Komm und BECKER, J.: Wunder und Christologie, NTS 16 (1969/ 70)
130-148; wir zitieren nach dem Neudruck mit einem Nachtrag [1979]
in SUHL, A. (Hrsg.): Wunderbegriff, 1980, 435-463; vgl. DERS.:
Komm I + II. Zuletzt hat sich HEEKERENS, aaO. ausführlich und
kritisch mit der Semeiaquellen-Hypothese auseinandergesetzt.

7.   BECKER, J.: Wunder, 437f.

kennbar und könne durch methodisch gesicherte Beobachtungen aus der
redaktionellen Umklammerung befreit und weitgehend rekonstruiert werden. Die johanneische Christologie sei zu einem grossen Teil aus dieser Auseinandersetzung heraus zu begreifen.

Bultmanns Hypothese einer Semeiaquelle wird durch verschiedene Argumente unterstützt, die voneinander zu unterscheiden und getrennt zu
analysieren sind.[8]

(1) Die traditionsgeschichtlichen Überlegungen

Zu einigen Wundergeschichten des Johannes existieren Parallelen innerhalb des synoptischen Überlieferungsstoffes. Der genaue Vergleich könne erweisen, dass keine literarische Abhängigkeit von den synoptischen
Berichten besteht. Daraus schloss Bultmann auf eine gemeinsame "Quelle" dieser Wundergeschichten.

Die Beobachtung literarischer Unabhängigkeit lässt jedoch nur den
Schluss zu, dass sowohl Johannes wie die Synoptiker in Kontakt mit einer ihnen in irgendeiner Form gemeinsamen Tradition stehen. Der
Schluss (a) auf eine schriftliche Quelle für diese Wundergeschichten
und (b) auf eine den Wundergeschichten gemeinsame Quelle wird durch
diese Beobachtung nicht gedeckt.

(2) Die literarkritische Argumentation

Das Hauptargument liegt im Hinweis auf die Zählung der beiden Wunderberichte Joh 2,1-11 und 4,46-54. Für Bultmann widerspricht die Bezeichnung der Heilung des Sohnes des königlichen Beamten als dem

---

8. Wir folgen der Analyse der Argumentation BULTMANNs in ihrer me-
    thodischen Vielschichtigkeit durch HEEKERENS, H. P.: aaO., 21-43.
    Er bezeichnet Bultmanns Gesamtargumentation als "ein schwer
    trennbares, aber gut unterscheidbares Ineinander einiger bezie-
    hungsweise aller folgenden Erwägungen traditionsgeschichtlicher,
    literarkritischer, stilistischer, formgeschichtlicher, redak-
    tionsgeschichtlicher und theologischer Art" (18; vgl. 21).

"zweiten" Zeichen Jesu der Tatsache, dass Joh 2,23-25 (vgl. 4,45) von
weiteren Wundertaten Jesu in Jerusalem weiss. Im vorliegenden Zusammenhang ergäbe diese Zählung keinen Sinn. Sie sei also einem anderen
literarischen Zusammenhang zuzuweisen, der damit greifbar werde. Da
aber die Zählung der Heilung als "zweites" Zeichen auf das "erste"
Zeichen, die Hochzeit zu Kana, zurückweise, müssen beide in einer von
Johannes verarbeiteten "Quelle" gestanden haben.

Diese Beobachtung ist für die Hypothese der Semeiaquelle zentral. Von
ihr aus schloss Bultmann darauf, dass ursprünglich auch die übrigen
Wunderberichte gezählt wurden.[9] Dieses Verständnis ist jedoch keineswegs zwingend, ja erscheint aufgrund des Textes nicht einmal naheliegend. Auch im jetzigen Kontext lässt sich die Zählung der Heilung als
"zweites" Zeichen sinnvoll verstehen. Der Text sagt, es handle sich um
das "zweite Zeichen, das Jesus tat, als er aus Judäa nach Galiläa gekommen war" (4,54). Den Zeichen in Jerusalem, von denen 2,23ff
spricht, werden die Zeichen Jesu in Galiläa gegenübergestellt. "Gedacht zu sein scheint weniger an Aufzählung als an Wiederholung. Hier
ist also entweder von dem anderen Wunder in Kana oder vom zweiten Wunder in Kana die Rede."[10] Die Zählung der Wunder in 2,11 und 4,54 ist
auch im vorliegenden literarischen Ganzen verständlich. Damit fällt
eine weitere Begründung der postulierten Semeiaquelle dahin.[11]

---

9.   Unklar bleibt, warum der Evangelist sie an den anderen Stellen
     getilgt haben soll, sodass nur noch die ersten beiden Zählungen
     stehen geblieben sind. Dieser Schluss auf eine durchgehende Zäh-
     lung wird darum auch teilweise von Vertretern der SQ-Hypothese
     kritisiert. Vgl. z.B. BECKER, J.: Wunder, 441.

10. HEEKERENS, H. P.: Zeichenquelle, 24. Vgl. ebd 25f zur Lesung
     πρώτην in 2,11.

11. Vgl. BERGER, K.: Hellenistische Gattungen im Neuen Testament,
     1231, Anm. 204. "Denn 4,54 ist auf ein zweites Zeichen in Kana
     (vgl. 4,46!) bezogen, das er wirkte, ... Das πάλιν zeigt: Er tat,
     was er an diesem Ort schon einmal getan hatte. 4,54 ist also im
     jetzigen Kontext sinnvoll und kein Indiz für eine Vorlage."

(3) Stilistische Beobachtungen

Um die verschiedenen literarischen Schichten bei Johannes durch objektive Kriterien unterscheiden zu können, hat sich Bultmann in seinem Kommentar intensiv der Stiluntersuchung zugewandt. Das Ziel bestand darin, diskriminative Stilmerkmale zu analysieren, die für die einzelnen literarischen Schichten typisch sind und sie von den anderen unterscheiden.

Die entgegengesetzte Zielsetzung verfolgten die zwei für die johanneische Stilkritik grundlegenden Arbeiten von Eduard Schweizer und Eugen Ruckstuhl. Beide Forscher haben sich speziell mit den Stilcharakteristika bei Johannes beschäftigt.[12] Sie fragten nach "johanneischen" Stilmerkmalen, die das johanneische Schrifttum vom übrigen neutestamentlichen Schrifttum unterscheiden. Als eindrückliches Ergebnis beider Arbeiten zeigte sich, dass diese 'johanneischen Stilmerkmale' relativ gleichmässig in allen postulierten literarischen Schichten aufweisbar sind. Was ist daraus zu schliessen? "Auch wenn schriftlich fixiertes Material im vierten Evangelium verarbeitet sein sollte, so ist dieses doch nicht mehr mit zureichender Sicherheit herauszulösen."[13] Das bedeutet im weiteren, dass die unterscheidenden Stilmerkmale, die Bultmann analysiert hatte, Hinweise auf verschiedenartiges Traditionsmaterial, das im Evangelium aufgenommen und verarbeitet worden ist, geben. Das wird auch von keinem Forscher bestritten. Man kann sie jedoch nicht mehr als Belege für schriftliche Quellen ansehen.[14]

---

12. SCHWEIZER, E.: Ego eimi, 1939; RUCKSTUHL, E.: Die literarische Einheit des Johannesevangeliums, 1951.

13. HEEKERENS, H. P.: Zeichenquelle, 1984, 27f. Eine Zusammenstellung der Listen von SCHWEIZER und RUCKSTUHL mit den Erweiterungen von NICOL bietet VAN BELLE, G.: Semeia-Bron, 1975, 149ff.

14. Zur Problematik von Stiluntersuchungen und zu verschiedenen Lösungsversuchen vgl. HEEKERENS, H. P.: aaO., 28-32.

(4) Die formgeschichtliche Betrachtung

Als weiteres Indiz für die Existenz einer Semeiaquelle wurde von Bultmann angeführt, dass die johanneischen Wundergeschichten (Joh 2,1ff;
4,46ff; 5,1ff; 6,1ff; 9,1ff und 11,1ff) gemeinsam der Gattung der Wundergeschichten zuzuweisen sind.[15]

Diese Argumentation begegnet einer dreifachen Schwierigkeit. Die Beobachtung der formgeschichtlichen Gleichheit erlaubt noch nicht den
Schluss, dass diese Berichte einer Quelle entnommen sind. Noch weniger
ist der Schluss erlaubt, sie müssten derselben Quelle entstammen. Auch
die Voraussetzung, dass in einer Quelle nur formgeschichtlich parallele Berichte enthalten sind, ist rein hypothetisch und bleibt darum ohne echten Argumentationswert.[16]

(5) Redaktionsgeschichtliche Überlegungen

Ausgehend von der Existenz der Semeiaquelle hat Bultmann nach dem Verhältnis zwischen den Wunderberichten und dem Redestoff des vierten
Evangeliums gefragt. Er will deutlich machen, dass die Reden inhaltlich auf die Wunder zurückgreifen, sie also in gewissem Sinn 'kommentieren' und damit der johanneischen Theologie dienstbar machen.

Eine Einschränkung dieser Beobachtung wird auch von Vertretern der Hypothese zugestanden. Die beiden Wundererzählungen 2,1-11 und 4,46-54
werden nicht zum Ausgangspunkt von Reden. Ja keine der Reden scheint

---

15. Im Verlauf der Diskussion wurde auch der Bericht vom Fischzug Joh
     21,1-14, der von Bultmann als selbständige Ostergeschichte analy-
     siert worden war, formgeschichtliche als Wundergeschichte be-
     stimmt.

16. Zur Position von FORTNA, R.: Gospel of Signs, 1970, der die form-
     geschichtliche Betrachtung über BULTMANN hinaus entscheidend ver-
     tiefen und als Argument der literarischen Scheidung benützen
     will, vgl. HEEKERENS, Zeichenquelle 34-39.

auf diese Berichte irgendwie zurückzugreifen.[17]

Die Beobachtung 'redaktioneller' Bearbeitung und Entfaltung der Wunderberichte besagt aber noch nicht, dass die Wunder den Reden unterge-
ordnet sind. Vor allem handelt es sich nicht um einen Hinweis, dass
alle Wunderberichte einer bzw. gar derselben Quellenschrift entstammen, die gewissermassen mit Kommentar versehen und neu ediert wurde.

2.3. Das Ziel der Semeiaquellen-Hypothese

Anhand der soeben aufgezeigten Begründungsschritte wurde bereits auf
die Schwierigkeiten der Semeiaquellen-Hypothese hingewiesen. Aber das
Problem hat noch tiefere Wurzeln, die in den systematischen Voraussetzungen der Exegese liegen. Um das deutlich zu machen, greifen wir zunächst auf das Argument zurück, das am häufigsten gegen die literarische Scheidung vorgebracht worden ist: das Stilargument.

Sogar ein so entschiedener Vertreter der Semeiaquellen-Hypothese wie
Jürgen Becker gibt zu, dass die Stilargumente Bultmanns durch die Untersuchungen von Schweizer und Ruckstuhl ihre Tragfähigkeit verloren
haben. "So fielen vor allem die zahlreichen stilistischen Erwägungen
der Kritik zum Opfer, nachdem zuletzt Eugen Ruckstuhl die Einheitlich-
keit des johanneischen Stils aufgewiesen hatte."[18] Doch das führt keineswegs zu einer Korrektur der These. Nach Becker habe man nun "um so
genauer auf Bultmanns sachliche Beobachtungen für die Herausschälung
der Semeiaquelle zu achten. Mit diesen sachlichen Beobachtungen steht
es nun entschieden besser als mit den eben besprochenen stilistischen

---

17. Das ist für HEEKERENS, Zeichenquelle, ein entscheidendes Indiz
    dafür, dass diese beiden Wunderberichte zusammen mit 21,1-14 von
    den anderen Wunderberichten geschieden werden müssen. Er weist
    sie einer eigenen "Zeichenquelle" zu, die er gegenüber dem übri-
    gen Stoff für literarisch sekundär hält.

18. BECKER, J.: Wunder, 438.

Argumenten."[19]

Was aber führt Becker als "sachliche Beobachtungen" vor? Es sind drei
Argumente: Beim dritten handelt es sich um die bereits oben erwähnte
Zählung der Hochzeit von Kana und der Heilung des Sohnes des königlichen Beamten als erstes und zweites Zeichen Jesu. Die summarischen Angaben in 2,23 und 4,45 erscheinen auch Becker als Indiz, das auf eine
dem Evangelisten bereits vorliegende und von ihm nicht korrigierte
Zählung verweist. Wir haben bereits oben darauf hingewiesen, dass bei
genauer Lektüre kein Widerspruch erkennbar ist. Joh 4,54 spricht vom
zweiten Zeichen, das Jesus getan hat, "als er von Judäa nach Galiläa
gekommen war." Die geographische Angabe verweist darauf, dass die ga-
liläischen Zeichen besonders gezählt werden, wohl im Gegenüber zu den
Zeichen in Jerusalem. Damit aber sind Zeichen in Jerusalem geradezu
Voraussetzung der Zählung.

Die ersten beiden Argumente, die Becker skizziert, sind weit davon
entfernt, "sachliche" Argumente zu sein. Das erste: Die Abschlussformulierung in 20,30f erwähne nur Jesu σημεῖα als Inhalt des Evangeliums. "Die theologisch gewichtigsten Partien des Johannesevangeliums
bleiben demnach in 20,30f unerwähnt."[20] Dass die Redeabschnitte bei
Johannes jedoch die theologisch gewichtigsten Partien darstellen, ist
keine "sachliche Beobachtung", sondern eine unbewiesene Voraussetzung,
die an das Evangelium herangetragen wird. Auch das zweite Argument ist
problematisch. Nach Becker lassen "sich die bis zum äussersten gestei-
gerten Wunder nicht in Einklang bringen ... mit Aussagen, die das Wunder entschieden relativieren."[21] Hier muss die Exegese zeigen, ob

---

19. Ebda, 439.

20. Ebda, 440. Vgl. DERS.: Komm I 113; II 632.

21. Ebda. Dieses oft vorgebrachte Argument ist bei BECKER doch wieder
    erstaunlich, weil er formulieren kann: "Doch weder das Wunder als
    solches noch seine Masslosigkeit störten ihn" (Wunder, 455). Ähn-
    lich wie BECKER spricht auch NICOL, W.: Semeia, 1972, 30, von
    "Ideological Tensions". Er erkennt diese Spannung vor allem dar-

diese Differenz in der Stellung zu den Wundern Jesu im Evangelium
wirklich vorhanden ist.

In den Bemerkungen Beckers klingt die eigentliche Schwierigkeit an,
die zur Hypothese der Semeiaquelle geführt und gegen jede Kritik geradezu immunisiert hat. Der Zielpunkt der Hypothese liegt jenseits der
literarischen Scheidung. Voraussetzung ist ein scharfer Gegensatz, in
den die johanneische Christologie zur Christologie der Semeiaquelle
gestellt wird. Die Quelle habe Jesus nach dem Vorbild des θεῖος ἀνήρ
gezeichnet und das Verhältnis zwischen den σημεῖα und dem Glauben positiv bestimmt.[22] Diese positive Zuordnung widerstehe aber dem johanneischen Glaubensbegriff. Das grossartige Instrumentarium, das die Semeiaquellen-Hypothese stützen soll, steht im Dienst einer zuvor bestimmten Christologie. Deutlich macht das Becker selbst: "Die Kritik
[des Evangelisten, W.B.] an der Semeiaquelle zielt nicht primär auf
das Wunder als solches, sondern auf die Christologie der Semeiaquelle."[23]

---

in, dass die Semeiaquelle die Wunder als legitime Basis für den
Glauben anerkenne, während Johannes einem auf Wundern gegründeten
Glauben kritisch gegenüberstehe.

22. Aus diesem Grund werden von Bultmann auch die anderen Stellen, an
denen σημεῖα und πίστις einander positiv zugeordnet sind (vor allem 12,37ff und 20,30f), der Semeiaquelle zugewiesen.

23. BECKER, J.: Wunder, 455. Dieses Argument gilt unabhängig davon,
wie man die Christologie der Semeiaquelle bestimmt. BECKER greift
im Sinn BULTMANNs auf die These der Aretalogien der hellenistischen Wundertäter zurück. Die Semeiaquelle zeichne Jesus als
θεῖος ἀνήρ (445, Anm. 35 und vor allem 450f). Gegen alle Kritik
hält Becker sachlich auch in seinem Kommentar an dieser Sicht
fest. Vgl. DERS.: Komm I 117. Dem gegenüber ist NICOL, W.: aaO.,
wesentlich vorsichtiger. Er meint auf die Kategorie des θεῖος
ἀνήρ verzichten zu können (92-94). Aber auch für ihn ist die Beobachtung einer Spannung innerhalb der Christologie ausschlagge-
bend (30). Zum Problem des θεῖος ἀνήρ vgl. vor allem TIEDE, D.L.:

Bultmann hatte noch versucht, die von ihm empfundenen theologischen
Spannungen innerhalb der Christologie durch objektivere Kriterien einsichtig und überprüfbar zu machen. Dem sollte ja der Aufweis der Stil-
differenzen zwischen den verschiedenen literarischen Schichten dienen.
Obwohl dieses Argument nun ausgefallen oder wenigstens in seiner Tragfähigkeit weitgehend eingeschränkt worden ist, hält man unter den Vertretern der Semeiaquellen-Hypothese an der Behauptung christologischer
Spannungen fest. Klaus Berger hat in seiner jüngst vorgebrachten Kritik die Wurzeln deutlich aufgezeigt. "Für R. BULTMANN und seine Schule
ist nun die Annahme einer jeweils Markus und Johannes vorausliegenden
Wunder-Aretalogie geradezu notwendig, damit die Evangelisten sich als
kritische Autoren davon absetzen konnten; oder soll man sagen: damit
der moderne Theologe bei der Lektüre der Wundergeschichten annehmen
darf, dass schon die neutestamentlichen Verfasser selbst Wundern ebenso kritisch gegenüberstanden wie er? Die Annahme der Aretalogie hat
daher Entlastungsfunktion. Das schwere hermeneutische Problem soll so
gelöst werden, dass man dem neutestamentlichen Autor schon selbst die
Lösung zumutet, die man als moderner Mensch annehmen kann - und sie
dadurch legitimieren kann. Höchstens die Gegner des Paulus im 2 Kor
sind Vertreter von Aretalogien, in denen Christus als θεῖος ἀνήρ gilt.
Markus und Johannes dagegen (als kanonische Autoren) können Wundern
nur kritisch gegenübergestanden haben: .. Das Johannesevangelium ver-
halte sich .. kritisch zu der in der Semeiaquelle vorgegebenen Wunder-
sammlung: Die Wunder werden spiritualisiert, und der Glaube an Wunder
allein wird für unzureichend erklärt. Die theologia crucis allein erklärt daher .., wie aus der Aretalogie ein Evangelium wurde. Was hier
scheinbar fromm als Inhalt des Kerygmas angegeben wird, ist in Wahrheit ein Mittel, um Jesus konsequent jedes im neuzeitlichen Sinne
'übernatürlichen' Scheines zu entkleiden, ihm 'göttliche' Qualitäten
abzusprechen und ihn radikal zu 'humanisieren'. Als Summe und Substanz
des Evangeliums und als neuer Test für Orthodoxie bleibt dann die

---

The Charismatic Figure, 1972. TIEDE kann erweisen, dass im Bereich des Hellenismus Männer vor allem durch die ἀρετή hervorgehoben sind. Das Wunder als Propagandamittel tritt frühestens im
2. und 3. Jahrhundert in den Vordergrund.

Ethik des frühen Liberalismus: Menschliche Verantwortung für die Gemeinschaft, Liebe. Die Menschlichkeit Jesu wird zum Prüfstein." Die
Hauptfrage liegt darin, "ob man das mit den Wundererzählungen gegebene
hermeneutische Problem dadurch löst, dass man als 'Evangelium' einen
Jesus annimmt, der all das nicht hat, was hermeneutische Schwierigkeiten bereitet und zum Nachweis eine antike Gattung namens Aretalogie
konstruiert, gegen die sich die Evangelien angeblich kritisch im Sinne
des Kerygmas absetzten. .. Es zeigt sich daher am Ende, dass 'Aretalogie' als systematisch notwendiges Konstrukt der Kerygmatheologie
dient. Von daher erklärt sich das zähe Festhalten an diesem Konstrukt
trotz mangelnder Belege."[24]

2.4. EXKURS: Zur These von Heekerens

Heekerens, dessen Darstellung und Kritik der Begründung der Semeiaquellen-Hypothese ich mich weitgehend anschliesse, meint, in 2,1-11,
4,46-54 und 21,1-14 eine "Zeichenquelle" zu entdecken und isolieren zu
können. Sie sei literarisch sekundär, also erst auf der letzten Redak-
tionsstufe dem Evangelium eingearbeitet worden.[25]

Heekerens begründet seine These umfassend und in der Kritik an Bultmann methodisch vorbildlich. Seine Arbeit stellt einen echten Fort-
schritt dar. Folgende Fragen tauchen jedoch ihm gegenüber auf: Durch
seine besondere Problemstellung kommt das Verhältnis, das zwischen der
Bildung der Semeiaquellen-Hypothese und der durch die Kerygmatheologie
vorausgesetzten Christologie besteht, kaum in den Blick. Indem er die
Semeiaquelle zweiteilt und sich im weiteren Verlauf der Arbeit nur
noch mit dem von ihm für seine Zeichenquelle postulierten Material beschäftigt, wird das durch die Bultmannschule gestellte Problem bloss
verschoben, aber schwerlich gelöst. Das Problem liegt nicht in literarischen Fragen, sondern spitzt sich auf die Frage der Christologie
und den damit verbundenen Glaubensbegriff zu. Dann: Heekerens bringt

---

24.   BERGER, K.: Hellenistische Gattungen, 1230f.

25.   HEEKERENS, H. P.: Zeichenquelle, 1984. Vgl. die Kurzfassung der
      Hypothese ebda., 43, Abschnitt (2).

starke und einleuchtende Gründe gegen den literarischen Charakter der
von Bultmann vorausgesetzten Quelle vor. Dieselben Gründe treffen auf
andere Weise aber auch ihn selbst und seine Hypothese einer "Zeichenquelle". Mir ist gerade aufgrund seiner Kritik an der Semeiaquellen-
Hypothese nicht deutlich, warum er selbst statt von Traditionen wieder
von einer Quelle sprechen kann.[26] Ebenso wird bei Heekerens nicht danach gefragt, woher σημεῖον als Begriff kommt. Er taucht ja sowohl bei
der Quelle als auch beim Evangelisten auf - und das gilt unabhängig
vom Umfang der postulierten Quelle. Das ist alles andere als selbstverständlich.

3. Eine Lücke in der Forschung: Die Funktion des Terminus σημεῖον

Nun muss uns noch eine Besonderheit der johanneischen Darstellung
deutlich werden. Johannes bezeichnet Jesu Wunder als σημεῖα, als Zeichenhandlungen. Es fällt auf, dass das übrige Neue Testament diesen
Begriff für Jesu Wunder beinahe ganz vermieden hat. "Bei den Synop-
t[ikern] werden die Wunder Jesu nie ein σημεῖον genannt".[27] Nun kommt
aber der Terminus σημεῖον nicht nur in den Texten vor, die für die Semeiaquelle postuliert werden. Er wird auch vom Evangelisten positiv

---

26. Vgl. dieselbe Kritk implizit auch bei BERGER, K.: aaO., 1231,
    Anm. 204. Über die von HEEKERENS einer "Zeichenquelle" zugewie-
    senen Texte urteilt er, das Fehlen sowohl einer daran anschliess-
    senden Offenbarungsrede wie auch jedes dualistischen Kommentars
    der ersten beiden Wunderberichte "hängt nicht mit einer besonde-
    ren Quelle zusammen, sondern beruht darauf, dass der Evangelist
    die Wunderberichte sorgfältig der Abfolge nach anordnet und in-
    haltlich steigert, wobei gleichzeitig das Mass der Ablehnung
    wächst." Das trifft aber nicht nur BULTMANN, sondern auch HEEKE-
    RENS.

27. FRIEDRICH, G.: Art.: δύναμις, EWNT I, 865. Vgl. dazu ausführlich
    § 4 (σημεῖον im Neuen Testament (ohne Johannes)). Zur einzigen
    Ausnahme in Acta 2,22 vgl. § 4.5.2. (Jesus als "der" Prophet?).

aufgenommen.[28]

Wir stehen damit vor der Frage, aus welchem Grund Johannes bzw. seine ihm vorliegende Tradition einen Begriff aufnimmt, der sonst im Neuen Testament als Bezeichnung für Jesu Wunder offensichtlich gemieden, ja sogar zurückgewiesen wird. Innerhalb des Evangeliums steht dieser Begriff nicht am Rande. Ihm kommt für die johanneische Deutung Jesu zentrale Bedeutung zu.

Im Verlauf der Diskussion der Semeiaquellen-Hypothese ist die Frage nach dem Begriff σημεῖον stark in den Hintergrund getreten. Als Problem wurde sie von Becker zutreffend formuliert: "Das wichtigste Problem ist dabei wohl dieses: Wenn anders der Verfasser der Semeiaquelle in bezug auf die Gattung der Wundererzählung den Aretalogien der hellenistischen Wundertäter folgt .., aber die dabei üblichen Wunderbezeichnungen (ἀρετή, θαῦμα, δύναμις u.a.) alle vermeidet und demgegenüber auf eine Bezeichnung zurückgreift, die gerade sonst in diesen Erzählungen keine Rolle spielt, erhebt sich das Problem, aus welchem theologischen Grund er so verfuhr. Eine befriedigende Lösung für dieses Problem steht noch aus."[29] Sie steht tatsächlich bis heute aus.

---

28. Das stellt sich für jede Rekonstruktion des Umfangs der Semeiaquelle wieder anders dar. Sogar dann, wenn alle Vorkommen des Terminus σημεῖον der Quelle zugewiesen würden, was meines Wissens nirgends geschieht, stehen wir vor dem Problem, warum dieser Begriff von ihr verwendet und von Johannes übernommen wird. Das Gegenteil wird von CONZELMANN, H.: Grundriss, 1967, 377, vermutet. Er hält zwar an der Hypothese einer Semeiaquelle fest, will ihr aber den Begriff σημεῖον absprechen. Er sei nur vom Evangelisten gebraucht und sekundär ins Quellenmaterial eingetragen worden. Auch damit wird das Problem nicht gelöst, sondern nur verschoben.

29. BECKER, J.: Wunder, 445, Anm. 35. Etwas abgemildert DERS.: Komm I 117f. Zur Kritik an der religionsgeschichtlichen Verknüpfung der johanneischen Wunderberichte mit den hellenistischen Aretalogien vgl. mit umfassendem Material BERGER, K.: Hellenistische Gattungen, 1218-1231, der die Aretalogie als Gattungsbegriff für ein

4. Die Aufgabenstellung

Die bisher skizzierten Probleme lassen sich zusammenfassen:

- Welche Bedeutungen hat der Begriff σημεῖον?
- Warum wird er bei Johannes zu einem zentralen, theologischen Begriff?

Daraus ergeben sich Aufgaben, denen sich unsere Untersuchung zuwenden wird:

(a) Nur im Zusammenhang des allgemeinen Sprachgebrauchs kann die Besonderheit des johanneischen Sprachgebrauchs hervortreten. Darum setzen wir mit der Untersuchung des ausserjohanneischen Gebrauchs des Terminus σημεῖον ein (Hauptteil I).

(b) Ausgehend von diesen Beobachtungen fragen wir (Hauptteil II) danach, wie Johannes diesen Begriff verwendet.

Zuletzt noch ein Wort über die Methodik:

Da die Semeiaquellen-Hypothese methodisch schwach begründet erscheint, gehe ich bei der Arbeit an den johanneischen Texten zunächst vom vorliegenden Text als einer literarischen Einheit aus. Die genaue Beobachtung wird zeigen müssen, ob er als Einheit verstehbar ist, oder ob sich Spannungen zeigen, die nicht nur auf heterogenes Traditionsmaterial, sondern auch auf verschiedene literarische Schichten verweisen.

Phantom hält, das aus rein systematischen Erwägungen in der Evangelienforschung ein solch zähes Leben bewahrt hat (1229ff).

I. HAUPTTEIL

DER AUSSERJOHANNEISCHE GEBRAUCH DES TERMINUS σημεῖον

ZUR EINFÜHRUNG:

Zu den Hauptfragen johanneischer σημεια-Problematik gehört die Frage, warum Johannes diesen Begriff zu einem zentralen Begriff seiner Darstellung der Wirksamkeit Jesu erhebt. Die Untersuchung muss sich darum dem genauen Sprachgebrauch zuwenden. Was hat Johannes, der für Jesu Taten ja auch den Begriff ἔργον verwenden kann, unter σημεῖον verstanden? Damit steht die genaue Beobachtung des Sprachgebrauchs im Vordergrund.[1]

Die johanneische Sprache ist in den allgemeinen Sprachgebrauch eingebettet. Die folgenden §§ 1 bis 7 versuchen, den allgemeinen Gebrauch von σημεῖον zu skizzieren. Wir greifen dafür zum Teil auf bereits durchgeführte Untersuchungen zurück.[2] Für Belegstellen sei auch auf diese Arbeiten verwiesen.

---

1. In der Forschung wird öfters die Frage erörtert, ob auch Kreuz und Auferstehung Jesu als σημεῖα aufzufassen seien oder nicht. Es geht aber nicht an, phänomenologische Schlüsse zu ziehen, bevor der philologische Befund exakt beobachtet ist. Der genaue Sprachgebrauch ist die Grundlage, die der theologischen Arbeit gegeben und auf die man bleibend angewiesen ist. Jenseits des konkreten Sprachgebrauchs beginnt die Phantasie. Die Grenze zwischen Beobachtung und Phantasie muss deutlich markiert bleiben.

2. HOFBECK, S.: SEMEION, 1966; RENGSTORF, K.H.: Art. σημεῖον etc., ThWNT VII, 199-268; FORMESYN, R.: Sèmeion johannique, EThL 38 (1962), 856-894; HOFIUS, O.: Art. Wunder, σημεῖον, ThBNT III, 1447-1451; SPICQ, C.: Notes de Lexicographie II, 1978, 796-801. Speziell zum Alten Testament KELLER, C.A.: OTH, 1946; HELFMEYER, F. J.: Art. אות, ThWAT I, 182-205; STOLZ, F.: Art. אות, THAT I, 91-95; DERS.: ZThK 69 (1972), 125-144.

In der Forschung der letzten Jahrzehnte stehen sich zwei Interpretationsansätze gegenüber. Da sie für die weitere Fragestellung von Bedeutung sind, werden sie hier skizziert. C.A. Keller hat in seiner Untersuchung des alttestamentlichen Zeichenbegriffes die Frage nach dem Verhältnis zwischen profanem und religiösem Gebrauch gestellt. Er fasst אות als religiösen Terminus auf. Es handle sich um einen "Offenbarungsbegriff". Der profane Gebrauch sei sekundär und vom religiösen Gebrauch abgeleitet.[3]

Dieser Auffassung hat Rengstorf durch seine Untersuchung scharf widersprochen. Sowohl der griechische Begriff σημειον wie der hebräische Begriff אות seien reine Funktionsbegriffe, die nach ihren ältesten Belegen dem profanen Gebrauch zuzuweisen sind. Sie werden um ihrer Funktion willen später auch in religiöse Kontexte übernommen, ohne dadurch zu einem theologischen Begriff zu werden. Die Fülle der Belege und auch weitere Studien, die erst nach dem Artikel von Rengstorf erschienen sind, haben seine Ergebnisse weitgehend bestätigt.[4]

Würde die Differenz zwischen Keller und Rengstorf bloss darin liegen, ob der profane oder der theologische Gebrauch älter sei, so wäre sie höchstens sprachgeschichtlich bedeutsam. Für das Verständnis des Begriffs würde das kaum etwas besagen. Aber das ist nicht der Fall. Kellers Bestimmung von אות als 'Offenbarungsbegriff' macht das bereits deutlich. Das Anliegen seiner Arbeit besteht nicht zuletzt darin, das Verhältnis zwischen Wort und Zeichen als den beiden Offenbarungsweisen Gottes zu bestimmen. Tritt das Wort zum Zeichen, oder tritt das Zeichen zum Wort hinzu?

---

3. Dieser Meinung hat sich HOFBECK, S.: aaO. angeschlossen.

4. Vgl. dazu vor allem HELFMEYER, F. J.: ThWAT, und STOLZ, F.: THAT, für das Alte Testament, SPICQ, C.: Notes II, 1978, für den griechischen Gebrauch. Zu vergleichen ist auch die Studie von FORMSYN, die noch viel zusätzliches Material zu RENGSTORF beibringt. Er nimmt zu RENGSTORF kritisch Stellung, korrigiert Details, muss aber im Ganzen doch dessen Ansatz bestätigen.

Rengstorf hält sich durch seinen strenger philologischen Ausgangspunkt
von dieser Fragestellung frei. Er erkennt im Begriff "Zeichen" einen
Funktionsbegriff, der durch die verschiedenen Kontexte, in denen er
steht, seine reiche Differenziertheit erhält, obwohl seine Funktion
einheitlich bleibt.

Die Analyse, die Rengstorf vorgelegt hat, halte ich für weitgehend
richtig, auch wenn sie in einzelnen Details ergänzt oder gar korrigiert werden kann.

§ 1 σημεῖον IM GRIECHENTUM[5]

Im Unterschied zu τέρας, das ein Ereignis als wunderhaft und "über-
natürlich" kennzeichnet, ist σῆμα/σημεῖον ursprünglich nicht religiös
bestimmt. In einem "Zeichen" werden die Voraussetzungen kund, die für
eine Erkenntnis grundlegend sind. Bei aller Differenziertheit hält
sich in den verschiedenen Anwendungsbereichen dieser 'technisch-funktionale' Charakter durch. Auch innerhalb eines religiösen Kontextes
wird σημεῖον nicht zu einem Offenbarungsbegriff.[6]

Der technisch-funktionale Charakter von σημεῖον lässt sich durch einige Beobachtungen deutlich machen.

(1)   Zunächst ist die starke Bezogenheit auf visuelle Wahrnehmung auf-
      fallend. Ein Zeichen soll gesehen werden.[7]

---

5.   Vgl. dazu das Material bei RENGSTORF, K. H.: aaO. 199-206, der
     auf das frühe Epos und dann auf den späteren Sprachgebrauch ein-
     geht. Ergänzend bietet HOFBECK zum philosophischen Gebrauch ei-
     niges Material. Umfassender sind die Belege bei FORMESYN und
     SPICQ. Die Belege ergänzen und bestätigen aber die grundlegende
     Analyse von RENGSTORF.

6.   Vgl. RENGSTORF, K. H.: aaO. 202,23-29.

7.   Auch dort, wo sich σημεῖον im relativ seltenen Zusammenhang von
     akustischer Wahrnehmung findet, verweist das Wortfeld z.B. durch

(2) Seine Funktion hat ein σημεῖον innerhalb eines Erkenntnisvorgan-
ges. Es handelt sich um einen "Gegenstand oder Sachverhalt ... ,
der eine ganz bestimmte Erkenntnis oder Einsicht ermöglicht oder
doch ermöglichen sollte."[8] An einem "Symptom" erkennt der Arzt
eine Krankheit, an ihren "Emblemen" erkennt man Schiffe und kann
sie voneinander unterscheiden, das "Prägebild" eines Ringes lässt
den Besitzer erkennen.[9] Dem entspricht, dass σημεῖον innerhalb
seines Wortfeldes regelmässig mit verschiedenen Erkenntnisbegrif-
fen verbunden erscheint.

(3) Da σημεῖα wahrnehmbar sind und eine Erkenntnis ermöglichen, stellen sie vor konkrete Aufgaben. Sie fordern genaue Wahrnehmung und
rechte, ihnen entsprechende Einordnung in den grossen Zusammenhang, in dem sie stehen und auf den sie hinweisen. Dazu kommt,
dass sie dem Einzelnen mit der Erkenntnis auch eine Stellungnahme
zumuten können, die durch das Zeichen für ihn unausweichlich
wird.

Um ein σημεῖον von einem anderen, vielleicht ähnlichen Zeichen zu unterscheiden, ist die genaue Wahrnehmung grundlegend. Wird ein "Erkennungszeichen" als "Signal" vereinbart, so fordert sein Erscheinen von
dem, der um die vorher vereinbarte Bedeutungen der Signale weiss, die
rechte Einordnung, aber auch ein solcher Erkenntnis entsprechendes
Handeln. Im Moment der Erkenntnis wird das Handeln für ihn unausweichlich. In diesem Sinn kann σημεῖον sogar die Bedeutung "Aufforderung"
übernehmen.[10]

Entscheidend bleibt, dass in allen Belegen der Begriff des "Zeichens"

φαίνω bzw. δείκνυμι auf den visuell empfundenen Grundcharakter
des Zeichens.

8.   RENGSTORF, K. H.: aaO. 202,21ff und passim.

9.   Vgl. die verschiedenen Bedeutungen aaO. 202 und passim.

10.   Vgl. aaO. 204,16ff.

nichts mit religiöser Offenbarung zu tun hat. Auch dort, wo der Inhalt
der Erkenntnis religiöser Natur ist, wo als Urheber eines Zeichens
eine Gottheit erkannt wird, ist ein σημεῖον doch auf natürliche Weise
wahrnehmbar. Seine Erkenntnis ist jedermann offen zugänglich.

Rengstorf hat offensichtlich die Arbeit von C.A. Keller vor Augen,
wenn er seine Interpretation von σημεῖον als Funktionsbegriff gegen
das Verständnis von σημεῖον als Offenbarungszeichen streng abgrenzt.
Auch wenn Rengstorf angesichts der Belege recht zu geben ist, bleibt
die Frage, was unter "Offenbarung" zu verstehen ist, noch offen. Sie
darf innerhalb unserer Problemstellung nicht von einem systematisch
bestimmten Offenbarungsbegriff her bestimmt sein, sondern muss sich
ebenso streng begrifflich am Wortlaut der Texte orientieren. Es könnte
sich so zeigen, dass der Vorgang, der in der Bibel als Offenbarung bezeichnet wird, natürliche Wahrnehmung und Erkenntnis nicht aus-, sondern einschliesst.

§ 2 <u>אות/σημεῖον IM ALTEN TESTAMENT</u>[1]

2.1. <u>Der funktionale Grundcharakter des Begriffs</u>

Auch im Alten Testament ist ein אות ausschliesslich Gegenstand sinnli-
cher, visueller Wahrnehmung.[2] Dieser Charakter wird durch die Verben,
die die Wahrnehmung eines Zeichens beschreiben, unterstrichen.

Dieser Grundcharakter wird an der Verwendung des Begriffs im vierten
Lachis-Ostrakon deutlich.[3] Der Text spricht von einem אות, das der
Nachrichtenübermittlung dient. Es muss sich um ein Feuerzeichen handeln, das nicht (mehr?) gesehen werden kann. Daran zeigen sich zwei
Dinge, die das oben genannte Verständnis bestätigen: Zeichen sind 'op-
tisch' wahrnehmbar. Zeichen aber sind sie, weil sie eine genau defi-
nierte Funktion haben, also eine konkrete Erkenntnis ermöglichen. Unter einem אות ist daher ein "Zeichen", ein "Hinweis" zu verstehen.

---

1.   Vgl. die in der Einführung zum I. Hauptteil, Anm. 2 angeführte
      Literatur. KELLER und STOLZ ordnen das Material nach dem Alter
      der Texte. HOFBECK weist die Texte verschiedenen Traditionskrei-
      sen zu und gewinnt so ein interessantes Einteilungsmodell. RENGS-
      TORF erarbeitet vor allem den technisch-funktionalen Charakter
      des Begriffes, geht aber bei der Besprechung der theologischen
      Verwendung des Begriffes geschichtlich vor. Streng nach funktio-
      nalen Kriterien ordnet HELFMEYER. Sachlich schliessen sich STOLZ
      und HELFMEYER dem Ergebnis von RENGSTORF an, während HOFBECK das
      Ergebinis von KELLER übernimmt.

2.   Nur einmal kommt "hören" im Zusammenhang mit Zeichen vor. Ex 4,8
      spricht vom "Hören auf Gott" als Frucht des Zeichens. Das Zeichen
      selbst aber wird nicht gehört, sondern gesehen. Im ganzen Alten
      Testament gibt es keinen Beleg, bei dem die Zeichen als "redend"
      dargestellt sind. Vgl. RENGSTORF, K. H.: 210.

3.   Zum Text des 4. Ostrakons vgl. ebda. und die Anm. 56-63 angege-
      bene Literatur. Text bei DONNER. H./RÖLLIG, W.: INSCHRIFTEN I,
      [2]1966, 194, Übersetzung bei GALLING, K.: Textbuch, [2]1968, 76f.

Die Funktion, die den Zeichen im Alten Testament zukommt, ist im wei-
testen Sinn als "Erkenntnis zur Vergewisserung" zu bezeichnen.[4] "Ohne
Ausnahme laufen sie darauf hinaus, deutlich zu machen, dass eine אוֹת
Kräfte enthält, die in das geistige Zentrum des mit ihr Konfrontierten
hineinwirken und hier klärend wirken, so dass es zu einer vorher so
nicht vorhandenen Gewissheit kommt."[5] "אוֹת 'Zeichen' ist eine Sache,
ein Vorgang, ein Ereignis, woran man etwas erkennen, lernen, im Ge-
dächtnis behalten oder die Glaubwürdigkeit einer Sache einsehen
soll."[6] Im Einzelnen kann dabei das Moment des Beweises (Hiob 21,29),
des Beweismittels (Jos 2,1ff; 19,19ff) oder des Erinnerungszeichens im
Vordergrund stehen. Dazu kommen die Stellen, bei denen die Zeichen
ausdrücklich einen Erkenntnisprozess bezwecken bzw. in Gang setzen. So
soll der Pharao durch die Zeichen des Mose "erkennen", mit wem er es
bei Mose zu tun hat.[7] Da Erkenntnis generell in der Antike und in besonderer Weise innerhalb des Alten Testamentes ganzheitlich aufgefasst
wird, ist verständlich, dass solche Erkenntnis zu konkreten Verhal-
tensweisen bewegen soll.[8]

Den Belegen gemeinsam ist, dass es sich bei einem Zeichen immer um einen Gegenstand oder einen Vorgang handelt, der der äusseren Wirklichkeit zugehört, also beobachtbar und auch durch Dritte wahrnehmbar ist.
Zu den Bereichen, in denen "Zeichen" vorkommen, gehört für das Alte
Testament die Geschichte. Auch sie gilt der biblischen Darstellung als
erzählbar, als wahrnehmbar und einsichtig. Auch ein geschichtliches

---

4.   RENGSTORF, K. H.: aaO. 211-214.

5.   AaO. 211,33-212,3.

6.   GUNKEL, H.: Genesis, [4]1917, 150.

7.   Vgl. Stellen bei RENGSTORF, K. H.: aaO. 213, Anm. 97.

8.   Vgl. HELFMEYER, F. J.: ThWAT I, 186, der die Funktionen der Zei-
     chen dreifach entfaltet. Sie sollen Erkenntnis vermitteln, zu ei-
     ner Verhaltensweise bewegen bzw. als den Gottgesandten legitimie-
     ren.

Ereignis kann zum Zeichen werden, das seinerseits geschichtliche Wir-
kungen aus sich heraussetzt.[9] Es dient nicht mehr allein der Vergewisserung, sondern beansprucht bzw. gewinnt Einfluss auf persönliche Ent-
scheidungen. Damit hat es auf jeden Fall geschichtliche Folgen.

Je nach ihrem Kontext kann man die Funktionen noch weiter unterteilen.
Als Zeichen gelten a) Erkenntniszeichen (als "Beweiszeichen" im rechtlichen Bereich), b) Schutzzeichen, c) Glaubenszeichen, d) Erinnerungszeichen, e) Bundeszeichen (als Spezialfall der Erinnerungszeichen), f)
Bestätigungszeichen (vor allem bei prophetischen Berufungen). Dazu
treten noch g) prophetische Zeichenhandlungen.[10] Die Septuaginta hat
אות durchgehend mit σημεῖον übersetzt.[11] Der Bedeutungsgehalt beider
Begriffe entspricht einander weitgehend. Wichtig sind die Stellen, an
denen die Septuaginta σημεῖον als Interpretament in den Text einfügt.
Das geschieht dort, wo von der nachweisenden Kraft eines Wunders gesprochen wird. Diese Funktion wird durch die Einfügung von σημεῖον
verdeutlicht und unterstrichen.[12]

2.2. Zeichen und prophetische Sendung im Alten Testament

Man kann mit einiger Wahrscheinlichkeit vermuten, dass der Begriff des

---

9. "Selbst real-geschichtlich, wendet sie sich als "Zeichen" in der
    Regel in einer bestimmten geschichtlichen Situation an Augenzeu-
    gen mit dem Ziel, auf dem Weg über deren Einsicht und Willen be-
    stimmte geschichtliche Wirkungen auszulösen." RENGSTORF, K. H.:
    aaO. 214,16ff.

10. So die nach funktionalen Kriterien vorgenommene Einteilung bei
    HELFMEYER, F. J.: ThWAT I, 186-203.

11. Auch andere hebräische Begriffe (z.B. נס, מועד u.a.) werden in
    den Bedeutungsbereich von σημεῖον eingeschlossen. Der Hauptteil
    der LXX-Belege vertritt jedoch hebräisches אות. Vgl. HATCH/RED-
    PATH, Konkordanz, s.v. σημεῖον.

12. Vgl. z.B. Ex 7,9 und dazu RENGSTORF, K. H.: aaO. 218,47ff.

Zeichens innerhalb des Prophetismus seine theologische Verwendung gefunden hat.[13] Die prophetische "Fähigkeit" wurde daran erkannt bzw.
dadurch ausgewiesen, dass dieser Prophet ein "Zeichen" ansagen konnte,
das dann auch bald eintraf. Der Vorgang ist an den Zeichen, die Samuel
dem Saul ankündigte, gut ablesbar (1 Samuel 10).

An diesem Beispiel erkennt man auch, dass der Terminus Zeichen keines-
falls ein Wunder meinen muss. Natürlich kann ein אות auch in einem
Wunder bestehen. Aber die Art der Tat ist zunächst nebensächlich. Das
Charakteristische liegt darin, dass etwas, das nach normaler menschlicher Erfahrung nicht gewusst werden kann, vorher angekündigt wird und
dann tatsächlich eintrifft. In diesem Zusammenhang meint אות das
"Kennzeichen", das den Propheten ausweist.

Das Entscheidende an einem Zeichen liegt demnach darin, dass es zuvor
angekündigt wird, um bald darauf einzutreffen. Diese Struktur, die die
Ansage eines Geschehens mit dem Eintreffen dieses Geschehens verbindet, finden wir an verschiedenen Stellen. Ahas soll sich bei Jesaja
solch ein "Zeichen" selbst erbitten, um daran die Wahrheit des prophetischen Gottesspruchs an ihn zu erkennen. Da er es selbst nicht tut,
wird ihm eines angekündigt (Jesaja 7,10-16). Dieselbe Abfolge von Ankündigung und Eintreffen liegt bei den mosaischen "Zeichen" in Ägypten
vor. Die Plagen, die Ex 10,1-2 ausdrücklich אותות genannt sind, werden
jeweils vorher von Mose und Aaron dem Pharao angekündigt. Daran, dass
sie genau entsprechend dieser Ankündigung eintreffen, wird deutlich,
dass die Sendung des Mose von Gott selbst ergangen ist.[14] Sie wird als
prophetische Sendung ausdrücklich im Zusammenhang mit dem Tun von
"Zeichen" gesehen (5 Mose 34,10-12).[15]

---

13. Vgl. STOLZ, F.: ZThK 69 (1972),125-144.

14. Zum Problem, dass diese Sendung nicht anerkannt wird, vgl. § 6.3.
    (Die Verweigerung der Erkenntnis) und 17.5.3.(Das Problem der
    verweigerten Erkenntnis).

15. Wir versuchen, in dieser Skizze den Hintergrund der frühjüdischen

Das Gesetz über den falschen Propheten bestätigt ausdrücklich diesen
Sachverhalt. "Wenn in deiner Mitte ein Prophet oder Träumer aufsteht
und dir ein Zeichen oder Wunder ansagt (נתן) und das Zeichen oder Wun-
der eintrifft (בוא), das er dir genannt hat, ..." (5 Mose 13,1f).
Dieser Text setzt voraus, dass erst die Abfolge von Ankündigung und
Eintreffen ein Zeichen zum "Zeichen" macht und als der Normalfall an-
gesehen wurde, durch den sich ein Prophet als Prophet auswies. Die
Problematisierung, die in diesem Gesetz vorgenommen wird, ist wichtig.
Sie führt ein Kriterium der Prüfung ein, setzt aber gerade damit die
Fähigkeit, ein "Zeichen" anzukündigen und dann zu tun, als Ausweis
prophetischer Sendung ausdrücklich voraus.[16]

Wir kommen zum Schluss, dass der Begriff "Zeichen" dort, wo er im Zusammenhang einer Sendung von Gott steht, ausdrücklich die prophetische
Sendung meint. So fordert Hiskia für die Wahrheit des prophetischen
Wortes von Jesaja ein Zeichen, das er auch erhält (2 Kön 20,8). Auch
das Verhältnis des Mose zu Aaron wird so gezeichnet, dass Mose für
Aaron an Gottes Stelle steht, Aaron aber der Prophet des Mose sein
soll (Ex 7,1). Im folgenden Gespräch wird damit gerechnet, dass Pharao
durch ein Wunder einen Ausweis der Sendung verlangen wird. Da es sich
sachlich dabei um ein "Zeichen" handelt, folgt der Text genau der Regel: "So sollst du zu Aaron sagen: Nimm deinen Stab und wirf ihn vor
den Pharao hin" (7,9). Das "Zeichen" soll nicht durch Mose, sondern
durch Aaron, seinen "Propheten" ausgeführt werden.[17] Auch Jeremia kün-

---

Sicht aufzuzeigen. Das Judentum hat die alttestamentlichen Texte
als Ganzheit gelesen und nicht historisch differenziert, wie wir
das heute gewohnt sind. Darum ist die Verbindung von Texten, die
inhaltlich zusammengehören, geboten, auch wenn wir sie heute verschiedenen Traditionskreisen oder Quellenschichten zuordnen.

16. Vgl. die wichtigen Hinweise auf religionsgeschichtliche Belege
    bei STOLZ, F.: ZThK 69 (1972), 125-144.

17. Der hebräische Text betont das Wunderhafte des Vorgangs und
    spricht Vers 8 von einem מופת. Die Septuaginta betont den Sachge-

det zusätzlich zu seinem Wort an das Volk ein Zeichen (אות) an, "damit
ihr erkennt, dass meine Worte an euch sich erwahren werden zum Un-
heil..." (Jer 44,19). Demselben Sachverhalt begegnen wir beim Propheten, der zu Jerobeam ein prophetisches Wort über den kommenden Davididen spricht. Sein Wort wird von einem Zeichen begleitet. "Das ist das
Zeichen dafür, dass der Herr geredet hat: der Altar wird zerbersten,
sodass die Asche, die darauf ist, verschüttet wird" (1 Kön 13,3).[18]

2.3. Der Exodus als DAS Zeichen

Spricht das Alte Testament von Gottes "Zeichen und Wundern", so wird
damit fast immer auf die Herausführung des Volkes aus Ägypten unter
der Führung des Mose verwiesen.[19] Damit wird die Mitte der Geschichtsschau des Deuteronomisten bezeichnet.[20] Es scheint, dass im späteren
Verlauf der Geschichte Israels, in dem der Exodus immer mehr zum er-
zählten und damit erinnerten Mittelpunkt des Glaubens Israels geworden
war, der Hinweis auf Gottes Zeichen gleichbedeutend wurde mit dem Hinweis auf den Exodus.[21]

---

halt und präzisiert: δότε ἡμῖν σημεῖον ἡ τέρας. TgNeof I liest Ex
7,9 סימן.

18. Der hebräische Text betont die Wunderhaftigkeit und spricht von
    einem מופת. Der Targum setzt אתא, um die Funktion hervorzuheben.
    Dazu, wie eng der Zusammenhang vom frühen Judentum gesehen worden
    ist, vgl. das Material im nächsten Paragraphen.

19. Ausnahmen: Dtn 13,2f; 28,46; Jos 8,18; vgl. RENGSTORF, K. H.:
    214, Anm. 103.

20. Zur Formel 'Zeichen und Wunder' vgl. STOLZ, F.: ZThK 69 (1972),
    125-144.

21. Vgl. dazu bereits Bar 2,11; Sir 36,5; Sap 10,16 und wahrschein-
    lich auch Sap 8,8.

§ 3 אות/σημεῖον IM JUDENTUM

3.1. אות/σημεῖον in den Apokryphen und Pseudepigraphen

Der funktionale Charakter des Zeichen-Begriffs tritt auch in den Apokryphen und Pseudepigraphen deutlich zutage. Im Blick auf den Anwendungsbereich des Begriffs kann man von einer Verengung, aber auch von
einer Erweiterung gegenüber dem kanonischen Alten Testament sprechen.

Die Formel σημεῖα καὶ τέρατα erscheint streng auf das Exodusgeschehen
bezogen. Man gewinnt den Eindruck, dass damit der ganze Traditionskreis des Auszugs aus Ägypten 'zitiert' wird. Er gilt als das grosse,
entscheidende Heilsereignis, auf den der Glaube Israels bezogen
bleibt. Er gilt aber ebenso als Angeld für das kommende Heil, das als
erneuter Exodus erwartet werden kann.[1]

Bedeutsam ist die Erweiterung, die sich im Anwendungsbereich des Zeichenbegriffs abzeichnet. Im Zusammenhang des apokalyptischen Welt- und
Geschichtsbildes rechnet man mit Drangsalen, merkwürdigen Erscheinungen und kosmischen Veränderungen. Sie gelten als σημεῖα, als "Vorzeichen", in denen sich die kommende Zeit ankündigt.[2]

3.2. אות in Qumran

Die Schriften von Qumran lehnen sich in ihrer Sprache weitgehend an
das kanonische Alte Testament an. So erstaunt es nicht, dass auch hier
der Zeichenbegriff funktional bleibt. Es gilt, dass Zeichen "wahrnehmbar" sind und der Erkenntnis, der "Vergewisserung" dienen.

---

1.   Belege bei RENGSTORF, K. H.: aaO. 219,40-220,14.

2.   Deutlich steht dahinter die Autorität des kanonischen Alten Te-
      stamentes. Die Propheten hatten solche kosmischen Umwälzungen an-
      gekündigt (Joel 3,3), aber noch nicht "Zeichen" genannt. Belege
      bei RENGSTORF, K. H.: aaO. 230,31ff; HOFBECK, S.: aaO. 39, Anm.
      20 und 21.

Die Besonderheiten, die im Anwendungsbereich des Begriffs in Qumran
auftauchen, unterstreichen den funktionalen Charakter. So gelten die
Gestirne als (astronomische) "Zeichen", durch die Gott Gebetszeiten
und Festzeiten ordnet.[3] In der Kriegsrolle wird mit אות das Feldzeichen des Volkes im eschatologischen Kampf bezeichnet.[4]

Auch Gottes Handeln an den Gottlosen, den Frevlern und Geistern gilt
in Qumran als "Zeichen". An ihm kann man Gottes Macht erkennen. In
solchen "Zeichen" kündigt sich gleichzeitig die Nähe des Endes an.[5]
Verwandt damit ist die wichtige Stelle der Gemeinderegel, die von den
Taten der Menschen als "Zeichen" spricht. An den Taten der Menschen
zeigt sich seine Zugehörigkeit zur Welt des Lichtes bzw. zur Welt der
Finsternis.[6]

3.3. σημεῖον bei Philo

"Auf das gesamte Vorkommen gesehen, bleibt das Wort bei Philo im Rahmen der Grundbedeutung, nach der es solche Dinge oder Vorgänge bezeichnet, die auf dem Wege über die Wahrnehmung zu bestimmter Einsicht
oder Erkenntnis führen."[7] Die Besonderheit bei Philo ergibt sich
durch den besonderen Anwendungsbereich. So bringt er bei gedanklichen
Operationen σημεῖα, "Hinweise" und "Argumente" bei. Bei Deduktionen

---

3.   1QH 12,8. Daran zeigt sich das stark priesterliche Interesse an
      den Kalenderfragen. Gott ordnet die Festzeiten und macht seine
      Ordnung durch "Zeichen" dem Menschen wahrnehmbar und dadurch er-
      kennbar. Vgl. RENGSTORF, K. H.: aaO. 224,3ff.

4.   1QM 3,12ff. Weitere Belege bei RENGSTORF, K. H.: aaO. 224,24ff.

5.   Vgl. 1QH 15,20; 1Q 27 fr I 1 5.

6.   1QS 3,13b.14. In der Tempelrolle findet sich אות nur zweimal in
      der Wiedergabe von Deut 13,1f: 11QMiq 54,8f (ed. YADIN, 243f).

7.   RENGSTORF, K. H.: aaO. 220,20ff. Vgl. HOFBECK, S.: aaO. 53f.

führt er σημεῖα, "Belege" an.[8]

An den wenigen Stellen, bei denen Philo im Zusammenhang mit Wundern
von Gott her den Zeichenbegriff verwendet, ist er von der ihm vorliegenden Tradition abhängig. Aber auch hier tritt der funktionale Charakter des Begriffs deutlich zutage. Sie sind von Gott dazu gegeben,
dem Volk "erkennbar" zu machen, was er will.[9]

3.4. σημεῖον bei Josephus[10]

Auch bei Josephus finden wir denselben Sprachgebrauch. σημεῖα sind
auch für ihn allgemein wahrnehmbare Erscheinungen, die eine Erkenntnis
und damit eine Gewissheit begründen und zur Folge haben.

In der Verwendung des Begriffes bleibt Josephus in engeren Grenzen als
Philo. Das hängt jedoch mit dem anderen Grundcharakter seiner Schriften zusammen. Folgende Anliegen treten hervor:

(1)   Josephus differenziert genau zwischen 'Zeichen' und 'Wundern'
      (z.B. bell 1,331f). Ein σημεῖον kann ein τέρας sein, muss es aber
      nicht.[11]

---

8.   In der Allegoristik können auch Schriftworte als "Belege"
      (σημεῖα) angeführt werden. Vgl. RENGSTORF, K. H.: aaO. 220f.

9.   Vgl. aaO. 220,44ff und besonders 221,6-13. Die anderslautende
      These von HOFBECK, S.: aaO. 54, hängt damit zusammen, dass der
      funktionale Charakter des Begriffs bei ihm nicht ins Blickfeld
      tritt.

10.   Wir beschränken uns hier auf allgemeine Bemerkungen. Die Zeichen
      im Zusammenhang mit den "Zeichenpropheten", die vor und während
      des jüdischen Krieges auftreten, besprechen wir § 5 (Die jüdi-
      schen "Zeichenpropheten" bei Josephus).

11.   Vgl. RENGSTORF, K. H.: aaO. 222,40ff.

(2) Dahinter wird das Anliegen des Josephus erkennbar, die legitimen
     Wunder Gottes durch Mose von aller Zauberei zu unterscheiden.[12]
     Merkwürdig ist, dass er im Zusammenhang mit Mose nur von σημεῖα,
     nicht aber von τέρατα spricht. Er grenzt Mose von den Zauberern
     am ägyptischen Königshof ab.[13] Gott selbst erscheint als 'auc-
     tor' hinter den Taten des Mose. Durch die Zeichen wird die Sen-
     dung des Mose als göttliche Sendung bestätigt.

(3) Aber auch dieses Anliegen, zwischen echtem Wunder und Zauberei zu
     scheiden, ist in eine grössere Perspektive eingeordnet. Josephus
     ringt darum, den Geschichtsablauf geistig zu durchdringen und zu
     deuten. Er scheint dabei mit Teilen der biblischen Tradition von
     der Antitypik zwischen den Exodusereignissen unter Mose und dem
     Eschaton auszugehen. Das Eschaton wird als Wiederholung und Er-
     neuerung des Exodus verstanden.[14] Dahinter steht die Verheissung
     des eschatologischen Propheten, der "wie Mose" sein soll (5 Mose
     18,15ff). Damit ist deutlich, warum die Rolle des Mose für ihn
     zentral wird.

(4) Was lässt sich über die Sendung des Mose nach der Darstellung des
     Josephus sagen? Diese Frage ist darum wichtig, weil er in seiner
     Deutung der mosaischen Geschichte die Kriterien zu erkennen
     sucht, die für den weiteren Verlauf der Geschichte gültig blei-
     ben. Zu seiner Zeit treten eine ganze Reihe von Menschen mit dem
     unverhohlenen Anspruch auf, der eschatologische Mose, also "der

---

12. Vgl. BETZ, O.: FS O. MICHEL, 23-44, bes. 25ff.

13. Vgl. auch RENGSTORF, K. H.: aaO. 223.

14. Vgl. den vom rabbinischen Judentum überlieferten, aber wesentlich
     älteren und allgemein geltenden typologischen Grundsatz, dass die
     "letzte" (messianische) Heilszeit der "ersten" (mosaischen)
     Heilszeit entsprechen wird: QohR 1,9. Vgl. dazu St-B II,481 mit
     weiteren rabbinischen Stellen; vgl. TALMON, SH.: FS G. vRAD,
     1971, 576 mit Belegen.

Prophet" zu sein.[15] Als solche müssen sie sich an der Sendung des
Mose messen lassen. Gerade das aber forderte zur genauen Erkenntnis der Figur des Mose als Typos der prophetischen Sendung heraus.

Entscheidend ist, dass Mose in einer unmittelbaren Sendung durch
Gott steht. Eben diese Sendung aber macht ihn zum politischen
Führer im Freiheitskampf gegen die damalige Weltmacht, gegen
Ägypten. Dieser Kampf hat darin seine Berechtigung, dass Gott
selbst als der Berufende und Bestätigende hinter der Sendung des
Mose steht und innerhalb des Geschichtsverlaufes sich bestätigend
zu Mose stellt. Diese Bestätigung vor dem Volk wie vor dem Pharao
erfolgt durch die σημεῖα, die Mose im Auftrag Gottes tut. Gott
selbst erweist sich dadurch gegenüber Israel und den Völkern als
der Gegenwärtige.

(5) Als Konsequenz ergibt sich eine inhaltliche Einengung, die für
unsere Untersuchung entscheidend wichtig ist. Die Konzentration
auf Mose und die Beziehung, die innerhalb des Ablaufes der Geschichte zwischen der Mosezeit und der aktuellen Gegenwart gesehen wird, führt dazu, dass der Begriff σημεῖον innerhalb theologischer Kontexte eng mit der Sendung des Mose verbunden wird.
Ein σημεῖον weist auf die Sendung des Mose bzw. des eschatolgi-
schen "Propheten" hin. Es soll und muss diese konkrete Sendung
bestätigen.

Bereits in den biblischen Schriften bahnt sich diese Konzentration des
Zeichen-Begriffs auf Mose und die Ereignisse des Exodus an. In der
Zeit des antiken Judentums wird der Terminus σημεῖον noch ausschliess-
licher auf Mose und seine Sendung durch Gott bezogen. Das zeigt sich
sprachlich daran, dass der Ausdruck "Zeichen" nur dort vorkommt, wo es
um die Sendung eines bzw. "des" Propheten geht, der zugleich in typo-
logischem Zusammenhang mit Mose gesehen wird. Dieser Sprachgebrauch
ist bei Josephus deutlich herausgearbeitet. Von den Messiassen der ze-

---

15. Ausführlicher § 5 (Die jüdischen "Zeichenpropheten" bei Josephus).

lotischen Bewegung wird kein Versuch berichtet, ein Zeichen zu tun. Wo
Josephus von "Zeichen" berichtet - es geht jedesmal nur um die Ankündigung eines solchen Zeichens - , sind es immer "Propheten", nicht
"Messiasse".[16] Dieselbe Unterscheidung findet sich, wie wir sehen werden, im Neuen Testament und bei den Rabbinen. Auch hier ist im Zusammenhang mit der Hoffnung auf den Messias nie von "Zeichen" des Messias
die Rede ist. Wohl gibt es Zeichen, die die messianische Zeit ankündigen. Vom Messias dagegen werden helfende Taten erwartet, die aber
nicht σημεῖα genannt sind. Nur das Johannesevangelium scheint hier
eine Ausnahme zu bilden.[17]

3.5. Der Zeichenbegriff bei den Rabbinen

Die Hauptbedeutungen, die אות in den rabbinischen Schriften übernimmt,
liegen ganz im Rahmen der bisher erarbeiteten Ergebnisse. Auch hier
geht es darum, dass ein Zeichen wahrnehmbar ist und zur Erkenntnis
dessen verhelfen soll, was durch das Zeichen angezeigt wird. Die
Hauptmasse der Belege versteht unter אות den "Buchstaben".[18] Dazu
tritt die Bedeutung "Kennzeichen" in verschiedenen Zusammenhängen,

---

16. Man verdunkelt sich diesen Befund, wenn man die innerhalb des jü-
    dischen Krieges auftretenden Personen nicht klar unterscheidet.
    Der Bericht des Josephus verweist auf einen präzisen Sprachge-
    brauch. Die "Messianität" ist mit der Davidssohnschaft und da-
    durch mit dem Königstitel verbunden. Die Propheten des jüdischen
    Widerstandes gegen Rom zeigen durch die "Zeichen", die sie ankün-
    digen, dass sie als der von Mose angekündigte und die Mosezeit
    wiederholende Prophet verstanden sein wollen. Sie knüpfen an 5
    Mose 18,15.18. an. Vgl. unten § 5 (Die jüdischen "Zeichenprophe-
    ten" bei Josephus). HENGEL, M.: Zeloten, [2]1976, stellt 235ff die
    "Propheten" und 296ff die "Messiasse" dieser Zeit dar.

17. Zu Acta 2,22 unten § 4.5.2. (Jesus als "der" Prophet?).

18. So fast ausschliesslich in der Mischna. Im Talmud steht את vor
    allem für das einzelne "Schriftzeichen" oder für ein angeführtes
    "Beispiel". Vgl. JASTROW, WB, 36ab.

z.B. als Weberzeichen, als charakteristisches individuelles Merkmal.
Auch die Beschneidung gilt als אות.

Bedeutend sind die Belege, die der rabbinischen Diskussion um das Wunder entstammen.[19] Das Vorbild des Mose bzw. der alttestamentlichen
Propheten tritt auch hier deutlich zutage. Auf diesem Hintergrund
stand den Rabbinen fest, dass ein Prophet sich durch ein Zeichen ausweisen können muss. Die Zuordnung des Zeichenbegriffs zur Sendung
eines bzw. des Propheten, scheint auch im rabbinischen Schrifttum
deutlich auf.[20]

3.6. Zeichen und prophetische Sendung im Judentum

Schon innerhalb des Alten Testamentes trat die enge Verbindung, die
zwischen der Sendung als Prophet und dem Tun von Zeichen besteht, auffallend zutage.[21] Die späteren Texte des Frühjudentums bestätigen den
alttestamentlichen Befund, ja führen ihn noch konzentrierter fort. Im
Hinblick auf Josephus hatte schon Schlatter bemerkt: "Bei Josephus ist
weiter bedeutsam, dass bei ihm das Wunder sofort sichtbar wird, sowie
es zur Prophetie kommt, freilich nicht als vollbrachtes, sondern nur

---

19. Grundlegend zum Wunderproblem bei den Rabbinen immer noch SCHLAT-
     TER, A.: Das Wunder in der Synagoge, 1912. Über die Auseinander-
     setzung mit der Zauberei innerhalb des Rabbinats vgl. URBACH,
     E.E.: The Sages, 1975, 97-123 (Magic and Miracle). Das frühe Ju-
     dentum stand der Astrologie nicht ausschliesslich negativ gegen-
     über: CHARLESWORTH, J.H.: HThR 70 (1977), 183-200.

20. Vgl. grundsätzlich bSanh 89b im Anschluss an 1 Kön 20,35ff; als
     konkretes Beispiel bSanh 98a/b; Tanch וישלח 8 [Buber 83b]. Vgl.
     dazu unten § 4.5.3. (Die Zeichenforderungen). Zum Terminus סימן,
     der als Fremdwort aus dem Griechischen innerhalb des rabbinischen
     Judentums auftaucht und Bedeutungsinhalte von אות übernehmen
     kann, vgl. JASTROW, WB, 981f; RENGSTORF, K. H.: aaO. 226f; HOF-
     BECK, S.: aaO. 42.

21. Vgl. § 2.2. (Zeichen und prophetische Sendung im Alten Testament).

als verheissenes (Theudas, der Ägypter, der Prophet am Tag des Tempel-
brandes)."[22] Die Texte machen eindrücklich klar, dass es bei diesen
Zeichen um die oben dargelegte Abfolge von Ankündigung und erwarteter
Erfüllung geht. Dass diese angekündigten Zeichen nicht eintreffen,
zeigt nach Josephus, dass es sich dabei nicht um rechte Propheten handelt.[23] Wichtig aber ist, dass eben diese "Zeichen" innerhalb des frühen Judentums ausschliesslich der prophetischen Sendung zugehören.
"Nicht vom Schriftgelehrten, wohl aber vom Propheten hat nach Josephus
das erste Jahrhundert das Wunder verlangt."[24]

Dieses Bild wird durch die rabbinischen Aussagen bestätigt. Wir kennen
zwar Wunder, die von Rabbinen oder von Frommen als Gebetserhörungen
empfangen werden. Aber dabei wird der Terminus "Zeichen" streng vermieden. Er taucht aber sofort dort auf, wo es um den Anspruch geht,
prophetisch zu reden. Grundsätzlich wird dieses Problem anhand von 1
Könige 20,35ff erörtert. Das Wort eines Propheten darf nicht missachtet werden. Woher aber weiss man, ob dieses Wort ein echtes Propheten-
wort ist? "Wenn jener ein Zeichen gegeben hat" (דיהב ליה אות; bSanh
89b), so lautet die Antwort.[25] Eine eindrückliche Illustration gibt
der Talmud wenige Seiten später.[26] "Seine Schüler fragten R. Jose b.
Qisma: Wann kommt der Sohn Davids?" Diese Frage geht deutlich über die
schriftgelehrte Diskussion hinaus. Sie fordert die Fähigkeit, prophetisch zu reden. Darum gibt R. Jose zur Antwort. "Ich fürchte, ihr werdet von mir ein Zeichen verlangen (מתיירא אני שמא תבקשו ממני אות). Sie

---

22. SCHLATTER, A.: Wunder, 1912, 54.

23. Vgl. dazu ausführlich § 5 (Die jüdischen "Zeichenpropheten" bei
    Josephus).

24. SCHLATTER, A.: ebda.

25. Parallelen in SDt 18,19 § 177 (108a); jSanh 11,30c 38 bei St-B
    II,480 zu Joh 6,30.

26. bSanh98a.b. Parallele in Tanch וישלח 8 = TanchB 83b. Dazu schon
    SCHLATTER, A.: aaO. 67f.

entgegneten: Wir werden von dir kein Zeichen verlangen." Rabbi Jose
gibt darauf seine Antwort, die tatsächlich in einem prophetischen Wort
besteht. "Darauf sprechen sie zu ihm: Meister, gib uns ein Zeichen
(רבינו תן לנו אות). Er entgegnete ihnen: Habt ihr mir etwa nicht gesagt, dass ihr kein Zeichen verlangen werdet (שאין אתם מבקשין ממני אות)?
Sie erwiderten ihm: Aber dennoch." Das Zeichen erscheint den Schülern
doch entscheidend, um die Wahrheit der prophetischen Sendung zu erkennen. "Da sprach er zu ihnen: Ist dies wahr, so werde das Wasser der
Paneashöhle in Blut verwandelt. Hierauf wurde es in Blut verwandelt."
Der Zeichencharakter dieser Tat besteht darin, dass die Verwandlung
zuvor angekündigt wird und gemäss der Ankündigung auch eintrifft. Inhaltlich lehnt sich das Zeichen deutlich an das Prophetenzeichen des
Mose (Ex 7,17) an. Dessen Vorbild ist auch für diese Zeit verpflichtend.[27]

Wir kommen zum Schluss, dass das Judentum von einem Propheten die Fähigkeit erwartet hat, ein "Zeichen" zu tun. Die Texte sprechen mit
grosser Selbstverständlichkeit auch von der Freiheit, mit der man von
einem Propheten ein Zeichen als Ausweis seiner Sendung fordern konnte.
Der Ausweis des Zeichens besteht nicht darin, dass die angekündigte
Tat wunderhaft ist.[28] Obwohl sie das sein kann, wird ein Vorgang erst
dadurch zu einem Zeichen, dass er vorher angekündigt wird und so ein-

---

27. Auch das Parallelmaterial, das St-B I,726f zu Mt 16,1 bietet,
     macht deutlich, dass man im Anschluss an Deut 13,1ff nur von Zei-
     chen im Zusammenhang mit der Sendung eines Propheten gesprochen
     hat. In der öfter angeführte Stelle jMQ 3,81c 58, wo Rabbi Elie-
     zer ben Hyrkanos (um 90) zum Erweis der Richtigkeit seiner ha-
     lachischen Entscheidung gegen die Mehrheit einen Johannisbrotbaum
     entwurzelt, wird diese Tat bezeichnenderweise in keinem der über-
     lieferten Texte eine אות genannt. Vgl. Anm. 29. Weiteres Material
     bei St-B IV,313f.

28. Ist ein Zeichen wunderhaft, dann ist es ein אות ומופת. Aber ein
     Zeichen muss nicht in einem Wunder bestehen, sowenig ein wunder-
     hafter Vorgang an sich schon ein Zeichen ist. So bereits GUNKEL,
     H.: Genesis, [4]1917, 150.

trifft. Entscheidend für unsere Analyse ist weiter, dass ein Zeichen
nicht auf irgendeine göttliche Sendung verweist, sondern an die Sendung des Propheten gebunden ist.[29]

Dieser Befund findet noch eine weitere, indirekte Bestätigung. Der
Talmud berichtet in einem Abschnitt, in dem verstreute Traditionen
über das Bild des kommenden, davidischen Messias gesammelt sind, von
Bar Kochba. Er habe gegenüber den Weisen behauptet, der Messias zu
sein.[30] Darauf prüfen ihn die Weisen. Weil aber die Sendung Bar Koch-
bas als Sendung des Messias zu prüfen ist, nicht als die eines oder
gar "des" Propheten, erwartet man von Bar Kochba auch kein "Zeichen",
sondern legt ein anderes Mass an ihn an. Nach Jesaja 11,3 soll der
Messias "nicht nach dem richten, was seine Augen sehen, noch Recht
sprechen nach dem, was seine Ohren hören." Der Geistbesitz, der zur
Rechtsfindung ohne Zeugenbefragung befähigt, soll ihn als den Messias
ausweisen. Das wird im Zusammenhang der eigenartigen Wendung gesehen,
der Messias könne "riechen kraft der Gottesfurcht" (11,3).[31] "Vom Mes-

---

29. In diesem Zusammenhang ist der Anm. 27 erwähnte Text (jMQ 3,81c
    58) über Eliezer ben Hyrkanos wichtig. Er will seine Entscheidung
    als Schriftgelehrter durch ein Zeichen als wahr erweisen. Das
    wird jedoch von den Rabbinen nicht anerkannt. Wäre sein Spruch
    ein prophetischer Spruch, seine Sendung die eines Propheten, so
    würden andere Massstäbe gelten. Das ist aber nicht der Fall. Un-
    ter den Schriftgelehrten gilt der Mehrheitsentscheid. Dass es zur
    Tat Eliezers kam, zeigt aber an, dass der Mehrheitsentscheid noch
    umstritten war. Eliezers Handlung weist auf eine ältere Grundlage
    des Schriftgelehrtentums zurück, in der neben der Tradition auch
    prophetische Inspiration als Autoritätserweis für den Schriftge-
    lehrten galt.

30. bSanh 93b. Der Text gehört historisch in den Bereich der Legende,
    hat aber für das Bild, das das Rabbinat vom wahren Messias be-
    sass, bleibenden Wert. Wichtig dazu BETZ, O: ANRW II 25,1, 638f.

31. So eine der möglichen und hier vom Talmud vertretenen Deutung der
    schwierigen Form והריחו. Vgl. dazu 8.6. (Zur Funktion von Johan-

sias heisst es, er werde riechen und richten, wir wollen nun sehen, ob
er riechen und richten könne. Als sie sahen, dass er nicht riechen und
richten konnte, töteten sie ihn" (bSanh 93b). Auch hier also geht es
um den Ausweis einer konkreten, von Gott ergangenen Sendung. Aber von
einem אות ist hier nicht die Rede, denn Bar Kochba wird nicht als Prophet, sondern als Messias geprüft.[32]

3.7. EXKURS: Messias und Prophet

In unserer Untersuchung gehen wir von einer möglichen und klaren Unterscheidung zwischen der Sendung des Messias und der des eschatologischen Propheten aus.

Das Alte Testament, das frühe Judentum und das Neue Testament weiss

---

nes 2,24-25), Anm. 23 und Exkurs 2 (Die Bedeutung von Jesaja 11
für das Verständnis Jesu).

32.   Innerhalb des rabbinischen Schrifttums taucht auch verschiedent-
      lich die Wendung "Zeichen des Messias" (אתות המשיח) auf. Damit
      sind aber jedesmal die eschatologischen Zeichen gemeint, durch
      die sich die Nähe bzw. die Ankunft des Messias ankündigt. Es geht
      dabei um die sich steigernden Bedrängnisse, deren Beschreibung
      sich meist an die sich steigernden Plagen bei Mose anlehnt. Der
      Midrasch hat dieses Thema selbständig entfaltet. So ist uns eine
      kleine apokalyptische Schrift unter dem Titel אתות המשיח überlie-
      fert, die von den zehn "Zeichen" spricht, die der Ankunft des
      Messias vorausgehen bzw. sie begleiten. (JELLINEK, BhM II, 58-63;
      Übersetzung bei WÜNSCHE, Lehrhallen III, 107-117). Von אתות, die
      der Messias tut, weiss aber auch dieser Midrasch nichts. Von ihm
      heisst es nur, er werde sich zu seiner Zeit in seiner "Macht" of-
      fenbaren: ובזמן שמשיח יתגלה בגבורתו (BhM II,58; Lehrhallen
      III,107). Der Sprachgebrauch verbindet sich genau mit dem, der
      uns durch die synoptischen Evangelien bekannt ist. Sie sprechen
      von Jesu δύναμις, also seiner messianischen גבורה, nicht aber von
      seinen "Zeichen". Über die Vorzeichen der messianischen Zeit han-
      delt ausführlich St-B IV/2, 977-1015.

von verschiedenen Gestalten, deren eschatologische Sendung von Gott
erwartet wird. Dazu gehören neben Mose und Elia, dem eschatologischen
Propheten auch der Menschensohn, Henoch usw. Der Messias erscheint als
eine dieser eschatologischen "Rollen". Es gibt Texte, bei denen es
deutlich scheint, dass solche vielleicht ursprünglich selbständige
Sendungskonzeptionen zusammengeschaut wurden. Daraus ergeben sich für
die Forschung neue Fragen und zum Teil auch Sprachprobleme. Wir weisen
als Beispiel nur auf die Frage hin, ob der kommende "Menschensohn" in
den Henoch-Bildreden der "Messias" ist oder nicht.

Um der Klarheit des Gesprächs willen erscheint es ratsam, die Bezeichnung Messias für die Sendung und damit die Texte zu reservieren, in
denen dieser Terminus ausdrücklich auftaucht. Die uns vorliegende
Sprache muss Ausgangspunkt unserer Arbeit bleiben. Nun hat man aber
z.B. in Qumran, ausgehend von Sacharja 4,3.11.14. auf zwei Messiasse
gewartet: den priesterlichen und den königlichen Messias. Das macht
deutlich, wie stark man sich an das prophetische Wort der Bibel als
der Grundlage, von der die Hoffnung ausging und auf die sie bezogen
blieb, hat leiten lassen. Über diese beiden eschatologischen Sendungen
hinaus erwartete man auch "den Propheten" im Anschluss an das Verheissungswort des Mose: "Einen Propheten wie mich wird der Herr euch erwecken" (5 Mose 18,15.18).[33] Prophet und Messias aber werden nie zu
austauschbaren Begriffen. Die Traditionen bleiben selbständig.[34]

Bezeichnend für diese Unterscheidung ist die sprachliche Entwicklung
in den Targumim. Sie verwenden an Stellen, die messianisch interpre-

---

33. 4Qtest 5-7; vgl. 1QS IX,11 ua. Belege und Literatur bei WOUDE, A.
    VAN DER, ThWNT IX,508ff. HORSLEY, R. A.: CBQ 47 (1985), weist
    441ff darauf hin, dass nur in Qumran ausdrücklich auf Deut
    18,15ff Bezug genomme worden ist. Auch Horsley tritt nachdrück-
    lich für eine genaue Differenzierung zwischen prophetischer und
    messianischer Sendung ein; vgl. ebda. 454ff.

34. Zur Besonderheit der samaritanischen Erwarung eines Propheten
    "wie Mose" vgl. die Angaben in § 5, Anm. 20. und HORSLEY, R.A.:
    CBQ 47 (1985), 442f.

tiert werden, zum Teil die einfache Übersetzung משיחא. Öfters wird der
Ausdruck aber präzisiert durch die Formel מלכא משיחא. Das ist als
deutlicher Hinweis darauf zu verstehen, dass man den 'König-Messias',
also den Messias als den Nachkommen Davids gemeint hat. Verbirgt sich
dahinter auch noch das Wissen, dass es eben auch andere 'Messiasse'
gibt: den priesterlichen, später dann den Messias aus Ephraim? Auf jeden Fall hat die Wendung präzisierenden Charakter.[35]

Als Indiz für den festen Sprachgebrauch gilt indirekt auch die Auseinandersetzung um den Königsbegriff. Schon während der Zeit der Has-
monäer und endlich während des ersten Jahrhunderts kam es verschiedentlich dazu, dass von jüdischen Herrschern der Königstitel angenom-
men wurde. Dem ist immer wieder Widerstand entgegengesetzt worden mit
der Begründung, der Königstitel sei als göttliche Setzung dem Hause
Davids zugewiesen und damit an die Nachkommen Davids gebunden. Wir erkennen keine Spur davon, dass die Verheissung des davidischen Messias
irgendwie 'ideel' verstanden und von der davidischen Familie gelöst
worden wäre.[36] Andernfalls wären auch die Nachrichten unverständlich,
nach denen noch im zweiten Jahrhundert Mitglieder der Familie Jesu
nach Rom zitiert werden, da wegen ihrer Zugehörigkeit zum Hause Davids
der Verdacht politischen Engagements auf sie gefallen ist.[37]

Von diesen Beobachtungen aus scheint es uns geraten, (davidisch-)mes-
sianische und (mosaisch-)prophetische Sendung voneinander genau zu unterscheiden, solange nicht konkrete Texte andere Hinweise geben.

---

35. Vgl. LEVEY, S.H.: The Messiah, 1974. Zum Sprachgebrauch im Jesa-
     jatargum vgl. CHILTON, B.D.: Glory of Israel, 1983, 86-96 (The
     Messiah).

36. Nähere Hinweise § 11.1.4. (EXKURS: 'Prophet' und 'König' im Jo-
     hannesevangelium), Abschnitt (2) am Ende.

37. So eine Nachricht von Hegesipp bei Euseb, eh 3,22,6 (vgl. 3,20).
     Im Verhör durch Domitian geht es, wie beim Verhör Jesu durch Pi-
     latus (Joh 18,33-38), um die Frage, ob Jesu Königtum unmittelbar
     politisch zu verstehen sei oder nicht. Vgl. SCHLATTER, A.: Kirche
     Jerusalems, 1966, 114.

§ 4 σημεῖον IM NEUEN TESTAMENT (ohne Johannes)

4.1. Einleitung

Die Verwendung des Terminus σημεῖον innerhalb des Neuen Testaments
spiegelt den bisher beobachteten Sprachgebrauch genau wider.

Als Besonderheit könnte gelten, dass Jesus im Spruch des Simeon ein
σημεῖον ἀντιλεγόμενον genannt wird (Lukas 2,34). Rengstorf hat behauptet, dass als semitisches Äquivalent hier nur אות in Frage komme.[1] Es
sei für biblisches Denken nicht ungewöhnlich, dass sich ein Zeichen in
einem Menschen darstelle. Der Beleg, auf den er dafür hinweist, trägt
aber diese Behauptung nicht.[2] Die nächste echte Parallele findet sich
in Qumran. Der Beter der Loblieder spricht: "Du aber setztest mich zum
Zeichen für die Erwählten der Gerechtigkeit..." (1QH II,13). Der Zusammenhang zeigt, dass er durch seine von Gott empfangene Setzung die
Scheidung zwischen den Erwählten und den Männern des Trugs herbeizu-
führen hat. Das entspricht genau dem, was Simeon über Jesu Sendung
sagt. Der Qumran-Beter aber spricht von sich als dem נס.[3] Es ist sicher nicht zufällig, dass die lukanische Darstellung des Simeon Eigen-
heiten erkennen lässt, die Simeon in die Nähe des Essenismus stellen.

4.2. σημεῖον als Kennzeichen

In einer Reihe von Belegen bedeutet σημεῖον ein Erkennungszeichen. Sowohl der Kuss des Judas (Mt 26,48) wie auch die Krippe und die Windeln

---

1.   RENGSTORF, K. H.: aaO. 236f.

2.   RENGSTORF behauptet aaO. 229,25ff zu Lukas 2,1-20, die Hirten
      würden für Maria zum "Zeichen", ohne dass das besonders gesagt
      werden müsste. Aber das ist kein Beleg für den Sprachgebrauch von
      σημεῖον. Dieser Terminus kommt hier nicht vor.

3.   Dass der kommende Messias von Gott zum נס gemacht werden wird,
      sagt ausdrücklich Jesaja 11,10.12.Vgl. die Arbeiten, die RENGS-
      TORF, K.H.: aaO. 237, Anm. 279 zitiert.

Jesu (Lukas 2,12) sind darum "Zeichen", weil sie vorher genau bezeichnet wurden und darum zu einem Kennzeichen geworden sind. Sie sind
wahrnehmbar und ermöglichen so die rechte Erkenntnis. Paulus nennt
seine charakteristische Unterschrift ein σημεῖον (2 Thess 3,17). Auch
die Glossolalie gilt im exegetischen Rückgriff auf Jes 28,11f als
"Kennzeichen" (1 Kor 14,21f).[4] Die Beschneidung wird als "Zeichen der
Gerechtigkeit der (Glaubens-)Treue" anerkannt (Röm 4,11).[5]

4.3. Die eschatologisch-kosmischen Zeichen

Dass Gott die einzelnen Stationen im Ablauf der Geschichte durch "Zeichen" ankündigt, ist allgemeine Überzeugung des Judentums seit sehr
früher Zeit.[6] So spricht auch Jesus von σημεῖα, an denen der Verlauf
der "Zeiten" erkannt werden soll (Mt 16,2f).[7] Die Jünger stellen aus-

---

4. Das steht auch unabhängig von der Deutung dieses umstrittenen Ab-
    schnittes fest. Vgl. GRUDEM, W.: WThJ .. (1979), 381-396.

5. Sind auch die "Zeichen" in Mk 16,17.20 zunächst als "Kennzeichen"
    zu verstehen? Sie stehen jedoch im Zusammenhang urchristlicher
    Sendung. Vgl. 4.6. ("Zeichen" der Gesandten Jesu).

6. Die Frage nach der genauen Zeit scheint kultischen Ursprungs zu
    sein. Man fragt nach der Zeit, die für ein Fest, ein Opfer usw.
    geeignet ist. Da der irdische Kult abbildhafter Vollzug des himm-
    lischen Kultes ist (vgl. z.B. Ex 25,9; Hebräerbrief), ist man auf
    die Erkenntnis des genauen Zeitpunktes angewiesen. Das führt bei
    vielen Religionen zur exakten Sternbeobachtung und damit zur
    Wichtigkeit der Kalenderfragen im Zusammenhang kultischer Lebens-
    ordnung. In Israel herrscht grössere Distanz zur Sternbeobach-
    tung. Dass sich aber durch himmlische Zeichen der Geschichtsver-
    lauf ankündigt bzw. von ihnen begleitet wird, ist Israel gewiss.
    Doch vgl. auch CHARLESWORTH, J. H.: HThR 70 (1977), 183-200.

7. Textkritisch ist schwer zu entscheiden, ob der von wichtigsten
    Zeugen ausgelassene Abschnitt Mt 16,2b.3. zum ursprünglichen Text
    gehört. Vgl. die Diskussion bei METZGER, B. M.: Textual Commen-

drücklich die Frage nach den Zeichen "deiner Wiederkunft und des Endes
der Welt" (Mt 24,3; vgl. Mk 13,4; Lk 21,7). Diese Frage wird von Jesus
nicht zurückgewiesen. Sie hat innerhalb der synoptischen und paulini-
schen Eschatologie ihren Raum und ihre Berechtigung. Dasselbe gilt
auch für den 1. Johannesbrief, die Apokalypse, den 2. Petrusbrief und
den Judasbrief. Als solche "Zeichen" werden einerseits geschichtliche
Bedrängnisse wie Verführung, Kriege, Hungersnöte, Erdbeben usw. genannt (Mt 24,4ff und ausdrücklich Lk 21,11). Dazu kommen "Zeichen vom
Himmel her" (Lk 21,11), unter denen Veränderungen an Sonne, Mond und
Sternen verstanden sind (Lk 21,25). Das Ende selbst wird durch das
"Zeichen des Menschensohnes" eingeleitet (Mt 24,30).

Von kosmisch-eschatologischen Zeichen spricht auch das Joel-Zitat in
Acta 2,19.[8] Für die Apokalypse kündigen sich Ereignisse, die Wende-
punkte der eschatologischen Geschichte sind, durch "Zeichen am Himmel"
an (Off 12,1.3.; 15,1). Bei diesen kosmisch-eschatologischen Zeichen
handelt es sich um einen Spezialfall der Erkennungszeichen. Sie sind
dem Menschen wahrnehmbar und ermöglichen eine Erkenntnis. Der Zeichenbegriff bleibt auch hier funktional.

4.4. Die "Zeichen" der antichristlichen Propheten

Unter die "Zeichen" der Endzeit wird auch die kommende "Verführung"
gezählt. Die zunehmende Bedrängnis wird im Auftreten antichristlicher
Erscheinungen gipfeln. Im Zusammenhang des Auftretens des Antichristen
rechnet die neutestamentliche Apokalyptik auch mit Wundertaten, die
"Zeichen" genannt werden. Im voranstehenden Paragraphen haben wir die
Beobachtung gemacht, dass "Zeichen" auf die Sendung eines bzw. "des"
Propheten hinweisen, nicht aber auf die des Messias. Können die Texte
des Neuen Testamentes diese Beobachtung bestätigen?

---

tary, 1971, 41f.

8.   Joel 2,30 = 3,3. Der hebräische Text spricht nur von מופתים. Der
      Tg übersetzt אתין, versteht also "Zeichen". Lukas fügt den Zei-
      chenbegriff als Interpretament im Sinne des Tg ein.

"Es werden falsche Christus und falsche Propheten auftreten und werden
grosse Zeichen und Wunder vollbringen." (Mt 24,24 = Mk 13,22).[9] Hinter dieser Wendung steht die zeitgenössische Erwartung des kommenden
Propheten wie Mose (Deut 18,15.18).[10] Hinter der Warnung Jesu wird die
Stelle des Deuteronomiums erkennbar, dass der falsche Prophet "Zeichen
und Wunder" ankündigt und tut (Deut 13,2). Der auch zeitgeschichtlich
naheliegende Bezug auf unmittelbar politisches Engagement dieser Bewegung wird dadurch noch deutlicher. Das bedeutet, dass auch hier der
Zeichenbegriff in Verbindung mit der prophetischen Sendung zu sehen
ist.[11]

Ähnlich muss die Stelle des zweiten Thessalonicherbriefes beurteilt
werden, die von der Ankunft des ἄνομος spricht. Seine Parusie wird von
σημεῖα καὶ τέρατα begleitet sein (2 Thess 2,9). Die konkrete Art seiner Sendung wird im Text zu wenig deutlich, als dass man hier von den
"Zeichen" eines Messias sprechen könnte. Auch sagt der Text nichts davon, wer diese Zeichen und Wunder tut.

Deutlicher entfaltet erscheint das apokalyptische Bild in der Offenbarung. Das erste Tier, das im Text deutlich als Antichrist gekennzeichnet ist, wird von einem zweiten Tier begleitet (Off 13,1-10.11-18).
Spätere Stellen bezeichnen dieses Tier ausdrücklich als den "falschen
Propheten" (16,13; 19,20). Es wird dadurch gekennzeichnet, dass es
"vor seinen (sc. des ersten Tieres, also des Antichristen) Augen die
Zeichen getan hatte" (19,20). Das wird in 13,13ff inhaltlich weiter
entfaltet. Deutlich erscheint das Verhältnis zwischen Mose und Aaron
als typologisches Vorbild. Der "Prophet" vollzieht die Zeichen vor

---

9.   Die Wendung σημεῖα καὶ τέρατα erscheint in den synoptischen Evan-
      gelien nur hier.

10.   Vgl. RENGSTORF, K. H.: aaO. 239,14ff.

11.   Der 1 Johannesbrief spricht vom Auftreten der angekündigten "An-
      tichristen" (1,18). Ihnen ordnet er später "falsche Propheten"
      (4,1)zu. Der "Geist", der in ihnen spricht, ist der "Geist des
      Widerchrists" (4,3).

seinem "Gott" (vgl. Ex 7,1.9). Auch inhaltlich weisen die Zeichen auf
die prophetische Sendung hin. "Und es tut grosse Zeichen, sodass es
sogar Feuer vom Himmel auf die Erde herabfallen lässt vor den Menschen" (Off 13,13).[12] Von "Zeichen" des ersten Tieres ist an keiner
Stelle die Rede.[13]

4.5. Gibt es "Zeichen" Jesu?

4.5.1. Die Terminologie der Synoptiker

Die synoptischen Evangelien berichten von Jesu heilender und helfender
Tätigkeit. Dabei hat vor allem seine Kraft, Wunder zu tun, die Aufmerksamkeit der Menschen auf sich gezogen. Fragt man nach der Terminologie, die sich mit den synoptischen Wunderberichten verbindet, so
steht man vor einem eigenartigen Befund: "Bei den Synopt(ikern) werden
die Wunder Jesu nie ein σημεῖον genannt."[14] Vor allem der Ausdruck δύναμις erscheint innerhalb der Terminologie des Wunders.[15] Auch von den

---

12. Die prophetische Wirksamkeit des Elia (1 Kön 18,38; vgl. 2 Kön
    1,10.12) klingt an. Typologisch ist aber auch hier Mose Vorbild:
    Numeri 16,35. Vgl. die Abwehr Jesu Lk 9,54f.

13. Vgl. Offenbarung 16,13f. Von der antichristlichen Trias, dem Dra-
    chen, dem Tier und dem falschen Prophet gehen drei unreine Gei-
    ster aus. Sie werden als Dämonengeister gekennzeichnet, "die Zei-
    chen tun, die zu den Königen des Erdkreises ausziehen, um sie zum
    Krieg am grossen Tag des allmächigen Gottes zu versammeln." Ihre
    Sendung ist damit als prophetische Sendung gekennzeichnet.

14. FRIEDRICH, G.: Art. δύναμις, EWNT I, 865.

15. Schon innerhalb des Alten Testamentes ist die גבורה Zeichen des
    Geistträgers. Der Messias als Träger des Geistes erhält die רוח
    גבורה (Jes 11,2). Umgekehrt wird der Ausdruck nicht in Verbindung
    mit prophetischer Sendung gebraucht. Von גבורה spricht das Alte
    Testament vor allem im Zusammenhang mit Gott selbst. So kann der
    Terminus endlich zur Bezeichnung für Gott selbst werden. Vgl.

ἔργα τοῦ χριστοῦ kann gesprochen werden (Mt 11,2), nicht jedoch von σημεῖα τοῦ χριστοῦ.

4.5.2. Jesus als "der" Prophet?

Dieser auffällige Befund erklärt sich aus der oben gemachten Beobachtung: der Terminus σημεῖον gehört zur Sendung als Prophet. Die synoptischen Evangelien berichten zwar, ähnlich wie Johannes, dass innerhalb des Volkes die Vermutung auftaucht, Jesus sei einer der Propheten (Mk 6,14ff; 8,28; Lk 7,16.39; Mt 21,11.46).[16] An keiner dieser Stellen nimmt Jesus diese Bezeichnung positiv für sich auf. In einigen Aussagen fügt Jesus zwar sein Ergehen einem Geschichtsbild ein, das ihn typologisch mit den Propheten des Alten Testamentes verbindet (Lk 13,33f/Mt 23,29-32; vgl. Lk 11,47-50), ohne sich selbst dadurch als Prophet zu bezeichnen.[17]

Im lukanischen Sondergut erkennen wir Spuren, dass Jesus in einzelnen Traditionskreisen des frühen Judenchristentums auch als Prophet verstanden worden ist. "Jesus von Nazareth, der ein Prophet war, mächtig in Tat und Wort vor Gott und allem Volke" (Lk 24,19). Damit war ein unmittelbar politisches Verständnis der Sendung Jesu verbunden: "Wir aber hofften, er sei es, der Israel erlösen sollte" (Lk 24,21).[18] Aber

---

KOSMALA, H.: Art. גבר, ThWAT I, 906f mit Belegen.

16. Exegetisch ist genau zwischen "einem" und "dem" Propheten zu differenzieren. Vgl. CULLMANN, O.: Christologie, [2]1958, 11-49; HAHN, F.: Hoheitstitel, [4]1974, 351-404. Überblick mit neuer Literatur bei SCHNIDER, F.: Art. προφήτης, EWNT III, 442-448.

17. Es ist zu beachten, dass aus diesen Stellen noch nicht hervorgeht, Jesus sei "ein" oder gar "der" Prophet. Nicht seine Sendung, sondern sein Leiden und Sterben werden mit den Propheten in Beziehung gesetzt.

18. Der Ausdruck "erlösen" meinte zwar nicht ausschliesslich, wohl aber primär politische Befreiung. Vgl. dazu Acta 1,7 als inter-

auch diese Erwartung wird nicht direkt aufgenommen. Jesus spricht zu
den Emmausjüngern von sich als dem "Christus" (Lk 24,26).

Zusammenfassend lässt sich für die Synoptiker sagen, dass vom Volk die
Vermutung an Jesus herangetragen wird, Jesus sei ein bzw. gar "der"
eschatologische Prophet. Dieselbe Hoffnung machte sich auch wenigstens
teilweise innerhalb des Jüngerkreises breit. An keiner Stelle wird
diese Bezeichnung und die Traditionslinie, die damit verbunden ist,
von Jesus selbst oder von einem der Evangelisten christologisch positiv aufgenommen.[19]

Auf ein anderes Bild treffen wir in einzelnen Traditionsschichten, die
Lukas in der Apostelgeschichte verarbeitet. Die beiden Reden in Kapitel 3 bzw. Kapitel 7 entfalten eine Christologie, die Jesus als den
von Mose verheissenen eschatologischen Propheten versteht. In beiden
Reden wird die Verheissung Deut 18,15 ausdrücklich zitiert (3,22f;
7,37).[20] Es ist deutlich, dass beide Reden älteres Traditionsgut enthalten, das von Lukas verarbeitet wurde.

Die Stephanusrede bietet ab Vers 35 eine ausführliche Mosestypologie,
die auf Jesus hin konzipiert ist. Die Rede greift auf die Wüstentradition zurück und richtet sich in ihrer Spitze gegen den Tempel. Der
Umgang mit Schrift und Geschichte erscheint typologisch. Sowohl der
Christus- wie der Kyrios-Titel fehlen. Jesus gilt als "der Gerech-

---

pretierende Parallelformulierung, jetzt im Munde des Apostelkrei-
ses, nicht nur von Einzelnen. Zum Verständnis vgl. 13.4.3. (Der
Freiheitsbegriff in der jüdischen Tradition).

19. So genau beobachtet bei CULLMANN, O.: Christologie, [2]1958, 34f.
    Unbefriedigend SCHNIDER, EWNT III, 445f über die Synoptiker. Zum
    Befund bei Johannes vgl. § 11 (σημεῖα und mosaische Sendung).

20. Vgl. die Analyse der beiden Reden bei HAHN, F.: Hoheitstitel,
    [4]1974, 382-390.

te".[21] Der Bezug der Christologie auf die Davidstradition fehlt.[22] Lukas nimmt hier älteres Traditionsgut einer Gruppe des Judenchristentums auf, das ihm vorliegt. Dass er die darin enthaltene Christologie
nicht ändert, verweist auf die Eigenart seines Umganges mit den Quellen, die ihm zur Verfügung stehen.[23]

Auch in der Petrusrede wird Jesu Sendung typologisch von Mose her verstanden. Im Unterschied zur Stephanusrede aber erscheint auch anderes
Traditionsgut, das in Jesus den leidenden Christus (3,18), den Knecht
Gottes (3,13.26) erkennt. Lässt die Stephanusrede keine Verbindung mit
der davidischen Messianität Jesu erkennen, so werden in der Petrusrede
die davidische und die mosaisch-prophetische Tradition als Einheit gesehen. Ist dieser Zusammenhang schon durch die Tradition, die Lukas
verarbeitet, hergestellt worden, oder tritt er erst durch die redak-
tionelle Arbeit des Lukas heraus?[24] Auf jeden Fall erhalten wir Ein-
blick in eine Christologie, die für das Verständnis Jesu die Verheissung des eschatologischen Propheten positiv aufnimmt. Wir sind damit

---

21.   7,52; so auch 3,14; vgl. Lk 23,47, Mt 27,19; 27,24 v.l. und Acta
      22,14. Vgl. dazu PsSal 17,32; äthHen 38,2; 53,6.

22.   Auf David wird nur im Zusammenhang mit dem Tempelbau hingewiesen:
      7,45f.

23.   Nach HAHN, F.: Hoheitstitel, [4]1974, 384f hat Lukas nur in Vers
      52b in das ihm vorliegende Traditionsstück redaktionell einge-
      griffen. 7,(22b).25.37-52a.53 entstamme dem vorlukanischen Juden-
      christentum, das eine Mose-Jesus-Typologie vertreten habe.

24.   Im Neuen Testament werden sonst mosaische und (davidisch-)messia-
      nische Sendung genau unterschieden. Vgl. Joh 1,21.25 im Blick auf
      den Täufer; 7,40ff im Blick auf Jesus. Auch in Qumran hat man
      beide Erwartungen ernst genommen, aber nicht miteinander verbun-
      den. Der eschatologische Prophet wird erwartet, erhält aber nicht
      den Titel "Messias", der dem priesterlichen und dem davidischen
      Messias vorbehalten ist. Die Terminologie ist exakt. Vgl. § 3.7.
      (Exkurs: Messias und Prophet).

auf die Kreise des Judenchristentums verwiesen, die zumindest hinter einem Teil des lukanischen Traditionsmaterials stehen.[25]

Nun fällt auf, dass in der Stephanusrede ausdrücklich von den τέρατα καὶ σημεῖα des Mose gesprochen wird. Sie gehören zur Typologie, die Jesus mit der mosaischen Sendung verbindet. Auf diesem Hintergrund haben wir auch die einzige neutestamentliche Stelle - ausserhalb des Johannesevangeliums - zu verstehen, in der von Jesu σημεῖα gesprochen wird. In der Pfingstrede des Petrus wird im Anschluss an das Zitat aus dem Propheten Joel auf Jesu Wunder hingewiesen.

"Ihr israelitischen Männer, höret diese Worte: Jesus den Nazoräer, einen Mann, der von Gott vor euch beglaubigt worden ist durch machtvolle Taten und Wunder und Zeichen, die Gott durch ihn in eurer Mitte getan hat, wie ihr selbst wisst, ..." (Acta 2,22).

Der Prophetentitel fällt hier nicht. Aber der Gedanke, dass Jesus durch δυνάμεις καὶ τέρατα καὶ σημεῖα beglaubigt (ἀποδεδειγμένον) worden ist, legt dieses Verständnis nahe. "Dass das Wundertun in der Tradition vom endzeitlichen Propheten wie Mose eine ausschlaggebende Rolle spielt, ist schon in spätjüdischer Überlieferung erkennbar geworden und hat offensichtlich gerade im Blick auf Jesu irdisches Leben grosse Bedeutung gewonnen. Lässt sich beweisen, dass hier tatsächlich eine sehr alte Vorstellung vorliegt, dann würde sich damit ergeben, dass Jesu irdisches Wirken zumindest in einer bestimmten Überlieferungs-

---

25. Dazu gehören die Traditionen, die Lukas in Acta 1 - 12 verarbeitet hat, wahrscheinlich aber auch das lukanische Sondergut. Das Verständnis Jesu, das in Lukas 24,19 geäussert wird, könnte dafür sprechen. Es wird in der folgenden Jesusrede zwar ergänzt, aber nicht grundsätzlich zurückgewiesen. Die "Schriften" zeigen, dass Jesus "zuvor" leiden musste. Der Weg durch Leiden, Tod und Auferstehung und die Übereinstimmung dieses Weges mit den "Schriften" ist Gegenstand der Rede. Auch in Acta 1,7 wird nur die Frage nach dem Zeitpunkt zurückgewiesen. Die Hoffnung, die hinter dieser Bemerkung steht, wird nicht getadelt.

schicht von Anfang an von Belang gewesen ist."[26]

Zur historischen Einordnung dieses Befundes sind spätere judenchrist-
liche Texte, die Jesus als den eschatologischen Propheten verstehen,
von grosser Bedeutung. Im zweiten Jahrhundert entbrennt zwischen einzelnen judenchristlichen Kreisen und Johannesjüngern ein Streit. In
seiner Mitte steht nicht die Frage, ob Jesus der Christus sei, sondern
die Auffassung Jesu als ὁ ἀληθὴς προφήτης. Die Nähe zu den samaritanischen Traditionen vom Ta'eb und zur Erwartung des eschatologischen
Propheten in Qumran ist wichtig. Aber wie alt sind diese Auseinandersetzungen? Wurden sie bereits zwischen verschiedenen Gruppen der Urkirche ausgetragen? Eine genaue historische Analyse und die Einordnung
dieser Texte in die Geschichte des Urchristentums ist schwierig,
bleibt aber dringend.[27] Erkennen wir in den Petrusreden der Apostelgeschichte eine Verbindung zwischen mosaischer und (davidisch-)messiani-
scher Tradition, so erscheint Jesus in der Stephanusrede und in diesen
späten judenchristlichen Gruppen als "der" Prophet.[28]

Wichtig für unsere Untersuchung des Zeichenbegriffs und seine Verwendung ist folgendes Ergebnis: Nur dort, wo die Erwartung des eschatologischen Propheten für Jesus positiv aufgenommen wird - es handelt sich

---

26. HAHN, F.: Hoheitstitel, [4]1974, 388.

27. Man bedenke die Rolle, die Petrus und Jakobus (der Apostel) in
    den Pseudoklementinen (vor allem Hom III, 17-28) spielen. Über-
    blick, Texte und Literatur z.B. IRMSCHER, J.: Die Pseudo-Clemen-
    tinen, NtlA II, 373ff; STRECKER, G.: Die Kerygmata Petrou, ebda.
    63ff. ALTANER/STUIBER, Patrologie 134f.575. Patristische Zitate
    bei KLIJN, A.F.N./ REININK, G.J.: Patristic Evidence, 1973: Epi-
    phanius, Pan 30 18 5f (aaO. 186ff); Pseudo Hieronymus, indic. de
    haer. X (aaO. 234f). Den Überblick über die christologischen Ei-
    genheiten der verschiedenen Gruppen und die einzelnen Texte er-
    leichtert die Tabelle ebd. 78f.

28. Vgl. CULLMANN, O.: Christologie, [2]1958, 38-42 und dazu HAHN, F.:
    Hoheitstitel, [4]1974, 398f (Lit.).

um die judenchristlichen Kreise, dem Teile des lukanischen Materials
entstammen - wird einmal von σημεῖα Jesu gesprochen. Dort, wo das Verständnis Jesu als eines oder gar "des" Propheten abgewiesen wird, wird
auch konsequent die Bezeichnung σημεῖα für die Taten Jesu vermieden.

4.5.3. Die Zeichenforderungen

Bei der Bearbeitung des alttestamentlichen und des rabbinischen Materials haben wir gesehen, dass Zeichen zur Sendung eines Propheten gehören. Spricht jemand prophetisch, so hat er sich als wahrer Prophet
dadurch auszuweisen, dass er ein "Zeichen" tun kann. Ein Geschehen,
eine Tat oder ein Wunder werden dadurch zu einem σημεῖον, dass sie zuvor angekündigt werden und dann gemäss dieser Ankündigung erkennbar
eintreffen.[29] Wir werden bei den Zeichenpropheten, von denen Josephus
aus der Zeit des ersten Jahrhunderts berichtet, durchgehend auf diese
Vorgangsweise treffen. Umgekehrt haben wir gesehen, wie in dem Moment,
wo Rabbi Jose ben Quisma (bSanh 98a) nicht mehr als Schriftgelehrter,
sondern als Prophet spricht, von ihm ein Zeichen verlangt wird. Die
Formel, die nach einem "Zeichen" als Ausweis echter prophetischer Sendung fragt, lautet: "ein Zeichen erbitten" (בקש אות) bzw. fordernd:
"Gib uns ein Zeichen (an)!" (אות תן לנו).[30] Auch bei Rabbi Qisma besteht das Zeichen darin, dass es zunächst (an)gegeben wird und dann
genauso eintrifft. Entscheidend für unsere Untersuchung aber ist, dass
dieser Vorgang, der mit dem Terminus אות/σημεῖον bezeichnet wird, zur
Sendung des Propheten, nicht aber der des Messias gehört. "Das Beglau-
bigungswunder hat von jeher seinen Platz im Zusammenhang mit dem Anspruch der Propheten."[31]

---

29. Vgl. oben § 3.6. (Zeichen und prophetische Sendung).

30. Vgl. zur Formulierung Deut 13,2. Deutlich ist hier die Eigenart
     eines "Zeichens" dadurch hervorgehoben, dass es zuvor "angegeben"
     wird und dann "eintrifft". Die Wendung lautet: "ונתן אליך אות ...
     ובא האות ..."

31. HAHN, F.: Hoheitstitel, [4]1974, 390.

Auf diesem Hintergrund haben wir auch die Zeichenforderungen, von denen die Evangelien berichten, zu verstehen. (Mt 12,38; 16,1-4; Mk
8,11; Lk 11,16; 11,29-30; vgl. noch Lk 23,8). Die Terminologie entspricht genau dem oben dargestellten Sprachgebrauch. Die Zeichen werden "begehrt" bzw. "gefordert".[32] Jesus aber spricht davon, dass ihnen
ein Zeichen "gegeben", also "angegeben" wird.[33]

Für das Verständnis der Zeichenforderungen, die an Jesus herangetragen
werden, hat das wichtige Konsequenzen. Dass Jesus Taten der Heilung
und der Hilfe gewährt hat, war deutlich. Die Bitte um ein "Zeichen"
hat nicht zum Ziel, "noch mehr" zu sehen. Hinter ihr steht die Frage,
ob Jesus "der" (eschatologische) Prophet sei. Ist er es, dann muss er
eine Tat als Zeichen "(an)geben" können, die dann auch eintrifft.

Spiegelt sich dieses Verständnis auch in der Anordnung des synoptischen Stoffes wider? Markus (8,11f) und Matthäus (16,1-4) bringen die
Zeichenforderung unmittelbar nach der Speisung der Viertausend. Dass
der Schluss von der wunderbaren Speisung auf die mosaische Sendung
nahe liegt, macht auch Johannes deutlich.[34] Bei Matthäus (12,38ff) und
Lukas (11,16) findet sich ein weiterer Bericht einer Zeichenforderung
nach dem Vorwurf, Jesus stehe im Bund mit Beelzebul. Steht Jesus in
göttlicher Sendung, oder bedient er sich der Zauberei? Dieses Thema,
das ja in besonderer Weise durch das Gegenüber von Mose und den Zau-
berern am Hof des Pharao gestellt war, hat Lukas in diesem Zusammenhang extra hervorgehoben. Jesus treibt die Dämonen durch "den Finger

---

32.   Hinter (ἐπι)ζητεῖν steht auch in LXX vorwiegend das hebräische
      בקש Pi.; vgl. HATCH-REDPATH, Konkordanz, 597f s.v. ζητεῖν.

33.   Auch das findet sich in allen Texten der Synoptiker. Hinter δο-
      θήσεται steht hebräisches נתן. Sehr schön ist dieser Sprachge-
      brauch in Mt 26,48 ablesbar. Judas "gab" ihnen ein Zeichen (ἔδω-
      κεν αὐτοῖς σημεῖον). Ein Zeichen "geben" bedeutet hier eindeutig,
      dem Zeichen eine Bedeutung geben, also eine konkrete, unverwech-
      selbare Funktion zuweisen, nicht aber, ein Zeichen tun.

34.   Vgl. ausführlich § 11 (σημεῖα und mosaische Sendung).

Gottes" (Lk 11,20 = Ex 8,15[19]) aus. Die Frage, ob Jesus "der" Prophet sei, liegt auch bei diesem Kontext nahe und wird in der Zeichenforderung explizit gestellt.

Indem Jesus die Gewährung dieser Bitte ablehnt, wendet er sich gegen
das Verständnis seiner Sendung, das hinter diesem Verlangen steht. Er
ist nicht "der" eschatologische Prophet.[35]

4.5.4. Das "Zeichen des Jona"

Dieser feste Sprachgebrauch des Wortfeldes σημεῖον ist auch für das
Verständnis der Antwort Jesu zu berücksichtigen. Denen, die von ihm
ein Zeichen "verlangen", wird keines "(an)gegeben" (δοθήσεται). Jesus
weigert sich, eines "(an)zugeben", ausser dem des Jona. Nicht das Ereignis selbst, sondern die vorherige Ansage des Ereignisses macht den
Zeichencharakter aus und ist Gegenstand des Wortes Jesu. Das gilt unabhängig davon, was unter dem Zeichen des Jona konkret zu verstehen
ist.

Beim "Zeichen des Jona" handelt es sich um ein Rätselwort Jesu, dessen
Deutung offen und mehrschichtig bleibt.[36] Die Deutung darf nicht aus-
ser acht lassen, dass es sich um die Ankündigung einer Tat bzw. eines
Ereignisses handeln muss, das später einmal eintreffen wird. Der
Schluss auf die Auferstehung liegt damit nahe genug.

---

35. So mit genauen Beobachtungen auch HAHN, F.: Hoheitstitel, [4]1974,
    390f. Es ist "unzutreffend, bei der Forderung eines Zeichens so-
    fort an die Beglaubigung der Messianität zu denken. ... Es zeigt
    sich dabei, dass auch nicht nur an die Beglaubigung irgendeines
    Propheten, sondern tatsächlich an die des endzeitlichen Propheten
    gedacht sein muss." Mit Recht weist er auf Joh 6,14f und auf die
    Zeichenpropheten, von denen Josephus spricht, hin.

36. Vgl. RENGSTORF, K. H.: aaO. 231f. Überblick über Schwierigkeiten,
    Deutungen und Literatur bei SAND, A.: Art. Ἰωνᾶς, EWNT II, 525f.

4.6. "Zeichen" der Gesandten Jesu

Paulus spricht in der Apologie seines Apostelamtes von den Taten, die
durch ihn geschehen sind. "Die Zeichen des Apostels sind unter euch
gewirkt in aller Geduld: Zeichen und Wunder und Krafttaten" (2 Kor
12,12). Auch wenn Paulus nur in der um sein Apostelamt entstandenen
Polemik von solchen Wundertaten spricht, anerkennt er sie doch als
σημεῖα τοῦ ἀποστόλου.

Eine Parallele dazu bietet die Bemerkung im Brief an die Römer. Paulus
spricht auch hier von Wundertaten. "Denn ich werde nicht wagen, von
etwas zu reden, was nicht Christus durch mich gewirkt hat, um die Heiden zum Gehorsam zu bringen durch Wort und Tat, in Kraft von Zeichen
und Wundern, in Kraft des heiligen Geistes..." (Röm 15,18f). Auch hier
gehören "Zeichen und Wunder" zusammen mit der Verkündigung zur pauli-
nischen Sendung. Ihr Ziel besteht darin, "die Heiden zum Gehorsam zu
bringen." Diesem Ziel dient nicht nur die Evangeliums-Verkündigung.
Der Christus selbst ist es, der in Paulus "Wort und Tat" wirkt, zum
Wort die σημεῖα καὶ τέρατα fügt.[37] Paulus kann für seinen Dienst den
Zeichen-Begriff durchaus übernehmen, ja er anerkennt, dass die apostolische Sendung auf σημεῖα hin befragbar ist und an ihnen erwiesen werden muss. Steht dahinter der Gedanke, dass die apostolische Sendung in
Analogie zur prophetischen Sendung des Alten Testamentes steht? Sie
wäre Jesu Sendung in diesem Sinne zugeordnet.

Auf ein ähnliches Bild treffen wir in der Apostelgeschichte. Beachtenswert ist, dass an den meisten Stellen mehr oder weniger deutlich
Gott bzw. Christus als der erhöhte Herr als 'auctor' der Zeichentaten
im Raum der Gemeinde genannt wird.[38] Das Tun von Wundertaten, die als

---

37. Vgl. sachlich 1 Kor 2,4 und 1 Thess 1,4, wo aber der Begriff
    "Zeichen" nicht vorkommt.

38. Vgl. 2,43; 4,16 und 5,12 (passivum divinum); 4,30: "durch den Na-
    men deines Knechtes Jesu"; In 14,13 wird der Kyrios, 15,12 Gott
    selbst als Täter der Zeichen genannt. Nur in 6,8 (Stephanus),
    7,36 (Mose) und 8,6 (Philippus) sind Menschen als Täter von "Zei-

"Zeichen" bezeichnet werden können, bleibt nicht auf den engeren Kreis
der Apostel beschränkt. Zunächst sind es Stephanus und Philippus aus
dem Kreis der Hellenisten, dann Paulus und Barnabas in ihrem Missions-
dienst, von denen Taten, die als "Zeichen" bezeichnet sind, genannt
werden. Allerdings sind es immer Menschen, die in einer konkreten, von
der Gemeinde bestätigten "Sendung" stehen.

Diesem Bild fügen sich zwei weitere Texte ein. Gott selbst tritt in
der Geschichte der Gemeinde dadurch in Erscheinung, dass er die Überlieferung des "Evangeliums" (Hb 2,4) durch "Zeichen und Wunder und
vielerlei machtvolle Taten und Zuteilungen des Heiligen Geistes nach
seinem Willen bezeugt."[39] Ebenfalls auf die urchristliche Sendung zur
Predigt bezogen ist die Aussage, dass "der Herr mitwirkte und das Wort
durch die begleitenden Zeichen bestätigte" (Mk 16,20; vgl. 16,17).
Auch hier stehen die "Zeichen" im Zusammenhang eines konkreten, von
Jesus ergangenen Sendungsauftrages (16,15), dem die σημεῖα mit dem
ausdrücklichen Ziel der βεβαίωσις zugeordnet sind.[40] Bezeichnend ist,
dass diese σημεῖα zunächst durch das Sendungswort Jesu genau angekündigt werden (16,17). Ihr Eintreffen wird dann ausdrücklich bestätigt
(16,20).

4.7. Zusammenfassung

Wir stehen damit vor einem eigenartigen Ergebnis. Die synoptischen
Texte vermeiden strikt für die Wunder Jesu den Ausdruck "Zeichen". Das
steht in direktem Zusammenhang damit, dass auch das Verständnis Jesu

---

chen" genannt. Auch Paulus spricht von den σημεῖα seines Dienstes
so, dass Jesus der in ihnen Handelnde und den Dienst des Paulus
bestätigende Herr erkennbar bleibt.

39. Ist es Zufall, dass der Weg des Evangeliums hier typologisch mit
    dem "durch Engel verkündigten Wort", also dem durch Mose ergange-
    nen Wort (Heb 2,2; vgl. Acta 7,38.53), verbunden wird?

40. Vgl. den Ausdruck ἀπόδειξις in Acta 2,22 im Zusammenhang der Sen-
    dung Jesu.

als "eines" bzw. "des" Propheten abgewiesen wird.

Indirekt wird dieses Ergebnis durch Lukas bestätigt. Traditionen, zu
denen er Zugang hatte, können in Jesus noch einen bzw. "den" eschatologischen Propheten sehen (Stephanusrede) bzw. die mosaisch-prophetische Tradition mit der davidisch-messianischen zur Einheit verbinden
(Petrusreden). Im Zusammenhang dieses prophetisch-mosaischen Verständnisses Jesu wird einmal von σημεῖα gesprochen (Acta 2,22). Damit wird
bestätigt, dass der "Zeichenbegriff" dort, wo er mit einer Sendung
verbunden wird, in Zusammenhang mit prophetischer Sendung steht. Das
führt zum präzisen Verständnis der Forderung von Zeichen, die an Jesus
herangetragen werden. Jesus wird dadurch gefragt, ob er sich als ein
bzw. "der" Prophet versteht.

Lassen sich daraus Konsequenzen für das Verständnis urchristlicher
Sendung ziehen? Hat man in der frühen Christenheit die apostolische,
ja überhaupt die urchristliche Sendung in Analogie zur prophetischen
Sendung verstanden? Der Begriff "Zeichen" wird im Zusammenhang urchristlicher Sendung zwanglos und unpolemisch verwendet.

§ 5 DIE JÜDISCHEN "ZEICHENPROPHETEN". BEI JOSEPHUS

5.1. Einleitung

Fragen wir nach zeitgeschichtlichen Parallelen zur betonten Verwendung
des Begriffes σημεῖον, welcher für Johannes kennzeichnend ist, stossen
wir bei Josephus auf einige Texte, in denen σημεῖα terminologisch und
sachlich gehäuft auftreten. Der jüdische Historiker berichtet über
eine Reihe von Männern, die vor bzw. während des jüdischen Befreiungskampfes gegen die römische Oberhoheit aufgetreten sind. Sie alle haben
Menschen, zum Teil in grosser Zahl, dadurch um sich geschart, dass sie
ihnen konkrete 'Zeichen' versprachen. Diese Zeichen stehen in einem
zum Teil noch klar erkennbaren Zusammenhang mit der Hoffnung auf die
eschatologische Wiederholung des Exodus. In der Forschung wurden diese
Männer unter dem Namen 'Zeichen-Propheten' zu einer Gruppe zusammengefasst.[1] Obwohl zwischen ihrem Auftreten kein sichtbarer Zusammenhang
feststellbar ist, bleibt doch die Ähnlichkeit ihres Vorgehens auffallend. Das berechtigt eine gemeinsame Betrachtung der Art ihrer Wirksamkeit.

Zunächst ein kurzer Überblick über die zeitgeschichtliche Einordnung
der zu besprechenden Ereignisse:

Den Anfang macht ein Samaritaner, der im Jahre 36 (also noch unter der
Prokuratur des Pilatus) mit dem Versprechen, er wolle die von Mose
verborgenen Tempelgefässe vorzeigen, eine grosse Zahl Menschen auf den
Berg Garizim führte (ant 18,85-87).

Unter Cuspius Fadus (44 - 48) fällt das Auftreten des Theudas, der
sich selbst Prophet nannte und die Spaltung des Jordan als Zeichen
versprach (ant 20,97-99).

Während der spannungsreichen Prokuratur des Antonius Felix (52 - 60)
traten einzelne anonyme Personen auf, die "unmissverständliche Wunder-

---

1.   BARNETT, P. W.: The Jewish Sign Prophets, NTS 27 (1981), 679-697.
      Vgl. jetzt kritisch dazu HORSLEY, R.A.: CBQ 47 (1985),435-463.

taten" (ant) bzw. "Zeichen der Freiheit" (bell) versprachen und dazu
ihre Anhänger in die Wüste führten (ant 20,167-168; bell 2,259). In
die-selbe Zeit fällt auch das Auftreten eines Ägypters, der seinen
Nachfolgern auf dem Umweg über die Wüste auf den Ölberg voranging mit
dem Versprechen, er lasse die Tempelmauern einstürzen, um so Jerusalem
einzunehmen, die römische Garnison zu überwältigen und sich selbst als
Regierungsoberhaupt einzusetzen (ant 20,168-172; bell 2,261-263; vgl.
Acta 21,38).

Auch unter dem Nachfolger des Felix, Porcius Festus (60-62), erfahren
wir von einem Menschen, der eine Menge von Anhängern mit dem Versprechen, ihnen "Rettung und Ruhe von den Mühsalen" zu verschaffen, in die
Wüste hinausführte (ant. 20,188).

Während des Höhepunktes des Kampfes um Jerusalem im Jahre 70, so berichtet Josephus, lockte ein Mann durch prophetisches Auftreten und
die Ankündigung, Gott wolle ihnen "die Zeichen der Befreiung" zeigen,
6000 Menschen ins Heiligtum und damit faktisch in den Untergang (bell
6,285-286).

Dass mit der Zerstörung Jerusalems diese Bewegung noch nicht zu Ende
kam, bezeugt Josephus mit seinem Hinweis auf einen Weber Jonathan, der
73 in der Cyrenaika durch das Versprechen von "Zeichen und Erscheinungen" seine zahlreichen Anhänger in die Wüste hinausführte (bell
7,438).[2]

Eine Untersuchung des Auftretens dieser Männer lässt auffallende parallele Merkmale zutage treten, die kaum zufällig sind, sondern mit
der Heilserwartung des Judentums dieser Zeit eng zusammenhängen. Mehr
oder weniger deutlich tritt uns ein starkes 'politisches' Motiv entge-

---

2.   Zur zeitgeschichtlichen Einordnung vgl. die umfassenden Angaben
      bei BARNETT, P. W.: NTS 27 (1981), 680-686, der sich allerdings
      auf Palästina beschränkt und darum auf den Samaritaner und auf
      Jonathan von Cyrene nicht eingeht. Zur Einordnung in die ver-
      schiedenen Widerstandsgruppen siehe HENGEL, M.: Zeloten, [2]1976,
      235-239. Vgl. jetzt HORSLEY, R. A.: CBQ 47 (1985), 454-463.

gen. Mit ihrem Auftreten versuchten diese Männer, in die bestehenden
politischen Verhältnisse aktiv einzugreifen. In der Art ihres Vorgehens zeigen sich grosse Ähnlichkeiten. Zunächst versprechen sie den
Menschen ein 'Zeichen'. Diejenigen, die dieser Zeichen-Ankündigung und
der damit verbundenen eschatologischen Heilspredigt Glauben schenken,
führen sie an einen konkret bezeichneten Ort, an dem die angesagten
Zeichen geschehen sollen.

Nach dem Bericht des Josephus haben sich die Männer selbst als "Propheten" bezeichnet, ja die Art ihres Auftretens trägt unverkennbar
prophetische Züge. Die Orte, zu denen sie die Menschen führen, und die
Zeichen selbst stehen in deutlicher Analogie zu den Ereignissen des
Exodus und der Landnahme, so dass auch hinter der Selbstbezeichnung
als Prophet die Anknüpfung an den von Mose versprochenen 'Propheten'
(Deut 18,15.18) erkennbar zutage tritt.

Im Folgenden werden diese Strukturparallelen näher dargestellt.

5.2. Das 'politische Motiv'

Die Zeichen-Propheten des ersten Jahrhunderts sind im Zusammenhang der
jüdischen Freiheitsbestrebungen zu sehen, zu deren Kenntnis Josephus
unsere wichtigste Quelle ist. Auf der einen Seite standen die gemäs-
sigten Kreise der Pharisäer der Schule Hillels, die in der Frage nach
dem Anbruch des letzten Heiles, der grossen eschatologischen Befreiungsbewegung, allein auf Gott verwiesen. "Da der Glaubende Gottes Werk
erwartet, verzichtet er auf das eigene Wirken; er übergibt sich
Gott."[3] Auch in diesen Kreisen hat man sicherlich in lebendiger Erwartung des Kommens Gottes gelebt, eine eschatolgische Veränderung der
Verhältnisse aber allein von Gott und seinem Eingreifen erhofft.

Aber das war nur eine Seite. Aus der Geschichte der Makkabäer war noch
in lebendiger Erinnerung, dass damals Männer aktiv in die Entscheidun-
gen eingegriffen und so Gottes Hilfe erfahren hatten. Ja, man fragte
danach, ob das aktive Eingreifen nicht gar Gottes Hilfe herbeiholen,

---

3.   SCHLATTER, A.: Theologie des Judentums, [2]1979, 106.

ja herbeizwingen könne. Man verwies dafür auf Pinehas und seinen Eifer
(Numeri 25,6ff), der sich mit der Waffe gegen den Abtrünnigen gewandt
hat. "Jeder, der das Blut eines Gottlosen vergiesst, ist wie einer,
der ein Opfer darbringt", sagten die Rabbinen selbst später über Pinehas[4]. Die Ereignisse des Auszugs aus Ägypten, in der ein schwaches
Volk unter einem von Gott berufenen Führer sich gegen den damaligen
Weltherrscher erhoben hatte und, begleitet von den "Zeichen der Befreiung", in die Freiheit gezogen war, gehörten zu den Vorbildern, die
die Hoffnung entzündeten. Besonders das Passah-Fest, das in Erinnerung
an diese Ereignisse den Namen "Fest unserer Befreiung" trug, feuerte
die Erwartungen immer wieder neu an. "Die eschatologische Befreiung
Israels, die grosse Hoffnung des palästinischen Judentums im 1. Jh. v.
und n. Chr., werde nicht dadurch Wirklichkeit, dass die Frommen passiv
den Anbruch der Gottesherrschaft erwarteten, sondern nur, wenn sie aktiv ihre Verwirklichung anstrebten."[5] "Das war die Stelle, an der
sich die Zeloten von den Pharisäern schieden."[6] 'Zelotisch' dachten
jedoch auch die pharisäischen Kreise, die sich an Schammai und seiner
Schule orientierten. Der Pharisäismus dieser Zeit war in diesen Fragen
keine Einheit. Augenscheinlich war man auch innerhalb des Volkes zwischen den verschiedenen Gruppen hin und hergerissen.

In diesem Zusammenhang sind die Zeichen-Propheten zu sehen. Hinter ihnen wird die Hoffnung auf einen neuen, eschatologischen Exodus sichtbar. Wenn nur wenigstens ein "Zeichen" des Exodus, des Befreiungskampfes Gottes zugunsten seines Volkes eintrifft, "dann würden sich die
Räder Gottes in Bewegung setzen für eine Wiederholung seiner grossen
Rettungstat."[7]

---

4.   NuR 21,3; vgl. HENGEL, M.: Zeloten, [2]1976, 164.

5.   HENGEL, M.: War Jesus Revolutionär?, [3]1971, 12.

6.   SCHLATTER, A.: Theologie des Judentums, [2]1979, 107.

7.   BARNETT, NTS 27 (1981), 688. BARNETT vermutet mit Recht, die Zei-
     chenpropheten hätten ihre Zeichen als Mittel verstanden, Gottes
     Errettung zu beschleunigen. Er verweist auf AssMosis 9,7, wobei

Befragt man die Texte im einzelnen nach 'politischen' Aussagen, so
treten sie eher implizit auf. Vom Samaritaner wird gesagt, er hätte
seine Leute "zusammengezogen", was im militärischen Sinn als Aufruf
zum Heerbann verstanden werden muss (ant 18,85).[8] Das wird verstärkt
durch den Hinweis, die Menschen seien "in Waffen" bei ihm erschienen.
Bei den anderen weist der Begriff ἐλευθερία, der hier als "Befreiung"
zu verstehen ist, auf den politischen Zusammenhang. So verkünden die
anonymen Propheten unter Felix σημεῖα ἐλευθερίας (bell 2,259). Ähnlich
der Prophet des Jahres 70, der σημεῖα τῆς σωτηρίας verheisst (bell
6,285). Der Anonymus unter Festus verkündet eine "Errettung" (σωτηρία
ant 20,188). Soziale Klänge treten bei Jonathan von Cyrene hinzu, der
die Armen um sich schart (bell 7,438).

Eine Ausnahme macht der Ägypter, bei dem das unmittelbar politische
Ziel stärker in den Vordergrund tritt. Er spricht von einer Überwin-
dung der römischen Garnison mit seiner bewaffneten Begleittruppe und
äussert die Absicht, sich selbst als Regierungsoberhaupt einzusetzen
(bell 2,261ff).[9]

Josephus macht die besondere Art des politischen Engagements der Zei-

---

er zugibt, dass der Text nur vom Martyrium als Mittel der Be-
schleunigung spricht. Zu AssMosis 9,7 und zur Frage des Marty-
riums vgl. ausführlich bei HENGEL, M.: Zeloten, [2]1976, 263-277.

8.   Zu συστρέφειν als militärischem Terminus vgl. LIDDEL/SCOTT, WB,
1736b; vgl. auch συστροφῆ Acta 19,40 und 23,12 in der Bedeutung
"Auflauf, Verschwörung".

9.   Der Parallelbericht (ant 20,168-172) schweigt davon. Der Text in
bell ist auch anders verstehbar. Es muss sich nicht um eine politische Absichtserklärung des Ägypters handeln, sondern kann eine
kommentarartige Erläuterung des Josephus sein, der auf die Möglichkeiten, die dem Ägypter in dieser Stunde gegeben waren, und
damit auf die politische Gefährlichkeit dieser Bewegung hinweisen
will.

chenpropheten nicht deutlich. Er betont jedoch in seiner Darstellung,
dass die römische Obrigkeit die politische Gefährlichkeit dieser Bewegungen verstanden und sofort darauf reagiert hat. Nur so ist die Här-
te, mit der man gegen Menschen vorgegangen ist, die miteinander "in
die Wüste" zogen, verständlich. Josephus bemerkt auch, einige Male
habe die jüdische Obrigkeit diese Gruppen noch rechtzeitig bei den
Römern gemeldet, ein Vorgehen, das offensichtlich die Zustimmung des
Josephus gefunden hat. Auch innerhalb des Judentums war man sich also
über die politische Brisanz dieser Gruppen völlig im Klaren.[10]

5.3. Das Vorgehen der Zeichenpropheten

Josephus hebt hervor, dass die Wirksamkeit der Zeichen-Propheten jeweils mit einer Zeichen-Ansage eingesetzt hat. Die Begriffe wechseln
von der einfachen Aussage des Sprechens zu Ausdrücken der Verkündigung, der Verheissung bis zur starken Versicherung.[11]

Aufgrund dieser Zeichen-Ansage kommt es zu einem Glauben. Josephus
spricht häufig von einer grossen Menge, ja gibt zum Teil gewaltige
Zahlenangaben.[12] Wichtig ist dabei, dass Josephus nie von einem wirk-

---

10.   ant 20,171 (Ägypter); explizit bell 7,439 (Jonathan von Cyrene).
      Vgl. dazu Johannes 11,47ff.

11.   ἰσχυρίζετο ant 18,85 (Samaritaner); ἔφη ant 20,97 (Theudas);
      ἔφασαν ant 20,168 (Anonyme unter Felix); ἔφασκεν ... ἐπηγγέλλετο
      ant 20,170 (Ägypter); ἐπαγγελλομένου ant 20,188; κερύξας bell
      6,285 (Prophet im Jahr 70). Vgl. ebda. 286 die weiteren Prophe-
      ten, die als καταγγέλλοντες charakterisiert sind); ὑπισχούμενος
      bell 7,438 (Jonathan von Cyrene).

12.   ὡς μεγάλῳ πλήθει ant 18,86 (Samaritaner); τὸν πλεῖστον ὄχλον ant
      20,97 (Theudas); τὸν ὄχλον .. καὶ πολλοί ant 20,167f; τὸ πλῆθος
      bell 2,259 (Anonyme unter Felix); τῷ δημοτικῷ πλήθει ant 20,169;
      vgl. 400 Tote und 200 Gefangene ebda 171 (Ägypter; bell 2,261
      nennt 30 000 Opfer; vgl. Acta 21,38, wo 4000 Mann genannt wer-
      den); οὐκ ὀλίγους bell 7,438 (Jonathan von Cyrene).

lichen Zeichen spricht, das die Menschen zur Überzeugung geführt hätte. Es bleibt bei der Ansage eines Zeichens und dem Glauben der Menschen auf diese prophetische Ansage hin.[13]

Dem Glauben folgt als sichtbarer Ausdruck eine Nachfolge der Menschen
hinter dem Propheten als ihrem Führer. Die Texte betonen unterschiedlich das Führen des Propheten, sein Vorausgehen, aber auch das Folgen
der Menge.[14] Wichtig ist die Bemerkung im Bericht über Theudas, die
Menschen hätten auf ihrem Zug zur Jordanspaltung "ihre ganze Habe mit-
genommen."[15]

Der damit angezeigte Zug an einen Heilsort (im Bericht über Jonathan
von Cyrene schreibt Josephus gar von seinem ἔξοδος bell 7,438) soll

---

13. Josephus verwendet dafür durchwegs Begriffe des Stammes πείθειν:
    πιθανὸν ἡγούμενοι ant 18,86 (Samaritaner); πείθει ant 20,97
    (Theudas); ἔπειθον .. πεισθέντες ant 20 167.168 und ἔπειθον bell
    2,259 (Anonyme unter Felix); vgl. πείθεται .. παρέπειθον in den
    allgemeinen Feststellungen über diese Zeit bell 6, 287.288; ἀν-
    έπεισε (vgl. die Lesung ἔπεισε) bell 7,438 (Jonathan von Cyrene).
    Der Stamm πείθειν ist doppeldeutig und könnte hier auch im nega-
    tiven Sinn von 'überreden' verwendet sein. Josephus gebraucht
    diesen Begriff aber auch da, wo er positiv vom Glauben Israels an
    Gott spricht, um damit auszudrücken, dass es sich um einen Glau-
    ben handelt, hinter dem eine 'Überzeugung' steht. Vgl. dazu
    SCHLATTER, A.: Theologie des Judentums, [2]1979, 106; DERS.: Wie
    sprach Josephus von Gott, 1910, 27. So ist wohl auch hier eher an
    die Überzeugungskraft der Propheten zu denken, nicht aber daran,
    dass sie mit ihrer Zeichenansage die Menschen überreden wollten.

14. Vgl. ἔπεσθαι ant 20,167 (Anonyme unter Felix) und ant 20,188
    (Anonymus unter Festus), wo die Menschen ἀκολουθήσαντες genannt
    werden.

15. ἀναλαβόντα τὰς κτήσεις ant 20,97. Vgl. Exodus 12,11 und dazu ant
    2, 311 über die Ereignisse des Passah: ἀπαγεῖν τε τοὺς Ἑβραίους
    πάντα ἐπικομιζομένους.

offensichtlich dazu dienen, die Erfüllung der angekündigten Zeichen zu
erwarten. Doch dazu kommt es, so berichtet Josephus mit besonderer Betonung, nie. Dem kommt jedesmal, zum Teil unter jüdischer Mithilfe,
die römische Obrigkeit mit militärischen Mitteln zuvor.

5.4. Das heilsgeschichtliche Selbstverständnis

Das Selbstverständnis der Zeichenpropheten wird an ihren Selbstbe-
zeichnungen, an den Orten, zu denen sie die Menge führen und am Inhalt
der verheissenen Zeichen deutlich. Sie haben sich innerhalb der Tradition gesehen, die vom "Propheten wie Mose" sprach, den Gott einmal
senden wollte. Mit dieser Hoffnung auf das Kommen eines zweiten Mose
war die Hoffnung auf die Wunder der Mosezeit als Wunder der Befreiung
verbunden.[16]

Eine Selbstbezeichnung überliefert Josephus nur bei Theudas und beim
Ägypter, die beide von sich als einem (dem?) "Propheten" gesprochen
haben.[17] Bei den Anonymen unter Felix schreibt Josephus, sie hätten
"unter dem Vorwand göttlicher Eingebung" (bell 2,259 προσχήματι θει-
ασμοῦ)[18] gesprochen. Auch das Auftreten des Propheten im Jahre 70 ist

---

16. Welche Rolle Mose gespielt hat, kann vielleicht an der "Himmel-
    fahrt Moses" (AssMosis) abgelesen werden. Sie entstammt Kreisen
    des jüdischen Widerstandes, wohl etwa aus der Herodeszeit, hat
    aber umgekehrt auf sie auch inspirierend eingewirkt. Vgl. dazu
    CHARLESWORTH, J.H.: The Pseudepigrapha and Modern Research,
    [2]1981, 160ff.297; BRANDENBURGER, E.: JSHRZ V/2, 59f. 63ff.

17. προφήτης γὰρ ἔλεγεν εἶναι ant 20, 97 (Theudas); προφήτης εἶναι
    λέγων ant 20,169; bzw. καὶ προφήτου πίστιν ἐπιθεὶς ἑαυτῷ bell
    2,261 (Ägypter).

18. Vgl. den Parallelbericht ant 20,167, wo von ihnen gesagt wird,
    die Zeichen würden κατὰ τὴν τοῦ θεοῦ πρόνοιαν geschehen; auch
    hier ist der prophetische Anspruch unüberhörbar.

unmissverständlich: "Er verkündete, Gott befehle...." (bell 6,285).[19]

Dass das Prophetentum dieser Männer an Mose, Josua bzw. an der Erwartung des neuen Exodus anknüpft, geht vollends aus den Orten, an denen die Zeichen geschehen sollen, bzw. dem Inhalt der Zeichen hervor.

Der anonyme Samaritaner führt seine Leute auf den Garizim, wo er die von Mose verborgenen heiligen Gefässe wieder vorzeigen wolle. Das bedeutet für die samaritanische Hoffnung, dass damit die eschatologischen Ereignisse, die auf das Ende hinführen, ihren Anfang nehmen.[20]

Theudas leitet seine Anhänger zum Jordan mit dem Versprechen, dass sich unter seinem Befehlswort der Jordan spalten werde. Damit wird an die Spaltung des Schilfmeeres durch Mose bzw. an den Durchzug durch den Jordan unter Josua angeknüpft.

Die anonymen Propheten unter Felix führten die Menschen in die "Wüste", ebenfalls in Anlehnung an die auf den Exodus zurückgehende und bereits innerhalb des Alten Testamentes im prophetischen Protest verwendete Wüstentradition. Dort haben sie "unmissverständliche Wunder und Zeichen, die gemäss Gottes Geschichtsplan geschehen sollen" verheissen (ant 20,168).[21] Der Parallelbericht spricht inhaltlich präzi-

---

19. Josephus spricht in einem allgemein auf die Ereignisse zurückblickenden Abschnitt davon, in dieser Zeit seien überhaupt "viele Propheten" aufgetreten: bell 6,286.

20. Vgl. das für das σημεῖα-Wortfeld wichtige Verbum δείκνυμι. Zum samaritanischen Mose-Bild vgl. MACDONALD, J.: SJTh 13 (1960), 149ff; DERS.: Theology, 1964, 147ff; 420ff; LOWY, S.: Principles, 1977, 88f; FOSSUM, J.: EThL LXI (1985), 146-148 (Lit.).

21. δείξειν γὰρ ἔφασαν ἐναργῆ τέρατα καὶ σημεῖα κατὰ τὴν τοῦ θεοῦ πρόνοιαν γινόμενα. Vgl. dazu die Abgrenzung der mosaischen Wunder gegenüber der Magie der ägyptischen Priester ant 2,286. Moses Werke geschehen κατὰ δὲ θεοῦ πρόνοιαν. In der Verbindung zwischen den Wundern und Gottes πρόνοια, die auf die Geschichte ausgerich-

sierend von den "Zeichen der Freiheit", die Gott dort tun wolle (bell
2,259).[22] Auch für Josephus ist der Begriff der Freiheit, in dem die
aktive Befreiung mitklingt, mit dem Begriff der Rettung der Hauptbegriff des Exodusgeschehens. Dieselben Begriffe werden von den Propheten aufgenommen, die damit an Gottes eschatologisches Tun anknüpfen
und es für ihre Gegenwart erwarten.[23]

Der Ägypter zieht mit seinen Anhängern auf den Ölberg. Die Berichte
betonen, er liege gleich gegenüber von Jerusalem. Seine Verheissung,
er werde die Stadtmauern auf sein Befehlswort hin einstürzen lassen,
ruft die Erinnerung an den Sturz der Mauern von Jericho wach. Dieser
Eindruck wird verstärkt durch die eigenartige Wendung, mit der Josephus den Zug zum Ölberg beschreibt. Er sagt, der Ägypter habe die Menschen "umhergeführt (περιαγαγών) aus der Wüste auf den Ölberg" (bell
2,262). Soll damit angedeutet sein, der Ägypter habe mit seinem Umher-
ziehen die Umschreitung von Jericho darstellen wollen?[24] Auf jeden
Fall ist die Art, wie Josephus den Zug des Ägypters beschreibt, auf-
fällig.

Kann Jerusalem so einfach an die Stelle Jerichos treten? Das wäre die
Voraussetzung dafür, dass der vorliegende Bericht als beabsichtigtes
Zeichen im Sinne eines eschatologischen Exodus verstanden werden darf.
Nun wissen wir schon vom Alten Testament, dass, wollte man die Schuld-

---

tet ist, erkennt Josephus das wesentliche Kriterium der Wahrheit.
Was bei Mose zutraf, blieb bei den Zeichenpropheten ungedeckter
Anspruch.

22. *ὡς ἐκεῖ τοῦ θεοῦ δείξοντος αὐτοῖς σημεῖα ἐλευθερίας.* Vgl. die pa-
     rallele Formulierung zur Beschreibung von Gottes Handeln während
     des Exodus unter Mose ant 2,327: *τῶν ἐκ θεοῦ πρὸς τὴν ἐλευθερίαν
     αὐτοῖς σημείων γεγονότων.*

23. Zu *ἐλευθερία* vgl. § 13.4.2.(Die Frage nach der "Freiheit") und
     13.4.3. (Der Freiheitsbegriff in der jüdischen Tradition).

24. Vgl. BARNETT, P. W.: NTS 27 (1981), 695, Anm. 43.

verfallenheit Jerusalems/Zions markieren, Jerusalem mit den Namen anderer im Gericht untergegangener Städte bezeichnet wurde. "Höret das
Wort des Herrn, ihr Fürsten von Sodom! Horch auf die Weisung unseres
Gottes, du Volk von Gomorrha!" (Jesaja 1,10). In den Kreisen der Essener wurde das Fluchwort über den Wiedererbauer Jerichos (Josua 6,26)
auf zeitgeschichtliche Umstände gedeutet und dabei Jericho mit Jerusalem identifiziert.[25]

Der Anonymus unter Festus führte seine Gruppe mit dem Versprechen in
die Wüste, ihnen "Rettung und Ruhe von den Mühsalen" zu verschaffen
(ant 20,188).[26] Beides sind Begriffe, hinter denen unüberhörbar die
eschatologische Hoffnung Israels anklingt[27], die am Exodusgeschehen
anknüpft. Denn damals, so hatten es schon Mose und Josua gesagt, hatte
Gott seinem Volke "Ruhe" verschafft (5. Mose 3,20; Josua 21,44).

Wieweit die Zeichen der Rettung[28], die der Prophet des Jahres 70 verheisst, auf die Mosezeit zurückweisen sollen, ist nicht zu entscheiden. Bedenkt man jedoch, dass in der Darstellung des Exodus durch Josephus σωτηρία und ἐλευθερία abwechslungsweise Verwendung finden und

---

25. 4Q test 22-30. Vgl. BARNETT, P. W.: NTS 27 (1981), 683.

26. σωτηρίαν αὐτοῖς ἐπαγγελλομένου καὶ παῦλαν κακῶν.

27. Vgl. zum Ausdruck 'Ruhe' Josua 21,44, wo als Abschluss des Exo-
     dus und der Landnahme festgehalten wird, der Herr habe ihnen
     'Ruhe' von allen umher gegeben. Parallelen dazu Deut 3,20; 2. Sam
     7,1; ins Eschatologische gewandt Jesaja 32,18 und Jeremia 31,2;
     im NT vgl. Mt 11,28; Hebr 3,11ff; 4,1ff. Josephus verwendet den
     Begriff παῦλα, der in LXX nur 2. Makk 4,6, im NT überhaupt nicht
     und auch sonst eher selten vorkommt; vgl. dafür das häufigere
     ἀνάπαυσις. Vgl. das Material aus Josephus und Tosefta bei SCHLAT-
     TER, A.: Komm. zu Mt 11,28; religionsgeschichtliche Belege bei
     HOFIUS, O.: Katapausis, 1970.

28. σημεῖα τῆς σωτηρίας (bell 6,285).

Hauptbegriffe des Handelns Gottes darstellen,[29] so fällt auf, dass
auch beide Begriffe abwechslungsweise in der Darstellung der Zeichenpropheten durch Josephus auftauchen. Wie Israel in auswegloser Situation, vor sich das Schilfmeer, hinter sich die Weltmacht Ägypten mit
vollem militärischen Aufgebot, Gottes Rettung erfuhr, ebenso befindet
sich jetzt der kleine Haufen in auswegloser Lage. Nur Gott selbst kann
durch die "Zeichen der Rettung", die die Rettung selbst ankündigen, ja
in Bewegung setzen, aus dieser Lage herausführen.

Ähnlich tritt uns die Wirksamkeit des Jonathan von Cyrene vor Augen.
Er hat die "Armen" um sich geschart und mit dem Versprechen von Zeichen und Erscheinungen in die Wüste geführt.[30] Josephus spricht hier
ausdrücklich von einem ἔξοδος, den Jonathan vollzogen habe (bell
7,439). Die Parallele zum mosaischen Exodus ist im geschichtlichen Ablauf auffallend. In beiden Fällen vollzieht sich ein Auszug, der durch
die Verfolgung der Staatsmacht verhindert werden soll. Dass die versprochenen Zeichen ausbleiben, erweist auch Jonathan als einen falschen Propheten, einen falschen zweiten Mose.

5.5. <u>Das Urteil des Josephus über die Zeichenpropheten</u>

Dass Josephus sich polemisch gegen die Zeichenpropheten wendet, ist
offensichtlich. Handelt es sich bei ihm bloss um Polemik? Als Prie-
stersohn, der in der priesterlich-schriftgelehrten Tradition seines

---

29.   ant 2, 327.345; 4,42; vgl. ant 3,64: "Aaron und Raguel sangen mit
      den Ihrigen Gott Loblieder als dem Urheber und Spender ihrer Ret-
      tung (σωτηρίας) und ihrer Befreiung (ἐλευθερίας)." Vgl. Anm. 22
      und BARNETT, P. W.: NTS 27 (1981), 685. Auch das Rabbinat weiss
      um die Parallelität von Freiheit und Erlösung; siehe Pes X,5 wo
      in einer Mischna Gamaliel des Älteren (vgl. Apg 22,3; 5,34-39)
      die Begriffe Freiheit, Freude, Festfeier, grosses Licht und Er-
      lösung im Zusammenhang des Passahfestes, also in Erinnerung an
      den Exodus(!) nebeneinander gestellt sind.

30.   καὶ προῆγαγεν εἰς τὴν ἔρημον σημεῖα καὶ φάσματα δείξειν (bell
      7,438).

Volkes zuhause war, weiss Josephus, dass Propheten geprüft werden
können und müssen. Grundlage dafür sind die wichtigen Texte Deuteronomium 18,20-22 und vor allem 13,1.2-6.7-12 [= 12,32; 13,1-5.6-11],
die das Gesetz über die falschen Propheten behandeln. Der Anspruch des
Propheten, den diese Männer erhoben haben (ant 20,97.169; bell 2,261),
zwingt den anhand der Schrift denkenden jüdischen Menschen zur Prüfung
dieses Anspruches aufgrund der angeführten Texte. Josephus stellt dem
entgegen, sie seien "Lügenpropheten"[31], ja sie "verführten" die Menge.[32] In diesem Urteil spiegelt sich der Text Deuteronomium 13 wider,
der auch juristisch für den Umgang mit dem Volks-Verführer grundlegend
geworden ist.[33] Wahrscheinlich steht auch hinter dem Vorwurf des Be-
truges[34] die Polemik gegen den falschen Propheten und Verführer nach
Deuteronomium 13.

Dass dieser Hintergrund für Josephus wichtig gewesen sein muss, erhärtet dadurch, dass er bei allen Zeichen-Propheten die Züge des "Propheten wie Mose" hervorgehoben hat. Wollten sie das sein, dann haben sie

---

31. Ägypter (bell 2,261); Propheten des Jahres 70 (bell 6,285); vgl.
    den Vorwurf der Lüge beim Samaritaner (ant 18,85); Gesamturteil
    über die verschiedenen Propheten (bell 6,288).

32. πλάνοι (bell 2,259) Anonyme unter Felix; vgl. ἐπλανήθησαν (bell
    6,313).

33. Deut 13,6LXX πλανῆσαι; vgl. Joh 7,12.47 und MT 27,63. Das jüdi-
    sche Recht hat anhand von Deut 13,1ff das Gesetz über den Ver-
    führer (Mesit und Maddiach) entwickelt und diskutiert. Vgl. mSanh
    VII. Zur besonderen Regelung im Prozess gegen den Verführer vgl.
    mSanh VII,16 (Parallele in jJeb XVI,6 15d 62) mit tSanh X,11.
    Vgl. ausführlicher § 13.5. (Das theologische Motiv des Todes Je-
    su). Lit. ebda. Anm. 33.

34. ant 20,97 (Theudas); ant 20,167 und bell 2,259 (Anonyme unter Fe-
    lix); ant 20,188 (Anonymus unter Festus); bell 6,287 in einer
    allgemeinen Feststellung; vgl. auch bell 7,438, wo Josephus in
    Zusammenhang mit Jonathan von Cyrene von Schwindel spricht.

ja selbst auf diesen Schrift-Hintergrund hingewiesen. Dadurch erklärt
sich, warum Josephus diese Männer verschiedentlich mit dem Begriff
γόης bezeichnet, den z.B. Philo in seiner Deutung von Deuteronomium 13
für die Lügenpropheten verwendet hat.[35] Die Vermutung liegt nahe, Josephus wollte damit die Zeichenpropheten, die die Stelle des zweiten
Mose einzunehmen meinten, mit den ägyptischen Hofmagiern zur Zeit des
Exodus vergleichen.[36]

5.6. Die Zeichenpropheten und Jesus

P.W. Barnett hat in seinem Aufsatz über die Zeichen-Propheten die
Wirksamkeit dieser Männer untersucht und auf Parallelen zur Sendung
Jesu hingewiesen. Er geht dabei von der Wirksamkeit der Zeichen-Propheten aus, bei denen er ein "Muster" mit drei charakteristischen
Merkmalen entdeckt. "Es ist daher offensichtlich, dass in dieser Folge
von prophetischen Figuren in Judäa in den Jahren 40 bis 70 ein all-
gemeines Muster (common pattern) sichtbar wird. Jeder war Prophet. Von
jedem Mann wurde ein 'Zeichen' versucht. Ein bezeichnender Ort (significant locale) war bei jedem Vorkommen eingeschlossen und eine Men-
schenmenge anwesend" (ebda. 689).

Von diesen drei Punkten ausgehend zieht Barnett Parallelen zur Wirksamkeit Jesu. Vor allem in der Speisung der 5000 nach Johannes 6,1-15
meint er, dasselbe Grundmuster zu finden. Für ihn steht damit im weiteren fest, dieses Grundmuster habe in der Wirksamkeit Jesu selbst
seinen Ursprung, ja er meint sogar, dass die "Wirksamkeit Jesu in man-
cher Hinsicht verursachender Faktor des Auftretens der Zeichen-Prophe-

---

35. *γόης γὰρ ἀλλ' οὐ προφήτης ἐστὶν ὁ τοιοῦτος.* Philo, Spec.Leg
     1,315; vgl. auch Diognet 8,4 *πλάνη τῶν γοήτων.* Zur Bedeutung *γόης*
     vgl. HENGEL, M.: Zeloten, [2]1976, 235, Anm 4; BETZ, O.: Wunder,
     32.

36. Vgl. BARNETT, P. W.: NTS 27 (1981), 681. Zur Abgrenzung der mo-
     saischen Zeichen von den Zaubereien der Ägypter vgl. ant 2,286.
     Moses Werke geschehen nicht *κατὰ γοητείαν καὶ πλάνην,* sondern *κα-
     τὰ δὲ θεοῦ πρόνοιαν καὶ δύναμιν φαινόμενα.*

ten war" (ebda 690).

Das Material, das Barnett zusammengetragen hat, ist wichtig. Seine
Analyse der Wirksamkeit der Zeichen-Propheten ist aber mit den angeführten drei Merkmalen für einen Vergleich ungenügend. Wir versuchen,
in unserer Analyse stärker zu differenzieren.[37]

(a) Am Anfang steht bei allen Zeichen-Propheten kein Zeichen, sondern
nur die Ansage von Zeichen. (b) Aufgrund dieser Ansage kommt es, wie
Josephus durchgehend feststellt, bereits zum Glauben bei vielen Menschen. (c) Sie folgen den Propheten nach, (d) und zwar an einen
'heilsgeschichtlich bedeutenden' Ort. (e) Dort erwarten sie die Erfüllung des versprochenen Zeichens.

Bei dieser an den Texten gewonnenen Analyse treten die Differenzen zur
Wirksamkeit Jesu deutlich hervor. Jesus hat, soweit wir das aus dem
Neuen Testament ersehen können, in keinem Fall einmal ein von ihm
selbst gegebenes Zeichen vorher angesagt. Die sogenannten "Zeichen-
Forderungen" des Neuen Testamentes wollen ihn ja gerade zu einer sol-
chen "Ansage" eines Zeichens herausfordern.[38] Aber Jesus hat diese

---

37. Vgl. § 5.3. (Das Vorgehen der Zeichenpropheten). Wichtig ist die
     Unterscheidung, die jetzt HORSLEY, R. A.: CBQ 47 (1985) in Aus-
     einandersetzung mit anderen Forschungsansätzen einführt. Er un-
     terscheidet die Propheten bzw. die prophetischen Gruppen zur Zeit
     Jesu in drei Kategorien (443-461): 1. Seher (unter den Essenern),
     2. 'Orakel'-Propheten und 3. Propheten als Führer (politischer)
     Bewegungen. Für die dritte Gruppe, zu der die 'Zeichenpropheten'
     gehören, gelten nach Horsley (454) drei Merkmale: 1. Sie sind
     Führer einer beträchtlichen Bewegung, 2. sie führen als Gesandte
     Gottes zu konkreten Befreiungsaktionen. 3. Diese Befreiungstaten
     sind typologisch mit der Befreiung unter Mose und Josua verbun-
     den. Damit bestätigt Horsley unsere Analyse.

38. Vgl. Mt 12,38f/Lk 11,29f; Mt 16,1-4/Mk 8,11-13/Lk 11,16.29; Joh
     6,30f; Joh 2,18 und 1. Kor 1,22. Vgl. § 4.5.3. (Die Zeichenforde-
     rungen) und § 12 (Die johanneischen Zeichenforderungen).

Vorgangsweise streng von sich gewiesen. Auch dort, wo das NT vom Glauben spricht, der im Zusammenhang mit Zeichen entsteht, sind es immer konkrete Zeichen gewesen, nie Zeichen-Ansagen.

Auch die Nachfolge an einen heilsgeschichtlichen Ort wird von den Zeichenpropheten nur durch die Ansage eines Zeichens erreicht. Davon aber wissen die neutestamentlichen Berichte über Jesus überhaupt nichts, auch nicht bei der Speisung der 5000. Das "Zeichen", das Jesus dort tut, ist nicht inszeniert, sondern sogar für die Jünger, die die Menschen wieder nach Hause schicken wollen, völlig überraschend. Beachtet man diese Differenzen, dann wird es unverständlich, warum Barnett vom selben Grundmuster sprechen kann und Jesus gewissermassen zum Anfänger der Zeichenpropheten erklärt.

Zu diesen Differenzen, die in der Struktur der Wirksamkeit liegen, treten noch die gewichtigen Unterschiede, die mit dem Inhalt der Zeichen selbst gegeben sind. Von Jesus werden helfende Taten berichtet, die ihn mit der Tradition Deuterojesajas (Jesaja 61,1ff; 42,7; vgl. 35,5 usw; Mt 11,2-6) verbinden. Mit Ausnahme der Speisung der 5000, die aber nach dem Zeugnis der Evangelien ebenfalls als helfende Tat verstanden wird[39], kommen keine Wunder Jesu in Betracht, die Jesus mit den Exodus-Wundern und damit mit der Wirksamkeit der Zeichenpropheten in Verbindung bringen können.

Gewichtig ist die Frage, inwiefern sich die Zeichenpropheten selbst als "Messiasse" verstanden haben. Barnett weist in seinem Aufsatz auf einzelne Vertreter dieser Interpretation hin. S. Zeitlin verstand sie als Vorläufer und Prediger messianischer Hoffnung. S. Mowinckel nahm von einigen an, sie seien von ihren Zeitgenossen für Messiasse gehalten worden. J. Jeremias sah in den Berichten den Hauptbeleg für eine im Volk damals wache Hoffnung: Man habe auf den Messias als den zwei-

---

39. Vgl. vor allem die Darstellung Joh 6,1-15. Die Speisung wird von dem Menschen als ein "Zeichen" verstanden, von dem sie auf die Sendung Jesu als "des Propheten, der in die Welt kommen soll", schliessen (6,14). Johannes widerspricht explizit dieser Deutung. Vgl. ausführlich § 11 ($\sigma\eta\mu\epsilon\tilde{\iota}\alpha$ und mosaische Sendung).

ten Mose gewartet.[40] Barnett wendet sich mit beachtlichen Gründen gegen eine solche Interpretation. Josephus, so sagt er, habe mit dem Ausdruck "König" eine Anzahl von Personen bezeichnet, denen er messianischen Anspruch zuschreiben wollte.[41] Das Vermeiden des Titels χριστος kann damit erklärt werden, dass Josephus jeden Vergleich eines jüdischen Prätendenten mit Vespasian zu vermeiden wünschte.[42] Josephus bringt jedoch in keinem Fall die Zeichenpropheten mit dem Königsnamen in Verbindung. Das hält Barnett mit Recht für einen klaren Beweis (evidence), dass die Zeichen-Propheten nicht beansprucht haben, "Messias" zu sein.[43] Die Hoffnung auf den kommenden Propheten ist von der Erwartung des Messias deutlich unterschieden.[44]

---

40. Vgl. BARNETT, P. W.: NTS 27 (1981), 680.

41. Ebda, 686.

42. Die beiden Ausnahmen in ant 18,63 und 20,200 sprechen von Jesus, wobei die erste Stelle vielfach in ihrer Echtheit in Frage gestellt wird. Die neuere Forschung neigt eher dazu, das 'testimonium flavianum' wenigstens in seinem Grundstock für echt zu halten; vgl. dazu BETZ, O.: ANRW II, 25,1, 1982, 580ff. FLUSSER, D.: Testimonium Flavianum, 1982, 155ff; PÖTSCHER, W.: Er 73 (1975), 26-42; vgl. RIESNER, R.: Jesus, ^{2}1984, 265 (Lit.).

43. Nur für den Ägypter macht Barnett eine Ausnahme. Aufgrund des Berichtes des Josephus bell 2,261 hält er ihn für einen "self-styled prophet-king". Vgl. die Bemerkung Anm. 9. Dagegen jetzt HORSLEY, R. A.: CBQ 47 (1985), 458, Anm. 48. Zum Problem und zur Darstellung bei Josephus vgl. BETZ, O.: Wunder, 32, und HENGEL, M.: Zeloten, ^{2}1976. Von den Messiassen (296ff) werden keinerlei Zeichen berichtet. Wo von Zeichentaten die Rede ist, handelt es sich jedesmal um den Anspruch, der eschatologische Prophet zu sein (235ff).

44. Vgl. § 3.7. (Exkurs: Messias und Prophet). Jetzt auch mit Nachdruck HORSLEY, R. A.: CBQ 47 (1985), 454f.

Die Darstellung der Zeichenpropheten durch Josephus entspricht dem
bisher erarbeiteten Befund. Dem Auftreten dieser Propheten liegt die
mosaisch-prophetische Sendung typologisch zugrunde. Die eschatologische Wiederholung des Exodus, der als eine unmittelbar-politische Befreiung vom Joch der Fremdherrschaft Roms verstanden wird, ist die
Hoffnung, die sich mit diesem Sendungsanspruch verbindet. Es fehlt
aber jede Spur eines davidisch-messianischen Anspruchs. Gerade dadurch
sind die Zeichenpropheten vom Bild, das uns die Evangelien von Jesus
vor Augen stellen, grundsätzlich geschieden.

§ 6 DAS VERSTEHEN DER ZEICHEN

6.1. σημεῖα und Erkenntnis

Wir gehen in unserer Untersuchung von der Feststellung aus, dass ein
"Zeichen" (a) wahrnehmbar ist und (b) eine Erkenntnis ermöglicht.[1]
Diese auf Erkenntnis bezogene Funktion macht einen Gegenstand bzw. einen Vorgang erst zu einem "Zeichen". Darum kann auch ein ganz alltäg-
licher Vorgang, dem nichts Wunderhaftes anhaftet, zu einem Zeichen
werden.

Die Bezogenheit eines "Zeichens" auf Erkenntnis stellt jedoch vor
wichtige Fragen. Welche Funktion kommt einem "Zeichen" innerhalb des
Erkenntnisprozesses zu? Handelt es sich um Hinweise, die eine bestimmte Erkenntnis möglicherweise nahelegen, wobei auch andere Möglichkeiten noch durchaus offen bleiben? Oder sind Zeichen 'eindeutig', sodass
sie innerhalb des Erkenntnisprozesses zum 'Erkenntnisgrund' werden?
Was bedeutet es dann, dass Menschen sich einer Erkenntnis, die ein
Zeichen ermöglicht, auch verweigern? Sind Zeichen doch, wie immer wieder gesagt wird, 'zweideutig'? Da diese grundsätzlichen Fragen innerhalb der exegetischen Arbeit ihre Auswirkungen haben und zu den Grund-
problemen der johanneischen Fragestellung gehören, werden sie hier erörtert.[2]

6.2. Die 'Eindeutigkeit' der Zeichen

Ein Gegenstand bzw. ein Vorgang werden dadurch zu einem "Zeichen",
dass ihnen eine konkrete Funktion innerhalb des Erkenntnisprozesses
zukommt. Diese Funktion erhalten sie, indem ihnen durch eine vorherge-
hende Abmachung eine unverwechselbare Information zugewiesen wird.

---

1.   Vgl. dazu die Angaben in § 1 (σημεῖον im Griechentum) bzw. § 2
     (אות/σημεῖον im Alten Testament).

2.   Vgl. ausführlich § 17 (Erkenntnis und Glaube).   Wir be-
     schränken uns hier streng auf die mit dem Terminus "Zeichen" be-
     nannten Vorgänge.

So gibt Samuel dem Saul drei Ereignisse an, die in sich keinerlei wunderhaften Zug besitzen. Dadurch aber, dass sie zum Voraus angesagt
werden, gemäss der Voraussage des Samuel eintreffen und ihnen eine
eindeutige Funktion zugewiesen ist, gelten sie als "Zeichen". "Dies
sei dir das Zeichen, dass dich der Herr zum Fürsten über sein Eigentum
gesalbt hat: Wenn du ..." (1 Sam 10,1). Der Inhalt der "Erkenntnis"
liegt nicht in den Zeichen selbst. Er wird ihnen durch das Wort des
Samuel zugewiesen.

Vergleichbar ist der Kuss des Judas. Die vorangehende Abmachung macht
den Kuss zu einem "Zeichen", indem sie ihm eine unverwechselbare Information zuweist. "Der, den ich küssen werde, der ist es; nehmet ihn
fest und führet ihn sicher ab!" (Mk 14,44).

Was hier an zwei Beispielen illustriert wurde, gilt grundsätzlich für
jedes "Zeichen". Ein taktisches Zeichen wird zuvor abgemacht, um im
Ernstfall verständlich zu sein. Die Funktion, die dem Zeichen zukommt,
ist dadurch eindeutig. Aber sie liegt nicht im Zeichen selbst. Der
Feind, dem das Zeichen ebenfalls wahrnehmbar sein kann, soll ja gerade
von der rechten Erkenntnis ausgeschlossen werden. Die Eindeutigkeit
liegt an seinem "Kontext",[3] in den es durch die vorangehende Vereinba-
rung gestellt ist.

Wir halten folgendes Ergebnis fest. Durch eine vorangehende Abmachung
wird ein "Kontext" geschaffen, innerhalb dessen ein σημεῖον eine konkrete, unverwechselbare Funktion erhält. Es ist damit für den, der den
Kontext kennt, eindeutig.

6.3. Die Verweigerung der Erkenntnis

Einige Texte, in denen von "Zeichen" die Rede ist, heben ausdrücklich
hervor, dass die Erkenntnis der Zeichen verweigert wird. Auf das damit
gestellte Problem ist nun einzugehen.

---

3.   Zum Begriff "Kontext" vgl. ausführlich § 17.4. ('Kontext' und
      'Eindeutigkeit').

In der Rede des Mose, die dem Bund im Lande Moab folgt, wird Israel
auf Gottes Taten hingewiesen, deren Zeugen sie geworden sind.

> "Ihr selbst habt alles gesehen, was der Herr vor euren Augen im Lan-
> de Ägypten getan hat am Pharao und an allen seinen Dienern und sei-
> nem ganzen Lande: die grossen Prüfungen, die deine Augen gesehen ha-
> ben, jene grossen Zeichen und Wunder" (Deut 29,1f[2f]).

Dreifach wird auf die visuelle Wahrnehmung verwiesen: "Ihr habt gesehen ... vor euren Augen ... haben deine Augen gesehen." Die Wahrnehmung als Voraussetzung zur Erkenntnis ist gegeben. Und doch kommt sie
nicht zu ihrem Ziel. Warum scheitert Gottes Handeln an Israel?

> "Aber der Herr hat euch bis auf den heutigen Tag noch nicht ein Herz
> gegeben, das verständig wäre, Augen, die da sähen, und Ohren, die
> hörten" (Deut 29,4[5]).

Die Zeichentaten sind zwar geschehen und auch wahrgenommen worden,
richten aber an Israel ihre Aufgabe nicht aus. Als Ursache dieses
Scheiterns wird nun nicht auf eine Unklarheit verwiesen, die im Zeichen liegt. Es ist der Mensch, genauer: dessen Herz, das nicht zur Erkenntnis bereit ist (לב לדעת). Der Mangel wird nicht dem Zeichen, sondern dem Menschen zugewiesen. Das entspricht durchaus der deuteronomi-
stischen und prophetischen Geschichtsschau, nach der erst das gottge-
schenkte "neue" Herz zum Gehorsam fähig machen wird (Ez 36,26f; vgl.
Jer 31,33.34). So wird auf Gott verwiesen, der "bis zum heutigen Tag"
dieses Herz nicht gegeben hat.

In denselben Zusammenhang gehört die wohl ältere, merkwürdige Stelle
aus der Berufungsgeschichte Sauls. Im Zusammenhang der von Samuel angegebenen "Zeichen" bemerkt der Text: "Gott wandelte sein (sc. Sauls)
Herz in ein anderes um, und alle jene Zeichen trafen noch am gleichen
Tag ein" (1 Sam 10,9).

Die Kehrseite dieses Handelns wird an Pharao erkennbar. Auch vor ihm
werden "Zeichen" getan. Der Zeichencharakter wird dadurch herausge-
stellt, dass die Plagen zuvor angekündigt werden und gemäss dieser Ankündigung eintreffen. Aber sie erreichen ihr Ziel nicht. Warum scheitern sie? Haftet ihnen doch eine Unklarheit, eine Zweideutigkeit an?

Davon weiss der biblische Bericht nichts. Er hat ein anderes Ziel. Der
ganze Textkomplex Exodus 4 - 14 erarbeitet sorgfältig, wie gerade
durch die unwiderlegbaren Zeichen Gottes der unbegründete Widerstand
des Pharao ausgelöst wird. Wiederum wird das "Herz" des Pharao als
Zentrum des Widerstandes bezeichnet.

Es ist sorgfältig darauf zu achten, wie alle Texte Gott als 'auctor'
bezeichnen. Es ist Gott, der das Herz des Pharao verhärtet, damit die
Zeichenhandlungen nicht zu ihrem Ziel kommen. Es ist Gott, der Israel
das neue Herz "noch nicht" gegeben hat. Es ist Gott, der das Herz des
Saul in ein anderes verwandelt. Es wird Gott sein, der Israel das
steinerne Herz wegnehmen und das fleischerne, das neue Herz schaffen
wird. Innerhalb des Geschichtsprozesses tritt zunächst der Mensch als
der Handelnde in Erscheinung. Es ist der Pharao, der sich Gott verweigert. Israel aber fragt hinter dieses Handeln zurück und hält am Bekenntnis fest, dass Gott als der Erwählende und Verwerfende die Geschichte gestaltet und nach seinem Willen zu Ende bringen wird. Das
"Zeichen" ist eines der Mittel in der Hand Gottes, die Geschichte ihrem Ziel entgegen zu führen.

In denselben Zusammenhang gehören auch die Verstockungsworte, die mit
der prophetischen Botschaft und Sendung an Israel verbunden sind (Jesaja 6,9f; Jeremia 5,21; Ezechiel 12,8) und vom Neuen Testament an
zentraler Stelle aufgenommen werden (Mt 13,14ff; Mk 4,12; vgl. Apg
28,26f und Römer 9 - 11). In der Sendung Jesu wird das von Gott angekündigte Handeln auf seinen Höhepunkt geführt. Johannes hat das Ver-
stockungswort der jesajanischen Berufung an hervorgehobenem Ort ausdrücklich in Zusammenhang mit den Zeichenhandlungen Jesu gestellt (Joh
12,37 - 40). Dass die Menschen den σημεῖα Jesu, deren Zeugen sie geworden sind, den Glauben verweigern, wird so für ihn als Handeln erkennbar, hinter dem Gott gemäss der Schrift als 'auctor' steht.

Wir halten als Ergebnis fest: Dass ein Zeichen, das Gott gibt, nicht
zu seinem Ziel kommt, dass also nicht die Erkenntnis, sondern die Verweigerung von Erkenntnis das geschichtliche Ergebnis eines Zeichens
wird, verweist nicht auf eine Undeutlichkeit oder Zweideutigkeit, die
dem Zeichen anhaftet, sondern lässt die Tiefe des Widerstands des Menschen erkennen. Er selbst verwehrt sich gegen das, was im σημεῖον un-
widerlegbar zutage tritt. Was im Menschen verborgen liegt, kommt durch

das Zeichen ans Licht und tritt in einer durch das Zeichen erzwungenen
Stellungnahme in den Bereich der Geschichte. Die Zweideutigkeit des
Menschen wird durch das Zeichen eindeutig gemacht.[4] Es kann sein, dass
ein Zeichen nicht recht wahrgenommen und dann verwechselt wird. Das
bedeutet aber nicht, dass die Unklarheit auf das Konto des Zeichens zu
schreiben ist. Es kommt aber umgekehrt laufend dazu, dass Menschen
sich der Erkenntnis, die ihnen durch ein Zeichen gegeben wird, verweigern. Es ist theologisch nicht verantwortbar, den Schaden, der im
"Herzen" des Menschen liegt, als Mangel, der dem Zeichen anhaftet, zu
erklären.

6.4. Die Erkenntnis der eschatologischen Zeichen

Auch die Ereignisse, die geschichtliche Umbrüche ankündigen bzw. begleiten, werden in den Texten σημεῖα genannt. Damit stellt sich auch
für sie das Problem, ob und wie sie zu 'erkennen' sind. Gibt es auch
für sie einen 'Kontext', in den sie eingeordnet sind und von dem aus
ihre Deutung gewonnen werden muss?

Diese Frage wird vor allem bei Josephus gestellt. Er fügt seiner Darstellung des Höhepunktes des jüdischen Krieges einen längeren Abschnitt ein, der sich ausführlich mit der Frage nach der rechten Deutung der Zeichen, die Gott zur Erkenntnis der Zeiten schickt, auseinandersetzt.[5] Dem Abschnitt geht die Darstellung der Wirksamkeit des
Propheten des Jahres 70 voraus, der, von Josephus als falscher Prophet
bezeichnet, 6000 Menschen ins Heiligtum und damit in den Untergang
führte (bell 6,283-285). Damals, so bemerkt Josephus, habe es überhaupt viele solcher Propheten gegeben, die von den Tyrannen beim Volk
eingesetzt wurden, um die Hoffnung auf Gottes Hilfe zu nähren (ebda.
286f).

---

4.   Man darf meines Erachtens in verantwortlicher Rede nicht wie HOF-
     BECK, S.: Semeion, 1966, 35 u. a. von einer Zweideutigkeit des
     Zeichens sprechen.

5.   bell 6,288-315. Zur Frage der Komposition und der schriftstelle-
     rischen Absicht vgl. MICHEL/BAUERNFEIND II/2, 192, Anm. 150.

Das Auftreten von Propheten führt Josephus notwendig zu der Frage, wie Propheten geprüft werden. Damit ist für ihn gleichzeitig die andere Frage verbunden, wie von Gott gesandte Vorzeichen recht verstanden werden. Diese Fragen werden von ihm im Folgenden unter Hinweis auf die damaligen Ereignisse grundsätzlich aufgeworfen und untersucht.

Am Anfang steht das Urteil, das Volk hätte lieber der falschen Propaganda geglaubt, den deutlichen Zeichen, die Gott jedoch gegeben habe, weder Beachtung noch Glauben geschenkt (bell 6,288).[6] Auf diese grundsätzliche Einleitung folgt eine Aufzählung der erfolgten Zeichen in drei Gruppen, die jeweils von einem Kommentar abgeschlossen werden.[7]

---

6. In der Formulierung lehnt sich Josephus an Jesaja 6,9f an, wo ebenfalls von der Verstockung des Volkes gesprochen wird. Vgl. dazu MICHEL/BAUERNFEIND II,2, 179, Anm. 135. Vgl. ebda. 188: "Das prophetische Wissen konfrontiert Josephus wie die alttestamentlichen Propheten mit der verstockten Unwissenheit ("als hätte ihm - dem Volke nämlich - der Donner das Gehör verschlagen und als wäre es ohne Augen und ohne Leben" § 288, ἄνοια § 310.315). Sie macht das Volk schuldig vor Gott und zieht die verdiente Strafe nach sich (κακῶν αὐθαιρέτων § 310)." Zum 'deterministischen' Motiv, unter dem Josephus selbst diese Ereignisse angesehen hat, vgl. 6,314: ἀλλὰ γὰρ οὐ δυνατὸν ἀνθρώποις τὸ χρεὼν διαφυγεῖν οὐδὲ προορωμένοις, und die für die Interpretation wichtige Stelle ant 8,409, wo Josephus die Geschichte von Micha ben Jimla [1. Könige 22] auslegt.

7. Gruppe 1: 6,289-290 und Kommentar 1: 6,291; Gruppe 2: 6,292-294 und Kommentar 2: 6,295; Gruppe 3: 8,296-309 und Kommentar 3: 6,310-315. Die Frage, wieviel Zeichen Josephus berichtet, wird unterschiedlich beantwortet, je nachdem ob man in dem Gestirn und dem Komet (6,289) nur ein oder zwei Zeichen wiederfindet. Zählt man hier zwei Zeichen, so hat die erste Gruppe drei, die zweite und die dritte Gruppe je zwei Zeichen, sodass man zusammen auf die apokalyptisch wichtige Zahl sieben kommt. Vgl. die Diskussion des Problems bei MICHEL/BAUERNFEIND II,2, 179, Anm. 136, die mit der Siebenzahl rechnen.

Bereits in seinem ersten Kommentar (6,291) macht Josephus deutlich,
dass Zeichen zu einer Beurteilung zwingen. Josephus nennt den Vorgang
"urteilen" (κρινεῖν). Schon dabei schieden sich die Menschen, indem
die "Unerfahrenen" (ἄπειροι) die Erscheinungen auf etwas Gutes gedeutet, die "Gelehrten der heiligen Schrift" (οἱ ἱερογραμματεῖς) aber sogleich auf die tatsächlich eingetroffenen Ereignisse hingewiesen hätten. Die genaue Kenntnis der Schrift gehört zur Voraussetzung rechter
Deutung der eschatologischen Zeichen.

Dieselben Personengruppen stehen einander auch im zweiten Kommentar
(6,295) gegenüber. Diesmal werden sie "Unkundige" (ἰδιῶται) bzw. "Ein-
sichtige" genannt, wobei der Ausdruck λόγιοι wohl auch hier auf den
Umgang mit der Schrift als Kriterium rechter Deutung hinweisen soll.

Gewichtig ist der umfangreichste dritte Kommentar, mit dem die Reihe
abgeschlossen wird (6,310-315). Von Gott selbst wird gesagt, dass er
den Menschen auf mannigfaltige Weise die Rettung voraus angezeigt habe
(παντοίως προσημαίνοντα 6,310), die Menschen aber durch "Unverstand"
(ἄνοια; derselbe Begriff auch 315) zugrunde gehen.

Zwei konkrete Beispiele verdeutlichen das. Beide weisen auf das Hauptproblem rechten Verstehens hin. Das erste Beispiel (6,311) erwähnt den
Tempelbau. Josephus wirft den Juden vor, sie hätten nicht auf die in
der Schrift niedergelegte Überlieferung geachtet.[8] Damit stellt er die
Schrift als Kriterium der Erkenntnis, als den von Gott gegebenen 'Kontext', deutlich heraus. Dass es bei der Beurteilung der Zeichen implizit um die rechte Auslegung des Bibelwortes geht, macht auch sein
zweites Beispiel deutlich. Hier handelt es sich ausdrücklich um die
Auslegung einer Schriftstelle. Wiederum spricht Josephus von der Notwendigkeit des "Urteiles" (κρίσις 6,313), das gefordert ist.

Josephus stellt in seiner Erörterung zunächst den Zusammenhang zwischen dem wahrnehmbaren Zeichen und dem Schriftwort als grundlegend
heraus. Die Deutung eines Zeichens besteht in einem "Urteil", das auf

---

8.   Vgl. MICHEL/BAUERNFEIND II,2, 190ff, Anm. 149.

rechte Weise das Zeichen mit dem es deutenden Schriftwort zusammen-
bringt. Die nötigen Voraussetzungen für dieses Urteil sah Josephus nur
bei den Menschen, die in priesterlich-schriftgelehrter Tradition standen, für gegeben an. Der falsche Umgang mit Zeichen besteht für ihn
entweder darin, dass man die Zeichen überhaupt missachtet, oder dass
die eigenen Wünsche Kriterium der Deutung der Zeichen werden. "Die Juden aber deuteten manche Vorzeichen (σημεῖα) auf eine freudige Erfüllung ihrer Wünsche, andere missachteten sie, bis sie durch die Erobe-
rung der Vaterstadt und ihr eigenes Verderben des Unverstandes (ἄνοια)
überführt wurden" (6,315). Dem steht innerhalb des Alten Testamentes
die Polemik Jeremias nahe, der den falschen Propheten vorwirft, ihnen
würden die "Träumereien des eigenen Herzens" zum Kriterium von Weissagung und Geschichtsdeutung.[9]

Der Hinweis auf die Schrift bleibt für Josephus grundlegend. Aber ge-
nügt sie allein zur rechten Deutung eschatologischer Zeichen? Im letzten Beispiel weist Josephus auf die "undeutliche Weissagung"[10] hin.
Darin hätten sich die "Weisen", denen Josephus die Schriftgelehrsamkeit nicht abspricht, in grosser Zahl getäuscht.[11] Es fällt auf, dass

---

9.   Jer 23,25-27 u.a. Josephus sieht sich eingegliedert in die Tra-
     dition der Propheten Israels. Gegen menschliches Wünschen will er
     nicht nur das Wort der Bibel festhalten, sondern auch die konkre-
     ten Ereignisse der Geschichte als Handeln Gottes verstehen, durch
     die Gott selbst seinen Willen in der Geschichte durchsetzt. Vgl.
     weiter unten.

10.   Um welches Schriftwort es sich handelt, bleibt unklar. Es klin-
     gen Gen 49,10; Num 24,17 und Dan 7,14 an. Vgl. die Diskussion bei
     MICHEL/BAUERNFEIND II,2, 190ff (Exkurs 15) und zum ganzen Zusam-
     menhang HENGEL, M.: Zeloten, ²1976, 243-246, der mit Numeri 24,17
     als Grundstelle rechnet.

11.   Man beachte den starken Ausdruck ἐπλανήθησαν (6,313). Sich selbst
     hebt Josephus als den rechten Deuter des Gottespruches hervor,
     der auf Vespasian hingewiesen habe. Vgl. bell 3,399-409 und
     3,351. Zur Prophetenrolle des Josephus vgl. BETZ, O.: Wunder,

Josephus in seiner Aufzählung der von Gott gesandten Vorzeichen überhaupt solch einen "exegetischen" Streitfall anführt. "In jener Zeit
werde einer aus ihrem Land über die bewohnte Erde herrschen" (6,312).
Das Urteil, das die Weisen fällen, es müsse sich dabei um einen Menschen aus dem jüdischen Volk handeln, steht innerhalb der Tradition
der Auslegung Israels. Die Frage nach der rechten Deutung der eschatologischen Zeichen spitzt sich so auf die Frage nach der rechten Deutung der Schrift zu.

Das Problem eines exegetischen Streitfalles wird bereits an der ersten
und zweiten Zeichengruppe sichtbar. Das Licht am Altar und im Tempel
(6,290) und die sich öffnende Tempeltüre (6,293) wurden ja sicherlich
auf dem Hintergrund von Jesaja 60,1-2.11-12.19-20 gedeutet und im Sinne dieses Textes als Heilszeichen identifiziert.[12] Dass das Schriftwort bei denen, die Josephus "Unkundige" nennt, nicht gefehlt hat,
scheint sicher.

Damit treten die konkreten Ereignisse der Geschichte als letztes Kriterium rechter Deutung eschatologischer Zeichen neben die Schrift. Sie
müssen genau wahrgenommen und ernst genommen werden. An ihnen wird die
Hand des Gottes Israels erkennbar, der den Verlauf der Geschichte gestaltet. Auch das Schriftwort kann zur Deutung im Sinne eigener Wünsche missbraucht werden. Die Ereignisse aber, die in der Geschichte
über Israel gekommen sind, führen Josephus zu einer Deutung, die weder
das Schriftwort preisgibt, noch die Geschichte überspringt. "Zeit und
Ereignisse erwiesen ganz offen die göttliche Herkunft", sagt Josephus
in einem anderen Zusammenhang (bell 4,625). Damit sind von ihm selbst
die letzten Kriterien der Zeichendeutung genannt.[13]

32ff.

12. Vgl. dazu die Hinweise bei MICHEL/BAUERNFEIND II,2 180 und 187.

13. Für Josephus ist die Verbindung zwischen den Zeichen und Gottes
     πρόνοια, die er streng auf den Verlauf der Geschichte bezieht,
     entscheidend. Vgl. Anm. 23. Auch Qumran kann die 'Zeichen' (אתות)
     mit Gottes Wissen (דעה) und seinem Geschichtsplan (מחשבה) verbin-

Man wird im Auge behalten, dass Josephus hier über das Verständnis es-
chatologisch-apokalyptischer Zeichen spricht. Auch sie sind Zeichen,
die wahrgenommen werden und innerhalb des ihnen zukommenden Kontextes
erkannt werden können. Der 'Kontext' ist von Gott durch Schrift und
Geschichte gesetzt. Rechte Erkenntnis scheint also möglich und zugänglich, so sehr sowohl falsche Erkenntnis als auch Missachtung der Zeichen als schuldhaft und verwerflich verurteilt werden (bell 6, 315)!

Die rechte Deutung der eschatologisch-apokalyptischen Zeichen und damit die Erkenntnis des Geschichtslaufes gehört jedoch für Josephus in
den Bereich des prophetischen Charismas. In seiner Deutung der "un-
deutlichen Weissagung" auf Vespasian erweist sich Josephus selbst als
Prophet. Prophetie ist mit Schriftkenntnis und Wahrnehmung der Geschichte nicht identisch, wohl aber für Josephus unlösbar mit ihnen
verbunden.[14]

---

den. Vgl. dazu BETZ, O.: Wunder, 19; zum Geschichtsverlauf als
Wahrheitskriterium vgl. ebda. 31f.

14. Vgl. die Hinweise auf das Charisma der Prophetie bei den Esse-
     nern, die Josephus in Zusammenhang mit ihrem Schriftstudium sieht
     (z.B. bell 2,112). Josephus selbst ist als Priestersohn zur pro-
     phetischen Erkenntnis des Kommenden fähig, weil er die Schriften
     Israels kennt (bell 3,351). Von den "heiligen Schriften" her
     fällt Licht auf die "Gottessprüche, die zweideutig geblieben wa-
     ren."

§ 7 ERTRAG UND WEITERE AUFGABEN

7.1. Der Ertrag

7.1.1. σημεῖον als Funktionsbegriff

Kein Gegenstand, kein Ereignis ist an sich bereits ein Zeichen. Sie
werden es dadurch, dass ihnen durch eine vorangehende Abmachung oder
durch Gewohnheit eine Funktion zugewiesen wird. Diese Abmachung
schafft einen "Kontext", innerhalb dessen ein Zeichen verstehbar ist
und seine Funktion präzise erfüllen kann. Auch ein wunderhafter Vorgang kann solch eine Funktion bekommen, kann zum Zeichen werden. Aber
aus sich selbst heraus ist ein τέρας noch kein σημεῖον. Man wird darum
streng vermeiden, von der Synonymität beider Begriffe zu sprechen.

Damit ein Zeichen seine Funktion erfüllen kann, muss es einerseits
wahrnehmbar sein. Andererseits muss der "Kontext", in dem erst das
Zeichen seine Funktion erfüllen kann, deutlich bestimmt und dem Wahr-
nehmenden bekannt sein.

Seine reiche Differenziertheit erhält der Begriff אות / σημεῖον durch
die Weite des Geltungsbereiches, der ihm zugewiesen wird. Die Wichtig-
keit deutlicher Wahrnehmung und die Erkenntnis als Ziel bleiben auch
im religiösen Gebrauch grundlegend. Je nach kulturellem Raum bilden
sich für den Anwendungsbereich Schwerpunkte. In dem von der Bibel bezeichneten Einflussbereich tritt im Laufe der Zeit zunehmend die Geschichte als Ort, an dem "Zeichen" geschehen, in den Mittelpunkt. Gott
selbst ist der, der diese "Zeichen" setzt. Er wird im Verlauf der Geschichte die eschatologischen Umbrüche durch "Zeichen" ankündigen und
begleiten.

7.1.2. "Verständnis" und "Eindeutigkeit" der σημεῖα

Für das rechte Verständnis der Zeichen sind folgende Voraussetzungen
grundlegend: Der "Kontext" muss bekannt, das Zeichen selbst muss wahrnehmbar sein und auf rechte Weise dem Kontext des Zeichens zugeordnet
werden. Zum Zeichen gehört, dass der Informationswert durch die vorangehende Abmachung deutlich bestimmt ist. Der Anschein der Zwei- bzw.
Mehrdeutigkeit kann entstehen, wenn sich verschiedene "Kontexte" an-

bieten. Es gehört aber zum Grundcharakter der Zeichen, dass der ihnen
entsprechende Kontext klar bestimmbar, die Erkenntnis darum eindeutig
möglich ist. Damit stellt sich erst recht das Problem, warum es dennoch im Umfeld der σημεῖα zum Missverständnis, zum Unglauben kommen
kann.

7.1.3. σημεῖα und prophetische Sendung

Wo Zeichen im Zusammenhang eines konkreten Sendungsanspruches stehen,
verweisen sie ausschliesslich auf eine prophetische Sendung. Das gilt
sowohl im religionsgeschichtlichen Umfeld wie für das Alte Testament
und das Judentum.

Im Verlauf der Geschichte zeichnet sich eine doppelte Zuspitzung ab.
Einmal wird je länger je mehr der Exodus unter Mose zum typologischen
Vorbild. Der Hinweis auf ein "Zeichen" evoziert die Vorstellung vom
mosaischen Exodus. Die Taten des Mose werden auch inhaltlich zum be-
herrschenden Typos der prophetischen Zeichen. Dazu tritt die zweite
Zuspitzung. "Zeichen" werden mit einer prophetischen Sendung unlösbar
verbunden. Das gilt wechselseitig in dem Sinn, dass einerseits ein σημεῖον als HINWEIS gilt, dass der Anspruch auf eine prophetische Sendung erhoben wird. Andererseits aber wird von jemandem, der als Prophet auftritt, ein σημεῖον als AUSWEIS der Sendung erwartet.

Dem entspricht, dass sowohl Josephus wie das Rabbinat nur im Zusammenhang mit prophetischer Sendung von "Zeichen" sprechen. Mit dem erwarteten Messias aber hat man die Vorstellung, er müsse "Zeichen" tun
können, nicht verbunden.

Die Untersuchung der Zeichen-Propheten bei Josephus erwies einen weiteren deutlichen Zusammenhang. Jeder prophetische Sendungsanspruch
führte zur Hoffnung bzw. zur Befürchtung, jener Prophet wolle den eschatologischen Exodus nahebringen, ja herbeiführen. Taten, die in diesem Sinn als "Zeichen" angekündigt wurden, zogen sofort den Verdacht
auf politischen Aufruhr nach sich. Das führte zum unausweichlichen
Konflikt mit der jüdischen bzw. mit der römischen Obrigkeit.

Das Neue Testament bestätigt diese Beobachtungen. An Jesus wird zwar
sowohl vom Volk als auch aus der Mitte des Jüngerkreises die Vorstel-

lung herangetragen, er könne ein Prophet, ja gar "der Prophet wie
Mose" sein. In diesem Sinne sind auch die Berichte von den Zeichenforderungen zu verstehen. Diese Vorstellung ist aber nach dem Zeugnis
der Synoptiker von Jesus deutlich zurückgewiesen worden. In genauer
Korrelation dazu werden Jesu wunderhafte, helfende Taten bei den Synoptikern nie σημεῖα genannt.

Als Ausnahme gilt die Überlieferung, die Lukas im Bericht über die Jerusalemer Urgemeinde verarbeitet. Allein hier wird Jesus auch von Deut
18,15.18 her verstanden (vgl. Acta 3,22). In diesem Zusammenhang ist
ein einziges Mal im Neuen Testamentes (ausserhalb von Johannes) von
Jesu σημεῖα καὶ τέρατα die Rede (Acta 2,22). Diese Besonderheit ist
aber nicht zu verallgemeinern. Sie steht deutlich in Zusammenhang der
besonderen Christologie, die in den Kreisen, die hinter dieser Überlieferung stehen, vertreten worden ist.

7.2. Weitere Aufgaben

Das Johannesevangelium ist die einzige neutestamentliche Schrift, in
der der Begriff σημεῖον eigenständiges theologisches Gewicht erhält
und der Sendung Jesu positiv zugeordnet wird. Wie verhält sich der johanneische Gebrauch zu dem, was wir als bisheriges Ergebnis unserer
Untersuchung festgestellt haben?

Zunächst (§§ 8 - 15) untersuchen wir die einzelnen Stellen, an denen
Johannes den Terminus σημεῖον verwendet. Was lässt sich über die Funk-
tion ausmachen, die den σημεῖα Jesu zukommt? Was lässt sich an diesen
Texten über die konkrete Sendung, in der Jesus nach dem johanneischen
Verständnis steht, aussagen?

Da die Taten, die als σημεῖα bezeichnet werden, auch bei Johannes der
Erkenntnis einer Sendung dienen, fragen wir abschliessend danach, welche Bedeutung Johannes dem Alten Testament zumisst (§ 16) und wie für
Johannes Erkenntis der Sendung Jesu, ohne die johanneischer Glaube
nicht Glaube ist, zustande kommt (§ 17).

II. HAUPTTEIL

DER JOHANNEISCHE GEBRAUCH DES TERMINUS σημεῖον

§ 8 DER "ANFANG" DER σημεῖα JESU (2,11; 2,23)

8.1. Einleitung

In der vorliegenden Gestalt des Johannesevangeliums begegnet uns der
Terminus σημεῖον erstmals in Kapitel zwei. Zweimal (Verse 11 und 23)
wird er in Abschlussbemerkungen verwendet, die den jeweils voranstehenden erzählenden Teil (2,1-10 bzw. 2,13-22) kommentieren. Bevor wir
uns diesen Abschlussbemerkungen zuwenden (§ 8.3. und 8.4.), fragen wir
zurück nach dem Kontext, in dem diese beiden Verse stehen.[1]

8.2. Der engere Kontext

Welche Stellung kommt den beiden σημεῖα-Versen im Aufbau des zweiten
Kapitels zu? Eine schematische Darstellung des Inhalts von Johannes 2
lässt eine sorgfältige Struktur des Kapitels erkennen:

1f EINLEITUNG:	12 ÜBERLEITUNG:	13f EINLEITUNG:
Zeit: Am dritten Tag	nicht lange in	Zeit: Passa der Juden
Ort: Kana in Galiläa	Kapernaum	Ort: Jerusalem
Ereignis: Jesus wurde		Ereignis: Jesus zog
eingeladen...		hinauf....
3-10 HAUPTTEIL:		14-22 HAUPTTEIL:
Hochzeit von Kana		Tempelreinigung
11 ABSCHLUSS:		23[-25] ABSCHLUSS:
Jesus und die		Viele (sie glauben)
Jünger (sie glauben)		und Jesus

---

1. Einmal (2,18) taucht σημεῖον im Munde der "Juden" auf. Zu dieser
    Stelle vgl. § 12.3. (Johannes 2,18).

Die Hochzeit von Kana und der Bericht der Tempelreinigung haben eine
parallele Funktion, die für das Verständnis wichtig erscheint. In beiden Abschlussbemerkungen (2,11 bzw. 2,23) fällt das Stichwort σημεια,
bei beiden wird die Reaktion auf die Tat(en) Jesu mit πιστευειν bezeichnet.[2]

Die formale Parallelität zwischen der Hochzeit von Kana und der Tempelreinigung verweist auch auf eine wichtige materiale Parallelität
beider Abschnitte. In beiden Texten steht ein 'kultisches' Moment im
Vordergrund. Bei der Hochzeit zu Kana werden die zur Reinigung bestimmten Krüge plötzlich zu Weinkrügen, die der messianischen Freude
dienen. Bei der Tempelreinigung stehen einander der 'alte' und der
'neue' Tempel gegenüber. Die Ablösung des Alten durch das Neue wird in
beiden Texten zeichenhaft angesagt.[3] Dazu tritt, dass beide Texte
diese Ablösung nicht vordergründig verstehen. Jesu "Stunde", so heisst
es ausdrücklich, ist "noch nicht" gekommen (2,4). Auch der Abbruch des
Tempels wird angesagt. Aber der neue Tempel, so verstehen es die Jünger nach Jesu Auferstehung, hat nicht sofort den Abbruch des Alten zur
Folge (2,21f). Dem entspricht, dass Jesus in beiden Berichten von Menschen zum Handeln aufgefordert wird. Einmal übernimmt die Mutter Jesu
diese Rolle mit einer einfachen Bemerkung (2,3), das andere Mal sind
es die Juden mit ihrer Frage nach der Berechtigung für Jesu Tun
(2,18). Obwohl Jesus auf beide Bemerkungen negativ oder reserviert
reagiert, schafft er doch etwas Neues. Der Wein wird gegeben, auch

---

2.   Schwierig ist die Frage, ob man 2,24f zur Abschlussbemerkung 2,23
      zählen soll. Formal besteht nur eine Parallele zwischen 2,11 und
      2,23, obwohl 2,24f den vorangehenden Vers inhaltlich weiterführt.
      Vgl. unten § 8.6. (Zur Funktion von Johannes 2,24-25).

3.   Der Gedanke der Ablösung betrifft nicht nur den Kult in Jerusa-
      lem, sondern auch den auf dem Garizim; die eschatologische Entge-
      gensetzung meint ganz Israel. Die Vorstellung von Jesus als dem
      neuen Tempel wurde öfters erörtert. Vgl. MEAGHER, J. C.: JBL 88
      (1969), 57-68; GASTON, L.: No Stone on Another, 1970, 204-213;
      GÄRTNER, B.: The Temple and the Community, 1965; KLINZING, G.:
      Die Umdeutung des Kultus, 1971.

wenn der Geber im Verborgenen bleibt; der neue Tempel steht inmitten
der Menschen, bleibt aber unerkannt.

Zu den Parallelen treten Gegensätze. Kana in Galiläa wird Jerusalem
gegenübergestellt. In den Abschlussformulierungen treten die Jünger
Jesu (2,11) den "Vielen" (2,23) gegenüber.

In dieser Zuordnung der Hochzeit von Kana zur Tempelreinigung sind
folgende Hauptmotive zu unterscheiden.

- Das erste öffentliche Auftreten Jesu wird mit dem Verhältnis zu kultischen Problemen verknüpft: der Frage nach dem Reinigungsgebrauch
  der Juden und nach dem Tempel als dem Haus des Vaters. Beide Abschnitte wissen um die Ablösung des Alten durch das Neue, halten
  aber fest, dass das erst verborgen geschieht.[4]

- Beide Texte schildern das erste öffentliche Auftreten Jesu als ein
  Tun von σημεῖα. Beide reflektieren ausdrücklich die Reaktion der
  Menschen auf Jesu Zeichen. Was 12,37ff als Abschluss der öffentlichen Wirksamkeit Jesu und 20,30f als Ziel des ganzen Evangeliums
  ausdrücklich hervorheben, tritt uns bereits in den ersten Berichten
  von Jesu öffentlichem Auftreten entgegen: Jesu Zeichenhandlungen und
  der Glaube der Menschen an Jesus werden zueinander in Beziehung gesetzt.

- Der Gegensatz zwischen den Jüngern und dem Volk wird von Johannes
  durch ihr Verhalten gegenüber den σημεῖα Jesu bestimmt. Die den Aufbau des Johannesevangeliums markierenden Stellen machen dies deutlich. Jesus tut die Zeichen 'vor' dem Volk (12,37ff), und trotzdem
  glauben sie nicht. Jesus tat die Zeichen 'vor' seinen Jüngern, die

---

4.   Vgl. dazu Joh 4,20-26, wo es um die Frage nach dem rechten Ort
      der Anbetung geht; auch dort spricht Jesus von der 'Ablösung' des
      Alten durch das kommende Neue. Die Frau weiss sofort, dass diese
      Ablösung mit dem Messias eintreten wird, also eschatologisch zu
      verstehen ist. Auch dort wird offenkundig, dass Jesus als der
      Messias ihr schon gegenübersteht.

dafür als Zeugen eintreten können (20,30). Dieser für Johannes
grundlegenden Differenz begegnen wir also schon mit den hier zu-
sammengestellten Berichten. Bereits der Anfang der öffentlichen
Wirksamkeit Jesu ist durch diesen Gegensatz bestimmt.

- Dazu kommt der für Johannes theologisch so wichtige 'geographische'
  Unterschied zwischen Galiläa und Jerusalem.[5]

Wir erkennen daran, wie deutlich Johannes den Aufbau seines Evangeliums nach theologischen Gesichtspunkten gestaltet hat. Dem ersten Kapitel, das grundlegende Fragen johanneischer Christologie erörtert,
tritt das zweite Kapitel an die Seite, in dem eben dieser Christus
seine Zeichen tut und ankündigt. Was in 20,30f als Ziel des Johannesevangeliums bezeichnet wird: das Verhältnis zwischen Jesu σημεῖα und
dem Verständnis seiner Sendung deutlich zu machen, wird durch den formalen Aufbau, die Struktur und den Inhalt von Joh 1-2 bestätigt.

8.3. Johannes 2,11

Die Beobachtungen zum Aufbau des zweiten Kapitels haben auf die auffallende Parallelität zwischen der Hochzeit und Kana und der Tempelreinigung aufmerksam gemacht. Infolgedessen ist zu vermuten, dass auch
die beiden 'Abschlussbemerkungen' zueinander parallel stehen.

Wir setzen mit der Form-Analyse jedes Verses ein. Dann fragen wir weiter, was aus diesen beiden Versen für die johanneische σημεῖα-Auffas-
sung und die johanneische Christologie zu entnehmen ist.

8.3.1. Formanalyse

> (a) Dies tat Jesus als Anfang der Zeichen
>   in Kana (in) Galiläa
>   Ταύτην ἐποίησεν ἀρχὴν τῶν σημείων ὁ Ἰησοῦς
>   ἐν Κανὰ τῆς Γαλιλαίας

---

5.   Vgl. MEEKS, W. A.: JBL 85 (1966) 159-169; BASSLER, J. M.: CBQ 43
      (1981), 243-257; SCOBIE, CH. H. H.: SR 11 (1982), 77-84.

(b) Und zeigte seine Herrlichkeit
καὶ ἐφανέρωσεν τὴν δόξαν αὐτοῦ,

(c) und seine Jünger glaubten an ihn.
καὶ ἐπίστευσαν εἰς αὐτὸν οἱ μαθηταὶ αὐτοῦ.

Mit dem einleitenden 'dies' (ταύτην) ist der Vers mit dem vorangehenden Text verbunden. Er ist als Abschlussbemerkung in drei parallele,
selbständige Teile gegliedert, die mit 'und' verbunden sind, ohne dass
formal ein Glied vom anderen abhängig wäre.

8.3.2. Exegetische Bemerkungen

Schon das erste Vorkommen des Terminus σημεῖον bei Johannes macht auf
die Bedeutung der Zeichen für das ganze Evangelium aufmerksam. Nicht
nur, dass es sich bei der Tat Jesu um ein σημεῖον handelt, wird betont, sondern dass hier der Anfang, die ἀρχή der weiter zu erzählenden
σημεῖα liegt.

Mit dem Ausdruck ἀρχή wird der Terminus aufgenommen, der im Prolog das
ganze Evangelium einleitet. Die Frage nach dem Anfang ist für Johannes
wichtig. In der ἀρχή liegt gewissermassen der Keim des Ganzen.[6] Wahrscheinlich stehen hinter dieser Aussage Auseinandersetzungen mit anderen Traditionen, die den 'Anfang' Jesu nach Kapernaum (oder nach Nazareth?) verlegen.

Auch die Synoptiker berichten vom Anfang der wunderhaften Wirksamkeit
Jesu in Galiläa. Sie verlegen diesen Anfang aber nach Kapernaum. Ob
Johannes sich konkret mit den Synoptikern auseinandersetzt, kann
schwer entschieden werden. Es kann sich auch um eine Überlieferung
handeln, die noch im mündlichen Stadium steht und den uns bekannten
Synoptikern parallel geht oder zugrunde liegt. Dass die Auseinandersetzung um die Stellung von Kapernaum geführt wird, wird an der Über-
gangsbemerkung 2,12 deutlich. Johannes bestätigt, dass Jesus in Kapernaum gewohnt hat. Aber er sei dort 'nicht lange' geblieben. Diese

---

6.   Darum werden die Gemeinden im Glauben eben auf diese ἀρχή ver-
     pflichtet. Vgl 1 Joh 1,1-3.

Bemerkung scheint vom literarischen Standpunkt aus entbehrlich. Hat
sie polemische Funktion? Trifft das zu, so zeigt sich, dass die Auseinandersetzung um die Genauigkeit des Geschichtsberichtes geführt
wird. Ein weiteres Indiz für diese Polemik sehen wir in der Aussage,
Petrus stamme aus Bethsaida (1,44), nicht, wie die Synoptiker nahelegen, aus Kapernaum. Auch hier spielen also die Ortstraditionen eine
wesentliche Rolle. Dass Petrus für Johannes ausserordentlich wichtig
ist und seine Rolle für das johanneische Christentum schwierig zu bestimmen war, zeigen auch andere Texte. Die Darstellung des Lieblingsjüngers ist deutlich so gestaltet, dass er mit Petrus zusammengestellt
und seine Bedeutung im Gegenüber zu Petrus entfaltet wird: Petrus
fragt Jesus durch den Jünger, den Jesus lieb hatte (13,23ff); beide
folgen Jesus zum Verhör nach (18,15); Petrus verleugnet Jesus, während
Jesus noch vom Kreuz aus das besondere Verhältnis zwischen diesem Jünger und seiner Mutter stiftet (19,25-27); beide Jünger laufen zum
Grab, aber der 'andere' Jünger, der schneller ist, lässt Petrus den
Vortritt (20,1-10); beide 'sehen', aber der 'andere' kommt zum Glauben
- als einziger vor der Erscheinung des Auferstandenen. In 21,20-23
wird explizit das Verhältnis zwischen diesem Jünger und Petrus erörtert. 21,24 verweist darauf, dass dieser Jünger als Zeuge hinter der
Niederschrift des Evangeliums, als Garant der Überlieferung steht. Er
wird von dem Kreis, der sich hier zu Wort meldet, ausdrücklich bestätigt.[7] Die genaue Bestimmung der Rolle des Petrus ist dem johanneischen Traditionskreis wichtig. Deutlich ist, dass Kana als Ort der

---

7.   Grundlegend sind die Beobachtungen bei RUCKSTUHL, E.: BiKi 40
      (1985),77-83. Über die forschungsgeschichtliche Lage orientieren
      SMALLEY, S. S.: John: Evangelist and Interpreter, 1978, 75-82;
      HAENCHEN, E.: Exkurs: Der Lieblingsjünger, in: DERS.: Komm 1980,
      601-605 (mit ausführlichen Literaturangaben). Wichtig wegen sei-
      ner ausgewogenen Sicht DE JONGE, M.: The Beloved Disciple and the
      Date of the Gospel of John, in: FS M. Black, 1979, 99-114. Leider
      wird das Motiv der Spannung zwischen Petrus und dem Lieblingsjün-
      ger in der Diskussion nicht genügend berücksichtigt. Auch die
      Frage, warum, mit Ausnahme von Joh 21,2, die Zebedaiden nicht ge-
      nannt sind, behält ihr grosses Gewicht. Vgl. die eindrücklichen
      Bemerkungen zur Verfasserfrage bei SCHWANK, B.: EA 57 (1981),

ἀρχή Jesu festgehalten und – gegen Kapernaum? – betont wird.

Damit wird die Aufmerksamkeit auf Kana gelenkt. Kana kommt als Orts-
name im Neuen Testament nur bei Johannes vor. Die Heilung des Sohnes
des königlichen Beamten (4,46ff) wird mit der Bemerkung eingeleitet,
Jesus sei 'wieder' (πάλιν) nach Kana gekommen. Ausdrücklich wird betont, es sei derselbe Ort, an dem Jesus das Wasser zu Wein gemacht
habe.[8] Schon die beiläufige Bemerkung in 2,1, die Mutter Jesu sei bei
dieser Hochzeit anwesend gewesen, hat auf mögliche verwandtschaftliche
Beziehungen zu den Hochzeitsleuten, also nach Kana, schliessen lassen.[9] Das aber steht, obwohl es möglich bleibt, jenseits der Aussageabsicht des unmittelbaren Textes. Wichtig erscheint auch die Bemerkung
in 21,2, dass Nathanael aus Kana stammt.

In der Tat der Weingabe, so sagt der Text, habe Jesus seine "Herrlichkeit" kundgetan. Was versteht er darunter? Ausgangspunkt für das Verständnis von δόξα bei Johannes ist die Aussage in 12,41, Jesaja habe
in seiner Berufungsvision im himmlischen Heiligtum eben diese δόξα Jesu geschaut. Der biblische Text spricht davon, Jesaja habe Gott gesehen (Jes 6,1). Die targumische Interpretation dieses Verses fasst das
so auf, Jesaja habe Gottes "Herrlichkeit" (יקרא)[10] geschaut. Unter dieser Herrlichkeit aber verstand bereits Ezechiel eine von Gott zwar

---

439-442.

8.   War schon damals die Ortstradition unsicher? Die späte christli-
     che Tradition hat das biblische Kana gern mit 'kafr kenna' iden-
     tifiziert. Beim johanneischen Kana aber handelt es sich um 'Chir-
     bet Kana' nördlich der Battof-Ebene, das mit Nazareth, Kochaba,
     Jotapata und Kefar Sekhanja (Sikhnin, das heutige Suchnin; Jose-
     phus: Sogane) territorialgeschichtlich eine Einheit bildete. Vgl.
     dazu vor allem MICHEL, O.: Der Anfang der Zeichen Jesu, in: FS A.
     Köberle, 1958, 15-22, mit Hinweisen auf weitere Literatur.

9.   Vgl. BROWN, R. E.: Komm I, 98.

10. Zum Verständnis von Herrlichkeit, יקרא im Jesaja-Targum vgl.

nicht schlechthin getrennte, wohl aber von Gott zu unterscheidende Erscheinungsweise Gottes, seine Thron-Herrlichkeit. Vor allem die mysti-
sche Tradition hat Ezechiel 1,26ff mit den biblischen Berichten von
Thronvisionen, also auch mit Jesaja 6,1ff verbunden. Geschaut wurde,
so sagt die jüdische Exegese, Gottes Thron-Herrlichkeit. Johannes
scheint diese Deutung vorauszusetzen, da auch er in 12,41 davon
spricht, Jesaja habe Gottes δόξα geschaut. Für ihn aber ist eben diese
δόξα Jesus selbst.

Die Aussage über die Fleischwerdung des Logos: "Und wir schauten seine
Herrlichkeit, Herrlichkeit wie des Einziggezeugten vom Vater, voll
Gnade und Wahrheit" (1,14) steht in derselben Tradition von Ezechiel
1,26ff. Dass Gottes Thronherrlichkeit selbständig auf der Erde erscheinen kann, das war ja bereits bei Ezechiels Schilderung vom Thron-
wagen zu lesen. Dass eben diese Herrlichkeit menschliches Aussehen
hat, auch das wurde in diesen Texten ausdrücklich betont (Ez 1,26-28
und im Anschluss daran Daniel 7,13ff). Der "Menschensohn" ist die auf
die Erde gekommene himmlische Thronherrlichkeit Gottes, also Gott
selbst "voll Gnade und Wahrheit" (vgl. Ex 34,6; nur Gott selbst ist
voll Gnade und Wahrheit). In denselben Zusammenhang gehört auch Jesu
Selbstaussage in 1,51, an die ja der Bericht von der Hochzeit in Kana
unmittelbar anschliesst: "Amen, amen, ich sage euch: Ihr werdet den
Himmel geöffnet sehen und die Engel Gottes hinaufsteigen und herab-
steigen auf den Sohn des Menschen." Der "Sohn des Menschen", das ist
Gott selbst in der Erscheinungsweise seines כבוד, seiner Thronherrlichkeit.[11]

CHILTON, B. D.: The Glory of Israel, 1983, 75-77.

11. Zum Verhältnis des "Menschensohns" zur "Thronherrlichkeit" Gottes
    vgl. meinen Aufsatz in FZPhTh 32 (1985), 343-372 mit weiterem Ma-
    terial und Literaturhinweisen. Vgl. auch FOSSUM, J.: Name of God,
    1985, 279, Anm. 61. Zum Verständnis von Doxa bei Johannes vgl.
    PAMMENT, M.: ZNW 74 (1983), 12-16.
    Zu Joh 1,14 DE KRUIJF, TH. C.: The Glory of the Only Son (Joh i
    14), in: Studies in John presented to Professor Dr. J. N. Seven-

Eben diese Herrlichkeit hat Jesus, so sagt unser Text, seinen Jüngern
"gezeigt". Wir stehen vor der Schwierigkeit, wie φανεροῦν bei Johannes
zu verstehen ist.

Bis heute hat die Behauptung, φανεροῦν sei mit "offenbaren" zu übersetzen und als 'übernatürlicher' Vorgang aufzufassen, weitreichende
Wirkung entfaltet.[12] Neuere Untersuchungen von Bedeutung und Funktion
von φανεροῦν ergeben deutlich einen anderen Befund. φανεροῦν bedeutet,
dass auf sinnenhafte Weise etwas "gezeigt", etwas "einsehbar gemacht"
wird. Damit ist, ähnlich wie bei ἀποκαλύπτειν, kein 'übernatürlicher'
Vorgang gemeint.[13] Jesus hat seine Herrlichkeit "anschaubar" gemacht.

---

ster, NTSuppl. 24, Leiden 1970, 111-123.

Zu Joh 1,51 vgl. den Überblick über die Literatur in MOLONEY, F.
J.: Son of Man, [2]1978, 23-41. Moloney hat einzelne wichtige Literatur sowohl zu Joh 1,51 wie zum Menschensohnproblem wenig beachtet. Zu vergleichen ist jetzt unbedingt KIM, S.: Son of Man,
1983, 82-86; ROWLAND, C.: NTS 30 (1984) 498-507; bereits früh hat
QUISPEL, G.: ZNW 47 (1956), 281-283 auf den Zusammenhang von 1,51
zur jüdischen Thronmystik hingewiesen. Zum Verständnis von δόξα
als μορφή bzw. εἶδος vgl. FOSSUM, J.: Name of God, 1985, 284 und
295, Anm 112. Vgl. auch die Notiz in Exkurs 2 (Die Bedeutung von
Jesaja 11 für das Verständnis Jesu), Anm. 25.

12. Vgl. vor allem BULTMANN, R. und LÜHRMANN, D.: Art. φανερόω, ThWNT
    IX, 4-6. Synonymität zwischen ἀποκαλύπτω und φανερόω wird vor al-
    lem für Paulus behauptet: ebda., 4, Zl. 25ff. Sachkritisch zum
    Erkenntnisproblem vgl. § 17 (Erkenntnis und Glaube).

13. Vgl. dazu jetzt MÜLLER, P.-G.: Art. φανερόω, EWNT III, 988-991,
    der das Passiv konsequent mit "sichtbar werden, erscheinen, öf-
    fentlich werden" übersetzt. Im Unterschied zu Paulus "kommt es
    Johannes gerade auf das konkrete Sichtbarwerden, den optisch-gno-
    seologischen Akt an, um die heilsmächtige Wirksamkeit Gottes in
    den Zeichen und Worten des irdischen und auferstandenen Jesus zu
    betonen" (ebda, Sp. 990). Ähnliches Gewicht auf die konkrete Ge-

Wir verstehen diese Aussage so, dass in dem sinnenhaften Vorgang der
Verwandlung des Wassers in Wein den Jüngern "einsehbar" gemacht wurde,
dass hier der Spender des messianischen Weines vor ihnen steht.[14] Anders war dieser wahrnehmbare Vorgang für den, der nur recht in das Ereignis hineinsah, nicht zu verstehen.

Die dreigliedrige Abschlussbemerkung setzt neben die beiden Aussagen
von Jesu Handeln ("er tat", "er zeigte") den Hinweis, dass seine Jünger an ihn "glaubten". Der Glaube der Jünger wird erstmals an dieser
Stelle, und erstmals im Zusammenhang mit einem Zeichen Jesu, erwähnt.

---

schichte für den neutestamentlichen Offenbarungsbegriff legt
HOLTZ, T.: Art. ἀποκαλύπτω, EWNT I, 317. Eine wichtige, ausführliche, aber leider (noch?) nicht gedruckte Untersuchung über den
neutestamentlichen Begriff legt vor BOCKMÜHL, M. N. A.: PHANERO-
SIS. A New Testament historical Word Study on the Manifestation
of the Invisible, Master-Thesis, Vancouver 1983. Dort 70-100 über
die johanneischen Schriften. Bockmühl schlägt als sachgemässe Um-
schreibung von φανερόω vor: "to make visibly or empirically evident" (97f). In denselben Zusammenhang gehört die Bedeutung, die
den Verben visueller Wahrnehmung (ὁράω, θεωρέω, θεάομαι) bei Johannes zukommt. Zur Bedeutung konkreter Wahrnehmung innerhalb des
Erkenntnisprozesses vgl. unten § 17 (Erkenntnis und Glaube).

14. Das müsste in einer Auslegung des ganzen Abschnittes unter Hin-
    weis auf frühjüdisches Material ausführlich belegt werden. Dass
    die messianische Zeit Zeit der "Fülle" sein wird, das las man
    schon in den biblischen Schriften; vgl. Jes 25,6; Gen 49,11f;
    Joel 4,18, Hhl 1,2; 2,4 und dazu FEUILLET, A.: EphThL 36 (1960),
    17. Zum messianischen Wein bzw. Festmahl vgl. TgHL 8,2 [Text bei
    St-B. I, 983 und dazu LEVEY, S. H.: The Messiah, 1974, 130-132],
    TgPs-J zu Gen 27,25: der Wein ist 'aufgehalten' - vgl. Joh 2,10.
    Zum 'aufbewahrten Wein' vgl. auch Sanh 99a und Ber 34b; St-B III,
    762; GINZBERG, L.: LEGENDS V, 284, ANM 93. Wichtig ist der Hin-
    weis auf Joh 2,10 bei LE DEAUT, Targum du Pentateuque, I, 261,
    Anm 8. Parallelen auch in späteren Texten, z.B. JELLINEK, BhM VI,
    150f und V,84f.

Die Dreiheit der Satzgliederung zeigt, dass alle drei Vorgänge eng zusammenhängen. Das genaue Verhältnis zueinander bleibt aber in der
Schwebe. Der Text hat kein Interesse an der Frage, ob ein Vorgang aus
dem anderen entstanden ist, wohl aber daran, dass bei diesem konkreten
Ereignis alle drei Vorgänge beieinander gewesen sind. Schon mit dem
einleitenden ταύτην wird deutlich, dass es sich hier um eine Bemerkung
zu diesem konkreten Ereignis, nicht um eine allgemeine Regel handelt.[15] Dem entspricht, dass mit den "Jüngern" auch der Kreis derer,
die bei diesem Ereignis "glauben",[16] genau bezeichnet wird.[17]

8.4. Johannes 2,23

8.4.1. Formanalyse

"Als er aber war
'Ὡς δὲ ἦν
    in Jerusalem am Passa am Fest
    ἐν τοῖς Ἱεροσολύμοις ἐν τῷ πάσχα ἐν τῇ ἑορτῇ
glaubten viele an seinen Namen
πολλοὶ ἐπίστευσαν εἰς τὸ ὄνομα αὐτοῦ
weil sie schauten seine Zeichen die er tat."
θεωροῦντες αὐτοῦ τὰ σημεῖα ἃ ἐποίει.

Formal haben wir es wie in 2,11 mit einem dreigliedrigen Satz zu tun.

---

15. Zum Gaubensbegriff bei Johannes vgl. die immer noch gültige Untersuchung von SCHLATTER, A.: Der Glaube im Neuen Testament,
[6]1982 (=[4]1927), 176-221. 595-600. "Stets wird Jesus durch εἰς als
der bezeichnet, an den sich das Glauben wendet. Sonst tritt der
Dativ an" (ebda. 595). Zur Formel πιστεύειν ὅτι vgl. unten §
15.5. (πιστεύειν ὅτι als Bekenntnis-Einleitung).

16. Man könnte den Aorist hier mit guten Recht faktitiv mit "zum
Glauben kommen" übersetzen.

17. Vgl. DE JONGE, M.: The Fourth Gospel: The Book of the Disciples,
in: DERS.: Jesus, Stranger, 1977, 1-27.

Die umständlich wirkende Einleitung gibt Ort und Zeit genau an. Dem
folgt der Hauptsatz mit der Aussage, dass viele an Jesus geglaubt haben. Im Unterschied zu 2,11 schliesst sich dem ein Nebensatz an, der
diesen Vorgang ausdrücklich begründet.

Der formale Unterschied zu 2,11 ist deutlich. Dort standen drei Haupt-
sätze nebeneinander, die nur durch καί verbunden waren. Hier dagegen
ist die Abhängigkeit der drei Sätze voneinander schon durch die Konstruktion klar angegeben.

8.4.2. Exegetische Bemerkungen

Wie in 2,11 wird auch hier die Abschlussbemerkung mit dem voranstehenden Ereignis in Beziehung gesetzt. Der Bezug ist aber wesentlich
schwächer. Nicht das Ereignis der Tempelreinigung wird hier aufgenommen, sondern der Ort und die Zeit: Jerusalem und Passa, das Fest. Das
markiert einen gewichtigen Unterschied. In 2,11 wurde mit σημεῖον auf
das konkret geschilderte Ereignis der Verwandlung von Wasser in Wein
Bezug genommen. Unser Vers spricht zwar auch von σημεῖα. Diese werden
aber inhaltlich nicht weiter entfaltet. Wir wissen nicht, um welche es
sich handelt. Nur in ihrer Auswirkung werden sie hier berücksichtigt.

Wieder werden Jesu Zeichen mit dem Glauben der Menschen in Beziehung
gesetzt. Dasselbe haben wir auch an 2,11 gesehen. Beide Aussagen stimmen also mit dem, was die Abschlussbemerkung des Evangeliums aussagt,
überein. Wichtig scheint auch, dass 20,30 nur von einem Ausschnitt
dessen sprach, was Jesus getan hat. Dem entspricht, dass sich die Darstellung der Wirksamkeit Jesu während dieses Passahfestes damit begnügt, allgemein von Jesu Zeichen zu sprechen, ohne sie inhaltlich näher zu entfalten.[18]

Bereits in 2,11 war betont von der Wahrnehmbarkeit des Vorgangs die
Rede. Das tritt uns hier noch deutlicher entgegen. Die Menschen haben

---

18.   Vgl. auch Joh 6,2, wo auf "Zeichen an Kranken" - offensichtlich
      in Galiläa - Bezug genommen wird, ohne dass der Text vorher von
      solchen erzählt hat.

"geschaut". Θεωρεῖν meint das intensive, aufmerksame und genaue Wahr-
nehmen dessen, was geschieht. Damit ist das Sinnenhafte des Vorganges
hervorgehoben. Der Glaube der Vielen wird ursächlich mit der Wahrnehmung der Menschen verbunden: Weil es etwas zu sehen gab und diese Menschen wirklich "geschaut" haben, entstand ihnen daran die Gewissheit,
die zum Glauben führte. Für Johannes ist der Bezug des Glaubens auf
die konkrete Wahrnehmung wichtig.

8.5. Der Terminus σημεῖον in 2,11 und 2,23

Anhand von Johannes 20,30f werden wir sehen, dass das Evangelium die
σημεῖα Jesu nicht einfach mit dem Glauben der Menschen (im Sinne einer
'fides qua') in Beziehung setzt, sondern mehr noch und in erster Linie
mit dem inhaltlichen Bezug des Glaubens.[19] Der Leser des Evangeliums
soll erfahren, WER Jesus ist, in welcher Sendung er steht. Das ist
auch an den beiden σημεῖα-Stellen des zweiten Kapitels der Fall. 2,11
spricht ja nicht davon, dass es die Grösse des Wunders war, die zum
Glauben gleichsam gezwungen hat. Die Funktion des σημεῖον bestand darin, Jesu δόξα wahrnehmbar zu machen. Das bedeutet doch nichts anderes,
als dass an diesem Zeichen den Jüngern und nun den Lesern des Evangeliums einsehbar wurde, WER vor ihnen steht. Nicht in der Grösse des
Wunders, sondern in seinem inhaltlichen Hinweis liegt seine Bedeutung.
Es ist wirklich σημεῖον, Zeichen! Auch 2,23 spricht den inhaltlichen
Aspekt an. Der an den Zeichen entstandene Glaube wir als "Glaube an
seinen Namen" bezeichnet. Auch damit wird Jesu Sendung für Johannes
inhaltlich näher qualifiziert.

Es fällt auf, dass in diesen Abschlussformulierungen mit δόξα und
ὄνομα zwei Begriffe auftauchen, die auch sonst bei Johannes oft verbunden erscheinen. Schon im Alten Testament sind כבוד und שם die beiden Termini, die im Zentrum der Heiligtumstraditionen stehen. Im Tempel wohnt Gottes Herrlichkeit, ja Gott selbst lässt an dem Ort, den er
erwählt hat, seinen Namen wohnen. Beide Begriffe werden bei Johannes
zu Grundbegriffen der Christologie, die das Verhältnis zwischen Jesus
und dem Vater und die daraus erwachsene Sendung Jesu näher bestim-

---

19. Vgl. § 15.5. (πιστεύειν ὅτι als Bekenntnis-Einleitung).

men.[20]

8.6. <u>Zur Funktion von Johannes 2,24-25</u>

"Jesus selbst aber vertraute sich ihnen nicht an, ..."

Diese Haltung Jesu wird im Nachsatz ausdrücklich begründet:

"(a) ... weil er alle erkannte
    ... διὰ τό αὐτὸν γινώσκειν πάντας
(b) und weil er nicht nötig hatte, dass irgendjemand
    καὶ ὅτι οὐ χρείαν εἶχεν ἵνα τις
    über den Menschen Zeugnis ablegte.
    μαρτυρήσῃ περὶ τοῦ ἀνθρώπου.
(c) Er erkannte nämlich selbst, was im Menschen war."
    αὐτὸς γὰρ ἐγίνωσκεν τί ἦν ἐν τῷ ἀνθρώπῳ.

Rein formal führt 2,24 den voranstehenden Satz weiter. Mit αὐτὸς δὲ

---

20. Wichtig als Parallele zu 2,11 und 2,23 ist TgIs 42,8, wo "Name"
    und "Herrlichkeit" im Parallelismus einander zugeordnet werden:
    אנא יהוה הוא שמי ויקרי דאתגליתי עליכון. "I am the Lord; that is <u>my</u>
    <u>name</u>: and <u>my glory</u> wherewith I have revealed myself to you.."
    Text und Übersetzung nach STENNING, J. F.: The Targum of Isaiah,
    1949, 140f. Alttestamentlich gehören שם und כבוד in die Sprache
    der Heiligtumstradition. "Die priesterliche und die dtr Schule
    benutzen also eine unterschiedliche Terminologie, um die göttli-
    che Präsenz im Tempel auszudrücken. P benutzt 'kabôd', Deut/Dtr
    dagegen 'sem'." WEINFELD, M.: Art. כבוד, ThWAT, IV, 38. Es ist
    auffallend, wie dieselbe Sprache in Johannes 17 aufgenommen wird.
    Im Sinne des Alten Testamentes stehen auch hier δόξα und ὄνομα
    zueinander parallel. Hiess es 2,11, "καὶ ἐφανέρωσεν τὴν δόξαν αὐ-
    τοῦ", so sagt Jesus in 17,6: "Ἐφανέρωσά σου τὸ ὄνομα..." Die Aus-
    sagen in Johannes 17 sind auf der gegenseitigen Zuordnung von
    ὄνομα/שם (17,6.11.12.26) und δόξα/כבוד (17,5.22.24; vgl. δοξάζω
    in 17,1 [bis].4.5.10) aufgebaut. Zum religionsgeschichtlichen Um-
    feld vgl. FOSSUM, J.: Name of God, 1985, passim.

οὐκ ἐπίστευσαν wird Jesu Verhalten in Gegensatz zum Glauben der Vielen
gestellt. Inhaltlich hat man in 2,24f gern eine Abwehr eines 'blossen
Zeichenglaubens' gesehen.[21] Der Evangelist, der die Wunderberichte
vorgefunden hat, habe damit diesen Glauben aufgrund der Zeichen kriti-
sieren und so seine eigene Theologie zum Ausdruck bringen wollen. Aber
das bleibt schwierig. Warum sollte der Evangelist das an dieser Stelle, an der ja die σημεῖα inhaltlich gar nicht entfaltet werden, tun,
während er in 2,11 keine derartige Bemerkung bringt, wo sie doch angesichts der gerade beschriebenen Wundertat angebrachter wäre? Dasselbe
gilt für alle anderen Vorkommen von σημεια bei Johannes.[22]

Uns scheint 2,24f eine andere Intention zu haben. Man hat genau auf
den Wortlaut zu achten. Die Aussage, Jesus habe sich den Menschen
nicht anvertraut, wird vom Evangelisten ausdrücklich begründet. Die
Begründung wird durch drei Aussagen (positiv - negativ - positiv) gegeben: Jesus hatte die Gabe der "Erkenntnis". Jede Anspielung auf den
"blossen Zeichenglauben" der Menschen fehlt.

Wir erkennen hinter diesem Vers eine genau bestimmbare Tradition.
Durch den Hinweis auf Jesu Einsicht in den Menschen wird auf Jesaja 11
Bezug genommen. Der Messias aus dem Stamm Isais wird, so sagt Jesaja
11,2, als Geistträger auch den Geist der Einsicht, die רוח בינה besitzen. Eben diesen Geist der Einsicht verbindet Jesaja mit der Fähigkeit
zum gerechten Gericht. "Er wird nicht richten nach dem, was seine Augen sehen, noch Recht sprechen nach dem, was seine Ohren hören" (Jes
11,3). Die johanneische Aussage ist eine deutliche Paraphrase dieser
jesajanischen Stelle und bezeichnet Jesus als den erwarteten Geistträ-

---

21. Vgl. SCHNACKENBURG, R.: Komm I, 373; BROWN, R. E.: Komm I, 127.
     Vorsichtiger SCHLATTER, A.: Komm, 82 bzw. DERS.: Erläuterungen,
     37. Bemerkenswert ist ZAHN, T.: Komm, 182.

22. Kritisch wendet sich Jesus - bei Johannes wie bei den Synoptikern
     - nur gegen Zeichenforderungen, die an ihn herangetragen werden.
     Vgl. dazu § 4.5.3. (Die Zeichenforderungen) und § 12 (Die johan-
     neischen Zeichenforderungen).

ger.[23] Jesus erscheint hier nicht einfach als der, der die Herzen der Menschen erkennt, sondern gleichzeitg als der bei Jesaja angekündigte Richter über den Menschen. Dieses Gericht vollzieht sich hier dadurch, dass er sich den Menschen entzieht.[24]

Damit wird uns der Sinn der in Joh 2,23-25 gegebenen Erläuterung deutlich. Menschen fanden aufgrund der σημεῖα Jesu zum Glauben. Jesus hat sich aber von ihnen abgewandt. Johannes nennt als Ursache für dieses Handeln nicht mangelnden oder unqualifizierten 'Zeichen'-Glauben, sondern Jesu messianische Einsicht.

---

23. Die intuitive Wahrheitserkenntnis innerhalb der Rechtsfindung vor Gericht ist eine der Fähigkeiten, die dem Messias aufgrund von Jesaja 11,2f zugeschrieben worden ist. Man vgl. dazu Mk 14,65. Wichtig ist der Hinweis auf Sanh 93b. Der Text sagt, die Rabbinen hätten Bar Kochba als Pseudo-Messias entlarvt und anschliessend sogar hingerichtet, weil er zu dieser Art von Rechtsfindung unfähig gewesen sei. Er habe das Recht nicht "riechen" können, wie das in Jes 11,3 doch gesagt werde. Auch hier wird anhand von Jesaja 11,2f die Fähigkeit zur geistgewirkten Menschenschau als Kriterium der Messianität angeführt. Vgl. dazu BETZ, O.: Wie verstehen wir das Neue Testament?, 1981, 43. Zur Bedeutung von Jesaja 11 vgl. Exkurs 1 (Messias und Wunder) bzw. Exkurs 2 (Die Bedeutung von Jesaja 11 für das Verständnis Jesu).

24. Vgl. Joh 12,35f. Meines Erachtens sollte man in 12,36 statt ὡς aus inneren und äusseren Gründen eher ἕως lesen. Der zeitliche Aspekt steht im Vordergrund.

§ 9 σημεῖα UND SENDUNG (3,2; 7,31; 9,16; 10,41; 12,18)

9.1. Johannes 3,2

Unmittelbar auf den ersten Hauptteil des Johannesevangeliums (Kapitel
1,19 - 2,24) setzt das erste grosse Gespräch Jesu ein, die Unterredung
mit Nikodemus.[1] Die Einleitung beschreibt Herkunft und Status des Nikodemus (Vers 1), sowie den Zeitpunkt seines Kommens zu Jesus (2a).
Die Anrede Jesu mit 'Rabbi' wird mit einem Urteil über Jesus verbunden
(2b). Nikodemus weist ausdrücklich auf Jesu σημεῖα als Grund dieses
Urteils hin (2c). Doch zunächst der Text:

(1) "Es war aber ein Mensch unter den Pharisäern
     mit Namen Nikodemus, ein Vorsteher der Juden.

(2a) Dieser kam des Nachts zu ihm und sagte zu ihm:
     οὗτος ἦλθεν πρὸς αὐτὸν νυκτὸς καὶ εἶπεν αὐτῷ.

(2b) Rabbi, wir wissen,
     ῥαββί, οἴδαμεν
     dass du als Lehrer von Gott gekommen bist;
     ὅτι ἀπὸ θεοῦ ἐλήλυθας διδάσκαλος.

(2c) denn niemand kann diese Zeichen tun,
     οὐδεὶς γὰρ δύναται ταῦτα τὰ σημεῖα ποιεῖν
     die du tust,
     ἃ σὺ ποιεῖς,
     es sei denn Gott mit ihm."
     ἐὰν μὴ ᾖ ὁ θεὸς μετ' αὐτοῦ.

Die Einleitung kennzeichnet Nikodemus in doppelter Weise. Seiner Par-
teizugehörigkeit nach ist er Mitglied der Pharisäer. Da Jesus ihn im
Verlauf des Gesprächs als "Lehrer Israels" anspricht (Vers 10), dürfen
wir annehmen, dass er pharisäischer Schriftgelehrter war. Die zweite
Kennzeichnung wird damit getroffen, dass der Text ihn mit ἄρχων τῶν

---

1. Zu exegetischen Problemen und literarkritischen Fragen vgl. z. B.
    SCHNACKENBURG I, 374-377; anders BECKER I, 129-131; umfassend bei
    MOLONEY, F.J.: Son of Man, [2]1978, 42-67.

Ἰουδαίων als Mitglied des Hohen Rates bezeichnet.[2] Von einer Sendung des Nikodemus, die seinem Besuch einen amtlichen Charakter gibt, wissen wir nichts. Sein Kommen wird als Besuch einer Einzelperson geschildert, obwohl die Bedeutung des Gespräches über ihn als Einzelperson hinausgeht. Schon die Einleitung des Gesprächs stellt das heraus.

Die genaue Zeitangabe des Besuches entspricht der Tendenz bei Johannes, Ereignisse und Gespräche sowohl zeitlich wie topographisch genau zu fixieren.[3] Die Anrede Jesu als "Rabbi" spiegelt die Situation einer Zeit wieder, in der Rabbi noch ehrende Anrede war, ohne auf den Stand des Gelehrten oder gar des ordinierten Schriftgelehrten beschränkt zu sein.[4]

Der nun folgende Hinweis auf Jesu σημεῖα ist Nikodemus in den Mund gelegt. Damit bringt der Evangelist zum Ausdruck, dass es sich um ein Verständnis von "Zeichen" handelt, das von einer Gruppe des Judentums an Jesus herangetragen wird. Inwieweit sich damit die Sicht des Evangelisten deckt, bleibt zunächst offen. Man kann aber darauf hinweisen, dass in der weiteren Folge des Gesprächs eben diese Zeichen-Konzeption nicht mehr aufgenommen, also auch nicht mehr kritisiert werden wird.[5]

Wenden wir uns der Aussage des Nikodemus zu. Der Anrede folgt mit οἴδαμεν der Hauptsatz. Nikodemus (und die hinter ihm stehende Gruppe?) ist zu einem Urteil im Blick auf Jesus gekommen. Dieses Urteil wird in

---

2. Zur Person des Nikodemus vgl. Joh 7,50 und 19,39. Beide Texte verweisen auf das nächtliche Gespräch mit Jesus.

3. Vgl. z.B. 1,39: "Es war um die zehnte Stunde"; 4,6: "Es war um die sechste Stunde" usw. Auch die genauen topographischen Angaben legen Wert auf die Konkretheit des Geschehens.

4. So SCHNACKENBURG I, 380 gegen BULTMANN, 95. Zum Problem ausführlich RIESNER, R.: Jesus als Lehrer, [2]1984, 246-254; ZIMMERMANN, A. F.: Lehrer, 1984, 73-75, 86-91.

5. Vgl. zum Unterschied Joh 6, 14f.26ff.

einem mit ὅτι eingeleiteten Nebensatz inhaltlich qualifiziert und
durch eine mit γὰρ verbundene Satzperiode näher begründet.

Der auffallende Plural οἴδαμεν bringt zum Ausdruck, dass Nikodemus mit
diesem Urteil nicht allein steht. Wer allerdings dies Urteil teilt,
bleibt offen. Sind es "die Pharisäer"? Ist es gar der "Hohe Rat"? Oder
handelt es sich um eine Gruppe von "Oberen" (vgl. 12,42)? Da das weitere Gespräch auf diesen Umstand nicht mehr zurückkommen wird, muss
diese Frage offen bleiben.

Das mit οἴδαμεν angesprochene feste Wissen ist Ergebnis eines Urteils.
Jesus wird zugestanden, dass er in einer Sendung von Gott steht: ἀπὸ
θεοῦ ἐλήλυθας.[6] Die Sendung wird näher bezeichnet: Jesus ist Lehrer,
ist διδάσκαλος.

Was ist mit dieser Bezeichnung gemeint? Da mit dem einleitenden 'Rabbi' bereits die Anrede vorliegt, ist διδάσκαλος kaum als Höflichkeits-
bezeichnung zu verstehen. Der Begriff spielt in der weiteren Folge des
Gesprächs als Bezeichnung Jesu keine Rolle mehr. Andere Stellen bei
Johannes, in denen Jesus Lehrer genannt wird bzw. selbst diesen Ausdruck aufnimmt, helfen kaum weiter.[7] Jedesmal handelt es sich um die
ehrende Anrede, hinter der hebräisches רבי steht.

Brown vermutet, die Zeichen Jesu hätten Nikodemus gelehrt, "that Jesus
is a distinguished rabbi, one of the many rabbis to whom miracles are
attributed in Jewish writings."[8] Damit wird die Aussage, Jesus sei
ein "Lehrer, von Gott gesandt", als ehrende Anrede angesehen, der
theologisch kein Gewicht zukommt.

---

6.   Vgl. SCHLATTER, Komm. z. St., 85: ".. denn er glaubt an seine
      Sendung durch Gott."

7.   Joh 1,38 und 20,16 διδάσκαλε für ῥαββεί bzw. ῥαββουνί; 11,28 als
      Bezeichnung Jesu; vgl. 13,13.14, wo Jesus diese ihm gegebene Ti-
      tulatur zitiert.

8.   BROWN, Komm I, 137.

In seiner Untersuchung "Jesus als Lehrer" hat Riesner kürzlich im Anschluss an Hengel umfassend dargelegt, dass das frühe Judentum vom
kommenden Messias auch ein lehrendes Wirken erwartet hat. Die Texte,
die von einer messianischen Lehrfunktion wissen, knüpfen dabei an die
Geistbegabung Davids (2 Samuel 23,1f) an und lassen vor allem den
grossen Einfluss von Jesaja 11,1ff erkennen. Dass der kommende Messias
Träger des Geistes der Weisheit und Einsicht sein wird, lässt ihn auch
in den frühjüdischen Texten deutlich als Lehrer erscheinen. Nikodemus
würde damit in Jesus den kommenden Messias erkennen und insbesondere
auf seine Lehrfunktion verweisen.[9]

Brown weist in seinem Kommentar noch auf eine andere Verständnismög-
lichkeit hin. Ist in der Bezeichnung Jesu als "Lehrer, von Gott gesandt" eine Bezugnahme auf den Propheten wie Mose nach Deut 18,18 zu
sehen?[10] Das scheint zumindest möglich zu sein. In einem Fall (6,14)
erkennen wir, dass Jesu Zeichen die Menge auf die prophetisch-mosai-
sche Sendung schliessen lassen. Eben diese Sendungs-Konzeption wird
aber in der folgenden Erörterung der Gabe des Brotes von Jesus abgewiesen. Das Verhältnis Jesu zur prophetischen Sendung gehört zu den
zentralen Problemen johanneischer Christologie.[11]

In welchem Verhältnis stehen jedoch Zeichentaten zur Bezeichnung δι-

---

9.   Vgl. dazu RIESNER, R.: Jesus als Lehrer, [2]1984, 304-330 (§ 12.2
     Der Messias als Lehrer), mit umfassenden Belegen und Literaturan-
     gaben, sowie HENGEL, M.: Lehrer, 1979.

10. BROWN, Komm I, 137. Diese Deutung wird von Brown mit dem Hinweis
     abgelehnt, es wäre dann nicht mehr verständlich, warum Jesus die-
     sem 'tiefen Glauben' negativ begegnet. Dahinter steht die Voraus-
     setzung, dass die johanneische Christologie positiv auf die mosa-
     isch-prophetische Linie zurückgreift. Zum Zusammenhang zwischen
     dem "Lehrer" der Gerechtigkeit von Qumran und dem Mose-gleichen
     Propheten vgl. BETZ, O.: Offenbarung, 1960, 62ff.

11. Vgl. näher § 11 (σημεῖα und mosaische Sendung).

διδάσκαλος? Mehr als Vermutungen sind an dieser Stelle nicht möglich.
Dass schon in früher Zeit ein Ringen um den rechten Schriftgelehrten
einsetzt, wurde vor kurzem durch Stadelmann deutlich gezeigt.[12] Er
macht auf die wichtige Unterscheidung zwischen einem 'gewöhnlichen'
und einem 'inspirierten' Schriftgelehrten aufmerksam. Ben Sira will zu
seiner Zeit die Bindung der Schriftgelehrsamkeit an das Priestertum
bewahren helfen. Dazu kommt, dass er im Priestertum den Erben der davidisch-messianischen Verheissung erkennt, für die Schriftgelehrsamkeit also eine messianische Inspiration zu behaupten scheint.[13] Hinter
dieser Erörterung wird das Problem der Autorität für die frühe
Schriftgelehrsamkeit sichtbar. Es ist im Laufe komplizierter Entwick-
lungen zu zwei Antworten gekommen. Der Pharisäismus, der in seinen Ur-
sprüngen eine charismatisch bestimmte Bewegung war, beantwortete das
Autoritätsproblem mit dem Hinweis auf die Lückenlosigkeit der Tradition. Weil die Tora, sowohl die schriftlich fixierte wie vor allem die
mündlich als Auslegung dazu gegebene, vom Sinai ausging und lückenlos
bis in die Gegenwart hinein überliefert wurde, empfängt der einzelne
Schriftgelehrte in diesem 'historisch' gedachten Rückbezug, der ihn
mit dem Sinai verbindet, seine Autorität.[14] Dieser in ihren Grundzügen
sicher schon zu neutestamentlicher Zeit vorhandenen Antwort auf das
Autoritätsproblem stand der Hinweis auf den inspirierten Lehrer entgegen. Soweit wir sehen, wurde dieses Lehrideal vor allem unter den Essenern gepflegt. Der Bibeltext wurde, wie uns das z.B. am Habakuk-Pe-
scher deutlich wird, als prophetisches Wort für die Gegenwart, die man
als Endzeit erkannte, verstanden. Die Deutung des inspirierten Lehrers
machte die Bezüge zur Gegenwart deutlich. Tradition wird hier nicht
abgelehnt, bedarf aber der inspirierten Deutung, um für die Gegenwart

---

12. STADELMANN, H.: Ben Sira als Schriftgelehrter, 1980.

13. Vgl. Sirach 39,6. Dazu MAIER, G.: Mensch und freier Wille, 1971,
     37; dagegen STADELMANN, H.: aaO. 238f.

14. mAboth I,1ff. Vgl. dazu z.B. GERHARDSSON, B.: Memory and Manu-
     script, 1961, 19ff; URBACH, E. E.: Sages, 1975, 286-314 (XII: The
     Written Law and the Oral Law.).

autoritativ und 'aktuell' zu werden.[15]

Wird dieser Gegensatz durch die Bezeichnung Jesu als des von Gott gesandten "Lehrers" evoziert? Trifft das zu, dann wird für den Fortgang
des Gespräches verständlich, warum Jesus sofort auf die eschatologische Neuschöpfung durch die Kraft des Geistes Gottes zu sprechen
kommt. Der Empfang des Lebens, der Eintritt in Gottes Herrschaft, wird
nicht durch den Anschluss an die Tradition, durch die Weitergabe von
Lehre vermittelt, sondern durch die durch den Geist geschenkte Neuschöpfung. An diesem Punkt werden Tradition und Inspiration zu Gegen-
sätzen.

Dass diese weitreichende Spannung hinter Johannes 3 steht und mit dem
Stichwort διδάσκαλος anklingt, müsste eine genaue Analyse des ganzen
Gespräches zeigen. Im Blick auf 3,1f bleibt sie Vermutung. In der weiteren Folge des Gespräches wie des ganzen Evangeliums wird die Bezeichnung διδάσκαλος für Jesus nicht mehr aufgenommen, scheint also
theologisch kein grosses Gewicht zu besitzen.

Der Grund, der zum Urteil führt, Jesus sei von Gott gesandt, wird genau angegeben: Es sind Jesu Zeichen.

(2c) οὐδεὶς γὰρ δύναται ταῦτα τὰ σημεῖα ποιεῖν
      ἃ σὺ ποιεῖς,
      ἐὰν μὴ ᾖ ὁ θεὸς μετ' αὐτοῦ.

Wieder werden, wie in 2,23, Jesu Zeichen inhaltlich nicht näher skizziert. Wichtig ist, dass diese σημεια Grund dafür sind, Jesus eine
Sendung von Gott zuzuerkennen und diese Sendung auch inhaltlich näher

---

15. Das bedeutet nicht, dass der Rückbezug von Autorität auf die
     Geistbegabung auch in den Fragen der Lehre auf den Essenismus be-
     schränkt war. Wir haben mit verschiedenen Schichtungen innerhalb
     des Judentums zur Zeit Jesu zu rechnen. Das Neue Testament zeigt,
     dass das Urchristentum in den Fragen der Autorität nicht den pha-
     risäischen Weg gegangen ist. - Zum Problemkreis vgl. BETZ, O.:
     Offenbarung, 1960, passim.

zu beschreiben.

Dass Wunder allein noch kein gültiger Hinweis für eine Sendung von
Gott sind, wusste man in Israel gut.[16] Wichtig ist darum das ταυτα,
das im Satz betont steht. "Solche Zeichen, wie du sie tust, kann niemand tun, wenn nicht Gott mit ihm ist." Das Problem wird uns zu 9,16
ausführlicher beschäftigen. Auch dort steht die Frage zur Diskussion,
ob Jesus παρὰ θεοῦ sei. Das wird dort von einigen aus den Pharisäern
bestritten, und zwar unter Hinweis darauf, dass Jesus den Sabbat nicht
hält. Andere aber fragen zurück: πῶς δύναται ἄνθρωπος ἁμαρτωλὸς τοιαῦτα σημεῖα ποιεῖν; Damit wird das Problem deutlich. Die Tatsache, dass
Wunder geschehen, bedeutet für das Judentum noch nicht, dass diese
Wunder von Gott her kommen müssen. Der Kampf gegen die Zauberei wurde
vor allem vom pharisäischen Judentum intensiv geführt. Zauberei galt
als Abfall vom Gottesglauben.[17] Wie in 3,2 geht es auch in 9,16 um
die Frage, warum Jesus σημεια tun kann (πῶς δύναται ..). Von dem konkret erörterten Zeichen - der Blindenheilung - wird auf Jesu Stellung
zu Gott geschlossen: Er kann kein sündiger Mensch, kein Frevler sein.
Auch hier geht es um ein Urteil, das Jesu Stellung zu Gott erfassen
will. Das σημεῖον wird zum Grund des Urteils, führt aber zu einer
Spaltung innerhalb der Pharisäer, die verschieden Stellung beziehen.[18]
Der Schluss von Jesu Wundern auf eine Sendung von Gott war also, vor

---

16. Vgl. dazu 5 Mose 13,1-5.6-11. Israel hat anhand dieser Texte die
    Rechtsbestimmungen für den Prozess gegen die Verführer, den 'Ma-
    diach' und den 'Mesith', entwickelt. Vgl. dazu näher unten § 13
    (σημεῖα und Todesbeschluss).

17. Vgl. dazu URBACH, E.E.: Sages, 1975, 97-123 (IV: Magic and
    Miracle); zu Josephus vgl. BETZ, O.: Problem des Wunders, in: FS
    MICHEL, 1973, 23-46.

18. Vgl. näher § 13.5 (Das theologische Motiv des Todes Jesu). Sach-
    lich stellt sich das Problem schon bei Schimon ben Schetach,
    mSanh VI,5; vgl. jSanh 23c. Für die religionsgeschichtliche Ein-
    ordnung der Phänomene vgl. jetzt NIGGEMEYER, J. H.: Beschwörungs-
    formeln, 1973.

allem für einen Mann, der zu den Pharisäern und zum Hohen Rat gehörte,
alles andere als selbstverständlich.

Fassen wir das Ergebnis zusammen: (1) Jesu σημεῖα, die in ihrem Inhalt
zwar nicht entfaltet, jedoch betont werden (ταῦτα τὰ σημεῖα), sind
Grund eines Urteils. (2) Von ihnen wird auf eine Sendung geschlossen,
die von Gott her ergangen sein muss: ἀπο θεοῦ ἐλήλυθας (vgl. ὁ θεὸς
μετ' αὐτοῦ). (3) Diese Sendung wird inhaltlich näher mit διδάσκαλος
umschrieben, ohne dass erkennbar wird, was damit genau gemeint ist.

9.2. Johannes 7,31

Der 'Redekranz' am Laubhüttenfest stellt Jesus mitten in die Auseinandersetzung um seine Sendung. Bereits früh wird die Scheu der Menschen
angemerkt, offen nach Jesus zu fragen "aus Furcht vor den Juden"
(7,13). Noch vor seinem Eintreffen in Jerusalem gehen die Meinungen im
Volk auseinander. "Die einen sagten: Er ist gut; andre sagten: Nein,
sondern er führt das Volk irre" (7,12). Was im Verlauf der Darstellung
der öffentlichen Wirksamkeit Jesu bei Johannes immer wieder hervorgehoben wird, erscheint auch hier. Die Meinungen im Volk gehen auseinander und verfestigen sich. Drei Gruppen lassen sich durch ihre Stellungnahmen unterscheiden. Deutlich werden die Motive der drei Gruppen
gekennzeichnet, die zur Stellungnahme führen bzw. solche Stellungnahme
verhindern.

Auf der einen Seite stehen die, die Jesus bereits ablehnen. Der Vorwurf, der gegen Jesus erhoben und als 'theologische' Ursache des Todesbeschlusses bei Johannes dargestellt wird, ist unmissverständlich:
Jesus gilt bereits als "Verführer".[19]

Daneben steht eine Anzahl von Menschen, die noch zu keiner Stellungnahme gekommen sind (vgl. 7,25-27). Die Möglichkeit, dass Jesus der
Christus sei, wird erwogen. Als Ursache für das Zögern wird ein dop-
peltes Bedenken angegeben. Einerseits spielen "die Oberen" eine Rolle.
"Haben etwa die Oberen erkannt...." (7,26). Dazu tritt ein theologisch

---

19. Vgl. § 13 (σημεῖα und Todesbeschluss).

motiviertes Bedenken, man wisse doch, woher Jesus sei, während man vom
kommenden Christus die Herkunft nicht kennen werde (7,27).[20] Menschliche Rücksichtnahme (vgl. 12,43 usw.) und theologische Motivation um-
schlingen sich auf eindrückliche Art.

Der Text schildert noch eine dritte Gruppe. Auch hier wird der Grund
des Urteils angegeben.

> "Viele aus dem Volke aber glaubten an ihn und sagten: Wird der Chri-
> stus, wenn er kommt, etwa mehr Zeichen tun, als dieser getan hat?"
> (7,31)

Formal handelt es sich um eine rhetorische Frage, die inhaltlich bejaht ist. Die Zeichen, deren Kunde die Menschen erhalten haben oder
deren Zeugen sie geworden sind, führt sie zur Stellungnahme, dass Jesus der Christus sei. Wie in 2,23 werden auch hier die Zeichen nicht
näher entfaltet. Man kann fragen, ob die Heilung des Gelähmten (Kapitel 5) vorausgesetzt wird, da unser Text eine Heilung am Sabbat als
Problem angibt (7,19-24). Aber die Rückfrage scheint müssig. Wie in
2,23 wird auch hier deutlich, dass der Evangelist bewusst nur einen
Ausschnitt der Zeichen Jesu berichten will (20,30). Eine voll ausge-
breitete Darstellung ist nicht seine Absicht.

Auch hier erkennen wir, dass Johannes die Zeichen Jesu dem Glauben positiv zuordnet. Jesus wird aufgrund der Zeichen als der Christus erkannt. Es sind die Zeichen, die dieses konkrete Urteil über die Sendung Jesu ermöglichen. Es gibt keinen Hinweis darauf, dass solcher
Glaube negativ bewertet wird.

Es ist wichtig zu sehen, dass zwar von σημεῖα die Rede ist, nicht aber
auf den Propheten geschlossen wird, wie das in 6,14f der Fall ist. Das
hängt zweifellos mit den konkreten Taten zusammen, die Jesus getan
hat. Vom Propheten, der nach 5 Mose 18,15ff erwartet wird, erwartete

---

20. Vgl. 7,42; Justin, Dial 8,4; IV Esra 13,52.

man die Wunder der Mosezeit.[21] Darum war aufgrund der Speisung der
5000 der Schluss auf den Propheten naheliegend.[22] Hier aber wird auf
den kommenden Christus geschlossen.[23] Dass für die Volksmenge am
Laubhüttenfest Prophet und Christus zwei zu unterscheidende Figuren
sind, zeigt sich deutlich im weiteren Verlauf der Auseinandersetzung.
Eine Gruppe im Volk sagt: "Dieser ist in Wahrheit der Prophet", während andere dagegen Stellung nehmen und sagen: "Dieser ist der Christus" (7,40f). Das bedeutet, dass der Christus-Titel eine konkrete
Sendung bezeichnen muss, die von der Sendung des Propheten unterschieden ist.[24]

Fassen wir zusammen: Auch an dieser Stelle verweisen die Zeichen, die
Jesus tut, auf eine konkrete Sendung. Jesus wird als der Messias, der
Christus erkannt. Hervorgehoben wird die Fülle der Zeichen, die in Beziehung zum kommenden Messias gesehen wird. Die Stellungnahme, die
diese Sendung Jesu bejaht, bezeichnet der Text als Glauben.

9.3. EXKURS: Messias und Fülle

Merkwürdig ist, dass unser Text nicht auf die konkrete Art der Zeichen
Jesu hinweist, wohl aber auf die Fülle der Zeichentaten. "Wird der
Christus, wenn er kommt, etwa mehr Zeichen tun?" Man kann kaum Inhalt
und Fülle gegeneinander stellen. Gilt nicht der Messias als der, der
die "Fülle" bringt, ja soll nicht die messianische Zeit die Zeit der

---

21. Vgl. dazu § 5 (Die jüdischen "Zeichenpropheten" bei Josephus) und
    § 3.7. (Exkurs: Messias und Prophet).

22. Vgl. dazu § 11 (σημεῖα und mosaische Sendung).

23. Vgl. Mt 12,22f, wo die Volksmenge aufgrund einer Heilung fragt,
    ob Jesus nicht der Davidssohn sei; dazu näher Exkurs 1 (Messias
    und Wunder).

24. Zum Schluss vom Wort Jesu in Joh 7,37f auf eine Sendung als "der"
    Prophet (7,40ff) vgl. § 11.1.4. (EXKURS: 'Prophet' und 'König' im
    Johannesevangelium, Abschnitt 1).

"Fülle" werden? So kennzeichnet Jesus selbst sogar das Ziel seiner
Sendung: "Ich bin gekommen, damit sie das Leben haben und die Fülle
haben" (10,10). Nicht nur die Art, sondern auch die Menge der Taten
und Gaben haben konkrete Aussagekraft. Die Fülle der Zeichen verweist
auf die messianische Zeit, in der die Fülle zu erwarten ist.[25]

9.4. Johannes 9,16

Als Kontext ist diesmal eine konkrete Tat Jesu erkennbar, die Heilung
des Blindgeborenen. Wie bereits in Kapitel 5 (vgl. 5,16ff und 7,23)
besteht im vorliegenden Zusammenhang das besondere Problem nicht in
der Heilung selbst, sondern in der Tatsache, dass sie von Jesus am
Sabbat vollzogen wurde. Wie in Kapitel 7 kommt es zu verschiedenen
Stellungnahmen. Sie werden auch hier mit den sie begründenden Motiven
aufgezeigt.

> "Da sagten etliche von den Pharisäern: Dieser Mensch ist nicht von
> Gott her, weil er den Sabbat nicht hält. Andere sagten: Wie kann ein
> sündiger Mensch solche Zeichen tun? Und es war eine Spaltung unter
> ihnen."

Auf der einen Seite stehen "einige unter den Pharisäern" (ἐκ τῶν Φαρισαίων τινές). Ihr Urteil lautet: οὐκ ἔστιν οὗτος παρὰ θεοῦ ὁ ἄνθρωπος.[26] Als Motiv, das diesem Urteil zugrundeliegt, wird deutlich:
ὅτι τὸ σάββατον οὐ τηρεῖ.

Hinter der pharisäischen Stellungnahme steht das Urteil, dass ein Zeichen allein noch nicht ausreichend die Sendung eines Menschen zu be-

---

25. Johannes betont die Fülle z.B. in der Menge des Weines, die bei
     der Hochzeit zu Kana gegeben wird. Vgl. § 8 (Der "Anfang" der ση-
     μεῖα Jesu), Anm. 14. Zum Gedanken, dass die kommende Heilszeit
     Überfülle in verschiedenster Hinsicht bringen wird, vgl. HAUCK,
     F.: Art.: περισσεύω etc., ThWNT VI, 58f mit Belegen.

26. Vgl. 3,2 und 13,3, wo die Formulierung ἀπὸ θεοῦ lautet. παρὰ θεοῦ
     ist schulmässiger. Vgl. dazu SCHLATTER, Komm 85f zu 3,2.

gründen vermag. Das Zeichen muss mit der Lehre des Menschen und mit
seinem Gesetzesgehorsam verglichen werden. Die Pharisäer bezeichnen
auf Grund ihrer Halacha eine Heilung am Sabbat als Gesetzesübertre-
tung. Darum wird auch dem Zeichen nicht geglaubt.[27]

Neben dieser pharisäischen Gruppe stehen "andere" (ἄλλοι), die diesem
direkten Urteil widerstehen, ohne dass von ihnen eine ausgeführte
Stellungnahme abgegeben wird. Das Motiv, das sie zum Abwarten führt,
lautet: πῶς δύναται ἄνθρωπος ἁμαρτωλὸς τοιαῦτα σημεῖα ποιεῖν; Die konkrete Beobachtung dessen, was geschieht, führt wenigstens zur Vorsicht
vor einem endgültigen Urteil. Der Text merkt an, dass es dadurch unter
den Pharisäern zu einer Spaltung gekommen sei.

Dasselbe Motiv wird im Verlauf des Gesprächs zwischen den Juden und
dem Blinden (9,29ff) weiter ausgeführt. Der Streitpunkt ist die Frage
nach der Sendung, in der Jesus steht. "Von diesem wissen wir nicht,
woher er ist" (29). Dem "Wissen" der Juden, dass Gott zu Mose geredet
hat, steht das andere "Wissen" gegenüber, dass "Gott nicht auf Sünder
hört." (9,31). Jedes "Wissen" führt zu einer Stellungnahme. Durch den
Blindgeborenen wird eine konkrete, theologische Überzeugung laut: "Wir
wissen, dass Gott nicht auf Sünder hört, sondern wenn jemand gottes-
fürchtig ist und seinen Willen tut, auf den hört er." An diesem Kriterium wird für ihn Jesu Handeln deutlich: "Wenn dieser nicht von Gott
her wäre, vermöchte er nichts zu tun" (9,33). Das Handeln Jesu wird
zum Ausweis seiner Sendung: "Von Ewigkeit her hat man nicht vernommen,
dass jemand einem Blindgebornen die Augen aufgetan hat" (9,32). Der
Fortgang der Auseinandersetzung ist aufschlussreich. Der Blindgeborene
wird hinausgestossen: "Du bist ganz in Sünden geboren" - ein Hinweis,
dass man seine Krankheit, die Blindheit von Geburt an, als (vorgeburt-
liche?) Schuld erkennt - "und willst uns lehren?" (9,32). Seine Stellungnahme wird zutreffend als διδαχῆ, als הלכה bezeichnet, die der
Lehre der Juden entgegensteht. Die pharisäische Sabbat-Halacha, die
die Heilung am Sabbat als Arbeit bezeichnet, begründet die negative

---

27.   Hinter dieser Stellungnahme wird das Verfahren sichtbar, das Deut
      13,1ff bzw. 13,6ff gegen Verführer vorschreibt. Vgl. dazu genauer
      § 13 (σημεῖα und Todesbeschluss).

Stellungnahme gegenüber Jesu Handeln. Die Halacha, die in den Worten
des Blindgeborenen aufscheint, ist ebenfalls theologisch begründet.
"Wir wissen, dass Gott nicht auf Sünder hört." Sie hilft dazu, dass
der Geheilte in einer weiteren Begegnung mit Jesus zum Glauben kommt.

Auch dieser Abschnitt macht deutlich, dass aufgrund des Zeichens Jesu
nach Jesu Sendung gefragt und diese Sendung beurteilt wird. Ist er
"von Gott", ist also seine Sendung als von Gott ergangen erkennbar?
Der Glaube an Jesus ist mit der Erkenntnis seiner Sendung von Gott her
verbunden. Der Unglaube, der sich ihm verschliesst, äussert sich darin, dass er ihm die Sendung von Gott nicht zuerkennt. Dieser Text
zeigt die genauen Motive auf, die zu den unterschiedlichen Stellungnahmen führen. Er verweist auf den Konflikt und die Scheidung, die
durch den Zusammenstoss beider Stellungnahmen entsteht.

9.5. Johannes 10,41

Die grosse Rede Jesu am Tempelweihfest über den wahren Hirten endet
mit einem erneuten Versuch, Jesus zu verhaften, dem Jesus auch diesmal
entkommt (10,39; vgl. 8,59). "Und er ging wieder über den Jordan an
den Ort, wo Johannes zuerst getauft hatte, und blieb dort" (10,40).

> "Und viele kamen zu ihm und sagten: Johannes hat zwar kein Zeichen
> getan; was aber Johannes über diesen gesagt hat, ist alles wahr ge-
> wesen. Und viele glaubten dort an ihn." (10,41f)

Jesus wird von "Vielen" aufgesucht. Die Erwähnung des Ortes, der Jesus
in äussere Beziehung zum Täufer setzt, gibt Anlass, die Beziehung der
beiden zueinander zu bestimmen. Als entscheidende Differenz wird hervorgehoben: "Johannes hat keine Zeichen getan." Ist daraus zu entnehmen, dass man als Wahrheitserweis seiner Sendung auch Zeichen erwartet
hat? Die Einheit zwischen der Botschaft des Täufers und der konkret
vor Augen tretenden Sendung Jesu begründet die Gewissheit der Menschen. Sie machen die Wahrheit der Ankündigung des Täufers einsichtig.
Wir erkennen daran, wie wichtig es Johannes ist, das Zustandekommen

konkreter "Erkenntnis" Jesu zu klären.[28] Es ist also dasselbe Motiv,
das auch dem johanneischen 'Semeia'-Denken zugrunde liegt. Das wahrnehmbare Zeichen, das Jesus tut, wird mit dem Wort, das von Gott her
in der Bibel ergangen ist, verbunden. In dieser Verbindung von Wahrnehmung und Erinnerung wird Gewissheit begründet. Vollzieht sich diese
Verbindung aber nicht, so zeigt sich für Johannes daran, dass der
Schrift nicht geglaubt wird. Solche Gewissheit und solche Wahrheit führen dazu, dass "dort viele an ihn glaubten."

Für unsere Untersuchung sind zwei Dinge wichtig. Der Text stellt heraus, Johannes habe keine Zeichen getan. Der Terminus "Zeichen" bleibt
für Jesus während seiner irdischen, öffentlichen Wirksamkeit vorbehal-
ten. Die "Vielen", die sich hier zu Worte melden, scheinen von Johannes solche Zeichen als Bestätigung seiner Sendung erwartet zu haben.
An ihre Stelle tritt die erkennbare Übereinstimmung zwischen den Aussagen des Täufers über Jesus und dem, was an der Wirksamkeit Jesu
sichtbar hervortrat.

Damit werden die Zeichen nicht durch einen anderen Wahrheitserweis ab-
gelöst, sondern noch bestätigt. Die Aufgabe der σημεῖα wird durch den
anders gelagerten Erweis unterstrichen. Auch der Täufer hat durch sein
Wort auf Jesu Sendung hingewiesen. Die Wahrnehmung dessen, was Jesus
tut, bestätigt das Wort des Täufers und lässt so die Wahrheit seiner
Ankündigung Jesu erkennen. Solche "Erkenntnis", die in einer einsehba-
ren Übereinstimmung von Wort und Tat ihren Grund hat und zur Anerkennung Jesu führt, nennt Johannes "Glaube".

Inhaltlich wird dabei gar nicht deutlich, was Johannes über Jesus gesagt hat, "was" sich also an Jesus als wahr erwiesen hat. Es ist ähnlich wie bei 2,23 und 7,31, wo ebenfalls allgemein von Zeichentaten
die Rede ist, ohne dass Johannes sie inhaltlich näher entfaltet.

9.6. Johannes 12,18

Im Bericht vom Einzug Jesu in Jerusalem (12,12-19) bilden die Verse

---

28. Vgl. § 17 (Erkenntnis und Glaube).

17ff eine Einheit, die den sich steigernden Konflikt markiert. Das Motiv, das dem Zulauf der Menschen zu Jesus zugrundeliegt, wie auch der genaue Vorwurf, der von den Pharisäern gegen Jesus erhoben wird, werden genannt.

"Das Volk nun, das bei ihm war, bezeugte, dass er Lazarus aus der Gruft gerufen und ihn von den Toten auferweckt hatte" (12,17).

Nach dem jüdischen Zeugenrecht muss aus so vieler Zeugen Mund die Sache als erwiesen gelten. Die Frage, wie dieses Ereignis zu verstehen sei, wird im Zeugnis nicht berührt. Im Mittelpunkt steht die Reaktion:

"Deshalb ging ihm das Volk auch entgegen, weil sie gehört hatten, dass er dieses Zeichen getan habe" (12,18).

Der Evangelist begnügt sich mit der Feststellung, dass es aufgrund dieses Zeichens zu einem Zulauf zu Jesus kommt.[29]

Anderes gilt für die zweite Gruppe, von der hier die Rede ist. "Da sagten die Pharisäer zueinander: Ihr seht, dass ihr nichts ausrichtet. Siehe, die Welt ist ihm nachgelaufen" (12,19). Der griechische Wortlaut ist präziser: ἴδε ὁ κόσμος ὀπίσω αὐτοῦ ἀπῆλθεν. Damit klingt der pharisäische Vorwurf, Jesus sei ein Verführer des Volkes und darum nach dem Gesetz des Verführers (5 Mose 13) zu verurteilen, deutlich an.[30]

In diesem Zusammenhang ist auf die Bemerkung in 11,45 hinzuweisen, wo zwar das Stichwort σημεῖον nicht vorkommt, wohl aber das Wortfeld, das mit den johanneischen Zeichen verbunden ist, auftaucht. "Viele von den Juden nun, die zu Maria gekommen waren und gesehen hatten, was er ge-

----

29. Damit soll der Vorwurf, der zur Verurteilung Jesu geführt hat, unterstrichen werden. Der Zulauf, der ihm aufgrund seiner Zeichen erwächst, macht ihn politisch gefährlich. Vgl. Joh 11,47-53 und dazu näher § 13.2. (Die Beratung des Hohen Rates).

30. Vgl. dazu die Hinweise in § 13 (σημεῖα und Todesbeschluss).

tan hatte, glaubten an ihn." Auch hier ist die Tat Jesu als eine, den
Menschen wahrnehmbare Tat geschildert, die den Glauben dieser Menschen
begründet. Parallel zu den meisten bisher besprochenen Stellen taucht
auch hier eine zweite Gruppe auf, die die Steigerung des Konfliktes um
Jesus deutlich macht. "Etliche aber von ihnen gingen hin zu den Pharisäern und sagten ihnen, was Jesus getan hatte" (11,46). Damit wird
nach Darstellung des Johannesevangeliums der Anstoss für die entscheidende Beratung des Hohen Rates gegeben, die zum Todesbeschluss führt
(11,47-53).

9.7. Zusammenfassung

(1) Die Texte zeichnen den zunehmenden Konflikt nach, den Jesu Zei-
     chentaten heraufführen. Sie fordern zur Stellungnahme heraus. Ur-
     teile werden abgegeben und von Johannes mit ihrer jeweiligen Be-
     gründung dargestellt.

(2) Die Urteile, die aufgrund der Zeichen gefällt werden, anerkennen
     den Anspruch, dass der Täter dieser Zeichen in einer Sendung
     steht.

(3) Der Sendungsgedanke muss genau gefasst werden. Von den Zeichen
     wird auf genau bestimmbare biblische Sendungen geschlossen. Zwei
     Sendungskonzeptionen stehen bei den Versuchen, Jesus zu verste-
     hen, im Vordergrund: Ist Jesus "der Prophet", oder ist er der
     "Christus".

(4) Solche Zeichen werden augenscheinlich als Ausweis einer Sendung
     erwartet (vgl. 10,41). Jesus erkennt darin die Regel, unter die
     er sich und seine Sendung gestellt weiss (4,48).[31]

(5) Die Zeichen Jesu verweisen nicht einfach auf eine beliebige gött-
     liche Sendung, sondern deutlich von einer konkreten Tat her auf
     eine bestimmte Sendung, in der Jesus steht: Er ist der Messias,
     der Christus.

---

31. Zu Joh 4,48 vgl. § 10 (σημεῖα, Sendung und Glaube).

(6) Die Hinwendung zu Jesus wird erst dort von Johannes "Glauben" ge-
     nannt, wo sie mit der Erkenntnis und der Anerkennung der konkre-
     ten Sendung Jesu als des Messias verbunden wird.

§ 10 σημεῖα, SENDUNG UND GLAUBE (4,48.54)

10.1. Zur forschungsgeschichtlichen Situation

Die Exegese von Johannes 4,46-54 ist mit verschiedenartigen Problemen belastet. Einerseits erhebt sich die Frage nach dem Verhältnis zu den Synoptikern, besonders zu Lukas 7,1-10. Handelt es sich um dasselbe Ereignis? Wenn ja, ist das Verhältnis dieser Berichte zueinander traditionsgeschichtlich oder redaktionsgeschichtlich zu erklären?

Hält man an der Hypothese einer 'Zeichenquelle' fest, ist sofort zu fragen, wie sich die einzelnen literarischen Schichten, die in diesem Abschnitt hervortreten, zueinander verhalten, ja wie sie genau in diesem Abschnitt gegeneinander abzugrenzen sind. Vor allem die sogenannten 'johanneischen Stilmerkmale' sollen dazu helfen, die Trennlinien zwischen Tradition und Redaktion zu erkennen.[1]

Dass unser Text aus der Tradition übernommen ist, scheint unbestreitbar. Johannes gibt nach Ausweis von 20,30[2] bewusst Ausschnitte aus urchristlicher Überlieferung weiter. Auch unserem Text geht eine Überlieferungsstufe voraus, der gegenüber die Textgestalt des Johannesevangeliums überarbeitet und möglicherweise auch erweitert ist.

Eine Scheidung zwischen Tradition und Redaktion erscheint erst durchführbar und auch sinnvoll, wenn man annehmen will, dass die zugrundeliegende Tradition einen Glaubensbegriff wie eine Christologie vertritt, die sich vom Glaubensbegriff und von der Christologie des Evangelisten bzw. der Redaktion unterscheidet. Dann erscheinen sofort unübersehbare Spannungen im Text auf, die ihrerseits Anlass zur literarkritischen Scheidung geben. Existieren tatsächlich solche Spannungen?

----

1.   Vgl. dazu die allgemeine Skizze in der Einleitung. Zu unserem Abschnitt hat sich kürzlich in Weiterführung des literarkritischen Modells von H. Thyen Hans-Peter Heekerens geäussert: HEEKERENS, H.-P.: Zeichen-Quelle, 1984, v.a. 51-63.

2.   Vgl. dazu § 15 (Joh 20,30f als Zielangabe des Evangeliums).

Wir wollen im folgenden dieses letztere Argument näher untersuchen.
Der Text, wie er uns vorliegt, wird zunächst als eine Ganzheit akzep-
tiert unter der Voraussetzung, dass sie dem Evangelisten (bzw. dem Redaktor bzw. dem Schulkreis, der uns das Evangelium in seiner Endgestalt übermittel hat) als eine sinnvolle Einheit erschienen ist. Welche 'Semeia'-Theologie und welcher 'Glaubensbegriff' zeigen sich an
diesem Text in der uns vorliegenden Gestalt? Werden hier Spannungen
deutlich, die Anlass zur These geben, die Redaktion der Endgestalt wi-
derspreche der ursprünglichen Tradition?

10.2. Die Gliederung des Textes

Der Rahmen I (4,46a)

4,46a: ORTSANGABE (Kana - Rückverweis auf 2,1-11)

I. Die Erzähl-Einleitung (Situationsschilderung)

4,46b: PERSON und SITUATION: Königlicher Beamter
           - in Kapernaum - Krankheit des Sohnes

II. Das Ereignis

4,47a: AUSLÖSER: "Als dieser hörte..."
4,47b: EREIGNIS (in Erzählform): ... ging ... bat

III. Der Wendepunkt

4,48:   "ANTWORT" JESU
4,49:   BITTE (zweite Bitte - in direkter Rede)
4,50a: ZUSAGE JESU: "Geh hin, dein Sohn lebt!"

IV. Die Folge

4,50a: GLAUBE DES MANNES I: (aufgrund der Zusage Jesu)
4,51.52:   DIE NACHRICHT VON DER 'STUNDE'
4,53a: DIE ERKENNTNIS DER 'STUNDE'
4,53b: GLAUBE DES MANNES II: (aufgrund der Erkenntnis
           der Stunde)

Der Rahmen II (4,54)

4,54:   Der ZÄHLVERMERK: Zweites Zeichen in Kana
           (Rückverweis auf 2,1-11)

Der Text ist klar gegliedert und zeigt vor allem eine erzähltechnisch hervorragende Gestaltung.

Im Rahmenabschnitt verweisen sowohl Anfangs- wie Schlussglied durch die Ortsangabe und die Erwähnung der ersten Tat Jesu in Kana auf die Hochzeit in Kana (2,1-11). Der Text ist also in seiner vorliegenden Form bewusst in einen grösseren Zusammenhang eingegliedert und im Hinblick auf diese grössere Einheit gestaltet.

Die Erzähl-Einleitung gibt knapp und präzis Auskunft über die Person und ihre Situation, vermittelt also dem Hörer die für den Fortgang der Erzählung nötige Information.

Dem folgt die Schilderung des Ereignisses, durch die der Bericht auf den Wendepunkt geführt wird. Die Erzählung ist insofern kunstvoll, als sie hier durch eine erste Antwort Jesu (4,48) ein retardierendes Moment gewinnt. Dazu schafft die Antwort Jesu die Gelegenheit, dass die Bitte des Vaters, die in 4,47b in Erzählform gemeldet wurde, nun in direkter Rede wiederholt werden kann. Durch Jesu Zusage der Heilung wird der Mann entlassen.

Die hervorgehobene Folge, die sich aus dem Wendepunkt ergibt, zeigt, dass der "Glaube" des Mannes (bzw. seines ganzen Hauses) als Zielpunkt der Erzählung zu gelten hat. Er wird in seinem Entstehungsprozess und den ihn begründenden Motiven genau dargestellt.

Wir können aufgrund der erzähltechnischen Durchgestaltung und der klaren Einbindung des Abschnittes in den grösseren Textzusammenhang[3] vermuten, dass er auch inhaltlich klar konzipiert ist.

10.3. Inhaltliche Probleme des Textes?

Über die redaktionsgeschichtlichen und literarkritischen Fragen hinaus beschäftigen vor allem zwei Probleme die Auslegung dieses Abschnittes:

---

3.   Vers 46a und Vers 54 verweisen auf 2,1-11, Vers 47 auf 4,3.

die Darstellung des "Glaubens" des Mannes in 4,50 und 53, sowie die
Funktion des "Tadelwortes" Jesu in 4,48. Wir versuchen zunächst, diese
beiden Probleme zu skizzieren, und gehen im nächsten Abschnitt (10.4.)
kritisch darauf ein.

10.3.1. Der Glaube des Mannes: Eine Geschichte des Abfalls?

Es fällt auf, dass zweimal vom Glauben des Mannes berichtet wird. Nach
der ersten Zusage der Heilung durch Jesus hören wir: "Der Mann glaubte
dem Worte, das Jesus zu ihm gesprochen hatte, und ging hin"(4,50).
Diese Notiz wird gern als Höhepunkt johanneischen Glaubens bezeichnet.
Es sei die Hochform des Glaubens, der sich allein auf das Wort Jesu,
auf die von ihm dargebotene Zusage verlässt, ohne nach einer Sicherung
im Sichtbaren zu fragen. Erkennt man darin den spezifisch johanneischen Glaubensbegriff, dann mutet die zweite Hälfte des Berichts tatsächlich eigenartig an. Sogleich treffen die Knechte ein und berichten
von der geschehenen Heilung. Der Vater erkundigt sich nach der genauen
Stunde, in der es mit dem Sohn besser geworden ist. Wie so oft bei
Johannes wird die genaue Stunde genannt: "Gestern in der siebenten
Stunde verliess ihn das Fieber" (4,53). Nun ist es die Erkenntnis
(ἔγνω οὖν ὁ πατήρ), dass es sich um genau die Stunde handelt, in der
Jesus sein Wort sprach, die zum Glauben führt, und zwar den Vater zusammen mit seinem ganzen Haus.

Die zweimalige Aussage, dass der Mann "geglaubt habe" bzw. "zum Glauben gekommen sei" (4,50: ἐπίστευσεν ὁ ἄνθρωπος; 4,53: καὶ ἐπίστευσεν
αὐτὸς καὶ ἡ οἰκία αὐτοῦ ὅλη.), stellt vor eine scheinbar schwierige
Interpretationsfrage: In welchem Verhältnis stehen die beiden hier ge-
schilderten Ereignisse zueinander? Die Auslegungen sind sich fast ausnahmslos einig[4]: Die erste Aussage ist 'johanneisch', bezeichnet also
den Glauben, zu dem Johannes hinführen will. Der Mann verlässt sich
allein auf das Wort Jesu. Die Folgerung erscheint einleuchtend: Die

---

4.   Anders BLUMHARDT, J.CHR.: Über die Wunder, in: DERS.: Schriftauslegung, 1947, 69f; BLUMHARDT, CHR.: Auswahl, Band I, 1937, 75-86,
bes. 79 und 243f; BETZ, O./GRIMM, W.: Wesen und Wirklichkeit der
Wunder Jesu, 1977, 130f.

Rückfrage des Vaters nach der genauen Stunde ist der typische Versuch
des Menschen, diesen Glauben auf die reine, unverfügbare Zusage Jesu
hin aufzugeben und nach menschlicher Sicherung zu greifen. Damit aber
stellt sich unser Text als eine deprimierende Geschichte dar. Ein
Mensch, der den Höhepunkt des johanneischen Glaubens so rein darstellen könnte, fällt sofort wieder davon ab und versinkt in einem menschlichen Sicherungsstreben, aus dem heraus Jesus ihn hätte holen wollen.

10.3.2. Die Interpretation des Textes

Aufgrund dieser Deutung wird der Text nicht nur schwierig, sondern geradezu unverständlich. Auf die Bitte eines Vaters um Hilfe für seinen
Sohn folgt ein für das Johannesevangelium, ja für das ganze neutestamentliche Bild Jesu einzigartiger, schroffer Tadel. Der Vater wird zurückgewiesen, als ob er ein Zeichen gefordert hätte. Obwohl Jesus aber
so tadelnd eingreift, hilft er dann auf die wiederholte Bitte des Vaters doch, ohne dass der Grund für diese Hilfe irgendwie einsichtig
würde. Dazu kommt, dass der Mann, der nun allein auf das Wort hin
glaubt, von solchem Glauben in eine vom Evangelium abgewiesene Form
des Zeichenglaubens zurückfällt.

Folgt man der dargestellten Interpretation, erscheint es mehr als
wahrscheinlich, dass Johannes eine Quelle verarbeitet, die einen 'nai-
ven' Wunderglauben vertritt. Die Spannungen ergeben sich aus der Arbeit des Redaktors, der überarbeitend und den Wunderglauben der Quelle
kritisierend den Text umgestaltet hat. Diese Spannungen erlauben dann,
den Prozess der Neuinterpretation der vorliegenden Tradition zu erkennen und dadurch die Theologie sowohl der vorliegenden Quelle als auch
des Bearbeiters zu bestimmen.

Dieses Erklärungsmodell setzt aber grosse Schwierigkeiten aus sich
heraus: Handelt es sich wirklich um die überarbeitende Kritik einer
vorliegenden Wundergeschichte, dann erscheint das Endergebnis erst
recht merkwürdig. Warum tadelt Jesus den Zeichenglauben - und hilft
dann doch? Warum soll es sich um einen Verweis gegen einen Zeichenglauben handeln, da der Vater gar kein σημεῖον erbittet, auf Grund
dessen er dann glauben wolle? Er bittet um Hilfe für seinen Sohn. Warum bricht der Redaktor, der doch sonst so kühn in den Text eingegriffen haben soll, nicht mit der ersten Glaubensaussage ab, die ihm eine

ausserordentlich wirkungsvolle Darstellung seiner Absicht ermöglicht
hätte, und präsentiert damit seine Perikope als eine derartige Geschichte des Niedergangs? Warum endlich hat er den Bericht nur in seiner Mitte verändert, nicht aber dessen Ende korrigiert, was ja erst
recht nötig gewesen wäre?

10.4. Die Glaubensgeschichte

Der Text ist jedoch in seiner vorliegenden Fassung ohne grosse Schwierigkeiten als Einheit zu verstehen. Wie schon seine Gliederung gezeigt
hat, ist er erzähltechnisch klar und durch das retartierende Moment
der Antwort Jesu mit innerer Steigerung auf seinen Höhepunkt hin gestaltet. Darüber hinaus passt er sich mit seiner Aussage auch dem ein,
was das Johannesevangelium sonst über Jesu σημεῖα und das Verhältnis
zwischen Zeichen und Glauben aussagt. Die oben (10.3.1.) skizzierte
Schwierigkeit ergibt sich allein daraus, dass unserem Text ein Glaubensbegriff unterlegt wird, der ihm fremd ist. Wir haben bisher kein
Indiz dafür entdeckt, dass sich für Johannes das Verhältnis von Zeichen und Glauben negativ darstellt. Die σημεια Jesu machen dem Menschen eine Wirklichkeit wahrnehmbar, die so seinem Glauben Erkenntnis
und damit Gewissheit verleiht.[5]

Der Vater hört das Wort Jesu. Er glaubt ihm ausdrücklich nur auf dieses Wort hin. Die Frage nach der Stunde und die beinahe umständlich
berichtete, genaue Antwort geben das wahrnehmbare Ereignis wieder, das
- so sagt unser Text explizit - zur "Erkenntnis" führt und so Grundlage des "Glaubens" wird. Wir haben es tatsächlich mit der Geschichte
eines Glaubens zu tun. Wie sich der Text uns darbietet, handelt es
sich allerdings nicht um einen Abfall, sondern um eine Vergewisserung
des Glaubens. Der Glaube, der allein aufs Wort hin gewagt wird, erfährt, dass dieses Wort Jesu durch die Wirklichkeit seines Tuns gedeckt ist. Es ist diese Einheit des Wortes Jesu mit dem, dem Menschen
wahrnehmbar gemachten Ereignis, die den vertieften, weil gewissen
Glauben entstehen lässt.

---

5.   Vgl. dazu § 17 (Erkenntnis und Glaube).

10.5. <u>Jesu Zeichenwort</u> (4,48)

Hat sich uns die ganze Perikope vom Glaubensbegriff her als Einheit
dargestellt, so fragen wir nun danach, wie das Wort Jesu in Vers 48 zu
verstehen ist:

> "Wenn ihr nicht Zeichen und Wunder seht,
> werdet ihr nicht glauben."

10.5.1. <u>Ein Tadelwort?</u>

Wir werden zunächst zu zeigen versuchen, wie die Interpretation dieses
Satzes als Tadel des 'Zeichenglaubens' begründet wird.

(1) Dass das Wort Jesu als Tadel verstanden werden muss, wird durch-
    gehend überhaupt nicht begründet, sondern einfach behauptet. Die-
    ses Verständnis ergibt sich auch nicht aus dem Text selbst, son-
    dern ist Folge einer noch vor dem Umgang mit unserer Perikope ge-
    wonnen Einschätzung der σημεῖα Jesu. Nur wenn man vorgängig das
    Verhältnis zwischen den Zeichen und dem Glauben negativ bewertet,
    kann sich einem die Aussage Jesu als Tadel darstellen.[6]

(2) Falls eine Begründung für dieses Verständnis gegeben wird, be-
    gnügt man sich mit dem Hinweis, Jesus habe auch sonst Zeichenfor-
    derungen streng von sich gewiesen. Unser Jesuswort bilde mit den
    Antworten, die Jesus auf solche Zeichenforderungen gegeben hat,
    eine Einheit.[7]

    Aber dieses Argument steht auf schwachen Beinen. Wir werden die
    Zeichenforderungen unten (§ 12) näher behandeln. Daran wird sich
    zeigen, dass unserem Text alle Züge einer Zeichenforderung feh-

---

6.   Vgl. die Angaben in der nächsten Anmerkung.

7.   Vgl. z.B. ZAHN, T.: Komm, 270; BAUER, W.: Komm, 74; interessant
     sind die Überlegungen bei BULTMANN, R.: Komm, 152f; Vgl. auch §
     12.4. (Und Johannes 4,48?).

len. Der Vater bittet ja nicht um ein σημεῖον, sondern um Hilfe
für seinen Sohn. Auch von einem Glauben, den der Vater Jesus,
falls er ihm helfe, schenken wolle, ist keine Rede. Es handelt
sich um die auch sonst in der urchristlichen Wunderüberlieferung
oftmals dargestellte Situation, dass ein Mensch, der in Not ist,
sich an Jesus um Hilfe wendet. Keine Stelle der evangelischen -
ob synoptischen oder johanneischen - Überlieferung berichtet uns
davon, dass Jesus einer solchen Bitte um Hilfe tadelnd begegnet
wäre.[8] Jesus hat den Unglauben der Menschen getadelt und sich ihm
verweigert. Auch darin besteht zwischen den synoptischen und den
johanneischen Berichten Einheit. Er hat aber nie die Bitte um
Hilfe in Krankheitsnot als Unglauben angesehen oder von sich gewiesen. Die Bitte des Vaters als Zeichenforderung zu verstehen,
ist aus inneren Gründen unmöglich.

Die Interpretation des Wortes Jesu als Tadel hat zur Folge, dass
man so den einzigen neutestamentlichen 'Beleg' dafür gewinnt,
dass Jesus sich einer an ihn herangetragenen Bitte um Hilfe tadelnd entgegenstellt hat. Dieser Beleg wäre aber so einzigartig,
ja so all dem, was die Evangelien sonst von Jesus berichten, entgegengesetzt, dass wichtige, weitere Gründe dazu treten müssten,
will man diese Interpretation akzeptieren.

(3) Zu den oben angeführten Indizien tritt noch ein grammatikalischer
     Hinweis. Man hat bisher meines Wissens die für das Verständnis
     des Satzes so wichtige grammatische Struktur zur Erklärung nicht
     herangezogen. Es handelt sich um einen Bedingungssatz, der durch

---

8.   Bei der scheinbaren 'Ausnahme', die Matthäus (15,21-28) und Mar-
     kus (7,24-30) mit der Bitte der 'kanaanäischen'/'syro-phönizi-
     schen' Frau bringen, geht es um ein anderes Problem. Jesus wird
     von der Frau herausgefordert, den Geltungsbereich seiner Sendung,
     die er auf Israel beschränkt weiss (Mt 15,24; vgl. 10,5f), zu
     überschreiten. Auch hier handelt es sich also keineswegs darum,
     dass Jesus eine Bitte um Hilfe tadelt! Vgl. dazu auch SCHNACKEN-
     BURG, R.: Komm I, 498, der aber aus diesen Beobachtungen keine
     Konsequenzen zieht.

die doppelte Negation seinen Inhalt betont zur Geltung bringt.[9]
Die Analyse des zugrundeliegenden Satzmodells[10] zeigt, dass man
weder in der Septuaginta noch im Neuen Testament einen einzigen
Beleg für ironische oder negative Verwendung dieses Satzmodells
findet. Unser Satz wäre also auch der einzige Beleg dafür, dass
mit einem Bedingungssatz eben keine Bedingung formuliert, sondern
negativ gegen diese Bedingung Stellung genommen wird.

Die Schwierigkeiten, die mit einer negativen Interpretation dieses
Satzes verbunden sind, erweisen sich als beträchtlich. Es zeigte sich
schon, dass eine negative Deutung am Kontext keinen Anhaltspunkt findet.[11] Darüber hinaus stehen sowohl die syntaktische Struktur des Satzes, als auch die allgemeine urchristliche Jesusüberlieferung einer
negativen Interpretation dieses Jesuswortes entgegen.

10.5.2. <u>EXKURS: Sätze mit der Struktur ἐὰν μή ... οὐ [μή]</u>

Unter den Bedingungssätzen mit ἐάν[12] lässt sich eine selbständige
Gruppe hervorheben, bei der sowohl der Vordersatz wie der Nachsatz ne-
giert sind. "Wenn nicht ......, (wird) nicht ...." Durch die doppelte

---

9.   Zu οὐ μή vgl. BAUER, W.: WB, 1023, Abschnitt D: "οὐ μή ist die
      entschiedendste Form der verneinenden Aussage über Zukünftiges."
      Darunter einen Ausdruck starken Zweifels zu verstehen (SCHNACKEN-
      BURG, R.: Komm I, 498) ist schwierig.

10.   Vgl. den folgenden Exkurs 10.5.2.

11.   Das wird auch oft zugestanden, indem man 4,48 als Satz des Evan-
      gelisten bzw. der Redaktion versteht, der dadurch gegen die Ten-
      denz des übrigen Textes Stellung nimmt. Vgl. z.B. BECKER, J.:
      Komm I, 186 u.a.

12.   Einen guten Überblick bietet BALZ, H.: Art. ἐάν, EWNT I, 886f
      (mit Literatur).

Negation werden Dringlichkeit bzw. Ausschliesslichkeit betont.[13]

Überblickt man das Vorkommen dieser negierten Bedingungssätze innerhalb des neuen Testamentes, ergibt sich folgender Befund: Von 21 (bzw.
27, falls auch die Sätze gerechnet werden, bei denen sachlich dieselbe
Struktur vorliegt, die zweite Negation jedoch ausgefallen ist) Vorkommen entfallen 13 (bzw. 14) allein auf das Johannesevangelium.[14]

Der Rest verteilt sich folgendermassen: Matthäus dreimal, davon Mat-
thäus-Sondergut zweimal, Markus einmal, Lukas zweimal - elliptisch;
Acta zweimal, 1 Korinther einmal, Galater einmal, 2 Thessalonicher
einmal - elliptisch, 2 Timotheus einmal und Offenbarung einmal - elliptisch.[15] Schon dieser Überblick zeigt, dass wir es hier mit einer
deutlichen johanneischen Stileigentümlichkeit zu tun haben.

Die Reihenfolge von Vorder- und Nachsatz ist nicht streng. Nicht ganz
die Hälfte der Sätze (sechsmal bei Johannes, dreimal im übrigen NT)
ordnet die Angabe der Bedingung, eingeleitet mit ἐὰν μή, nach. Auch
die zweite Negation variiert. Das einfache οὐ/οὐκ kann verstärkt werden durch οὐ μή. Einmal findet sich οὐδέ. Dreimal steht οὐδείς, das
dann jeweils den Satz einleitet.

Die Tempusverteilung bei den Verben entspricht dem, was auch zu den
gewöhnlichen Bedingungssätzen zu sagen ist.[16] Daraus ergibt sich eine
einfache Einteilung: Den Bedingungssätzen, die einen konkreten Einzelfall im Auge haben und für ihn eine Regel, eine Bedingung formulieren
(vgl. Joh 20,25; Acta 27,31), steht die grosse Mehrheit gegenüber, in

---

13. Vgl. oben Anmerkung 9.

14. 3,2; 3,3; 3,5; 3,27; 4,48; 6,44; 6,53; 6,65 ; 13,8; 15,4 (zwei-
    mal); 16,7; 20,25; vgl. dazu die elliptische Form in 12,24.

15. Mt 5,20; 6,15; 18,3; Mk 10,29f; Lk 13,3.5; Acta 15,1; 27,31;
    1 Kor 15,36; Gal 2,16; 2 Thess 2,3; 2 Tim 2,5; Off 13,15.

16. Vgl. dazu BALZ, H.: aaO., 887, Absatz 1.

denen allgemeine Regeln zum Ausdruck kommen. Es handelt sich dabei um
Lehrsätze bzw. um Weisheitssätze, die über einen eventuell vorliegen-
den Einzelfall hinaus allgemeine Regeln formulieren, deren unbedingte
Geltung betont hervortreten soll.

Diese Beobachtung wird dadurch verstärkt, dass bei den Jesusworten,
die in dieser syntaktischen Struktur geformt sind (insgesamt siebzehn
Sätze), zwei mit ἀμήν (Mt 18,3; Mk 10,29f) bzw. vier mit ἀμὴν ἀμήν
(Joh 3,3.5; 6,53; 12,24) betont sind.[17]

Die Überprüfung der Belege in der Septuaginta bestätigt diesen Befund.
Es handelt sich um (weisheitliche) Lehr- und Regelsätze, die durch die
doppelte Negation in ihrer Geltung betont und verstärkt sind. Auffallend aber nicht überraschend ist die Häufung im Kontext der Gesetzes-
überlieferung. Es findet sich kein einziger Beleg, bei dem ein Satz
mit dieser syntaktischen Struktur ironisch oder tadelnd verwendet ist
oder bei dem ein solches Verständnis vom Kontext nahegelegt wird.

10.5.3. Die Bedeutung von Johannes 4,48

> εἶπεν οὖν ὁ Ἰησοῦς πρὸς αὐτόν·
>   ἐὰν μὴ σημεῖα καὶ τέρατα ἴδητε,
>   οὐ μὴ πιστεύσητε.

Schon die syntaktische Formung legt die positive Deutung dieses Satzes
nahe. Es handelt sich um die Feststellung einer Regel, die durch die
doppelte Negation hervorgehoben und damit betont ist. "Wenn ihr nicht

---

17. Vgl. auch die starke Einleitung durch οὐχί, λέγω ὑμῖν in Lk
     13,3.5. Der stark lehrmässige Charakter zeigt sich auch in der
     späteren urchristlichen Sprache. Vgl. Ebioniter-Evangelium: Ἦλθον
     καταλῦσαι τὰς θυσίας, καὶ ἐὰν μὴ παύσησθε τοῦ θύειν οὐ παύσεται
     ἀφ᾽ ὑμῶν ἡ ὀργή. (Epiphanius, Panarion haer 30, 16, 5. Text bei
     Preuschen, Antilegomena 12). Pap. Oxyrhynch 1 Nr. 2: Λέγει
     Ἰ(ησοῦς), ἐὰν μὴ νηστεύσηται τὸν κόσμον οὐ μὴ εὕρηται τὴν βασι-
     λείαν τοῦ θεοῦ, καὶ ἐὰν μὴ σαββατίσῃ τε (σαββατίσητε) τὸ σάββατον
     οὐκ ὄψεσθε τὸν π(ατέ)ρα. (Text bei Preuschen, Antilegomena 22).

Zeichen und Wunder seht, werdet ihr nicht glauben." Der Satz selbst
enthält keinen Hinweis, dass er negativ, tadelnd oder ironisch verstanden werden will.

Auch der Kontext, in den dieser Satz eingebaut ist und in dem er er-
zählmässig seine Funktion hat, verstärkt diese Einsicht. Die Bitte des
Vaters wird durch diesen Satz von Jesus aufgenommen und kommentiert.
Dass Jesus die darauf wiederholte Bitte erhört, bestätigt die positive
Deutung. Das Jesuswort ordnet die Zeichen dem Glauben der Menschen positiv zu. Der folgende Bericht ist dementsprechend nicht auf die Heilung des Sohnes ausgerichtet, sondern beantwortet die Frage, wie es
zum Glauben kommt. Zunächst ist es das Wort Jesu, das im Vater Glauben
findet. Aber damit endet die Erzählung nicht. Erst da, wo an der Übereinstimmung der Stunde des Wortes Jesu mit der Stunde der Heilung des
Sohnes vom Vater das "Zeichen" auch erkannt wird, kommt er mit seinem
ganzen Hause zum Glauben. Auch so entspricht dieses Jesuswort genau
dem Fortgang der Erzählung.

Dazu tritt endlich, dass dieses Verständnis von 4,48 als einer positiven Regel dem entspricht, was das Evangelium sonst von Jesu Zeichen
aussagt. Anhand von 20,30f werden wir in der positiven Zuordnung von
Zeichen und Glauben das Ziel des Johannesevangeliums erkennen. Die
Funktion der σημεῖα Jesu besteht darin, den Glauben der Menschen zu
begründen. Wir sehen keinen Grund, warum das hier anders sein soll.

Die Bedeutung, die diesem Satz zukommt, wird durch eine weitere Beobachtung verstärkt. Die Erzählung lässt nach 4,47 eigentlich eine direkte Antwort Jesu an den Vater erwarten. Eine solche Antwort folgt
auch, aber erst in Vers 50: "Gehe hin, dein Sohn lebt." Vers 48 wird
zwar so eingeleitet, als ob eine Antwort an den Vater folgt: "Jesus
sagte nun zu ihm...". Aber der Satz ist plötzlich nicht im Singular,
sondern im Plural formuliert. "Wenn ihr nicht Zeichen und Wunder seht,
werdet ihr nicht glauben." Wir begegnen einem solchen Wechsel z.B.
auch im Gespräch Jesu mit Nathanael (1,47ff). Auch dort findet sich
eine direkte Antwort an Nathanael, die im Singular formuliert ist. Dem
aber schliesst sich eine zweite Antwort an: "Und er sagte zu ihm...",
die aber dann im Plural geformt ist: "Amen, Amen, ich sage euch: Ihr

werdet.....".[18] Der vorliegende Fall dient als Beispiel, das über den
Einzelfall hinaus allgemeine Geltung hat. Darum ergeht die Einleitung
im Singular, die Regel selbst steht im Plural.

Es fällt auf, dass die sonst in der LXX und vor allem im lukanischen
Werk häufigere Doppelbezeichnung σημεῖα καὶ τέρατα bei Johannes nur an
dieser Stelle auftaucht. Stossen wir hier auf eine Spur einer vor-
oder ausserjohanneischen Tradition? Das ist darum merkwürdig, weil der
Satz sonst durch feste Stilmerkmale die johanneischen Sprache verrät.
Für unsere Untersuchung kann dieses Problem nur markiert, nicht aber
weiter verfolgt werden.

Wir fassen zusammen. Die Aussage Jesu hat einen konkreten Anhaltspunkt: Die Bitte des Vaters um die Heilung seines im Sterben liegenden
Sohnes. Anhand dieser Bitte formuliert dieses Wort eine allgemeine
Einsicht, die als allgemeine Regel erkannt und anerkannt wird: "Wenn
ihr nicht Zeichen und Wunder seht, werdet ihr nicht glauben." Jesus
erkennt (und formuliert) in dieser Stunde, dass der Weg zum Glauben
der Menschen über die Erfahrung von σημεῖα führt. Dass es sich um eine
Grundregel handelt, wird durch die Fassung als Bedingungssatz, die
Verwendung des Plurals und durch die doppelte Negation noch unterstrichen: Ganz sicher, so ist es! Ist die Rückfrage nach dem, der hinter
dieser 'Regel' gesehen wird, erlaubt? Vom Zusammenhang des Johannesevangeliums her ist zu vermuten, dass dahinter Gott selbst erkannt
werden soll, der durch diese Regel die Sendung Jesu bestimmt. Es sind
die σημεῖα Jesu, die dem Glauben Gewissheit geben. Darum kann, ja muss
auch das Ziel des Evangeliums darin bestehen, von diesen Zeichen Jesu
glaubhaften Bericht zu geben.

Damit gewinnen wir eine Interpretation, die einerseits der syntaktischen Eigenheit des Satzes entspricht, andererseits den Erzählab-
schnitt in seiner Einheit und Klarheit erkennbar macht. Obendrein
steht diese Interpretation in Übereinstimmung mit dem, was uns auch
sonst bei Johannes als Zeichen-Verständnis begegnet.

---

18. Vgl. ähnlich der Wechsel vom direkten Gespräch in die allgemeine
    Regel in 3,3.5.11.

10.6. Johannes 4,54

Wir haben bei den Überlegungen zur Gliederung des ganzen Abschnittes
(10.2.) erkannt, dass 4,54 zusammen mit 4,46a den Rahmen bildet. Beide
Rahmenteile verweisen explizit auf die Hochzeit zu Kana.[19] Im vorliegenden Zusammenhang des Evangeliums ist die Zählung also sachgerecht.

Der Vers hat verschiedene Funktionen. Die vorliegende Heilung wird
ausdrücklich als σημεῖον bezeichnet.   Das ist angesichts der Grund-
satzerklärung von 4,48 nicht überflüssig. Der Leser des Evangeliums
erfährt, dass mit dieser Bezeichnung (auch) Krankenheilungen gemeint
sind.

Dazu kommt die Betonung der geographischen Angabe. Das Verhältnis zwischen Galiläa und Judäa ist für Johannes theologisch bedeutungsvoll.[20]

---

19. Vgl. dazu § 8 (Der "Anfang" der Zeichen Jesu).

20. Vgl. dazu § 15, Anmerkung 1. Zur Zählung als "zweites" Zeichen
    vgl. in der Einleitung, Abschnitt 2.2. (2).

EXKURS 1: MESSIAS UND WUNDER

1. Einleitung

Die antiken jüdischen Quellen sprechen deutlich von den Wundern der messianischen Zeit.[1] Aber sie lassen das Verhältnis, in dem der Messias zu diesen Wundern steht, merkwürdig offen. Wird er sie selbst tun, oder wird er eine Zeit der Wunder heraufführen? Aus dieser Unsicherheit hat man in der Forschung am Neuen Testament oftmals den Schluss gezogen: "Vom Messias hat man keine Wunder erwartet."[2]

In der Folge ist oft auf die Nähe der neutestamentlichen Wunderberichte zu den Taten hellenistischer Propagandisten hingewiesen worden. Die Gemeinde habe aus missionarischen Gründen die Gestalt Jesu dem im Bereich des Hellenismus bekannten θεῖος ἀνήρ angeglichen und die Wunderberichte dementsprechend ausgestaltet.[3]

Nun geben uns ausgerechnet die neutestamentlichen Texte Indizien für ein anderes Bild. An allen Stellen der synoptischen Evangelien, an denen Jesus als Davidssohn angesprochen wird, erwarten die Menschen von ihm die Kraft zu Taten wunderhaften Erbarmens. Bartimäus ruft: "Sohn Davids, Jesus, erbarme dich meiner!" (Mk 10,47f). Ähnlich wenden sich zwei Blinde an Jesus (Mt 9,27; vgl. 20,30). Die kanaanäische Frau (Mt 15,22) bittet für ihre Tochter. Die Heilung eines Besessenen, der blind und stumm war, wird von der Volksmenge kommentiert: "Dieser ist doch nicht etwa der Sohn Davids?" (Mt 12,13). Dazu kommt die Akklamation Jesu als "Sohn Davids" nach den Heilungen im Tempel (Mt 21,14f).

---

1.   Vgl. die Belege bei St-B I, 593-596 zu Mt 11,5.

2.   So stellvertretend für viele andere SCHWEIZER, E.: Matthäus, [13]1973, 166 zu Mt 11,5.

3.   Zum Hintergrund dieser Argumentation vgl. z.B. SCHWARZ, H.: Verständnis des Wunders, 1966, 138-153. Ausführlich orientieren die Beiträge bei SUHL, A. (Hrsg.): Wunderbegriff 1980. Zur Kritik besonders BETZ, O.: The Concept, in: FS WIKGREN, 1972, 229-240.

Da in den synoptischen Berichten diese Verbindung von Davidssohnschaft und Wundererwartung theologisch nicht reflektiert wird, erscheint sie als Bestandteil älterer und weit verbreiteter Hoffnung.[4] Trifft das zu, dann muss auch ein konkreter Zusammenhang aufweisbar sein.

Diese Fragestellung schliesst sich an das Hauptproblem unserer Untersuchung an. Johannes weist den von ihm berichteten Zeichentaten Jesu eine konkrete Funktion zu (20,30f): An ihnen werde glaubwürdig einsichtig gemacht, dass Jesus der Christus, der Sohn Gottes sei. Dahinter muss wie bei den synoptischen Stellen ein Bild des Messias stehen, das sowohl für den Evangelisten wie für die Leser des Evangeliums autoritativ Geltung hatte. Vom Messias waren Heilungswunder zu erwarten. Die synoptischen Stellen schliessen ja einerseits von der Anrede Davidssohn auf die Fähigkeit zu (Heilungs-)Wundern, andererseits aber auch von Heilungswundern her auf den Davidssohn. Die Verbindung zwischen Heilungen und davidischer Messianität muss eng gewesen sein.

---

4.   Dass der kommende Messias der Davidssohn ist, geht aus den biblischen Berichten deutlich hervor. Vgl. 2 Sam 7,12-16; Jes 9,5f; 11,1ff; Mi 5,1; Jer 23,5; 30,9; 33,15; Ez 34,23; 37,24; Sir 47,11; 1 Makk 2,57; PsSal 17,21; 15. Beracha des 18-Bitten-Gebets (Babyl. Rezension) - Text bei St-B II,113. Auch das Rabbinat spricht vom "Sohn Davids", vgl. pTaan 4,68d (St-B I,13). Breit bezeugt wird die Anknüpfung an die davidische Tradition in Qumran, z.B. 4Qflor 1,7ff; 4Qpatr 1-4; 4QpIsa[a]; CD 7,18-20; 1QM 11,6; 4Qtest 12; Wichtig ist 1QSb 5,20ff. Vgl. auch TestJud 24,4-6. An den meisten Stellen klingt Jesaja 11,1ff an. Meines Erachtens ist auch 4Qmessar als Hinweis auf den Messias zu verstehen. Vgl. dazu RIESNER, R.: Jesus als Lehrer, WUNT II, 7, Tübingen [2]1984, Seite 309f. RIESNER weist auf Anklänge an Jes 42,1-6; 49,6; 11,1ff u.a. hin. Die Deutung auf den davidischen Messias wird durch die neue Lesung des Textes bei BEYER, K.: Die aramäischen Texte vom Toten Meer, Göttingen 1984, 269-271, noch wahrscheinlicher (obwohl Beyer an der Deutung auf Noah festhält!). Die Aussage "Rot sein wird sein Haar" (I,1f in der Lesung durch Beyer) scheint deutlich auf David zu verweisen (vgl. 1 Sam 16,12).

Lässt sich der Hintergrund, der hinter dieser Verbindung steht, noch
einsichtig machen? Wir denken, dass das elfte Kapitel des Jesajabuches
eine entscheidende Rolle spielt.[5]

2. Der traditionsgeschichtliche Hintergrund von Jesaja 11

Jesaja greift in seiner Auseinandersetzung mit der gegenwärtigen Da-
vidsdynastie auf Gottes Verheissung an David zurück. Er sieht die
Grundlagen der alten Heilstraditionen durch das faktische, politische
Verhalten der Davididen in Frage gestellt. Die politische Gegenwart,
in die Israel gestellt ist, gilt ihm als Gericht, in dem Gott mit dem
Königshaus abrechnet. Die Verheissung Gottes an die davidische Dyna-
stie gibt Jesaja jedoch nicht preis. Sie wird von ihm neu gedeutet.
Gott wird auf den "Stumpf" zurückgreifen und aus der "Wurzel" Isais
den kommenden König erstehen lassen.[6] Damit ist auf die von der davidischen Königsideologie ausgestaltete Davidstradition verwiesen, die
uns (in deuteronomistisch erweiterter Gestalt) in der Nathansweissa-
gung (2 Samuel 7) vorliegt.[7]

---

5.   Wir besprechen im Folgenden nur die Bezüge des Bildes des Messias
     von Jes 11 zum Wunderproblem. Der weiteren Bedeutung von Jes 11
     für Johannes gehen wir im Exkurs 2 (Die Bedeutung von Jesaja 11
     für das Verständnis Jesu) nach.

6.   Vgl. WILDBERGER, BK X,1, 443f und 445f zur theologischen Konzep-
     tion von Jes 11,1-9.

7.   Vgl. CARLSON, A.: Art. דוד, ThWAT II, Sp. 170-175f; zu Jesaja
     vgl. RINGGREN H.: ebda. Sp.177f; VON RAD, G.: ThAT II, 175-181;
     GESE H.: ZThK 61 (1964), 10-26. Auch sonst lässt die jesajanische
     Botschaft in ihrem Grundstock die intensive Auseinandersetzung
     mit der Davidsdynastie und dadurch mit der Davidstradition deut-
     lich erkennen. Vgl. Jesaja 7,1-16; 9,1-6[2-7]. In ihren älteren
     Stadien ist uns die Davidstradition vor allem in den Psalmen und
     in frühen prophetischen Stellen erhalten. Vgl. dazu ausführlich
     den oben erwähnten Artikel von RINGGREN.

Jesaja hat seinerseits eine intensive und immer weitergehende Neuinterpretation erfahren. Wichtige Züge davon sind weiterhin aufgenommen
worden. Trotz der komplizierten Entstehungsverhältnisse des Jesajabuches erschien wirkungsgeschichtlich die ganze Rolle inhaltlich als
Einheit. Vielfältige Bezüge lassen sich durch das ganze Buch hindurch
aufzeigen, sofern man von der Einheit des Buches ausgeht. Das aber haben wir für die Zeit des Neuen Testamentes vorauszusetzen. Es gibt
keinerlei Evidenz, dass das Jesajabuch je in Einzelteilen kursierte.

3. Der Messias von Jesaja 11 - und andere Jesajatexte

In der folgenden Darlegung gehen wir von einigen methodischen Grundsätzen aus: a) Das Jesajabuch wird als Einheit betrachtet, wie es
zweifellos für die neutestamentliche Zeit anerkannt war. b) Schriftstellen, die thematisch als zusammengehörig empfunden wurden, bildeten
eine 'thematische Einheit'. Die Zusammenstellung erfolgte nach mehr
oder weniger strengen methodischen Grundsätzen. Meist sind es 'Stichworte', die durch Analogieschluss die Verbindung zwischen literarisch
weit auseinanderliegenden Texten herstellen und sie für den antiken
Leser und Ausleger zur Einheit verbinden. Da wir weitgehende auswen-
dige und exakte Kenntnis der Texte voraussetzen können, liegt diese
Art des Umgangs mit der Schrift näher, als es dem modernen Leser erscheint. Die Bezüge stellen sich bei gedächtnismässiger Präsenz der
Texte durch ein assoziatives Verfahren wie von selbst ein. Kann die
Kenntnis der Texte allgemein vorausgesetzt werden, sind diese Bezüge
auch Hörern und Lesern erkennbar, ohne dass man sie ausführlich begründen oder diese Texte explizit zitieren müsste.

3.1. Der Messias als Träger des Geistes

Schon bei Davids Königssalbung hebt der Bibeltext den Geistempfang und
den darauffolgenden bleibenden Geistbesitz hervor (1 Sam 16,13; vgl. 2
Sam 23,1f). Dieses Motiv wird in Jesaja 11,2-3 im Blick auf den kommenden Messias inhaltlich weiter entfaltet. Er wird in umfassendem
Sinn DER Geistträger sein.

> "Auf ihm wird ruhen der Geist des Herrn
> der Geist der Weisheit und der Einsicht,
> der Geist des Rates und der Stärke

der Geist der Erkenntnis und der Furcht des Herrn
und macht, dass es Geist gibt in der Furcht des Herrn."
          (Jesaja 11,2-3a)[8]

Was lag näher, als all die anderen Hinweise des Jesajabuches, die vom
'Geistträger' sprachen, auf dieselbe Figur, auf den 'Messias' zu beziehen?

"Siehe da mein Knecht, an dem ich festhalte.
Mein Erwählter, an dem meine Seele Wohlgefallen hat.
Ich habe meinen Geist auf ihn gelegt, (נתתי רוחי עליו)
dass er die Wahrheit unter die Völker hinaustrage."
          (Jesaja 42,1f)[9]

Dazu tritt sofort ein weiterer Text:

"Der Geist Gottes des Herrn ruht auf mir,
(רוח אדני יהוה עלי)

---

8.   Der letzte Satz wird meistens als spätere Glosse betrachtet. Für
     die Zeit des Johannes aber ist sie selbstverständlich vorauszu-
     setzen. Darum haben wir diese 'Glosse' zu übersetzen und zu ver-
     stehen zu suchen. והריהו ist Kausativform. Zum Verständnis als
     Kausativ vgl. CAZELLES, H.: Alttestamentliche Christologie, 1983,
     94. Es ist wahrscheinlich, dass diese Glosse hinter den neutesta-
     mentlichen Aussagen steht, die vom kommenden Messias nicht nur
     als vom Träger, sondern auch als dem Geber des Geistes sprechen:
     Joh 1,33; vgl. Mk 1,8. Die Rabbinen verstanden darunter "riechen"
     und verbanden es mit der Fähigkeit zum gerechten Gericht in Jes
     11,3b.4. Vgl. Sanh 93b (dazu § 8, Anm. 23).

9.   Damit ist 'gedächtnismässig' auch der weitere Kontext zitiert. Er
     enthält die Beschreibung der Art und Weise, in der der "Knecht
     Gottes" auftreten muss und des konkreten Auftrages, den er von
     Gott erhält. Wahrscheinlich haben wir den Text mindestens bis
     Vers 9 als Einheit zu lesen. 1-4 enthalten die Repräsentation des
     Knechtes, die Verse 5-9 ein direktes Wort Gottes an den Knecht.

weil mich der Herr gesalbt hat;

er hat mich gesandt ....."

    (Jesaja 61,1)[10]

Schon durch seinen Kontext legte sich die Verbindung von Jesaja 61,1
mit Jesaja 11,1ff nahe. 60,21 spricht vom "Spross meiner Pflanzung",
dem נצר מטעי. Mit diesem seltenen Ausdruck ist der Schluss auf Jesaja
11,1 schon nahegelegt. Dass "aus dem Kleinsten (הקטן) ein Stamm, aus
dem Geringsten ein starkes Volk" (60,21) werden soll, liess sich als
Anspielung auf David verstehen. Er war ja הקטן, der "Kleinste" unter
seinen Brüdern (1 Sam 16,11).

Dass Jesaja 61 den Messias meint, legt schon der Text, der von der
Salbung durch Gott spricht, nahe. Jesaja 42,1ff wird im Targum wie Jesaja 11,1ff messianisch verstanden.[11] Die targumische Übersetzung von
Jesaja 42,1-9 zeigt verschiedene deutliche Bezüge zu Jesaja 11,1ff
auf. Schon der Auftrag, das heilsame "Gericht" zu eröffnen, verbindet
den Knecht mit dem Messias von Jesaja 11,3. Darüber hinaus werden
durch die Übersetzung die Bezüge unterstrichen. "...der Messias wird
aus den Söhnen seiner Söhne hervorkommen (יתרבי)" (TgIs 11,1) wird in
TgIs 42,6 aufgenommen. Gott spricht zum Knecht: "Ich, der Herr, habe
dich hervorkommen lassen (רביתך)".[12]

---

10. Auch hier ist der Text gedächtnismässig in seiner Fortsetzung und
seinem Kontext präsent. Man beachte, dass die Jesaja-Rolle in
Qumran, die in der Textgliederung oftmals auffallend mit der späteren masoretischen Einteilung übereinstimmt, Jesaja 60,1 bis
61,9 als einen Abschnitt liest. Durch grössere Zwischenräume wird
der Text gegliedert in 60,1-9.10-18.19-22; 61,1-7.8-9.

11. Zum Text des Targum, der in einzelnen Rezensionen die Bezeichnung
משיחא nicht bringt, vgl. den Apparat bei STENNING, J.F.: The Targum of Isaiah, 1949, 141. Zum Problem und zur Auslegung LEVEY,
S.H.: The Messiah, 1974, 59-61 und 161 Anm. 61.

12. Zur Übersetzung von רבא vgl. JASTROW, WB 1441. Die Bedeutung geht
von "auferziehen" bis zu "einsetzen". "In v. 6, "I have called

Sprach man vom Messias, so konnte man aufgrund des Propheten Jesaja mindestens diese drei Texte miteinander als Einheit lesen. Sie sprechen vom kommenden Messias als dem Geistträger und ergänzen sich gegenseitig.

3.2. Weitere verbindende Motive

Weitere Texte ordnen sich dieser "thematischen Einheit" zu. Jesaja 11,12ff spricht von der eschatologischen Sammlung des Restes Israels als der Frucht, die durch die Wirksamkeit des Messias entsteht. Als Parallele zu Jesaja 11,12ff ist Jesaja 49,22 wichtig. Wird dort der Messias ausdrücklich als ‏נס‎ bezeichnet, so wird dort wie hier Gottes Handeln mit dem ‏נס‎ mit der Sammlung Israels verbunden: "So spricht der Herr: Siehe ich winke mit der Hand den Heiden und stecke mein Panier auf für die Völker, und sie werden deine Söhne auf den Armen bringen und deine Töchter auf den Achseln herzutragen." Welch bedeutenden Raum diese Hoffnung in Israel einnahm, erkennt man daran, dass das Achtzehngebet ihr eine eigene Beracha widmet. "Stosse ins Horn zu unserer Befreiung und erhebe das Panier, unsere Verstossenen zu sammeln. Gesegnet seist du, Ewiger, der du die Verstossenen seines Volkes sammelst." Dieser zehnten Bitte liegt vor allem Jes 11,12 zugrunde.[13] Nun konnte man all die anderen Stellen, die ebenfalls die Sammlung Israels als Auftrag einer Person zuweisen, damit verbinden. Von einem, der "Knecht Gottes" genannt wird, sagt Jesaja 49:

> "...um Jakob zu ihm zurückzubringen
> und Israel zu ihm zu sammeln ...
> die Stämme Jakobs aufzurichten
> und die Geretteten Israels zurückzubringen."
>   (Jes 49,5f)

---

you," means "I have anointed you"; this is the call, and refers to the Messiah" (LEVEY aaO. 60f zu Tg Is 42,6).

13. Text im Siddur (Rödelheim), 1972, 43. Zu den biblischen Bezügen vgl. MENDECKI, N.: Collectanea Theologica 53 (1983), 161-166.

Damit liess sich auch dieser Text als Hinweis auf den Messias verstehen und lesen.[14] Jesaja 49,1-12[15] ist ohnehin mit Jesaja 42,1-9 vielfältig verknüpft. Wir stellen die Wendungen zusammen:

Jesaja 42,1-9   Jesaja 49,1-12:

"Siehe da mein Knecht" (1)   "Du bist mein Knecht" (3; vgl. 5)

"Ich, der Herr, habe dich   "Vom Mutterleib an hat mich der Herr
   berufen" (6)   berufen" (1)

"ich habe dich gebildet" (6)   "...der mich gebildet..." (5)

"..dich zum Bund des Volkes   "...dich zum Bund des Volkes
   gemacht" (6)   gemacht" (8)

"..zum Licht der Heiden" (6)   "...zum Licht der Heiden..." (6)[16]

Die Motive erscheinen auf vielfältige Weise aufeinander bezogen. Unabhängig von den Ergebnissen der modernen Forschung sind beide Texte
durch die Methode der Stichwortverbindung als Einheit anzusehen und
miteinander zu lesen. Das aber verbindet sie auch mit Jesaja 61,1ff
und Jesaja 11,1ff. Alle Texte sind auf den kommenden Messias hin, den
Träger des Geistes Gottes, verstehbar. Seine Berufung, sein Auftrag,
seine Funktion für Israel und für die Völker usw. werden beschrieben.

4. Der Messias als Wundertäter

4.1. Der Messias und der "Geist der Kraft" (Jes 11,2)

Zu den Begabungen, die der Messias nach Jesaja 11,2 durch den Geist

---

14. Auch in 49,10-12 klingt das Motiv der eschatologischen Sammlung
    im Zusammenhang der Wirksamkeit des Knechtes an.

15. Auch hier bleibt die Abgrenzung in Abschnitte schwierig. 1QIsa[a]
    gliedert: 49,1-3; 49,4.5-6; 49,7-12.13.

16. Zu weiteren Motivparallelen innerhalb Deuterojesajas vgl. ELLI-
    GER, K.: Deuterojesaja, 1978, 228.

Gottes erhält, zählt die רוח גבורה. Es ist der Geist, der die Kraft zu
machtvollen Taten verleiht.

Innerhalb des Alten Testamentes wird mit גבורה die physische Kraft bezeichnet. Im theologischen Zusammenhang geht es um Gottes Heilstaten.
Neben den Schöpfungswerken zählen vor allem Gottes Geschichtstaten im
Zusammenhang der Rettung und Befreiung Israels aus Ägypten zu den
גבורות, die in ähnlichen Kontexten als Wundertaten (מופתים / נפלאות)
bezeichnet werden. Schon innerhalb des Alten Testamentes und vor allem
in der jüdischen Mystik, aber auch innerhalb des Rabbinats wird גבורה
zum Gottesnamen.[17] Von der Kraft des Messias spricht auch Micha 5,5(4)
(vgl. Ps 110,2). Die selbe Terminologie zeigt sich auch innerhalb des
Neuen Testamentes, wo die δυνάμεις als Krafttaten neben den σημεῖα καὶ
τέρατα stehen (vgl. Acta 2,22).[18]

4.2. Die Wunder des Messias in anderen Texten

In welchen konkreten Taten aber wird sich dieser "Geist der Kraft" in
der Tätigkeit des Messias äussern? Wir befragen von Jesaja 11,2 aus
die Texte, die uns oben als 'thematische Einheit' erschienen sind.

"Der Geist Gottes, des Herrn ruht auf mir, weil mich
der Herr gesalbt hat; er hat mich gesandt, den Elenden

---

17. St-B I, 1007. Im Neuen Testament z.B. Mk 14,62; Mt 26,64. Vgl.
     auch EvPetr 19. Dazu KOSMALA, H.: Art. גבר, ThWAT I, Sp 905-907.
     Für das rabbinische Judentum wichtig ist URBACH, E. E.: Sages,
     1975, 80-96 (V: The Epitheton Gevurah [Might] and the Power of
     God). Für die religionsgeschichtlichen Bezüge zum häretischen Ju-
     dentum vgl. SEGAL, A. F.: Two Powers, 1977. Für den Zusammenhang
     mit Johannes und die Fragen nach den Ursprüngen der Gnosis ist
     jetzt unentbehrlich FOSSUM, J. A.: Name of God, 1985, 162-191 und
     passim.

18. Zu δύναμις als "Wunderkraft" im Neuen Testament vgl. FRIEDRICH,
     G.: Art. δύναμις, EWNT I, Sp. 865f. Zum religionsgeschichtlichen
     Umfeld vgl. FOSSUM, J.: aaO. Register, s.v. "Power".

frohe Botschaft zu bringen, zu heilen, die gebrochenen
Herzens sind, den Gefangenen Befreiung zu verkünden und
den Gebundenen Lösung der Bande, auszurufen ein Gnaden-
jahr des Herrn und einen Tag der Vergeltung unsres Gottes, da alle Trauernden getröstet werden ..."

                                        (Jesaja 61,1f)

Neben die Verkündigung des Heilswortes treten Heilung und Ankündigung
von Befreiung. Ein grosser "Jobel", ein grosses Befreiungsjahr Gottes
wird ausgerufen (vgl. Lev 25). Unter den "Banden", die es zu lösen
galt, verstand die frühjüdische Auslegung entweder die Bindung an das
Böse, an die Dämonen (in der Form der Besessenheit)[19] oder erkannte
darin die "Bande des Todes". Von dieser Voraussetzung aus lässt der
Text eindeutig die Taten des Messias erkennen: Die Verkündigung der
Heilsbotschaft wird von Heilstaten begleitet werden. Er wird sich den
einzelnen "Elenden" zuwenden. Zu erwarten sind demnach Krankenheilung,
Dämonenaustreibung, Reinigung von Aussatz[20] und Totenerweckung.

Dem schliesst sich die Beschreibung der Tätigkeit des Geistträgers in
Jesaja 42,1-9 nahtlos an.

  "Ich habe meinen Geist auf ihn gelegt, dass er das
  'Recht' (משפט) unter die Völker hinaustrage....
  ...ich habe dich gebildet und zum Bund für das Volk
  gemacht, zum Lichte der Heiden, blinde Augen aufzutun,
  Gebundene herauszuführen aus dem Gefängnis, und die in
  der Finsternis sitzen, aus dem Kerker."

                                        (Jesaja 42,1.6f)

---

19. Zum Verständnis als Besessenheit vgl. 11QMelch 6. Von den Banden
     des Todes sprechen bereits Ps 18,5; 116,16 u.a.

20. Der Aussatz galt als erster Sohn des Todes. Darum gilt auch der,
     der vom Aussatz 'rein' wird als einer, der von den Toten wieder-
     kommt. Vgl. St-B IV,2, 745. 750f (n).

Auch hier wird ein Dienst der Verkündigung[21] mit einem umfassenden,
helfenden Dienst zusammengestellt. Heilung von Blinden und wiederum
die Befreiung von "Gebundenen" waren zu erwarten.

Der Text Jesaja 61,1f, der von der Befreiung Gefangener spricht, ist
auch auf eine soziale bzw. politische Interpretation hin offen. Der
angekündigte "Jobel" ist nach Leviticus 25 zunächst ein soziales Geschehen. Ja das Stichwort von der 'Befreiung' liess sich ohne weiteres
für ein politisches Handeln in Anspruch nehmen, das zur 'Befreiung'
von der Fremdherrschaft aufrief.

Das Messiasbild, das sich an Jesaja 11,1ff anschloss, blieb nicht ausschliesslich 'friedlich'. War die dortige Beschreibung der Hilfe für
die Armen und Elenden nicht damit verbunden, dass er "das Land schlagen" und den "Gottlosen töten" wird? Natürlich sprach der Text nur vom
"Stab seines Mundes" und vom "Hauch seiner Lippen" als den Waffen, die
dem Messias gegeben sind. Aber schon in den Psalmen Salomos wird diese
Schilderung durch das Stichwort "Stab" assoziativ mit Psalm 2,9 verbunden. So heisst es hier: "Sieh darein, o Herr, und lass ihnen erstehen ihren König, den Sohn Davids, zu der Zeit, die du erkoren,.... und
gürte ihn mit Kraft, dass er ungerechte Herrscher zerschmettere. Weise
(und) gerecht treibe er die Sünder weg vom Erbe, zerschlage des Sün-
ders Übermut wie Töpfergefässe. Mit eisernem Stabe zerschmettere er
all ihr Wesen, vernichte die gottlosen Heiden mit dem Worte seines
Mundes...."(PsSal 17,21-24). Das setzt sich in den späteren Schilde-
rungen von den messianischen Wehen fort.[22]

Aber schon Jesaja 61,1f enthält die Tendenz, die Taten des Messias als

---

21. Man vergleiche die Ausdrücke der Verkündigung in Vers 2; der Ter-
    minus משפט wird Vers 4 im Parallelismus durch תורה ersetzt.

22. Am ausgeprägtesten TgGen 49,10. Vgl. dazu LEVEY, aaO. 7-11. GRE-
    LOT, P.: Le Messie dans les Apocryphes, 1962, 19-50; Parallelen
    und Literatur bei LE DEAUT, Targum I, 437ff zu TgGen 49,10ff;
    CHARLESWORTH, J.H.: The Concept of the Messiah, ANRW II, 19,1,
    197ff.

helfende Taten zu verstehen. Die Erwartung der messianischen Zeit ist
innerhalb völlig verschiedener Schichten des Judentums mit der Hoffnung auf Wiederherstellung körperlicher Unversehrtheit verbunden worden. "Nach alttestamentlicher Anschauung konnte man sich das messianische Heil nur bei körperlich 'Heilen' vorstellen."[23] Die Septuaginta
übersetzt in Jesaja 61,1f die "Lösung" mit ἄφεσις, hat also darunter
Sündenvergebung verstanden. Noch deutlicher scheint das in dem leider
stark beschädigten Text 11QMelch 6 zu sein. Hier wird Jesaja 61,1 folgendermassen paraphrasiert: "..will proclaim liberty for them to set
them free and (to?) make atonement for their sins..."[24]

Der Text 11QMelch bezieht Jesaja 61,1f zusammen mit Dtn 15,2 und Lev
25,10.13 auf die eschatologische Befreiung von satanischen Mächten
(vgl. dazu Zeilen 12 bis 14). Damit wird die Vergebung der Schuld für
die Söhne des Lichtes verbunden (Zeilen 4 bis 8, vor allem Zeile 6 und
8).[25] Exorzismus aber galt in Qumran als Gottes eigenes, eschatologisches Werk.[26]

4.3. Die "Werke des Messias" (Mt 11,2-6: Lk 7,18-23)

Die Berichte der Evangelien scheinen diese Textkombinationen als Hintergrund für das Verständnis Jesu vorauszusetzen. Dass Jesus Träger

---

23. HENGEL, R. und M.: Heilungen Jesu, 365, in: SUHL, A.: Wunder-
    begriff, 1980, 338-373. An Stellen aus der jüdischen Tradition
    seien erwähnt: TgIs 53,8; äth Hen 5,8f; 25,5-7; 96,3; Jub 23,26-
    30; OracSib 3,367ff; syrBar 29,6f; 73,1f; IV Esra 7,28; 7,121;
    8,52ff; slaw Hen 65,9; GenR 20,5; bChag 12b; vgl. weitere Stellen
    bei St-B I, 593-596. Vgl. auch den Überblick bei BITTNER, W.:
    Heilung, 1984, 22-25.

24. Übersetzung nach DE JONGE, M./VAN DER WOUDE, A. S.: NTS 12
    (1965/66), 303.

25. Vgl. 1QS 4,20-22; 1QH 3,18; 1Q 27 I,1.5.

26. Vgl. dazu GRIMM, W.: Verkündigung Jesu, [2]1981, 143f.

des Geistes ist und vom Geist geführt wird, tritt bei Lukas betont
hervor: "voll des heiligen Geistes ... vom Geist geleitet" (4,1);
"..in der Kraft des Geistes..." (4,14). In der Synagoge in Nazareth
liest Jesus Jesaja 61,1ff vor. Dieser Text, der in Qumran durch die
Technik der Stichwortverbindung (s.v. בשר) mit Jesaja 52,7 zur Einheit
verbunden wurde (11Q Melch), spielt auch bei der lukanischen Darstellung des Dienstes Jesu eine entscheidende Rolle. Zur Betonung umfassender Hilfe (Lk 4,40f), die in Heilung und Befreiung von dämonischer
Bindung differenziert wird, tritt die Predigt des "Evangeliums von der
Königsherrschaft Gottes" als Ziel der Sendung Jesu (4,43). Auch Lukas
scheint wie 11QMelch die Einheit von Jesaja 52,7 und 61,1f vorauszusetzen. Dass der Messias der Verkündiger des "Evangeliums" ist, sagt
Jesaja 61,1. Dass eben dieses Evangelium aber die Botschaft der anbre-
chenden Königsherrschaft Gottes ist, ist Jesaja 52,7 zu entnehmen.
Beide Texte bilden eine 'thematische Einheit'.

Eindrücklich zeigt sich dasselbe Bild in der Anfrage, die der Täufer
aus seiner Gefangenschaft an Jesus richtet.[27] Anstoss zu dieser Anfrage geben, so sagt der Text ausdrücklich, "die Werke des Messias".
Soviel wir aus der Darstellung der Evangelien entnehmen können, hat
der Täufer den Kommenden als den kommenden Richter erwartet. "Er hat
die Wurfschaufel in seiner Hand, um seine Tenne zu fegen und den Wei-
zen in seine Scheune zu sammeln; die Spreu aber wird er mit unaus-
löschlichem Feuer verbrennen" (Lk 3,17; vgl. Mt 3,12). Die Zeit des
Gerichtes ist nah, denn "schon ist die Axt den Bäumen an die Wurzel
gelegt" (Mt 3,10). Dass der "Kommende" der "Richter" ist, das ergab
sich aus dem Abschnitt Maleachi 3,1ff (vgl. 3,19ff = 4,1ff), der in
der Darstellung des Täufers immer wieder anklingt. Der Täufer gilt als
der wiedergekommene Elia, den Gott senden wird "bevor der grosse und
furchtbare Tag des Herrn kommt" (Mal 3,23 = 4,5).

---

27. Zur Frage der Historizität dieser Perikope hat sich eindrücklich
    geäussert KÜMMEL, W.G.: Jesu Antwort an den Täufer, 1954. Von ar-
    chäologischer Seite her treten durch die neuen Ausgrabungen auf
    Machärus wichtige Indizien für die Historizität hinzu. Vgl. RIES-
    NER, R.: BibKi 39 (1984), 176.

Die "Werke des Messias", von denen der Täufer hört, scheinen aber diesem Bild des kommenden Richters nicht zu entsprechen. Es sind ja lau-
ter Heilstaten. Darum ist die Frage aus dem Gefängnis verständlich:
"Bist du es, der da kommen soll, oder sollen wir auf einen andern war-
ten?" (Mt 11,3). Die Jünger sollen Johannes die Antwort unter aus-
drücklichem Hinweis auf das geben, "was ihr hört und seht" (11,4). Der
wahrnehmbare Vorgang, dass Jesus diese Heilstaten wirklich tut, wird
mit einem Schriftwort verbunden. Lukas betont diesen Zug. Er fügt hinzu: "In jener Stunde heilte er viele von Krankheiten und Qualen und
bösen Geistern, und vielen Blinden schenkte er das Augenlicht" (Lk
7,21). Bei diesem 'Schriftzitat' handelt es sich um eine merkwürdige
Kombination verschiedener Stellen, die zu einem Mischzitat vereinigt
sind. Man wird beachten, dass jede Einleitungsformel fehlt, weil diese
Anspielung die biblischen Texte ohnehin gedächtnismässig herbeizi-
tiert. Als möglicher Hintergrund lassen sich Jesaja 29,18; 35,5f;
42,7; 61,1 (eventuell auch 26,19) erkennen. Die Frage, welche Stelle
hier wirklich anklingt, ist müssig. Diese Anspielung erklärt sich daraus, dass die zugrundeliegenden Schriftstellen eine 'thematische Einheit' bilden, die ihrerseits in dieser Form als eine Einheit zitiert
werden kann.[28]

Damit haben wir ein Beispiel dafür vor uns, dass die 'thematische Einheit' von Schriftstellen zum Auftrag des Messias, zu den von ihm zu
erwartenden "Werken", bekannt und sogar 'zitiert' worden ist. Gleichzeitig ist dieser Abschnitt ein eindrückliches Beispiel für den Er-

---

28. An den einzelnen Jesajastellen tauchen die Elemente des 'Zitates'
    auf. Es scheinen die Reinigung von Aussätzigen und die Aufer-
    weckung von Toten zu fehlen. Aufgrund dieses Befundes hat z.B.
    SCHWEIZER, E., Komm. z.St. 165 sie unter Hinweis auf 1 Kön 17,17-
    24; 2 Kön 4,18-37; 5 für typische Prophetenwunder gehalten und
    gemeint, die Gemeinde hätte in Jesus den endzeitlichen Propheten
    erblickt. Aber der Hinweis auf Totenerweckungen und Reinigung von
    Aussatz ist auch bei Jesaja da. Der Jesaja 61,1 gegebene Auftrag,
    die "Gebundenen" zu befreien, konnte als Hinweis auf die Lösung
    aus den "Banden des Todes", also auf Totenerweckung und Reinigung
    von Aussätzigen verstanden werden. Vgl. oben Abschnitt 4.2.

kenntnisweg. Aufgrund der konkreten Taten Jesu kann auf die Art seiner
Sendung, auf sein 'Amt' geschlossen werden. Der Täufer erwartete den
"Richter" und wurde darum durch die Heilstaten Jesu zu seiner Frage
veranlasst. Umgekehrt weisen die Heilstaten Jesus als den Gesandten
aus, dessen Sendung auf dem Hintergrund der oben erwähnten Schriftstellen zu verstehen ist.

5. Zusammenfassung

Aufgrund der erwähnten Jesajatexte ergibt sich ein einheitliches Bild
der Taten des kommenden Messias. Sein Auftreten wird von einem umfassenden Heilswirken begleitet sein. Diese Heilstaten werden vorwiegend
als Heilungen charakterisiert. Dazu treten Befreiungen aus den 'Banden', also Dämonenaustreibungen und Totenerweckungen.

Beachtenswert ist, dass diesen Texten jeder Hinweis auf 'Gerichtswun-
der' oder 'Strafwunder' fehlt. Damit ist das Bild des kommenden Messias unterschieden von dem des Propheten, der als wiederkommender Mose
erwartet wurde. Der Messias kommt nicht als der grosse Vergelter, sondern als Retter, als Heiland der Armen und Elenden. Traditionsgeschichtlich steht das Bild des Messias und Geistträgers deutlich innerhalb der alttestamentlichen Königstradition.

§ 11 σημεῖα UND MOSAISCHE SENDUNG (6,2.14f.26.30)

11.1. Die Speisung der Fünftausend

11.1.1. Einleitung

Der johanneische Bericht der Speisung der Fünftausend ist in wichtigen
Zügen dem der Synoptiker parallel. Der Vergleich zeigt jedoch sofort,
dass beide Verse, in denen der Terminus σημεῖα/σημεῖον vorkommt, der
johanneischen 'Redaktion' zugehört. Daran wird erkennbar, dass beide
Verse johanneische Anliegen hervorheben.[1]

11.1.2. σημεῖα in Johannes 6,2

Der johanneische Bericht von der Speisung der Fünftausend wird durch
eine Ortsangabe (6,1) eingeleitet. "Darnach ging Jesus ans jenseitige
Ufer des Sees von Tiberias." Darauf folgt eine Notiz über das Volk,
das Jesus nachfolgt. Das Motiv der Nachfolge wird genau angegeben:

> "Es folgte ihm aber viel Volk nach, weil sie die
> Zeichen sahen, die er an den Kranken tat."
> "ἠκολούθει δὲ αὐτῷ ὄχλος πολύς, ὅτι
> ἐθεώρουν τὰ σημεῖα ἃ ἐποίει ἐπὶ τῶν ἀσθενούντων."

Wie schon an anderen Stellen (2,23; 7,31) werden hier Zeichentaten Jesu vorausgesetzt, die das Evangelium selbst nicht berichtet. Inhaltlich werden sie als "Zeichen an den Kranken" näher gekennzeichnet. Da
die Szene Galiläa voraussetzt, wird es sich um Heilungtaten Jesu in
Galiläa handeln.

Die Bemerkung betont die Wahrnehmung (ὅτι ἐθεώρουν ,..) dieser Zeichen
als Motiv der Nachfolge des Volkes: Johannes nennt solche Wahrnehmung
noch nicht Glauben. Von einem Urteil, das aus der Wahrnehmung Schlüsse
zieht und so zur Erkenntnis Jesu und damit zum Glauben wird, ist hier

---

1. Zum traditionsgeschichtlichen Vergleich mit den Synoptikern vgl.
    SCHNACKENBURG, R.: Komm II, 15f.28ff und 547.

noch nicht die Rede.[2] Wir werden dem erst in Vers 14 begegnen. So lautet der Ausdruck präzis: "Viel Volk folgte ihm nach."

11.1.3. Die Deutung des Zeichens in Johannes 6,14[3]

> (14) "Als nun die Leute das Zeichen sahen, das er
> tat, sagten sie: Dies ist in Wahrheit der Prophet,
> der in die Welt kommen soll. (15) Da nun Jesus merk-
> te, dass sie kommen und ihn gewaltsam wegführen
> wollten, um ihn zum König zu machen, zog er sich
> wiederum auf den Berg zurück, er allein."

Als Ausgangspunkt für das Urteil, zu dem "die Leute" kommen, gilt für Johannes wieder die konkrete Wahrnehmung (Οἱ οὖν ἄνθρωποι ἰδόντες ὃ ἐποίησεν σημεῖον ἔλεγον ...) Im Gegensatz zu 6,2 führt diese Wahrnehmung zu einem inhaltlich präzisen Urteil: "Dies ist in Wahrheit der Prophet, der in die Welt kommen soll." Von der eben erfahrenen Speisung durch Jesus wird auf die Manna-Speisung bei Mose geschlossen. Mose selbst hatte verheissen: "Einen Propheten wie mich wird der Herr euch erwecken" (Deut 18,15). Sollte nicht Jesus dieser Prophet sein?

Die vom masoretischen Text Deut 18,15 nahegelegte Deutung, dass dieser Prophet "je und je" erstehen soll, hatte im Judentum zur Zeit Jesu keinerlei Bedeutung. Man hat dieses Wort als Verheissung eines eschatologischen Befreiers verstanden. Man nannte ihn "den Propheten" schlechthin (vgl. Joh 1,21.25; 7,40). Erkennbar sollte dieser kommende Prophet daran sein, dass er war "wie" Mose: "Einen Propheten wie mich ,..." Das hat man konkret auf die Wundertaten des Mose, die "Zeichen der Befreiung" gedeutet: Die Zeichen des mosaischen Exodus würden auch den eschatologischen Freiheitskampf begleiten. Wir sehen an Josephus, dass die Befreiungsgruppen, die zum bewaffneten Kampf gegen Rom riefen, ihren Kampf unter diese heilsgeschichtliche Perspektive gestellt haben. Die damals auftretenden prophetischen Gestalten kündeten solche

---

2. Vgl. § 17 (Erkenntnis und Glaube).

3. Zu Joh 6,14f vgl. jetzt FEUILLET, A.: Divinitas XXX (1986), 7-16.

mosaische σημεῖα an. Dieses Vorgehen aber war nur deshalb möglich,
weil die Erwartung des Propheten wie Mose im Volk selbst lebendig und
mit der Hoffnung auf die mosaischen Taten verbunden war.[4] Das belegen
auch die johanneischen Stellen (1,21.25; 7,40).[5]

So schliessen die Leute von dem eben erfahrenen σημεῖον auf die "Sendung", in der Jesus steht. Die konkrete Gestalt des Zeichens spielt
eine wesentliche Rolle. Selbstverständlich ist dabei das Alte Testament als Erkenntnishintergrund vorausgesetzt. An ihm ist eine "Sendung"
zu erkennen und zu prüfen.[6]

Es fällt auf, dass Johannes in diesem Zusammenhang den Ausdruck "glauben" vermeidet. Dass er auf diesen Begriff verzichtet, ist verständlich. Für ihn besteht Glaube nicht allein in der vertrauenden Hingabe
an Jesus. Diese scheint sich hier ja zu ereignen. Glaube im johanneischen Sinne vollzieht sich dort, wo auch die Sendung, in der Jesus
steht, erkannt ist und das Fundament des Glaubens bildet. Darum wird
hier, obwohl das Moment des Vertrauens vorhanden ist, der Glaubensbegriff vermieden. In veränderter, negativer Gestalt zeigt sich hier
das, was Johannes in der Abschlussbemerkung seines Evangeliums
(20,30f) zum Ausdruck bringt. Im Glauben müssen Vertrauen und Erkenntnis der Sendung Jesu zur Einheit zusammentreten.

Die Menschen versuchen, Jesus zu "ergreifen" und zum "König zu machen"
(ἁρπάζειν αὐτὸν ἵνα ποιήσωσιν βασιλέα). Aus dem Verständnis der pro-

---

4.   Vgl. § 3.7. (Exkurs: Messias und Prophet) und v.a. § 5 (Die jüdi-
     schen "Zeichenpropheten" bei Josephus).

5.   Siehe näher 11.1.4. Abschnitt (1)

6.   Vgl. dazu Mt 12,22f! Jesus heilt einen Besessenen, der blind und
     stumm war. "Und die ganze Volksmenge erstaunte und sagt: Dieser
     ist doch nicht etwa der Sohn Davids?" Von der Heilung wird auch
     auf eine biblische Sendung geschlossen, aber nicht auf die mosai-
     sche, sondern auf die des Messias, des Sohnes Davids. Vgl. dazu
     oben Exkurs 1 (Messias und Wunder), Abschnitt 1.

phetischen Sendung erwächst ihnen die realpolitische Bedeutung dieser
Sendung: Als König soll Jesus eingesetzt werden. Dem entzieht Jesus
sich sofort in die Einsamkeit.[7]

Wir kommen zum vorläufigen Ergebnis: Die Abwehr Jesu hat darin ihre
Ursache, dass vom Zeichen, das Jesus getan hat, auf die mosaische Sendung geschlossen und diese unmittelbar politisch verstanden worden
ist. Nicht der Schluss vom Zeichen auf eine Sendung schafft das Problem, sondern der Schluss von diesem Zeichen auf diese bestimmte Sendung.

Wir vermuten, dass damit eines der Hauptanliegen des Johannesevangeliums in unser Blickfeld gerät. Die Frage, ob Jesus in einer unmittelbar politischen Sendung steht bzw. dafür in Anspruch genommen werden kann, erscheint als Wurzel der johanneischen σημεία-Problematik.
Einzelne "Wunder" können mit der Sendung des Propheten verbunden werden. Darin scheint die Möglichkeit zu liegen, Jesus eine unmittelbar
politische Sendung zuzuschreiben. Johannes kämpft darum, dass die
σημεῖα, die Jesus getan hat, nicht auf die mosaisch-prophetische Sendung hinweisen, sondern auf die davidisch-messianische. Damit ist ein
weiteres Problem gegeben. Konnte man von beiden Sendungskonzeptionen
ausgehend ohne weiteres auf den Königstitel schliessen? Vom davidisch-
messianischen Konzept her liegt das unmittelbar nahe. Taucht auch innerhalb der mosaisch-prophetischen Erwartung der Königstitel auf?[8]

---

7.   Der Text spricht dabei auffallend, Jesus habe diese Absicht "er-
     kannt": *Ἰησοῦς οὖν γνούς...* Man kann dazu vermuten, dass Johannes
     hier, ähnlich wie in 2,24f, auf Jesus als den, der durch seine
     Geistsalbung auch den Geist der Weisheit und Einsicht besitzt,
     hinweisen will. Er formt auch hier das Bild Jesu nach dem, was er
     aus der Taufe Jesu lernt: Jesus ist der Geistträger nach Jesaja
     11,1ff. Zu Jesaja 11 siehe § 8.6. (Zur Funktion von Johannes
     2,24-25) und ausführlich Exkurs 1 (Messias und Wunder) bzw. Ex-
     kurs 2 (Die Bedeutung von Jesaja 11 für das Verständnis Jesu).

8.   Vgl. dazu MEEKS, W.A.: The Prophet-King, 1967, bes. 107ff.153ff.
     181ff.227f. Vgl. jetzt dazu das Material bei FOSSUM, J.: Name of

Deutlich ist, dass Johannes um das Verständnis des König-Seins Jesu
ringt und es genau zu bestimmen sucht. Wir gehen diesem Spannungsfeld
zunächst im folgenden Exkurs 11.1.4. (Prophet und König bei Johannes)
und dann in § 13 (σημεῖα und Todesbeschluss) nach. In § 5 (Die jüdischen "Zeichenpropheten" bei Josephus) haben wir den konkreten, zeitgeschichtlichen Hintergrund skizziert, von dem her die johanneische
Problematik verständlich wird.

11.1.4. EXKURS: 'Prophet' und 'König' im Johannesevangelium[9]

Nur in Johannes 6,14f werden die Bezeichnungen "Prophet" und "König"
so zusammengestellt, dass sie als synonyme Begriffe erscheinen können.
Welche "Sendungs-Konzeption" steht hinter diesen Bezeichnungen?

Zunächst überprüfen wir das Vorkommen von προφήτης bei Johannes. In
welchem Verhältnis steht diese Aussage zu anderen biblischen Sendungs-
Begriffen und zur Sendung, die Jesus zuerkannt wird? Dann gehen wir
auf die Belege ein, in denen die Bezeichnung βασιλεύς für Jesus Verwendung findet. Welche Konzeption steht hinter dieser Bezeichnung? In
welchem Verhältnis steht Jesus dazu? Endlich werden wir das Ergebnis
beider Arbeitsgänge zur Deutung von Johannes 6,14f heranziehen.

(1) προφήτης bei Johannes

In der Anfrage der Jerusalemer Gesandtschaft wird der Täufer nach der

---

God, 1985, 92f.

9.   Vgl. dazu MEEKS, W. A.: aaO. Zur Hauptthese von Meeks nimmt kri-
     tisch Stellung DE JONGE, M.: 'Jesus as Prophet and King in the
     Fourth Gospel', in DERS.: Jesus: Stranger from Heaven, 1977, 49-
     76. Im Blick auf das Mosebild lässt auch das Material bei FOSSUM,
     J.: The Name of God, 1985, 92f vorsichtig werden. Es ist metho-
     disch zu beachten, dass innerhalb der samaritanischen Tradition
     der Königsbegriff freier verwendet werden kann als in der jüdi-
     schen Tradition, wo er für die davidische Königstradition reser-
     viert erscheint.

konkreten Sendung, in der er steht, gefragt (1,19-21; vgl. 1,25). Mit
Christus, Elia oder dem Prophet (ὁ προφήτης) stehen drei unterscheid-
bare biblische Sendungskonzeptionen zur Diskussion.

Einen ähnlichen Sachverhalt treffen wir in der Diskussion des Volkes
über Jesus am Laubhüttenfest (7,40). In welcher "Sendung" steht Jesus?
Eine Gruppe sagt: "Dieser ist in Wahrheit der Prophet", während eine
andere Gruppe ihn als den Christus erkennen will. Zwei biblische Sen-
dungsbegriffe stehen nebeneinander, die mit den Begriffen Prophet und
Christus bezeichnet und dadurch unterschieden werden können.

Die weitere Diskussion macht deutlich, dass es sich um Sendungen handelt, die an der Schrift zu messen sind. Jesus könne nicht der "Christus" sein, so wird argumentiert. Der Messias werde nach dem Zeugnis
der Schrift aus Bethlehem kommen. Jesus kommt aber aus Galiläa. Wirklichkeit und Schrift scheinen nicht übereinzustimmen. Die an Jesus
herangetragenen Sendungskonzeptionen sind aus der Bibel nicht nur entnommen, sondern auch bleibend an sie gebunden. Das war mit der Sendung
"des Propheten" nicht anders. Auch die Sendung des Propheten wird Jesus mit dem Hinweis aberkannt, dass "aus Galiläa kein Prophet ersteht." "Forsche", so wird Nikodemus aufgefordert und damit auf den
Wortlaut der Schrift verwiesen (7,52).[10]

An den soeben erwähnten Stellen ist nicht einfach von einer prophetischen Sendung die Rede, sondern von der Sendung "des" Propheten (5
Mose 18,15). Auch in Qumran rechnete man mit dem Auftreten des eschatologischen Propheten und hat seine Sendung deutlich von der der beiden Messiasse abgegrenzt. Der "Prophet" ist auch in Qumran nicht der

---

10. Es ist zu fragen, ob hier nicht absoluter Gebrauch vorliegt und
    darum mit "der Prophet" und nicht "ein Prophet" zu übersetzen
    ist. Dass Propheten auch aus Galiläa kommen, wird durch 2 Kön
    14,25 erwiesen. Es ist merkwürdig, dass die Gruppe der Pharisäer
    überhaupt den Propheten-Titel verwendet. Spricht man Jesus zu, er
    wolle der Prophet sein, und streitet es gegenüber Nikodemus darum
    ab?

"Messias".[11] Seine Sendung bleibt deutlich an die Sendung des Mose an-
gelehnt. Er wird ja Prophet "wie" Mose sein. Darum hat man in ihm den
Führer im eschatologischen Befreiungskampf gesehen, der den neuen, eschatologischen Exodus begleiten oder anführen wird. Von ihm hat man in
Analogie zu Mose "Zeichen" erwartet, die den Zeichen des Mose entsprechen werden und so seine Sendung als "der" Prophet bestätigen. Das ist
auch im Johannesevangelium deutlich erkennbar. Nicht von ungefähr wird
Jesus nur zweimal vom Volk als "der Prophet" bezeichnet: einmal bei
der Speisung der Fünftausend, die das Volk an die mosaische Mannagabe
erinnert (6,14); das andere Mal (7,40) im Anschluss an das "Wasser-
Wort" Jesu in 7,37f. Es erinnert die Menschen an die Wassergabe des
Mose in der Wüste.[12] Darum schliessen sie auf die prophetische Sendung: Der Prophet wie Mose stehe hier vor ihnen. Beide Äusserungen
werden von Johannes nur referiert und nicht positiv aufgenommen oder
weitergeführt.

Die Rede von "dem" Propheten (wie Mose) ist genau zu unterscheiden von
den Aussagen, an denen von "einem Propheten" die Rede ist. Zweimal
wird Jesus, diesmal nicht vom Volk sondern von Einzelpersonen, als
Prophet bezeichnet. Die Frau aus Samaria sagt zu Jesus: "Ich sehe,
dass du ein Prophet bist" (4,19). Dieses Urteil wird aber im Gespräch
weiter revidiert. Das wirkliche "Wissen" erwartet die Frau nicht von
einem Propheten, sondern vom kommenden, auch von ihr erwarteten "Messias, der der Christus genannt wird" (4,25). Als solcher gibt Jesus
sich ihr zu erkennen. Die Bezeichnung Jesu als ein Prophet wird zwar
als Ausgangspunkt des Gespräches aufgenommen, hat aber nicht Bestand.
Ähnlich ist es beim Blindgeborenen, der von den Pharisäern nach Jesus
befragt wird (9,13ff). Der Kontext[13] macht deutlich, dass es dabei um

---

11. Vgl. 1QS 9,9-11; 4Q Test 5,8; dazu SCHNACKENBURG, R.: StEv I,
    622-639.

12. Zum Bezug dieses Wortes auf das Schlagen des Felsen durch Mose
    vgl. REIM, G.: Studien, 1974, 56-88, der als Hintergrund vor al-
    lem Jes 28,16 vermutet.

13. Vgl. § 9.4. (Johannes 9,16).

eine Untersuchung seiner konkreten Sendung geht. "Was sagst du über
ihn..?"(9,17). Die Antwort, die er gibt, lautet: "Er ist ein Prophet." Im folgenden Gespräch wird diese Bezeichnung aber nicht mehr
aufgenommen. Jesus gibt sich ihm als "Menschensohn" zu erkennen. Als
solchem schenkt ihm der Blindgeborene auch Glauben (9,35.38).

Wir kommen zu folgendem Ergebnis. Mit der Bezeichnung "der Prophet"
wird auf den erwarteten eschatologischen Propheten "wie Mose" verwiesen. Dabei handelt es sich um eine Sendung, die von anderen Sendungen
wie der des wiederkommenen Elia bzw. der des Christus unterschieden
wird. Dass Jesus "der Prophet" sei, wird erwogen. Diese Bezeichnung
wird aber von Johannes an keiner Stelle positiv aufgenommen. Sie wird
auch an keiner Stelle zu einem von Johannes vertretenen Bekenntnis
weiter geführt. Dass Jesus "ein Prophet" ist, d.h. dass seine Sendung
prophetische Elemente enthält, ist davon sorgfältig unterschieden. An
zwei Stellen wird diese Bezeichnung an Jesus herangetragen, aber jedesmal wird die Erkenntnis Jesu mit anderen Begriffen weitergeführt.[14]

(2) βασιλεύς bei Johannes

Die Bezeichnung "König" findet sich bei Johannes nur in Beziehung auf
Jesus. Bereits in der Bekenntnisformulierung des Nathanael lesen wir:
"Du bist der Sohn Gottes, du bist der König von Israel" (1,49). Die
Auslegung dieses Abschnittes[15] zeigt, dass hinter dieser Formulierung
die Erwartung des davidischen Messias steht.

Zweimal fällt dieser Ausdruck im Verlauf des Einzugs Jesu in Jerusalem. Das Volk zieht Jesus entgegen, um ihn mit den Worten des Psalms
118 zu begrüssen. Das ist nicht erstaunlich, gehört doch Psalm 118 zu

---

14.   Der Terminus Prophet steht bei Johannes noch 1,23 und 12,38 in
      Einleitungsformeln von Propheten-Zitaten. Auf die biblischen Pro-
      pheten wird in 1,45 und 8,52.53 verwiesen. 4,44 steht der Termi-
      nus in einem Sprichwort-Zitat. Das tertium comparationis liegt
      nicht im Propheten-Titel.

15.   Exkurs 2, Abschnitt 1.2. (Das Bekenntnis des Nathanael).

den Hallelpsalmen, die in der Passah-Liturgie einen wichtigen Platz
einnehmen und wohl während der Passah-Feierlichkeiten oftmals ange-
stimmt worden sind. Bezeichnend ist jedoch, dass das Psalmzitat (Ps
118,25f in Joh 12,13) über den kanonischen Text hinaus erweitert ist.
Man vermutet darin eine Erweiterung durch Zeph 3,15 LXX. Aber es kann
sich auch um eine liturgische Erweiterung handeln, die uns Kenntnis
von der Erwartung gibt, die sich an diese Psalmstelle geknüpft hat.

Auch bei der zweiten Stelle (Johannes 12,14-16) handelt es sich um ein
Zitat. In der "Erinnerung" der Jünger nach der Verherrlichung Jesu
wird Sacharja 9,9 zur Erklärung, warum Jesus auf dem Esel in Jerusalem
einreitet: "Siehe, dein König kommt zu dir."

Dass die Bezeichnung Jesu als "König" an beiden Stellen in einem Zitat
vorkommt, von Johannes aber nicht weiter aufgenommen wird, könnte ein
Hinweis darauf sein, dass diese Bezeichnung Johannes für das Verständnis Jesu nicht zentral zu sein scheint. Nun verblüfft allerdings das
häufige Vorkommen dieses Terminus in der Passionsgeschichte. Zwölfmal
taucht er in der Szene vor Pilatus, der Verspottung durch die Solda-
ten, der Verurteilung und der Kreuzigung Jesu auf (18,33-19,22). Dazu
kommen noch drei Vorkommen des Begriffes "Königsherrschaft" (βασιλεία)
in der Antwort Jesu an Pilatus (18,36). Diese Häufung ist aufschlussreich.[16]

Die erste Frage, die Pilatus an Jesus richtet, lautet: "Bist du der
König der Juden?" (18,33). Das ist insofern merkwürdig, als die "Anklage", von der vorher berichtet wurde, Jesus als "Verbrecher" (κακὸν
ποιῶν) bezeichnet, der zum Tod verurteilt werden müsse (18,30). Dazu
ist der Artikel zu beachten: "Bist du der König der Juden?" Die Anklage läuft also auf politischen Aufruhr hinaus.[17] Das darauf folgende

---

16. Vgl. dazu HENGEL, M.: ThB 14 (1983), 201-216.

17. Das wird indirekt durch 18,32 bestätigt. Mit dem Hinweis auf die
     besondere Todesart Jesu, die sich mit dem Ausdruck "erhöhen=ver-
     herrlichen" verbindet (vgl. 3,14; 8,28; 12,32f), kann nur die
     Kreuzigung gemeint sein. Zur Kreuzigung in der jüdischen und heid-

Gespräch konzentriert sich auf das Verständnis des Königseins Jesu
bzw. des Königtums, das Jesus zugeschrieben werden kann und muss. Zwei
Tendenzen treten in diesem Gespräch deutlich hervor: Ein unmittelbar
politisches Verständnis des Königtums wird ausdrücklich abgewehrt,
während der Königstitel selbst als Bezeichnung der Sendung Jesu durchgehalten wird.

Zunächst wird von Jesus der Begriff βασιλεία eingeführt. Sein Königtum
wird sofort gegen jede irdisch-politische Form eines Königtums abgegrenzt.

> "Meine Königsherrschaft ist nicht von dieser Welt.
> Wäre meine Königsherrschaft von dieser Welt, so würden meine Die-
> ner kämpfen, damit ich den Juden nicht überliefert werde;
> nun aber ist mein Reich nicht von hier" (18,36)

Der Satz ist dreigliedrig. Die Aussage, dass Jesu Königsherrschaft
nicht im unmittelbar-politischen Sinn gemeint ist, ist verdoppelt und
rahmt als erstes und drittes Glied die Aussage ein. Das mittlere Glied
gibt das Erkennungszeichen an, an dem die Wahrheit dieser Aussage erkennbar ist. Wäre Jesu Königtum unmittelbar-politisch gemeint, so
müsste sich der Widerstand seiner Anhänger bemerkbar machen. Das aber
ist nicht der Fall.

Versuchte das bisherige Gespräch, ein unmittelbar-politischen Verständnis vom Königtum Jesu abzuwehren, so wendet es sich nun der positiven, auf Jesus bezogenen Füllung dieses Titels zu. Pilatus stellt
fragend fest: "Also bist du (doch) ein König?" (οὐκοῦν βασιλεὺς εἶ σύ;
18,37).[18] Man beachte: Der Königstitel ist hier nicht mehr determiniert. Jesus nimmt das positiv auf, führt das Verständnis aber durch

---

nischen Antike vgl. HENGEL, M.: La Crucifixion dans l'Antiquité
et la Folie du Message de la Croix, LD 105, Paris 1981.

18. Zur Diskussion, ob es sich hier um eine Frage oder eine Feststellung handelt, vgl. BROWN, R.: Komm II, 853f; DE JONGE, M.: Jesus,
76, Anm. 69.

eine konkrete Sendungsaussage weiter: "Ich bin dazu geboren und dazu
in die Welt gekommen, dass ich für die Wahrheit zeuge. Jeder, der aus
der Wahrheit ist, hört meine Stimme" (18,37). Unabhängig davon, wie
dieses Jesuswort zu verstehen ist, wird doch deutlich: Jede unmittelbar-politische Füllung des auf Jesus anzuwendenden Königs-Titels wird
hier abgelehnt.[19] Das wird durch die dreimal wiederholte Aussage noch
unterstrichen, Pilatus habe keine Schuld an Jesus gefunden (18,38;
19,4.6; vgl. auch 19,12). Damit wird die politische Interpretation der
Tätigkeit Jesu ausdrücklich zurückgewiesen.

Dieser Vorwurf wird aber von den Verklägern Jesu nochmals aufgenommen
und stellt das letzte Druckmittel gegen Pilatus dar, das endlich zur
Verurteilung führt: "Wenn du diesen freilässest, bist du des Kaisers
Freund nicht; jeder, der sich zum König macht, widersetzt sich dem
Kaiser" (19,12).

Damit stehen zwei deutlich unterschiedene Königsbegriffe gegeneinander. Das wird von Johannes in der Darstellung der Kreuzigung noch weiter entfaltet. Der 'titulus' erhält die Aufschrift: "König der Juden".
Das soll geändert werden. "Schreibe nicht: Der König der Juden, sondern dass jener gesagt hat: Ich bin der König der Juden" (19,21). Aber
es kommt nicht zu dieser Änderung. Jesus stirbt, weil er der wahre
König der Juden ist. Nicht eine politische Anmassung, sondern Jesu
Messianität, sein davidisch-messianisches Königsein führt ihn ans
Kreuz.[20]

---

19. MEEKS, W. A.: aaO. erkennt in diesem Jesuswort zurecht einen Hin-
    weis auf Johannes 10,27. Er verbindet jedoch beide Aussagen mit
    dem Propheten wie Mose (vgl. Deut 18,15.19). Er verkennt damit,
    dass weder im Prozess Jesu noch in der Hirtenrede der Propheten-
    titel zur positiven Interpretation aufgenommen wird. Jesu Hirte-
    Sein von 10,1-14 wird in der Folge durch die Begriffe der Sohn-
    schaft weitergeführt (Joh 19,17.25.29.36). Vgl. dazu DE JONGE,
    M.: aaO. 51f. Zum 'politischen' Aspekt von Johannes 10 vgl. §
    15.4.3. (Der Hinweis auf die "Mietlinge").

20. Zur Frage der Historizität des titulus vgl. MEEKS, W.A.: Prophet-

Was lässt sich als Ergebnis festhalten? Die Bezeichnung Jesu als "der"
Prophet wird an allen Stellen deutlich zurückgewiesen. Der Königstitel
dagegen wird übernommen, aber deutlich abgegrenzt. Abgewehrt wird
jedes unmittelbar-politische Verständnis von Jesu Königtum. Er ist als
König "nicht von dieser Welt". Seine Sendung als König wird positiv
umschrieben: "Ich bin dazu geboren und dazu in die Welt gekommen, dass
ich für die Wahrheit zeuge" (18,36f).

Eine Beobachtung drängt sich von zeitgenössischen Texten her auf. Dass
Jesus der Königstitel zugeschrieben werden kann, ist keineswegs
selbstverständlich. Ein Blick in die Geschichte jüdischer Königstitu-
latur zeigt die Schwierigkeiten. Schon Aristobul (ant 13,301) und Alexander Jannai nahmen die Bezeichnung König für sich in Anspruch, ern-
teten aber damit den scharfen Widerstand der jüdischen Frommen. Da sie
nicht Davididen waren, erschien der Königstitel als Anmassung. Die
Forderungen gegenüber Pompejus (ant 14,41) und die Opposition gegen
Herodes (ant 14,386.403f) weisen auf das Problem hin: Der Königstitel
war an die davidische Familie gebunden. Auch nach dem Tode des Augu-
stus taucht die Forderung nach Abschaffung des Königtums wieder auf
(bell 2,53.90f).[21] Dass Jesus der Königstitel ohne weiteres zuerkannt, ja ihm geradezu aufgedrängt wird, geht offensichtlich über den
Vorwurf, ein politischer Aufrührer zu sein, hinaus. Die Selbstverständlichkeit, mit der man Jesus den Königs-Titel zuschreiben kann,
ohne damit grundsätzlichen Protest zu ernten, die Selbstverständlichkeit, mit der man von der prophetischen Sendung, die man ihm·zuer-
kennt, auf Jesu "Königtum" schliesst (6,14f), erscheint plausibel,
weil Jesus Davidide und dadurch wirklich potentieller "König" war.[22]

King, 1967, 79, Anm. 1. Meeks weist hin auf DAHL, N. A.: Der gekreuzigte Jesus, 1960, 149-169.

21. Vgl. dazu HENGEL, M. Zeloten, [2]1976, 97, Anm 3 und 323 bzw. 323,
Anm. 6 mit weiteren Belegen.

22. Vgl. dazu die Bemerkungen § 3.7. (Exkurs: Messias und Prophet),
bes. Anm. 37

(3) <u>Jesus als 'Prophet-King'?</u> (zur These von W. A. Meeks)

In seinem bedeutenden und einflussreichen Buch hat sich W. A. Meeks
ausführlich zu diesem Problem geäussert. Er erkennt, dass die Rede von
einem Königtum Jesu nur durch eine "radikale Neuinterpretation" hindurch aufgenommen wird. Diese Neuinterpretation, so lautet die These
von Meeks, werde von der Sendung des Propheten nach Deut 18,15.18 vorgenommen. "Kingship is radically redefined. The remarkable thing is
that it is being redefined in terms of the mission of the prophet."[23]
Dem entspricht die Deutung, die er dem Versuch, Jesus nach der Speisung zum König zu machen (6,14f), gibt. "The identification of Jesus
as prophet-king is by no means denied by Jesus' 'flight' to the moun-
tain; only the time and the manner in which the men seek to make him
king are rejected."[24]

Es besteht kein Zweifel, dass die Erwartung des Propheten wie Mose für
Johannes bedeutend war, ja eine der entscheidendsten Herausforderungen
an das Verständnis Jesu darstellte. Bedeutet das aber, dass die johanneische Gemeinde diese Erwartung positiv zur Deutung der Christologie aufgenommen hat?

Unser Überblick hat uns gezeigt, dass die Bezeichnung Jesu als Prophet
von Johannes nie positiv aufgenommen worden ist. Auch die auf die
Speisung folgende Rede in Johannes 6 lässt eine solche Deutung kaum
zu. Die Parallele zwischen Jesus und Mose wird ausdrücklich bestritten. Jesus wird typologisch nicht mit Mose, sondern mit dem Manna verbunden. Er ist das "Brot des Lebens", das eschatologische Manna. Darum
wird auch nicht mehr auf den Prophetentitel verwiesen. Jesus ist der
"Sohn", der den Willen des "Vaters" tut. Johannes scheidet das Verständnis Jesu von der Erwartung des Propheten wie Mose durch den Soh-
nestitel. Dass diese Erwartung an Jesus herangetragen wurde, gibt der
Text noch deutlich zu erkennen. Das johanneische Verständnis Jesu

---

23.   MEEKS, W. A.: aaO., 67.

24.   Ebda, 99.

steht dem gegenüber und wird als Abwehr dieser Erwartung entfaltet.[25]

11.2. Die Diskussion über das Zeichen (Johannes 6,26)

Dem Bericht von der Speisung der Fünftausend folgt nach dem Seewandel Jesu ein Redekranz, in dem Jesus als das wahre Brot, das Gott gibt, deutlich hervorgehoben wird. Wichtig für die Auslegung ist folgende Beobachtung. Die Gabe des Manna wird als Vorbild und Anhaltspunkt der Auseinandersetzung erkannt. Gerade das aber ist die Ursache des Missverständnisses. Das Volk geht von der Voraussetzung aus, Mose sei der Geber des Manna gewesen und schliesst daraus, dass in Jesus der eschatologische "Geber" des Brotes, also der neue Mose vor ihnen steht. Jesus lehnt diese Deutung ab. "Nicht Mose hat euch das Brot aus dem Himmel gegeben, sondern mein Vater gibt euch das wahre Brot aus dem Himmel" (6,32). Schon während des Exodus war es nicht Mose, der das Brot gab. Ebenso wird im Eschaton Gott selbst der Geber des Brotes sein.[26] Deutlich folgt daraus die entscheidende weitere Frage: Wenn an der Stelle des Mose im Eschaton wie während des Exodus Gott selbst steht, wer ist dann Jesus? Die Antwort ist zweiteilig, aber unmissverständlich. Negativ: Jesus ist nicht der eschatologische Mose. Positiv: Jesus ist einerseits das eschatologische Manna, ist Gottes Gabe des Lebensbrotes selbst. "Ich bin das Brot des Lebens" (6,35). Jesus ist aber auch der Geber des Brotes, der sich selbst "für das Leben der Welt" (6,51b), steht also an Gottes - und nicht an des Mose - Stelle. Wer Jesus so versteht, der hat ihn verstanden und glaubt an ihn. Er hat seine von Gott verordnete Sendung erkannt (6,69; vgl. 6,29).

Dieser Fortgang des Gesprächs ist für das Verständnis seines Beginns grundlegend. Es setzt ja mit der verwunderten Frage der Menge ein,

---

25. Zur Kritik an Meeks vgl. DE JONGE, M.: aaO. 49-76. "Jesus' reaction towards the ideas of the crowd in the following discourse is entirely negative. In that chapter not the similarities but the dissimilarities receive all emphasis" (57).

26. Hinter der Meinung, auch in der Mosezeit sei Gott und nicht Mose der Geber gewesen, steht Psalm 78,24!

wann Jesus ans jenseitige Ufer des Sees gekommen sei (6,25). Dem setzt
Jesus sein Wort entgegen, das als Amen-Wort stark hervorgehoben ist:

> "Amen, amen, ich sage euch, ihr sucht mich, nicht weil
> ihr Zeichen gesehen, sondern weil ihr gegessen habt
> von den Broten und satt geworden seid. Mühet euch
> nicht um die Speise die verdirbt, sondern um die
> Speise die bleibt ins ewige Leben, welche der Men-
> schensohn euch geben wird. Diesen nämlich hat Gott,
> der Vater, (durch Siegel) beglaubigt." (6,26f)

Die "Speise", die Gott gibt, wird als Ziel der wahren Suche den Menschen vor Augen gestellt. Die Rede macht deutlich, dass damit Jesus
gemeint ist. Die rechte "Suche" besteht im Glauben an ihn in seiner
von Gott ergangenen Sendung. Dem wird die Suche nach der "Speise", die
verdirbt, entgegengestellt. Man beachte, wie stark der Ausdruck βρῶσις
ἀπολλυμένη ist.

Derselbe Gegensatz, der damit den Menschen bildhaft vor Augen gestellt
wird, trifft sie als Vorwurf bereits in Vers 26: "Ihr habt von den
Broten gegessen und seid satt geworden." Sie haben von der Tat, die
Jesus getan hat, das Sattwerden durch das Brot als das Entscheidende
erkannt. Darum suchen sie jetzt nach Jesus. Dagegen richtet sich der
Vorwurf: "ἀμὴν ἀμὴν λέγω ὑμῖν, ζητεῖτέ με οὐχ ὅτι εἴδετε σημεῖα..."
Das kann ja nicht bedeuten, dass die Menschen das Zeichen nicht "gesehen" haben. Sie haben es ja erfahren und auf ihre Art auch verstanden.
Sie haben daraus, wie der Versuch, Jesus zum Propheten-König zu ma-
chen, zeigt, auch konkrete Schlüsse gezogen. Wie ist diese Aussage zu
verstehen?

Wenn der Gegensatz, der die ganze Brotrede regiert (vgl. 6,27), auch
unseren Vers bestimmt, dann bleibt nur eine Deutung übrig: "Ihr sucht
mich - nicht weil ihr das, was geschehen ist, als ein Zeichen gesehen
und verstanden habt, - sondern weil ihr das Brot gegessen habt und
satt geworden seid." Das Zeichen erfordert von jedem, der es "sieht",
die rechte Erkenntnis. Sie steht offen, wenn das wahrgenommene Zeichen
mit dem von Gott ergangenen Wort auf rechte Weise verbunden wird. Der
Schluss der Menschen von der Speisung, in der Jesus ja der Geber des
Brotes war, auf den eschatologischen Mose, wurde von Jesus abgewiesen.

Was bleibt als Deutung übrig? Jesus steht <u>nicht</u> als der endzeitliche
Prophet wie Mose vor den Menschen. Er wird von Gott als das eschatologische Manna verteilt, ja ist vielmehr selbst der, der sich selbst als
das "Brot des Lebens" für das Leben der Welt hingibt. Das wäre zu "sehen", wenn man Jesu Gabe als σημεῖον sieht.[27]

Damit wird die Bedeutung dieses Textes für den johanneischen Zeichenbegriff deutlich. Entscheidend ist, dass man über das hinaus, was im
Zeichen geschieht, die Tat als ein σημεῖον erkennt. Als solches Zeichen "zeigt" es zurück auf die Schrift und will in rechter Weise mit
ihr verbunden werden. Dass gerade hier das Missverständnis naheliegt,
wird durch unseren Abschnitt stark unterstrichen. Dass die Menschen
vom Geber der empfangenen Speise auf den angeblichen Geber des Manna,
auf Mose schliessen und darum in Jesus den eschatologischen Mose "erkennen", liegt doch von der Schrift her nahe. Und doch trifft sie der
Vorwurf: Ihr habt diese Tat nicht als Hinweis auf den Messias, sondern
als prophetisches Zeichen geschaut.

Damit wird nochmals die Aussage in 6,14f vertieft. Abgewehrt wird der
Schluss auf die mosaisch-prophetische Sendung, der die Sendung Jesu
als unmittelbar-politischen Auftrag verstehen will. Das wird durch
6,26 zumindest nahegelegt. Dass die Menge Jesu Tat als das begriffen
hat, was diese Tat sein wollte, sie also (im johanneischen Sinn) als
Zeichen begriffen hat und Jesus darum sucht, wird ihr rundweg bestritten.

---

27. Der Text bleibt auffallend. Unsere Auslegung versucht, vom Ganzen
    der Brotrede auf diesen Vers zuzugehen. Schwierig bleibt, warum
    Vers 26 nicht durch den Singular eindeutiger auf die Speisung
    verweist. Bedeutet der indeterminierte Plural, dass die Menschen
    Jesus auch noch wegen anderer Zeichen suchen? Wäre dann auch auf
    6,2f zurückverwiesen? Aber der Vorwurf, sie würden Jesus nur we-
    gen den Broten und der Sättigung suchen, zeigt deutlich, dass zu-
    mindest in erster Linie an die Speisung gedacht ist.

§ 12 DIE JOHANNEISCHEN ZEICHENFORDERUNGEN (6,30; 2,18; 4,48?)

12.1. Die Eigenart der 'Zeichenforderungen'

Die Bedeutung einer Zeichenforderung liegt darin, dass ein Zeichen zunächst als solches angekündigt werden soll. Daran, dass es genau nach der Ankündigung auch eintrifft, soll die Zeichenhaftigkeit und daran auch seine Glaubwürdigkeit erkannt werden.

Als alttestamentliches Vorbild gelten zweifellos die Zeichenankündigungen des Mose vor dem Pharao. An ihnen haftet ja in besonderer Weise der Terminus σημεῖον. Aber auch aus der prophetischen Wirksamkeit des Jesaja wissen wir um einen solchen Vorgang. Der Prophet wird zu König Ahas gesandt: "Fordere dir ein Zeichen von dem Herrn, deinem Gott, tief in der Unterwelt drunten oder hoch droben in der Höhe" (7,11). Obwohl Ahas solch eine von Gott befohlene Zeichenforderung ablehnt, wird ihm dennoch zum Voraus eines angekündigt: "Darum wird euch der Herr selbst ein Zeichen geben: Siehe, das junge Weib wird schwanger..." (7,14).

Deutlich tritt hier die Eigenart hervor, die auch die Zeichenforderungen, denen Jesus begegnet ist, prägt. Der Inhalt des geforderten Zeichens ist im Grunde sekundär. Das Zeichen selbst verweist zwar auch inhaltlich auf das, was Gott ankündigen will.[1] Entscheidend aber ist, dass das Zeichen den Boten als Propheten dadurch ausweisen soll, dass das Zeichen genau nach der vorangehenden Ankündigung auch eintrifft. Es ist die Übereinstimmung zwischen vorheriger Ankündigung und genauer Erfüllung, die eine Tat bzw. ein Ereignis zum σημειον, zum Zeichen macht.

Zwischen Zeichentaten und einer prophetischen Sendung besteht ein wechselseitiger Zusammenhang. Die Zeichenforderungen, die nach dem

---

1. Bemerkenswerterweise handelt es sich ja in beiden Fällen um Gerichtssituationen. Auch das Kind, das zur Zeit des Ahas auf die Welt kommen soll, bedeutet ja das Gericht über die gegenwärtig herrschende davidische Familie.

Zeugnis der Evangelien[2] an Jesus herangetragen worden sind, sind von daher zu verstehen: Wir vermuten, dass du ein oder gar "der" Prophet bist. Nun weise dich aus, indem du uns ein Zeichen ansagst und es dann tust.

12.2. Johannes 6,30

Der dritte Gesprächsgang des Redekranzes in Johannes 6 setzt mit Vers 30 ein. Die Menge nimmt darin die Begriffe "wirken", "Zeichen" und "glauben", die in den beiden vorangehenden Gesprächsgängen aufgetaucht waren, in ihrer Frage an Jesus wieder auf:

"Was also tust du für ein Zeichen,	τί οὖν ποιεῖς σὺ σημεῖον,
damit wir es sehen	ἵνα ἴδωμεν
und dir glauben?	καὶ πιστεύσωμέν σοι;
Was wirkst du?" (6,30).	τί ἐργάζῃ;

Explizit wird von den Menschen auf die biblische Geschichte zurück verwiesen: "Unsere Väter haben in der Wüste das Manna gegessen, wie geschrieben steht.." (6,31). Damit wird noch einmal deutlich, dass mit dem Hinweis auf den "Glauben", den man Jesus schenken will, Jesu Sendung zur Debatte steht. Aufgrund eines Zeichens, das Jesus tut und das einem alttestamentlichen Zeichen zu entsprechen hätte, soll Jesu Sendung erkannt und "bestätigt" werden. Nicht mehr, ob Jesus in einer Sendung von Gott her steht, sondern in welcher, das soll geklärt werden. Es ist das jetzt erwartete und geforderte Zeichen, das diese Klarheit erbringen soll.

12.3. Johannes 2,18

Auf die Tempelreinigung bei Johannes treten die "Juden" an Jesus heran mit der Frage: "Was für ein Zeichen zeigst du uns, dass du dies tun darfst?" (τί   σημεῖον δεικνύεις ἡμῖν ὅτι ταῦτα ποιεῖς; 2,18).

Auch hier steht Jesu Sendung als Frage vor den Menschen. Wenn er "das"

---

2.   Vgl. zu den Synoptikern § 4.5.3. (Die Zeichenforderungen).

(ταῦτα) tut, dann muss er nach seinem Recht zu solchem Tun befragt
werden.

Wie bei den Synoptikern, hat Jesus ein solches Zeichen weder angekündigt noch getan. Er hat sich diesem Begehren widersetzt. Aber doch erscheint auch hier dasselbe, was auch bei den Synoptikern auffällt. Jesus kündigt dennoch ein solches Zeichen an: "Brechet diesen Tempel ab,
und in drei Tagen will ich ihn wiedererstehen lassen" (2,19). Wie bei
den Synoptikern unter dem Bild von Jona verweist Jesus auf seine Auferstehung. Zu beachten ist, dass sowohl bei den Synoptikern wie bei
Johannes diese Ankündigung erst erfolgt, nachdem die Forderung eines
Zeichens ausdrücklich zurückgewiesen wird. Die Auferweckung Jesu ist
also nicht ein Zeichen in dem Sinn, wie es prophetische Zeichen sind,
bei denen Ankündigung und Eintreffen übereinstimmen und diese Übereinstimmung überprüfbar wird. Dem entspricht, dass Johannes weder den Tod
noch die Erhöhung Jesu je als Zeichen versteht. Aber wie dort wird die
Ankündigung des Zeichens zur Gerichtsbotschaft: Die Hörer dieser Ankündigung werden es selbst sein, die "diesen Tempel", Jesus selbst,
abbrechen werden.

12.4. Und Johannes 4,48?

Gegen die Deutung des Jesuswortes in Joh 4,48 als Abwehr einer Zeichenforderung haben wir aus verschiedenen Gründen oben Stellung bezogen.[3] Unser Überblick über die biblischen Zeichenforderungen verstärkt
diese Kritik noch weiter. Wo uns wirklich Zeichenforderungen begegnen,
da soll durch die Übereinstimmung von Ankündigung und Tat Jesu seine
Sendung als prophetische Sendung beglaubigt werden. Davon aber ist in
der Bitte des Vaters keine Spur. Er bittet um Hilfe für seinen im
Sterben liegenden Sohn. Bei den Zeichenforderung aber geht es an keiner Stelle um konkrete Notlagen, für die man sich an Jesus um Hilfe
wendet. Es sind völlig verschiedene Gesichtspunkte, unten denen diese
Berichte stehen. Darum ist das Jesuswort in Johannes 4,48 auch von
diesem Zusammenhang her nicht als Abwehr einer Zeichenforderung zu
verstehen.

---

3.   Vgl. ausführlich § 10 (σημεῖα, Sendung und Glaube).

12.5. <u>Zusammenfassung</u>

Was lernen wir daraus für den johanneischen Zeichenbegriff? Jesus hat,
wie wir das auch bei den Synoptikern sehen, Zeichenforderungen von
sich gewiesen. Er ist kein Prophet, steht also nicht unter der Regel,
an der Propheten zu prüfen sind. Damit hat er den Versuch abgewehrt,
seine Sendung als die eines Propheten zu bestätigen. Wer der Schrift
glaubte, dem war erkennbar, wer in Jesus vor ihm stand. So sagt es
Jesus selbst an anderer Stelle: "Wenn ihr Mose glaubtet, würdet ihr
mir glauben; denn über mich hat jener geschrieben. Wenn ihr aber seinen Schriften nicht glaubt, wie werdet ihr meinen Worten glauben?"
(Joh 5,46f). Gibt es also für den, der auch angesichts der Taten Jesu
an seiner Sendung noch Zweifel hat, einen weiteren Hinweis, der Jesu
Sendung noch klarer bestätigt? Dass das Johannesevangelium diese Frage
kennt, zeigt uns, dass zweimal darauf eine Antwort gegeben wird. Einmal sind "die Juden" die Empfänger dieser Antwort: "Tue ich die Werke
meines Vaters nicht, so glaubet mir nicht! Tue ich sie aber, so glaubet mir, wenn ihr auch nicht mir glaubt, [so doch] den Werken, damit
ihr erfasst und erkennt, dass der Vater in mir ist und ich im Vater"
(Johannes 10,37f). Ein zweites Wort Jesu stellt auch die Jünger unter
diese Regel: "Glaubet mir, dass ich im Vater bin und der Vater in mir
ist; wo nicht, so glaubet es [doch] um der Werke selbst willen!" (Joh
14,11).

An den Taten Jesu wird "einsehbar", in welcher Sendung Jesus steht.
Wer diesem Zeugnis nicht glaubt, wird wiederum nur auf die Taten Jesu
und auf die Schrift verwiesen. Darüber hinaus steht dem Erkennen und
dem Glauben nichts zu erwarten.

§ 13 <u>σημεῖα UND TODESBESCHLUSS</u>

13.1. <u>Einleitung</u>

Jesu Zeichentaten werden von Johannes nicht nur im Zusammenhang der
öffentlichen Wirksamkeit Jesu gesehen, sondern ebenso eng mit der
Frage nach seinem Tod verbunden. Wir entdecken verschiedene Motive,
die einander ergänzend zugeordnet sind.

Der Tod Jesu wird bei Johannes in dreifacher Weise begründet.
 (1) Einmal wird gegen ihn ein vordergründig politischer Vorwurf er-
     hoben. Seine Tätigkeit wird als politische Gefährdung einge-
     schätzt. Dieser Vorwurf führt in der Auseinandersetzung mit der
     römischen Macht zum Tod durch Kreuzigung.
 (2) Daneben steht ein zweiter, ein 'theologischer' Vorwurf, der im
     Prozessbericht nicht so in den Vordergrund rückt, aber in der
     Darstellung des Johannesevangeliums als wichtigster Vorwurf gel-
     ten muss: Jesus mache sich selbst zu Gott, ja stelle sich Gott
     gleich.
 (3) Endlich tritt noch ein christologisch/soteriologisches Motiv hin-
     zu: Jesus habe, so sagt Johannes, seinen Tod zum Voraus gewusst
     und ihn auch gedeutet.

Im Folgenden sollen diese drei Motive im Zusammenhang der σημεῖα Jesu
näher untersucht werden.

13.2. <u>Die Beratung des Hohen Rates</u> (Johannes 11,47-53)

Die johanneische Passionsgeschichte berichtet uns im Unterschied zu
den Synoptikern weder von einer Verhandlung des Hohen Rates noch von
einem Verhör Jesu vor dem Hohen Rat. Jesus wird nach seiner Verhaftung
direkt zu Hannas geführt (18,13) und kommt erst nach dieser Vorunter-
suchung[1] ins Haus des Kajaphas (18,24). Was bei Kajaphas geschieht,

---

1.   Vgl. dazu die näheren Angaben in § 13.5. (Das theologische Motiv
     des Todes Jesu).

wird bei Johannes nicht erzählt.[2]

Dafür weiss Johannes um eine Verhandlung des Hohen Rates im Anschluss
an die Auferweckung des Lazarus.[3] Die Verbindung wird durch die Notiz
hergestellt, dass etliche der Augenzeugen des Geschehens glaubten, etliche aber zu den Pharisäern gingen und von dem Bericht gaben, was Jesus getan hatte (11,45f). Der Bericht gibt genaue Angaben: "Συνήγαγον
οὖν οἱ ἀρχιερεῖς καὶ οἱ Φαρισαῖοι συνέδριον .." (11,47). Ob es sich
dabei um eine geschlossene Versammlung des Hohen Rates oder nur um einen Ausschuss handelt, kann kaum entschieden werden.[4] Schwierig
bleibt auch, ob das Synedrium zu einem festen Beschluss kam, oder ob
es sich nur um eine Beratung handelt. Der weitere Text legt jedoch
nahe, dass es um einen definitven Beschluss gegangen ist.[5]

Wichtig ist die Aussage, mit der Johannes die Beratung beginnen lässt.

---

2.   Ob Johannes bzw. die ihm vorliegende Tradition nichts von einer
     Verhandlung des Hohen Rates weiss oder ob Johannes sie an dieser
     Stelle auslässt, gehört mit zu den noch immer nicht befriedigend
     gelösten johanneischen Rätseln.

3.   Auch die Synoptiker berichten von einer Verhandlung des Hohen Ra-
     tes noch vor der Festnahme Jesu. "Da versammelten sich die Hohen-
     priester und die Ältesten des Volkes im Palast des Hohenprie-
     sters, der Kajaphas hiess, und berieten sich, um Jesus mit List
     festzunehmen und zu töten" (Matthäus 26,3f Par.). Das ist zumin-
     destens ein Indiz, dass der johanneische Bericht historisch nicht
     völlig isoliert dasteht. Es ist auch ein Hinweis darauf, dass Jo-
     hannes mit der in 11,47ff geschilderten Verhandlung nicht einfach
     einen ihm vorgegebenen Verhandlungsbericht historisch anders ein-
     geordnet hat.

4.   Vgl. z.B. Markus 15,1, wo die Versammlung ausdrücklich als Ver-
     sammlung des ganzen Synedriums bezeichnet wird.

5.   ἀπ' ἐκείνης οὖν τῆς ἡμέρας ἐβουλεύσαντο ... (11,53). Vgl. Mk
     15,1, wo mit συμβούλιον der definitive Beschluss bezeichnet wird.

"Was tun wir? Denn dieser Mensch tut viele Zeichen" (τί ποιοῦμεν ὅτι
οὗτος ὁ ἄνθρωπος πολλὰ ποιεῖ σημεῖα; 11,47b). Es sind also ausdrücklich und ausschliesslich Jesu Zeichen, die als Grund dieser Beratung
angegeben werden. Sie treiben den Hohen Rat in eine Situation, in der
eine Beratung, gar ein Beschluss gefordert erscheint.

Wie hängen diese Dinge zusammen? Auch das gibt der Text genau zu erkennen. "Lassen wir ihn auf diese Weise gewähren, so werden alle an
ihn glauben, und die Römer werden kommen und uns sowohl die Stätte als
auch das Volk wegnehmen" (11,48). Die Befürchtung des Hohen Rates wird
damit deutlich und die Argumentation historisch einleuchtend dargestellt. Sie geht dahin, dass sich um Jesus eine Volksbewegung bilden
kann, die politisch gefährlich wird. Nicht die Tatsache, dass Jesus
Anhänger hat, lässt ihn problematisch erscheinen, sondern das mögliche
Anwachsen seiner Anhängerschaft: ".. so werden alle an ihn glauben..."

Historisch glaubwürdig ist auch das Argument, dass eine wachsende
Volksbewegung, noch dazu, wenn sie aufgrund von "Zeichentaten" an-
wächst, potentiell zum Konflikt mit der römischen Obrigkeit führt. Soweit wir die Situation des Hohen Rates aus den Berichten des Josephus
erkennen können, entsprechen Überlegungen und Bedenken genau dem, was
Johannes uns hier im Falle Jesu berichtet. Noch ist der Hohe Rat in
einer Situation, in der er, repräsentiert durch den Hohenpriester, wenigstens ein Minimum an staatlicher, also politischer und religiöser
Selbstbestimmung im Verhältnis zur römischen Oberhoheit bewahren kann.
Beides droht aber im Konfliktfall völlig verloren zu gehen. "Die Römer
werden kommen und uns sowohl die Stätte (also den Tempel) als auch das
Volk wegnehmen." Dahinter steht ein in gewissem Sinn verantwortliches
staatspolitisches Denken. Der Hohe Rat trägt öffentlich-politische
Verantwortung für diesen Rest von politischer und religiöser Selbst-
verwaltung, den er nicht aufs Spiel setzen darf.

Jesus droht durch sein Handeln dem ganzen Volk politisch gefährlich zu
werden. Es ist nicht die Lehre Jesu, nicht seine Verkündigung, die zu
dieser Einschätzung führt. Es sind Jesu σημεῖα, die seine Sendung als
politische Sendung und ihn selbst als politisch gefährlich erscheinen
lassen. Sie sind es endlich, die den Beschluss, Jesus zu töten, veran-
lassen.

Das macht nicht nur unsere Stelle deutlich, sondern auch der nähere
Kontext, in dem dieser Beschluss steht. Die Auferweckung des Lazarus,
also ebenfalls ein σημεῖον, war Anlass zu dieser Sitzung des Hohen
Rates. In der weiteren Folge wird das noch zweimal hervorgehoben. Johannes weiss vom Ratschlag der Hohenpriester, auch Lazarus zu töten,
"denn seinetwegen gingen viele der Juden hin und glaubten an Jesus"
(12,10f). Ebenfalls im Zusammenhang mit Lazarus steht der Zulauf, den
Jesus bei seinem Einzug in Jerusalem hat. "Deswegen ging ihm das Volk
auch entgegen, weil sie gehört hatten, dass er dieses Zeichen getan
habe" (12,18). Das verstärkt die politischen Bedenken. "Da sagten die
Pharisäer zueinander: Ihr seht, dass ihr nichts ausrichtet. Siehe, die
Welt ist ihm nachgelaufen" (12,19).[6]

Bemerkenswert ist, dass Johannes in seinem Bericht, den er von der
Verhandlung des Hohen Rates gibt, in keiner Weise Eifersucht als be-
stimmendes Motiv hervorhebt. Das macht seine Darstellung glaubwürdig.
Ausschliesslich die politische Gefährlichkeit, die mit Jesu Zeichen
gegeben ist, wird hervorgehoben.

13.3. Der Verurteilungsgrund im Prozess Jesu

Das politische Motiv steht auch im johanneischen Passionsbericht deutlich im Vordergrund. Jesus wird vor Pilatus angeklagt, ein "Verbrecher" (κακὸν ποιῶν) zu sein (18,30).[7] Das darauf folgende Gespräch
zwischen Jesus und Pilatus macht klar, dass es dabei um Jesu "König-

---

6.   Beide Stellen sind nur aus der johanneischen Tradition bekannt.
     Wir sehen daran, wie stark Johannes diese Verbindung, die der
     Hohe Rat zwischen den Zeichen Jesu (vor allem der Auferweckung
     des Lazarus als Höhepunkt), dem damit einsetzenden Zulauf und
     seiner potentiellen politischen Gefährlichkeit zieht, unterstreicht.

7.   Zu dieser Verwendung von τὸ κακόν für die 'politische' Erhebung
     vgl. z.B. Josephus ant 2,276 und 3,217. τὸ κακόν ist dort Gegen-
     satz zu σωτηρία im politischen Sinn.

tum" geht (18,33-38).[8] Damit ist der Vorwurf erhoben, Jesus sei als
politischer Aufrührer einzustufen und als solcher hinzurichten.

Dieser Vorwurf wird noch zweimal erhoben. Zunächst sind es "die Juden", die sich Pilatus in den Weg stellen, als dieser Jesus freilassen
möchte. "Die Juden aber schrieen: Wenn du diesen freilässest, bist du
des Kaisers Freund nicht; jeder, der sich zum König macht, widersetzt
sich dem Kaiser" (19,12). Der Entscheid fällt kurz darauf. Pilatus
stellt als letzte Frage: "Euren König soll ich kreuzigen?" Darauf erhält er vom Hohenpriester als Antwort: "Wir haben keinen König ausser
dem Kaiser" (19,15b). Damit wird endgültig Jesu Königtum als unmit-
telbar-politisches Königtum behauptet und zu dem des Kaisers in Gegensatz gestellt. Dieser Vorwurf führt Pilatus zum endgültigen Entscheid.
"Darauf lieferte er ihn an sie aus, damit er gekreuzigt würde"
(19,16).

Das Anliegen, das Johannes bei seiner Darstellung leitet, tritt hier
deutlich hervor. Der Königstitel wird von ihm für Jesus ausdrücklich
in Anspruch genommen und im Gespräch mit Pilatus in seinem wahren Gehalt entfaltet. "Meine Königsherrschaft ist nicht von dieser Welt"
(18,36). Da Jesus der Messias ist, ist der Königstitel unverzichtbar.
Der unmittelbar-politische Gehalt, der gegenüber Jesus angeführt wird,
wird aber eindringlich zurückgewiesen. Und doch ist es gerade der zu
Unrecht erhobene politische Vorwurf, der zu Jesu Verurteilung führt.

13.4. Das politische Motiv bei Johannes

13.4.1. Speisungsbericht, Todesbeschluss und Passion

Der Blick in die Zeitgeschichte zeigt, dass dem johanneischen Passionsbericht hohe historische Wahrscheinlichkeit zuzubilligen ist.[9]
Auch an anderen Stellen tritt uns deutlich das Bemühen entgegen, die

---

8.   Vgl. dazu und zum Folgenden § 11.1.4. Abschnitt (2) (βασιλεύς bei
     Johannes.

9.   Vgl. dazu RUCKSTUHL, E.: SNTU 10 (1985), 27-61.

Sendung Jesu gegen jeden Versuch, sie unmittelbar-politisch zu verstehen, abzugrenzen. Wie stark Johannes diese politische Auseinandersetzung mit der Problematik der "Zeichen" Jesu verhängt hat, haben wir
bereits bei der Speisung der Fünftausend gesehen.[10] Dass eben diese
mögliche Verbindung mit einer politischen Interpretation der Sendung
Jesu zum Todesbeschluss führt, erweist der Bericht über die Verhandlung des Hohen Rates (Johannes 11,47-53).

Dieses Insistieren auf den politischen Vorwurf wurde gerne als anti-
jüdische Polemik des Johannes verstanden und interpretiert. Uns
scheint deutlich, dass Johannes mit seiner Abgrenzung der "Zeichen"
Jesu von jedem Versuch, in ihnen einen Hinweis auf eine unmittelbar-
politische Sendung zu sehen, ein christologisches Ziel verfolgt. Setzt
Johannes sich hier mit Gruppen auseinander, die Jesu Sendung in diesem
Sinn verstehen? Das erscheint zumindest möglich.

Wir haben bisher an drei Texten gesehen, welche Bedeutung diese politische Problematik für das Verständnis Jesu bei Johannes besitzt: an
der Speisung der Fünftausend, der Verhandlung des Hohen Rates und innerhalb des Passionsberichtes. An zwei weiteren Texten, die jedoch
nicht mit der σημεια-Problematik verbunden sind, soll diese Einsicht
noch vertieft werden.

13.4.2. Die Frage nach der "Freiheit" (Johannes 8,30-36)

Während des Laubhüttenfestes kommen, so sagt Johannes, "viele zum
Glauben an ihn" (8,30).[11] Jesu Antwort ist aufschlussreich. "Wenn ihr
in meinem Worte bleibt, seid ihr in Wahrheit meine Jünger" (8,31). Es
klingt die Möglichkeit an, an ihn zu glauben, ohne in seinem Worte zu
bleiben. Damit aber steht die Frage nach dem wahren Jüngersein auf dem
Spiel. Der Glaube als vertrauensvolle Hinwendung zu Jesus allein wird
als nicht genügend bezeichnet. Das Moment des Erkennens muss zu diesem

---

10.   Siehe dazu § 11 (σημεῖα und mosaische Sendung).

11.   Zu Versuchen, die folgende Rede (8,31ff) vom vorangehenden Text
      zu trennen, vgl. BROWN, R.E.: Komm 1, 354f zu 8,31.

Glauben noch hinzutreten: "Ihr werdet die Wahrheit erkennen", so wird
dem verheissen, der in Jesu Wort bleibt. Diesem Glauben, zu dem das
Erkennen hinzutritt, wird aber nun von Jesus auch "Befreiung" verspro-
chen. "..und die Wahrheit wird euch frei machen" (καὶ ἡ ἀλήθεια ἐλευ-
θερώσει ὑμᾶς. 8,32).

Damit ist das Stichwort "Freiheit" gegeben, das die folgende Auseinandersetzung bestimmt. Ähnlich wie im Gespräch mit Pilatus der Königstitel genau bestimmt wird, so wird hier um den Gedanken der Freiheit gerungen. Sofort erhebt die Gruppe, die zum Glauben an Jesus gekommen
war, Protest. "Wir sind Abrahams Nachkommen und sind nie jemandes
Knechte gewesen; wie kannst du sagen: Ihr werden frei werden?" (8,33).
Der Freiheitsbegriff wird hier im politischen Sinn als nationale Unabhängigkeit verstanden.

Wird dieser Text nicht von vornherein als Niederschlag theologischer
Intention verstanden, so wird man danach fragen, welche Gruppe innerhalb des Judentums solch eine Behauptung aufstellen kann. Israel lebte
ja während Jahrhunderten unter Fremdherrschaft. Die relativ kurze Zeit
politischer Selbständigkeit unter den Makkabäern blieb Episode. Der
Gedanke nationaler Unabhängigkeit jedoch blieb innerhalb des Judentums
wach. Der Ursprung des Zelotismus ist unlösbar mit der politischen
Freiheitsidee verbunden. "Der sie kennzeichnende Lehrsatz war nach Josefus und der mischnischen Überlieferung, dass ihnen die Anerkennung
des Kaisers als sündlich galt; der einzige Herr Israels sei Gott."[12]
Eine Aussage, wie sie im Gespräch mit Jesus erhoben wird, erscheint
nur innerhalb solcher Gruppen verständlich, hier allerdings auch als
wahrscheinlich. Der Freiheitsbegriff wird zur politischen Parole. Hatte Jesus (bzw. die johanneische Gemeinde) Zulauf aus solchen Kreisen,
die dem jüdischen Widerstand nahestanden und von deren politischen
Ideen das wahre Verständnis Jesu abgegrenzt wird?

Der Fortgang des Gesprächs macht die johanneische Absicht deutlich:
Der Freiheitsbegriff, der für Jesus selbst Geltung hat, wird von jeder

---

12. SCHLATTER, A.: Geschichte Israels, 1972, 261; vgl. dazu ausführ-
     lich bei HENGEL, M.: Zeloten, [2]1976, 79-150.

unmittelbar politischen Färbung distanziert. Der Gegensatz zwischen
dem "Sohn" (als dem Freien) und dem Sklaven wird auf das Gottesver-
hältnis bezogen. Die versklavende Macht ist nicht die politische Obrigkeit, sondern die Sünde, in der der einzelne steht. Der eschatologische Freiheitskampf, in dem Jesus steht, ist gegen diese Macht gerichtet: "Wer Sünde tut ist der Sünde Knecht..... Wenn nun der Sohn
euch frei macht, werdet ihr wirklich frei sein." (8,34.36).[13]

Wir vermuten, dass auch dieser Bericht dem Anliegen dient, Jesu Sendung zu klären. An dieser Stelle taucht die Gruppe, gegen die diese
Abgrenzung vollzogen wird, erstmals deutlicher greifbar vor uns auf.
Der Freiheitsgedanke, der von dieser Gruppe gegenüber Jesus geäussert
wird, stellt sie zumindest in die Nähe des jüdischen Widerstandes gegen Rom. Das macht vollends ein Überblick über den Freiheitsbegriff
deutlich, wie er uns innerhalb der jüdischen Tradition entgegentritt.

13.4.3. Der Freiheitsbegriff in der jüdischen Tradition[14]

Die Rückübersetzung von ἐλευθερία ins Hebräische stösst auf Schwierigkeiten. Das Alte Testament kennt diesen Begriff, der für die grie-
chisch-philosophische Tradition so entscheidend ist, weder für den politischen noch für den moralisch-ethischen Bereich.[15]

Martin Hengel hat in seiner Arbeit über die Zeloten jedoch erwiesen,

---

13. Das Gegensatzpaar Sohn und Knecht wird vor allem bei Paulus ent-
    faltet. Das johanneische Wort hat auffallende Nähe zu der bei
    Matthäus (17,24ff) überlieferten Perikope über die Stellung Jesu
    zur Tempelsteuer. Wie bei Johannes gilt der Sohn als der Freie,
    der hier von den "Fremden" abgegrenzt wird.

14. Vgl. zum Folgenden vor allem HENGEL, M.: aaO., 114-127. Merkwür-
    digerweise gehen die Wörterbuchartikel zum Neuen Testament auf
    diese bedeutende politische Komponente im Freiheitsbegriff nicht
    ein.

15. AaO., 118, Anm. 4.

dass mit diesem Begriff das Kampfesziel des jüdischen Aufstandes angegeben wird. Das hebt vor allem Josephus in seiner Darstellung immer
wieder hervor.[16] Freiheit erscheint als die Parole, die endlich zum
Abfall vom Rom führt, ja die die Aufständischen von Masada sogar den
Massenselbstmord der Versklavung vorziehen lässt.

Diese Freiheitsparole wurde nach dem Bericht des Josephus heilsgeschichtlich verankert. Die "Befreiung" Israels aus der politischen
Übermacht der Ägypter war das Urbild, das dem Freiheitsgedanken Kraft
gab. Der eschatologische Exodus war ja schon innerhalb des Alten Testamentes unter Hinweis auf den Exodus unter Mose verheissen worden.
Auch die Prophetengestalten, die vor und während des jüdischen Krieges
auftraten, versprachen die Wunder des Exodus.[17] Wie stark dieses Vorbild gewesen ist, wird einem deutlich, wenn man die Darstellung des
mosaischen Exodus durch Josephus als Vergleich heranzieht. Der Begriff
ελευθερια gilt ihm auch für die mosaische Zeit als Hauptbegriff, der
an einigen Stellen sogar die unverwechselbare Bedeutung "Befreiung"[18]
annimmt. In ant 3,300 lässt Josephus Mose vor der Aussendung der Kund-
schafter nach Kanaan sagen: "Gott hat uns zwei Güter zu schenken ver-
sprochen, die Freiheit und den Besitz eines glücklichen Landes ..."

Ein weiteres Indiz für die Nähe, in der Freiheitskampf und mosaische
Sendung zueinander stehen, wurde in der Untersuchung der Zeichenpropheten bei Josephus bereits deutlich. Die Propheten künden ausdrücklich σημεια an, um das Volk zur Nachfolge zu bewegen. Diese Zeichen
erhalten von Josephus die Bezeichnung σημεῖα ἐλευθερίας bzw. σημεῖα

---

16. AaO., 114-120 mit Belegen.

17. Vgl. aaO., 119: Micha 7,15f; Belege und weitere Literatur ebda.,
    Anm. 4. Ausführlicher zu den jüdischen Propheten § 5 (Die jüdi-
    schen "Zeichenpropheten" bei Josephus).

18. Z.B. ant. 4,42. Vgl. auch ant. 2,327.345. ἐλευθερία und σωτηρία
    werden hier synonym verwendet.

σωτηρίας.[19] Es handelt sich auch ausdrücklich um Zeichenhandlungen, die inhaltlich den mosaischen Wundern des ersten Exodus entsprechen. Sie sollen die Brücke zwischen dem typologischen Urbild und seiner eschatologischen Entsprechung herstellen, ja wohl durch die Wiederholung des Urbildes das eschatologische Gegenbild herbeiführen!

Neben den Josephusbelegen zeugen vor allem umfangreiche Münzfunde aus der Zeit des Freiheitskrieges davon, welche Bedeutung der Ausdruck "Freiheit" (חרות) für die jüdische Befreiungsbewegung besessen hat.[20] Sie bestätigen eindrücklich die Darstellung der Auseinandersetzungen durch Josephus.

Die Belege des Rabbinats sind aus verständlichen Gründen wesentlich zurückhaltender.[21] Aber auch hier taucht der Begriff "Freiheit" im politischen Sinn als "Befreiung" von Fremdherrschaft auf.[22] Wichtig ist, dass das Passahfest als "Fest der Befreiung" benannt und in der Liturgie gefeiert wurde.[23] Deutlich tritt uns das auch in der liturgischen Überlieferung entgegen: Die Hoffnung auf eine kommende Befreiung von der Herrschaft Roms gründet auf die wunderbare Errettung aus Ägyp-

---

19. bell 2,259f; vgl. ant. 20, 167f; ähnlich über die mosaischen Zeichen ant 2,327; vgl. ausführlicher § 5 (Die jüdischen "Zeichenpropheten" bei Josephus).

20. Zur Diskussion der Belege vgl. HENGEL, M.: aaO., 120-123.

21. Vgl. dazu HENGEL, M.: aaO., 123-127.

22. Z.B. ExodR 32: Befreiung von politischem Druck, aber auch Befreiung vom Todesengel, der Pest. Vgl. dazu JASTROW, WB, 460, s.v. חרות.

23. Den frühesten Beleg dafür bietet Pes 10,5: Ein Wort von Gamliel II., der der neutestamentlichen Überlieferung als Lehrer des Paulus gilt. Der Mischnaabschnitt bestätigt den Befund bei Josephus, denn auch hier werden wie bei Josephus Freiheit und Erlösung: חרות und גאולה parallelisiert.

ten.[24] Auch das Achtzehngebet zeigt, dass Freiheit im politischen Sinn
zu den grossen Hoffnungen Israels gehört. Die zehnte Beracha lautet:
"Stosse ins Horn zu unserer Befreiung (לחרותנו) und erhebe das Panier,
unsere Verstossenen zu sammeln. Gesegnet seist du, Ewiger, der die
Verstossenen seines Volkes Israel sammelt."[25]

Wir können zusammenfassen: Der Begriff ἐλευθερία/חרות ist in Palästina
zur Zeit Jesu ausschliesslich als politischer Begriff bekannt. Bei Johannes spielt er ausserhalb des Gespräches Jesu mit den Juden keine
Rolle mehr. Das ist ein Hinweis darauf, dass er von Johannes (bzw. Jesus) für dieses eine Gespräch polemisch aufgenommen wird, um Jesus vom
politischen Freiheitsgedanken zu distanzieren.

13.4.4. Der Hinweis auf die "Mietlinge" (Johannes 10,8.11f)

In dieser Rede bezeichnet Jesus sich selbst als den guten Hirten. Dahinter stehen die alttestamentlichen Bilder, die von Gott als dem Hirt
Israels sprechen. Die Gottesrede bei Ezechiel stellt Gottes Hirtenamt
gegen die politischen Führer, die als Hirten Israels gelten, aber die
Schafe zerstreuen und verschlingen. Gott selbst will sein Hirtenamt
antreten, die Schafe sammeln und selbst weiden (Ez 34,1-16). Die Rede
ist bei Ezechiel mit einer weiteren Verheissung verbunden worden: "Ich
werde über sie einen einzigen Hirten bestellen, der sie weiden soll,
meinen Knecht David; der wird sie weiden, und der wird ihr Hirte sein.
Und ich, der Herr, werde ihr Gott sein, und mein Knecht David wird
Fürst sein in ihrer Mitte. Ich, der Herr, habe es geredet" (34,23-24).

---

24. Vgl. die Benediktion אמת ואמונה im täglichen Abendgebet nach dem
    Sch'ma. Text im Siddur (Roedelheim), 88f. Vgl. auch HENGEL, M.:
    aaO., 124f.

25. Text im Siddur (Rödelheim), 43. Der Text wird bei Hengel nicht
    berücksichtigt. Dazu jetzt ausführlicher MENDECKI, N.: Collecta-
    nea Theologica 53 (1983), 161-166. Mendecki (165f) vermutet, dass
    ursprünglich פדות gelesen wurde. Es sei vielleicht wegen seiner
    möglichen Bedeutung als "Sündenvergebung" (vgl. Ps 130,7) durch
    חרות ersetzt worden.

Die johanneische Rede greift auf diesen Abschnitt bei Ezechiel zurück.[26] Das Anliegen des Johannes wird uns darin greifbar, dass Jesu
Hirtenamt in zweifacher Weise abgegrenzt und dann positiv neu defi-
niert.

Die erste Abgrenzung erfolgt gegen die "Diebe und Räuber": "Alle, die
vor mir gekommen sind, sind Diebe und Räuber; aber die Schafe haben
nicht auf sie gehört" (10,8; vgl. 10,1). Damit wird auf messianische
Bewegungen angespielt, die noch vor der Zeit Jesu liegen.[27] Die abfäl-
lige Bezeichnung, es habe sich dabei um Diebe und Räuber gehandelt,
hängt einerseits an der Bildhaftigkeit der Rede, gibt aber mit dem
Ausdruck λῃστής den Begriff wieder, den Josephus gern für die Anführer
des Freiheitskampfes gegen Rom verwendet. "Die Volksverführer (γόητες)
und Räuber (λῃστρικοί) vereinigten sich, verführten viele zum Aufruhr
und drängten sie dazu, die Freiheit zu gewinnen" (bell 2,264).[28]

Die zweite Abgrenzung erfolgt in einem zweiten Redegang im Zusammenhang mit der Angabe des Ziels, dem Jesu eigenes Hirtentum gilt: "Ich
bin der gute Hirt; der gute Hirt gibt sein Leben hin für die Schafe.
Wer Mietling und nicht Hirt ist, wem die Schafe nicht eigen sind, der
sieht den Wolf kommen und lässt die Schafe im Stich und flieht und der
Wolf raubt sie und zerstreut sie; denn er ist ein Mietling und beküm-
mert sich nicht um die Schafe" (10,11-13). Auch hier zeigt uns Josephus durch seinen Bericht, welche Wirklichkeit damit angesprochen sein

---

26. Vgl. dazu z.B. PsSal 17,40 über den davidischen Messias: "Mächtig
    von Tat und stark in der Furcht Gottes hütet er des Herrn Herde
    treu und recht und lässt nicht zu, dass eines von ihnen auf ihrer
    Weide strauchle. Gerade leitet er sie alle, und unter ihnen
    ist kein Übermut, dass Gewalttat unter ihnen verübt würde." Das
    Hirtenbild von Ezechiel 34 ist mit den Verheissungen Jesajas in
    9,5 und 11,2ff verschmolzen.

27. Vgl. dazu auch die Gamaliel-Rede in Acta 5,34-37.

28. Vgl. dazu umfassend HENGEL, M.: aaO., 25-47; zu Josephus ebda.,
    42-47. Zu Johannes 10,1ff vgl. ebda., 345.

kann. Der Ägypter, der unter Antonius Felix in Jerusalem auftrat, ent-
kam der Gefangennahme, während die meisten seiner Anhänger getötet
oder gefangen wurden.[29] Gleiches gilt auch von Jonathan von Cyrene,
der als Führer des Aufstandes in der Kyrenaika entkommen konnte.[30]

Johannes beschreibt das Verhalten der Zeichenpropheten, die das Volk
zum politischen Freiheitskampf aufrufen. Ob ihm dieselben Vorgänge vor
Augen stehen wie Josephus, ist schwer auszumachen. Jesu messianische
Sendung wird mit dem Hirtenbild aufgenommen, aber das unmittelbar politische Element, das in diesem Bild durchaus liegt, wird abgewiesen.
Das Hirtenamt, wie es für Jesus Geltung hat, besteht in einem anderen
Handeln. Er führt nicht seine Anhänger in den Aufstand und damit in
den Tod, sondern sich selbst: "Ich bin der gute Hirt; der gute Hirt
gibt sein Leben hin für die Schafe" (10,11). Mit dieser Selbsthingabe
Jesu in den Tod, die ausdrücklich als "Auftrag" (ἐντολή) des Vaters
bezeichnet wird (10,18), ist die Sammlung der Schafe zur einen Herde
als Ziel der Sendung Jesu verbunden (10,16).

13.4.5. Zusammenfassung

Das politische Motiv tritt uns bei Johannes vielfältig und deutlich
entgegen. Mit der Sendung Jesu wurden politische Erwartungen, aber
auch politische Befürchtungen verbunden. Die Speisung der Fünftausend
(6,1-14) und die darauf folgende Brotrede (6,20ff) diente Johannes dazu, Jesu Sendung von der des politisch verstandenen eschatologischen
Propheten abzugrenzen. Die Unterredung mit den Juden, die am Laubhüttenfest zum Glauben gekommen waren (8,30-36), stellt mit dem Begriff
ἐλευθερία ein ausgesprochen politisches Kampfwort in die Mitte des Gesprächs, um so die Freiheit, die Jesus schenkt, von einer unmittelbar-
politischen Befreiung abzugrenzen. Die Hirtenrede (10,1-18) stellt Jesu Hirtentum, das zur stellvertretenden Hingabe seines Lebens für die

---

29. bell 2,263; vgl. ant 20,172.

30. bell 7,440; Josephus sagt: ὁ δ'ἡγεμὼν τοῦ βουλεύματος Ἰωνάθης
     τότε μὲν διέφυγε,.... Vgl. dazu Johannes 10,12: ὁ μισθωτός ....
     φεύγει..

Schafe führt, in Gegensatz gegen ein politisches Führertum, das zum
Freiheitskampf gegen Rom aufrief. Damit wird uns deutlich, dass Johan-
nes grossen Wert darauf legt, Jesu Sendung von jeder Form politischer
Widerstandstätigkeit abzugrenzen.

Schon die Hirtenrede verband diese Abgrenzung mit dem Hinweis auf den
Tod Jesu. Das findet seine Bestätigung sowohl im Bericht von der Verhandlung des Hohen Rates, bei der der Tod Jesu aus politischer Vorsicht beschlossen wird (11,47ff), als auch im Passionsbericht, wo man
Jesus als politisch gefährlichen "Verbrecher" und "König" anklagt und
verurteilen lässt.[31]

Johannes zeigt, dass dieser politische Vorwurf den unmittelbaren Anlass für den Tod Jesu gegeben hat. Wichtig ist uns dabei, dass diese
Diskussion eng mit dem Problem der σημεῖα verbunden ist: Sie geben den
Ausschlag zur politischen Bewertung und Verurteilung. Johannes arbeitet jedoch deutlich heraus, dass das unmittelbar-politische Verständnis Jesu Sendung missversteht.

13.5. Das theologische Motiv des Todes Jesu

13.5.1. Vorbemerkung

Die Darstellung des Todesbeschlusses gegen Jesus wird von Johannes
durch zwei weitere Motive ergänzt, die nicht unmittelbar mit der Zei-
chenproblematik verhängt sind. Auf eine ausführliche Darstellung muss

---

31. Man wird dabei beachten, dass Johannes diese Abgrenzung vom poli-
     tischen Motiv mit der positiven Deutung des Todes Jesu verbindet.
     Die eschatologische Sammlung Israels wird sowohl 10,16, als auch
     11,51f als Ziel der Sendung Jesu bezeichnet. Auch im Gespräch mit
     Pilatus klingt die Hirtenrede an. Das Zeugnis für die Wahrheit
     gilt dort als Ziel der Sendung Jesu. Wer aber "aus der Wahrheit"
     ist, wird Jesu Stimme hören. Auch damit ist die eschatologische
     Sammlung der Herde Israels gemeint; vgl. 18,37 mit 10,10.16.27.
     Zu diesem soteriologischen Motiv des Todes Jesu bei Johannes vgl.
     weiter unten § 13.6. (Das christologische Motiv des Todes Jesu).

hier verzichtet werden. Was in den beiden folgenden Abschnitten (13.5.
und 13.6.) folgt, ist nur als Skizze zu verstehen, die die Hauptlinien
deutlich zu machen sucht.

13.5.2. Der theologische Vorwurf (Joh 19,7; 18,31)

Pilatus versucht, den Entscheid über die Anklage Jesu von sich zu
schieben. Bereits zu Anfang weist er die Juden zurück: "Nehmet ihr ihn
und richtet ihn nach eurem Gesetz" (18,31a). Ausdrücklich wird das von
den Juden mit dem Hinweis zurückgewiesen, es sei ihnen nicht erlaubt,
jemand zu töten (18,31b). Dahinter wird die Rechtslage in Palästina
deutlich. Die Juden hatten durchaus eine eigene Gerichtsbarkeit, die
in den Händen des Synedriums lag, an der Kapitalgerichtsbarkeit jedoch
ihre Grenze fand.[32] Das steht hier auf dem Spiel. Innerhalb des altte-
stamentlich-jüdischen Rechtes gab es Fälle, in denen ein Todesurteil
rechtmässig ausgesprochen werden musste. Darauf weisen die Juden im
weiteren Verlauf auch ausdrücklich hin: "Wir haben ein Gesetz, und
nach dem Gesetz muss er sterben" (19,7). Da ein römisches Gericht sich
jedoch kaum hinter religiöse Streitigkeiten gestellt hätte, wäre das
Todesurteil aufgrund eines theologischen Vorwurfes nicht ausgesprochen
worden. Es musste, sollte es vollstreckt werden, mit einem politischen
Vorwurf verbunden werden. Genau das geschieht gemäss der johanneischen
Darstellung.

Doch wenden wir uns näher dem theologischen Vorwurf zu, der hier geäussert wird. "Wir haben ein Gesetz, und nach dem Gesetz muss er sterben; denn er hat sich zu Gottes Sohn gemacht" (19,7). Der Titel "Sohn
Gottes" ist aufgrund der alttestamentlichen Tradition vor allem mit
dem davidischen Messias verbunden. Das beinhaltete nach den Aussagen
der jüdischen Texte, die uns erhalten geblieben sind, durchaus starke
politische Hoffnungen. Dass man sie mit dem Königstitel verband und
Jesus so als politischen Aufrührer anklagte, liegt durchaus in der Linie dessen, was aufgrund der biblischen Texte von einem davidischen
Messias zu erwarten war.

---

32. Vgl. zur Frage der Kapitalgerichtsbarkeit ausführlich bei STRO-
     BEL, A.: Stunde der Wahrheit, 1980, passim.

Das Problem stellt sich uns noch von einer anderen Seite. Es waren vor
allem jüdische Gelehrte, die im Verlauf der exegetischen Diskussionen
der letzten Jahre betont haben, dass die Behauptung, Messias und in
diesem Sinn "Sohn Gottes" zu sein, auf keinen Fall zu einem Todesurteil führen würde. Der Vorwurf, der hier gegen Jesus erhoben wird, sei
historisch nicht haltbar, sondern stelle eine spätere, christliche
Konstruktion dar. Das hat in der Johannes-Exegese vielfach dazu geführt, dass man entweder einen antijüdischen Zug bei Johannes zu entdecken meinte, oder die betreffenden Stellen als Niederschlag späterer
Gemeindeproblematik verstanden hat. Wir gehen dem Vorwurf, der hier
gegen Jesus erhoben wird, noch weiter nach. Dieser 'theologische' Vorwurf, "Sohn Gottes" zu sein bzw. "Sich Gott gleich" zu machen, hat innerhalb des Evangeliums wichtige Vorstufen, die erst ein genaues Bild
des Vorwurfes ergeben, der gegen Jesus erhoben worden ist.

13.5.3. Vorstufen des theologischen Vorwurfs[33]

Das Evangelium spricht vom fünften Kapitel an von einem deutlich moti-
vierten Widerstand gegen Jesus, der sich auch in mehrmaligen Versuchen, Jesus zu töten, äussert. Der erste Vorwurf, der gegen Jesus erhoben wird, ist der Bruch des Sabbats durch die Heilung des Kranken am
Teich Bethesda (5,16). An diesen Vorwurf schliesst sich das erste
grosse, öffentliche Gespräch des Johannesevangeliums an. Die Aussage,
die Jesus zur Begründung seines Handelns bringt - "Mein Vater wirkt
bis jetzt, und ich wirke auch" - führt zum ersten Hinweis, dass man
Jesus töten will: "Deshalb suchten die Juden noch mehr, ihn zu töten,
weil er nicht nur den Sabbat gebrochen, sondern auch Gott seinen Vater
genannt und sich selbst Gott gleich gemacht hatte" (5,17f).[34]

Aufgrund der Übertretung der Sabbathalacha kam es, genau nach den uns

---

33. Vgl. zum ganzen Zusammenhang den Überblick bei STROBEL, A.: aaO.,
    86-92.

34. Es ist bemerkenswert, dass auch bei Mk der erste "Todesbeschluss"
    an den Anfang der Wirksamkeit Jesu gerückt wird und seinen Anlass
    an einer Sabbatheilung findet (Mk 3,6).

bekannten jüdischen Prozessbestimmungen, zu einer öffentlichen Verwarnung.[35] Dazu aber tritt nun aufgrund der Antwort Jesu der Vorwurf, Jesus stelle sich Gott gleich. Das Jesuswort, in dem er Gott seinen Vater nennt, weist noch nicht über das in Israel geltende Verhältnis zu
Gott hinaus. Wenn aber Jesus das Recht, das Gott allein hat - er wirkt
als der Schöpfer·zugunsten seiner Schöpfung auch am Sabbat[36] - , auch
für sich selbst in Anspruch nimmt, scheint das tatsächlich zu bedeuten, dass Jesus sich in der Frage der Sabbatordnung Gott gleich
stellt.

Derselbe Vorwurf wird, verbunden mit dem Vorwurf der Lästerung, aufgrund eines weiteren Jesuswortes erhoben: "Ich und der Vater sind
eins" (10,30; vgl. 10,31-38).

Die Auslegung dieser Texte im Zusammenhang der Rechtslage zeigt, wie
sich dieser Vorwurf der Lästerung auch in der Darstellung des Prozess-
vorganges bei Johannes widerspiegelt. Jesus wird nach den Bestimmungen
über den Verführer, den Mesith (מסית) aufgrund der anhand der von 5
Mose 13,1-5.6-11 entwickelten Rechtsbestimmungen verfolgt. Von Wich-
tigkeit sind dabei die spezielleren Bestimmungen der Tosefta[37] über
das Rechtsverfahren beim Fall eines Verführers, die über die knappen
Angaben der Mischna hinausgehen und durch Details des johanneischen
Berichtes bestätigt werden[38]. Wichtig für das Verständnis des Johannesevangeliums ist ·auch die Beobachtung, dass der Vorwurf der Verfüh-

---

35. Vgl. dazu mSanh V,1; VII,8; IX,5; bSanh 41a in einer Baraitha zu
Nu 15,32; dasselbe auch in der Halacha der Damaskusschrift: CD
VII,2; XI,3ff; XII,3ff. Nur dem Verführer gegenüber ist ein Prozess ohne vorangehende Verwarnung erlaubt: TSanh XI,1-5a. Vgl.
auch STROBEL, A.: aaO., 86, Anm 229.

36. Vgl. SCHNACKENBURG, R.: Komm II, 127; St-B: Komm II, 461f; ODE-
BERG, H.: Fourth Gospel, 202f.

37. TSanh X,11; vgl. dazu SCHIRMER, D.: Rechtsgeschichtliche Untersuchungen, 1964, bes. 153ff. 163f; STROBEL A.: aaO., passim, bes.
81ff und 86ff.

rung nur bei Johannes gegen Jesus erhoben wird.[39]

13.6. Das christologische Motiv des Todes Jesu

Der Todesbeschluss, den der Hohe Rat trifft, kommt durch die Aussage
des Hohenpriesters zustande: "Es ist besser für euch, wenn ein Mensch
für das ganze Volk stirbt, als wenn das ganze Volk umkommt" (Joh
11,50). Dieses Wort wird von Johannes als ein prophetisches Wort bezeichnet und vertiefend gedeutet: "Denn Jesus sollte für das Volk
sterben, und nicht nur für das Volk allein, sondern damit er auch die
zerstreuten Kinder Gottes in Eins zusammenbrächte" (11,51f).

Dieses zutiefst christologische Motiv greift zurück auf das Alte Testament und bezeichnet die eschatologische Sammlung des Gottesvolkes
als Ziel der Sendung und des Todes Jesu. Dasselbe hörten wir schon in
der Hirtenrede als Ziel der Sendung Jesu (10,16). Auch dort wurde
dieses Ziel mit der Selbsthingabe Jesu in den Tod verbunden.[40]

Im selben Zusammenhang scheinen auch die Stellen zu stehen, die von
der Notwendigkeit der "Erhöhung" des Menschensohnes zum Heil der Welt
sprechen (3,14; vgl. 8,28 und 12,32f). Für Johannes bedeutet diese Erhöhung den Kreuzestod Jesu, der gleichzeitig seine Verherrlichung darstellt (12,32f; 18,32).

Es gehört mit zu den Problemen johanneischer Exegese, wie diese Ele-

---

38. Vgl. z.B. Joh 18,20f. Dass die Frage nach der Lehre von Jesus
    durch den Hinweis beantwortet wird, er habe immer öffentlich, nie
    aber im Verborgenen gesprochen, reflektiert deutlich das Anklage-
    moment: Der Verführer spricht "im Verborgenen" (Deut 13,6(7)).
    Vgl. STROBEL, A.: aaO., 89.

39. Johannes 7,12.47; doch vgl. auch Mt 27,63 und später Justin, Dial
    69,7: "Sie wagten es ja auch, Christus einen Zauberer und Volks-
    verführer zu nennen"; vgl. ebda. 108,1.

40. Vgl. den Zusammenhang zwischen Vers 16 und Vers 17.

mente zusammenhängen. Verstehen wir den johanneischen Erkenntnisweg recht, so muss hinter diesen Gedanken die Meditation des Weges und Auftrages Jesu auf dem Hintergrund des prophetisch verstandenen Schriftzeugnisses stehen. Nach unserer Meinung kann es sich dabei nur um den messianischen Text handeln, der uns schon verschiedentlich begegnet ist, um Jesaja 11. Auch dort ist ja von der eschatologischen Sammlung der "Versprengten Israels und der Zerstreuten Judas von den vier Säumen der Erde", die Rede (Jes 11,12). Wir werden darauf weiter unten[41] näher eingehen.

Wichtig ist endlich die Beobachtung, dass Johannes dieses christologische Motiv des Todes Jesu ausdrücklich ins Wissen Jesu verweist und von einer Deutung dieses Todes Jesu durch die Gemeinde unterscheidet. Dass er das eine vom anderen deutlich abgrenzen kann, macht Johannes an verschiedenen Stellen klar (vgl. dazu 2,17.22; 12,16.).

---

41. Exkurs 2 (Die Bedeutung von Jesaja 11 für das Verständnis Jesu).

§ 14 DIE σημεῖα UND DAS 'SCHEITERN' DER SENDUNG JESU (Joh 12,37)

14.1 Die Stellung des zwölften Kapitels innerhalb des Evangeliums

Die Exegese des Johannesevangeliums hat den Fragen des literarischen
Aufbaus besondere Aufmerksamkeit zu schenken. Mit dem zwölften Kapitel
findet der erste grosse Hauptteil, der die öffentliche Wirksamkeit Jesu darstellt, seinen Abschluss. Dem folgen die Abschiedsreden an die
Jünger und der Bericht über Leiden und Auferstehung als weitere Hauptteile. Jeder Hauptteil erscheint in sich abgeschlossen. Übernimmt das
hohepriesterliche Gebet (Kapitel 17) die Funktion des Abschlusses für
die Abschiedsreden (13 - 17) und die Erscheinung vor Thomas (20,24 -
29) für den Passions- und Auferstehungsbericht, so schliesst der Evangelist mit 12,20 - 50 den Bericht der öffentlichen Wirksamkeit Jesu.
Die Verse Joh 20,30f sind deutlich als Abschluss des ganzen voranstehenden Teils zu erkennen,[1] während der Prolog (1,1-18) und das Nach-
tragskapitel (21) das ganze Evangelium einrahmen.

14.2. Der Abschluss der öffentlichen Wirksamkeit Jesu

Die Probleme, vor die der Aufbau des zwölften Kapitels stellt, sind
ausserordentlich vielfältig. Sie wurden kürzlich von Moloney ausführlich und sorgfältig dargestellt.[2] Strenge Abgrenzungen innerhalb dieses Teiles sind sehr schwer vorzunehmen. Die Auferweckung des Lazarus
führt zum letzten und entscheidenden Beschluss des Hohen Rates, Jesus
zu töten (11,47 - 53). Das Lazaruszeichen ist in seiner doppelten Auswirkung, dem Zulauf zu Jesus und Anlass zur Verfolgung Jesu, auch für
das zwölfte Kapitel bestimmend (vgl. 12,9f und 12,17-19 neben 11,45f).

Die eigentliche Wende, die zum Abschluss der öffentlichen Wirksamkeit
führt, wird nicht durch die Sitzung des Hohen Rates herbeigeführt,

---

1.   Vgl. dazu ausführlicher unten § 15 (Joh 20,30f als Zielangabe des
     Evangeliums).

2.   MOLONEY, F.J.: Son of Man, [2]1978, 160-173: General Structure and
     Meaning of John 12.

sondern vielmehr durch das Wort Jesu ausgedrückt: "Die Stunde ist gekommen, dass der Sohn des Menschen verherrlicht wird" (12,23). Diese
"Antwort" auf die Anfrage der "Griechen", die Jesus zu sehen wünschen,
führt all die Stellen des Evangeliums, die von der "Stunde Jesu" gesprochen haben, die aber "noch nicht gekommen" sei, zu ihrem Ziel.
Jetzt ist sie endlich da.[3]

Um diesen "Wendepunkt" gruppieren sich Worte, die die nun angebrochene
Stunde der "Verherrlichung" unverhüllt als Stunde des Todes Jesu bezeichnen (12,24-26), andererseits aber diese Stunde als von Gott als
dem Vater Jesu selbst bestimmt erkennen lassen (12,27-30), sowie die
Bedeutung des Todes Jesu als Kreuzestod hervorheben (12,31-33). Der
Abschnitt schliesst mit dem Hinweis auf das Unverständnis des Volkes
(12,34), das die Aussagen Jesu mit der traditionellen Messianologie
nicht verbinden kann, sowie einem letzten Mahnwort Jesu (12,35-36a).
"Dies redete Jesus und ging hinweg und verbarg sich vor ihnen
(12.36b).

Damit ist die Darstellung der öffentlichen Wirksamkeit Jesu beendet.
Es folgen zwei ausführliche Abschlussbemerkungen, die je ihr eigenes
Gewicht haben. Mit 12,37-43 kommt der Evangelist zu einer grundsätzlichen theologischen Wertung der öffentlichen Wirksamkeit. Dem schliesst
er mit 12,44-50 ein Wort Jesu als "Abschlusswort" an.

14.3. Die Wertung der öffentlichen Wirksamkeit Jesu durch den Evangelisten (Johannes 12,37-43)

37) Wiewohl er aber so viele Zeichen vor ihnen getan hatte, glaubten
sie nicht an ihn, (38) damit das Wort des Propheten Jesaja erfüllt
würde, das er gesprochen hat:
>"Herr, wer hat unsrer Predigt geglaubt, und wem ist der Arm des
>Herrn offenbar geworden?"

(39) Deshalb konnten sie nicht glauben, weil Jesaja wiederum gesagt
hat:

---

3.   Vgl. dazu näher Exkurs 2 (Die Bedeutung von Jesaja 11 für das
      Verständnis Jesu), besonders Abschnitte 2.2. und 3.3.

(40) "Er hat ihre Augen geblendet und ihr Herz verstockt, damit
sie mit den Augen nicht sehen noch mit dem Herzen verstehen und
sich bekehren und ich sie heile." (41)
Dies hat Jesaja gesagt, weil er seine Herrlichkeit sah, und von ihm
hat er geredet. (42) Gleichwohl glaubten doch auch viele von den Oberen an ihn; aber wegen der Pharisäer bekannten sie es nicht, damit
sie nicht aus der Synagoge ausgeschlossen würden. (43) Denn sie
liebten die Ehre bei den Menschen mehr als die Ehre bei Gott."

Zunächst fällt ins Auge, dass hier wie in 20,30f mit dem Terminus σημεῖα die Wirksamkeit Jesu als Einheit bezeichnet und zusammengefasst
wird. Wie dort wird auch hier (ἔμπροσθεν αὐτῶν) auf den Zeugenkreis
hingewiesen.

Auch die Zuordnung der σημεῖα Jesu zum Glauben der Menschen entspricht
dem, was in 20,30f als Ziel des ganzen Evangeliums angegeben war: Die
Zeichen Jesu sollen zum Glauben führen. Dass mit dem Glauben die Einheit der persönlichen Hinwendung zu Jesus mit der Erkenntnis und An-
erkenntnis der konkreten Sendung, in der Jesus steht, gemeint ist, hat
sich durch die Analyse der bisherigen Texte bestätigt.

Diesem positiven Ziel, zu dem die öffentliche Wirksamkeit Jesu (also
seine σημεῖα!) führen sollte, widerspricht jedoch die Reaktion der
Menschen. Der Evangelist stellt fest: Τοσαῦτα δὲ σημεῖα πεποιηκότος
ἔμπροσθεν αὐτῶν οὐκ ἐπίστευον εἰς αὐτόν. Das Scheitern der Sendung Jesu wird, gerade durch die Zeichentaten Jesu und dem Ziel, zu dem sie
führen sollten, zum Rätsel.

Johannes beantwortet diese Frage nicht so, dass er nun doch die Zeichen Jesu als ungeeignetes Mittel bezeichnet, das im Grunde den Glauben nicht fördert, sondern sogar hindert. Wenn überhaupt, dann hätte
der Evangelist an dieser theologisch so wichtigen und literarisch so
deutlich hervorgehobenen Stelle Gelegenheit gehabt, eine tief anset-
zende und gründliche Erkenntnis- bzw. Wunderkritik anzubringen. Aber
das geschieht nicht. Die Ursache, dass die σημεια während der öffentlichen Wirksamkeit nicht zu dem ihnen gesetzten Ziel: dem Glauben der
Menschen geführt haben, wird im strengen Sinn theologisch erklärt. Johannes greift mit zwei Zitaten auf die Schrift, auf den Propheten Jesaja zurück. Was in der Wirksamkeit Jesu deutlich wird, ist die ge-

schichtlich konkrete "Erfüllung" des Willens Gottes, den er in der
Schrift zum Voraus angekündigt hat. Das Scheitern Jesu wird nicht an-
thropologisch erklärt, führt auch nicht zur theologischen Wunderkritik, sondern erscheint als in Gottes Geschichtswillen verankert: ἵνα ὁ
λόγος Ἠσαΐου τοῦ προφήτου πληρωθῇ ὃν εἶπεν. κύριε, τίς ἐπίστευσεν τῇ
ἀκοῇ ἡμῶν; καὶ ὁ βραχίων κυρίου τίνι ἀπεκαλύφθη; (Jesaja 53,1).[4]

Dieses Zitat allein erklärt aber erst einen Teil des anstehenden Problems. Es zeigt nach Johannes, dass der Jesus begegnende Unglaube von
Gott bereits vorausgesehen wurde. Diese Erkenntnis wird durch ein weiteres Schriftzitat ausdrücklich vertieft, in dem Gott nicht nur als
der Vorauswissende, sondern auch als der diesen Geschichtsplan Ver-
wirklichende bezeichnet wird. Das Zitat aus Jesaja 6,9f wird mit der
interpretierenden Bemerkung eingeleitet: διὰ τοῦτο οὐκ ἠδύναντο πιστεύειν...[5]

In einem weiteren Schritt vertieft Johannes seine theologische Begrün-

---

4. Für die johanneische Methodik ist wichtig, dass Johannes an die-
    ser so entscheidenden Stelle nicht begrifflich exegetisch vor-
    geht. Was für ihn *σημεῖον* ist, erscheint im Jesajazitat als *ὁ*
    βραχίων κυρίου.

5. Zur Textfassung des Zitates Jesaja 6,9f vgl. SCHNACKENBURG, R.:
    Komm II, 517f; REIM, G.: Studien, 1974, 34-42, SCHNACKENBURG, R.:
    in FS CULLMANN, 1972, 167-177. M.E. handelt es sich um eine 'jo-
    hanneische Anpassung'. Die im hebräischen Text, in sämtlichen
    Übersetzungen und in allen Zitaten dreigliedrige Aussage, die von
    der Verhärtung von Herz, Ohr und Mund spricht, wird von Johannes
    auf Herz und Auge verkürzt. Das ist vom Zusammenhang, in dem das
    Zitat bei Johannes steht, nur zu verständlich. Die Verhärtung
    entsteht ja anhand der Zeichentaten Jesu und nicht an seiner Pre-
    digt. Dadurch wird neben dem Herzen als dem Personzentrum des
    Menschen der Gesichtssinn des Menschen hervorgehoben. Folgerich-
    tig verkürzt Johannes das Zitat auf diese beiden Elemente und
    fügt es so passend in seinen Kontext ein. Vgl. bereits ZAHN, T.:
    Komm, 527.

dung. Das Jesajazitat, das er der Berufung des Jesaja entnimmt und als prophetisches Wort über die Sendung Jesu versteht, wird nun noch explizit christologisch verankert: Das Wissen um diese geschichtliche Wendung kam Jesaja in der Schau der Herrlichkeit Jesu zu (12,41). Das bedeutet: Johannes erkennt den geschichtlichen Weg Jesu zur "Verherrlichung" durch das Scheitern hindurch als Teil der "Herrlichkeit" Jesu. Dieses Wissen kam Jesaja aus der Schau der $\delta\acute{o}\xi\alpha$ Jesu zu.[6]

Der Hinweis auf die Menschen, die dennoch glaubten (12,42f), hinkt eigentümlich nach. Die Funktion dieser Aussage ist schwierig zu erkennen. Sie ist am ehesten aus der urchristlichen Wirklichkeit zu verstehen, die noch darum wusste, dass Menschen zur Gemeinde gehörten, die zur Zeit der Wirksamkeit Jesu zwar bereits glaubten, denen aber das offene Bekenntnis fehlte. Auf den entscheidenden Grund wird hingewiesen: die Furcht vor dem drohenden Ausschluss aus der Synagoge. Damit wird die Regel erwiesen, dass die Suche der Ehre ($\delta\acute{o}\xi\alpha$!) vor den Menschen dem Glauben im Weg steht (vgl. auch Joh 5,44).

In der Aussage, dass auf das Bekenntnis zu Jesus der Ausschluss aus der Synagoge folgen würde (so schon 9,22), wurde oft ein Hinweis auf die Entstehungszeit des Johannesevangeliums bzw. auf die Situation, in der sich die johanneische(n) Gemeinde(n) befindet (bzw. befinden), gesehen. Dabei ging man von der These aus, dass die 'Birkat ham-Minim', die zwölfte Bitte im Achtzehnbitten-Gebet, in der sogenannten Synode von Jabne um 90. n.Chr. als anti-christliche Bitte eingefügt wurde. Diese Deutung wird aber zunehmend fraglich. Erscheint schon die Annahme, es habe eine Synode in Jabne gegeben, als spätere Verdichtung, der ein wesentlich differenzierterer geschichtlicher Vorgang zugrundeliegt, so ist vor allem an einer ursprünglich anti-christlichen Tendenz dieser Bitte gegen die 'Minim' zu zweifeln.[7] Sie ist wohl um ei-

---

6.   Zum Begriff $\delta\acute{o}\xi\alpha$ vgl. § 11 (Der "Anfang" der Zeichen Jesu), Abschnitt 11.3.2. und ebda. Anm. 10 und 11.

7.   Zum Problem der Synode von Jabne vgl. STEMBERGER, G.: Kairos 19 (1977), 14-21; STRACK, H. L./STEMBERGER, G.: Einleitung, 1982, 14f (Lit. Seite 11); NEUSNER, J.: The Formation of Rabbinic Ju-

niges älter und richtet sich gegen Kreise des mystischen bzw. ekstati-
schen Judentums, die die Einheit Gottes in den Augen anderer jüdischer
Kreise preisgaben.[8] Wir sind damit auf die grosse Bedeutung verwiesen,
die der Untersuchung der frühen Schichten der Merkabah-Mystik und ihrer Trägerkreise zukommt. Dieser Einordnung der 'Birkat ham-Minim'
entsprechen die Aussagen des Johannesevangeliums. Johannes nennt als
theologischen Hauptvorwurf, der gegen Jesus erhoben wird, den Angriff
auf die Einheit Gottes. Indem Jesus sich selbst "Gott gleich" macht
(5,18), sich so "zu Gott macht" (10,33), greift er das zentrale Bekenntnis zur "Einheit" Gottes an. Hierin aber hat Israel die Grenze
gesehen, die den biblischen Gottesglauben von der Häresie scheidet.[9]
Die Frage nach dem Alter der 'Birkat ham-Minim' muss aufgrund der vielen offenen Fragen neu gestellt werden. Es geht nicht mehr an, in den
betreffenden Stellen des Johannesevangeliums (9,22, 12,42 und 16,2)
einen Niederschlag der späten Gemeindesituation zu sehen, die einfach
historisiert worden sei.

14.4. Ergebnis

Damit steht auch für dieses   Vorkommen des Terminus σημεῖα fest,
dass der Evangelist die Zeichen Jesu positiv wertet. Auch hier erscheint als ihre Funktion, die Menschen zum Glauben zu führen. Dass es
zu diesem Ergebnis während der öffentlichen Wirksamkeit Jesu nicht ge-

---

daism: ANRW II 19,2, 1979, 3-42; SCHÄFER, P.: Die Flucht Johanan
b. Zakkais aus Jerusalem und die Gründung des 'Lehrhauses in Jabne, ebda. 43-101. Zur Interpretation der Birkat ham-minim vgl.
jetzt v.a. SCHIFFMAN, L.: At the Crossroads, in: SANDERS, E.P.:
Jewish and Christian Self-Definition II, 1981, 115-156 + 338-352;
KIMELMAN, R.: Birkat Ha-Minim, in: SANDERS, E.P.: aaO. 226-244 +
391-403. Vgl. auch die Notizen bei KÜGLER, J.: BN 23 (1984), 55f
gegen WENGST, K.: Bedrängte Gemeinde, 1981, 48-61. Umfangreich
zum Johannesevangelium jetzt HORBURY, W.: JTS 33 (1982), 19-61.

8.   Vgl. dazu SEGAL, A. F.: Two Powers in Heaven, 1977.

9.   Vgl. dazu BITTNER, W.: FZPhTh 32 (1985), 352f.

kommen ist, liegt nicht daran, dass Zeichen dafür nicht tauglich wären. Die Ursache des Scheiterns wird von Johannes theologisch bestimmt. Gott selbst hat nach seinem in der Schrift niedergelegten Willen diese geschichtliche Etappe unter ein konkretes Urteil gestellt,
das in der Periode der öffentlichen Wirksamkeit Jesu geschichtlich
konkret geworden ist.

Jesaja 6,9f hat auch sonst für die Urchristenheit zentrale Bedeutung
erhalten. Die Verhärtung gegenüber der Sendung Jesu bzw. der Sendung
der Kirche wurde dadurch als Teil des Weges Gottes mit Israel begreif-
bar. Für Johannes ist entscheidend, dass in 12,37-41 ausschliesslich
die öffentliche Wirksamkeit Jesu, also eine genau bestimmbare geschichtliche Etappe, bewertet wird. Das Urteil, das in Jesaja 6,9f
ausgesprochen und als prophetisches Wort auf die Sendung Jesu hin verstanden wird, gilt für diese Periode der öffentlichen Wirksamkeit. Es
ist damit kein Urteil über "die Juden" ausgesprochen, das Johannes in
seine Zeit hinein verlängert.

§ 15 JOHANNES 20,30f ALS ZIELANGABE DES EVANGELIUMS

15.1. Die Stellung von Johannes 20,30f

Das Johannesevangelium ist in drei Hauptteile gegliedert. Nach dem sogenannten Prolog (1,1-18) folgt der erste Teil, Kapitel 1 bis 12. In
seiner Mitte steht Jesu öffentliche Wirksamkeit in Galiläa, Judäa und
Jerusalem, aber auch in Samaria und in Peräa.[1] Dieser Bericht wird
durch Jesu Reisen zu den Festen nach Jerusalem zeitlich und geographisch eigenartig strukturiert.[2] In Kapitel 12 findet er einen für Johannes charakteristischen Abschluss in einem doppelten Schlussvotum.
In seiner ersten Hälfte (12,37-43) weist der Verfasser reflektierend
auf Jesu σημεῖα und den daran entstandenen Unglauben der Juden hin.
Johannes erkennt jedoch, dass beide tief in der prophetischen Weisung
verwurzelt sind. Das ist für sein Verständnis grundlegend.

"Wiewohl er aber so viele Zeichen vor ihnen getan hatte, glaubten
sie nicht an ihn, damit das Wort des Propheten Jesaja erfüllt würde,
das er gesprochen hat:

"Herr, wer hat unserer Predigt geglaubt,

und wem ist der Arm des Herrn offenbar geworden?" (Jes 53,1)
Deshalb konnten sie nicht glauben, weil Jesaja wiederum gesagt hat:

"Er hat ihre Augen geblendet

und ihr Herz verstockt,

damit sie mit den Augen nicht sehen

noch mit dem Herzen verstehen

und sich bekehren und ich sie heile." (Jes 6,9f)
Dies hat Jesaja gesagt, weil er seine Herrlichkeit sah, und von ihm
hat er geredet. Gleichwohl glaubten doch auch viele von den Oberen
an ihn; aber wegen der Pharisäer bekannten sie es nicht, damit sie

---

1.   KUNDSIN, K.: Topologische Überlieferungsstoffe, 1925; MEEKS,
      W.A.: JBL 85 (1966), 159-169; SCHWANK, B.: EA 57 (1981), 427-442;
      SCOBIE, CH. H. H.: SR 11 (1982), 77-84; BASSLER, J. M.: CBQ 43
      (1981), 243-257.

2.   Vgl. RISSI, M.: NTS 29 (1983) 48-54.

nicht aus der Synagoge ausgeschlossen würden. Denn sie liebten die
Ehre bei den Menschen mehr als die Ehre bei Gott."

Dem schliesst sich als Jesusrede der zweite Teil an (12, 44-50), der
auf Jesu ῥήματα hinweist. Den Sprüchen Jesu war bereits in der Darstellung seiner öffentlichen Wirksamkeit ein breiter Raum gegeben. Sie
bleiben auch jetzt den σημεῖα zugeordnet. Das doppelte Schlussvotum
entspricht in Reihenfolge und theologischer Auswertung der Darstellung
der öffentlichen Wirksamkeit Jesu durch Johannes.[3]

Der zweite Hauptteil, die 'Abschiedsreden' in Kapitel 13 bis 17, ist
von Johannes mit Kapitel 12 eng verbunden worden. Die Erkenntnis der
"Stunde" des Hinganges Jesu bildet bei Johannes einerseits den Abschluss von Jesu öffentlichem Auftreten (12,23), andererseits den Anlass, sich ausschliesslich den Jüngern zuzuwenden (13,1).[4] Auch dieser
Hauptteil hat im hohepriesterlichen Gebet Jesu (Kapitel 17) einen
breit angelegten Abschluss. Es ist kein Zufall, dass auch dieses Gebet
durch die Erwähnung der "Stunde" Jesu eingeleitet wird (17,1).[5]

Die darauffolgenden Passions- und Osterberichte, Kapitel 18 bis 20,
beschliessen als dritter Hauptteil das Evangelium. Auch an ihrem Ende
steht ein Schlusswort (20,30f), das aber auf den ganzen vorliegenden
Bericht zurückweist, also Schlusswort des ganzen Evangeliums ist.

Umstritten sind Stellung und Bedeutung von Kapitel 21. In 20,30f
scheint ein Schlusswort des Buches vorzuliegen, das nicht auf eine ursprünglich beabsichtigte Fortsetzung des Berichtes schliessen lässt.
Trotz der Tatsache, dass uns aus keinem der alten Manuskripte das Jo-

---

3.   Zu 12,37 vgl. ausführlich § 14 (Die σημεῖα und das 'Scheitern'
      der Sendung Jesu).

4.   Zur "esoterischen Unterweisung" Jesu vgl. RIESNER, R.: Jesus,
      [2]1984, 476-487, bes. 486.

5.   Vgl. dazu ausführlicher Exkurs 2 (Die Bedeutung von Jesaja 11 für
      das Verständnis Jesu), Abschnitte 2.2. und 3.3.

hannesevangelium ohne Kapitel 21 bekannt ist, sprechen innere Gründe
für die Annahme, dass das Johannesevangelium einmal mit Kapitel 20 en-
dete, Johannes 20,30f also einmal das Evangelium beschloss.

Kapitel 21, das ebenfalls aus johanneischer Tradition stammt und durch
ein anderes Schlusswort beendet wird (21,24f), scheint später hinzuge-
fügt worden zu sein. Die Gründe dafür sind nicht geklärt. Deutlich
aber ist, dass in diesem Nachtrag der johanneische Schulkreis zu Wort
kommt, der die Tradition des Lieblingsjüngers bewahrt hat: "Wir wissen..." (21,24). Ebenfalls ist zu sehen, dass das Kapitel zweimal von
Erscheinungen des Auferstandenen in Galiläa berichtet, im Unterschied
zu den Berichten über Erscheinungen in Jerusalem in Kapitel 20. War es
dem johanneischen Schulkreis wichtig, diese galiläische Tradition dem
Evangelium, das die johanneischen Gemeinden zusammenhielt, anzufügen?
Beide Male steht zudem Petrus in der Mitte der Darstellung, wobei im
zweiten das Verhältnis des Petrus zum ungenannten, dem Tradentenkreis
und auch den Gemeinden bekannten Lieblingsjünger (21,20) durch ein Jesuswort entschieden wird.[6] Auch aus diesem Grund will es uns scheinen,
eine spätere Hinzufügung von Kapitel 21 sei einfacher zu erklären. Die
johanneische Schule hat aus der ihr bekannten Überlieferung - sowohl
20,30 wie 21,25 weisen auf weitere bekannte Überlieferung hin - dem
bereits vorliegenden Evangelium zwei Berichte angefügt, die für die
johanneischen Gemeinden besonders wichtig gewesen sein müssen.

Von dieser Voraussetzung ausgehend sehen wir in Johannes 20,30f das
Schlusswort, das auf das ganze vorliegende Evangelium zurückblickt und
das Ziel der Darstellung deutlich bezeichnet:

"Noch viele andere Zeichen nun tat Jesus vor den Jüngern,
   die in diesem Buche nicht aufgeschrieben sind.
Diese aber sind aufgeschrieben, damit ihr glaubt,
   dass Jesus der Christus, der Sohn Gottes ist,
   und damit ihr als [in diesem Sinne] Glaubende
     in seinem Namen Leben habt."

---

6.   Zur Rolle des Petrus vgl. jetzt MAYNARD, A.T.: NTS 30 (1984),
   531-548.

Nun fällt auf, dass sowohl in 12,37 wie in 20,30f betont von Jesu σημεῖα gesprochen wird. Beide betrachten die σημεῖα unter dem Blickwinkel, zu welchem Ziel sie sowohl von Jesus getan wie nun im vorliegenden Evangelium ausgewählt und überliefert wurden. Sie sollen zum Glauben führen. Das Verhältnis zwischen σημεῖα und Glauben wird als etwas Positives und, wie der Zusammenhang in 12,37ff zeigt, von Gott durch das prophetische Wort Geordnetes gesehen. Die auffallende Übereinstimmung dieser beiden Verse lässt danach fragen, ob dieser Zusammenhang innerhalb des ganzen Evangeliums durchgehalten wird. Das hat unsere bisherige Arbeit bereits ergeben.

Die Bedeutung dieser beiden Verse wird durch die Tatsache unterstrichen, dass beide an den durch den literarischen Aufbau des Evangeliums hervorgehobenen Stellen stehen. Dadurch geben sie sich als Schlüsselstellen für das Verständnis des ganzen Evangeliums zu erkennen. Es ist darum sinnvoll, die theologische Arbeit mit einer Analyse von 20,30f zu beenden. Was sagen diese Verse über Gestaltung und Aussageabsicht des vorliegenden Evangeliums aus?[7] Sind sie als Zielangabe des Evangeliums tatsächlich ernst zu nehmen?

15.2. Eine traditionelle Schlusswendung?

15.2.1. Die Parallelen

"Solche Schlusswendungen sind traditionell", so schreibt Bultmann in seinem Kommentar zu Johannes 20,30.[8] Er meint, das Ziel der Aussage liege darin, "dem Leser den unerschöpflichen Reichtum des Gegenstandes zum Bewusstsein [zu] bringen." Diese Interpretation hat der grosse Teil der Ausleger übernommen. Der Evangelist habe damit seinem Werk

---

7. Die Frage, welche Bedeutung Joh 20,30f im Blick auf das Ganze des Evangeliums zukommt, tritt in den Kommentaren oftmals merkwürdig in den Hintergrund. Die Stellungnahmen sind unterschiedlich. So wertet SCHNACKENBURG, R.: Komm z.St. positiv, BECKER, J.: Komm dagegen radikal negativ.

8. 540, Anmerkung 3.

auch formal einen literarisch anerkannten Schluss geben wollen. Die
Schlussfolgerung liegt nahe, eine solche formelhafte Wendung sei zwar
in ihrer Funktion sehr ernst zu nehmen. Sie für die Exegese auch inhaltlich ernst zu nehmen, verkenne aber ihre sachliche Bedeutungslo-
sigkeit. Doch, stimmt es wirklich, dass "Bemerkungen, dass man noch
vieles schreiben könnte, ... im Altertum als Schlussbemerkungen reichlich bekannt" sind?[9]

Die Belege, die dafür bisher angeführt wurden, sind im einzelnen sehr
verschiedenartig. Eine ganze Reihe von Parallelen, die gewöhnlich zur
ähnlich klingenden Stelle 21,25 erwähnt werden, stammen aus rabbini-
scher Tradition und sind rein inhaltlicher Natur. Die Stelle aus dem
Koran, auf die Bultmann hinweist, ist reine Sprachparallele, welcher
ebenfalls in ihrem Kontext keinerlei literarische Funktion zukommt.[10]

Anders zu werten sind Parallelen, die aus der rhetorischen oder von
der Rhetorik beeinflussten literarischen Tradition stammen. Dort finden sich etwa 20 Parallelen (wenn man den einen 'Beleg', den Bultmann
aus dem 16. Jahrhundert erwähnt, nicht mit einrechnet). Doch auch dabei handelt es sich nur in vier (!) Fällen um Schlusswendungen. Der
Rest verteilt sich auf Zwischengedanken oder Einleitungsformulierun-
gen.[11] Die oftmals vorgebrachte Behauptung, dass es sich hier um eine
in der Antike reichlich bekannte Schlussformulierung handelt, wird man

---

9. BECKER II, 632 mit Verweis auf DIBELIUS, M.: Formgeschichte,
    [3]1959, BULTMANN, R.: Komm. und THRAEDE. K.: JAC 4 (1961),
    117.120-127. Prüft man die Hinweise, die diese Behauptung stützen
    sollen, so ergibt sich folgendes Bild: DIBELIUS gibt dafür einen
    einzigen (!) Beleg, den auch BULTMANN anführt. Insgesamt bietet
    BULTMANN drei Belege für Schlusswendungen, davon einen aus dem
    16. Jahrhundert n. Chr. [sic!], THRAEDE keinen einzigen!

10. ExR. XXX,22; Soperim 16,8 (Bill II, 587); ARN 25 (Bill, ebda);
    Midr. HL 1,3 (84b); Schabb. 11a; Koran, Sure 18, 109 und 31,27.

11. Philo, Spec leg IV, 238; Lucian, Demonax 67; Aelius Aristides II,
    362 [εἰς Σαραπιν]; 1 Makk 9,22 (am Ende des Berichtes über die

angesichts der spärlichen Belege fallen lassen müssen. Die Bedeutung,
die Joh 20,30f als Schlusswendung für das Verständnis des Evangeliums
wie für die johanneische Schultradition zukommt, wird dadurch nur verdunkelt.

15.2.2. Der Vergleich mit der rhetorischen Topik

Aus dem Vergleich mit den Parallelen aus der rhetorischen Tradition
sind jedoch einige wichtige Schlüsse zu ziehen. Seit der klassischen
Rhetorik kennt man den traditionellen Topos 'pauca e multis'. "Wenige
Dinge sind es von vielen. Aber aus diesen wird der Leser ersehen, was
für eine Art Mensch er war", schreibt Lucian über Demonax (67). "Man
könnte tausende und abertausende Beispiele zitieren. Aber es ist nicht
nötig, grosssprecherisch zu sein."[12] Dieser Topos wird gerne mit dem
der 'Unsagbarkeit' verbunden. Auch die Briefliteratur des Neuen Testamentes kennt den Topos 'pauca e multis',[13] zum Teil in Verbindung mit
dem der 'Unsagbarkeit'. "Die Zeit würde mir fehlen, wenn ich erzählen
wollte....", schreibt der Verfasser des Hebräerbriefes (11,32).

Die meisten Parallelen aus der Rhetorik verbinden die beiden Topoi
'pauca e multis' und 'Unsagbarkeit'. Dem fügt sich Joh 21,25 gut an
und zeigt damit, wie stark diese Stelle die Kennzeichen traditioneller
Formung trägt. "Es gibt aber noch viel andres, was Jesus getan hat;
und wenn eins nach dem anderen aufgeschrieben würde, glaube ich, sogar
die Welt könnte die Bücher nicht fassen, die geschrieben würden."

Das Gegenüber zur rhetorischen Tradition, in deren Zusammenhang Joh

---

Taten des Judas Makkabäus).

12. Plutarch, Brief an Apollonius. Moralia 115e - in der Mitte des
    Briefes. Zu diesem Topos vgl. THRAEDE, K.: JAC 4 (1961), 117-127;
    CURTIUS, E. R.: Europäische Literatur, 1954, 168-171.

13. Vgl. 1 Petr 5,12 und Hebr 13,22 "...nur kurz geschrieben". Zum
    Stilmittel der Kürze vgl. THRAEDE, K.: aaO. 120f, Anm. 46 mit
    weiteren Belegen.

21,25 zu sehen ist, zeigt erst, wie wenig traditionell 20,30f gestaltet ist. "Noch viele andere Zeichen tat Jesus ..., die hier nicht aufgeschrieben sind." Das ist einfache Feststellung, der keinerlei Zug
der Übertreibung anhaftet.

Fragen wir weiter nach der Funktion dieser Topoi innerhalb der Rhetorik. Es zeigt sich, dass sie ihre traditionelle Funktion im Rahmen des
Proömiums einer Rede haben, also alles andere als traditionelle
Schlusstopoi sind. Darauf hatte bereits Weinreich, den Bultmann zitierte, hingewiesen. Man hat aber daraus bisher keine Konsequenzen gezogen. "Das ist die Topik der griechischen Rhetorenschule...; sie ver-
wertet der christliche Mönch am Eingang seiner Laudes so gut wie der
heidnische Rhetor, wenn er die Wunder seines Schutzpatrons zu preisen
beginnt."[14] Damit aber kommt den wirklich 'traditionellen' Wendungen
eine ganz andere rhetorische bzw. literarische Funktion zu, als sie
sowohl in 20,30f wie in 21,25 vorliegt. Natürlich kennt auch die Rhetorik bestimmte 'Schluss-Topoi', die immer wiederkehren: 'enumeratio',
'Affekt-Erregung' usw.[15] Sie blieben aber auf die Rede beschränkt und
wurden nicht in literarische Gattungen übernommen. Echte literarische
Schlüsse bietet Josephus in seinen Werken.[16] Im Vergleich mit solchen
Stellen wird erst der weite Abstand zu dem, was uns in Joh 20,30f begegnet, sichtbar.

15.2.3. Auswahl-Kriterium, nicht Motiv

Noch eine dritte Einsicht ist aus dem Vergleich mit der Rhetorik zu
gewinnen. Die rhetorische Topik kennt für 'pauca e multis'/'Unsagbarkeit' die Erwähnung von Motiven, warum nicht alles gesagt werden soll

---

14. WEINREICH, O.: Antike Heilungswunder, 1909, 199-201, hier 201
    (Hervorhebung W. B.); vgl. THRAEDE, K.: aaO. 119.

15. Vgl. UEDING, G.: Einführung in die Rhetorik, Stuttgart 1976,
    220ff über die 'peroratio'.

16. Vita 430; ContraAp 296; ant XX, 267-268; bell VII, 454-455. Zur
    Schlusstopik in der Poesie vgl. CURTIUS, E. R.: aaO. 99f.

bzw. kann. "Es wäre zuviel, über die Bosheit der Juden alles mitzutei-
len; andernfalls würde ich, weil mein Platz bemessen ist, mit meiner
Feder ins Gedränge kommen", schreibt Commodian.[17] Die Motivationen
lassen sich in typische Kategorien einteilen: (a) bei Homer selbst
ging es noch um die Unsagbarkeit, die sich aus der Sache selbst ergab.[18] Die Rhetorik knüpft daran an, erwähnt aber lieber (b) die eigene Unerfahrenheit (Bescheidenheitsoptik), die alles zu sagen unmöglich mache.[19] Dazu treten (c) die technische Motivation, dass alles zu
sagen bzw. zu schreiben rein technisch unmöglich sei[20] und (d) die
psychologische Motivation, man wolle die Zuhörer nicht ermüden bzw.
ihre Geduld nicht zu sehr erproben.[21] Johannes 21,25 reiht sich auch
in dieser Hinsicht dem, was uns aus der hellenistischen Rhetorik bekannt ist, gut ein.

Handelt es sich nun in 20,30f wenigstens um eine Formulierung, die den
traditionellen 'topoi' nahesteht? Kann man sie darum, auch wenn es
keine Schlusswendung ist, mit Recht als traditionelle Wendung bezeichnen? Rein sprachlich lassen sich tatsächlich Parallelen, vor allem für
den ersten Satzteil, anführen.[22] Die johanneische Schlusswendung
spricht aber nicht von einer Beschränkung des Stoffes, wie das bei der
Rhetorik durchgehend der Fall ist, sondern von einer bewussten Auswahl. Darum wird hier auch nicht, im Unterschied zu 21,25, eine 'Moti-

---

17. instr. 1,37,15f zitiert bei THRAEDE, K.: aaO. 117f; vgl. zum wei-
     teren ebda. 119f.

18. Ilias 2,489f.

19. Vgl. CURTIUS, E. R.: Europäische Literatur, 1954, 93ff und 411f.

20. So Joh 21,25.

21. Vgl. THRAEDE, K.: aaO. 120 und die Belege ebda. Anm. 42.

22. Dionysios von Halicarnass, Römische Altertümer II, 67.5; Josephus
     ant. III, 318. Beide Stellen haben im literarischen Zusammenhang
     eine völlig andere Funktion.

vation' geboten, sondern es wird ein konkretes Kriterium angegeben,
das gleichzeitig das Ziel der Darstellung deutlich macht.[23] Dafür aber
findet sich, wie die Prüfung der bisher angeführten Belege zeigt, in
der antiken Literatur keine Parallele. Eine ganze Reihe von Stellen
sprechen von einer Beschränkung des Stoffes, keine einzige aber von
einer Auswahl. Hier hat man schärfer zu differenzieren.

15.2.4. Ergebnis

Halten wir das Ergebnis fest: Wir anerkennen die Nähe von 21,25 zu
rhetorischen Formeln, die sich sowohl in der Formulierung, in der Verwendung traditioneller Topoi, als auch in der Erwähnung der Motivation
zeigt. Damit aber schärft sich unser Blick für die Besonderheit, die
dem Abschluss-Satz des Evangeliums in 20,30f zukommt. Dem Leser soll
nicht der "unerschöpfliche Reichtum des Gegenstandes zum Bewusstsein"[24] gebracht werden. Im Zentrum der Aussageabsicht steht, dass es
sich hier um eine bewusst getroffene Auswahl handelt, die unter einem
konkret angegebenen Kriterium getroffen worden ist. Aus diesem Kriterium ergibt sich zugleich das Ziel des vorliegenden Evangeliums. Diese
Erkenntnis steht nun klarer vor uns. Ihr gehen wir weiter nach.

15.3. Die schriftliche Fixierung der Tradition

Dem schliesst sich eine weitere Beobachtung an. Im Unterschied zur
rhetorischen Tradition hebt Johannes hervor, dass es sich um schriftliche Niederlegung und Weitergabe von Tradition handelt. Wir sehen,
dass innerhalb des johanneischen Schulkreises das Schreiben einen auffallend breiten Raum eingenommen hat. Die johanneische Verkündigung
gibt das weiter, "was wir gesehen und gehört haben, ... auf dass auch
ihr mit uns Gemeinschaft habt." Dieses Christuszeugnis, hinter dem die
Tradition von Augenzeugen steht, wird nicht nur mündlich weitergege-

---

23. Bereits BERNARD II, 685 bemerkt als Besonderheit, dass "the Gos-
    pel, like the First Epistle, was written with a definite pur-
    pose." Er verweist auf 1 Joh 5,13.

24. BULTMANN, 540.

ben. Es erhält ausdrücklich schriftliche Form: "dies schreiben wir,
damit unsre Freude vollkommen sei."[25]

Wir erkennen innerhalb der johanneischen Schule[26] ein besonderes Tra-
ditionsdenken, das sich neben der Bedeutung des "Lieblingsjüngers" und
der "Parakleten-Sprüche" vor allem daran zeigt, wie stark die schriftliche Fixierung der Tradition betont wird (vgl. neben 20,30f noch
21,24f und den Befund in den Briefen). Das Evangelium zitiert achtmal
mit dem Part. Perf. γεγραμμένος das Alte Testament. In 20,30f wird mit
demselben Ausdruck auf das vorliegende Evangelium zurückgewiesen. R.
A. Culpepper hat in seiner wichtigen Studie wahrscheinlich gemacht,
dass sich darin das Verständnis der johanneischen Schule widerspiegelt: Die (johanneische) Gemeinde hat - unter der Führung des Lieb-
lingsjüngers/ Parakleten - eine γραφή geschrieben, die an Autorität
und Inspiration der Schrift (des Alten Testamentes) gleichsteht.[27]

Diese Feststellung wird durch die Apokalypse bestätigt. Bei allen Ei-
genheiten ist doch auch sie innerhalb des weit zu fassenden johanneischen Traditionszusammenhanges zu sehen. In bewusster Anlehnung an
Formulierungen des Alten Testamentes wird auf die schriftliche Form,
die Verheissung und auf die Autorität des Buches verwiesen (1,3;
22,18f).

Zu diesem Befund ist zu bedenken, dass man innerhalb der pharisäisch-
rabbinischen Tradition zwar schriftliche Notizen gekannt, sich aber
einer schriftlichen 'Fixierung' der mündlichen Gesetzestradition lange

---

25. 1 Joh 1,3f. Vgl. zum ganzen Themenkomplex vor allem BARTH, M.:
    Augenzeuge, 1946. Dem Zusammenhang zwischen Wahrnehmung und Er-
    kenntnis gehen wir ausführlicher in § 17 (Erkenntnis und Glaube)
    nach.

26. CULPEPPER, R. A.: Johannine School, 1975. Vgl. im Kapitel "Zur
    Forschungssituation" Anmerkung 1.

27. So CULPEPPER, R. A.: aaO. 275. Vgl. ebda.: "Writing the Gospel
    was an integral part of fulfilling their mission to witness."

widersetzt hat.[28]

Drei Elemente charakterisieren die johanneische Traditionsbildung:

(a) Berufung auf die Autorität des Lehrers, der aber anonym bleibt.

(b) Berufung auf Inspiration im Zusammenhang mit der Traditionsbildung.

(c) Schriftliche Fixierung der Tradition, die ihrerseits als Autorität weitergegeben wird.

Alle drei Elemente unterscheiden die johanneische Tradition von der pharisäisch-rabbinischen, haben aber unübersehbare Analogien zur Qumranschule.[29]

Verstärkt werden diese Beobachtungen noch durch die Verwendung des Ausdruckes βιβλίον. Nur innerhalb der johanneischen Schule wird davon gesprochen, die durch sie fixierte Tradition sei zum "Buch" geworden.[30] Das ist auffallend. Sonst bleibt der Begriff βιβλίον innerhalb des Neuen Testamentes (fast) ausschliesslich für das Alte Testament bzw. einzelne Schriften daraus reserviert.[31]

Solche Einzelbeobachtungen reihen sich dem Bild ein, das wir von der

---

28. Vgl. dazu die Diskussion bei RIESNER, R.: Jesus, [2]1984, 491ff.

29. Vgl. dazu CULPEPPER, R. A.: aaO. passim; STUHLMACHER, P.: Zum Thema: Das Evangelium und die Evangelien, 12f.15.

30. Joh 20,30f; Off 1,11; 22,7.9.f.18f. Weist die Formulierung ἃ οὐκ ἔστιν γεγραμμένα ἐν τῷ βιβλίῳ τούτῳ in Joh 20,30 auf andere Bücher hin, die auch geschrieben sind?

31. Vgl. Lk 4,17-20; Gal 3,10; Hebr 9,19; 10,7; vgl. auch Jos Ant XI 5; Ap I 38; der Plural in 2.Clem 14,2; die beiden Ausnahmen Mt 19,7/Mk 10,4 (βιβλίον ἀποστασίου) erklären sich als feste Wendungen, die aus Deut 24,1 übernommen sind. Dass in 2. Tim 4,13 mit "Rollen" ebenfalls Teile des Alten Testamentes gemeint sind, ist sehr wahrscheinlich. Vgl. dazu BALZ, H.: Art. βιβλίον bzw. βίβλος, EWNT I, Sp. 521ff bzw. 524f.

Besonderheit des johanneischen Schulkreises haben. Das Urteil, es
handle sich in 20,30f um eine "traditionelle Wendung", welcher bloss
die Funktion eines literarischen (Buch-)Abschlusses zukomme, ist zu
revidieren. Joh 20,30f ist im Zusammenhang der johanneischen Traditionsbildung zu verstehen. Unter einem deutlich bekanntgegebenen Gesichtspunkt wurde Überlieferung ausgewählt und wird nun autoritativ
als "Schrift" weitergegeben.

15.4. Wieviele 'Ziele' verfolgt die Auswahl?

Erkennen wir so die Besonderheit von 20,30f an, so stellt sich erst
recht die Frage, welches Ziel die im Johannes-Evangelium vorliegende
Auswahl von σημεῖα verfolgt. Auch hier hilft nur eine genaue Analyse
des vorliegenden Textes.

Harald Riesenfeld hat in seinem wichtigen Aufsatz "Zu den johanneischen 'hina'-Sätzen" bereits auf die Bedeutung hingewiesen, die der
formalen Analyse dieser Satzperiode zukommt.[32] Leider hat er dabei nur
dem ersten Finalsatz seine Aufmerksamkeit zugewandt. Die Tatsache,
dass hier zwei ἵνα-Sätze den Hauptsatz weiterführen, fand in seiner
Arbeit keine Erwähnung.[33]

Einige Beobachtungen zur syntaktischen Struktur der beiden ἵνα-Sätze
können weiter führen. Auf den Hauptsatz ταῦτα δὲ γέγραπται folgt ein
erster Finalsatz: ἵνα πιστεύ[σ]ητε, dessen Verbum einen untergeordne-
ten weiteren Nebensatz mit ὅτι regiert: ὅτι Ἰησοῦς ἐστιν ὁ χριστὸς ὁ
υἱὸς τοῦ θεοῦ. Darauf folgt ein weiterer Nebensatz, der mit der Einleitung καὶ ἵνα markant an den ersten ἵνα-Satz anknüpft. Worauf verweisen diese beiden Nebensätze?

---

32. StTh 19 (1965), 213-220. Zur Kritik an der Auswahl von RIESEN-
     FELDs Kriterien vgl. DE KRUIJF, TH. C.: Bijdragen 36 (1975), 439-
     449.

33. Die Aneinanderreihung von ἵνα-Sätzen gehört auch sonst zum jo-
     hanneischen Stil; vgl. 1,7; 15,16; 17,20f.22f.

ταῦτα δὲ γέγραπται
   ἵνα   πιστεύ[σ]ητε ὅτι   Ἰησοῦς ἐστιν ὁ χριστὸς
                                  ὁ υἱὸς τοῦ θεοῦ
   καὶ ἵνα
          πιστεύοντες   ζωὴν ἔχετε
                                    ἐν τῷ ὀνόματι αὐτοῦ.

Wichtig ist die Beobachtung, dass der zweite Nebensatz das Verbum des
ersten ἵνα-Satzes (πιστεύ[σ]ητε) in seiner partizipialen Form als Subjekt aufnimmt (ἵνα πιστεύοντες). Dadurch wird deutlich, dass er nicht
parallel zum ersten ἵνα-Satz an den Hauptsatz anknüpft. Er setzt den
ersten Nebensatz voraus, nimmt ihn auf und führt ihn weiter. ".., damit ihr glaubt, dass Jesus der Messias, nämlich [als] der Sohn Gottes
ist, und damit ihr als [in diesem Sinne] Glaubende Leben habt in seinem Namen." Die syntaktische Analyse zeigt, dass das Evangelium nur
ein Ziel verfolgt, das im ersten ἵνα-Satz zum Ausdruck gebracht wird.
Der zweite ἵνα-Satz ist dem ersten eingeordnet. Er fügt also der ersten Zielangabe des Evangeliums keine zweite hinzu.

Das hängt eng mit dem johanneischen Glaubensbegriff zusammen. Als
Glaube erfasst Johannes nur die Hinwendung zu Jesus, die mit der Erkenntnis seiner Sendung verbunden ist.[34] Fehlt dem persönlichen Anschluss die Erkenntnis, oder verbindet er sich gar mit einer falschen
Erkenntnis, so wird er nicht Glaube genannt, sondern πλάνη. Darum
dient die Begründung und Vertiefung der Erkenntnis, die im Bekenntnis
ihren Ausdruck findet, dem johanneisch gefassten πιστεύειν. Nur dem,
dessen Glauben mit der Erkenntnis der Sendung Jesu verbunden ist, die
im Bekenntnis ihren Ausdruck findet, gilt die Verheissung des Lebens.
So zeigt sich, dass die beiden Nebensätze auch inhaltlich zur Einheit
verbunden sind. Die dem Glauben eigene "Erkenntnis" Jesu und das "Leben in seinem Namen" sind bei Johannes unlösbar miteinander verbunden.

15.5. πιστεύειν ὅτι als Bekenntnis-Einleitung

Damit stehen wir vor einem weiteren Problem, das in der Auslegung

---

34. Vgl. § 17.5.2. (Erkennen - Glauben - Erkennen)

dieses Verses bisher nicht erkannt worden ist. Der erste ἵνα-Satz bezeichnet als Ziel dessen, was da aufgeschrieben worden ist, den Glauben der Leser. Doch dieser Glaube kommt nicht als persönliche Hinwendung ins Blickfeld, sondern wegen seines Inhalts: "damit sie glauben,
dass Jesus der Messias, der Sohn Gottes ist." Nicht der Glaube als
Vollzug, sondern seine konkrete Erkenntnis steht im Zentrum des ersten
ἵνα-Satzes. Wir haben zwischen πιστεύειν (absolut/mit Dativ/ mit ἐν/
mit εἰς) einerseits und πιστεύειν ὅτι deutlich zu unterscheiden.

Bei Johannes folgen auf πιστεύειν ὅτι durchgehend Bekenntnisaussagen:

   6,69 (Petrus im Namen der Zwölf): καὶ ἡμεῖς πεπιστεύκαμεν καὶ ἐγνώ-
      καμεν ὅτι σὺ εἶ ὁ ἅγιος τοῦ θεοῦ.
   11,27 (Martha): ἐγὼ πεπίστευκα ὅτι σὺ εἶ ὁ χριστὸς ὁ υἱὸς τοῦ θεοῦ
      ὁ εἰς τὸν κόσμον ἐρχόμενος.
   16,30 (Jünger): πιστεύομεν ὅτι ἀπὸ θεοῦ ἐξῆλθες.
   1. Joh 5,1: Πᾶς ὁ πιστεύων ὅτι Ἰησοῦς ἐστιν ὁ χριστός.
   1. Joh 5,5: ὁ πιστεύων ὅτι Ἰησοῦς ἐστιν ὁ υἱὸς τοῦ θεοῦ.

Als Bekenntnisaussage ist auch Joh 4,42 zu vergleichen (Samariter zur
Frau): οὐκέτι διὰ τὴν σὴν λαλιὰν πιστεύομεν, αὐτοὶ γὰρ ἀκηκόαμεν καὶ
οἴδαμεν ὅτι οὗτός ἐστιν ἀληθῶς ὁ σωτὴρ τοῦ κόσμου.

Bei allen übrigen Stellen handelt es sich um Jesus-Worte, die als
christologische Selbstbekenntnisse bezeichnet werden können:

   16,27: καὶ πεπιστεύκατε ὅτι ἐγὼ παρὰ [τοῦ] θεοῦ /τοῦ πατρὸς ?/ ἐξ-
      ῆλθον.
   8,24 und 13,19: ἐὰν γὰρ μὴ πιστεύσητε ὅτι ἐγώ εἰμι.
   14,10: οὐ πιστεύεις ὅτι ἐγὼ ἐν τῷ πατρὶ καὶ ὁ πατὴρ ἐν ἐμοί ἐστιν.
      (Dasselbe 14,11.)
   11,42: ἵνα πιστεύσωσιν ὅτι σύ με ἀπέστειλας.
   17,8: καὶ ἐπίστευσαν ὅτι σύ με ἀπέστειλας.
   17,21: ἵνα ὁ κόσμος πιστεύῃ ὅτι σύ με ἀπέστειλας.
      Vgl. γινώσκειν ὅτι in 6,69 und 10,38.

Die antidoketischen Bekenntnisformulierungen des 1. Johannesbriefes
machen deutlich, dass sich die johanneischen Gemeinden von den Häreti-

kern nicht durch den persönlichen Anschluss an Jesus unterschieden,
sondern in der Erkenntnis und damit im Bekenntnis getrennt wussten.
Sicher steht das Evangelium in einer anderen Situation als die Briefe.
Dass πιστεύειν ὅτι jedoch durchgehend Bekenntniseinleitung ist, also
mit ὁμολογεῖν ὅτι parallel steht,[35] sollte für die Exegese fruchtbar
werden.

Erst der zweite ἵνα-Satz, der diese Bekenntnisformulierung voraussetzt, nimmt den Glauben als subjektiven Vollzug ins Blickfeld: "..,
und damit ihr als in diesem Sinne Glaubende Leben habt in seinem Namen."[36] Im johanneischen Glaubensbegriff kann man den inhaltlichen und
dem subjektiven Aspekt zwar unterscheiden, man kann sie aber nicht
voneinander lösen. Darauf hat de Jonge in seinen Beiträgen verschiedentlich deutlich hingewiesen. "Next, faith in Jesus is faith in Jesus
the Christ, the Son of God. Fides qua and fides quae are closely connected in the Fourth Gospel...."[37] Diese Differenz im Sprachgebrauch
darf nicht übersehen werden. Das aber wurde in der Diskussion über das
Ziel des Johannesevangeliums verdunkelt, sobald man einfach vom "Glauben" als dem Ziel des Evangeliums sprach und dann den subjektiven
Vollzug darunter verstand. In Johannes 20,30f steht aber der Anteil
der Erkenntnis, die 'fides quae', im Vordergrund.

Damit gewinnen wir für unsere Frage nach der Bedeutung der σημεῖα Jesu
im Johannesevangelium einen wichtigen Ausgangspunkt. Die Diskussion,
welches Ziel das Evangelium verfolge, entzündete sich durchgehend an
dem schwer zu entscheidenden textkritischen Problem, welche Lesart des

---

35. Vgl. 1 Joh 4,15: Ὃς ἐὰν ὁμολογήσῃ ὅτι Ἰησοῦς ἐστιν ὁ υἱὸς τοῦ
θεοῦ.

36. Vgl. die Paraphrase der beiden ἵνα-Sätze bei DE JONGE: "..., they
lead to faith in Jesus, commonly called the Christ, as Son of
God. In this faith the believers receive true life in his name."
Jesus, 1977, 119.

37. Ebda. 118f.

Verbums - πιστεύητε oder πιστεύ[σ]ητε - ursprünglich sei.[38] Will das
Evangelium zum Glauben führen, hat es also eine missionarische Absicht? Oder will es im Glauben stärken und ist damit an Gemeinden gerichtet? Man war zu früh beim Verbum πιστεύειν stehen geblieben und
hat den angeschlossenen ὅτι-Satz, wenn überhaupt, erst sekundär berücksichtigt.[39]

Die Einsicht, dass πιστεύειν ὅτι als feste Wendung zu verstehen ist,
die eine Bekenntnisaussage einleitet, ergibt für die ganze Satzperiode
eine konkrete Ausrichtung. Das Ziel des Evangeliums besteht darin, das
im Bekenntnis "Jesus ist der Messias, der Sohn Gottes" formulierte
Verständnis Jesu einsichtig zu begründen. Diesem Verständnis dienen
die im Evangelium berichteten σημεῖα Jesu. Sie wurden unter dem Gesichtspunkt ausgewählt und aufgeschrieben, die johanneische Christologie, die im Bekenntnis "Jesus ist der Messias, [und zwar] der Sohn
Gottes" ihren Ausdruck findet, zu begründen. Darin liegt, so verstehen
wir nun Joh 20, 30f, die Aussageabsicht des Johannesevangeliums.[40]
Denjenigen, deren Glauben in diesem Bekenntnis seinen erkenntnismässi-

---

38. Vgl. die Diskussion des Problems bei SCHNACKENBURG III, 403f und
die dort angegebene Literatur; BROWN II, 770; RIESENFELD, H.:
StTh 19 (1965), 217 und 220 und dazu DE KRUIJF, Th. C.: Bijdragen, 36 (1975), 445f mit guten überlieferungsgeschichtlichen Argumenten.

39. Vgl. unter vielen Beispielen ZAHN, Komm 687, der von "den Zeichen
als den Glauben entzündenden und fördernden Kundgebungen"
spricht. Ähnlich auch RIESENFELD, H.: StTh 19 (1965), 217: "Die
Zeichen Jesu... sind beschrieben, um bei den Adressaten der Darstellung Glauben zu finden". NICOL, W.: Semeia, 1972, 29f:
"...but these have been recorded that you may believe..."

40. Vgl. DUNN, J. D. G.: Let John be John, 317: "...the first objective of the Evangelist is christological - so to present Jesus in
his Gospel that his readers may believe the Christian claim expressed in the formulation, 'Jesus is the Christ, the Son of
God'."

gen Ausdruck findet, wird das Leben im Namen Jesu zugesprochen.[41]

15.6. ὁ υἱὸς τοῦ θεοῦ als Präzisierung von ὁ χριστός

Auch die Form des vorliegenden Satzes macht deutlich, dass es sich um
eine Bekenntnisformulierung handelt. "Die Bejahung und Anerkennung Jesu äussert sich in einfachen Titelbekenntnissen, die - analog zu dem
atl. Bekenntnis 'hu' ha-aelohim' Dtn 4,35.39; 1. Kön 8,60; 18,39; Ps
110,3 - in einem knappen Nominalsatz den Namen Jesu (als Subjekt) mit
einem Hoheitstitel (als Prädikatsnomen) verbinden ... Dabei liegt der
Akzent auf dem jeweiligen Hoheitstitel.."[42]

Auch in anderen Schichten der neutestamentlichen Lehrentwicklung tauchen "Bekenntnisse" auf. In keiner Tradition aber nehmen sie einen
derart breiten und bedeutenden Raum ein wie in der johanneischen
Schule. Der 1. Johannesbrief formuliert in seiner innerchristlichen,
antidoketischen Frontstellung Bekenntnisse und erklärt sie zum Prüfstein, ja zum Erkenntnis-Merkmal, an dem sich Christ und Antichrist
voneinander scheiden (1. Joh 4,2ff.15; vgl. 2,23; 5,1ff; 2. Joh 7).
Das Evangelium spricht davon, dass das "Bekenntnis" zu Jesus als dem
Messias Anlass dazu gewesen sei, dass die Synagoge Menschen aus ihrer
Mitte ausgestossen habe (9,22; 12,42; vgl. auch 1, 20).[43] Hatten Bekenntnisse sonst ihren Ort vor allem innerhalb des Gemeindegottesdien-
stes[44], so erhielten sie in den johanneischen Schriften eine deutliche

---

41. "Basic to the 'semeia' is that they lead to faith in Jesus, com-
    monly called the Christ, as Son of God. In this faith the belie-
    vers receive true life in his name." DE JONGE, M.: Jesus, 1977,
    119.

42. HOFIUS, O.: Art. ὁμολογέω/ὁμολογία, EWNT II, Sp. 1260f.

43. Zur auffallenden Bekenntnis-Sprache bei Johannes vgl. HAHN, F.:
    Art. χριστός, EWNT III, Sp. 1161f; Art. υἱός, ebda, Sp. 922.

44. Man vgl. jedoch die Verwendung des Titels κύριος in 1. Kor 12,3.
    Zwar liegt wohl auch dort ein Bekenntnis innerhalb des Gottes-

polemische Funktion.

Wenden wir uns nun dem Wortlaut des Bekenntnisses selbst zu. Formal handelt es sich um einen Nominalsatz, der dem Namen Jesu zwei Hoheitstitel zuordnet.[45] Dass der Ton dieses Satzes nicht auf Ἰησοῦς liegt, ist heute unbestritten.[46] Ebenso deutlich ist der titulare Gebrauch von ὁ χριστός. Man sollte dem Vorschlag Schnackenburgs folgen, der meint, "wenn man ὁ χριστός an den anderen Stellen (im Munde von Juden) mit "der Messias" übersetzen muss, dann sicher auch hier."[47]

Das eigentliche Problem besteht in der Frage, in welchem Verhältnis die beiden Hoheitstitel ὁ χριστός und ὁ υἱὸς τοῦ θεοῦ zueinander stehen.[48] In der exegetischen Tradition hat man gern den zweiten Titel als Synonym zu ὁ χριστός aufgefasst. Damit lag auf der Aussage, Jesus sei der MESSIAS, das Hauptgewicht. Tatsächlich tauchen solche Bekenntnisformulierungen innerhalb johanneischen Tradition auf. Sie stehen entweder innerhalb der antidoketischen Frontstellung (1. Joh 4,2), oder aber in der Auseinandersetzung zwischen johanneischer Gemeinde und Judentum (Joh 9,22).

Wäre das die einzige Funktion dieses Bekenntnisses, dann bliebe uner-

---

dienstes vor, aber die polemische Funktion scheint nicht ausgeschlossen. Ist auch Phil 2,9-11 an das Bekenntnis in polemischer Funktion gedacht?

45. Auch sonst begegnen bei Johannes christologische Doppel-Prädikationen, bei denen die Aussage, Jesus sei ὁ χριστός durch einen weiteren Titel ergänzt wird: 1,41, vgl. 45.49.51; zu 1,51 vgl. 9,35; 4,42; 11,27.

46. Vgl. BULTMANN, 541, Anm. 5.

47. III, 404.

48. Vgl. die gute Diskussion der verschiedenen Möglichkeiten bei BROWN II, 1059ff.

klärt, warum gerade das Bekenntnis zu Jesus als dem Sohn Gottes innerhalb der johanneischen Gemeinden einen so breiten Raum einnimmt. Die
messianischen Vorstellungen zur Zeit Jesu ergeben kein einfaches, ge-
schlossenes Bild. Ein Blick in zeitgenössische Texte macht deutlich,
dass verschiedene Vorstellungen teilweise unausgeglichen nebeneinander
bestanden haben. "... the word Messiah is connected with different
figures which play a role in Jewish expectations. ... we cannot speak
of 'fixed concepts'".[49] Die Diskussion über die Herkunft des Messias
(Joh 7,27.42) lässt mindestens zwei unterschiedliche Traditionen erkennen. Das Bekenntnis, Jesus sei der Messias, liess im Einzelfall
verschiedene Interpretationen zu.[50] Es konnte sich die Notwendigkeit
ergeben, genauer zu umschreiben, was man unter Messias verstand.

In diesem Sinn tritt hier der Titel "Sohn Gottes" zum Messias-Titel
hinzu. Er übernimmt die Funktion einer Präzisierung der Sendung Jesu,
wie sie die johanneische Gemeinde verstanden und verpflichtend weitergegeben hat. Das Bekenntnis, Jesus sei der Messias, reichte allein
nicht mehr aus. So hatte ja schon die Menge in 7,31 von Jesu Zeichen
auf seine Messianität geschlossen. Dieses Bekenntnis wird zwar positiv
aufgenommen, aber durch den Hinweis, Jesus sei als der Messias der
Sohn Gottes, präzisiert. De Jonge hat verschiedentlich auf diesen Aspekt hingewiesen: ".. the Christian confession 'ho christos' is interpreted by the addition 'ho hyios tou theou'".[51] Man wird die Bekenntnisformulierung also etwa so zu verstehen haben: "Jesus ist der Mes-

---

49. DE JONGE, M.: Jesus 112, Anm. 50 mit Hinweis auf ThWNT IX, 500-
    518 (DE JONGE / VAN DER WOUDE: "Messianische Vorstellungen im
    Spätjudentum").

50. Vgl. DE JONGE, M.: Jewish expectations, in: DERS., Jesus, 1977,
    77-117.

51. Jesus, 1977, 84f; ebda. 92: "...the statement of 7:31 is supple-
    mented and corrected by the assertion that Jesus is the Christ,
    the Son of God"; vgl. auch 206; ähnlich HAHN, F.: Art. $\upsilon\iota\acute{o}\varsigma$, EWNT
    III, Sp. 922 den johanneischen Sprachgebrauch: "Bei $\acute{o}$ $\upsilon\iota$. $\tau o\hat{\upsilon}$
    $\theta\epsilon o\hat{\upsilon}$ ist die Herkunft aus der Bekenntnistradition zu erkennen".

sias, präziser formuliert: Er ist der Sohn Gottes." Kann man dazu vermuten, dass die johanneische Schule im Gegenüber zum Judentum das Gewicht auf Jesu Messianität gelegt hat, während ihr im Kampf um das ge-
nauere Verständnis der Messianität, also in der innerchristlichen
Lehrauseinandersetzung, die Präzisierung durch den Begriff "Sohn Gottes" wichtig gewesen ist?[52] Andererseits scheint das Evangelium deutlich zu machen, dass im Gegenüber zum Judentum nicht so sehr der messianische Anspruch Jesu der Streitpunkt war, sondern das besondere
Verständnis dieser Messianität. "What caused the trouble was the fact
that the Messiah claim was itself a summary for a much fuller christology - all in fact that is expressed more adequately, so far as John
is concerned at any rate, in the title 'Son of God'. To defend and win
belief in Jesus as the Son of God is the Evangelist's stated aim in
20,31, where 'Son of God' is the necessary supplement to and explanation of the less provocative 'Messiah' claim (similarly 11,27). And
it is precisely on the grounds that Jesus 'made himself Son of God'
that 'the Jews' denounce Jesus to Pilate (19,7)."[53]

15.7. Sind die σημεῖα der 'Inhalt' des Evangeliums?

Es ist immer als merkwürdig aufgefallen, dass in 20,30f betont von Jesu σημεια die Rede ist, nicht aber von den für den Aufbau des Johannesevangeliums wichtigen Reden. ".. it is surprising that John concluded his book as though he had been describing semeia from beginning
to end."[54] Die Voraussetzung, darin eine Spannung zur tatsächlichen

---

52. Vgl. dazu vorsichtige Andeutungen bei DE JONGE, M.: Jesus, 84 und
     92, der diese Linie aber nicht deutlich ausgezogen hat.

53. DUNN, J. D. G.: Let John, 321; vgl. 322. Dass die Präzisierung
     des Messiasanspruches durch den Titel 'Sohn Gottes' gerade im Ge-
     genüber zum Judentum zur Provokation wurde, zeigt Joh 10,36.

54. NICOL, W.: SEMEIA, 1972, 29; vgl. BULTMANN, 541; STRATHMANN, 261;
     SCHULZ, 248; SCHNACKENBURG III, 401. Besonders typisch bei BECKER
     II, 632f: "..ist es doch schlechterdings unerklärlich, wieso E
     (der Evangelist) sein Evangelium so zusammenfassen kann."

Gestalt des Evangeliums zu sehen, liegt darin, dass man die Redeabschnitte bei Johannes als entscheidend ansieht, sie also in ihrer Bedeutung den Wunderberichten vor- bzw. überordnet.[55]

Verschiedene Lösungen wurden für dieses Problem bisher angeboten:

- Entweder behalf man sich mit der Interpretation, die Zeichen Jesu
  würden im Sinne des Johannes die Reden einschliessen.[56] Ähnlich
  klingt es, wenn man da und dort einen 'ungenauen' Sprachgebrauch annimmt.[57]

- Für einen grossen Teil der Forscher liegt die Lösung des Problems in
  der Annahme einer 'Semeia-Quelle'.[58] Der Evangelist habe diese Abschlussformulierung daraus übernommen, auf eine inhaltliche Anpas-
  sung an seine eigene Aussageabsicht aber verzichtet. Man weist dann
  gerne auf "Spannungen" hin, die diese Unausgeglichenheit deutlich
  hervortreten lasse. Die Quelle habe die σημεῖα als legitime Basis
  des Glaubens angesehen, während Johannes solchem Glauben kritisch

---

55. Besonders deutlich STRATHMANN, 261: "...obwohl diese (die Wunder-
    zeichen) hinter den ausgedehnten und vor allem gewichtigeren Re-
    den deutlich zurücktreten." Ähnlich auch SCHULZ, 248. Eine bemer-
    kenswert andere Meinung vertrat ZAHN: "Und dass nur die Zeichen,
    nicht die Reden genannt sind, beweist nur, dass der Ev die Zei-
    chen nicht als Randverzierungen zu den Reden...ansieht", 687.

56. Vgl. BULTMANN, 541 mit Hinweis auf 346.

57. Z.B. WIKENHAUSER, z. St.

58. So die Hypothese, die vor allem seit BULTMANN in die Diskussion
    eingegangen ist. Ausführlich dazu in der Einleitung: Zur For-
    schungssituation (2. Die Semeiaquellen-Hypothese).

gegenüber stehe.[59] Das bedeutet, dass die Verse 20,30f[60] nicht inhaltlich als Schlüssel des vorliegenden Evangeliums zu verstehen
seien, sondern um ihrer Funktion als Schlussformulierung hierher
übernommen sind. Darum könne man ihnen für die Interpretation des
vorliegenden Evangeliums kein volles, theologisches Gewicht zumes-
sen. So ist in einem Kommentar besonders pointiert zu lesen: "E(vangelist) kommt es bei der Übernahme aus der SQ nicht darauf an, ob
sich sein Evangelium unter dem Begriff des Zeichens erfassen lässt.
Letztmals zeigt er in solchen Äusserlichkeiten eine gewisse Gleich-
gültigkeit...Wenn er nun einmal unter dem Druck der SQ mit dem Begriff zusammenfassend arbeitet, sollte man nicht spitzfindig von
20,30 her nochmals die Theologie von E(vangelist) neu aufrollen.."[61]

Dass Johannes in seinem Evangelium auf Traditionen zurückgreift, ist
deutlich. Dass er aber an einer literarisch derart hervorgehobenen
Stelle einen Passus übernimmt, der seiner eigenen Aussageabsicht nicht
entspricht, ja sogar in grober Spannung zu ihr steht, ist völlig un-
wahrscheinlich.[62]

---

59. Vgl. NICOL W.: SEMEIA, 1972, 30, der von "ideological tensions"
    spricht.

60. 20,31b wird dann meist als Zusatz des Evangelisten angesehen.
    Vgl. NICOL, W.: SEMEIA, 1972, 39 mit Hinweisen auf BULTMANN, 541;
    FORTNA, R.: Gospel, 1970, 198 und SCHNACKENBURG, R.: BZ 8 (1964),
    79.

61. BECKER II, 632f.

62. Vgl. zur Kritik LINDARS, B.: Traditions, 123, Anm. 53: "it is
    hard to see how he could dare to leave such an ambiguity in his
    closing appeal to his readers". Ähnlich BROWN, R.: Community,
    1979, 28: "The tendency among such scholars, especially in Germa-
    ny, to see an opposition between the Johannine evangelist and his
    sources, and thus antithetical phases of community life in the
    pre-Gospel period, is in my judgment almost certainly wrong."

Wir haben meines Erachtens keinen Grund, die Betonung, dass die Zeichentaten Jesu den eigentlichen Inhalt des Evangeliums ausmachen, ganz
ernst zu nehmen. Von Jesu σημεῖα her ist das Evangelium zu verstehen.
So konnte schon Noack 1954 in seiner beachtlichen Untersuchung der literarischen Kritik johanneischer Tradition formulieren: "Man kommt
nicht umhin: Die Hervorhebung der "Zeichen" war kein dem Evangelisten
fremder Gesichtspunkt, der ihm von einer Quellenschrift bewusst oder
unbewusst aufgezwungen wurde, sondern sein eigenstes Anliegen; und einer solchen Annahme steht auch nichts im Wege, sobald die künstliche
Scheidung zwischen Jesus dem Wundertäter und Jesus dem Offenbarer auf-
gegeben ist..."[63]

Das Johannes-Evangelium, so haben wir bisher verstanden, hat das Ziel,
das Bekenntnis aufgrund der Evangelientradition als glaubwürdig zu erweisen: (a) Jesus ist der Messias und (b) Jesu Messianität ist im Sinne des "Sohnes Gottes" zu verstehen. Diesem CHRISTOLOGISCHEN Ziel dienen die Berichte von den Zeichentaten Jesu. Aus der Fülle der zu erzählenden Wundertaten Jesu hat Johannes diejenigen ausgewählt, die dem
Erweis dieses Bekenntnisses dienen. Die Zeichentaten Jesu stehen tatsächlich sachlich in der Mitte der johanneischen Darstellung.

Daraus ergeben sich weitere Fragen. In welchem Verhältnis stehen die
Wunderberichte (a) zu den Redeabschnitten in Kapitel 1 - 12, (b) zu
den Abschiedsreden Kapitel 13 - 17 und (c) zu den Berichten von Passion und Auferstehung Kapitel 18 - 20? Welche bei Johannes geschilder-
ten Ereignisse gelten ihm als σημεῖα?

Eine Beantwortung dieser Fragen kann hier nicht geboten werden. Die
Richtung, in der nach einer Lösung gesucht wird, soll jedoch angezeigt
sein:

- Die σημεῖα-Berichte sollen und können zeigen, dass Jesus sich als
  der von der Schrift Bezeugte und im johanneischen Bekenntnis Bekannte glaubwürdig erwiesen hat. Diese Funktion kommt aber nur den Zeichentaten, nicht aber den Reden Jesu zu. Das weist uns auf die Frage

---

63. NOACK, B.: Zur Johanneischen Tradition, 1954, 113.

hin, wie für Johannes Erkenntnis zustande kommt und als wahr erwiesen werden kann.[64]

- Die Reden sind den Zeichenberichten zugeordnet, indem sie den Glauben, der an Jesu σημεῖα entsteht, erkenntnismässig vertiefen, den
  Glauben an Jesus als den Messias also im Sinne des johanneischen Bekenntnisses entfalten.[65]

- Die Abschiedsreden zeigen, auf welche Jüngerlehre Jesus die so Glaubenden verpflichtet hat. Sie stellen also 'historisch' die Verbindung zwischen der Geschichte Jesu und der Gegenwart der johanneischen Gemeinden her, die auf dem Boden eben dieses Bekenntnisses
  stehen.

- Die Berichte von Passion und Auferstehung wollen zeigen, welchen Weg
  der Geglaubte im Gehorsam gegenüber dem Willen des Vaters und in der
  Einheit mit dem Zeugnis der Schrift gegangen ist. Sie zeigen gleichzeitig, wie die gegenwärtige Gestalt der johanneischen Gemeinde auf
  Jesus als den Auferstandenen zurückgeht, verknüpfen also wiederum
  'historisch' ihre Gegenwart mit der Auferstehung Jesu und der dort
  ergangenen Geistbegabung.[66]

Unvermeidlich ist damit die weitere Frage verbunden, ob der Evangelist
unter den in 20,30f erwähnten "Zeichen" nur die in Kapitel 1 bis 12
berichteten Wundertaten Jesu verstanden hat. Nur in diesen Kapiteln
treffen wir auf den Terminus σημεῖον. Oder ist im Sinne des Evangelisten auch die Auferstehung als σημεῖον zu verstehen, auch wenn dieser
Ausdruck in den Kapiteln 13 - 21 nicht für die Auferstehung verwendet

---

64. Vgl. dazu ausführlich § 17 (Erkenntnis und Glaube).

65. Die Reden wollen nicht die σημεῖα christologisch auslegen. Sie
    entfalten Jesu Messianität, auf die die σημεῖα hinweisen, sowie
    den Anspruch, der damit erhoben ist.

66. Bemerkenswert die Argumentation bei DE JONGE, M.: Jesus, 1977,
    127.

wird? Einen indirekten Hinweis erkennt man gerne in der Frage der Juden nach einem Zeichen (2,18), worauf Jesus mit einem Hinweis auf die
Auferstehung antwortet. Eine dritte Erwägung bezieht auch die Erscheinungen des Auferstandenen in die σημεῖα, von denen Johannes spricht,
ein. Das geschieht vor allem dort, wo man davon ausgeht, Johannes habe
eine Quelle benützt, in welcher er den Terminus vorgefunden hat; er
selbst habe den Begriff aufgenommen und für seinen Anwendungsbereich
ausgeweitet.[67]

Die Exegese hat vom konkreten Sprachgebrauch des Evangeliums auszuge-
hen. Als σημεῖα bezeichnet es nur die Wundertaten Jesu während seiner
öffentlichen Wirksamkeit, ohne dass von diesem Gebrauch des Begriffes
auch nur einmal abgewichen wird. In welchem Verhältnis diese σημεῖα zu
den übrigen Teiles des Evangeliums stehen, wird zu erarbeiten sein.
Das ist aber nur möglich, wenn wir uns streng am johanneischen Sprachgebrauch orientieren.

15.8. Die Bedeutung des Jüngerkreises: Zeugen, nicht Publikum

In den Zusammenhang unserer Überlegungen gehört endlich auch die Bemerkung des Evangelisten, Jesus habe die von ihm berichteten Zeichen
vor seinen Jüngern getan. Eine ähnliche Wendung, Jesus habe so viele
Zeichen vor den Juden getan, finden wir in 12,37. Diese Bemerkung, die
den Abschluss des Berichtes der öffentlichen Wirksamkeit Jesu einleitet, entspricht darin der Abschlusswendung des Evangeliums.

Der Tatsache, dass an beiden Stellen verschiedene Präpositionen verwendet werden, sollte man nicht zuviel Gewicht beimessen. Schnackenburg sieht im ἔμπροσθεν (12,37) den Öffentlichkeitscharakter betont,
während ἐνώπιον (20,30) schwächer akzentuiert sei. Der Blick in die
Septuaginta zeigt, dass beide auf dieselben hebräischen Äquivalente
zurückgehen.[68] Bei der Seltenheit des Gebrauches wird man kaum auf

---

67. SCHNACKENBURG III, 401f in Anlehnung an NICOL, W.: SEMEIA, 1972,
     115.

68. JOHANNESSOHN, M.: Präpositionen, 1926, 194-197.359-361.

Stilunterschiede schliessen können.[69]

Tatsächlich ist es so, dass Johannes die Anwesenheit der Jünger bei
den Taten Jesu überall (ausser 4,46ff und 5,1ff) erwähnt,[70] auch wenn
das mehr beiläufig geschieht. Bultmann sieht darin, dass "im ersten
Teil gerade nicht die Jünger das eigentliche Publikum sind", ein Argument dafür, dass dieser Abschnitt aus einer Quelle stammen müsse.[71]
Doch diese Begründung geht an einem wichtigen Umstand vorbei. Die Aussage, Jesus habe die Zeichen "vor seinen Jüngern" getan, bezeichnet
nicht ein Publikum, sondern den die Tradition verbürgenden Zeugenkreis.[72] Die Augenzeugen spielen in der johanneischen Theologie eine
grundlegende Rolle. Der Glaube, zu dem die Gemeinden geführt und in
dem sie befestigt werden sollen, beruht auf der Glaubwürdigkeit ihres
Zeugnisses.[73] Darin liegt das Ziel dieser Aussage. Man darf nicht
übersehen, dass diesen Versen die Thomasgeschichte vorangeht. In ihr
und der Erscheinung Jesu vor den Elfen wird deutlich, dass die Jünger
selbst glaubten, weil sie Jesus tatsächlich <u>gesehen</u> haben. Darum gibt
der Zeugenkreis den späteren Generationen diese Berichte als <u>Zeugnis</u>
weiter.[74]

- Thomas erscheint als Grenzfall. Sein Begehren, Jesus 'handgreiflich'
  vor Augen zu bekommen, wurde, gewissermassen stellvertretend für die

---

69. Vgl. BROWN II, 1055; ABBOTT, E. A.: Johannine Grammar [2335], der
     streng mit "in the sight of" übersetzen will; KRÄMER, H.: Art.
     ἐνώπιον, EWNT I, Sp. 1130f.

70. BULTMANN, 541, Anm. 2.

71. ebda.

72. So auch SCHNACKENBURG III, 401.

73. Vgl. 17, 6-9. 20-21; 20,21-23.29; 21,24f; 1. Joh 1,1-4. Dazu DE
     JONGE, M.: Jesus, 1977, 34.

74. Vgl. die Betonung, die in 1. Joh 1,1-4 auf dem Sehen liegt.

späteren Generationen, erhört und mündet in das Bekenntnis: "Mein
Herr und mein Gott" (20,28). Wer später "nicht sieht und doch
glaubt", der kann glauben, weil die Jünger und auch Thomas wirklich
gesehen und darum geglaubt haben.[75]

Wir haben zweierlei zu bedenken. Für die johanneische Schule war im
Zeugenbegriff kein religiöser, sondern der rechtliche Gedanke massge-
bend. Grundlage war das alttestamentliche Zeugenrecht, das für die
Frage nach der Wahrheitsfindung innerhalb des Prozessrechtes Geltung
hatte (5 Mose 17,6; 19,15). Was durch zwei oder drei männliche Zeugen
bezeugt werden konnte, galt rechtlich gesehen als erwiesen. Im Straf-
prozess kann nur durch die Aussage von zwei oder mehreren Zeugen Wahrheit rechtsgültig erwiesen werden.[76]

Dazu kommt, dass das "Zeugnis" für die johanneische Theologie zentrale
Bedeutung hat, wofür an verschiedenen Stellen (z.B. Joh 5,36-39; 8,17;
15,26; 1. Joh 5,7) ausdrücklich auf die alttestamentlichen Zeugenbe-
stimmungen verwiesen wird. Auch die Zeugenschaft des Lieblingsjüngers
steht innerhalb dieses rechtlichen Zusammenhanges. Das Evangelium will
den johanneischen Gemeinden durch die Weitergabe gesicherter Überlieferung dienen. Die Jünger stehen als verbürgender Zeugenkreis hinter
diesen Berichten. Das erscheint als Sinn der Bemerkung, die hier berichteten σημεῖα seien von Jesus vor den Jüngern getan worden.

Vielleicht kann sich von daher eine weitere Schwierigkeit lösen. Von
den Vertretern der Semeiaquellen-Hypothese wird gerne argumentiert: Da
von σημεῖα nur in Kapitel 1 bis 12 die Rede ist, kann mit dem Terminus
σημεῖον nicht das ganze vorliegende Evangelium gemeint sein. Das sei
ein Hinweis darauf, dass 20,30f aus einer Quelle stamme. Anders könne
die Bedeutung von 20,30 gar nicht erklärt werden.

---

75. Vgl. MICHEL, O.: Aufsehen auf Jesus, 1968, 50-61.

76. Vgl. COHN, M.: Wörterbuch, 1980, Art. Beweis(171ff) 172. Zur an-
     deren Rechtslage im Zivilprozess, der für das Beweisverfahren ne-
     ben dem Zeugenbeweis noch das Geständnis und den Urkundenbeweis
     anerkennt vgl. ebda. 171f.

De Jonge hat darauf mit einer Überlegung geantwortet, der wir aufgrund
unserer Untersuchung zuneigen. Sie fügt sich in das bisher von uns ge-
wonnene Gesamtbild gut ein. Mit den σημεῖα Jesu sind tatsächlich nur
die Wundertaten des irdischen Jesus während seiner öffentlichen Wirksamkeit gemeint. Sie erweisen Jesus als Messias, Sohn Gottes, ermöglichen also die Erkenntnis der Sendung, in der Jesus steht. Glaube aufgrund dieser Zeichen erfordert aber für die späteren Generationen den
Nachweis, dass diese Zeichen auch getreu weiter bezeugt worden sind.
"A far more likely theory, however, is that the evangelist could only
adequately present the Gospel as a record of signs after he had told
how the Risen Lord had given the Spirit to the disciples who had seen
the signs. In giving the Spirit, Jesus not only commissioned them as
agents, but he also guaranteed the truth of their message."[77]

15.9. Ergebnisse

Als Besonderheit der johanneischen Schule stellt sich heraus, dass sie
ihre Tradition unter Nennung eines klaren Zieles auswählt und schriftlich fixiert, um sie so autoritativ als βιβλίον, als Schrift weiterzu-
geben. In diesem grösseren Zusammenhang ist die Schlusswendung Joh
20,30f zu sehen.

Im Vergleich mit der antiken Rhetorik wird die Besonderheit der johanneischen Schlussformel deutlich. Das vorliegende Evangelium wird als
bewusst getroffene Auswahl von σημεῖα Jesu bezeichnet. Ihr liegt ein
angebbares, deutliches Kriterium zugrunde, das gleichzeitig das Ziel
der vorliegenden Darstellung angibt: ταῦτα δὲ γέγραπται ἵνα πιστεύ-
[σ]ητε ὅτι Ἰησοῦς ἐστιν ὁ χριστὸς ὁ υἱὸς τοῦ θεοῦ καὶ ἵνα πιστεύοντες

---

77. DE JONGE, M.: Jesus, 1977, 127. Vgl. die unmittelbare Fortset-
     zung: "Moreover, if the 'doxa' shown forth in the signs has any
     connection with the 'doxa' of Jesus in his being lifted up from
     the earth and his return to the Father, it is only to be expected
     that the revelation of life and glory in the signs is mentioned
     in retrospect, after cross and resurrection and the giving of the
     Spirit -- all moments in the glorification process -- have been
     recorded."

ζωὴν ἔχετε ἐν τῷ ὀνόματι αὐτοῦ.

Es hat sich gezeigt, dass πιστεύειν ὅτι als Bekenntnis-Einleitung zu
verstehen ist. Damit steht fest, dass das Ziel des Evangeliums durch
den dem Verbum (πιστεύειν) angeschlossenen ὅτι-Satz bezeichnet wird.
Es ist der Erweis eines konkreten, für die johanneischen Gemeinden
wichtigen Bekenntnisses.

Der ὅτι-Satz erweist sich nicht nur durch seine Einleitung, sondern
auch durch seine Form als Bekenntnissatz. "Jesus ist der Messias, der
Sohn Gottes." Doppelte christologische Prädikationen, die auch sonst
zur johanneischen Stil-Eigentümlichkeit gehören, sind als 'Präzisie-
rungen' zu werten. Die offenere Konzeption, die hinter dem "Messias"-
Titel liegt, wird durch den für die johanneische Christologie zentralen Titel "Sohn Gottes" präzisiert. In diesem Sinn ist Jesu Messianität zu verstehen.

Dieses Verständnis der Sendung Jesu, das der johanneischen Schule
wichtig ist, wird im Johannes-Evangelium durch Auswahl, schriftliche
Fixierung und Weitergabe von σημεῖα Jesu als glaubwürdig erwiesen. Die
Zeichentaten Jesu stehen sachlich in der Mitte des Johannesevangeliums. Unter ihnen sind die Wundertaten des irdischen Jesus aus Kapitel
1 - 12 zu verstehen.

Durch die Formulierung, Jesus habe diese Zeichen vor seinen Jüngern
getan, wird der Zeugenkreis angegeben, der die Zuverlässigkeit der
Traditionen verbürgt. In den Zeugnis-Aussagen ist für die johanneische
Schule der rechtliche Aspekt entscheidend. Die Jünger haben wahrgenommen, was Jesus getan hat, und stehen dafür rechtsgültig ein. Darum
können sich die Gemeinden, die "nicht mehr sehen", auf dieses Zeugnis
berufen "und doch glauben".

§ 16 <u>DIE BEDEUTUNG DES ALTEN TESTAMENTES FÜR JOHANNES</u>[1]

16.1. <u>Die Fragestellung</u>

Johannes bezeichnet sein Evangelium als eine Auswahl von Berichten
über Zeichentaten Jesu. Das Ziel bestehe darin, dass aufgrund dieses
σημεῖα-Berichtes Menschen zum Glauben und d.h. zur Erkenntnis und zum
Bekenntnis kommen, Jesus sei der Christus, und zwar der Christus als
Sohn Gottes.

Damit wird von Johannes ein konkreter Erkenntnisgang vorausgesetzt.
Wie, so fragen wir, kommt nach Johannes Erkenntnis der Sendung Jesu
zustande, welche Elemente bzw. Vorgänge sind zu unterscheiden, in wel-

---

1. Das damit angezeigte Thema ist so umfangreich und so differenziert, dass es nur in einer umfangreichen Studie entfaltet werden
   kann. Das ist hier nicht zu leisten. Darum kann auch nicht umfassend auf die bereits geleisteten Arbeiten eingegangen werden, obwohl sie hier vorausgesetzt sind. An Literatur zum Thema ist vor
   allem zu nennen:
   <u>Untersuchungen</u>: FRANKE, A. H.: Das alte Testament bei Johannes,
   1885, besonders 255ff: 'Das Schriftwort in den Schriften des Johannes' und 293ff: 'Das hermeneutische Verfahren des Johannes;
   REIM, G.: Studien zum alttestamentlichen Hintergrund des Johannesevangeliums, 1974; LONGENECKER, R. N.: Biblical Exegesis in
   the Apostolic Period, 1975 (152ff: The Quotations of John);
   WHITACRE, R. N.: Johannine Polemic, 1982 (39ff: The Author's Ap-
   peal to Scripture); HANSON, A. T.: The Living Utterances of God,
   1983 (113ff: John's Use of Scripture). Speziell zur johanneischen
   Hermeneutik neuerdings MANNS, F.: RB 92 (1985),525-538.
   <u>Überblick über Forschungstendenzen und Literatur</u>: MALATESTA, E.:
   St. John's Gospel 1920 - 1965, 1967, 25f; SMALLEY, S. S.: John:
   Evangelist and Interpreter, 1978, passim (siehe Register); KYSAR
   R.: The Fourth Evangelist and His Gospel, 1975, 104ff; CARSON, D.
   A.: themelios 9 (1983), 8-18 (11: Use of the Old Testament);
   KYSAR, R.: The Fourth Gospel, ANRW II 25,3, York 1985, 2391-2480
   (2416ff: The Old Testament and Rabbinical Judaism).

chem Verhältnis stehen sie zueinander (§ 17)?

Erkenntnis setzt einen jeweiligen 'Kontext' voraus, der Erkenntnis
erst ermöglicht.[2] Dieser Kontext war für das frühe Judentum in gleicher Weise wie für das Urchristentum durch den Weg Gottes markiert,
den er mit Israel gegangen ist. Dieser Weg war durch das Verheissungswort der Schrift bezeugt. Sie bezeugte Gottes Treue und wies durch
Gottes Verheissungen auf die Fortsetzung und Erfüllung der Wege Gottes
in der Zukunft. Darum fragen wir in diesem Paragraph zunächst nach der
Bedeutung, die Johannes dem Alten Testament zuerkennt.

16.2. Einleitung

Johannes hat sich nicht nur an verschiedenen Stellen ausdrücklich auf
Texte der jüdischen Bibel berufen. Sein ganzes Evangelium spiegelt in
hohem Mass den selbstverständlichen Umgang mit den Texten der Bibel
wider. Das gilt sowohl für ihn selbst, als auch für die Menschen, die
er darstellt: für Jesus, aber auch für die verschiedenen Personen und
Gruppen des jüdischen Volkes, die von ihm genannt werden. Dass die
Schrift als Autorität gilt, auf die man sich berufen kann, ist für alle in gleicher Weise Grundlage.

An einigen Stellen hat sich Johannes grundsätzlich zu dem Verhältnis
geäussert, in dem Jesus zur Schrift, genauer zum Wort des Mose, steht.
Dahinter wird die Auseinandersetzung sichtbar: Wer kann sich zurecht
auf dieses Wort berufen? Diese Polemik ist nur verständlich, weil für
beide Seiten die Geltung der Schrift Voraussetzung ist, die nicht an-
getastet wird. Nicht um die Geltung der Schrift, sondern um ihr Verständnis und um die rechte Berufung auf sie wird gerungen.

In welchem Sinn aber kann es um die Schrift gehen? Gott hat durch sein
Handeln in der Schöpfung, durch sein gnädiges und richtendes Handeln
an Israel und den Völkern in der Geschichte einen Zusammenhang ge-

---

2.   Zu diesem Begriff vgl. vor allem § 17.3. (Der Erkenntnisvorgang:
     Wahrnehmung und Kontext) und 17.4. ('Kontext' und 'Eindeutig-
     keit').

schaffen, innerhalb dessen nun auch Jesus, auch der johanneische Kreis
und auch die Leser des Johannesevangeliums stehen. Weil es um diese
Geschichte geht, geht es auch um das Schriftwort. Denn im <u>Schriftwort</u>
wird das verpflichtende <u>Zeugnis dieser Geschichte</u> gesehen. Darum kann,
ja darum muss man sich auf sie berufen. Darum kann auch die Beziehung
zu Gott für Johannes (und für seine Gegner) nicht von der Bezugnahme
auf das Wort der Schrift, in dem der Mensch Gottes Stimme vernimmt,
gelöst werden. Die rechte Berufung auf Gott und auf eine Sendung, die
von ihm aus ergangen ist, ist nicht zu trennen von der Berufung auf
den Wortlaut der Schrift, auf die γραφή. Dem weiss sich nach der johanneischen Darstellung auch Jesus unterstellt. Seine Sendung, die vom
Vater aus ergangen ist, ist anhand der Schrift auszuweisen. Darum aber
ist sie auch ausweisbar. Die Schrift gibt Zeugnis von dem Kontext, auf
dessen Hintergrund Jesu wahrnehmbares Reden und Tun erkennbar sind.

Im Folgenden (16.3.) skizzieren wir in drei thematischen Kreisen, was
bei Johannes über das Verhältnis zum Alten Testament anklingt. Dem ist
eine Überlegung angefügt, was unter der Bezeichnung "Schrift" bzw.
"Altes Testament" oder "jüdische Bibel" gemeinten Grösse verstanden
wird (16.5.).

16.3. <u>Das Verhältnis zum Alten Testament</u>

16.3.1. <u>Die positive Stellung zum Alten Testament</u>

Der Bericht über die beiden Gesandtschaften an Johannes den Täufer
(1,19 - 27)[3] ist ohne positives Verhältnis zum AT nicht zu verstehen.
Die Frage an den Täufer "Wer bist du?" ist abkürzende Redeweise für
die Frage: "Welche von der Schrift vorgezeichnete Sendung durch Gott
nimmst Du für Dich in Anspruch?" Für die so Fragenden kann die rechte
Erkenntnis einer göttlichen Sendung nicht allein im Blick auf die Tätigkeit des Gesandten entstehen, sondern erst dadurch, dass sie ihre
Wahrnehmung mit einem auf diese Wirklichkeit hinweisenden Schriftwort
verbinden. Diese Voraussetzung wird von Johannes geteilt. Auch er gibt
seine Sendung durch einen Hinweis auf einen Jesaja-Vers (40,3) als

---

3.   Vgl. dazu § 17.2.1. (Johannes 1,19-27).

göttliche Sendung zu verstehen.[4]

Von denselben Voraussetzungen gehen auch die Jünger des Johannes, die
zu Jesus übergehen, aus. Andreas sagt zu seinem Bruder Simon Petrus:
"Wir haben den Messias gefunden, das ist übersetzt: der Gesalbte"
(1,41). Ist hier auch nicht direkt auf ein konkretes Schriftwort hingewiesen, so ist doch der Begriff "Messias" nur aus der alttestamentlichen Tradition ableitbar. So finden wir es ausdrücklich in dem Wort
des Philippus an Nathanael: "Den, von welchem Mose im Gesetz geschrieben hat und die Propheten, haben wir gefunden ..." (1,45). Das Alte
Testament wird nach damaliger Weise nach den zwei Hauptteilen des jüdischen Kanon als "Mose und die Propheten" bezeichnet. Deutlich wird
daran, dass aus dieser Schrift eine konkrete Hoffnung spricht, die die
Gesprächspartner verbindet. Sie können sich darüber mit knappen Worten
verständigen. Deutlich ist ebenfalls, dass es sich um eine Hoffnung
auf eine Person handelt, auf "den, von welchem ..." Die Schrift ist
als ein Wort anerkannt, das die Hoffnung nach vorne in die Geschichte
verweist und Menschen zu einer gemeinsamen Hoffnung verbindet. Die Erkenntnis Jesu wird mit dieser an der Schrift erwachten Hoffnung positiv und in keiner Weise einschränkend oder abgrenzend verbunden. ER
ist der, von dem die Schrift spricht, ER ist der, auf den sich die an
der Schrift entstandene Hoffnung ausgerichtet hat.

Der gemeinsame, positive Anschluss an das Alte Testament ist auch Voraussetzung der Unterredung zwischen Nikodemus und Jesus. Begriffs- und
Vorstellungsmaterial des Abschnittes ist dem Alten Testament entnommen. Jesus selbst verweist auf Mose: "Und wie Mose in der Wüste die
Schlange erhöhte, so muss der Sohn des Menschen erhöht werden ..."
(3,14). Damit wird die Schrift als Hintergrund für Argumentation und
Verständnis vorausgesetzt, ohne dass das als Problem empfunden wird.

Was für das Gespräch mit dem jüdischen Ratsherrn und Schriftgelehrten

---

4. Auch die Frage der zweiten Gesandtschaft kann nur entstehen, wo
    die Schrift als Grundlage anerkannt ist. Die Antwort, die Johan-
    nes gibt, weist zwar inhaltlich in andere Richtung, nimmt aber
    die Voraussetzung, die hinter der Anfrage steht, bejahend auf.

gilt, gilt ähnlich auch für die Frau aus Samarien. Ihre Frage nach dem
rechten Ort der Anbetung (4,20) entsteht am Gegenüber der beiden Traditionen. Haben die Leute in Jerusalem recht, oder die 'Väter' in Samarien? Diese Frage wird von Jesus zwar anders beantwortet, als es
diese Voraussetzungen erwarten lassen. Die Frage wird aber in ihren
Voraussetzungen nicht kritisiert. Dieser Eindruck verstärkt sich im
Verlauf dieses Gespräches noch weiter. Sie weiss um den "Messias", der
"uns alles kundmachen wird" (4,25). Auch hier ist die ihr eigene Tradition, in welcher Form auch immer sie vorausgesetzt werden mag,
Grundlage ihres "Wissens". Von Jesus wird dieses Wissen der Frau nicht
kritisiert. Damit ist ihre samaritanische Tradition als Quelle ihres
Wissens, aus der ihr echtes Wissen und Hoffen zukam, anerkannt und von
Jesus aufgenommen.[5]

Dasselbe Denken, das die konkrete Wahrnehmung mit der Hoffnung, die an
der Schrift ihren Anlass hat und an ihr aufbricht, verbindet, tritt
uns bei der Speisung der Fünftausend deutlich vor Augen. Aufgrund der
Speisung kommt die Menge zum Urteil: "Das ist in Wahrheit der Prophet,
der in die Welt kommen soll" (6,14).[6] Der Satz setzt die Hoffnung auf
den kommenden eschatologischen Propheten wie Mose voraus (Deut 18,15.
18.). In der darauffolgenden grossen Rede wird nicht dieser Rückbezug
auf die Schrift kritisiert. In Jesus steht zwar nicht der neue Mose,
sondern das eschatologische Manna, das Brot des Lebens vor ihnen, um
von ihnen aufgenommen zu werden. Aber es ist nicht der Anschluss an
die Schrift, der zum Problem wird, sondern die Weise, wie die Erfahrung, die man mit Jesus gemacht hat, mit der Schrift verbunden und so
zur Erkenntnis wird. Die positive Stellung zur Schrift ist selbstverständliche Voraussetzung, die hier anerkannt wird.

Die Bezugnahme auf das Alte Testament tritt uns auch in der Einleitung
des Jesuswortes am Abschlusstag des Laubhüttenfestes entgegen (7,38):

---

5.   Vgl. 4,29: "Kommet, sehet einen Menschen, der mir alles gesagt
     hat, was ich getan habe! Sollte dieser etwa gar der Christus
     sein?"

6.   Vgl. dazu § 11 ($\sigma\eta\mu\epsilon\hat{\iota}\alpha$ und mosaische Sendung).

"Von des Leibe werden, wie die Schrift sagt, ..."[7] Der Zusammenhang
zeigt, dass es sich um hervorgehobene Redeweise handelt. Sie hat ihre
Ursache vielleicht in der Situation, dem höchsten Tag des Laubhüttenfestes. Eher aber liegt sie in der eschatologischen Zuspitzung dieses
Wortes. Jesus steht als eschatologischer Geistträger und Geistspender
schon, wenn auch verborgen, unter den Menschen.

An Jesus werden auch aus dem Volk Vorstellungen herangetragen, die man
aus der Schrift vom Kommenden empfangen hat. Doch gerade daran entsteht das Problem. Verschiedene Sendungen stehen unterscheidbar nebeneinander. Einige aus dem Volk sagten: "Dieser ist in Wahrheit der Prophet. Andre sagten: Dieser ist der Christus" (7,40f). Welche Sendung
kann für Jesus in Anspruch genommen werden? So weit man sehen kann,
werden diese Fragen von Johannes nicht kritisiert. Sie haben darin ihren Grund, dass man die Wahrnehmung Jesu, seines Redens und seines
Tuns mit der Schrift verbindet. Damit kommt es zu verschiedenen Deutungen seiner Sendung. Welche davon besteht zu Recht? Unabhängig von
der getroffenen Entscheidung ist wieder die Geltung der Schrift die
selbstverständliche Voraussetzung dieses Vorganges.[8]

Dasselbe gilt auch umgekehrt. Beide Sendungen werden im Blick auf Jesus auch bestritten. Jesus könne nicht der Christus sein, denn der
komme nach der Schrift aus Bethlehem. Aber auch Prophet könne Jesus
nicht sein. "Forsche, und du wirst sehen, dass aus Galiläa kein Prophet ersteht" (7,52). Die Bestreitung einer göttlichen Sendung Jesu
hat ihre Voraussetzung darin, dass die Schrift erforscht werden kann,
dass sie klar spricht und Grundlage jeden Sendungsanspruches ist.[9]

---

7. Das gilt unabhängig von der genauen Übersetzung und Deutung die-
    ser Stelle.

8. Vgl. auch 12,34: Auch hier wird das "Gesetz" als Grundlage der
    Prüfung vorausgesetzt und anerkannt.

9. Man beachte: In 7,40ff wird die messianische Sendung Jesu mit dem
    Hinweis auf seine galiläische Herkunft abgelehnt. Mit demselben
    Argument wird auch erwiesen, dass Jesus nicht "Prophet", worunter

Auf die Schrift kann aber auch ausdrücklich hingewiesen und der Gesprächspartner dabei behaftet werden. "Aber auch in eurem Gesetz steht geschrieben, dass das Zeugnis zweier Menschen wahr ist" (8,17). Jesus nimmt damit positiv auf das "Gesetz" Bezug, obwohl er merkwürdig von "eurem Gesetz" spricht, sich in der Rede also nicht mit den Gesprächspartnern zusammenschliesst. Das bedeutet aber nicht, dass das Gesetz durch Jesus abgelehnt wird.[10]

Der Bericht vom Einzug Jesu in Jerusalem enthält zwei Schriftzitate, die Johannes durch die Tradition vorgegeben sind. Die Jerusalempilger, die Jesus entgegenziehen, singen aus Psalm 118. "'Hosianna! Gepriesen sei, der da kommt im Namen des Herrn' und [der] der König Israels [ist]! Jesus aber fand einen jungen Esel und setzte sich darauf, wie geschrieben steht: 'Fürchte dich nicht, Tochter Zion! Siehe, dein König kommt, sitzend auf dem Füllen einer Eselin" (12,13-15). Beide Zitate (Ps 118,25f und Sach 9,9; doch vgl. auch Zeph 3,15 bzw. Jes 35,4 und 40,9) werden von Johannes übernommen, jedoch durch eine wichtige, hermeneutische Bemerkung erweitert. "Dies verstanden seine Jünger zuerst nicht; aber als Jesus verherrlicht war, da erinnerten sie sich, dass dies über ihn geschrieben stand und dass man ihm dies getan hatte" (12,16). Durch diese Erweiterung wird die Frage erörtert, warum die Jünger den Zusammenhang zwischen dem wahrnehmbaren Ereignis und der Schrift nicht sogleich verstanden haben.[11] Dass die Schrift auch für die Jünger bleibend in Geltung steht, ist die Voraussetzung, von der diese Bemerkung ausgeht.

---

wohl "der Prophet" zu verstehen sein wird, sein kann (7,52).

10.   Diese Ausdrucksweise ist im Kontext der Polemik so zu verstehen, dass der Gesprächspartner auf das Gesetz als "seine" Grundlage, auf die er selbst sich gegen Jesus beruft, zurückverwiesen wird. Damit ist diese Grundlage, das Gesetz, bejaht.

11.   Vgl. dazu ausführlicher § 16.3.3. (Das Verständnis der Schrift als eschatologische Gabe).

Johannes verweist nicht nur in der Darstellung der Ereignisse oder in
polemischen Zusammenhängen auf die Schrift. Dass sie auch für ihn
Grundlage theologischen Erkennens ist, zeigen die beiden Jesajazitate,
mit denen er den Bericht von Jesu öffentlicher Wirksamkeit abschliesst
(12,37-41). Der Unglaube, der sich trotz der Zeichentaten gegen Jesus
gestellt hat, ist ein geschichtliches Ereignis und wird damit zum entscheidenden theologischen Problem. Wie ist Jesu öffentliche Wirksamkeit, die sich in seinen σημεῖα zuspitzt, zu verstehen? Diese theologische Frage wird sogleich zur Frage an die Schrift. In ihr ist die
Antwort gegeben. Diese wird dadurch erkannt, dass das offensichtliche
'Scheitern' der Sendung Jesu mit der Schrift verbunden wird.[12] Die Jesajatexte werden als prophetisches Wort Gottes auf die Zeit und Sendung Jesu hin verstanden.[13]

16.3.2. Die rechte Berufung auf die Schrift

Die voranstehenden Beispiele, die noch weiter vermehrt werden könnten,
zeigen, dass Johannes die Schrift problemlos als gemeinsame Grundlage
Jesu, der Jünger, aber auch der Menschen, die Jesus widerstanden, annimmt. Der Gegensatz tritt erst auf der Grundlage dieser Anerkennung
hervor. Das macht die Auseinandersetzung so schwer und den Gegensatz
so tief. Wer beruft sich zurecht auf die Schrift? Johannes hat in seinem Evangelium auch zu dieser Frage implizit Stellung genommen.

Unter Berufung auf das jüdische Zeugenrecht verweist Jesus für sein
Tun auf die beiden Zeugen, die sein Recht erweisen: Seine Werke und
das in der Schrift niedergelegte Zeugnis des Vaters stimmen miteinan-

---

12. Vgl. ausführlicher § 14 (Die σημεῖα und das 'Scheitern' der Sen-
    dung Jesu).

13. Das gilt nicht methodisch unreflektiert. Nicht jeder Text kann
    einfach auf Jesus hin übertragen werden. Beide in der Folge zi-
    tierten Texte, Jesaja 53,1 und Jesaja 6,9f, sprechen von einer
    Sendung durch Gott. Sie sind zusammen mit anderen Jesajatexten
    von Johannes auf den Messias hin gelesen worden.

der überein (5,36f).[14] Die damit einsetzende Auseinandersetzung wird
weiterhin um die Schrift geführt. "Ihr durchforscht die Schriften,
weil ihr meint, in ihnen ewiges Leben zu haben; und diese sind es, die
von mir zeugen" (5,39). Das Durchforschen der Schrift wird von Jesus
anerkannt. Sie müsste aber zur Erkenntnis der Sendung Jesu führen. Mit
ihrem Zeugnis wäre die Wahrnehmung dessen zu verbinden, was Jesus tut.
Der rechtliche Hintergrund dieser Argumentation wird nun vertieft und
entfaltet. "Meinet nicht, dass ich euch beim Vater anklagen werde! Es
gibt einen, der euch anklagt, Mose, auf den ihr eure Hoffnung gesetzt
habt. Denn wenn ihr Mose glaubtet, würdet ihr mir glauben; denn über
mich hat jener geschrieben. Wenn ihr aber seinen Schriften nicht
glaubt, wie werdet ihr meinen Worten glauben?" (5,45-47).

Das Wissen um Gottes Gericht ist der Hintergrund dieser Argumentation.
Wer wird in diesem Gericht als Ankläger, d.h. als anklagender Haupt-
zeuge, auftreten? Die Berufung auf Mose wird nicht als ungenügend kritisiert, sondern als unecht entlarvt. Sie 'hoffen' auf Mose (als Ent-
lastungszeuge im Gericht?). Dabei würde Mose sie, würden sie wirklich
auf ihn hören, dazu führen, an Jesus zu glauben: "Über mich hat jener
geschrieben." Ihre Hoffnung auf Mose gibt dem, was Mose wollte, nicht
Raum. Darum kann es nicht wahr sein, dass sie seinen Schriften glauben. Offensichtlich setzt der Text voraus, dass aufgrund dessen, was
Mose[15] geschrieben hat, Jesus in seiner Sendung, seinem Wort und seinem messianischen Tun "erkennbar" sei. Der "Glaube", der in Jesu Wort
seinen Grund findet, stellt darum nimmermehr einen Gegensatz gegen den
"Glauben aufgrund der Schriften des Mose" dar, sondern setzt ihn sogar
als seine Grundlage voraus. "Wenn ihr <u>seinen</u> Schriften nicht glaubt,
wie werdet ihr <u>meinen</u> Worten glauben?[16]

---

14. Vgl. dazu ausführlicher unten § 17.2.4. (Johannes 5,36-40).

15. Dabei kann offen bleiben, ob Mose hier nur für die Thora steht,
    oder für die Schriften des jüdischen Kanons allgemein.

16. Dieser Abschnitt ist als Grundlage auch für Johannes 12,47-50
    mitzubedenken. Zwischen Jesu Worten und den Worten des Mose be-
    steht für Johannes keine sachliche Differenz. Mose und Jesus un-

Die Rede Jesu am Laubhüttenfest wendet sich der halachischen Frage zu, was als 'Sabbat-Bruch' zu verstehen und was als 'Ausnahme' anzusehen sei (7,14-29). Solche Ausnahmen sind notwendig und anerkannt, gerade damit der Sabbat nicht gebrochen wird, sondern das Gesetz in allen seinen Vorschriften gehalten werden kann. Anlass dazu bietet der Vorwurf gegen Jesus, durch seine Heilungstätigkeit den Sabbat gebrochen zu haben. Jesus nimmt ausdrücklich auf 'Mose', d.h. die durch ihn gegebenen Gesetze im Pentateuch, Bezug. Das ist nur möglich, wenn damit ohne kritische Distanz die gemeinsame Grundlage bezeichnet ist. Der Abschnitt stellt heraus, dass Jesus sein Handeln in Übereinstimmung mit dem Gesetz des Mose ansieht. Es ist zwar nicht 'normales' Handeln. Jesus nimmt für sich eine Ausnahmebestimmung in Anspruch. Das ist aber auch sonst innerhalb der jüdischen Praxis als gültig anerkannt. Der Grundsatz gilt, dass einzelne Bestimmungen, z.B. Beschneidung, Opfer oder bestimmte Lebenssituationen, z.B. Lebensgefahr,[17] den Sabbat

---

terscheiden sich zwar in ihrer Sendung, nicht aber in ihrer Lehre. Vgl. auch 7,14ff: ".. ging Jesus in den Tempel hinauf und lehrte. Die Juden nun verwunderten sich und sagten: Wieso kennt dieser die Schriften, da er doch ein Ungelehrter ist? Da antwortete ihnen Jesus und sprach: Meine Lehre ist nicht mein, sondern dessen, der mich gesandt hat." Der Bezug auf 'die Schriften' ist auch hier eindeutig positiv gefasst. Jesus erscheint als der, an dem Jesaja 54,13 (vgl. Joh 6,45) in Erfüllung gegangen ist. Er hat seine Lehre nicht durch den Anschluss an die Tradition empfangen, ist also in diesem Sinn ein "Ungelehrter". Er hat sie unmittelbar von dem, der ihn gesandt hat, empfangen. Vgl. zu ähnlichen Aussagen im Blick auf die Jünger Jesu unten § 16.3.3. (Das Verständnis der Schrift als eschatologische Gabe).

17. So die pharisäische Halacha, die an diesem Punkt im Gegensatz zur Halacha der Essener steht. Vgl. zum Grundsatz Joma VIII,6; vgl. Schabb XVIII,3; zur Aufhebung des Sabbats bereits 1 Makk 2,39-42. Zur essenischen Sabbathalacha vgl. neben Josephus, bell II,147 vor allem CD X,14 - XI,23 und Jub 2,17-33; 50,6-13.

'verdrängen'. Grund dieser 'Verdrängung'[18] ist keineswegs Kritik am
Gesetz oder der Versuch der Erleichterung, sondern zielt gerade auf
die rechte Erfüllung des Gesetzes im Sinn dessen, was das Gesetz
meint. Jesus verweist auf das Beschneidungsgebot, das mit dem achten
Tag nach der Geburt des Sohnes unlösbar verbunden ist. Ist dieser Tag
ein Sabbat, kommt es zum Konflikt beider Gebote. Der Entscheid lautet,
dass das Beschneidungsgebot das Sabbatgebot 'aufhebt', nicht aber umgekehrt. Die wichtige Frage unseres Textes, womit Jesus sein Handeln
als Ausnahme begründet, findet darin ihre analoge Antwort. Die Bindung
Jesu an die Schrift wird auch hier nicht aufgehoben, sondern anerkannt
und durchgehalten. Jesus steht nicht gegen Mose, wie Mose nicht gegen
Jesus und sein Handeln steht.

Die Polemik geht nach der Darstellung des Johannes dahin weiter, dass
Jesus vorgeworfen wird, er lästere Gott (10,33-36). Diese Feststellung
nimmt wenigstens indirekt den Wortlaut der Schrift als Rechtshinter-
grund für sich in Anspruch,[19], auch wenn für uns der genaue Text, der

---

18. Zur Verdrängung des Sabbats durch Gebote, die an eine bestimmte
     Zeit gebunden sind, vgl. Bill I, 620f; zur Beschneidung am Sabbat
     ebda. I, 1053; II, 487f; III,232; IV, 24f.36. Es gibt auch eine
     'eschatologische' Verdrängung des Gesetzes, für die man sich auf
     Ps 119,126 berufen hat: Die הוראת שעה, die Entscheidung, die durch
     die (von Gott verfügte) 'Stunde' getroffen ist.

19. Es ist dabei zunächst nicht an den biblischen Text zu denken,
     sondern an die jüdischen Rechtstexte aus Mischna und Tosefta, die
     das jüdische Recht, das aufgrund der biblischen Texte entwickelt
     worden ist, wiedergeben. Für uns entstehen daran verschiedene
     Probleme. Ist dieses Recht schon für die Zeit Jesu vorauszuset-
     zen? Wenn ja, in welchem Umfang? Das kann nur die Detailanalyse
     für jeden einzelnen Fall neu zeigen. Für den Lästerungsvorwurf
     bestehen besondere Schwierigkeiten. Nach dem, was wir aus den
     Texten jüdischer Halacha wissen, fällt die Selbstbezeichnung Jesu
     als "Sohn Gottes" nicht unter diesen Vorwurf. Es gibt aber Hin-
     weise, dass man z.B. im Umgang mit Ekstatikern andere Massstäbe
     gekannt hat. Jede Ausdrucksweise, die auf einen Dualismus, die

hinter dieser juristischen Argumentation steht, nicht erkennbar ist.
Jesus verweist auf eine Stelle in den Psalmen (82,6), nennt sie aber
"euer Gesetz".[20]

Das Verhältnis zwischen Jesus und Mose steht im Zentrum der Auseinandersetzung, die um Jesus geführt wird. Jesu Gegner berufen sich auf
Mose. Eine solche Berufung auf Mose wird grundsätzlich anerkannt. Ergeht sie jedoch hier zurecht? Das wird von Johannes bestritten. Mose
steht auf Jesu Seite. Wer auf ihn hört, der findet bei ihm den Zeugen,
der auf Jesu Sendung hinzeigt und sein Recht bestätigt. Wer gegen Jesus steht, gegen den wird Mose als Zeuge der Anklage auftreten.

Auch der Prolog des Johannesevangeliums bestimmt Jesu Verhältnis zu
Mose in derselben Weise. "Denn das Gesetz ist durch Mose gegeben wor-
den, die Gnade und Wahrheit ist durch Jesus Christus gekommen" (1,17).
Diese Aussage ist nicht ironisch oder abwertend gemeint.[21] Es wird po-

---

Behauptung einer Zweiheit in Gott hinauslief, fiel unter den Vorwurf der Lästerung. Die offizielle Halacha hat das nicht weiter
entfaltet. Die Auseinandersetzung um diese Dinge scheint aber
brennend gewesen zu sein und verbindet sich in der späteren Tradition vor allem mit dem Namen Elischa ben Abuya. Mehr dazu in
meinem Aufsatz in: FZPhTh 32 (1985)343-372, bes. 350 und 352; umfassend SEGAL, A.F.: Two Powers in Heaven, 1977.

20. Vgl. Joh 19,7: "Die Juden antworteten ihm: Wir haben ein Gesetz,
und nach dem Gesetz muss er sterben; denn er hat sich zu Gottes
Sohn gemacht." An beiden Stellen erfolgt die Berufung auf das Gesetz. Beide Stellen bringen den Vorwurf, Jesus mache sich zu
Gott/Gottes Sohn. Beide Stellen begründen den Todesbeschluss mit
diesem Hinweis, bezeichnen ihn also als Beschluss, der im Gesetz
seinen Anlass und sein Recht findet. Vgl. dazu näher § 13
(σημεῖα und Todesbeschluss).

21. Es ist ernsthaft zu fragen, ob nicht doch hier, nicht in Vers 14,
der Höhepunkt des Prologs liegt. Erst hier wird der Name Jesu genannt. Seine Sendung wird im Anschluss, aber auch in Abgrenzung

sitiv festgestellt, was durch Mose gegeben worden ist: Gott hat das
Gesetz durch Mose "gegeben" (ἐδόθη; vgl. 6,31-32). Damit ist gleichzeitig seine Grenze im Gegenüber zu Jesus aufgezeigt. Gnade und Wahrheit sind nicht durch ihn in unsere Welt eingetreten (ἐγένετο). Innerhalb der Beschränkung, in der Mose und damit das von ihm gegebene Gesetz stehen, haben sie aber ihre von Gott gegebene Aufgabe.[22]

16.3.3. Das Verständnis der Schrift als eschatologische Gabe

An einigen Stellen geht Johannes eher nebenbei auch auf das Problem
des Verstehens der Schrift ein. In der Rede des sechsten Kapitels wird
zitiert: "In den Propheten steht geschrieben: 'Und alle werden von
Gott gelehrt sein'" (Joh 6,45 = Jes 54,13). Mit diesem Zitat wird ein
Jesuswort aus der Schrift begründet: "Jeder, der vom Vater her gehört
und gelernt hat, kommt zu mir" (6,45b).[23]

Im Zusammenhang der Rede geht es um die Frage, wer zu Jesus kommen
wird. "Niemand kann zu mir kommen, es ziehe ihn denn der Vater"
(6,44). Das Studium der Schrift ist keine 'Garantie'. Wer aber "von
Gott gelehrt" wird, also in der Schrift "vom Vater gehört und gelernt
hat", der wird zu Jesus kommen. Mit der Prophetenstelle (Jes 54,13)

---

zu Mose entfaltet. Diese Deutung entspricht auch der Eigenart hebräischer Sprechweise, die den Höhepunkt an das Ende rückt.

22. Wir haben hier dieselbe Denkform vor uns, die uns auch im Hebräerbrief entgegentritt. Jesus wird den Sendungen des Alten Testamentes zugeordnet. Im Vergleich mit ihnen treten sowohl Parallele
als auch einmalige Überbietung deutlich heraus. Vgl. näher MI-
CHEL, O.: Hebräerbrief, [13]1975, 285f (Exkurs: Besondere Denkfor-
men im Hebr).

23. Deutlich wird dieses "Hören und Lernen" in Vers 46 vom "Sehen"
abgegrenzt. "Nicht als ob irgend jemand den Vater gesehen hätte,..."

ist die "endzeitliche" Vollendung angesprochen.[24] Vergleicht man den
Wortlaut des Zitates mit dem hebräischen Text von Jes 54,13, dann ist
die Fassung in Joh 6,45 'tendenziös'. Der Lehrvorgang tritt hervor und
ist wohl bewusst betont.[25] Dass Israel Gottes Stimme in den Schriften
hört, ist die allen gemeinsame Voraussetzung.[26] Dass Israel aber in
der Schrift wirklich hört, darin wirklich den Vater hört, das ist um-
kämpft. Nach Jesu Aussage ist das mit der Erwählung Israels nicht einfach mitgegeben. Es handelt sich um eine Gabe Gottes. Dass sie konkret
da ist zeigt sich erst dann, wenn sie sich in Hinwendung zu Jesus als
von Gott gegeben erweist. Der Grundsatz von Joh 8,38 gilt auch hier:
Am TUN erweist sich, WOHER man kommt und WEN man hört.

Schon das Zitat aus den Propheten legt nahe, dass dieses Lernen von

---

24. Vgl. die Parallele, in der Jesaja 54,13 zu Jeremia 31,33f steht.
    Wie wichtig dieser Gedanke innerhalb der johanneischen Gemeinden
    ist, erhellt aus 1 Joh 2,20.27. Vgl. auch Joh 8,38: Am Tun, also
    am Werk wird deutlich, welchen Vater man hat, d.h. von welchem
    Vater man hört. Parallelen zu diesem Zitat: CD 20,4; PsSal 17,35;
    1 Thess 4,9; Barn 21,6 und PesKah 12,107a, wo Jes 54,13 mit Jer
    31,31f verbunden ist [Text bei SCHLATTER, A.: Komm 176f].

25. Vgl. RIESNER, R.: Jesus als Lehrer, 171 über Qumran: "Auf das in-
    tensive Bemühen, allen Sektenangehörigen Schriftkenntnisse zu
    vermitteln, dürfte ihre Bezeichnung als "Schüler Gottes" (למודי
    אל) hinweisen [CD 20,4; vgl. 1QH 2,39; 8,36 (?) und auch 1QM
    10,10.] die wohl auf Jes 54,13 anspielt ... Die Belehrung der
    Mitglieder vollzog sich durch das Vorlesen von Büchern [1QS 6,7
    vgl. 1QSa 1,4f], aus denen auch auswendig gelernt wurde ...."
    Vgl. auch 170 zur 'Bibel-Schulung' der Gemeinde in Qumran und ihr
    festes 'Bildungs-Programm'.

26. Der Targum liest: "Alle deine Söhne werden die Unterweisung
    (אוריתא = Gesetz, Lehre, Auslegung, Pentateuchrolle) des Herrn
    studieren (אלפין = sich gewöhnen, lernen, studieren)..." Auch der
    Targum versteht also unter 'Lernen' das Lernen der Überlieferung
    Israels.

Gott her als eschatologische Gabe verstanden ist. Das wird durch zwei andere Aussagen des Evangeliums erhärtet. An zwei Stellen wird den Jüngern das Unverständnis der Vorgänge, deren Zeugen sie wurden, bescheinigt. Es wird aber auch auf Zeitpunkt und Vorgang ihres Verstehens hingewiesen: das erste Mal bei der Tempelreinigung, das zweite Mal bei Jesu Einzug in Jerusalem: "Seine Jünger erinnerten sich, dass geschrieben steht: Der Eifer für dein Haus wird mich verzehren" (2,17 = Ps 69,10). "Als er nun von den Toten auferweckt worden war, erinnerten sich seine Jünger, dass er dies gesagt hatte, und sie glaubten der Schrift und dem Worte, das Jesus gesprochen hatte" (2,22).

Beide Verse setzen voraus, dass die Jünger Jesu ihre Wahrnehmung mit dem Schriftwort verbinden, woraus Erkenntnis und Glaube entstehen. Der Anschluss an das Schriftwort ist positiv und wird nicht als Problem gesehen. Johannes verweist aber darauf, dass ihnen diese Verbindung nicht sofort klar war. Er spricht in diesem Zusammenhang von der "Erinnerung". Sie habe sich erst nach Jesu Auferstehung eingestellt und so zum Glauben geführt.[27]

Der zweite Abschnitt unterstreicht dieses Verständnis weiter. Beim

---

27. Vers 17 wird von der "Erinnerung" an das Psalmwort gesprochen, ohne dass eine aus der Verbindung von Wahrnehmung und Schriftwort entstehende Erkenntnis ausgesprochen wird. In Vers 22 liegt der Sachverhalt insofern anders, als die Erinnerung hier Erinnerung an ein Wort Jesu ist, das den Jüngern erst nach der Auferstehung verständlich wird: Erst jetzt können sie ja "erkennen", d.h. das vor ihnen liegende Ereignis der Auferstehung mit dem schon lange vorher vernommenen Wort Jesu so verbinden, dass aus dieser Verbindung von Wort (Jesu) und Wahrnehmung Glauben entsteht. Und doch ist dieser Vers wichtig. Der aus solcher Verbindung entstandene Glaube ist ja auch Glaube aufgrund der Schrift: "...und sie glaubten der Schrift und dem Worte, das Jesus gesprochen hatte." Es ist wahrscheinlich, dass unter der γραφή das konkrete Zitat in Vers 17 (Psalm 69,10) zu verstehen ist. Das "Wort, das Jesus gesprochen hatte" liegt in Vers 19 vor uns: "Brechet diesen Tempel ab, und in drei Tagen will ich ihn wiedererstehen lassen."

Einzug Jesu in Jerusalem (12,13-15) werden zwei Schriftworte zitiert.
Zunächst rufen die Menschen: "'Hosianna! Gepriesen sei, der da kommt
im Namen des Herrn' und [der] der König Israels [ist]! Jesus aber fand
einen jungen Esel und setzte sich darauf, wie geschrieben steht:
'Fürchte dich nicht, Tochter Zion! Siehe, dein König kommt, sitzend
auf dem Füllen einer Eselin.'" Dem fügt Johannes die Bemerkung an:
"Dies verstanden seine Jünger zuerst nicht; aber als Jesus verherrlicht war, da erinnerten sie sich, dass dies über ihn geschrieben
stand und dass man ihm dies getan hatte" (12,16).[28] Wie bei der Bemerkung über das Tempelwort Jesu wird ein genaues Datum der Erkenntnis
angegeben: "Als Jesus verherrlicht war ..." Der Vorgang besteht wie
dort darin, dass das Ereignis von ihnen "erinnert" wird. Die zweite
Stelle hebt das Nichtverstehen der Jünger zum Zeitpunkt des Ereignisses betont hervor: "Das verstanden seine Jünger nicht - zuerst."

Was Johannes unter "Verstehen" meint, tritt hier deutlich hervor. Der
Zusammenhang, der zwischen dem wahrnehmbaren Ereignis und der Schrift
besteht, wird ihnen klar. Dieses Verstehen hängt aber für Johannes
ausdrücklich mit dem Geist als dem παράκλητος zusammen. "Der Beistand
aber, der heilige Geist, den der Vater in meinem Namen senden wird,
der wird euch alles lehren und euch an alles erinnern, was ich euch
gesagt habe" (14,26). Die Aufgabe des Geistes wird ausdrücklich als
"Lehren und Erinnern" bezeichnet. Diese Aufgabe wird der Geist nach
seiner Sendung erfüllen. Zuvor gilt: "..den Geist gab es noch nicht,
weil Jesus noch nicht verherrlicht war" (7,39).[29] Damit schliesst sich
der Kreis. Das "Datum" der Sendung des Geistes ist das Datum, mit dem
das Verstehen der Jünger beginnt. Ihr Verstehen ist Gabe, die sie
durch diesen Geist empfangen. Es ist die Aufgabe, die der Geist als
der eschatologische Lehrer und Erinnerer an ihnen erfüllt (14,26). Der
Geist löst jedoch die Erkenntnis nicht von der Schrift, nicht vom Wort
Jesu, sondern setzt beides voraus und verweist darauf als auf eine der

---

28. Vgl. oben § 16.3.1. (Die positive Stellung zur Schrift).

29. Zur viel diskutierten Frage, welcher Vorgang mit Erhöhung bzw.
    Verherrlichung gemeint ist, vgl. Exkurs 2, Abschnitt 3.4. (Die
    Erhöhung/Kreuzigung des Messias).

beiden Quellen des Verstehens zurück.

16.4. EXKURS: Zum Ausdruck "die Schriften"

Bisher haben wir einfach vom 'Alten Testament', von den 'Schriften'
(des 'jüdischen Kanons') usw. gesprochen. Wir verwenden die Bezeichnung 'Altes Testament' unpolemisch. Die Frage, ob der griechische Kanon der Septuaginta oder der hebräische Kanon vorauszusetzen sei, ist
für unsere Fragestellung ohne Bedeutung. Der hebräische Kanon scheint
sich zwar abgezeichnet zu haben, stand aber erst viel später in fester
Geltung. Schwerer ist die Beantwortung der Frage, welche Schriften Johannes gekannt und auch benützt hat.

Zu diesen äusseren Voraussetzungen tritt eine Überlegung hinzu. Für
die Exegese und die Frage nach dem Schriftumgang ist die Einsicht
wichtig, dass Kenntnis des Textes und Verständnis dieses Textes in en-
gem Zusammenhang zueinander stehen. Jeder Text ist immer schon ein irgendwie verstandener Text. Das gilt für Johannes, für seine Gemeinde,
aber ebenso für sein Gegenüber. Berufung auf die Schrift bedeutet darum gleichzeitig, dass ein konkretes Verständnis dieser Schrift(stelle)
mitzitiert wird. Für die Exegese bedeutet das, dass nicht nur auf den
konkreten alttestamentlichen Text zu hören ist, sondern vor allem auf
die Auslegungen, die zeitlich, geographisch und soziologisch etwa demselben Raum zuzuweisen sind. In besonderer Weise sind wir damit auf
die alten Übersetzungen, die ja selbst schon Auslegungen sind, sowie
auf die Qumranschriften und den Teil der apokryphen und pseudepigraphen Schriften hingewiesen, die dem palästinischen Raum zuzuweisen
sind. Dazu treten Josephus, die palästinischen Targumim und die älte-
ren rabbinischen Überlieferungen. Aber auch frühe patristische Äusserungen und Nachrichten haben hohen Quellenwert, da sie zum Teil ältere
Überlieferungen wiedergeben, die im rabbinisch-jüdischen Überliefe-
rungsgang ausgeschlossen wurden. Die Arbeit am neutestamentlichen Umgang mit dem Alten Testament wird von diesen Voraussetzungen nicht ab-
sehen können.[30]

---

30. Das bedeutet weder, dass Johannes und Jesus nur das als 'theolo-

Mit dem Hinweis auf das "Alte Testament" ist immer ein bereits "verstandener Text" gemeint, auch wenn uns das genaue Verständnis nicht mehr unmittelbar zugänglich ist. Damit tritt uns gleichzeitig die Bedeutung, aber auch die Schwierigkeit der religionsgeschichtlichen Einordnung der johanneischen Tradition entgegen. Die durchgehend positive und unpolemische Bindung an das Alte Testament, die das Johannesevangelium sowohl für Jesu Gegner wie für sich selbst voraussetzt, lässt auf eine Umwelt schliessen, die diese Voraussetzung teilt. Darüber hinaus sehen wir, dass die Schrift von beiden Seiten als Instanz angerufen werden kann, an der Jesu Sendung erkannt, aber auch geprüft werden kann und muss.

16.5. Zusammenfassung

Wir haben erkannt, dass Johannes sowohl für Jesus, für sich selbst wie für die Gruppen, die er als Gegner Jesu beschreibt, die Bindung an das Alte Testament voraussetzt. Das ist als Hinweis zu verstehen, dass eben diese Bindung nicht umstritten war. Dass die Schrift Gabe Gottes war, ja dass auch Jesu Sendung daran zu erkennen, aber auch daran zu prüfen war, stand fest. Der Kampf entstand erst an der Frage, wer sich zurecht auf sie berief.

Es war nicht unsere Absicht, in diesem Paragraph die konkrete Art, wie Johannes methodisch mit dem Alten Testament umgeht, welche Schriften er benützt usw., zu behandeln. Diese Arbeit würde das Ziel dieser Untersuchung sprengen. Und doch soll auf ein Problem ausführlicher hingewiesen werden, weil es für unser unmittelbares Thema erhellend sein kann. Untersuchungen über die Bedeutung des Alten Testamentes innerhalb des Neuen Testamentes nehmen gerne bei den konkreten Zitaten, die

---

gische Leistung' zuzuschreiben sei, was sie von dem, was wir aus jüdischen Quellen kennen, sachkritisch unterscheidet, noch, dass sie ganz in ihrem Hintergrund aufgehen. Die Stimmen der neutestamentlichen Zeugen stehen in einem Kontext, der immer mitzuhören ist. Sie haben aber in diesem Kontext eine durch die Erscheinung Jesu unverwechselbar gewordene Stimme.

wenn möglich an Zitationsformeln erkennbar sein sollen, ihren Ausgangspunkt. Das ist verständlich, da damit eine methodisch gesicherte
Grundlage für die Untersuchung gegeben ist. Es ist aber meines Wissens
noch nie gefragt worden, ob solche konkreten Zitate wirklich 'normale'
Sprechweise waren. Ist es sinnvoll, für eine Kultur, die schriftlich
fixierte Texte zumeist gedächtnismässig voraussetzen konnte und wohl
auch weitgehend gedächtnismässig mit ihnen umging, das Zitat als Normalform zu betrachten? Ist nicht eher die zwar erkennbare aber nicht
extra markierte Anspielung als Normalform anzusehen? Das wäre ausführlich weiter zu untersuchen.

Im folgenden Exkurs untersuchen wir einen Text, der bei Johannes nie
ausdrücklich zitiert wird, in seiner möglichen Bedeutung für das Verständnis Jesu. Dieser Text erwies sich als möglicher Argumentations-
Hintergrund verschiedener johanneischer Gedankengänge. Daran könnte
sich beispielhaft erweisen, dass den Anspielungen eine zwar andere, jedoch mindestens ebenso grosse Bedeutung wie den ausdrücklichen Zitaten
zukommt. Das sei hier zur Diskussion gestellt.

EXKURS 2: <u>DIE BEDEUTUNG VON JESAJA 11 FÜR DAS VERSTÄNDNIS JESU</u>[1]

1. <u>Jesaja 11 in Johannes 1 und 2</u>

1.1. <u>Der Taufbericht</u> (Joh 1,32 - 34)

Bereits im Taufbericht des Johannesevangeliums tritt uns die Bedeutung von Jesaja 11 für die johanneische Christologie deutlich entgegen. Das Wort, das der Täufer über den Kommenden empfängt und das ihn Jesus als den Kommenden erkennen lässt, lautet: "Auf wen du den Geist herabschweben und auf ihm <u>bleiben</u> siehst, der ist's, der mit heiligem Geist tauft" (1,33). Die Erfüllung dieses Gotteswortes wird vom Täufer bestätigt. "Und Johannes bezeugte: Ich habe den Geist wie eine Taube aus dem Himmel herabschweben sehen, <u>und er blieb auf ihm</u>" (1,32). Der Geistempfang, der zum bleibenden Geistbesitz wird, ist die Auszeichnung, die der Kommende nach dem Zeugnis des Täufers bei der Taufe empfangen hat.

Im Unterschied zu den Taufberichten bei den Synoptikern wird damit auf Jesaja 11 verwiesen.[2] Vom Messias aus dem Geschlechte Isais wird dort gesagt: "Auf ihm wird ruhen der Geist des Herrn ...." (ונחה עליו רוח יהוה). Es ist der bleibende Geistbesitz, der den Messias auszeichnen wird. Bereits bei David wird der bleibende Geistbesitz als ausdrücklicher Gegensatz zu Saul (und den Richtern) hervorgehoben: "... und der Geist des Herrn kam zu David von jenem Tage an und weiterhin" (ותצלח רוח יהוה אל דוד מהיום ההוא ומעלה; 1 Sam 16,13). Von diesen Texten ist auch der Schluss des Täufers auf das abgelegte Bekenntnis zu

---

1. Vgl. das Material, das in Exkurs 1 (Messias und Wunder) für den Zusammenhang des Messiasbildes zum Wunderproblem dargeboten worden ist.

2. Vgl. auch Jesaja 61,1, wo ebenfalls der bleibende Geistbesitz erwähnt, aber nicht betont ist. Inwiefern Jesaja 11,1ff und 61,1 für Johannes, zusammen mit anderen jesajanischen Stellen, eine 'thematische' Einheit bilden, vgl. Exkurs 1, Abschnitt 3. (Der Messias von Jesaja 11 - und andere Jesajatexte).

erklären: "Und ich habe gesehen und bezeugt, dass dieser der Sohn Gottes ist" (Joh 1,34). Dass der kommende Messias aus dem Geschlechte Davids "Sohn Gottes" ist, steht in Einheit mit der alttestamentlichen Tradition über den davidischen König (2 Samuel 7,14) und der alttestamentlichen Königstradition (vgl. Ps 2,7).[3]

1.2. Das Bekenntnis des Nathanael (Joh 1,46-49)

Auch dem Bekenntnis des Nathanael zu Jesus liegt wahrscheinlich Jesaja 11 als Schlüsseltext zugrunde.[4] Warum soll der Messias aus Nazareth kommen? Dieses Rätsel löst sich durch die Klangassoziation: Wer aus 'NaZaRet' kommt, der ist der 'NeZeR' (נצר), das "Schoss", von dem Jesaja 11,1 spricht. Dieser Schluss wird Nathanael ermöglicht, weil ihm in Jesus ein geistgewirktes Wissen begegnet: "Ich sah dich, wie du unter dem Feigenbaum warst" (Joh 1,48). Dieses Wissen erweist Jesus als den Träger des Geistes der Einsicht, der רוח בינה, der Gabe der geistlichen Schau. Auch davon sprach ja der Jesajatext (11,2). Der Schluss auf Jesaja 11 führt wie beim Täufer zum Bekenntnis zu Jesus: "Du bist der Sohn Gottes, du bist der König von Israel" (1,49). Sohn Gottes, König von Israel aber kann er nur als davidischer Messias sein.

1.3. Die Menschenkenntnis Jesu (Joh 2,24f)

Die Exegese dieser beiden Verse, in denen von Jesu Menschenkenntnis die Rede ist, haben uns dazu geführt, auch hier einen Verweis auf Jesaja 11 zu erkennen. Jesus wird als der Träger des messianischen Geistes bezeichnet. Damit wird auf den Taufbericht zurückverwiesen. Was der Täufer bezeugt hat, das fand in der Wirksamkeit Jesu seine Bestätigung.[5]

---

3.   Vgl. dazu vor allem HENGEL, M.: Der Sohn Gottes, [2]1977.

4.   GÄRTNER, B.: Die rätselhaften Termini Nazoräer und Iskariot, 1957; LINDARS, B.: New Testament Apologetic, 1961, 213ff; BETZ, O.: in FS ELLIGER, 1973, 9-16.

5.   Vgl. § 8.6. (Zur Funktion von Johannes 2,24-25).

2. Johanneische "Rätsel"

2.1. Einleitung

Ist unsere Beobachtung der Bedeutung von Jesaja 11 für die johanneische Christologie richtig, ist zu erwarten, dass auch weitere johanneische Abschnitte auf diesen Text Bezug nehmen! Überblickt man die bisherigen Arbeiten zum Verhältnis des Johannes zum Alten Testament, so
scheint das aber nicht der Fall zu sein.[6]

Unsere Untersuchung ergibt ein anderes Bild. Was wir im Folgenden vor-
legen, sind Einzelbeobachtungen, die keinen Anspruch auf Vollständig-
keit erheben. Hier soll anhand erster Beispiele die grundlegende Bedeutung von Jesaja 11 für die johanneische Christologie, aber darüber
hinaus auch für den literarischen Aufbau des Evangeliums deutlich werden. Wir skizzieren zunächst (2.2.-2.4.) drei Problemkreise, die in
der Exegese des Johannesevangeliums immer noch als 'Rätsel' gelten.
Darauf (3.) ist zu zeigen, wie diese 'Rätsel' auf dem Hintergrund von
Jesaja 11 gelöst werden können.

2.2. Die "Stunde" Jesu

Vom zweiten Kapitel an macht das Johannesevanglium darauf aufmerksam,
dass der Weg Jesu von der Frage nach der rechten "Stunde", der rechten
"Zeit" begleitet ist. Jesu Tun erscheint unter der Regel, dass dafür
auch die rechte "Zeit" sein müsse (2,4). Im Unterschied zu seinen Brüdern, für die die "Zeit immer bereit" ist, gilt für Jesus: "Meine Zeit
ist noch nicht da" (7,6). Auch die Versuche, Jesus zu verhaften,
scheitern nach Johannes nicht an menschlichen, taktischen Vorsichts-
massnahmen. "Seine Stunde war noch nicht gekommen" (7,30; 8,20), so
lautet die johanneische Einsicht.

---

6.   Als Beispiel: G. REIM, Studien, 1974, erkennt nur in 7,24 eine
      offensichtliche Anspielung auf Jesaja 11,3f. Dabei handelt es
      sich aber nicht um eine christologische Aussage. Nur in 1,33 will
      er eine 'wahrscheinliche Anspielung' sehen.

Die Frage nach der kommenden Stunde Jesu bleibt aber nicht ohne Antwort. Auf die Bitte der "Griechen", die sich über Philippus und Andreas an Jesus wenden, um ihn zu sehen, gibt Jesus zur Antwort: "Die Stunde ist gekommen, dass der Sohn des Menschen verherrlicht wird" (12,23). Welcher Zusammenhang besteht zwischen dieser Bitte und der Erkenntnis, dass die Zeit Jesu nun gekommen ist?[7]

2.3. Erhöhung und Verherrlichung Jesu

Die nun gekommene "Stunde" wir von Jesus als die Stunde, "dass der Menschensohn verherrlicht werden wird" (12,23) bezeichnet. Diese "Verherrlichung" besteht aber in Jesu "Erhöhung", worunter Johannes nicht allein den Tod Jesu, sondern die genaue Todesart, die Kreuzigung versteht. "Dies sagte er aber, um anzudeuten, welches Todes er sterben würde" (12,33).[8]

Dass Johannes mit den Ausdrücken "erhöhen" und "verherrlichen" auf die konkrete Todesart Bezug nimmt, ist deutlich. Woher allerdings dieser Sprachgebrauch kommt, ist bis heute nicht befriedigend geklärt. Dabei gibt es einen wichtigen Hinweis, den Johannes selbst gibt. In der Rede

---

7.   Einen guten Überblick über die bisher vorgeschlagenen Deutungen
      dieser 'Antwort' bietet MOLONEY, F.J.: Johannine Son of Man,
      [2]1978, 176, Anmerkung 91. MOLONEY selbst versteht diesen Vers als
      direkte Antwort an die Griechen: Sie werden Jesus sehen, aber als
      den ans Kreuz Erhöhten. Damit ist das eigentliche Problem, warum
      gerade jetzt diese Stunde gekommen ist und woran sie erkannt
      wird, umgangen. Vgl. auch DERS.: The Word Became Flesh, 1977,
      101-111. Die umfassendste neuere Studie FERRARO, G.: L' 'ora' di
      Cristo nel Quarto Vangelo, 1974, war mir leider nicht zugänglich.

8.   Diese Aussage verweist auf das "erhöhen" von Vers 32. Darauf wird
      ausdrücklich im Passionsbericht Bezug genommen. Indem Jesus als
      politischer Aufrührer zum Tod verklagt wird, geht es um die Kreu-
      zigung. Der Vorgang wird von Johannes gedeutet: "... damit das
      Wort Jesu erfüllt würde, das er gesprochen hatte, um anzudeuten,
      welches Todes er sterben würde" (18,32).

an Nikodemus sagt Jesus: ""Und wie Mose in der Wüste die Schlange erhöhte, so muss (δεῖ) der Sohn des Menschen erhöht werden" (3,14).
Dieses 'muss' (δεῖ) ist "zumeist Ausdruck der Normgebung und ganz bes.
der Planung Gottes. Auf diesen Plan gehen die verschiedensten Gescheh-
nisse zurück ..., vor allem Jesu Weg, Tätigkeit und Leiden".[9] Es wird
sich dabei um einen Hinweis auf eine Stelle des Alten Testamentes handeln, an der Johannes dieser Weg Jesu in seiner von Gott gesetzten
Notwendigkeit deutlich wurde.[10] Aber wo hat man diese Schriftstelle zu
finden?

2.4. Die Sammlung der Zerstreuten Israels[11]

Der Tod Jesu wird von Johannes mit der eschatologischen Sammlung des
Volkes Gottes verbunden. "Jesus sollte für das Volk sterben, und nicht
für das Volk allein, sondern damit er auch die zerstreuten Kinder Gottes in Eins zusammenbrächte" (11,51f). Dieses Wissen wird Jesus selbst
zugeschrieben. Auch in der Hirtenrede wird die Sammlung der einen Herde unter einem Hirten als Aufgabe Jesu bezeichnet. Auch diese Aufgabe
steht unter dem Muss (δεῖ), das auf Gottes Setzung hinweist: "Auch sie
muss ich führen" (10,16). Diese Sammlung wird aber durch die Hingabe
des Hirten in den Tod erreicht. Er ist nicht wie ein Mietling, der die
Herde verlässt, wenn der Wolf kommt (10,12-13). Er gibt als guter Hirte sein Leben für die Schafe (10,11.17-18). Diese Hingabe geschieht in

---

9.   POPKES, W.: Art.: δεῖ, EWNT I, 669. Vgl. zu 3,14 die Literatur
     bei MOLONEY, F. J.: aaO. 61, Anm. 98.

10. Die Exegese verweist meist auf Jes 52,13, den Anfang des vierten
     Knechtgottesliedes. Vom Knecht Gottes wird dort ausgesagt (LXX):
     ὑψωθήσεται καὶ δοξασθήσεται σφόδρα. Es wäre vorstellbar, dass der
     johanneischen Tradition ein targumisches Verständnis dieses Ab-
     schnittes zugrundeliegt. Vgl. den Überblick bei MOLONEY, F. J.:
     61-64. Zu den verschiedenen Versuchen, die johanneische Doppel-
     deutigkeit aus einer aramäischen Sprachgestalt zu erklären vgl.
     ebda. 61f, Anm. 102.

11. Vgl. § 13.6. (Das christologische Motiv des Todes Jesu).

der Freiheit des Sohnes. Ausdrücklich wird auch hier auf ein Gebot des
Vaters, eine ἐντολή verwiesen. Das wird als Hinweis auf eine konkrete
Schriftstelle zu verstehen sein. Was aber haben Jesu Tod und die eschatologische Sammlung der zerstreuten Kinder Gottes miteinander zu
tun?

3. Jesaja 11 in der Lesung durch Johannes

3.1. Vorbemerkung

Was hier dargestellt wird, kann nicht als direkter Beleg gelten. Ein
direktes Zitat aus Jesaja 11 findet sich im ganzen Johannesevangelium
nicht. Auch direkte Anspielungen an Jesaja 11 sind selten. Wir rechnen
damit, dass die johanneische Schule den Weg Jesu als Erfüllung des
Willens Gottes, wie er im Alten Testament vorgezeichnet ist, zu verstehen gesucht hat. Solches 'exegetische' Verstehen muss sich aber in
den Texten irgendwie niedergeschlagen haben und in seinen Spuren aufzeigen lassen. Das soll im Folgenden versucht werden, indem die drei
skizzierten Problemkreise, die ja grundlegend mit der johanneischen
Christologie zusammenhängen, von Jesaja 11 her beleuchtet werden.

Es mag dahin gestellt bleiben, wieviel von diesem Wissen auf Jesus
selbst zurückgeht, wieviel davon spätere Erkenntnis der Urkirche und
wieviel johanneische Schul-Kenntnis ist. Der Versuch jedoch, den Weg
Jesu und den Weg der Gemeinde als einen Weg zu verstehen, der schon im
prophetischen Wort vorgezeichnet ist, sich jetzt erfüllt und von diesem Wort her gedeutet werden kann, ist ein Grundzug, der der ganzen
Urkirche gemeinsam ist.[12]

---

12. Dieser Zug verbindet die Urkirche mit den Essenern. Auch für sie
    galt das Wort der Propheten als Wort, das auf die unmittelbare,
    eschatologisch zu verstehende Gegenwart zu deuten war. Auch für
    sie galt, dass Geistbesitz Voraussetzung für solche Deutung war.
    Die Gemeinsamkeiten sollen aber die bleibenden Differenzen nicht
    überdecken. Vgl. dazu grundlegend BRUCE, F.F.: Biblical Exegesis
    1959; BETZ, O.: Offenbarung und Schriftforschung, 1960. GABRION,

3.2. Die Abgrenzung des Abschnittes

Die moderne Exegese trennt meist Jesaja 11,10 als Zusatz von 11,1-9
ab. Die Verse 11 bis 16 gelten vollends als spätere Anfügung, die kaum
inhaltliche Berührung mit dem ersten Teil mehr zeigen.

Diese Texteinteilung wird durch alte Texteinteilungen unterstützt. Der
masoretische Text liest 11,1-9 als Einheit. Durch Spatium und offene
Zeile wird 11,10 als ganzer Abschnitt davon deutlich abgehoben. Die
nächste erkennbare Unterteilung erfolgt erst nach 12,6, wieder durch
Spatium und offene Zeile.[13] Etwas anders liegen die Verhältnisse in
der Jesajarolle von Qumran. Nach 11,1-9 folgt Spatium und offene
Zeile. 11,10 bis 12,6 bilden einen grossen Abschnitt, der mit Spatium
und offener Zeile markiert wird. Nach 11,10 und 11,14 werden durch
Spatium kleinere Abschnitte markiert.[14]

Die sowohl durch die Masoreten wie durch Qumran bezeugte Texteinteilung scheint nahezulegen, dass man tatsächlich Jesaja 11,1-9 schon damals als Einheit von dem nachstehenden Text getrennt hat. Aber das ist
nicht gewiss. Sinneinteilungen sind nicht unbedingt Trennstriche in
unserem heutigen Sinn. Es gibt Indizien, die darauf schliessen lassen,
dass man den Text vom Messias in Jesaja 11 bis 12,6 weiter gelesen und
als Fortführung der Weissagung angesehen hat.

Die Einheit des Textes ergab sich für den Leser der damaligen Zeit
durch einzelne Stichworte und Wendungen, die die Verse 11 bis 12 mit
dem vorangehenden Text, vor allem Vers 10, verbinden: So verbindet der
Ausdruck "Wurzel Isais" Vers 10 mit Vers 1, auch wenn die Begriffe in

---

H.: L'Interprétation de l'Ecriture, ANRW II 19,1, 1979, 779-848.
Weitere Literatur bei FITZMYER, J. A.: The Dead Sea Scrolls,
[2]1977, 110f.

13. Vgl. dazu SCHEDL, C.: Rufer des Heils, 1973, 315f.338.342ff.

14. Fotografien in BURROWS, M. (ed.): The Dead Sea Scrolls, 1950;
CROSS, F. M. et al. (eds.): Scrolls from Qumrân Cave I, 1972.

Abwandlung aufgenommen sind. Die Wendung "an jenem Tag" in Vers 11
weist zurück auf Vers 10. Durch den Terminus "Panier" (נס) endlich
wird Vers 12 mit Vers 10 verklammert.

Aber nicht nur durch ein inneres, sondern auch durch ein äusseres Indiz scheint es angebracht zu sein, Jesaja 11 als eine Ganzheit bis zum
Ende des Kapitels zu sehen. Im Machsor Vitry, der 1963 erstmals im
Druck erschienen alten Festliturgie für die synagogalen Festtage, ist
für den letzten, den achten Tag von Pessach Jesaja 11 als Prophetenle-
sung angegeben.[15] Der Text bietet Jesaja 10,32-11,11 in einer palästinischen Rezension des Prophetentargums. Das ist angesichts der grossen
Seltenheit solcher Bruchstücke eine ganz grosse Überraschung.[16] Wichtig ist, dass der Text hier auch unabhängig von den masoretischen
Texteinteilungen als Ganzheit gefasst wurde.

Ein Problem bildet der Abschluss des Textes. Wie weit war der Text zu
lesen? Das Targumbruchstück endet zunächst mit Vers 11. Der Text des
Machsor geht aber weiter. Von den folgenden Versen (11,12 - 12,4) werden pro Vers jeweils das bzw. die ersten beiden hebräischen Einlei-
tungsworte zitiert. Zu 12,5 und 6. folgt wieder die targumische Paraphrase. Der Targum ist also nur zu 10,32 - 11,11 und 12,5.6. erhalten.
Der Text wurde aber in der Liturgie von 10,32 (sic!) bis 12,6 als
Ganzheit und Einheit gelesen![17]

---

15. MACHSOR VITRY, 1963, 168f. Vgl. LE DEAUT, R.: BTB 4 (1974), 17.

16. Vgl. dazu Appendix (ii) bei STENNING, J. F.: The Targum of Isai-
    ah, Oxford 1949, 227f, der eine haggadische Erweiterung des Tar-
    gum Jerushalmi zu Jesaja 10,32 aufgrund von drei Handschriften
    bringt (Brit. Mus. Or. MSS. 2211 und 1474 sowie Cod. Soc. 59).
    Dieselbe Erweiterung liegt mit geringfügigen Varianten nun auch
    im Machsor Vitry vor.

17. Derselbe Abschnitt wird bis heute am achten Tag des Passahfestes
    als Haftarah gelesen. Siehe MACHSOR (Roedelheim) zu Pessach (II),
    1982, 193-195.

Das ist ein wichtiger Hinweis. Da der Machsor Vitry einer der ältesten
Zeugen für die Fragen jüdischer Liturgie darstellt, ist sein Zeugnis
ausserordentlich wichtig. Dass er an dieser Stelle ein Stück des palästinischen Targums wiedergibt, erhöht seinen Zeugenwert ausserordentlich.

Wir gehen im Folgenden davon aus, dass Johannes bzw. der johanneische
Jünger- oder Schulkreis mindestens Jesaja 11,1-12, wahrscheinlich aber
10,32 - 12,6 als Einheit gelesen und in diesem Text einen Hinweis auf
den Weg des Messias gesehen hat.

3.3. Die Stunde Jesu: Jesaja 11,10

Wir versuchen, nun als Leser von Jesaja 11 den konkreten Weg, den der
davidischen Messias gehen wird, zu verstehen. Fragt man danach, wann
seine Stunde kommen werde, so wird mit der Wendung "an jenem Tag" in
Vers 10 auf ein konkretes Geschehen verwiesen, an dem jene Stunde erkennbar wird: "An jenem Tage, ,.. werden die Heiden nach ihm fragen"
‎(והיה ביום ההוא ... עליו גוים ידרשו).

Genau das schildert Johannes 12,20ff. Die Ἕλληνες suchen und fragen
nach Jesus. Daran hat, so lässt sich nun sehen, Jesus erkannt, dass
die "Stunde" gekommen ist.

Dass der hebräische Text von "jenem Tag", Johannes dagegen von der
"Stunde" (ὥρα 2,4; 7,30; 8,20; 12,23.27; 13,1; 17,1) bzw. vom "Zeitpunkt" (καιρός 7,6.8.) spricht, scheint sich durch die targumische Lesung (bzw. das targumische Verständnis) des Textes zu erklären. Der
Targum liest das hebräische ‎ביום ההוא als ‎בעידנא ההוא, was auf den genau fixierten Zeitpunkt, also den "Termin" verweist. Dass der genaue
"Termin" wichtig ist und der davidische Messias zu dem ihm festgesetz-
ten Zeitpunkt auftritt, das zeigt sich schon PsSal 17. Vers 21 wird um
die Einsetzung des Königs, des Sohnes Davids gebeten "εἰς τὸν καιρόν,
ὃν εἴλου σύ, τοῦ βασιλεῦσαι ἐπὶ Ισραηλ παῖδά σου." Wer Daniel 7 als
Hinweis auf den Messias las, der wusste auch aus diesem Text davon,
dass das Auftreten des Menschensohns (7,13) davon abhing, dass "die
Zeit da war" (7,22). Aber keiner dieser Texte spricht davon, woran man
diesen "Zeitpunkt" erkennen kann. Jesaja 11,10 nennt das deutliche Er-

kennungszeichen für dieses Ereignis: die Frage der Heiden nach dem
Messias.

3.4. Die Erhöhung/Kreuzigung des Messias: Jesaja 11,12

Liest man Jesaja 11 unter diesem Gesichtspunkt weiter, so zeichnet der
Text auch deutliche Stationen des Weges, den der Messias gehen wird.
Die Voraussetzung liegt in Vers 10. Der davidische Messias, der als
"Wurzel(stock) Isais" (שרש ישי) bezeichnet wird, soll an jenem Tag als
"Panier der Völker", als נס עמים dastehen. "Panier" (נס) erscheint also als Bezeichnung des Messias. Vers 11f schildert das Geschehen
"jenes Tages" weiter. "Und er", also Gott selbst, "wird für die Völker
ein Panier (den נס, also den Messias!) aufrichten" (ונשא נס לגוים
11,12). Schon die targumische Übersetzung von ונשא, das man gewöhnlich
mit "aufrichten" übersetzt, trägt mit ויזקוף die Doppeldeutung von
'aufstellen' und 'hinrichten' deutlich in den Text.[18] Wollte man es so
verstehen, dann sprach Jesaja 11,12 von der "Erhöhung" als der Kreuzigung des Messias. Das hängt aber nicht allein am aramäischen Terminus

---

18. Auf זקף hatte bereits SCHLATTER, A.: Komm 97 zu Joh 3,14 mit dem
     Hinweis verwiesen, dass אזדקף in der Bedeutung "erhöht werden" im
     nördlichen Syrisch zum Fachterminus für Kreuzigung wurde. Schlat-
     ter bleibt jedoch ungewiss, "ob dieser Sprachgebrauch auch in Je-
     rusalem befestigt war." An diese Bemerkung schloss sich eine Dis-
     kussion, da E. Hirsch mit diesem Argument die Abfassung des Jo-
     hannesevangeliums nach Antiochien verlegen wollte: HIRSCH, E.:
     Studien, 1936, 51; vgl. dagegen KITTEL, G.: ZNW 35 (1936), 282-
     285. Die Vokabel ist aber schon Esra 6,11 in der Bedeutung "auf-
     richten" = "pfählen" belegt und erscheint jetzt in einem bisher
     nicht identifizierten Qumranfragment. Vgl. BEYER, K.: Die aramäi-
     schen Texte vom Toten Meer, 1984, 570. Textausgaben von 1Q 65 in
     DJD I, 147; FITZMYER, J.A. / HARRINGTON, D.J. (Eds.): Manual of
     Palestinian Aramaic Texts, 1978, Nr. 32 c, Seite 130f und BEYER,
     K.: aaO. 272. Damit ist die Vokabel זקף für das palästinische
     Aramäisch belegt.

נקף. Bereits das hebräische נשא ist doppeldeutig.[19] Für den palästinischen Targum ist für סלק ebenfalls die Doppelbedeutung "aufsteigen" und "sterben" erwiesen.[20]

Damit ist die Verbindung zwischen der Anfrage der Griechen und dem Wort Jesu, das von der Verherrlichung des Menschensohnes als der jetzt eintretenden Kreuzigung spricht, deutlich. An dem Tag, an dem die Heiden nach dem Messias fragen, wird Gott selbst den Messias als Panier für die Völker erhöhen! Die Vorstellung des Aufrichtens des נס als Feldzeichen wurde bei Johannes ausdrücklich als Hinweis auf die "Kreuzigung" verstanden (12,33; 18,32).

Damit erkennen wir den Hintergrund, der für Johannes 3,14 wichtig ist. Achten wir auf den Text: "Wie Mose in der Wüste die Schlange erhöhte, so muss der Sohn des Menschen erhöht werden...." Der Bericht in Numeri 21,8.9., auf den hier verwiesen wird, spricht von der "Stange", dem נס, auf den die Schlange erhöht wird. Dieses Stichwort aber stellt methodisch die Verbindung zwischen Numeri 21,8.9. und Jesaja 11,10.12 her.[21] Erst die Verbindung dieser beiden Stellen zeigt, warum Jesus zwischen dem Handeln Gottes mit dem Messias ("des Menschen Sohn muss erhöht werden") und dem Handeln des Mose mit der Schlange ("wie Mose in der Wüste die Schlange erhöhte") eine solch strenge Analogie sah, sodass er dabei von einem "Muss" sprechen konnte. Beide Stellen sprechen von einem נס, der erhöht wird. Jesus erkennt in den beiden Stellen, die durch die doppelte Stichwortverbindung aufeinander verwiesen sind, den in der Schrift niedergelegten Willen des Vaters, der in der Erhöhung, im Weg des Messias ans Kreuz seine Erfüllung finden muss.

---

19. Darauf baut der Bericht der Traumdeutung in Gen 40 auf: Vgl. נשא in Gen 40,13.19.20.22.

20. Vgl. dazu McNAMARA, M.: Script 19 (1967), 65-73.

21. Das gilt auch dann, wenn an der einen Stelle von der 'Erhöhung' der Schlange auf den נס, das andere Mal aber von der Erhöhung des Messias als dem נס die Rede ist.

3.5. Die eschatologische Sammlung: Jesaja 11,11.12

Auch das letzte oben aufgezeigte 'Rätsel' findet nun seine Erklärung.
Warum wird Gott so mit seinem Messias verfahren? Dadurch, so sagt Jesaja, wird Gott "den Rest seines Volkes loskaufen, der übrigblieb...."
(11,11). Der Tod des Messias geschieht als Tod am Kreuz, um "die Versprengten Israels zusammenzubringen und die Zerstreuten Judas zu sammeln von den vier Säumen der Erde" (11,12). Dieser Text steht als Ar-
gumentationshintergrund hinter Johannes 10,16-18 und vor allem hinter
11,51f. An beiden Stellen wird die eschatologische Sammlung als Frucht
des Todes Jesu bezeichnet.

Zu beachten ist die Parallele zu Jesaja 11,12 in 49,22. Wir lesen in
Jesaja 49,22:

"So spricht Gott der Herr:	כה אמר אדני והיה
Siehe, ich erhebe meine Hand zu den Heiden	הנה אשא אל גוים
und zu den Nationen erhöhe ich mein Panier,	ואל עמים ארים נסי
und sie werden deine Söhne auf den Armen bringen	
und deine Töchter auf den Achseln herzutragen."	

Auch hier ist von einer "Erhöhung" des Paniers durch Gott im Zusammenhang mit der eschatologischen Sammlung Israels aus den Völkern die Rede.[22]

4. Zusammenfassung

Die Bezüge zwischen Jesaja 11,1-12 und der johanneischen, überhaupt
der neutestamentlichen Christologie sind vielfältiger, als diese kurze
und bewusst auf Einzelzüge beschränkte Skizze zeigen kann. Sie hat
aber deutlich gemacht, dass wir hier einen Text vor uns haben, der im
Zentrum johanneischer Christologie steht und zumindest für die 'johan-

---

22. Der Targum übersetzt Is 49,22: "So spricht Gott, der Herr: Siehe,
ich werde meine Macht offenbaren unter den Völkern (בעממיא גבורתי
אגלי) und über die Königreiche mein Panier erhöhen (ועל מלכותא
ארים נסי)."

neische Schule' die Grundlage bildete, den Weg des Messias zu verstehen.

Als Schwierigkeit, die weiter verfolgt werden muss, ergibt sich, dass sowohl Johannes 3,14 wie 12,23, die nach unserer Meinung auf Jesaja 11,10-12 zurückweisen, nicht vom Messias, nicht vom "Sohn Gottes", sondern vom "Menschensohn" sprechen. Bereits an Johannes 1,49-51 lässt sich beobachten, dass die johanneische Christologie die Menschensohntradition in enger Verbindung, ja als Weiterführung der davidischen Messianologie entfaltet. Wir meinen, dass es sich dabei nicht um eine künstliche Interpretation später Christologie handelt, sondern um eine genuine Weiterentfaltung dessen, was bereits durch Daniel 7 und die dort eingeführt Figur des Menschensohns handelt.[23] Es ist Gott selbst, genauer: Gottes "Thronherrlichkeit" (כבוד), von der der Prophet Ezechiel (1,26-28) spricht, die als "Mensch=Menschensohn" geschichtlich in die Rolle des davidischen Messias eintritt und damit zum "Gottessohn" wird.

Noch von einem anderen Gesichtspunkt her ergeben sich Berührungspunkte. Sprechen die Texte aufgrund von Jesaja 11,12 von einer "Erhöhung" des Messias, so erklärt sich das aus dem vorliegenden jesajanischen Text. Aber Johannes nennt diesen Vorgang gleichzeitig die "Verherrlichung" Jesu. Der Ansatz dazu liegt sicher schon darin, dass die Doppeldeutigkeit des Begriffs bei Jesaja bzw. im targumischen Verständnis von Jesaja 11,12 aufgegriffen und betont wird.[24] Aber es scheint, dass

---

23. Vgl. dazu ausführlicher in meinem Beitrag in FZPhTh 32 (1985), 343-372. Parallel dazu HORBURY, W.: JThS 36 (1985), 34-55. Speziell zu Johannes 1,51 vgl. KIM, S.: "The 'Son of Man'" as the Son of God, WUNT 30, Tübingen 1983, 82 - 86, und neulich ROWLAND, C.C.: John 1.51, Jewish Apocalyptic and Targumic Tradition, NTS 30 (1984), 498-507.

24. In einer umfassenden Untersuchung wäre darzulegen, ob und inwieweit Jesaja 11 mit Jesaja 49 als thematische Einheit angesehen werden muss. Jesaja 49 spricht von einem 'Scheitern' des Knechtes an Israel, rechnet aber damit, dass gerade in diesem Scheitern

die Aussage der "Verherrlichung" bei Johannes noch eine andere Grundlage hat. Das hohepriesterliche Gebet Jesu beginnt mit dem betonten
und von Jesaja 11,12 her zu verstehenden Hinweis auf die nun gekommene
"Stunde" Jesu: Die Stunde seines Todes. Aber diese Stunde wird als
Stunde der "Verherrlichung" bezeichnet, ja dieses Wort setzt im Ein-
leitungsteil des Gebets den vielfältigen Grundakzent. Sie schliesst
mit der Bitte Jesu: "Und jetzt verherrliche du mich, Vater, bei dir
selbst mit der Herrlichkeit, die ich bei dir hatte, ehe die Welt war"
(17,5).[25]

Gott den Knecht "verherrlichen" wird (49,5c und 49,3). Die Aufgabe des Knechtes besteht wie die des Messias in Jesaja 11 in der
eschatologischen Sammlung Jakobs/Israels. Vgl. weitere Angaben
dazu in Exkurs 1, Abschnitt 3. (Der Messias von Jesaja 11 - und
andere Jesajatexte).

25. Es ist möglich aber ungewiss, dass die merkwürdige und schwer zu
deutende Aussage in Jes 11,10b eine Brückenfunktion für diese Mo-
tivverbindung hatte. Der Text spricht von Heiden, die sich an jenem Tag an den Messias als das Wurzelschoss Isais wenden, der als
Panier der Völker dasteht. Nun fährt der Text eigenartig weiter:
והיתה מנחתו כבוד. Wie ist dieser Satz zu übersetzen? Vgl. zu diesem Vers bei HOFIUS, O.: Katapausis 45, 173 Anm. 270. Eine Untersuchung von Jesaja 11 und der Implikationen des Textes für die
neutestamentliche Christologie müsste sich intensiv mit den vertretenen und möglichen Deutungen dieses Satzes auseinandersetzen.

Aufgrund meiner Arbeit am Zusammenhang zwischen dem Menschensohn
und der Vorstellung des כבוד, der Thronherrlichkeit Gottes, verstehe ich diese Aussage als Ausdruck einer Christologie, die an
der frühjüdischen כבוד/$\delta\delta\xi a$-Vorstellung partizipiert. In diese
Richtung weist auch QUISPEL, G.: "Mir scheint, das vierte Evangelium stelle das Kommen und die Wiederkehr des göttlichen 'kabod'
dar (nicht die Verherrlichung des historischen Jesus). Diese Glo-
rie hatte ja Jesaja geschaut [12,41], wir auch [1,14], und beruht
auf Ez 1,26, wie Apokalypse 1,13" (brieflich, 13. Januar 1986).
Vgl. jetzt auch FOSSUM, J.: Name of God, 1985, 295, Anm. 112 und
passim. Zu Off 1,13 vgl. ROWLAND, C.: JTS 31 (1980), 1-11.

§ 17 ERKENNTNIS UND GLAUBE

17.1. Einleitung:

Johannes hat sein Evangelium als eine Auswahl von Berichten über Zeichentaten Jesu bezeichnet. Als Ziel dieses Berichtes hält er deutlich fest: Menschen sollen das Bekenntnis zu Jesus als dem Christus, und zwar dem Christus als dem Sohn Gottes als glaubwürdig erkennen und in diesem Sinne glauben (§15).

Als 'Kontext' dieser Erkenntnis wird von Johannes an der autoritativen Geltung des Redens Gottes in der Schrift des Alten Testamentes deutlich festgehalten (§ 16 und Exkurs 2). Gottes Handeln in der Geschichte, wie es von der Schrift bezeugt wird, kommt in der Geschichte Jesu zur Vollendung. Der Anspruch, der durch das johanneische Bekenntnis erhoben wird, entspricht diesem Schriftzeugnis, ist also überprüfbar.

Damit ist aber von Johannes ein Erkenntnisvorgang vorausgesetzt, der nun näher zu betrachten ist. Wie kommt es nach Johannes zur Erkenntnis der Sendung, in der Jesus steht? Welche Vorgänge bzw. Elemente sind in diesem Erkenntnisprozess zu unterscheiden, in welchem Verhältnis stehen sie zueinander? In welchem Verhältnis stehen endlich Glaube und Erkenntnis?

Wir gehen so vor, dass wir zunächst den konkreten Vorgang, wie es zur Erkenntnis Jesu kommt, an einigen Beispielen näher betrachten und auf seine einzelnen Elemente befragen. Einige Bemerkungen zur systematischen Seite des angesprochenen Problems sollen folgen.[1]

---

1. Die eben skizzierte Fragestellung stellt das Programm einer eigenen Untersuchung dar, die es meines Wissens bisher für das Johannesevangelium nicht gibt. Im Zusammenhang der Untersuchung der johanneischen σημεῖα-Problematik kann nur eine Skizze vorgelegt werden. Dabei kann weder das gesamte Material dargeboten werden, noch kann die Differenziertheit des johanneischen Denkens voll gewürdigt werden. Eine Untersuchung des johanneischen Erkenntnisweges, die das johanneische Denken in seiner Eigenart hervortre-

17.2. <u>Beispiele der Erkenntnis Jesu</u>

17.2.1. <u>Johannes 1,19 - 27</u>

Im Rahmen des ganzen Evangeliums hat dieser Abschnitt u.a. die Aufgabe, das Verhältnis des Täufers zu Jesus zu klären.

Eine Jerusalemer Abordnung befragt Johannes: σὺ τίς εἶ; Damit ist weder nach Namen noch nach Herkunft des Täufers gefragt, sondern nach der Sendung, in der er steht und damit nach dem Anspruch, den er durch sein Tun erhebt. Wie kann sich solch eine Klärung vollziehen? Ein Verstehen zwischen Johannes und der Abordnung ist darum möglich, weil für beide Seiten die aus dem Alten Testament erschlossenen Sendungskonzeptionen den Kontext darstellen, auf dessen Hintergrund ein Sendungsanspruch erhoben, erkannt und geprüft werden muss. Von daher ist die Frage der Abordnung zu verstehen: σὺ τίς εἶ;

Die Antworten, die Johannes gibt, setzen diesen Kontext deutlich voraus. Er sei nicht der Christus. Die weitere Frage: τί οὖν; sind mit Vorschlägen verbunden, die anzeigen, in welche Richtung der Anspruch noch verstanden werden konnte. Beide Vorschläge verweisen ausdrücklich auf die Schrift als 'Kontext' der Erkenntnis: Bist du Elia? Bist du der Prophet? Johannes, der zwar diese Sendungskonzeptionen für seine Person ablehnt, antwortet ebenfalls durch einen Hinweis auf die Schrift. Er sei "die Stimme eines Rufers in der Wüste" (Joh 1,23 = Jes 40,3).

Der Zusammenhang hebt nicht hervor, auf Grund welchen Tuns von den Jerusalemern auf den Anspruch göttlicher Sendung durch Johannes geschlossen worden ist. Das ist bei der zweiten Gesandtschaft aus der

---

ten lässt, die auch die philosophie- und theologiegeschichtlichen Bezüge erhellt, mit denen jede exegetischen Arbeit zu tun hat, bleibt ein dringendes Desiderat.

Reihe der Pharisäer deutlicher.[2] Hier wird ausdrücklich auf den wahrnehmbaren Ausgangspunkt der Fragestellung hingewiesen: Johannes tauft.
Diese Wahrnehmung wird mit der Schrift als Erkenntnis-'Kontext' verbunden. Der Gesandtschaft scheinen nur drei Urteile möglich: Er kann
Christus, Elia oder der Prophet sein. Wenn er jedoch das nicht ist,
warum tauft er dann?

Damit werden uns die Elemente deutlich, die für die Erkenntnis einer
von Gott ergangenen Sendung grundlegend sind. Ausgangspunkt ist die
konkrete Wahrnehmung, in unserem Fall die Tauftätigkeit des Johannes.
Diese Wahrnehmung wird mit dem Schriftzeugnis als dem Kontext der Erkenntnis verbunden. Das Problem der ersten Gesandtschaft bestand darin, dass ihnen eine solche Verbindung mit drei verschiedenen Sendungskonzeptionen möglich schien. Für die zweite Gesandtschaft lautete die
Frage: "Warum taufst du überhaupt?" Eine Tauftätigkeit schien ihnen
nur im Zusammenhang dieser drei Sendungen verständlich zu sein. Damit
wird der Zusammenhang, der zwischen der konkreten Wahrnehmung und dem
Schriftzeugnis als dem Erkenntnishintergrund besteht, festgehalten.
Die Antwort des Täufers zeigt, dass auch er diesen Zusammenhang anerkennt und auf diesem Hintergrund argumentiert.[3]

---

2.   Ich lese 1,24 καὶ ἀπεσταλμένοι ἦσαν ἐκ τῶν Φαρισαίων. Damit wird
     sprachlich eine weitere Gesandtschaft bezeichnet, die diesmal von
     den Pharisäern kommt und von der ersten Gesandtschaft unterschie-
     den werden muss. Erst später hat man durch die Einfügung des οἱ
     vor ἀπεσταλμένοι beide Gesandtschaften miteinander identifiziert.

3.   Mir scheint deutlich, dass der Täufer die eschatologische Taufe
     als Geisttaufe versteht, wie 1,33 ausdrücklich sagt. Er selbst
     aber steht zum Geisttäufer im Verhältnis des Vorläufers (1,27;
     vgl. 3,28-30) und tauft 'nur' mit Wasser. Woher aber kommt das
     Verständnis der 'Wassertaufe' als Vorläufer oder Vorbereitung der
     der 'Geisttaufe'? Dass die erwartete eschatologische Erneuerung
     von Gott selbst (durch Gott Geist) geschaffen werden muss, war
     von den prophetischen Schriften her klar: Jes 44,3; Ez 36,25-27
     usw. Konnte man diese Stellen nicht auch so verstehen, dass der
     Erneuerung durch den Heiligen Geist die Reinigung durch (von Gott

17.2.2. Johannes 1,32 - 34

Ging es im vorangehenden Text um die Erkenntnis einer von Gott ergangenen Sendung, so zeigt die Fortsetzung die Elemente auf, die für die
Erkenntnis Jesu durch den Täufer grundlegend waren. Betont heisst es
vom Täufer: "Ich kannte ihn nicht" (κἀγὼ οὐκ ᾔδειν; 1,31.33.) Am Ende
des Erkenntnisweges kommt der Täufer jedoch zum Bekenntnis: οὗτός ἐστιν ὁ υἱὸς τοῦ θεοῦ (1,34).

Der Weg, der zu dieser Erkenntnis führt, wird genau dargestellt. Zunächst nennt der Text die Wahrnehmung des Täufers: "Ich habe den Geist
wie eine Taube aus dem Himmel herabschweben gesehen (τεθέαμαι) und er
blieb auf ihm" (1,32). Diese Wahrnehmung wäre nicht verständlich gewesen, wenn nicht ein von Gott zuvor an ihn ergangenes Wort dieser Wahrnehmung einen 'Kontext' zugesprochen hätte. ".. der mich sandte ..,
der sprach zu mir: Auf wen du den Geist herabschweben und auf ihm
bleiben siehst, der ist's, der mit heiligem Geist tauft" (1,33). So
aber kann sich die Wahrnehmung mit dem durch das Wort Gottes gegebenen
Kontext zu einem eindeutigen Urteil verbinden, das fortan zum Zeugnis
des Johannes wird: "Dieser ist der Sohn Gottes." Als Grundlage dieses
Zeugnisses gilt dabei bleibend die Wahrnehmung, das "Sehen": "Und ich
habe es gesehen und bezeugt.. (κἀγὼ ἑώρακα καὶ μεμαρτύρηκα)" (1,34).

17.2.3. Johannes 4,19.29

Im Verlauf des Gesprächs mit der Frau am Brunnen sagt Jesus zu ihr:
"Gut hast du gesagt: 'Ich habe keinen Mann.' Denn fünf Manner hattest
du und der, den du jetzt hast, ist nicht dein Mann" (4,17f). An dieser
Aussage Jesu wird der Frau das alles normal-menschliche Mass überstei-

---

selbst verordnetes) 'Wasser' vorangehen wird, Gottes reinigendes
und erneuerndes Handeln also in zwei Etappen zerfällt? Was in
diesem Texten als Einheit des reinigenden und erneuernden Handelns Gottes gesehen wird, scheinen die Täuferberichte des Neuen
Testamentes als zwei zu unterscheidende Etappen verstanden zu haben. Dass auf dem Hintergrund der Schrift argumentiert wird, ist,
unabhängig vom Verständnis im einzelnen, deutlich.

gende Wissen Jesu wahrnehmbar. Das führt zum ersten Urteil: "Herr, ich
sehe, dass du ein Prophet bist" (4,19). Ein weiteres Urteil begegnet
kurz darauf in dem Wort der Frau an die Leute der Stadt: "Kommet, sehet einen Menschen, der mir alles gesagt hat, was ich getan habe!
Sollte dieser etwa gar der Christus sein?" (4,29). Das Urteil der Frau
wird vertieft, bleibt aber in Frageform. Es hat einen konkreten Ausgangspunkt, der auch genannt wird: Es ist das wunderbare Wissen Jesu,
das der Frau durch Jesu prophetisches Wort wahrnehmbar geworden ist.
Ihr Urteil entsteht dadurch, dass sie ihre Wahrnehmung mit dem Mass an
'biblischer' Kenntnis zu verbinden sucht, das ihr zur Verfügung steht.

17.2.4. Johannes 5,36 - 40

Ging es in den vorangehenden Texten um den konkreten Vorgang, wie Erkenntnis zustande kommt, so geht dieser Abschnitt auf die Grundlagen
ein, von denen aus Erkenntnis der Sendung Jesu möglich ist.

Der grössere Zusammenhang (5,31-47) ist von der Frage aus gestaltet,
welches "Zeugnis" für Jesu Sendung spricht. Deutlich wird dabei auf
das jüdisch-alttestamentliche Zeugenrecht verwiesen,[4] das auch sonst
für das johanneische Denken entscheidend ist. Was von zwei oder drei
Zeugen übereinstimmend festgestellt wird, gilt im Prozessverfahren als
rechtlich erwiesen.[5] Jesus nimmt für sich zwei Zeugen in Anspruch.

---

4.   Das Zeugenrecht wurde ausgehend von Deut 17,6 entfaltet. Vgl. Num
      35,30; Deut 19,15 und 1 Kön 21,10.13.

5.   Wichtig ist, dass das jüdische Recht in der Frage der Rechtsfin-
      dung zwischen Obligationenrecht und Strafrecht genau unterschei-
      det. Innerhalb des Strafrechts gilt die Zeugenaussage als ein-
      ziger Weg der Rechtsfindung. Vgl. COHN, M.: Wörterbuch des jüdi-
      schen Rechts, 1980, Artikel BEWEIS, 171-173: "Im Strafprozess ist
      der dem richterlichen Ermessen gelassene Spielraum noch begrenz-
      ter. Weder Geständnis noch Urkunden und Eid dürfen dort als B[e-
      weis]e herangezogen werden. Einzig die Zeugenaussage ist ausrei-
      chend für eine Verurteilung, wie dies schon aus der bibl. Norm

"Die Werke, die mir der Vater zu vollbringen gegeben hat,
        eben die Werke, die ich tue, zeugen (μαρτυρεῖ) von mir,
        dass mich der Vater gesandt hat.
Und der Vater, der mich gesandt hat, er hat von mir gezeugt
        (μεμαρτύρηκεν)" (5,36f).

Beide Zeugnisse sind einander zugeordnet. Dabei ist genau auf den
Wortlaut zu achten. Der Vater, so sagt der Text, "hat Zeugnis abge-
legt". Die Tempusform μεμαρτύρηκεν zeigt, dass hier auf einen Vorgang
verwiesen wird, der einerseits zurückliegt, in seiner Wirkung aber bis
in die Gegenwart hinein Gültigkeit hat. Das ist verständlich, denn
sein Zeugnis hat der Vater in seinem Geschichtshandeln niedergelegt,
von dem die Schrift bleibend Zeugnis gibt.[6] Jesu Werke sind als die
gegenwärtigen Zeugen mit dem fortwirken Zeugnis des Vaters, von dem
die Schrift Kunde gibt, zum Zeugenpaar zusammengeordnet.

Der grössere Zusammenhang ist zu beachten. Jesu Rede nimmt ihren Ausgangspunkt beim Vorwurf des Sabbatbruchs, der ihm aufgrund der Heilung
des Kranken am Bethesdateich erwächst. Dafür nimmt Jesus das Recht des
Vaters in Anspruch: "Mein Vater wirkt bis jetzt und ich wirke auch"
(5,17). Das vertieft den Vorwurf. Nicht mehr allein der Sabbatbruch
wird ihm angelastet, sondern dass "er sich selbst Gott gleich gemacht
hatte" (5,18). Damit wird Jesus ein Anspruch zugeschrieben, den er für
sich erhoben haben soll: Er ist "der Sohn". Dass für diesen Sendungsanspruch konkrete Zeugen genannt werden können, die Sendung also erkennbar und überprüfbar bleibt, will der grosse Zusammenhang in 5,30-
46 zeigen.

Wieder sind in den zitierten Versen beide Elemente, die der Erkenntnis
zugrundeliegen, genannt. Die Werke Jesu sind den Menschen wahrnehmbar.

(Deut 17,6) hervorgeht: 'Auf die Aussage zweier oder dreier Zeugen werde der Schuldige getötet.'"

6. So ergibt es sich auch aus dem folgenden Zusammenhang. Mit αἱ
    γραφαί in 5,39 (vgl. die γράμματα des Mose in 5,47) ist neben den
    Werken Jesu und dem Vater nicht noch ein dritter Zeuge genannt.

Darum haben sie für die Gegenwart den Charakter von unwiderlegbaren
Zeugen. Nach dem Zeugenrecht gilt aber nur dann ein Zeugnis als rechtlich erwiesen, wenn zwei oder drei Zeugen mit übereinstimmender Aussage erscheinen. Darum tritt, so sagt Jesus, der Vater selbst mit dem in
der Schrift niedergelegten Zeugnis an die Seite der Werke. Sie sagen
beide dasselbe. Der Anspruch Jesu wird im Werk wahrnehmbar angemeldet
und ist aufgrund des Schriftzeugnisses auf seine Rechtmässigkeit zu
prüfen.

Es ist von Bedeutung, dass die Frage der Erkenntnis als Rechtsfrage
erkannt und auf dem Hintergrund des Zeugenrechtes entfaltet wird. Einem rechtlich gültigen Zeugnis nicht Glauben zu schenken, kann nicht
als menschliche 'Möglichkeit' oder Freiheit bezeichnet und durch den
Hinweis auf eine 'Zweideutigkeit' oder eine 'Undeutlichkeit' des Zeugnisses beantwortet werden. Das wird durch die rechtliche Kategorie,
die hier und an anderen Stellen bei Johannes für die Entfaltung der
Erkenntnisfrage benützt wird, verhindert.

17.2.5. Johannes 6,14[7]

Die Speisung der Fünftausend wird bei Johannes als ein "Zeichen", ein
σημειον bezeichnet. Der Text erzählt von der konkreten "Erkenntnis",
die die Menschen daraus gewonnen haben:

> "Als nun die Menschen das Zeichen sahen, das er tat, sagten sie:
> Dies ist in Wahrheit der Prophet, der in die Welt kommen soll."

Als Ausgangspunkt wird wieder auf die konkrete Wahrnehmung, das "Sehen" des Zeichens verwiesen (Οἱ οὖν ἄνθρωποι ἰδόντες). Die Erkenntnis
besteht in einem Urteil: "Dieser ist in Wahrheit....". Dieses Urteil
kommt dadurch zustande, dass das wahrgenommene Zeichen mit der Schrift
als dem 'Kontext' verbunden wird, der für solche Erkenntnis zuständig
ist.

---

7.   Vgl. zum ganzen Abschnitt ausführlich und mit Belegen § 11
     (σημεῖα und mosaische Sendung).

Die Verheissung, dass Gott einen Propheten wie Mose erstehen lassen
werde (5 Mose 18,15.18), war in Israel als eschatologische Hoffnung
lebendig. Diese Stelle bildete den Erkenntnisrahmen, der von der Speisung durch Jesu auf die Manna-Speisung des Mose zurückschliessen liess
und so zum Urteil führte, in Jesus stehe "in Wahrheit" der eschatologische Prophet "wie Mose" unter den Menschen.

Jesus wird im Verlauf der grossen Rede des sechsten Kapitels diese Erkenntnis korrigieren. Er bestreitet die Wahrheit des Urteils, das in
ihm den Geber des Brotes sieht und darum auf den kommenden Propheten
schliesst. Jesus beansprucht nicht, Geber des Brotes zu sein. Das ist
nur Gott allein. Er bezeichnet sich aber als das von Gott gegebene eschatologische Manna, das "Brot des Lebens". Damit ist der Inhalt der
Erkenntnis kritisiert, nicht aber der Erkenntnisvorgang, der die Wahrnehmung mit dem dafür in Geltung stehenden Kontext verbindet.

17.2.6. Johannes 12,20-23

In der Darstellung Jesu durch Johannes nimmt der Hinweis auf Jesu
"Stunde", auf "seine Zeit" breiten Raum ein. Angefangen von der Hoch-
zeit zu Kana bis hin zu den Versuchen, Jesus zu ergreifen, wird der
Hinweis wiederholt, Jesu "Stunde" sei "noch nicht" gekommen.

Wichtig ist, dass uns Johannes den genauen Vorgang zu erkennen gibt,
durch den Jesus zum Urteil kommt: "Die Stunde ist gekommen, dass der
Sohn des Menschen verherrlicht wird" (12,23). Er berichtet von den
Griechen, die mit der Bitte zu Philippus kommen: "Herr, wir möchten
Jesus sehen" (12,21). Beinahe umständlich werden Philippus und Andreas
als die Boten und damit als die Zeugen, die diese Bitte an Jesus ver-
bürgen, angeführt. "Philippus geht und sagt es dem Andreas; Andreas
geht mit Philippus, und sie sagen es Jesus" (12,22). Auf diese durch
beide Jünger übermittelte Bitte gibt Jesus seine 'Antwort': "Die Stunde ist (jetzt) gekommen ....".

Den Anlass zu dieser Erkenntnis bietet wieder ein wahrnehmbares Ereignis: die Bitte der Griechen. Die Erkenntnis selbst besteht in einem
konkreten Urteil. Das ist dadurch möglich geworden, weil Jesus diese
Wahrnehmung mit einem 'Kontext', einer konkreten Schriftstelle verbin-

den konnte, die für seine Frage nach der ihm vom Vater gesetzten Zeit
vor Augen stand. Nach unserer Meinung handelt es sich um Jesaja 11,
den Text, der nicht nur vom Messias als dem Geistträger spricht, sondern auch von seiner von Gott verordneten Zeit und vom konkreten Weg,
den er zu gehen hat. "An jenem Tag werden die Heiden nach dem Wurzelschoss Isais fragen.." (Jes 11,10). "Jener Tag" ist nach Jes 11,11f
der Tag, an dem Gott den Messias als das "Panier der Völker erhöhen"
wird. So spricht auch Jesus in seinem Wort von der "Erhöhung" des Menschensohnes.[8]

17.3. Der Erkenntnisvorgang: Wahrnehmung und Kontext

Jede Erkenntnis geht von einer konkreten WAHRNEHMUNG aus. Diese Wahrnehmung kann ein Bericht sein ('Johannes tauft '), eine Erfahrung
('Jesus weiss..'; 'der Blinde sieht ..') oder, wie es bei Johannes
meist der Fall ist, eine visuelle Wahrnehmung, ein 'Sehen'.

Soll es auf Grund einer Wahrnehmung zu einer Erkenntnis kommen, so
muss diese Wahrnehmung mit dem ihr angemessenen 'Hintergrund' verbunden werden. Wir haben dafür schon mehrfach den Terminus 'Kontext' verwendet. Das Gotteswort an den Täufer (Joh 1,33) schuf den Kontext, in
dem erst die Wahrnehmung des Geistempfanges durch Jesus verständlich
wurde. Gott selbst hat durch sein schaffendes Handeln in der Schöpfung, sein erwählendes Handeln an Israel, durch seine Bundesschlüsse,
seine Verheissungen und seine Gerichte einen solchen 'Kontext' geschaffen, von dem eben diese Schrift bleibend und auch verpflichtend
Zeugnis ablegt. In diesem Sinn verweisen die Werke Jesu auf die
Schrift als dem ihnen entsprechenden 'Kontext' (Joh 5,36f). Jeder
wahrnehmbare Sendungsanspruch verweist auf das Verheissungswort der
Schrift. Auf diesem Hintergrund muss er erkannt, geprüft aber auch be-
wahrheitet werden.

Die Erkenntnis selbst besteht darin, dass die Wahrnehmung dem ihr entsprechenden Kontext zugeordnet wird. Dadurch wird ein Verständnis ge-

---

8.   Zum Zusammenhang zwischen Joh 12,20-23 und Jesaja 11,10-12 siehe
      Exkurs 2 (Die Bedeutung von Jesaja 11 für das Verständnis Jesu).

wonnen, das in Form eines Urteiles, eines Bekenntnisses ausgesprochen
wird. Das hat sich in den oben aufgeführten Beispielen gezeigt. Auch
dort, wo ein Urteil verfehlt oder verweigert wird, tritt der Vorgang
selbst noch deutlich hervor.

17.4. 'Kontext' und 'Eindeutigkeit'

17.4.1. EXKURS: 'Kontext' und 'Eindeutigkeit' in der Linguistik

Mit dem Begriff 'Kontext' greifen wir auf Überlegungen der modernen
Linguistik zurück, die für unsere Arbeit hilfreich und auch für die
Frage der Erkenntnis weiterführend erscheinen. Das sei hier kurz skiz-
ziert.

Schwierigkeiten bei der Aufgabe, einzelne Wörter oder Sätze einer seltenen Sprache ins Englische zu übersetzen, führten den Ethnographen
Malinowski zur Forderung, in der Linguistik die Situationsabhängikeit
der Sprache grundlegend ernst zu nehmen. Diese Anregung wurde vom englischen Linguisten Firth (1935) aufgenommen und unter der Bezeichnung
'Kontextualismus' zu einem linguistischen Modell weiterentwickelt.
Grundlegend sind dafür zwei Einsichten: (a) Der Begriff "Bedeutung"
(meaning) wird als "Funktion im Kontext" aufgefasst. (b) "Kontext" bezeichnet sowohl die sprachliche Umgebung, als auch die aussersprachli-
che Situation.[9] Damit wird die Abwendung von einer mehr lexikalischen
Sprachbetrachtung gekennzeichnet. Sprechen ist eine Handlung, die innerhalb eines grösseren sozialen Umfeldes geschieht, der bei der

---

9.   Vgl. Artikel 'Kontextualismus' in: STAMMERJOHANN, H. (et.al.):
     Handbuch der Linguistik, 1975, 235f. Zur Einführung vgl. FRAN-
     COIS, F.: Kapitel 8. Kontext und Situation, in: MARTINET, A.
     (et.al.): Linguistik, 1973, 42-48. Das Problem des Kontextes fin-
     det auch in der Psychologie unter dem Stichwort 'Sprachrezeption'
     Aufmerksamkeit. Vgl. dazu einführend Artikel Sprachrezeption, in:
     DORSCH, F. (et. al.): Psychologisches Wörterbuch, [10]1982, 646f.
     Für Literaturhinweise auf dem Gebiet der Linguistik danke ich
     meinem Freund Beat Rink, lic. phil. et cand. theol., Basel.

Sprachbetrachtung mit berücksichtigt werden muss.[10]

Dieses Betrachtungsmodell führt einen wichtigen Schritt weiter. Ein isolierter Begriff, ein Lexem, ist potentiell vieldeutig, er ist polysem. In der Semantik bezeichnet man mit Polysemie das 'Referenzpotential', das einem isolierten Lexem innewohnt. Auf welche Weise gelangt aber dieses Referenzpotential zu seiner Wirkung?

Wir bringen ein Beispiel: "In dem Syntagma '(ein) verklemmtes Schloss' determinieren sich die Lexeme 'verklemmt' und 'Schloss' gegenseitig. Beide zeichnen sich in ihrer Isolierung durch eine ausgeprägte Polysemie aus. Das Referenzpotential von 'verklemmt' deckt sowohl einen mechanischen als auch einen psychischen Bereich ab. .. Auch 'Schloss' enthält ein heterogenes Referenzpotential, insofern damit u.a. ein Königsschloss oder ein Türschloss gemeint sein kann. Die syntagmatische Verknüpfung von 'verklemmt' und 'Schloss' bewirkt nun die Monosemierung sowohl des einen als auch des anderen Lexems. Beide Lexeme gehen eine Solidaritätsbeziehung ein, die alle übrigen Solidarisierungen ausschliesst, zu welchen die Lexeme aufgrund ihrer polysemischen Struktur fähig sind."[11]

Das Beispiel zeigt, wie die Polysemie beider Lexeme durch die gegenseitige Zuordnung (Vertextung) aufgelöst wird. "Der vereindeutigende Effekt wird offensichtlich durch den Kontext des Lexems bewirkt. Der Kontext eines Lexems übernimmt die Funktion eines semantischen Sperrmechanismus oder Filters, indem er diejenigen Bedeutungsaspekte des Lexems absorbiert, die an der betreffenden Stelle Anlass zu Missver-

---

10. Im Bereich der Exegese vgl. die Polemik von BARR, J.: Bibelexegese und moderne Semantik, 1965. BARR wendet sich vor allem gegen verschieden Artikel des Kittelschen Wörterbuches. Vgl. dazu auch BERGER, K.: Exegese des Neuen Testamentes, 1977, 140f.

11. KALLMEYER, W. (et.al.): Lektürekolleg zur Textlinguistik, Bd. 1, 1974, 123.

ständnissen geben könnten."[12] Dieser Vorgang wird mit dem Stichwort
'Monosemierung' zutreffend bezeichnet. Ein Lexem erfährt dadurch, dass
es in einen bestimmten Kontext gestellt wird, seine Determination. Umgekehrt wirkt es aber auch selbst innerhalb dieses Kontextes determi-
nierend. In diesem Sinn spricht man von der wechselseitigen Determination, der die Konstituenten eines Textes unterliegen.[13]

Dieses Modell hat vor allem für die pragmatische Linguistik grosse Bedeutung. Hier differenziert man zwischen Sätzen und Äusserungen. Der
Satz 'Ich bin fertig' ist mehrdeutig und darum unübersetzbar. Innerhalb eines (aussersprachlichen) Kontextes wird aber aus diesem Satz
eine Äusserung. Er kann entweder bedeuten: 'Ich habe meine Arbeit beendet.', oder: 'Ich kann nicht mehr.' Erst als Äusserung ist diese
Wendung übersetzbar. "Eine Äusserung ist grundsätzlich _eindeutig_, während ein Satz _potentiell mehrdeutig_ ist."[14]

17.4.2. Die Bedeutung des 'Kontextes' im Erkenntnisvorgang

Was für die Linguistik formuliert wurde, ist für die erkenntnistheoretischen Überlegungen fruchtbar zu machen. Isolierte Vorgänge sind,
ähnlich wie sprachliche Zeichen (Lexeme), mehrdeutig. In der Isolation
bleiben sie unklar und unverständlich. Handlungsabläufe stehen jedoch
faktisch nie unabhängig von einem 'Kontext', also isoliert von der sie
umgreifenden Wirklichkeit. Wir sprechen mit Recht von der Notwendigkeit, Vorgänge, Verhältnisse usw. innerhalb des ihnen entsprechenden

---

12.   Ebda 120 mit weiteren Beispielen.

13.   Vgl. Art. Monosemie bzw. Monosemierung in: LEWANDOWSKI, TH.: Linguistisches Wörterbuch 2, [3]1979, 498f und KALLMEYER, W.: aaO.
119-124; WEINRICH, H.: Linguistik der Lüge, 1966, 15-25; ARENS,
H.: Sprachwissenschaft, 1969, 689-699; Für die neutestamentliche
Exegese BERGER, K.: aaO. 137-143 (§ 20 Zweck und Ziel der Erforschung semantischer Felder), und passim (Register s.v. Kontext).

14.   HÖNIG, H. G. und KUSSMAUL, P.: Strategie der Übersetzung, [2]1984,
35 mit weiteren Beispielen. [Hervorhebung durch W.B]

sozialen, geschichtlichen oder kulturellen Kontextes zu verstehen.
Auch dabei geht es ja um Erkenntnis und die Bedingungen, die für Erkenntnis grundlegend sind.

Der Begriff "Kontext" ist für die Darstellung des Weges, durch den Erkenntnis erworben wird, hilfreich. Die durch Johannes dargestellten
Vorgänge sind nicht zu isolieren, sondern auf ihren Kontext hin zu befragen und darin zu verstehen.

Die Arbeit des ersten Hauptteiles bestand zum grossen Teil darin, den
"Kontext" des Begriffes σημεῖον zu erarbeiten und darzustellen. Wir
haben, um ein Beispiel zu nennen, an den Zeichenpropheten des Josephus
gesehen, wie sehr das biblische Vorbild des Mose den "Kontext" darstellte. Innerhalb dieses Kontextes wurde ihr Handeln verständlich:
Wer ein "Zeichen" ankündigte, von dem erwartete man, dass er ein Prophet sei. Wer gar als "Zeichen" eine Tat versprach, die in Analogie zu
den mosaischen Zeichen stand, der erhob wohl gar den Anspruch, "der"
Prophet "wie Mose" zu sein. Diese Vorgänge sind von ihrem geschichtlichen und sozialen Kontext überhaupt nicht zu lösen. Sie werden durch
den Kontext, dem sie zuzuordnen sind, eindeutig.

17.4.3. Die Frage nach der 'Eindeutigkeit'

Damit stehen wir aber vor der Folgerung, die aus dem Begriff des Kontextes zu ziehen ist. Eine Handlung kann zwar theoretisch von jedem
Kontext isoliert werden. Dann ist sie durchaus als 'mehrdeutig' zu bezeichnen. Faktisch aber steht sie in einem konkreten, unauswechselba-
ren Zusammenhang eines sozialen und geschichtlichen Umfeldes. Dieser
'Kontext' determiniert die Handlung und macht sie damit eindeutig.

Nochmals sei auf die Zeichenpropheten des Josephus verwiesen. Die
"Zeichen", die sie versprechen, erweisen unübersehbar die Analogie zu
den Zeichen des Exodus. Das allein könnte bloss historische Reminis-
zenz sein. Das Verheissungswort aber, dass Gott in der Endzeit einen
Propheten "wie Mose" erwecken wird, schafft den Kontext, der diese Taten eindeutig determiniert. Wer ein mosaisches Zeichen tut und dazu
noch im politischen Bereich 'Befreiung' verspricht, erhebt durch
dieses Tun eindeutig den Anspruch, der eschatologische Prophet zu
sein.

Um der Klarheit willen sei nochmals darauf hingewiesen, dass wir von 'Eindeutigkeit' nur im Zusammenhang eines konkreten 'Kontextes' sprechen. Eine (theoretisch) isolierte Handlung ist nicht eindeutig. Sie wird jedoch dadurch, dass sie sich immer in einer unverwechselbaren Wirklichkeit vollzieht, determiniert. Die 'Wirklichkeit' ist der soziale und geschichtliche 'Kontext', der eine Handlung überhaupt erst verstehbar macht.

Sind nun Jesu Worte und Jesu Taten 'eindeutig' gewesen? Wir fragen zunächst: Hat Johannes Jesu Taten für 'eindeutig' gehalten?

Der oben[15] näher besprochene Text aus Johannes 5,36f hat den Erkenntnisvorgang dem jüdischen Zeugenrecht eingeordnet. Jesu Werke und die Schrift sind Zeugen, die durch ihre übereinstimmenden Aussagen die Wahrheit seiner Sendung erweisen. Die Tatsache, dass hier die rechtliche Kategorie des Zeugen benützt wird, hebt die Bedeutung dieses Vorganges hervor. Die Aussage ist aber nur dann verständlich, wenn Johannes die Zuordnung der Taten Jesu zur Schrift als dem ihnen entsprechenden Kontext für eindeutig, also für übereinstimmende Zeugenaussagen gehalten hat.

Parallel dazu stehen weitere Texte des Johannes. Der erste ist an die Juden gerichtet, die den Vorwurf der Gotteslästerung gegen Jesus erheben. "Tue ich die Werke meines Vaters nicht, so glaubet mir nicht! Tue ich sie aber, so glaubet, wenn ihr auch nicht mir glaubt, [doch] den Werken" (10,37f).[16] Der zweite richtet sich bemerkenswerterweise an die Jünger. "Glaubet mir, dass ich im Vater bin und der Vater in mir ist; wo nicht, so glaubet es um der Werke selbst willen!" (14,11). Beide Texte reden vom Anspruch Jesu, mit dem Vater "eins" zu sein. Dieser Anspruch fordert Glauben. Der Glaube wird aber nicht grundlos gefordert, sondern auf konkrete Wahrnehmung zurück verwiesen: Die Werke Jesu stehen als Zeugen des Anspruches Jesu da. Sie sind wahrnehmbar

---

15. § 17.2.4. (Johannes 5,36-40).

16. Vgl. schon 10,25, wo wiederum die Werke Jesu als Zeugen zitiert werden.

und fordern ein Urteil. Es ist überprüfbar, ob es "die Werke des Vaters" sind oder nicht. Wären sie es nicht, so wäre der Glaube grundlos. "Tue ich die Werke meines Vaters nicht, so glaubet mir nicht!"
Wahrnehmung und Urteil sind möglich und gefordert.[17] Endlich ist noch
ein weiterer Text, der über Jesu 'Werke' spricht, anzuführen. "Hätte
ich nicht die Werke unter ihnen getan, die kein andrer getan hat, so
hätten sie keine Sünde; nun aber haben sie sie GESEHEN und haben doch
sowohl mich als meinen Vater gehasst" (15,24). Die Wahrnehmung der
Zeichen Jesu ist unbestreitbar und macht die Schuld unausweichlich.

Diese Aussagen heben hervor, dass Johannes die Erkenntnis aufgrund der
Wahrnehmung der Werke für 'eindeutig' gehalten hat. Der 'Kontext', dem
jeder Vorgang eingegliedert ist, ermöglicht ein 'eindeutiges' Urteil.

Wir greifen als ein Beispiel auf einen bereits angeführten Text zurück. Judas schafft durch eine Abmachung mit dem Begleittrupp einen
'Kontext', der seinem Kuss, mit dem er Jesus begrüssen wird, eine präzise Informations-Funktion zuweist (Mk 14,44). Der Informationswert,
den ein Kuss sonst hat, wird durch die Schaffung dieses besonderen In-
sider-Kontextes umgangen. Für den aber, der diesen Kontext kennt, wird
die Wahrnehmung eindeutig: Der ist es!

Von "Eindeutigkeit" ist unter drei Voraussetzungen zu sprechen: (1)
Die Wahrnehmung muss möglich sein. (2) Der Kontext muss deutlich und
bekannt sein. (3) Endlich dürfen nicht verschiedene Verknüpfungen zwischen Wahrnehmung und Kontext in gleicher Weise nahe liegen.

Störungen im Erkenntnisvorgang können sich von allen drei Vorausset-

---

17. In gewissem Sinn stellt das neunte Kapitel des Johannesevangliums
    eine Entfaltung dieses Problems dar. Der Blindgeborene hält gegen
    alle Widerstände an seiner "Wahrnehmung" fest und wehrt sich ge-
    gen jedes theologische Urteil, das die Wahrnehmung seiner Heilung
    preisgibt. Der 'theologische' Hinweis, Jesus müsse ein Sünder
    sein (9,16.24), ja der Verweis auf die 'Autorität' (9,24.34)
    scheitern daran, dass der Geheilte seine Wahrnehmung nicht preis-
    gibt.

zungen her einstellen. Die Wahrnehmung kann verhindert oder nur un-
deutlich möglich sein. Der Kontext kann umstritten oder gar unbekannt
sein. Endlich können sich verschiedene Verbindungen zwischen Wahrnehmung und Kontext nahelegen und so ein Urteil verhindern. Diese möglichen Störungen stellen aber kein Hindernis dar, von Eindeutigkeit innerhalb des Erkenntnisweges zu sprechen.[18]

17.5. Erkenntnis und Glaube

17.5.1. Der Widerstand gegen den "Zeichenglauben"

Gegen die Kategorie der Eindeutigkeit wird von verschiedenen Seiten
her Widerstand angemeldet.[19] Beliebt ist die Zurückweisung eines sogenannten Zeichenglaubens. ".. der Zeichenglaube reicht nicht aus. ..
Zeichenglaube, der nicht zum personalen Glauben wird, verfehlt das
Zeichen und verlangt nach immer neuen Zeichen".[20]

Mit dem Begriff Zeichenglaube wird ein Gegensatz eingeführt, der mehr
verschleiert, als dass er dem Verständnis dient. Für Johannes dienen
Jesu Werke und Jesu σημεῖα der Erkenntnis der Sendung, in der Jesus
steht. Sie bezeichnen den GRUND der Erkenntnis. Der GEGENSTAND der Erkenntnis aber ist Jesu Sendung. Der Glaube, der sich aufgrund der Zeichen ergibt, ist also immer "Zeichenglaube", insofern er an den Zeichen den Grund der Erkenntnis findet und bleibend besitzt. Er ist aber
als Zeichenglaube von Anfang an und bleibend "personaler Glaube", in-

---

18. Noch eine Klärung scheint nötig. Wir sprechen hier von den Bedin-
    gungen, die der Erkenntnis durch ihren Gegenstand gegeben sein
    müssen. Nur im Blick auf diese Bedingungen wird hier von Eindeu-
    tigkeit gesprochen. Die Hindernisse, die dem Erkenntnisprozess
    auf seiten des Subjektes entgegentreten, werden in Abschnitt
    17.5.3. (Das Problem der verweigerten Erkenntnis) besprochen.

19. Wir konzentrieren uns auf die Problematik, die uns durch das Ver-
    hältnis der σημεῖα zur Christologie gegeben ist.

20. GRUNDMANN, W.: KuD 6 (1960), 135. 143.

dem er sich auf Jesus richtet. Die Aussage, ein Zeichenglaube müsse
erst überwunden und zum personalen Glauben werden, setzt zwei Vorgänge
in Gegensatz zueinander, die in Wahrheit ergänzend aufeinander bezogen
und nicht austauschbar sind.

Die Unklarheit, die an dem Begriff "Zeichenglaube" zutage tritt, hat
darin ihren Grund, dass die Funktion, die der Erkenntnis zukommt,
nicht mehr vom Glauben unterschieden wird. Eine klare Unterscheidung
der Vorgänge und eine klare Sprache sind hier nötig. Darum sollte der
Ausdruck "Zeichenglaube" vermieden werden. Er vermittelt den Eindruck,
solch Glaube richte sich auf die Zeichen als dem Gegenstand, dem sich
der Glaube hingibt. Diese Ausdrucksweise kennt Johannes aber nicht.
Die Zeichen sind der Erkenntnis zugeordnet, die sie auch ermöglichen.
Diese Erkenntnis kann Glauben begründen, ersetzt ihn aber nicht. Glauben und Erkennen sind Vorgänge, die zwar aufeinander bezogen sind, die
aber nicht austauschbar werden. Man glaubt aufgrund von Zeichen, weil
man aufgrund der Zeichen "erkennt". Man glaubt aber nicht an Zeichen.

Johannes hat eine personale Hingabe an Jesus nur dort als "Glauben"
bezeichnet, wo er mit der rechten Erkenntnis der Sendung Jesu verbunden war. Dem Glauben zu dieser Erkenntnis zu verhelfen, ihn darin zu
stärken und die Begründung des Bekenntnisses zu ermöglichen, dient
sein Evangelium. Es ist darum ein Bericht der σημεῖα, die Jesus "vor
seinen Jüngern" getan hat. Diese treten als Zeugen für diese Vorgänge
ein. Glaube und Erkenntnis stehen für Johannes in klarem Verhältnis
und genauer Entsprechung zueinander.

Der Kampf gegen die christlichen Irrlehrer innerhalb des ersten Johan-
nesbriefes wird um diese Fragen geführt. Ein personales Verhältnis zu
Jesus ist von den Irrlehrern durchaus festgehalten worden. Die Er-
kenntnis Jesu aber, die im Bekenntnis ihren deutlichen Ausdruck fin-
det, würde diese personale Hingabe erst zum "Glauben" im johanneischen
Sinn machen. Beide Elemente gehören zusammen. Weil den Irrlehrern aber
Erkenntnis und Bekenntnis fehlen, wird ihrem Verhältnis zu Jesus die
Bezeichnung "Glaube" verweigert.

17.5.2. Erkennen - Glauben - Erkennen

Der Widerstand gegen die den Glauben begründende Funktion der Erkenntnis ist lokalisierbar. "Es gibt eben kein rein vorgläubiges Sehen, demgegenüber die Zeichen eine selbstverständliche Legitimation Jesu abgäben, ohne eine Glaubensentscheidung einzubeziehen."[21] Das hier vorgebrachte Anliegen wird durch den Begriff "Glaubensentscheidung" deutlich. Dieser in der Bultmannschule beliebte Begriff wird dort eingeführt, wo dem subjektiven Glaubensentscheid des Menschen das zugemutet wird, was sowohl im natürlichen Vorgang wie in den biblischen Texten an der sinnlichen Wahrnehmung entsteht: die Begründung der Erkenntnis.

Diese Schwierigkeit entstand, seit spätestens mit Kant die Wahrnehmung auf den Bereich der Erscheinungen eingeschränkt war. Gott gilt im Bereich reiner Vernunft nur noch als transzendentale Idee, also als Ordnungsprinzip, das den Wahrnehmungen als subjektives Gesetz aufgeprägt wird. Innerhalb des dem Menschen wahrnehmbaren Bereiches konnte Gott in seinem Handeln grundsätzlich nicht wahrgenommen werden. Damit war die Aussage, dass Gott in der Geschichte handelt, unmöglich geworden. Sie konnte nur noch als ein subjektiver "Glaubensentscheid", der die Glaubensüberzeugung historisierte bzw. geschichtliche Ereignisse religiös interpretierte und sich in der Art ausdrückte, 'als ob' es sich um einen objektiv in der Geschichte nachweisbaren Vorgang handelt, verstanden und formuliert werden. Darauf hat sich die Folgezeit konzentriert. Der Wahrheitserweis war damit von der Geschichte in die Ethik verlegt.

Die Proteste gegen diese Denkhaltung sind weitgehend untergegangen oder ignoriert worden. Zu nennen ist noch aus der Zeit Kants Johann Georg Hamann sowie dessen später 'Schüler' Eugen Rosenstock Huessy.[22] In diesem Jahrhundert sind als Theologen vor allem Hermann Cremer,

---

21. LAMMERS, K.: Hören, Sehen und Glauben im Neuen Testament, 1966, 53; vgl. WENZ, H.: ThZ 17 (1961), 17-25, bes. 20 und 24.

22. Zu HAMANN vgl. jetzt MICHEL, K. H.: V Dogmatische Neubesinnung, in: DERS.: Anfänge der Bibelkritik, 1985, 113-122; SEILS, M.: Wirklichkeit und Wort bei Johann Georg Hamann, 1961; LINDNER, H.: ThB 6 (1975), 198-206.

Adolf Schlatter und Wilhelm Lütgert zu nennen, die sich dieser
Erkenntnistheorie verweigert haben.[23] Als systematischer Theologe hat
Hans Joachim Iwand 1954 einen kleinen, bemerkenswerten Beitrag ver-
öffentlicht: Wider den Missbrauch des "pro me" als methodisches Prinzip.[24] Er warf darin der Bultmannschule vor, das lutherische "pro me"
als Begriff aufzunehmen, es aber in sein Gegenteil zu verkehren. Für
die Reformation gehörte das "pro me" inhaltlich zum Evangelium. Es
brachte die Zuspitzung des Evangeliums auf den Menschen als 'objekti-
ven' Zuspruch (extra nos) zum Ausdruck. In der Kerygmatheologie wurde
es zum Glaubensurteil, das der Glaubende zu sprechen hatte. Damit wurde aus dem assertorischen Zuspruch ein subjektives 'methodisches Prinzip'. Iwand hatte erkannt, dass die Wurzeln dieses Vorganges erkennt-

---

ROSENSTOCK-HUESSY, E.: Die Sprache des Menschengeschlechts, zwei
Bände, Heidelberg 1963/64.

23. Vgl. SCHLATTER, A.: Das christliche Dogma, ^{2}1923, 25-32.51-58.89-
     124; DERS.: Briefe über das christliche Dogma, 1912, 7-35. Vgl.
     die unveröffentlichten Manuskripte aus dem Schlatter-Archiv, auf
     die mich mein Freund Dr. Werner Neuer hinweist: Einführung in die
     Theologie (SS 1924), § 3 Der Glaube und die wissenschaftliche Ar-
     beit und § 4 Denken und Wollen) [Nr. 808]; Metaphysik [Nr. 241];
     Wesen und Quellen der Gotteserkenntnis [Nr. 191]; Geschichte der
     speculativen Theologie seit Cartesius [Nr. 183]; Einführung in
     die Theologie Franz von Baaders [Nr. 185]; vgl. auch NEUER, W.:
     Der Zusammenhang von Dogmatik und Ethik bei Adolf Schlatter. Eine
     Untersuchung zur Grundlegung christlicher Ethik, 1986, 43-49,
     speziell 45f zu Schlatters Erkenntnislehre. Zu LÜTGERT, W. vgl.
     die Bemerkungen von Werner Neuer in der Einleitung zur Neuauflage
     von LÜTGERT, W.: Schöpfung und Offenbarung, 1984 (=1934), 12ff.
     Zum erkenntnistheoretischen Horizont vgl. HEMPELMANN, H. P.:
     Nachwort zu SCHLATTER, A.: Atheistische Methoden in der Theolo-
     gie, 1985, 32ff.

24. EvTh 14 (1954), 120-125.

nistheoretischer Natur sind und auf Kant zurückgehen.[25] Der Verdacht, eine klare Erkenntnis mache den "Glaubensentscheid" überflüssig, ist berechtigt, sofern der Glaubensentscheid an die Stelle der Erkenntnis tritt und Jesus kraft des Glaubens zu dem erklärt, was er ist. Dieses Problem entsteht, wenn die grundsätzliche Möglichkeit klarer Erkenntnis aufgrund von Wahrnehmung und Kontext abgelehnt wird. Da der Glaube nicht ohne Erkenntnis sein kann, muss die Erkenntnis den Vorgängen durch einen 'Glaubensentscheid' zugesprochen werden. Damit wird Erkenntnis nicht mehr gewonnen, sondern postuliert. Der Wahrheitserweis liegt nunmehr darin, dass sich dieser 'Glaubensentscheid' in der Folge am Glaubenden auch 'bewährt'.[26]

Johannes hat Glauben und Erkennen einander positiv zugeordnet. Die Erkenntnis der Sendung Jesu ist durch Wahrnehmung und durch den Kontext, in dem seine Sendung steht, möglich und, so wenigstens für Johannes,

---

25. Vgl. dazu IWAND, H.J.: Glauben und Wissen, 1962.

26. Diese Fragen, die in den Bereich der philosophischen und systematisch-theologischen Diskussion gehören, prägen als Voraussetzungen auch die exegetische Arbeit. Es geht aber nicht an, in den neutestamentlichen Zeugen eine derartige Erkenntnistheorie finden zu wollen. Die wahren Verhältnisse werden damit in ihr Gegenteil verkehrt. Hier liegt eine der tieferen Ursachen, die zum Postulat der Semeia-Quelle führten. Da die positive Wertung der Wahrnehmung und der Erkenntnis bei Johannes, die sich in seinem Zeichenbegriff zuspitzt, den modernen erkenntnistheoretischen Voraussetzungen widersprach, wies man diese Texte einer postulierten Quelle zu und erklärte den Evangelisten zum grossen Kritiker des "Zeichenglaubens". Man hatte sich so die Autorität geschaffen, auf die man sich nun berufen konnte. Vgl. dazu die vom hermeneutischen Problem ausgehende Kritik von BERGER, K.: Hellenistische Gattungen, ANRW II, 25,2, 1984, 1230f. Grundsätzlich zum oben skizzierten Erkenntnisproblem und seinen philosophiegeschichtlichen Voraussetzungen vgl. MICHEL, O.: EvTh 15 (1955), 349-363; MICHEL, K.-H.: Sehen und Glauben, 1982 und jetzt DERS.: Kant und die Frage der Erkennbarkeit Gottes (im Erscheinen).

eindeutig geworden. Ein "Glaubensentscheid", der Erkenntnis postulie-
ren soll, ist überflüssig. Der Entscheid aber, ob der Mensch dieser
Erkenntnis recht gibt und sein Leben dieser "Erkenntnis" unterstellt,
wird dadurch in seiner Dringlichkeit klar.[27] Die Erkenntnis in ihrer
Eindeutigkeit hat doppelte Funktion. Sie verweist den Glauben auf
seine Begründung und gibt ihm damit Gewissheit. Andererseits erweist
sie die Grundlosigkeit des Unglaubens. Er wird gerade daran zur Schuld
(Joh 15,22-24).

Als lebendiger Vorgang sind Glauben und Erkennen in doppelter Weise
aufeinander bezogen. Der Glaube findet in der Wahrnehmung und der daraus folgenden Erkenntnis seinen Anhaltspunkt und seinen bleibenden
Grund, auf den er bezogen bleibt. Der Glaube führt aber seinerseits
wieder zu vertiefter und geschärfter Wahrnehmung und damit zu weiteren, vertieften Urteilen. Nun ist aber der Gedanke abzuwehren, diese
vertiefte Erkenntnis stehe jenseits des natürlichen Vorganges und
bleibe dadurch unausweisbar, also nur im Glauben nachvollziehbar. Der
Kampf, den Johannes führt, geht ja gerade um die Ausweisbarkeit und um
die Unausweichlichkeit der Erkenntnis, wer Jesu sei und in welcher
Sendung er stehe. Der Glaube fasst zwar die gegebene Erkenntnis immer
schärfer, verweist aber als Grund des Glaubens nicht auf sich selbst,
sondern auf die jedem zugängliche Wahrnehmung und auf das Urteil, das
daraus gezogen werden muss. Darin besteht nach Joh 20,30f geradezu das
Ziel des Johannesevangeliums.[28]

---

27. In diesem Sinn ist sehr wohl von einem Glaubensentscheid zu spre-
    chen.

28. Wird der Glaube zum Ausgangspunkt der Erkenntnis erklärt, so wird
    die Erkenntnis zum Postulat: "Im Verhältnis des Menschen zu Gott
    bzw. zur Offenbarung bezeichnet πιστεύειν die erste Zuwendung,
    der, wenn sie sich hält, das γινώσκειν verheissen wird." (BULT-
    MANN, R.: Art. γινώσκω, in: ThWNT I, 713.) Die Wahrheit dieses
    Satzes liegt darin, dass dem Glauben vertiefte Erkenntnis folgt.
    Er findet aber nicht in sich, sondern in der Erkenntnis seinen
    bleibenden Grund. Darum verweist Johannes auf Wahrnehmung und
    Zeugenschaft, damit Glaube und Gemeinschaft entstehen und bewahrt

17.5.3. Das Problem der verweigerten Erkenntnis

Damit stehen wir vor folgendem Problem: Ist die Wahrnehmung allgemein
möglich und ist für Johannes das Urteil, das aufgrund dieser Wahrnehmung Jesu und seines Handelns zu fällen ist, eindeutig, warum wird
diese Erkenntnis verweigert? Warum kommt es zum Unglauben?

Das Johannesevangelium steht im Ringen um diese Frage. Der Unglaube
hat nach ihm seine Wurzeln darin, dass Menschen sich dem Anspruch Jesu
willentlich verweigern. Darin gründet der Vorwurf: "Ihr habt mich gesehen und doch glaubt ihr mir nicht" (Joh 6,36). Der Defekt wird nicht
im Wahrnehmungsvorgang gesehen. Er sitzt tiefer und tritt angesichts
der zugänglichen Wahrnehmung und der durch Gottes wahrnehmbares Handeln möglichen Erkenntnis erst zutage. Die Erkenntnis des Anspruches
Jesu zwingt den Menschen auch nicht, nimmt ihm den Entscheid keines-
falls ab. Sie mutet ihm diesen Entscheid erst zu, ja macht ihn unausweichlich. Nun zeigt sich, ob der Mensch sich diesem Anspruch unter-
ordnet oder willentlich verweigert.

Diese Einsicht wird von Johannes weiter vertieft. Hinter der willent-
lichen Verweigerung des Menschen, die willentliches Handeln und damit
Verantwortung des Menschen bleibt, erkennt er Gottes richtendes Geschichtshandeln. Darum kann er in Zusammenhang mit dem Jesajawort (Jes
6,9f) sagen: "Deshalb konnten sie nicht glauben, weil Jesaja wiederum
gesagt hat: 'Er hat ihre Augen geblendet und ihr Herz verstockt, damit
sie mit den Augen nicht sehen noch mit dem Herzen verstehen und sich
bekehren und ich sie heile'" (Joh 12,39f).[29]

---

werden können. "Was von Anfang an war, was wir gehört, was wir
mit unsern Augen gesehen, was wir geschaut und was unsre Hände
betastet haben in bezug auf das Wort des Lebens .. verkündigen
wir auch euch, damit auch ihr Gemeinschaft mit uns habt" (1 Joh
1,1.3.).

29. Vom "Nicht Können" spricht auch Joh 8,43; vgl. 10,26. Auch umgekehrt hält Johannes diesen Sachverhalt deutlich fest, wenn er

Diese theologische Dimension, in die Johannes das Entscheiden der Menschen stellt, führt also nicht zu einer theologischen Kritik des Erkenntnisweges. Johannes hält daran fest, dass Erkenntnis Jesu zugänglich ist.

17.6. Zusammenfassung

Gegenstand unserer Skizze war die Frage, wie es zur Erkenntnis der
Sendung, in der Jesus steht, kommt.

Der Weg der Erkenntnis nimmt seinen Ausgangspunkt bei dem, was von Jesus wahrnehmbar wird. Jesu wahrnehmbares Handeln verweist auf das Alte
Testament, das vom Vater für ihn abgelegte Zeugnis, als auf den Kontext, dem diese Wahrnehmung zugeordnet werden muss. Die Erkenntnis besteht in dem Urteil, das in rechter Weise Jesu Handeln mit diesem Kontext verbindet. Im Blick auf diesen Erkenntnisweg ist es unvermeidlich, von Eindeutigkeit der Erkenntnis zu sprechen. Die Ursachen, die
zur fehlenden Erkenntnis führen, liegen für Johannes nicht in den
Möglichkeiten, die der Erkenntnis durch ihren Gegenstand gegeben sind,
sondern auf der Seite des Menschen, der diese Erkenntnis verweigert.
Die theologische Betrachtung dieses Sachverhaltes erweist sich daran,
dass Johannes an den geschichtlichen Vorgängen dieser Verweigerung von
Erkenntnis und Glaube Gottes richtendes Handeln erkennt und bekennt.[30]

Gottes Handeln an den Menschen den tiefsten Grund nennt, dass jemand zu Jesus kommt und auch bei ihm bleibt (vgl. Joh 6,44.65;
10,26f; 15,16; 6,70). Gottes gnädiges, erwählendes und richtendes
Handeln hebt aber die persönliche Verantwortlichkeit, die Schuld
und die Behaftbarkeit auf das Nicht-Wollen des Menschen nicht
auf, genauso wenig wie der Glaube die Erkenntnis aufhebt (Joh
15,24). Damit ist also der Erkenntnisvorgang weder übersprungen
noch kritisiert. Auch bei den Jüngern kam es durch Wahrnehmung
Jesu zur Erkenntnis und so zum Glauben.

30. Vgl. dazu die Bemerkungen § 14.4. (Die σημεῖα und das 'Scheitern'
    der Sendung Jesu - Ergebnis).

Wir haben oben Gottes Handeln in der Schöpfung, sein erwählendes
und richtendes Handeln als den Kontext erkannt, den Gott selbst dem
Erkennen göttlicher Sendung gesetzt hat. Damit aber ist das Erkennen
auf die Schrift als das sowohl für Johannes, seine Gemeinden wie für
das zeitgenössische Judentum verbindliche Zeugnis dieses Handelns verwiesen (§ 16). Erkenntnis ist für Johannes weder vom konkreten, wahrnehmbaren Geschehen noch von der Schrift lösbar.

Hier aber liegt die Grundlage dessen, was Johannes mit seinem Evangelium als glaubwürdig erweisen will: Dass der Messias als Sohn Gottes
helfende Taten tun wird, das war aufgrund des Schriftwortes zu erwarten. Dass Jesus diese Taten wirklich getan hat, dafür tritt Johannes
mit seinem Evangelium zusammen mit dem Jüngerkreis den Zeugenbeweis
an. Damit ist aber das Bekenntnis zu Jesus als dem Messias als dem
Sohn Gottes (20,30f) nicht bloss möglich oder nur naheliegend, sondern
rechtlich ausgewiesen. Die Erkenntnis ist innerhalb des durch die Geschichte Gottes geschaffenen Kontextes 'eindeutig'.

III. HAUPTTEIL

ERGEBNISSE

1. Das Verständnis von σημεῖον ausserhalb von Johannes

1.1. Die These von K. H. Rengstorf, dass es sich bei σημεῖον um einen Funktionsbegriff handelt, der auf Erkenntis hin bezogen ist und Erkenntnis ermöglicht, hat sich uns in unserer Arbeit durchgehend bestätigt.

1.2. Zu einem Zeichen wird eine Tat bzw. ein Ereignis nicht durch den besonderen Gehalt, sondern durch eine vorangehende Bestimmung eines Informationsgehaltes. Sie stellt den erkenntnismässigen Kontext dar, die dem, der das Zeichen wahrnimmt, bekannt sein muss, damit er die Tat bzw. das Ereignis als Zeichen erkennen kann und die durch das Zeichen vermittelte Erkenntnis für ihn eindeutig wird.

1.3. Bereits im Alten Testament tritt die besondere Nähe der 'Zeichen' - und zwar sowohl der Sache wie dem Begriffe nach - zur Sendung des Propheten hervor. Auch in der religionsgeschichtlichen Umwelt des Alten Testamentes ist das der Fall. Propheten haben sich dadurch auszuweisen, dass sie ein Zeichen ansagen können, das gemäss der Ansage auch eintrifft. Es ist also gerade die Überprüfbarkeit zwischen der Ansage und dem Eintreffen einer Tat bzw. eines Ereignisses, die konstitutiv zu dem gehört, was unter einem אות, einem σημεῖον verstanden wird.

1.4. Was sich bereits im Alten Testament zeigt, wird im frühen Judentum (Josephus, Rabbinen) evident. Nur vom Propheten hat man die Fähigkeit, ein Zeichen anzusagen und auch zu tun erwartet. Ein Prophet war zu prüfen, indem man ihn auf diese Fähigkeit hin befragte, von ihm also ein Zeichen forderte.

Keine andere 'Sendung' steht im Zusammenhang mit Taten, die als σημεῖα gelten. Es ist fatal, dass man bisher die strenge Terminologie nicht beachtet hat und von einer relativen Synonymität zwischen σημεῖον einerseits und τέρας, ἔργον, δύναμις etc. andererseits ausging.

An der genauen Terminologie der Texte, die σημεῖα nur mit der prophetischen Sendung in Verbindung bringen, zeigt sich auch, dass man zwischen der (davidisch-)messianischen und der (mosaisch-)prophetischen
Sendung genau unterschieden hat.

1.5. Dass Mose geradezu zum Typos des Propheten wird, an dem eine
prophetische Sendung gemessen wird, bahnt sich ebenfalls bereits im
Alten Testament an und wird innerhalb des frühen Judentums dominie-
rend. Die σημεῖα lehnen sich inhaltlich an die Taten des Mose vor und
während des Exodus an. Mit der Wendung σημεῖα καὶ τέρατα scheint
manchmal geradezu das Exodusgeschehen als ganzes 'zitiert' zu werden.

1.6. Von diesem Zusammenhang her ist auch erklärlich, dass zu der
durch σημεῖα angekündigten Sendung des Propheten ein unübersehbarer
politischer Akzent tritt.

Die Zeichenpropheten, die nach dem Bericht des Josephus im Umfeld des
jüdischen Befreiungskampfes gegen Rom auftreten, lassen diese Akzente
deutlich hervortreten: a) Sie erheben den Anspruch prophetischer Sendung. b) Sie sagen Zeichen an mit dem Anspruch, dass diese Zeichen
dann auch eintreffen. c) Inhaltlich verweisen diese angekündigten Zeichen zum Teil deutlich auf die mosaischen Zeichen des Exodus. d) Der
politische Akzent ist mit den Stichworten 'Rettung' und 'Freiheit',
die als politische 'Befreiung' verstanden werden, explizit gemacht.

1.7. Die Verwendung des Terminus σημεῖον im Neuen Testament - ausserhalb des Johannesevangeliums - fügt sich diesem Bild ein.

Zunächst fällt auf, dass die synoptischen Evangelien ausnahmslos den
Terminus σημεῖον für die Wunder Jesu vermeiden. Dazu tritt ergänzend,
dass Jesus die Forderung eines Zeichens ablehnt. Nun wird deutlich warum: Er wird ja damit gefragt, ob er sich als der eschatologische Prophet und damit als Führer im politisch-eschatologischen Freiheitskampf
versteht.

Damit ist die klare Trennung des Verständnisses der Sendung Jesu von
der Erwartung des eschatologischen Propheten vorausgesetzt und angezeigt. Jesu Sendung ist die des (davidischen) Messias.

2. Der Terminus σημεῖον bei Johannes

2.1. Von dieser Beobachtung her wird die Tatsache, dass Johannes
den Terminus σημεῖον für die Taten Jesu nicht nur gebraucht, sondern
geradezu ins Zentrum seiner Jesusdarstellung und der Aussageabsicht
seines Evangeliums stellt, erst recht auffallend.

2.2. Die Abschlussformel des Evangeliums, als die uns Joh 20,30f
erschien, bezeichnet mit den σημεῖα Jesu den Inhalt der johanneischen Darstellung. Die σημεῖα sind (rechtlich) bezeugt, ausgewählt und
werden nun (schriftlich) weitergegeben, um Jesu Sendung als glaubwürdig zu erweisen. In ihrem Bekenntnis das die johanneische Gemeinde
durch die σημεῖα als glaubwürdig erwiesen ansieht, erkennt sie jedoch
in Jesus gerade nicht den (eschatologischen) Propheten, sondern den
Christus als Sohn Gottes.

2.3. Auch dort, wo diese Sendung nicht genauer erkannt oder bezeichnet wird, werden Jesu σημεῖα auf das Verständnis seiner Sendung
bezogen.

2.4. Im Anschluss an die Speisung der Fünftausend taucht explizit
die Vermutung auf, Jesus sei der Prophet wie Mose. Dieses Verständnis
wird ausdrücklich zurückgewiesen. Geschieht das in Zusammenhang des
unmittelbar politischen Gehalts, mit dem die Sendung des Propheten zu
dieser Zeit verknüpft worden ist? Das hat sich uns in der Untersuchung
der Termini προφήτης und βασιλεῦς nahegelegt. Die Bezeichnung Jesu als
'König', die ja keineswegs unpolitisch ist, wird für Jesus zwar in Anspruch genommen. Das Verständnis dieses Titels wird jedoch von jedem
Verdacht, es gehe dabei um den zelotischen Versuch, unmittelbar in die
Machtpolitik einzugreifen und so politische Befreiung zu bringen, befreit.

2.5. Dem entspricht, dass Jesus auch in der johanneischen Darstellung die Zeichenforderungen, durch die ja direkt danach gefragt wird,
ob er sich als der Prophet verstehe, zurückweist.

2.6. In diesem grösseren Zusammenhang wird nun auch deutlich, warum
in der johanneischen Darstellung des Widerstandes gegen Jesus und end-

lich des Todesbeschlusses das politische Motiv eine derart dominieren-
de Rolle spielt. Jesu Wirksamkeit wurde gerade wegen der als σημεια
verstandenen (bzw. verstehbaren) Wundertaten als 'politisch' gefährlich eingestuft und endlich unmittelbar 'politisch' interpretiert.
Dieses Verständnis führte zunächst zum Todesbeschluss des Hohen Rates,
weiterhin zur Anklage vor Pilatus und endlich zu seiner Verurteilung
zur Kreuzigung.

Die johanneische Darstellung versucht einerseits zu zeigen, dass
dieses Verständnis Jesu in seiner Sendung selbst keinerlei Anlass hat.
Andererseits aber wird Johannes deutlich, dass es sich bei diesem Geschehen nur um die menschliche 'Vorderseite' handelt, hinter der Gottes umfassender Geschichtsplan stand: Jesus 'musste' ja 'erhöht'=ge-
kreuzigt werden.

2.7. Auch inhaltlich verweisen die Taten Jesu nicht auf die Be-
freiungstaten des Exodus. Es handelt sich um die helfenden Taten, die
man vom (davidischen) Messias erwarten konnte. Die einzige 'Ausnahme',
bei der man an eine mosaische Tat denken konnte (Speisung der Fünftausend), wird zum Anlass, dieses Verständnis explizit zurückzuweisen. In
Jesus steht nicht der eschatologische Mose vor den Menschen. Wie beim
Exodus selbst nicht Mose, sondern Gott selbst der Geber des Mannas
war, so steht Jesus als der wahre Geber vor den Menschen, der sich
selbst als 'eschatologisches' Manna, als Brot des Lebens 'hingibt'.

2.8. Dass vom (davidischen) Messias Wundertaten zu erwarten waren,
geht deutlich genug aus dem klassischen Messiasbild in Jesaja 11 hervor. Der Messias als Geistträger wird Träger der רוח גבורה sein und so
zu Kraftaten, zu δυνάμεις befähigt sein. Der weitere Zusammenhang bei
Jesaja macht deutlich, dass es sich dabei um helfende Taten, konkret:
vor allem um Krankenheilungen, Dämonenaustreibungen und Totenerweckungen handelt. An ihnen soll der Messias erkennbar sein.

2.9. Dass der Bezug auf Jesaja 11 nicht nur für die Frage nach den
Taten Jesu zentral ist, sondern für das johanneiche Verständnis Jesu
auch sonst grundlegend ist, haben uns verschiedene Hinweise gezeigt:

- die Darstellung des Geistempfanges bei der Taufe Jesu;
- die verschiedenen Hinweise auf die Menschenkenntnis Jesu;
- Jesu 'Stunde' wird aufgrund von Jesaja 11,10 erkannt (Joh 12,23);
- Jesu Tod wird als 'Erhöhung' verstanden und 'muss' so kommen (Joh
  3,14), gehört also zum Weg des Messias (Jes 11,12);
- der Tod Jesu hat die 'Sammlung der zerstreuten Kinder Gottes' (Joh
  11,52; vgl. 10,16) zum Ziel. Diese singuläre Absichtsbestimmung des
  Todes Jesu ergibt sich ebenfalls aus Jesaja 11 (Vers 11.12.)

Daran zeigt sich die tiefe Verwurzelung der johanneischen Christologie
in der Verheissung von Jesaja 11, oder sollte man besser sagen: Das
Verständnis der messianischen Wirksamkeit Jesu und seines messianischen Weges ergab sich aufgrund dieses Textes, der von der Wirksamkeit
und von dem Weg des davidischen Messias spricht. Zur Wirksamkeit
dieses Messias gehört aber, dass er nicht nur die Gabe der Menschenkenntnis (רוח בינה) besitzt, sondern auch die Gabe, in der Kraft Gottes
Wunder (גבורות/δυνάμεις) zu tun.

2.10. Wir stehen vor dem Ergebnis, dass Johannes den Terminus σημεῖον für die Taten Jesu verwenden kann, das Verständnis der Sendung
aber, das mit dieser Bezeichnung sonst verbunden ist, ausdrücklich zurückweist: Jesus ist nicht der eschatologische Prophet. Er ist als der
davidische Messias, der Sohn Gottes zu erkennen, zu glauben und zu bekennen.

2.11 In welchem Sinn sind Jesus Taten dennoch als σημεῖα zu verstehen? Drei Aspekte scheinen uns deutlich:

- σημεῖα sind Jesu Taten insofern, dass sie ebenfalls zuvor 'angesagt'
  sind - nicht durch Jesus, sondern durch das Zeugnis des Vaters, das
  im Wort der Schrift jedem zugänglich ist und für Johannes wie für
  sein Gegenüber fraglos die Grundlage der Erkenntnis darstellt.

- Der Zusammenhang zwischen dieser Ansage und dem Eintreffen dieser

Zeichen durch die Taten Jesu ist nach Johannes einsichtig, überprüfbar und damit erkennbar.

- Dieser Zusammenhang lässt aber nur den Schluss von Jesu Taten auf
Jesus als den davidischen Messias als Sohn Gottes zu.

2.12. Dass von diesem 'Ergebnis' die Arbeit an der historischen
Einordnung des Johannesevangeliums in die Geschichte des Urchristentums dringend weitergehen muss, ist deutlich. Wichtig scheint als Ausgangspunkt:

- Wir erkennen eine starke Frontstellung gegen eine Interpretation Jesu als des Propheten wie Mose.

- Johannes grenzt das Verständnis Jesu gegen jeden Versuch ab, Jesu
Sendung in die Nähe der zelotischen Bewegung zu stellen.

- Darin besteht, wenn wir Joh 20,30f als eine echte Zielangabe des
Evangeliums verstehen, geradezu der leitende Gesichtspunkt, unter
den die johanneische Jesusdarstellung gestellt ist.

2.13. Unsere Frage, warum Johannes den Terminus σημείον verwendet,
obwohl er doch auf ein Sendungsverständnis hinweist, von dem Johannes
sich gerade abgrenzt, leitet endgültig auf die offenen Fragen hin, die
sich aufgrund dieser Untersuchung ergeben. Mit grosser Vorischt sei
als Vermutung das Gegenüber skizziert, von dessen Verständnis der Sendung Jesu sich Johannes distanzieren muss:

- Jesus ist der eschatologische Prophet wie Mose.
- Jesu Sendung hat eine (auch?) unmittelbar-politische Zuspitzung.
- Jesu Taten werden als σημεῖα verstanden. Diese Interpretation der
Taten Jesu ist es, die zur Begründung des Verständnisses Jesu als
eschatologischer Prophet angeführt wird.

Johannes nimmt aus dieser Auseinandersetzung den Terminus σημεῖον auf.
Auch er erkennt die Struktur (Ansage und Eintreffen), die für diesen
Begriff konstitutiv ist, für Jesu Taten an. Gerade damit wird aber die
Differenz zu den mosaisch-prophetischen σημεῖα erkennbar:

- Jesus hat nie solche Zeichen angesagt. Sie wurden vom Vater selbst
  im (prophetisch verstandenen) Wort des Alten Testamentes angesagt.

- Es besteht also zwischen Mose, dem Wort des Vaters in der Schrift
  und dem Tun Jesu keine Spannung, kein Zwiespalt. Wer auf Mose,
  auf die Schrift wirklich hört, wird Jesu Sendung erkennen, anerkennen und bekennen.

- Die Taten selbst erweisen Jeus auch inhaltlich als den davidischen
  Messias, den Sohn Gottes.

- Der Tod Jesu gehört mit zu dem Weg, den Jesus als Messias zu gehen
  hatte. Das Ziel seiner Sendung war 'Erlösung' - aber nicht als politischer Befreiungsakt, sondern als Loskauf (Jes 11,11) durch seinen
  Tod, der als Erhöhung (Jes 11,10.12) erkennbar und verstehbar wird.

3. Der Zeichen-Glaube

3.1. Johannes hält in der Abschlussformulierung seines Evangeliums
(20,30f) sein Anliegen deutlich fest: Die Erkenntnis Jesu entsteht an
konkreten Ereignissen seines Lebens, die wahrnehmbar waren und rechtlich bezeugbar sind.

3.2. Die Geschichte Gottes, die im Wort des Alten Testamentes bezeugt und auch verheissen ist, stellt den 'Kontext' dieser Erkenntnis
dar. Damit ist der Anspruch Jesu, in der Sendung des Messias, des Sohnes Gottes zu stehen, sowohl überprüfbar wie auch rechtlich erweisbar.

3.3. Im Erkenntnisvorgang werden Wahrnehmung und Kontext so verbunden, dass ein (erkenntnismässiges) Urteil möglich ist. Kennzeichen
dieses Erkenntnisweges ist, dass an der Kategorie der Eindeutigkeit
festgehalten wird. Darin liegt die Schärfe der johanneischen Aussagen
begründet.

3.4. Im Glaubensbegriff des Johannes wird zwischen der inhaltlichen
Füllung des Glaubens und dem subjektiven Vollzug unterschieden. Es ist
jedoch entscheidend zu sehen, dass Johannes nur dann die persönliche
Hingabe an Jesus als 'Glauben' bezeichnet, wenn sie mit der rechten

Erkenntnis der Sendung Jesu, also mit dem rechten Bekenntnis verbunden
ist. 'Fides quae' und 'fides qua' bleiben unterschieden, sind aber für
Johannes nicht voneinander zu trennen. Darum kommt der Erkenntnis bei
Johannes so grosses Gewicht zu. Darum spielen endlich die visuellen
Wahrnehmungsbegriffe eine derart bedeutende Rolle.

3.5. Der johanneische Glaube ist Glaube an Jesus. Insofern ist er
für Johannes immer 'personaler' Glaube. Dass Jesus aber der Messias,
der Sohn Gottes ist, wird an den Zeichentaten Jesu erkennbar und überprüfbar. Der Glaube hat also an diesen Zeichentaten seinen Erkenntnisgrund. Und in diesem Sinn ist der johanneische Glaube eben auch 'Zeichen-Glaube'. Beides ist nicht voneinander zu trennen.

LITERATURVERZEICHNIS

Ins Literaturverzeichnis wurde alle zitierte Literatur aufgenommen.
Dazu kommen einige Titel, die bei der Vorbereitung besonders wichtig
waren, auch wo nicht ausdrücklich auf sie verwiesen wird.

1. QELLEN

1.1. ALTES TESTAMENT, APOKRYPHEN, PSEUDEPIGRAPHEN, PHILO, JOSEPHUS

Aristeasbrief, ed. W. MEISNER, JSHRZ II/1, Gütersloh ^{2}1977.

Baruchapokalypse (Syr.): Liber Apokalypseos Baruch filii Neriae, Hrsg.
M. KMOSKO , PS I/2, Paris 1907.

- (Syr.): Vetus Testamentum Syriacae, IV, iii: Apokalypsis Baruch, IV
Ezrae, Leiden 1973.

-: Die syrische Baruch-Apokalypse, ed. KLIJN, A. F. J. JSHRZ V/2, Gütersloh 1976.

Biblia Hebraica, ed. R. KITTEL, Stuttgart 1966 (=1937).

BONWETSCH, G. N. (Hrsg.): Die Bücher der Geheimnisse Henochs. Das sogenannte slavische Henochbuch. Texte und Untersuchungen zur Geschichte der altchristlichen Literatur, 3. Reihe 14. Band Heft 2=
44. Band Heft 2, Leipzig 1922.

CHARLESWORTH, J. H.: The Old Testament Pseudepigrapha, Volume I: Apocalyptic Literature and Testaments, London 1983.

DIEZ MACHO, A.: Ms. Neophyti 1, fünf Bände, Madrid und Barcelona 1968
- 1976.

Esra-Apokalypse: 3. Esra-Buch, ed. POHLMANN, K. F., JSHRZ I/5, Gütersloh 1980.

Himmelfahrt Moses, hrsg. von E. BRANDENBURGER, in: JSHRZ V/2, 57-84,
Gütersloh 1976.

JOSEPHUS FLAVIUS, De bello Judaico, hrsg. und übers. von O . MICHEL/
O. BAUERNFEIND, I, II/1, II/2 und III, Darmstadt 1959-1963.

JOSEPHUS with an English Translation by H. ST. J. THACKERAY, R. MAR-
CUS, A. WIKGREN and L. H. FELDMANN, Loeb Classical Library, London and New York 1926ff.

KAUTZSCH, E.: Die Apokryphen und Pseudepigraphen des Alten Testaments,
zwei Bände, Darmstadt 1975 (=Tübingen 1921).

KLEIN, M. A.: The Fragment-Targums of the Pentateuch, According to
their Extant Sources, 2 Bände, AnB 76, Rom 1980.

LATTKE, M.: Die Oden Salomos in ihrer Bedeutung für Neues Testament
und Gnosis, Band I/II, OBO 25/1.2., Fribourg und Göttingen, 1979.

LE DEAUT, R.: Targum du Pentateuque, - siehe Targum du Pentateuque, ..

MILIK, J. T.: The Books of Enoch. Aramaic Fragments of Qumrân Cave 4. Edited .. with the Collaboration of MATTHEW BLACK, Oxford 1976.

PHILO with an English Translation by F. H. COLSON and G. H. WHITAKER, in ten Volumes, Loeb Classical Library, London and New York 1929ff.

PHILO: Les Oevres de Philon d'Alexandrie, publiées.. par ARNALDES, R./POUILLOUX, J./ MONDESERT, C.:
Vol. 6, De Posteritate Caini, Introduction, Traduction et Notes par R. ARNALDEZ, Paris 1972.
: Vol. 25, De Specialibus Legibus III et IV, Introduction, Traduction et Notes par André MOSES, Paris 1970.

PHILO: Philonis Alexandrini Opera quae supersunt, ed. COHN, L. et WENDLAND, P., Vol IV, Berlin 1902.

Psalmen Salomos: Die Psalmen Salomos, ed. S. HOLM-NIELSEN, JSHRZ IV/2, Gütersloh 1977.

PSEUDO-PHILO: Liber Antiquitatum Biblicarum, Hrsg. G. KISCH, Notre Dame 1949.

-: Liber Antiquitatum Biblicarum, ed. C. DIETZFELBINGER, JSHRZ II/2, Gütersloh ^{2}1979.

Rabbiner-Bibel: Miqra'ot Gedoloth - Chamischa Chumscheh Thorah [hebräisch], fünf Bände, Jerusalem ^{2}1968.

-: Miqra'ot Gedoloth - Nebiim weKetubim [hebräisch], sechs Bände, o.O. [Jerusalem], o.J. [Neudruck].

Septuaginta, zwei Bände, ed. A. RAHLFS, Stuttgart 1935.

-: Susanna, Daniel, Bel et Draco, Hrsg. H. ZIEGLER, Septuaginta, Soc. Litt. Gott. XVI/2, Göttingen 1954.

STENNING, J. F.: The Targum of Isaiah, Oxford 1949.

Targum du Pentateuque. Traduction des deux recensions palestiniennes complètes par R. LE DEAUT,
I: Genèse, SC 245, Paris 1978.
II: Exode et Lévitique, SC 256, Paris 1979.
III: Nombres, SC 261, Paris 1979.
IV: Deuteronome, Bibliographie, glossaire et index, SC 271, Paris 1980
V: Index Analytique, SC 282, Paris 1981.

Testamentum XII: Die Testamente der 12 Patriarchen, ed. J. BECKER, JSHRZ III/1, Gütersloh ^{2}1979.

Vetus Testamentum Syriacae, IV, vi, Cantica sive Odae - Oratio Manasse - Psalmi Apocryphi - Psalmi Salomonis - Tobit - I(III) Ezrae, Leiden 1972.

1.2. QUMRANSCHRIFTEN

ALLEGRO, J. M.: Qumrân Cave 4, I [4Q158 - 4Q 186] DJD V, Oxford 1968

BAILLET, M., MILIK J.T., VAUX, R.: Les 'Petites Grottes' de Qumran.
    Exploration de la falaise, Les grottes 2Q, 3Q, 5Q, 6Q, 7Q à 10Q.
    Le roulaux de cuivre, DJD III, Vol 1 - Planches, Oxford 1962

BAILLET, M., MILIK J.T., VAUX, R.: Les 'Petites Grottes' de Qumran.
    Exploration de la falaise, Les grottes 2Q, 3Q, 5Q, 6Q, 7Q à 10Q.
    Le roulaux de cuivre, DJD III, Vol 2 - Textes, Oxford 1962

BURROWS, M. (ed.): The Dead Sea Scrolls of St. Mark's Monastery, New
    Haven 1950.

CHARLESWORTH, J. H.: The Discovery of a Dead Sea Scroll (4Q Thera-
    peia): Its Importance in the History of Medicine and Jesus Re-
    search, Lubbock, Texas 1985.

CROSS, F. M. (et al. eds.): Scrolls from Qumrân Cave I: The Great
    Isaiah Scroll, the Order of the Community, the Pesher to Habak-
    kuk, Jerusalem 1972.

DE VAUX, R. et MILIK, J. T.: Qumrân Grotte 4 II, I. Archéologie par
    R. de Vaux, II. Tefillin, Mezuzot et Targums (4Q128 - 4Q157), DJD
    VI, Oxford 1977.

HABERMANN, A. M.: Megilloth Midbar Yehuda. The Scrolls from the Judean
    Desert, Jerusalem-Tel Aviv 1959.

LOHSE, E.: Die Texte aus Qumran, Darmstadt ^{2}1971.

MAIER, J.: Die Tempelrolle vom Toten Meer. Übersetzt und erläutert
    von J. M., UTB 829, München/Basel 1978.

MAIER, J.: Die Texte vom Toten Meer. I: Übersetzung, II: Anmerkungen,
    München-Basel 1960.

STRUGNELL, J.: The Angelic Liturgy at Qumrân. 4QSerek Sîrôt 'Olat
    Hassabat, in: Congress Volume Oxford 1959, VTSupp VII, Leiden
    1960, 318-345.

YADIN, Y.: The Temple Scroll, English Edition, Vol. I-III, Jerusalem
    1983.

1.3. JÜDISCHE QUELLEN

Bibliotheca Rabbinica. Eine Sammlung alter Midraschim, übertragen von
    A. WÜNSCHE, 5 Bände, Hildesheim 1967 (= Leipzig 1880-1885).

DALMAN, G.: Aramäische Dialektproben, in: DERS.: Grammatik, 1960 (als
    Anhang).

FIEBIG, P.: Jüdische Wundergeschichten des neutestamentlichen Zeital-
    ters, Tübingen 1911.

HOFMANN, H.: Das sogenannte hebräische Henochbuch (3 Henoch). Nach dem
    von Hugo Odeberg vorgelegten Material zum erstenmal ins Deutsche
    übersetzt, BBB 58, Königstein 1984.

JELLINEK, A.: Bet ha-Midrasch. Sammlung kleiner Midraschim und ver-
    mischter Abhandlungen aus der ältern jüdischen Literatur, 6 Teile
    in 2 Bänden, Jerusalem 1967.

Ma'asäh Märkabhah, ed. G. SCHOLEM in: Jewish Gnosticism ..., 103-117.

[Machsor (Rödelheim)]: Gebetbuch für das Pessachfest (II), siebenter
    und achter Tag, herausg. von Wolf Heidenheim, Übersetzt von Rab-
    biner Dr. SELIG BAMBERGER, Basel 1982 (Nachdruck).

Machsor Vitry, ed. S. H. HOROWITZ, Jerusalem 1963.

Mechiltha. Ein tannaitischer Midrasch zu Exodus, übersetzt und erläu-
    tern von J. WINTER/A. WÜNSCHE, Leipzig 1909.

Mekilta de-Rabbi Ishmael, a critical edition ... with an English
    Translation, introduction and notes by J. Z. LAUTERBACH, 3 Bände,
    Philadelphia 1976 (= 1933ff.).

Midrasch Tehillim, ed. S. BUBER, Jerusalem 1966 (= Wilna 1891).

Midrasch Tehillim oder Haggadische Erklärung der Psalmen, übertragen
    von A. WÜNSCHE, 2 Bände, Trier 1892/93.

Midrash on Psalms, ed. W. G. BRAUDE, zwei Bände, New Haven 1959.

Mischnajot. Die sechs Ordnungen der Mischna. Hebräischer Text mit
    Punktation, deutscher Übersetzung und Erklärung von D_3 HOFFMANN
    u. a., 6 Bände, Berlin bzw. Wiesbaden 1887ff = Basel 1968.

SCHÄFER, P. (ed.): Synopse zur Hekhalot-Literatur, in Zusammenarbeit
    mit Margarete Schlüter und Hans Georg von Mutius herausgegeben
    von ..., Texte und Studien zum Antiken Judentum 2, Tübingen 1981.

Sepher ha-Razim. A newly recovered Book of Magic from Talmudic Period,
    ed. by M. MARGALIOTH, Jerusalem 1966.

[Siddur (Rödelheim)]: Sidur Safa Berura, mit deutscher Übersetzung
    von Rabbiner Dr. S. BAMBERGER, Basel 1972.

Talmud Babli, Massäkäth Sanhedrin, ed. A. STEINSALZ, zwei Bände, Jeru-
    salem 1974 und 1975.

Talmud, Der babylonische, übersetzt von L. GOLDSCHMIDT, Zwölf Bände,
    Berlin 1929-1936.

Talmudh Jeruschalmi (= Nachdruck der Ausgabe Krotoschin 1866), Jerusa-
    lem 1960.

Tosefta, Seder IV: Nezikin, 3: Sanhedrin-Makkot, übersetzt, kommen-
    tiert und herausgegeben von B. SALOMONSEN, [Die Tosefta IV,3],
    Stuttgart u.a. 1976.

Tosephta, ed. M. S. ZUCKERMANDEL, Jerusalem 1963 (= Pasewalk 1880).

WÜNSCHE, A.: Aus Israels Lehrhallen, Fünf Bände, Leipzig I: 1907,
    II: 1908, III: 1909, IV: 1909, V: 1910.

1.4. CHRISTLICHE QUELLEN

Die apostolischen Väter. Neubearbeitung der Funkschen Ausgabe I, Hrsg.
    K. BIHLMEYER - W. SCHNEEMELCHER, Tübingen ²1956.

EUSEBIUS v. C.: Kirchengeschichte, hrsg. SCHWARTZ, E.; kleine Ausgabe,
    Berlin ⁵1952.

GOODSPEED, E. J.: Die ältesten Apologeten, Göttingen 1914.

HENNECKE. E.: Neutestamentliche Apokryphen, hrsg. von W. SCHNEEMEL-
    CHER, 2 Bände, Tübingen ⁴1971.

Die Kerygmata Petrou, hrsg. von G. STRECKER, in: HENNECKE/SCHNEEMEL-
    CHER, NtlA II,63ff.

KLIJN, A. F. J./REININK, G. J.: Patristic Evidence for Jewish-Chri-
    stian Sects, NTSuppl 36, Leiden 1973.

Novum Testamentum Graece, Hrsg. K. ALAND et al., Editio XXVI, 4. rev.
    Druck, Stuttgart 1979.

PREUSCHEN, E.: Antilegomena. Die Reste der ausserkanonischen Evange-
    lien und urchristlichen Überlieferungen, Gieszen ²1905.

Die Pseudo-Clementinen, ed. J. IRMSCHER, in: HENNECKE-SCHNEEMELCHER,
    NtlA II, 373ff.

1.5. GRIECHISCHE, RÖMISCHE UND ANDERE QUELLEN

DIODORUS SICULUS: Diodorus of Sicily, with an English Translation by
    C. H. OLDFATHER, in Twelve Volumes, Loeb Classical Library, Vo-
    lume II, London/Cambridge, Mass. 1961.

DIONYSIUS HALICARNASSUS: The Roman Antiquities of Dionysius of Hali-
    carnassus, with an English Translation by E. CARY, in Seven Vo-
    lumes, Loeb Classical Library, Vol. I, London/Cambridge, Mass.
    1960.

ISOCRATES, in three Volumes, with an English Translation by L. van
    HOOK, Loeb Classical Library, Vol. III, London/Cambridge, Mass.
    1961.

Koran: Der Koran, Kommentar und Konkordanz von RUDI PARET, Stuttgart
    u.a. 1971.

-: Der Koran, Übersetzt von RUDI PARET, Stuttgart u.a. 1979.

LUCIAN: Lucian with an English Translation by A. M. HARMON, in Eight
    Volumes, Loeb Classical Library, Vol. I, London/Cambridge, Mass.
    1961.

PLATO: Plato with an English Translation, Loeb Classical Library, Vol. VII, London/Cambridge, Mass. 1961.

PLUTARCH: Plutarch's Moralia, in fifteen Volumes, with an English Translation by F. C. BABBIT, Loeb Classical Library, Vol. II, London/Cambridge, Mass. 1962.

Vilâjet-nâme: Das Vilâjet-nâme des Hâdschim Sultan, eine türkische Heiligenlegende, zum ersten Male herausgegeben und ins Deutsche übertragen von Dr. R. TSCHUDI, Berlin 1914.

1.6. TEXTSAMMLUNGEN

BEYER, K.: Die aramäischen Texte vom Toten Meer, Göttingen 1984.

DONNER, H./RÖLLIG, W. (eds.): Kanaanäische und aramäische Inschriften, Band I: Texte, ^{2}1966.

FITZMYER, J. A./HARRINGTON, D. J. (eds.): A Manual of Palestinian Aramaic Texts, BeO 34, Rom 1978.

GALLING, K.: Textbuch zur Geschichte Israels, Tübingen, ^{2}1968.

Oxyrhynchus Papyri, hrsg. B. GRENFELL/ A. S. HUNT et al., London 1889ff.

2. HILFSMITTEL

ABBOTT, E. A.: Johannine Grammar, London 1906.

ALAND, K.: Synopsis Quattuor Evangeliorum, Stuttgart ^{9}1976.

ALAND, K./ ALAND. B.: Der Text des Neuen Testaments, Einführung in die wissenschaftlichen Ausgaben sowie in Theorie und Praxis der modernen Textkritik, Stuttgart 1982.

ALTANER, B./ STUIBER, A.: Patrologie. Leben, Schriften und Lehre der Kirchenväter, Freiburg u.a. ^{9}1978.

BACHER, W.: Die exegetische Terminologie der jüdischen Traditionsliteratur, zwei Teile, Darmstadt 1965 (= Leipzig 1899/1905).

BALZ, H./SCHNEIDER, G.: Exegetisches Wörterbuch zum Neuen Testament, drei Bände, Stuttgart 1980-1983.

BAUER, H./LEANDER P.: Grammatik des Biblisch-Aramäischen, Halle 1927.

BAUER, W.: Wörterbuch zum Neuen Testament, Berlin ^{6}1963.

BERGER, K.: Exegese des Neuen Testamentes, Neue Wege vom Text zur Auslegung, UTB 658, Heidelberg 1977.

Biblisch-historisches Handwörterbuch, Hrsg. B. REICKE/L. ROST, vier Bände, Göttingen 1963-1979.

BLASS, F./DEBRUNNER, A., bearb. von F. REHKOPF: Grammatik des neutestamentlichen Griechisch, Göttingen [15]1979.

BROCKELMANN, C.: Syrische Grammatik, Leipzig [12]1976.

CHARLESWORTH, J. H.: A History of Pseudepigrapha Research: The Reemer-
ging Importance of the Pseudepigrapha, in: ANRW II 19/1, 1979.

-: The Pseudepigrapha and Modern Research with a Supplement, SBLS SCS
7S, Chico [2]1981.

COHN, M.: Wörterbuch des jüdischen Rechts, Basel u.a. 1980.

Computer-Konkordanz zum Novum Testamentum Graece, Berlin u.a. 1980.

DALMAN, G.: Aramäisch-neuhebräisches Handwörterbuch zu Targum, Talmud
und Midrasch, Hildesheim 1967 (= Göttingen [3]1938).

-: Grammatik des jüdisch-palästinischen Aramäisch, Darmstadt 1960
(=Leipzig [2]1905).

DORSCH, F. (et al.): Psychologisches Wörterbuch, Bern u.a. [10]1982.

Exegetisches Wörterbuch zum Neuen Testament, herausg. H. R. BALZ/G.
SCHNEIDER, 3 Bände, Stuttgart 1978ff.

FITZMYER, J. A.: The Dead Sea Scrolls. Major Publications and Tools
for Study, SBL SBS 8, Missoula [2]1977.

FORESTELL, J. T.: Targumic Traditions and the New Testament. An Anno-
tated Bibliography with a New Testament Index, SBL AS 4, Ann Arbor 1979.

FRANCOIS, F.: Kontext und Situation, in: MARTINET, Linguistik, 42-48.

GESENIUS, W.: Hebräisches und Aramäisches Handwörterbuch über das Alte
Testament, Leipzig [16]1915.

GINZBERG, L.: The Legends of the Jews, Vol. 1, Philadelphia 1909.

HATCH, E./REDPATH, H.: A Concordance to the Septuagint I/II, Graz 1954
[Reprint Oxford 1897].

JASTROW, M.: A Dictionary of the Targumim, the Talmud Babli and Yeru-
shalmi, and the Midrashic Literature, Compiled by ...New York
1975 [Reprint].

KASSOVSKY, CH. Y.: Thesaurus Mishnae. Concordantiae verborum quae in
sex Mishnae ordinibus reperiuntur, 4 Bände, Jerusalem 1956-1960.

-: Thesaurus Thosephthae. Concordantiae verborum quae in sex thosephthae ordinibus reperiuntur, 6 Bände, Jerusalem 1932-1961.

KUHN, K. G.: Konkordanz zu den Qumrantexten, Göttingen 1960.

-: Nachträge zur 'Konkordanz zu den Qumrantexten', RQ 4 (1963/64),
163-234.

LEWANDOWSKI, TH.: Linguistisches Wörterbuch 2, Heidelberg [3]1979.

LIDDELL, H. G./SCOTT, R. (bearb. JONES, H. S./McKENZIE, R.): A Greek-
English Lexicon, Oxford [9]1953.

LISOWSKY, G./ROST, L.: Konkordanz zum hebräischen Alten Testament,
Stuttgart 1958.

MARTINET, A. (et al.): Linguistik. Ein Handbuch, Stuttgart 1973.

METZGER, B. M.: A Textual Commentary on the Greek New Testament, o.O.
[Stuttgart] 1971.

Reallexikon für Antike und Christentum, ed. T. KLAUSER, Stuttgart
1950ff.

RENGSTORF, K. H. (ed.): A Complete Concordance of Flavius Josephus,
Leiden 1973ff.

STAMMERJOHANN, H. (et.al): Handbuch der Linguistik. Allgemeine und an-
gewandte Sprachwissenschaft, München 1975.

STRACK, H. L./STEMBERGER, G.: Einleitung in Talmud und Midrasch, München 71982.

STRACK, H. L.: Einleitung in Talmud und Midrasch, München 61976.

Theologisches Begriffslexikon zum Neuen Testament, herausg. L. COENEN
/E. BEYREUTHER/H. BIETENHARD, 3 Bände, Wuppertal 1967-1971.

Theologisches Handwörterbuch zum Alten Testament, herausg. E. JENNI/C.
WESTERMANN, 2 Bände, Zürich/München 1971-1976.

Theologisches Wörterbuch zum Alten Testament, herausg. G. J. BOTTER-
WECK/ H. RINGGREN, Stuttgart 1973ff.

Theologisches Wörterbuch zum Neuen Testament, begr. von G. KITTEL,
herausg. G. FRIEDRICH, 10 Bände, Stuttgart 1933ff.

3. KOMMENTARE

BARRETT, C. K.: St. John. An Introduction with Commentary and Notes on
the Greek Text, London 1955.

BAUER, W.: Das Johannesevangelium, HNT 6, Tübingen 21925.

BECKER, J.: Das Evangelium des Johannes, OeTK 4/1+2, Gütersloh 1979
und 1981.

BERNARD, J. H.: A Critical and Exegetical Commentary on the Gospel
According to St. John, Two Volumes, ICC, Edinburgh 1928.

BORNHÄUSER, K.: Das Johannesevangelium, eine Missionsschrift für Israel, BFchTh 2, 15, Gütersloh 1928.

BOUYER, L.: Das vierte Evangelium, Einführung und geistlicher Kommentar zum Evangelium des Johannes, Salzburg 1968.

BROWN, R. E.: The Gospel according to John. Introduction, Translation and Notes, Two Volumes, AncB 29/29A, Garden City 1966/1971.

BÜCHSEL, F.: Das Evangelium nach Johannes, NTD 4, Göttingen 1934.

BULTMANN, R.: Das Evangelium des Johannes, KEK 2, Göttingen [20]1978.

CALVIN, J.: Auslegung des Johannes-Evangeliums, übersetzt von M. Trebesius und H. C. Petersen, Neukirchen-Vluyn 1964.

ELLIGER, K.: Deuterojesaja, 1. Teilband Jesaja 40,1-45,7, BK XI/1, Neukirchen 1978.

GUNKEL, H.: Genesis, Göttingen [4]1917.

HÄNCHEN, E.: Das Johannesevangelium. Ein Kommentar,.. herausgegeben von Ulrich Busse, Tübingen 1980.

LINDARS, B.: The Gospel of John, New Century Bible Commentary, Grand Rapids und London 1982 (=1972).

MICHEL, O.: Der Hebräerbrief, KEK 13, Göttingen [13]1975.

MORRIS, L.: The Gospel according to John, NICNT, Grand Rapids 1971.

ODEBERG, H.: The Fourth Gospel, Interpreted in its Relation to Contemporaneous Religious Currents in Palestine and the Hellenistic-Oriental World, Uppsala 1929.

SCHEDL, C.: Rufer des Heils in heilloser Zeit, Paderborn 1973.

SCHLATTER, A.: Das Evangelium nach Johannes, ausgelegt für Bibelleser [Erläuterungen, 3. Teil], Stuttgart 61928.

-: Der Evangelist Johannes. Wie er spricht, denkt und glaubt. Ein Kommentar zum vierten Evangelium, Stuttgart [4]1975.

-: Der Evangelist Matthäus. Seine Sprache, sein Ziel, seine Selbständigkeit, Stuttgart [6]1963.

SCHNACKENBURG, R.: Das Johannesevangelium (HThK, Band IV),
1. Teil: Einleitung und Kommentar zu Kap. 1-4, Freiburg [5]1981.
2. Teil: Kommentar zu Kap. 5-12, Freiburg [2]1977.
3. Teil: Kommentar zu Kap. 13-21, Freiburg, [4]1982.
4. Teil: Ergänzende Auslegungen und Exkurse, Freiburg 1984.

SCHNEIDER, J.: Das Evangelium nach Johannes, ThHNT-Sonderband, Berlin 21978.

SCHULZ, S.: Das Evangelium nach Johannes, NTD 4, Göttingen 121972.

SCHWANK, B.: Das Johannesevangelium, drei Bände, Die Welt der Bibel - Kleinkommentare zur Heiligen Schrift 7/1-3, Düsseldorf 1966ff.

SCHWEIZER, E.: Das Evangelium nach Matthäus, NTD 2, Göttingen [13]1973.

STRATHMANN, H.: Das Evangelium nach Johannes, NTD 4, Göttingen [6]1951.

WILDBERGER, H.: Jesaja, 1. Teilband Jesaja 1-12, BK X/1, Neukirchen 1980

WIKENHAUSER, A.: Das Evangelium nach Johannes, RNT 4, Regensburg 1948.

ZAHN, TH.: Das Evangelium des Johannes, Kommentar zum Neuen Testament, Band IV, Wuppertal 1983 (=5./6. Auflage Leipzig-Erlangen 1921).

[BILLERBECK=] STRACK, H. L./BILLERBECK, P.: Kommentar zum Neuen Testament aus Talmud und Midrasch.
I: Das Evangelium nach Matthäus, München [6]1974 = 1926.
II: Das Evangelium nach Markus, Lukas und Johannes und die Apostelgeschichte, München [7]1978 = 1924.
III: Die Briefe des Neuen Testaments und die Offenbarung Johannis, München [7]1979 = 1926.
IV/1 und 2: Exkurse zu einzelnen Stellen des Neuen Testaments, München [6]1979 = 1928.

4. FORSCHUNGSBERICHTE

BECKER, J.: Aus der Literatur zum Johannesevangelium (1978-1980), ThR 47 (1982), 279-301.305-347.

-: Das Johannesevangelium im Streit der Methoden (1980-84), ThR 51 (1986), 1-78.

BEUTLER, J.: Literarische Gattungen im Johannesevangelium. Ein Forschungsbericht 1919 - 1980, in: ANRW II 25,3, Berlin und New York 1985, 2506-2568.

CARSON, D. A.: Recent Literature on the Fourth Gospel: Some Reflections, themelios 9 (1983), 8-18.

HÄNCHEN, E.: Aus der Literatur zum Johannesevangelium, ThR 23 (1955), 295-355.

KYSAR, R.: The Fourth Evangelist and his Gospel. An Examination of Contemporary Scholarship, Minneapolis 1975.

-: The Fourth Gospel. A Report on Recent Research, in: ANRW II 25,3, 2389 - 2480.

MALATESTA, E.: St. John's Gospel 1920 - 1965, AnB 32, Rom 1967.

SCHNACKENBURG, R.: Entwicklung und Stand der johanneischen Forschung seit 1955, in DE JONGE: L'Evangile, 19-44.

SMALLEY, S. S.: John: Evangelist and Interpreter, Exeter 1978.

-: Keeping up with Recent Studies, XII. St John's Gospel, ExT 47 (1986), 102-108.

THYEN, H.: Aus der Literatur zum Johannesevangelium, ThR 39 (1974), 1-69.222-252.289-330; 42 (1977), 211-270; 43 (1978), 328-359; 44 (1979), 97-134.

VAN BELLE, G.: De Semeia-Bron in het vierde Evangelie, Ontstaan en
groei van een hypothese, Studiorum Novi Testamenti Auxilia Vol.
X, Leuven 1975.

5. MONOGRAPHIEN UND AUFSÄTZE

ALTMANN, A.: "The Ladder of Ascension", in: Studies in Mysticism and
Religion [FS G. SCHOLEM], Jerusalem 1967, 1-32.

APPOLD, M. L.: The Oneness Motif in the Fourth Gospel, Motif Analysis
and Exegetical Probe into the Theology of John, WUNT II, 1 Tübingen 1976.

BALZ H. R.: Methodische Probleme der neutestamentlichen Christologie,
WMANT 25, Neukirchen 1967.

-: Art. εαν, EWNT I, 886f.

BARNETT, P. W.: The Jewish Sign Prophets - A.D. 40-70. Their Intentions
and Origin, NTS 27 (1981), 679-697.

BARR, J.: Bibelexegese und moderne Semantik. Theologische und lingui-
stische Methode in der Bibelwissenschaft, München 1965.

BARTH, M.: Der Augenzeuge. Eine Untersuchung über die Wahrnehmung des
Menschensohnes durch die Apostel, Zürich 1946.

BARRETT, CH. K.: Das Johannesevangelium und das Judentum, Franz De-
litzsch-Vorlesungen 1967, Stuttgart 1970.

BASSLER, J. M.: The Galileans: A Neglected Factor in Johannine Community Research, CBQ 43 (1981), 243-257.

BAUER, W.: Das Leben Jesu im Zeitalter der neutestamentlichen Apokryphen, Tübingen 1909.

BECKER, J.: Wunder und Christologie. Zum literarkritischen und christologischen Problem der Wunder im Johannesevangelium, NTS 16
(1969/70), 130-148 [auch in: SUHL, A. (ed.): Der Wunderbegriff im
Neuen Testament, WdF 295, Darmstadt 1980, 435-463].

BEN-CHORIN, SCH.: Die Ketzerformel, in: MÜLLER, P.G./STENGER, W.:
Kontinuität und Einheit [FS MUSSNER], Freiburg 1981, 473-483.

BERGER, K.: Hellenistische Gattungen im Neuen Testament, in: ANRW II
25,2, Berlin und New York 1985, 1031-1432.1831-1885.

BETZ, O./GRIMM, W.: Wesen und Wirklichkeit der Wunder Jesu. Heilungen
- Rettungen - Zeichen - Aufleuchtungen, ANTI 2, Frankfurt u.a.
1977.

BETZ, O.: "To Worship God in Spirit and Truth": Reflexions on John
4,20-26, in: A. FINKEL/L. FRIZZELL, Standing before God. Studies
on Prayer in Scriptures and in Tradition with Essays in Honor of
John M. Oestreicher, New York 1981, 53-72.

-: "Was kann denn aus Nazareth Gutes kommen?". Zur Verwendung von Jesaja Kap. 11 in Johannes Kap. 1, in: FS für K. Elliger, AOAT 18,
Kevelaer-Neukirchen-Vluyn 1973, 9-16.

-: Das Problem der Gnosis seit der Entdeckung der Texte von Nag Hammadi, VuF 21 (1976), 46-80.

-: Das Problem des Wunders bei Flavius Josephus im Vergleich zum Wunderproblem bei den Rabbinen und im Johannesevangelium, in: BETZ,
O., HAACKER, K. UND HENGEL, M. (Hrsg.): Josephus-Studien, Untersuchungen zu Josephus, dem antiken Judentum und dem Neuen Testament [FS O. MICHEL], Göttingen 1974, 23-44.

-: Der Paraklet. Fürsprecher im häretischen Spätjudentum, im Johannesevangelium und in neu gefundenen gnostischen Schriften. AGSU
II, Leiden und Köln 1963.

-: Die Bedeutung der Qumranschriften für die Evangelien des Neuen Testaments, BiKi 40 (1985), 54-64.

-: Jesus in Nazareth. Bemerkungen zu Mk 6,1-6, in: G. MÜLLER, Israel
hat dennoch Gott zum Trost [FS S. BEN-CHORIN], Trier 1978, 44-60.

-: Offenbarung und Schriftforschung in der Qumransekte, WUNT 6, Tübingen 1960.

-: Probleme des Prozesses Jesu, in: ANRW II 25,1, Berlin und New York
1982, 565 - 647.

-: The Concept of the So-called Divine Man in Mark's Christology, in:
FS A. WIKGREN, NovTestSupp XXIII, Leiden 1972, 229-240.

-: Was wissen wir von Jesus?, Stuttgart [2]1967.

-: Wie verstehen wir das Neue Testament?, Wuppertal 1981.

BEUTLER, J.: Martyria. Traditionsgeschichtliche Untersuchungen zum
Zeugnisthema bei Johannes, FTS 10, Frankfurt 1972.

BITTNER, W.: Gott - Menschensohn - Davidssohn. Eine Untersuchung zur
Traditionsgeschichte von Daniel 7,13f., FZfPhTh 32 (1985), 343-
372.

-: Heilung - Zeichen der Herrschaft Gottes, Neukirchen 1984.

-: Geschichte und Eschatologie im Johannesevangelium, in: STADELMANN,
H.: Glaube und Geschichte, Giessen 1986, 154-180.

BLACK, M. (Ed.): The Scrolls and Christianity, Historical and Theological Significance, Theological Collections 11, London 1969.

BLANK, J.: Krisis. Untersuchungen zur johanneischen Christologie und
Eschatologie. Freiburg 1964.

BLUMHARDT, CHR.: Eine Auswahl aus seinen Bänden, hrsg. von R. Lejeune,
(Vier Bände) Band I: Jesus ist Sieger, Erlenbach-Zürich und Leipzig, 1937.

BLUMHARDT, J. CHR.: Ausgewählte Schriften in drei Bänden, Band I: Schriftauslegung, Zürich 1947.

BOCKMUEHL, M. N. A.: PHANEROSIS. A New Testament historical Word Study on the Manifestation of the Invisible, Master-Thesis, Unpublished, Vancouver 1983.

BÖHL, F.: Das Wunder als Bedingung und die Schöpfung in der Abenddämmerung, Die Welt des Orients 8 (1975), 77-90.

BOISMARD, M.-E.: Du Baptême à Cana, LD 18, Paris 1956.

BORGEN, P.: Bread from Heaven. An Exegetical Study of the Concept of Manna in the Gospel of John and the Writings of Philo, NTS 10, Leiden 1965.

-: Some Jewish Exegetical Traditions as Background for Son of Man Sayings in John's Gospel (Jn 3,13-14 and context), in: DE JONGE, L'Evangile, 243-258.

BOWKER, J.: The Targums and Rabbinic Literature. An Introduction to Jewish Interpretation of Jewish Literature, Cambridge 1969.

BOWMAN, J.: The Fourth Gospel and the Jews. A Study in R. Akiba, Esther and the Gospel of John, Pittsburgh Theological Monograph Series 8, Pittsburgh 1975.

BROWN, R. E.: Ringen um die Gemeinde. Der Weg der Kirche nach den Johanneischen Schriften, Salzburg 1982 [=The Community of the Beloved Disciple].

-: The Community of the Beloved Disciple, London 1979.

BROWNLEE, W. H.: Whence the Gospel According to John?, in: CHARLESWORTH, John and Qumran, 166-194.

BRUCE, F. F.: Biblical Exegesis in the Qumran Texts, Grand Rapids 1959.

-: Men and Movements in the Primitive Chruch. Studies in Early Non-Pauline Christianity, Exeter 1979.

BÜCHLER, A.: Reading of the Law and Prophets in a Triennial Cycle (1893), in: PETUCHOSKI, Contributions, 181 - 229.

-: Reading of the Prophets in a Triennial Cycle (1894), in: PETUCHOWSKI, Contributions, 230 - 302.

BÜHNER, J. A.: Der Gesandte und sein Weg im 4. Evangelium. Die kultur- und religionsgeschichtlichen Grundlagen der johanneischen Sendungschristologie sowie ihre traditionsgeschichtliche Entwicklung, WUNT II 2, Tübingen 1977.

-: Denkstrukturen im Johannesevangelium ThB 13 (1982), 224-231.

BULTMANN R./ LÜHRMANN, D.: Art: φανερόω, ThWNT IX, 4-6.

BULTMANN, R.: Art. γινώσκω etc., in: ThWNT I, 688-719.

-: Theologie des Neuen Testaments, Tübingen 51965.

BURNEY, C. F.: The Aramaic Origin of the Fourth Gospel, Oxford 1922.

BUSSE, U.: Das Weinwunder von Kana (Joh 2,1-11). Erneute Analyse eines "erratischen Blocks", BN 12 (1980), 35-61.

CAIRD, G. B.: The Glory of God in the Fourth Gospel: An Exercise in Biblical Semantics, NTS 15 (1968-69), 265-277.

CARLSON, A.: Art. דור, ThWAT II, 170-175.

CAZELLES, H.: Alttestamentliche Christologie. Zur Geschichte der Messiasidee, TR XIII, Einsiedeln 1983.

CHARLESWORTH, J. H. (ed.): John and Qumran, London 1972.

- (ed.): Jesus and the Dead Sea Scrolls (im Erscheinen).

-: Jewish Astrology in the Talmud, Pseudepigrapha, the Dead Sea Scrolls, and Early Palestinian Synagogues, HThR 70 (1977), 183-200.

-: Reflections on the SNTS Pseudepigrapha Seminar at Duke on the Testaments of the Twelve Patriarchs, NTS 23 (1977), 296-304.

-: The Concept of the Messiah in the Pseudepigrapha, in: ANRW II 19,1, Berlin und New York 1979, 188-218.

CHERNUS, I.: Mysticism in Rabbinic Judaism. Studies in the History of Midrash, SJ XI, Berlin und New York 1982.

CHILTON, B. D.: The Glory of Israel. The Theology and Provenience of the Isaiah Targum, JSOT SS 23, Sheffield 1983.

-: A Galilean Rabbi and his Bible. Jesus' Own Interpretation of Isaiah, London 1984.

CLARKE, E. G.: Jacob's dream at Bethel as interpreted in the Targums and the New Testament, SR 4 (1974/75), 367-377.

COLLINS J. J. / NICKELSBURG G. W. E. (Eds.): Ideal Figures in Ancient Judaism. Profiles and Paradigms, SBL SCS 12, Ann Arbor 1980.

CONZELMANN, H.: Grundriss der Theologie des Neuen Testaments, München 1967.

COOPER, K. T.: The Best Wine: John 2:1-11, WTJ (1979), 364-380.

COSERIU, E.: Textlinguistik. Eine Einführung, herausgegeben und bearbeitet von J. ALBRECHT, Darmstadt 1985 (=²1981)

CROME, F. G.: Über Lucas 1,1-4. und Johannes 20,30.31., nebst einem Zusatz über Johannes 1,1-5.9-14.16-18., ThStKr 2 (1829), 754-766.

CULLMANN, O.: Der johanneische Kreis. Sein Platz im Spätjudentum, in der Jüngerschaft Jesu und im Urchristentum. Zum Ursprung des Johannesevangeliums, Tübingen 1975.

-: Die Christologie des Neuen Testamentes, Tübingen [2]1958.

-: Heil als Geschichte. Heilsgeschichtliche Existenz im Neuen Testament, Tübingen 1965.

CULPEPPER, R. A.: The Johannine School. An Evaluation of the Johannine-School-Hypothesis based on an Investigation of the Nature of Ancient Schools, SBL DS 26, Missoula 1975.

CURTIUS, E. R.: Europäische Literatur und lateinisches Mittelalter, Bern, [2]1954.

DAHL, N. A.: Der gekreuzigte Christus, in: RISTOW/MATTHIÄ, Der historische Jesus, 1960, 149-169.

-: The Johannine Church and History, in: Current Issues in New Testament Interpretation, FS O. A. Piper, London 1962, 124-142.

DE JONGE, M. (ed.): L'Evangile de Jean. Sources, rédaction, théologie, BEThL XLIV, Louvain 1977.

DE JONGE, M./VAN DER WOUDE, A. S.: 11Q Melchizedek and the New Testament, NTS 12 (1965/66), 301-326.

DE JONGE, M.: Jesus as Prophet and King in the Fourth Gospel, in: DERS.: Jesus, 49-76.

-: Jesus: Stranger from Heaven and Son of God. Jesus Christ and the Christians in Johannine Perspective [edited and translated by John E. Steely], SBL SBS 11, Missoula 1977.

-: Jewish Expectations about the "Messiah" according to the Fourth Gospel, in: DERS, Jesus, 77-117.

DE KRUIJF, TH. C.: The Glory of the Only Son (John i 14), in: -.: Studies in John, 111 - 123.

-: "Hold the Faith" or "Come to believe"?, in: Bijdragen 36 (1975), 439-449.

DELCOR, M.: Melchizedek from Genesis to the Qumran Texts and the Epistle to the Hebrews, JSJ 2 (1972), 115-135.

DERRETT, J. D. M.: Law in the New Testament, London 1970.

DIBELIUS, M.: Formgeschichte des Evangeliums, Tübingen [3]1959.

DODD, C. H.: The Interpretation of the Fourth Gospel, Cambridge 1963.

-: Historical Tradition in the Fourth Gospel, Cambridge 1963.

DU TOIT LAUBSCHER, F.: God's Angel of Truth and Melchizedek. A Note on 11QMelch 13b, JStJ 3 (1973), 46-51.

DUNN, J. D. G.: Let John be John - A Gospel for its Time, in: STUHLMACHER, Das Evangelium, 309-339.

EISENMANN, R.: Maccabees, Zadokites, Christians and Qumran. A New Hypothesis of Qumran Origins, SPB 34, Leiden 1983.

ELBOGEN, I.: Studies in Jewish Liturgy (1906), in: PETUCHOWSKI (ed.): Contributions, 1-51.

ELLIOTT-BINNS, L. E.: Galilean Christianity, SBT 16, London 1956.

EMERTON, J. A.: Melchizedek and the Gods: Fresh Evidence for the Jewish Background of John X. 34-36, JTS 17 (1966), 399-401.

FAURE, A.: Die alttestamentlichen Zitate im vierten Evangelium und die Quellenscheidungshypothese, ZNW 21 (1922), 99-121.

FERRARO, G.: L' 'ora' di Cristo nel Quarto Vangelo, Aloisiana 10, Rom 1974.

FEUILLET, A.: Dans Le Sillage de Vatican II: Réflexions sur quelques versets de Jn 6 (vv. 14-15 et 67-69) et sur le Réalisme historique du quatrième Evangile, Divinitas XXX (1986), 3-52.

-: L'Heure de Jésus et le Signe à Cana, EphThL 36 (1960), 5-22.

FINKELSTEIN, L.: The Development of the Amidah (1925/26), in: PETUCHOWSKI, Contributions, 91-177.

FITZMYER, J. A.: The Aramaic Language and the Study of the New Testament, JBL 99 (1980), 5-21.

FLUSSER, D.: Das Testimonium Flavianum. Die Neuentdeckung der Worte des Josephus über Jesus, in: DERS.: Die letzten Tage, 155ff.

-: Die letzten Tage Jesu in Jerusalem, Stuttgart 1982.

FORMESYN, R.: Le Sèmeion johannique et le Sèmeion hellénistique, EThL 38 (1962), 856-894.

FORTNA, R. T.: The Gospel of Signs. A Reconstruction of the Narrative Source underlying the Fourth Gospel, SNTS MS 11, Cambridge 1970.

FOSSUM, J. E.: The Name of God and the Angel of the Lord. Samaritan and Jewish Concepts of Intermediation and the Origin of Gnosticism, WUNT 36, Tübingen 1985.

-: Jewish-Christian Christology and Jewish Mysticism, VigChr 37 (1983), 260-287.

-: The Origin of the Gnostic Concept of the Demiurge, EThL LXI (1985), 142-152.

FRANKE, A. H.: Das alte Testament bei Johannes. Ein Beitrag zur Erklärung und Beurtheilung der johanneischen Schriften, Göttingen 1885.

FREED, E. D.: O. T. Quotations in the Gospel of John, NTSupp 11, Leiden 1965.

FREYNE, S.: Galilee from Alexander the Great to Hadrian 323 B.C.E to
135 C.E. A Study of Second Temple Judaism, University of Notre
Dame, Center for the Study of Judaism and Christianitiy in Antiquity, 5, Notre Dame 1980.

FRIEDRICH, G.: Art. δύναμις, EWNT I, 860-867.

GABRION, H.: L'Interprétation de'l Ecriture dans la littérature de
Qumrân, ANRW II, 19,1, Berlin und New York 1979, 779-848.

GÄRTNER, B.: Die Rätselhaften Termini Nazoräer und Iskariot, Horae
Soederblomianae IV, Uppsala 1957.

-: The Temple and the Community in Qumran and the New Testament. A
Comparative Study in the Temple Symbolism of the Qumran Texts and
the New Testament. SNTS 1, Cambridge 1965.

GASTON, L.: No Stone on Another. Studies in the Significance of the
Fall of Jerusalem in the Synoptic Gospels, Leiden 1970.

GERHARDSSON, B.: Die Anfänge der Evangelientradition, Wuppertal 1977.

-: Memory and Manuscript. Oral Tradition and Written Transmission in
Rabbinic Judaism and Early Christianity, ASNU 22, Lund/Kopenhagen
1964.

-: Tradition and Transmission in Early Christianity, CN 20, Lund 1964.

GESE, H.: Davidsbund und Zionserwählung, ZThK 61 (1964), 10-26.

-: Die Weisheit, der Menschensohn und die Ursprünge der Christologie
als konsequente Entfaltung der biblischen Theologie, SEA 39
(1979), 77-114.

GLASSON, T. F.: Moses in the Fourth Gospel. SBT 40, London 1963.

GOLDBERG, A. M.: Untersuchungen über die Vorstellung von der Schekhina
in der frühen rabbinischen Literatur - Talmud und Midrasch, SJ V,
Berlin 1969.

GREENFIELD J. C./STONE, M. E.: The Enochic Pentateuch and the Date of
the Similitudes, HTR 70 (1977), 51-65.

GRELOT, P.: Le Messie dans les Apocryphes de l'Ancien Testament. Etat
de la question, in: La Venue du Messie, RechBib 6, Brüges 1962,
19-50.

GRIMM, W.: Die Verkündigung Jesu und Deuterojesaja (2. Auflage), ANTI
1, Frankfurt u.a. 1981.

GRÖZINGER, K.-E.: Singen und ekstatische Sprache in der frühen jüdischen Mystik, JStJ 11 (1980), 66-77.

GRUDEM, W.: 1 Corinthians 14.20-25: Prophecy and Tongues as Signs of
God's Attitude, WThJ (1979), 381-396.

GRUNDMANN, W.: Verständnis und Bewegung des Glaubens im Johannesevangelium, KuD 6 (1960), 131-154.

HAHN, F.: Art. χριστός, EWNT III, 1147-1165.

-: Art. υἱός, EWNT III, 912-937.

-: Christologische Hoheitstitel. Ihre Geschichte im frühen Christentum, FRLANT 83, Göttingen ⁴1974.

HANSON, A. T.: The Living Utterances of God. The New Testament Exegesis of the Old, London 1983.

HEEKERENS, H.-P.: Die Zeichenquelle der johanneischen Redaktion. Ein Beitrag zur Entstehungsgeschichte des vierten Evangeliums, SBS 113, Stuttgart 1984.

HELFMEYER, F. J.: Art. אות, ThWAT I, 182-205.

HELLHOLM, D. (ed.): Apocalypticism in the Mediterranean World and the Near East. Proceedings of the International Colloquium on Apocalypticism, Uppsala, August 12-17, 1979, Tübingen 1983.

HEMPELMANN, H. P.: Nachwort zu SCHLATTER, Atheistische Methoden, 31-47.

HENGEL M.: Messianische Hoffnung und politischer "Radikalismus" in der "jüdisch-hellenistischen Diaspora", in: HELLHOLM, Apocalypticism, 655-686.

-: Der Sohn Gottes. Die Entstehung der Christologie und die jüdisch-hellenistische Religionsgeschichte, Tübingen ²1977.

-: Die Zeloten. Untersuchungen zur jüdischen Freiheitsbewegung in der Zeit von Herodes I. bis 70 n.Chr, AGJU I, Leiden und Köln, ²1976.

-: Jesus als messianischer Lehrer der Weisheit und die Anfänge der Christologie, in: Sagesse et Religion (Colloque de Strasbourg, Octobre 1976), Paris 1979, 148-188.

-: Reich Christi, Reich Gottes und das Weltreich im vierten Evangelium, ThB 14 (1983), 201-216.

-: War Jesus Revolutionär?, CH 110, Calw ³1971.

-: Crucifixion in the Ancient World and the folly of the message of the cross, London und Philadelphia 1977.

-: La Crucifixion dans l'Antiquité et la Folie du Message de la Croix, LD 105, Paris 1981.

HENGEL, R. und M.: Die Heilungen Jesu und medizinisches Denken, in: SUHL, Wunderbegriff, 338-373.

HICKLING, C. J. A.: Attitudes to Judaism in the Fourth Gospel, in: DE JONGE, L'Evangile, 347-354.

HIRSCH, E.: Studien zum vierten Evangelium, BhTh 11, Tübingen 1936.

HOENIG, H. G./KUSSMAUL, P.: Strategie der Übersetzung. Ein Lehr- und Arbeitsbuch, Darmstadt ²1984.

HOFBECK, S.: Semeion. Der Begriff des "Zeichens" im Johannesevangelium unter Berücksichtigung seiner Vorgeschichte, Münsterschwarzacher Studien 3, Münsterschwarzach 1966.

HOFIUS, O.: Art. ὁμολογέω/ὁμολογία, EWNT II, 1255-1263.

-: Art. Wunder, σημεῖον, ThBNT III, 1447-1451.

-: Der Christushymnus Philipper 2,6-11. Untersuchungen zur Gestalt und Aussage eines urchristlichen Psalms, WUNT 17, Tübingen 1976.

-: Katapausis. Die Vorstellung vom endzeitlichen Ruheort im Hebräerbrief, WUNT 11, Tübingen 1970.

HOLTZ, T.: Art. ἀποκαλύπτω, EWNT I, 317.

HORBURY, W.: The Benediction of the Minim and Early Jewish-Christian Controversy, JTS 33 (1982), 19-61.

-:   The Messianic Associations of 'The Son of Man', JTS 36 (1985), 34-55.

HORSLEY, R. A.: "Like One of the Prophets of Old": Two Types of Popular Prophets at the Time of Jesus, CBQ 47 (1985), 435-463.

INCH, M.: Apologetic Use of "Sign" in the Fourth Gospel, EvQ 42 (1970), 35-43.

IWAND, H. J.: Glauben und Wissen, Nachgelassene Werke Band 1, München 1962.

-: Wider den Missbrauch des 'pro me' als methodisches Prinzip, EvTh 14 (1954), 120-125.

JAUBERT, A.: Approches de l'Evangile de Jean. Parole de Dieu, Paris 1976.

JOHANNESSOHN, M.: Der Gebrauch der Präpositionen in der Septuaginta, Nachrichten von der Gesellschaft der Wissenschaften zu Göttingen. Philologisch-historische Klasse, Beiheft 1925, Berlin 1925.

KALLMEYER, W. (et al.): Lektürekolleg zur Textlinguistik, Bd. 1: Einführung, Frankfurt a. M. 1974.

KELLER, C. A.: Das Wort OTH als "Offenbarungszeichen Gottes", Basel 1946.

KIM, S.: "The 'Son of Man'" as the Son of God, WUNT 30, Tübingen 1983.

-: The Origin of Paul's Gospel, WUNT II,4, Tübingen [2]1984.

KIMELMAN, R.: Birkat Ha-Minim and the Lack of Evidence for an Anti-Christian Jewish Prayer in Late Antiquity, in: SANDERS, E. P. (et. al.): Jewish and Christian Self-Definition II, London 1981, 226-244.391-403.

KITTEL, G.: 'izdeqeph = ὑψωθῆναι = Gekreuzigtwerden, ZNW 35 (1936), 282-285.

KLINZING, G.: Die Umdeutung des Kultus in der Qumrangemeinde und im Neuen Testament, STUNT 7, Göttingen 1971.

KNIBB, M. A.: The Date of the Parables of Enoch: A Critical Review, NTS 25 (1978), 345-359.

KOHLER, K.: The Origin and Composition of the Eighteen Benedictions with a Translation of the Corresponding Essene Prayers in the Apostolic Constitutions (1924), in: PETUCHOWSKI, Contributions 52-90.

KOSMALA, H.: Art.: גבר, ThWAT I, 905-907.

KOSSEN, H. B.: Who were the Greeks of John xii, 20?, in: -.: Studies in John, 97 - 110.

KRÄMER, H.: Art. ἐνώπιον, EWNT I, 1130f.

KÜGLER, J.: Das Johannesevangelium und seine Gemeinde - kein Thema für Science Fiction, BN 23 (1984).

KÜMMEL, W. G.: Jesu Antwort an den Täufer. Ein Beispiel zum Methoden-problem in der Jesusforschung, Wiesbaden 1954.

KUNDSIN, K.: Topologische Überlieferungsstoffe im Johannes-Evangelium. Eine Untersuchung, FRLANT NF 22, Göttingen 1925.

KYSAR, R.: John, the Maverick Gospel, Atlanta 21979 (=1976).

LAMMERS, K.: Hören, Sehen und Glauben im Neuen Testament, SBS 11, Stuttgart 1966.

LAMPE, G. W. H.: St Luke and The Church of Jerusalem, London 1969.

LANGBRANDTNER, W.: Weltferner Gott oder Gott der Liebe. Der Ketzer-streit in der johanneischen Kirche. Eine exegetisch-religionsge-schichtliche Untersuchung mit Berücksichtigung der koptisch-gno-stischen Texte aus Nag Hammadi. Frankfurt a. M./Bern/Las Vegas 1977.

LE DEAUT, R.: La Nuit Pascale. Essai sur la signification de la pâque juive à partir du Targum d'Exode XII 42, AnB 22, Rom 1963.

-: Targumic Literature and NT Interpretation, BTB 4 (1974), 243-289.

-: The Current State of Targumic Studies, BTB 4 (1974), 3-32.

LEISTNER, R.: Antijudaismus im Johannesevangelium? Darstellung des Problems in der neueren Auslegungsgeschichte und Untersuchung der Leidensgeschichte, TW 3, Bern und Frankfurt 1974.

LENTZEN-DEIS, F.: Die Taufe Jesu nach den Synoptikern. Literarkriti-sche und gattungsgeschichtliche Untersuchungen, FTS 4, Frankfurt 1970.

LEROY, H.: Rätsel und Missverständnis. Ein Beitrag zur Formgeschichte des Johannesevangeliums, BBB 30, Bonn 1968.

LEVEY, S. H.: The Messiah: An Aramaic Interpretation. The messianic
    Exegesis of the Targum, Cincinatti u.a. 1974.

LINDARS, B.: A Bull, a Lamb and a Word: 1 Enoch XC. 38, NTS 22 (1976),
    483-486.

-: Behind the Fourth Gospel, London 1971.

-: New Testament Apologetic. The Doctrinal Significance of the Old Te-
    stament Quotations, London 1961.

-: The Composition of John XX, NTS VII (1960/61), 142-147.

-: Traditions behind the Fourth Gospel, in: DE JONGE, L'Evangile, 107-
    124.

LINDNER, H.: Johann Georg Hamann über Bibel und Offenbarung, ThB 6
    (1975), 198-206.

LONGENECKER, R. N.: The Christology of Early Jewish Christianity, SBT
    2, 17, London 1970.

-: Biblical Exegesis in the Apostolic Period, Grand Rapids 1975.

LOWY, S.: The Principles of Samaritan Bible Exegesis, SPB 28, Leiden
    1977.

LUCIUS, E.: Die Anfänge des Heiligenkults in der christlichen Kirche,
    von E. L., herausgegeben von G. ANRICH, Tübingen 1904.

LÜTGERT, W.: Die johanneische Christologie, 2. völlig neu bearbeitete
    Auflage, Gütersloh 1916.

-: Schöpfung und Offenbarung. Eine Theologie des ersten Artikels,
    Giessen ²1984.

MACDONALD, J.: The Samaritan Doctrine of Moses, SJTh 13 (1960), 149ff.

-: The Theology of the Samaritans, London 1964.

MAIER, G.: Mensch und freier Wille. Nach den jüdischen Religionspar-
    teien zwischen Ben Sira und Paulus, WUNT 12, Tübingen 1971.

MAIER, J.: Das Gefährdungsmotiv bei der Himmelsreise in der jüdischen
    Apokalyptik und "Gnosis", KAIROS 5 (1963), 18-40.

-: Jesus von Nazareth in der talmudischen Überlieferung, EdF 82,
    Darmstadt 1978.

MANNS, F.: Exégèse Rabbinique et Exégèse Johannique, RB 92 (1985),
    525-538.

MARSHALL, H.: Die Ursprünge der neutestamentlichen Christologie [mit
    einem Geleitwort von RAINER RIESNER], Giessen 1985.

MARTYN, J. L.: Glimpses into the History of the Johannine Community,
    in: DE JONGE, L'Evangile, 149-175.

MAYNARD, A. T.: The Role of Peter in the Fourth Gospel, NTS 30 (1984), 531-548.

MCNAMARA, M.: Targum and Testament. Aramaic Paraphrases of the Hebrew Bible: A Light on the New Testament, Shannon 1972.

-: The Ascension and Exaltation of Christ in the Fourth Gospel, Script 19 (1967), 65-73.

-: The New Testament and the Palestinian Targum to the Pentateuch, AnB 27, Rom 1966.

MEAGHER, J. C .: John 1, 14 and the New Temple, JBL 88 (1969), 57-68.

MEARNS, C. L.: Dating the Similitudes of Enoch, NTS 25 (1978), 360-369.

MEEKS, W. A.: Galilee and Judea in the Fourth Gospel, JBL 85 (1966), 159-169.

-: Moses as God and King, in: Religions in Antiquity, FS Goodenough, ed. J. Neusner, SHR 14, Leiden 1968, 354-371.

-: The Man from Heaven in Johannine Sectarianism, JBL 91 (1972), 44-72.

-: The Prophet-King. Moses Traditions and the Johannine Christology, NTSupp XIV, Leiden 1967.

MENDECKI, N.: Die zehnte Bitte des Achtzehngebets. Eine vergleichende Studie mit dem Alten Testament, Collectanea Theologica 53 (1983), 161-166.

METTINGER, T. N. D.: The Dethronement of Sabaoth, Studies in the Shem and Kabod Theologies, SB OTS 18, Lund 1982.

MICHEL, K. H.: Anfänge der Bibelkritik. Quellentexte aus Orthodoxie und Aufklärung, Wuppertal 1985.

-: Kant und die Frage der Erkennbarkeit Gottes. Eine kritische Untersuchung der "Transzendentalen Aesthetik" in der Kritik der reinen Vernunft, (im Erscheinen).

-: Sehen und Glauben. Schriftauslegung in der Auseinandersetzung mit Kerygmatheologie und historisch-kritischer Forschung, ThD 31, Wuppertal 1982.

MICHEL, O.: Aufsehen auf Jesus, Metzingen 1968.

-: Der Anfang der Zeichen Jesu, in: Die Leibhaftigkeit des Wortes, [FS A. Köberle], hrsgg. von O. Michel und U. Mann, Hamburg 1958, 15-22.

-: Der historische Jesus und das theologische Gewissheitsproblem, EvTh 15 (1955), 349-363.

MILGROM, J.: Studies in the Temple Scroll, JBL 97 (1978), 501-523.

MILLER, M. P.: The Function of Isa 61,1-2 in 11Q Melchizedek, JBL 88 (1969), 467-469.

MINEAR, D. F.: A Suggested Reading for 11Q Melchizedek 17, JSJ 2 (1972), 144-148.

MOLONEY, F. J.: The$_2$Johannine Son of Man, Biblioteca di Scienze Religiose 14, Rom ^{2}1978.

-: The Word Became Flesh, Theology Today Series, No. 14, Butler, Wisc. 1977.

MÜLLER, P.-G.: Art. φανερόω, EWNT IIII, 988-991.

MÜLLER, U. B.: Die Geschichte der Christologie in der johanneischen Gemeinde, SBS 77, Stuttgart 1975.

NEUER, W.: Der Zusammenhang von Dogmatik und Ethik bei Adolf Schlatter. Eine Untersuchung zur Grundlegung christlicher Ethik, Giessen 1986.

NEUGEBAUER, F.: Die Entstehung des Johannesevangeliums. Altes und Neues zur Frage seines historischen Ursprungs, AzTh I 36, Stuttgart 1968.

NEUSNER, J.: The Development of the Merkavah Tradition, JStJ 2 (1972), 149-160.

-: The Formation of Rabbinic Judaism: Yavneh (Jamnia) from A. D. 70 to 100, ANRW II, 19/2, Berlin und New York 1979, 3-42.

NICKELSBURG, G. W. E.: Apocalyptic and Myth in 1 Enoch 6-11, JBL96 (1977), 383-405.

-: Enoch, Levi, and Peter: Recipients of Revelation in Upper Galilee, JBL 100 (1981), 575-600.

-: Jewish Literature Between the Bible and the Mishnah. A Historical and Literary Introduction, Philadelphia 1981.

-: Social Aspects of Palestinian Jewsih Apocalypticism, in: HELLHOLM, Apocalypticism, 641-654.

NICOL, W.: The Semeia in the Fourth Gospel. Tradition and Redaction, NTSupp XXXII, Leiden 1972.

NIGGEMEYER, J. H.: Beschwörungsformeln aus dem "Buch der Geheimnisse", Judaistische Texte und Studien 3, Hildesheim 1973.

NOACK, B.: Zur johanneischen Tradition. Beiträge zur Kritik an der literarkritischen Analyse des vierten Evangeliums, Teologiske Skrifter, Série de théologie 3, Kopenhagen 1954.

OLSSON, B.: Structure and Meaning in the Fourth Gospel. A Text-Linguistik Analysis of John 2:1-11 and 4:1-42, Uppsala 1974.

PAMMENT, M.: The Meaning of Doxa in the Fourth Gospel, ZNW 74 (1983), 12-16.

-: The Son of Man in the Fourth Gospel, JTS 36 (1985),58-66.

PETUCHOSWKI, J. J. (ed.): Contributions to the Scientific Study of Je-
    wish Liturgy, New York 1970.

-: Beten im Judentum, Stuttgart 1976.

PFISTER, F.: Herakles und Christus, Archiv für Religionswissenschaft
    34 (1937), 42-59.

PHILONENKO, M.: L'apocalyptique qumrânienne, in: HELLHOLM, Apocalyp-
    ticism, 211-218.

PIXNER, B.: An Essene Quarter on Mount Zion?, in: Studia Hierosolymi-
    tana I: Studi Archeologici (FS B. Bagatti), SBF CM 22, Jerusalem
    1976, 245-284.

-: Sion III, "Nea Sion". Topographische und geschichtliche Untersu-
    chung des Sitzes der Urkirche und seiner Bewohner, Das Heilige
    Land 111 (1979), 3-13.

-: Das Essenerquartier in Jerusalem und dessen Einfluss auf die Urkir-
    che, Das Heilige Land 113 (1981), 3-14.

-: Unravelling the Copper Scroll Code: A Study of 3Q 15, RQ 43 (1983),
    323-365.

PÖTSCHER, W.: Iosephus Flavius, Antiquitates 18,63f, Er 73, 1975, 26-
    42.

POPKES, W.: Art. δεῖ, EWNT I, 668-671.

PROCKSCH, O.: Theologie des Alten Testaments, Gütersloh 1950.

QUISPEL, G.: Christliche Gnosis und jüdische Heterodoxie, EvTh 14
    (1954), 474-484.

-: Ezekiel 1:26 in Jewish Mysticism and Gnosis, VigChr 34 (1980), 1-
    13.

-: Nathanael und der Menschensohn (Joh 1,51), ZNW 47 (1956), 281-283.

-: Qumran, John and Jewish Christianity, in: CHARLESWORTH, John and
    Qumran, 137-155.

RAD, G. VON: Theologie des Alten Testaments I: Theologie der ge-
    schichtlichen Überlieferungen, Göttingen ⁷1978.

-: Theologie des Alten Testaments II: Theologie der prophetischen
    Überlieferungen, Göttingen ⁶1975.

REIM, G.: Studien zum alttestamentlichen Hintergrund des Johannesevan-
    geliums. SNTS MS 22, Cambridge 1974.

RENGSTORF, K. H.: Art. σημεῖον etc., ThWNT Bd VII, 199-268.

RIESENFELD, H.: Zu den johanneischen ina-Sätzen, StTh 19 (1965), 213-
    220.

RIESNER, R.: Jesus als Lehrer. Eine Untersuchung zum Ursprung der Evangelienüberlieferung, WUNT II 7, Tübingen 1984.

-: Johannes der Täufer auf Machärus, BiKi 39 (1984), 176.

-: Essener und Urkirche in Jerusalem, BiKi 40 (1985), 64-76.

-: Jesus and the Essene Quarter of Jerusalem, in: CHARLESWORTH, J. H. (ed.): Jesus and the Dead Sea Scrolls (im Erscheinen).

RINGGREN, H.: Art. דור, ThWAT II,177f.

RISSI, M.: Der Aufbau des vierten Evangeliums, NTS 29 (1983), 48-54.

RISTOW, H./MATTHIÄ, K. (eds.): Der historische Jesus und der kerygmatische Christus, Berlin 1960.

ROBINSON, J. A. T.: The Priority of John, edited by J. F. Coakley, London 1985

ROBINSON, J. M.: Vorwort zu HÄNCHEN, E.: Johannesevangelium, V-IX.

ROLOFF, J.: Der johanneische 'Lieblingsjünger' und der 'Lehrer der Gerechtigkeit', NTS 15 (1968/69), 129-151.

ROSENSTOCK-HUESSY, E.: Die Sprache des Menschengeschlechts, zwei Bände, Heidelberg 1963/64.

ROWLAND, C. C.: The Vision of the Risen Christ in Rev. i. 13ff.: The Debt of an Early Christology to an Aspect of Jewish Angelology; JThS 31 (1980), 1-11.

-: John 1.51. Jewish Apocalyptic and Targumic Tradition, NTS 30 (1984), 498-507.

-: The Open Heaven. A Study of Apocalyptic in Judaism and Early Christianity, London 1985 (=1982).

-: Christian Origins. An Account of the Setting and Character of the most Important Messianic Sect of Judaism, London 1985.

RUCKSTUHL, E.: Die literarische Einheit des Johannesevangeliums. Der gegenwärtige Stand der einschlägigen Forschungen, Studia Friburgensia NF 3, Freiburg 1951.

-: Zur Chronologie der Leidensgeschichte Jesu, in: SNTU 10 (1985), 27-61.

-: Der Jünger, den Jesus liebte. Geschichtliche Umrisse, in: BiKi 40 (1985), 77-83.

RUDOLPH, K.: "Apokalyptik in der Diskussion", in: HELLHOLM, Apokalypticism, 771-789.

SAND, A.: Art. Ἰωνᾶς, EWNT II, 525f.

SANDERS, E. P. with BAUMGARTEN, A. I und MENDELSON, A.: Jewish and
Christian Self-Definition, II: Aspects of Judaism in the Graeco-
Roman Period, London 1981.

SCHÄFER, P.: Die Flucht Johanan b. Zakkais aus Jerusalem und die
Gründung des 'Lehrhauses' in Jabne, ANRW II, 19/2, Berlin und New
York 1979, 43-101.

-: Rivalität zwischen Engeln und Menschen. Untersuchungen zur rabbinischen Engelvorstellung, SJ VIII, Berlin 1975.

SCHIFFMAN, L. H.: At the Crossroads: Tannaitic Perspectives on the Jewish-Christian Schism, in: SANDERS, E. P. (et al.): Jewish and
Christian Self-Definition II, London 1981, 115-156.338-352.

-: Merkavah Speculation at Qumran: The 4Q Serekh Shirot 'Olat ha-Shab-
bat, in: REINHARZ, J./SWETSCHINSKI, D.: Mystics, Philosophers
and Politicians [FS A. ALTMANN], Durham 1982, 15-47.

SCHIRMER, D.: Rechtsgeschichtliche Untersuchungen zum Johannes-Evangelium (Dissertation Erlangen 1962), Berlin 1964.

SCHLATTER, A.: Atheistische Methoden in der Theologie, mit einem Beitrag von PAUL JÄGER herausgegeben von H. HEMPELMANN, ThuD 43,
Wuppertal 1985.

-: Briefe über das christliche Dogma, Gütersloh 1912.

-: Das christliche Dogma, Stutgart [2]1923.

-: Das Wunder in der Synagoge, BzFchTh 16/5, Gütersloh 1912.

-: Der Glaube im Neuen Testament, mit einer Einführung von PETER
STUHLMACHER, Stuttgart 61982

-: Der Glaube im Neuen Testament, Stuttgart 61982 (=Calw 41927).

-: Die Kirche Jerusalems vom Jahr 70 bis 130, in: DERS.: Synagoge und
Kirche, 99-173.

-: Die Sprache und Heimat des vierten Evangelisten, BZFchTh 6,4, Gütersloh 1902.

-: Die Theologie des Judentums nach dem Bericht des Josefus, Mit einem
Stellenregister von H. LINDNER, Hildesheim und New York 1979 (=
BzFchTh 2,26, Gütersloh 1932).

-: Geschichte Israels von Alexander dem Grossen bis Hadrian, Darmstadt
1972.

-: Synagoge und Kirche bis zum Barkochba-Aufstand. Vier Studien zur
Geschichte des Rabbinats und der jüdischen Christenheit in den
ersten zwei Jahrhunderten, Stuttgart 1966.

-: Wie sprach Josephus von Gott?, BzFchTh 14,1, Gütersloh 1910.

SCHNACKENBURG, R.: Die Erwartung des "Propheten" nach dem Neuen Testament und den Qumrantexten, in: StEv I, 622-639.

-: Zur Traditionsgeschichte von Joh 4,46-54, BZ 8 (1964), 58-88.

SCHNIDER, F.: Art. προφήτης, EWNT III, 442-448.

SCHOEPS, H. J.: Das Judenchristentum. Untersuchungen über Gruppenbildungen und Parteikämpfe in der frühen Christenheit, Bern 1964.

-: Theologie und Geschichte des Judenchristentums, Tübingen 1949.

-: Urgemeinde Judenchristentum Gnosis, Tübingen 1956.

SCHOLEM, G.: Jewish Gnosticism, Merkabah Mysticism and Talmudic Tradition, Second Edition, New York 1965.

-: Ursprung und Anfänge der Kabbala, SJ III, Berlin 1962.

SCHWANK, B.: Ortskenntnisse im Vierten Evangelium? Bericht über ein Seminar in Jerusalem, EA 57 (1981), 427-442.

SCHWARZ, H.: Das Verständnis des Wunders bei Heim und Bultmann, AzTh II.6, Stuttgart 1966.

SCHWEIZER, E.: EGO EIMI ... Die religionsgeschichtliche Herkunft und theologische Bedeutung der johanneischen Bildreden, zugleich ein Beitrag zur Quellenfrage des vierten Evangeliums, FRLANT 38, Göttingen 1939.

-: Neotestamentica, Zürich und Stuttgart 1963.

SCOBIE, CH. H. H.: Johannine Geography, SR 11 (1982), 77-84.

SEGAL, A. F.: Two Powers in Heaven. Early Rabbinic Reports about Christianity and Gnosticism, SJLA 25, Leiden 1977.

SEILS, M.: Wirklichkeit und Wort bei Johann Georg Hamann, AzTh 6, Stuttgart 1961.

SMALLEY, S. S.: Johannes 1,51 und die Einleitung zum vierten Evangelium, in: PESCH R./SCHNACKENBURG R.: JESUS und der Menschensohn [FS VOEGTLE], Freiburg 1975, 300-313.

SMITH, D. M.: The Composition and Order of the Fourth Gospel. Bultmann's Literary Theory, New Haven 1965.

SMITH, J. Z.: The Prayer of Joseph, in: Religions in Antiquity, Essays in Memory of E. R. Goodenough, Leiden 1968, 253-294.

SPICQ, C.: Notes de Lexicographie néo-testamentaire, Tome II, OBO 22/2, Fribourg und Göttingen 1978.

STADELMANN, H.: Ben Sira als Schriftgelehrter. Eine Untersuchung zum Berufsbild des vor-makkabäischen Sofer unter Berücksichtigung seines Verhältnisses zu Priester-, Propheten und Weisheitslehrertum, WUNT II 6, Tübingen 1980.

- (ed.): Glaube und Geschichte. Heilsgeschichte als Thema der Theologie, Giessen 1986.

STAUFFER, E.: Christus und die Caesaren. Historische Skizzen, München und Hamburg 1966 [=Hamburg 1952].

-: Die Botschaft Jesu - Damals und heute, Bern und München 1959.

-: Jerusalem und Rom im Zeitalter Jesu Christi, Bern 1957.

-: JESUS - Gestalt und Geschichte, Bern 1957.

STEGEMANN, H.: Die Bedeutung der Qumranfunde für die Erforschung der Apokalyptik, in HELLHOLM: Apocalypticism, 495-530.

STEMBERGER, G.: Die Patriarchenbilder der Katakombe in der Via Latina im Lichte der jüdischen Tradition, KAIROS 16 (1974), 19-54.

-: Die sogenannte 'Synode von Jabne' und das frühe Christentum, KAIROS 19 (1977), 14-21.

STOLZ, F.: Art. אות, THAT I, 91-95.

-: Zeichen und Wunder. Die prophetische Legitimation und ihre Geschichte, ZThK 69 (1972), 125-144.

STROBEL, A.: Die Stunde der Wahrheit. Untersuchungen zum Strafverfahren gegen Jesus, WUNT 21, Tübingen 1980.

Studies in John. Presented to Professor Dr. J. N. Sevenster, NTSupp 24, Leiden 1970.

STUHLMACHER, P. (ed.): Das Evangelium und die Evangelien. Vorträge vom Tübinger Symposium 1982, WUNT 28, Tübingen 1983.

-: Zum Thema: Das Evangelium und die Evangelien, in DERS.: Das Evangelium, 1-26.

SUHL, A. (Hrsg.): Der Wunderbegriff im Neuen Testament, WdF 295, Darmstadt 1980.

TALMON, SH.: Typen der Messiaserwartung um die Zeitwende, in: Probleme biblischer Theologie (FS G. von Rad), München 1971, 571-588.

TEEPLE, H. M.: The Literary Origin of the Gospel of John, Evanston 1974.

-: The Mosaic eschatological Prophet, JBL MS X, Philadelphia 1957.

TEMPORINI, H./HAASE, W. (eds.): Aufstieg und Niedergang der Römischen Welt, Geschichte und Kultur Roms im Spiegel der Neueren Forschung, Serie II: Principat, Berlin und New York, [= ANRW II].

THIEDE, C. P.: Die älteste Evangelien-Handschrift? Das Markus-Fragment von Qumran und die Anfänge der schriftlichen Überlieferung des Neuen Testaments, Wuppertal 1986.

-: 7Q - Eine Rückkehr zu den neutestamentlichen Papyrusfragmenten in der siebten Höhle von Qumran, Bibl 65 (1984), 538-559; 66 (1985), 261.

THOMA, C.: Christliche Theologie des Judentums, mit einer Einführung von DAVID FLUSSER, Der Christ in der Welt VI, 4a/b, Aschaffenburg 1978.

THRÄDE, K.: Untersuchungen zum Ursprung und zur Geschichte der christlichen Poesi I, JAC 4 (1961), 108-127.

THÜSING, W.: Die Erhöhung und Verherrlichung Jesu im Johannesevangelium, NTA 21, 1/2, Münster 1960.

TIEDE, D. L.: The Charismatic Figure as Miracle Worker, Missoula 1972.

ÜDING, G.: Einführung in die Rhetorik. Geschichte, Technik, Methode, Stuttgart 1976.

URBACH, E. E.: The Sages - Their Concepts and Beliefs, Two Volumes, Jerusalem 1975.

VAGANAY, L.: La Finale du Quatrième Evangile, RB 45 (1936), 512-528.

VAN DER WOUDE, A. S.: Melchisedek als himmlische Erlösergestalt in den neugefundenen eschatologischen Midraschim aus Qumran Höhle XI, OTS 14 (1965), 354-373.

VERMES, G.: Jesus the Jew. A Historian's Reading of the Gospels, London 1980 [=1973].

WEINFELD, M.: Art. כבוד, ThWAT IV, Sp. 23-40.

WEINREICH, O.: Antike Heilungswunder. Untersuchungen zum Wunderglauben der Griechen und Römer, Giessen 1909.

WEINRICH, H.: Linguistik der Lüge. Kann Sprache die Gedanken verbergen? Heidelberg 1966.

WENGST, K.: Bedrängte Gemeinde und verherrlichter Christus. Der historische Ort des Johannesevangeliums als Schlüssel zu seiner Interpretation, BthSt 5, Neukirchen 1981.

WENZ, H.: Sehen und Glauben bei Johannes, ThZ 17 (1961), 17-25.

WHITACRE, R. A.: Johannine Polemic. The Role of Tradition and Theology, SBL DS 67, Chico 1982.

WHITELEY, D. E. H.: Was John written by a Saducee?, in: ANRW II, 25,3, 2481-2505.

WILKENS, W.: Zeichen und Werke. Ein Beitrag zur Theologie des 4. Evangeliums in Erzählungs- und Redestoff, AThANT 55, Zürich 1969.

YADIN, Y.: A Note on Melchizedek and Qumran, IEJ 15 (1965), 152-154.

ZIMMERMANN, A. F.: Die urchristlichen Lehrer, WUNT II 12, Tübingen 1984.

ZIMMERMANN, F.: The Aramaic Origin of the Four Gospels, New York 1979.

STELLENREGISTER

CHRISTLICHE SCHRIFTEN

Barnabas 21,6   239
2. Clem 14,2   207
Diognet 8,4   70

Justin
    Dial 8,4   113
        69,7   188
        108,1   188

Evang. Petr 19   144
Pap. Oxyrh 1:2   132

Epiphanius
    Pan 30.16.5.   132
        30.18.5f   50

Pseudo-Clem.
    Hom 3,17-28   50

Pseudo-Hieron.
indic. de har. 10 50

Eusebius v. Cäsar.
    e.h. 3,22,6   40

Commodian
  instr1,37,15f   204

GRIECHISCHE
SCHRIFTSTELLER

Ael. Aristides
    II,362   201

Homer
    Ilias 2,489f   204

Dionys. v. Halic.
Röm. Altert.
    2,67,5   204

Lucian
Demonax 67   201f

Plutarch
Moralia 115e   202

KORAN

Sure 18,109   201
     31,37   201

Wissenschaftliche Untersuchungen zum Neuen Testament

Herausgegeben von Martin Hengel und Otfried Hofius

2. Reihe

25
Günter Röhser
Metaphorik und Personifikation der Sünde
1987. VIII, 218 Seiten.
Fadengeheftete Broschur.

24
Wolf-Dietrich Köhler
Die Rezeption des Matthäus-evangeliums in der Zeit vor Irenäus
1987. XVI, 605 Seiten.
Fadengeheftete Broschur.

23
Peter Marshall
Enmity in Corinth
1987. Ca. 460 Seiten.
Fadengeheftete Broschur.

22
Axel von Dobbeler
Glaube als Teilhabe
1987. XIV, 348 Seiten. Broschur.

21
Reinhard Feldmeier
Die Krisis des Gottessohnes
1987. XII, 292 Seiten.
Fadengeheftete Broschur.

20
Hans F. Bayer
Jesus' Predictions of Vindication and Resurrection
1986. X, 289 Seiten.
Fadengeheftete Broschur.

19
Scott J. Hafemann
Suffering and the Spirit
1986. VIII, 258 Seiten.
Fadengeheftete Broschur.

18
Peter Lampe
Die stadtrömischen Christen in den ersten beiden Jahrhunderten
1987. Ca. 430 Seiten.
Fadengeheftete Broschur.

17
Gottfried Schimanowski
Weisheit und Messias
1985. XII, 410 Seiten.
Broschur.

16
Eckhard J. Schnabel
Law and Wisdom from Ben Sira to Paul
1985. XVI, 428 Seiten. Broschur.

15
Terence V. Smith
Petrine Controversies in Early Christianity
1985. X, 249 Seiten. Broschur.

14
Uwe Wegner
Der Hauptmann von Kafarnaum
1985. VIII, 522 Seiten. Broschur.

13
Karl Th. Kleinknecht
Der leidende Gerechtfertigte
2. Auflage 1987. Ca. 450 Seiten.
Fadengeheftete Broschur.

12
Alfred F. Zimmermann
Die urchristlichen Lehrer
2. Auflage 1987. Ca. 280 Seiten.
Fadengeheftete Broschur.

11
Marius Reiser
Syntax und Stil des Markus-evangeliums
1984. XIV, 219 Seiten.
Broschur.

10
Hans-Joachim Eckstein
Der Begriff Syneidesis bei Paulus
1983. VII, 340 Seiten.
Broschur.

9
Roman Heiligenthal
Werke als Zeichen
1983. XIV, 374 Seiten. Broschur.

8
Berthold Mengel
Studien zum Philipperbrief
1982. X, 343 Seiten. Broschur.

7
Rainer Riesner
Jesus als Lehrer
2. Aufl. 1984. Ca. 620 Seiten.
Fadengeheftete Broschur.

6
Helge Stadelmann
Ben Sira als Schriftgelehrter
1980. XIV, 346 Seiten. Broschur.

5
Dieter Sänger
Antikes Judentum und die Mysterien
1980. VIII, 274 Seiten. Broschur.

4
Seyoon Kim
The Origin of Paul's Gospel
2nd ed. 1984. XII, 413 Seiten.
Broschur.

3
Paul Garnet
Salvation and Atonement in the Qumran Scrolls
1977. VIII, 152 Seiten. Broschur.

J.C.B. Mohr (Paul Siebeck) Tübingen

Multinational Corporations

MULTINATIONAL CORPORATIONS

The Problems and the Prospects

A study prepared by the Graduate Institute of International Studies, Fairleigh Dickinson University.

Nasrollah S. Fatemi
and Gail W. Williams

SOUTH BRUNSWICK AND NEW YORK: A. S. BARNES AND COMPANY
LONDON: THOMAS YOSELOFF LTD

A. S. Barnes and Co., Inc.
Cranbury, New Jersey 08512

Thomas Yoseloff Ltd
108 New Bond Street
London W1Y OQX, England

Library of Congress Cataloging in Publication Data

Fatemi, Nasrollah Saifpour, 1911-
  Multinational corporations.

  Includes bibliographical references and index.
  1. International   business   enterprises. 2. Corporations,   American.
  I. Williams, Gail W., joint author.
II. Title
HD69.I7F33   338.8'8   74-11879
ISBN 0-498-01650-1

PRINTED IN THE UNITED STATES OF AMERICA

Contents

Preface

This study brings together a wide range of opinion, facts, and figures on the past and present position of the United States multinational corporations and their future status.

As eloquently expressed in the Introduction by the Honorable Fairleigh Dickinson, the political, economic, and social dimensions of the problems and implications of multinational corporations are coming under increasing scrutiny both at home and abroad. The attacks and adverse publicity lend emphasis to the need for an objective assessment. This study attempts to analyze the implications of the development of United States multinational corporations. It examines the charges and countercharges regarding the causes and effects of the massive export of American capital to other countries on domestic employment, technology, tax equity, trade, and the balance of payments.

The economic planning, decision making, and operations of the multinational corporations are entering an era of change. No longer can these decisions be made solely based on the balance sheets of the corporations. The host governments throughout the world are asking for both a voice in corporate decision making and a share of the profits. The future of world prosperity depends a great deal on the technology, capital mobility, and managerial skill of the multinational corporations. The question of the accountability of multinational corporations and the need for national and international policy planning are considered in the final chapters of this book.

It is hoped that this book will contribute a balanced approach toward many of the important issues raised by the multinational corporations. While this research is by no means complete, there is however a plan for a future volume, to research the issues raised by the European and Japanese multinationals, their development, their relations with American counterparts, and, finally, their prospects and problems at home and abroad.

N. S. Fatemi
G. W. Williams

Graduate Institute of International Studies
Fairleigh Dickinson University
November, 1974

Acknowledgments

The authors are deeply indebted to Fairleigh S. Dickinson, Jr., for his encouragement and his valuable advice at many stages in the preparation of this book, and for his generous financial support of all the research projects of the Institute of Graduate Studies at Fairleigh Dickinson University.

We would also particularly like to thank Dr. Jerome Pollack, President of the University, for his moral support; Dr. Peter Sammartino, Chancellor of the University; the Honorable David Van Alstyne, member of the Board of Overseers; Mr. James Grant, Vice President in charge of Research at C.P.C.; Professor Johan Galtung, of the University of Oslo; Dr. Zuhayr Mikdashi, of the American University of Beirut; and various other friends for their effort in reading the manuscripts and making helpful suggestions.

We are also indebted to Miss Dian Brown and Miss Grace Keefe for their valuable research work, to Mrs. Audrey March for her work in proofreading, and to Mrs. Sandra Asdoorian and Mrs. Marion Johnson for their work in typing.

Introduction

For three years, several Congressional committees have been investigating the multinational corporations' activities both at home and abroad. Several thousand pages of pro and con reports concerning the multinationals have been produced as a result of these investigations. Half a dozen bills have been introduced in the Senate of the United States.

The United Nations Economic and Social Council, in a resolution adopted unanimously on July 28, 1972, requested the Secretary-General to appoint a group of eminent persons to study the role of multinational corporations and their impact on the process of development, especially that of developing countries, and also their implications for international relations, to formulate conclusions that may possibly be used by governments in making their sovereign decisions regarding national policy in this respect, and to submit recommendations for appropriate international action.

In a report of more than a thousand pages, the United States Tariff Commission told the Senate Committee on Finance that the rapid growth of the multinational corporations and their private influence on many aspects of world trade since the end of World War II has had a profound influence upon the economy of the United States and other countries, and accordingly poses many political, legal, economic, and social issues of considerable importance.

Not only are diplomats at the United Nations and government officials in Washington showing great interest in the multinational corporations, their operations, and their impact throughout the world, but their unprecedented expansion has evoked a strong interest among scholars, the mass media, and the general public. While much information and understanding have been gained from this surge of interest, the complexity of the subject and the controversy that surrounds it require serious analysis, lest fantasies should prove more appealing than facts and emotions stronger than reason. "Multinational corporations, which are depicted in some quarters as key instruments for maximizing world welfare, are seen in others as dangerous agents of imperialism." The basic facts and issues still need to be disentangled from the mass of opinion and ideology and a practical program of action still awaits formulation.

The studies of the Senate Committee on Finance, the reports of the U.S. Tariff Commission, the research of the Department of Commerce, and the deliberations of the United Nations on this subject reflect the preoccupation and currents of thought of the times.

The attack and adverse publicity aimed at multinationals and the political and social dimensions of the problem of multinational corporations are only too apparent. The present involvement of the Congress and the United Nations in the operations of the multinationals was in fact prompted by incidents involving a few corporations. The concern, publicity, and excitement occasioned by the revelations of these incidents, the oil crisis, and worldwide inflation proved that the multinationals both at home and abroad are facing criticism, suspicion, and uncertainty.

"Despite the considerable and transnational power which

multinational corporations possess, they, unlike governments, are not directly accountable for their policies and actions to a broadly based electorate. Nor, unlike purely national firms, are the multinational corporations subject to control and regulation by a single authority which can aim at ensuring a maximum degree of harmony between their operation and public interest. The question at issue, therefore, is whether a set of institutions and devices can be worked out which will guide the multinational corporations' exercise of power and introduce some form of accountability to the international community into their activities." [1]

The multinational corporations have definitely contributed to world welfare. They have been partly responsible for the rebuilding of war-ravaged Europe and the development of resources of many developing nations. Their ability to tap financial, physical, and human resources all over the world, their capacity to develop new technology and skills, and their managerial supremacy to translate resources into specific outputs have proven to be outstanding. The important contribution of multinational corporations to the growth of the developing nations was recognized by the United Nations General Assembly in 1970 and their assistance for the second development decade was unanimously requested. Their productivity, efficiency, reduction of risks, and their global role in economic development were commended. Yet, their predominance, their size, their monopolistic structure, and their response to a small segment of the population in developing nations are considered the cause of suspicion and the source of tension.

On the national level, there has been a serious concern about the implications of multinational corporations on United States trade, labor technology, investment, and balance of payments.

The purpose of this research is to analyze some of the

different aspects of the multinationals, and to examine the charges and countercharges and to try and find some answers to the following:

1. The degree of freedom that multinationals should have, or the extent of regulations that should be imposed on present operations and future growth.

2. The effects of the massive influx of American capital into other countries on the balance of payments, exports, and employment in the United States.

While the positions of those whose concern is the relationship of labor to management and its place in the world has been touched upon many times, it has, however, not received sufficient attention to the extent for which we hoped. In a future study the entire matter can, of course, be complacently dwelt with based upon predetermined sets and biases. Any document, however, that purports to be a scholarly approach to a major worldwide phenomenon cannot treat this matter either lightly or unfairly. A prime suggestion that I will make, therefore, is that it be part of a third volume of the trilogy consisting of this book and commencing with *The Dollar Crisis*, written in 1963, and now in the process of revision.[2]

The future volume alluded to above should include with the detailed study, the position of labor and the effect that multinational corporations have or could have concerning it. Also should be included are such things that arise from discussions in the present volume:

1. The causal relationship between public policy in the various nations and the multinationals.

2. The ability of the multinational corporations to bend with changing political circumstances both in the framework of time and in broadly philosophical terms.

3. A true study of those who guide the decisions in multinational corporations toward their country of citizenship and as long-term guests in host countries.

Introduction

4. Relationships with the nations of the so-called third world.

5. The relationships affecting corporate interests and far more national interests in relationship to countries with planned economies, centralized ministerial control of economic decisions, and the host of other differences that exist between Western Europe, the United States, and many other countries; particularly those countries which are rather loosely termed as being philosophically and structurally communistic.

One of the most difficult questions to answer is the extent to which multinational corporations affect other destinies; or, phrased differently, are they a causal factor or the effect of the immensely changing conditions of our times?

It would be inappropriate to thank Dr. Fatemi and his colleagues at length because, in the first instance, it would be impractical to express sufficient appreciation in a very few words. Lengthy documentation in a foreword is frequently, perhaps usually, not read. I would conclude, therefore, with a simple expression of thanks.

Fairleigh S. Dickinson, Jr.

Notes

1. United Nations, Department of Economics and Social Affairs, *Multinational Corporations in World Development*, 1973, p. 2-3.

2. N. S. Fatemi, Thibaut de Saint Phalle, G. Keeffe, *The Dollar Crisis*. Teaneck, N.J.: Fairleigh Dickinson University Press, 1963.

1.
The Historical Development of United States Multinational Corporations

The forerunners of American transnational enterprise in the early nineteenth century consisted largely of individual entrepreneurs investing for the most part in Canada and Mexico. Milling, mining, and the manufacture of transportation equipment were the industries predominently developed by American direct investments abroad. One of the first sizable American direct investments was in the Panama Railroad chartered in 1849 and built with $5 million of American capital.[1]

By 1850 there were fifty large corporations in the United States, and half of them had significant overseas operating interest including branches for manufacturing and distributing their products. The second half of the nineteenth century saw an increase in the American manufacturing firm looking to supply a foreign market. By the 1890's Singer, Standard Oil, General Electric, National Cash Register, and American Bell all had overseas operating interests.

While it is often pointed out that the size of direct investment abroad was negligible as compared with today's

large-scale investments, by 1914 United States' direct foreign
investment of $2.65 billion comprised 7 percent of the
United States Gross National Product. In 1972 direct investment of $94 billion was 8 percent of the GNP.

Barriers to international trade following World War I led
United States multinationals to increase their investments
abroad, particularly the automotive and associated industries.
By 1929 the United States direct investment totaled $7.2
billion, and there were 1,057 foreign manufacturing subsidiaries of United States enterprises, 446 of which were in
Canada.[2]

Until the 1930's most countries paid little attention to the
capacity of multinational corporations to cross international
boundaries. Except for purposes of trade, few theoretically
reasoned it necessary to impose restrictions at national
boundaries. During the depression years American private
investments abroad were halted, and the United States
Government did very little either to give investors the
assurance and support they sought, or to provide much
needed capital throughout the world.

In the mid-thirties attention was directed toward national
policies to increase output and employment internally. As
nations began to recover from the depression years and to
plan economic goals and priorities, they were confronted by
corporations that could operate across national boundaries,
institute policies, and undertake activities that could frustrate
governmental efforts. Direct foreign investment was throttled
and languished until after World War II.

At the end of World War II, the United States Government
undertook the major commitment to help rebuild the war-
torn nations of Europe and Japan. It was generally considered that the 1946 loan to Britain and France and the
Marshall Plan would provide ample assistance for the recon-

struction and rehabilitation and recovery of trade in Western Europe and Japan. By 1950 industrial output in most of these countries was at the same level as in 1938. Furthermore, the multilateral trade accords negotiated in Geneva (1947) and Annecy (1949) seemed to signal reductions of the barriers to world commerce.

The sudden sharp devaluation of the pound sterling, and the weakness of the French franc in September 1949, brought into the open the need to reassess the economic situation of Western Europe and to find means for furnishing further assistance. The United States at that time, with its vast productive capacity, was "the only country of any size which has almost complete freedom of action in the field of international economic policy."[3]

On October 31, 1949, Paul Hoffman, addressing the organization for European Economic cooperation, called for an integrated recovery program: "The substance of such integration would be the formation of a single large market within which quantitative restrictions on the movement of goods, monetary barriers to the flow of payments, and eventually all tariffs are permanently swept away."[4]

Despite all these statements, the major difficulty in revitalizing multinational trade was the inadequate supply of dollars. The decline of Britain's economic position, and the needs of Western Europe to finance large import surpluses even with Marshall Plan aid, caused a continuing disequilibrium in the trade accounts. Britain and Western Europe were no longer in a position to finance large exports of capital goods.

The United States position as a producer and creditor was looked upon as unparalleled in strength, and her investment policy assumed prime importance. The administration in Washington began consultations with various business groups to determine why private capital was not moving abroad. The

National Association of Manufacturers pointed out that the private capital would not be exported unless the host nations guaranteed the rights claimed by the private investor, including the right to transfer earnings into dollars and exemption from discriminatory taxation.[5]

By the end of 1949, the Truman Administration was convinced that the emphasis in Europe and Japan must shift from government spending to organized means for the international movement of technology and private capital.

On March 31, 1950, President Truman asked Gordon Gray to undertake an assignment and recommend ways and means for a United States course of action to stimulate international development. The Gray report of November 10, 1950, stated that private investment is the most desirable method for helping other countries:

> It must be recognized that there are now substantial obstacles to an expansion of such investment. The present international tensions are a controlling deterrent in those areas where an actual military threat exists. In other areas the obstacles are largely due to actions or expressed unfriendly attitudes of other governments toward foreign capitals, political instability, fear of government control or expropriation and economic difficulties, particularly those resulting in exchange restrictions. There is also an unwillingness on the part of the United States investors to engage in foreign investment owing to past unfavorable experience in some countries, and the high rates of return available to capital in this country. Thus United States foreign investment has been almost altogether direct equity investment by United States corporations, with direct marketing or supply interest in foreign countries, and is likely to remain so for some time to come.
>
> A lack of basic services, port facilities, roads, power facilities, sanitation facilities, irrigation, etc., is also a bar to many types of private industrial development. The need for improving such facilities in the underdeveloped countries is enormous, and they are usually prerequisites to other investments. But construction of such facilities is usually not attractive to private enterprise because even though they are productive, they usually do not yield to direct financial return, or yield one only over a long period of time.[6]

The Gray report, for the first time, suggested that in order for American investors to receive assurance and encouragement to risk their capitals abroad, the government of the United States should press for the negotiation of investment treaties which could protect investors against nationalization, non-convertibility, and expropriation. Furthermore the Gray report suggested:

> Careful study should be given to the desirability and possibility of promoting private investment through tax incentives in areas where economic development will promote mutual interest, but where political uncertainty now handicap United States private investment.[7]

The report concluded that there were definite limitations on the extent to which private investment could be encouraged. It therefore recommended that, for several years, the Export-Import Bank lend $500 million annually to the countries which need American technology and machinery.

Following the Gray Report, President Truman realized the difficulties confronting his administration in persuading American investors to invest their capital in other countries. True to his characteristics, he never gave up his search for a solution to the problems of the nations in search of foreign investments.

In December, 1950, he asked Nelson Rockefeller, then Chairman of the Advisory Board on International Development, to continue the study of the private investments abroad and recommend ways and means by which the administration could help investors to make up their minds. Furthermore, Mr. Truman asked the Rockefeller study group to address themselves "specifically to the consideration of desirable plans to accomplish with maximum dispatch and effectiveness the broad objectives and policies of the Point-Four Program."

The Board, after studying the situation, made several major recommendations:

1. There were some 33 international agencies operating in the economic field and 23 United States agencies with some foreign operations. It was suggested by the Rockefeller group that all the 23 agencies should be unified and centralized into one overall agency, headed by a single administrator, reporting directly to the President.

2. The Board supported the Gray Report that $500 million a year be made available for loan to the countries seeking American technology and machinery but lacking dollars to pay for them.

3. The Board recommended the establishment of an International Development organization to which the United States would contribute $200 million for capital. The organization's operation should be international under the management of the International Bank in Washington.

4. The flow of capital to the rest of the world should be tripled. In order to accomplish this objective, tax incentives and bilateral treaties guaranteeing the protection of the private capital and convertibility of their profits were suggested:

> At present, return from investments abroad after all taxes are deducted are not sufficient to offset the great risks of business failure under strange conditions, exchange risks and other extraordinary risks of foreign investment. This is especially true in view of the counter-attraction of domestic investment, which offers high returns and less risks. Moreover, the payment of the United States tax on top of foreign taxes, puts the United States company operating abroad at a competitive disadvantage against local and other foreign companies.[8]

5. Income from foreign investments abroad should be free of the United States tax to the extent necessary to stimulate the flow of private capital to underdeveloped areas. In the

case of corporations, the Board recommended the adoption of the principle of taxing income from business establishments abroad only in the country where the income is obtained. To ensure the investors, Congress should authorize in bilateral tax treaties a provision that would guarantee this principle.

6. The Board recommended that commercial treaties between the United States and all the countries seeking investments from the United States should be negotiated. In these commercial treaties the following points, stated by Congress in the Act for International Action, should be recognized:

> Capital investment can make a maximum contribution to economic development only where there is understanding of the mutual advantage of such investment and where there is confidence . . . and respect for the legitimate interests of the peoples of the countries in which the investment is made and of the countries from which the investments are derived . . . It involves confidence on the part of investors that they will not be deprived of their property without prompt adequate and effective compensation, that they will be given reasonable opportunity to remit their earnings and withdraw their capital, that they will have reasonable freedom to manage, operate and control their enterprises, that they will enjoy security in the protection of their person and property, including industrial and personal property and non-discriminatory treatment in taxation and in the conduct of their business affairs.[9]

7. The Board did not recommend insurance of the capital invested abroad by it but suggested that $100 million of the loan and guarantee authorization of Export-Import Bank be earmarked to "underwrite for a fee the transfer risk on new foreign debt obligations purchased by private United States investors."[10]

8. In the opinion of the members of the Board one of the greatest obstacles to foreign investment in many countries was the lack of local capital; therefore it was suggested:

> Create an International Finance Corporation as an affiliate of the

International Bank with authority to make loans in local and foreign currencies to private enterprise without the requirement of government guarantees and also to make non-voting equity investment in local currencies a participation with private investors. This proposal should be viewed as a means not only of making capital available initially for foreign enterprises but also as a means of arousing interest in a particular foreign country for investment in business.[11]

The Rockefeller Study tried to confirm the ideas expressed in the Economic Cooperation Act of 1948 the purpose of which was "to promote world peace and the general welfare, national interests, and foreign policy of the United States through economic, financial, and other measures necessary to the maintenance of conditions abroad in which free institutions may survive and consistent with the maintenance of the strength and stability of the United States."[12]

The United States emerged from World War II as the strongest economic power in the world. The heavy infusion of government spending and private capital investment during the war period successfully extricated the national economy from the depression of the 1930's and turned the United States into an arsenal for the nations fighting against Germany and Japan. In the decade 1938-48, the United States gross national product had nearly tripled while its exports had quadrupled. Of all the major industrial powers of 1939, only the United States survived the war with its industrial plants intact and its productive capacity immensely expanded.

The period between 1945 and 1952 confronted the Truman Administration with a number of significant policy issues:

1. There was great concern that, if the rest of the world could not regain its economic health, there would be a sharp drop in the demand for American goods which would result in a severe recession or depression.

2. There was also great fear over the future of Western Europe and the development of stable governments in the war-ravaged countries of Europe. This second concern was significantly heightened as the Soviet aggressive intention in Eastern Europe became apparent. Communism was seen as a monolithic movement antithetical to U.S. interests and institutions.

The governmental measures to alleviate some of the economic problems of Western Europe through the Marshall Plan was helpful but not enough. The underlying rationale of the Marshall Plan was that growing and expanding economies raised the probability that stable governments would evolve. A growing economy provides expanded resources for government operations as well as lowering political dissatisfaction among the population. "This accelerated economic growth was to be accomplished by a massive capital infusion into Europe to replace capital destroyed during the war.

"This infusion of capital goods was to be supplied by the United States thereby helping to hold up the postwar demand level in the United States domestic economy. In the longer run the rebirth of the economies of Europe and Japan also held the prospect for a greater expansion of world trade."[1 3] The development of world trade and a private investment system to support it were part of the long-run recovery process in Europe and Japan.

The motivations of the United States in establishing the Marshall Plan and the private investment policy in Europe and Asia are still being argued. "It is enough for our purposes here to record that the United States undertook a major program—economic, political and military—designed to aid the U.S. economy in its transition to peace-time production, and forestall any plans by the Soviet Union to directly or indirectly absorb the countries of Western Europe."[1 4]

The centerpiece of this strategy was first the Marshall Plan and then the private investments which led to multinational corporations.

The initial program of private investment and the government guarantee was modest in scope and the U.S. Government only guaranteed equity convertibility. Only twelve corporations applied in the first year. Later, as a result of Gordon Gray's Report, the guarantee was extended to loss through expropriation or confiscation. In 1951 the guarantee program was revised and attached to the Mutual Securities Act of that year. But, despite all these steps, the private investors' response was both slow and inadequate; therefore President Truman established another study group, the Paley Commission.

On January 22, 1951, President Truman appointed a commission to study the natural resource needs of the United States and their relation to the industrial development and trade expansion of friendly nations. On June 2, 1952, William S. Paley, the Chairman of the Commission, submitted to the White House a comprehensive five-volume report entitled *Resources for Freedom*. The report discussed the resource needs of the United States industries up to the year 1975, the availability of materials, the possibility of a shortage of certain natural resources in the near future, the problems of private investments in foreign countries, opportunities for domestic and foreign trade, the supply of energy for economic growth, and technology and investment opportunities. Furthermore, the Commission's report elaborated on some of the real problems faced by investors in natural resources:

> In almost all foreign countries minerals can be extracted only after obtaining government permission. In countries where the subsoil is owned by the state, the government concedes the privilege of working government property. In other countries although the owner of the surface enjoys some rights in the subsoil, the privilege

of mining or drilling depends on contractual permission from the state.[15]

Then the report continued with the explanation of how the investors' rights depended on a concession which the host government could terminate at will. In most countries the investors had to face the problem of management, employment, the convertibility of their profits, and arbitrary taxation.

The Commission recommended investment treaties between the United States Government and the recipients of private investments. The insurance of private investment was also suggested.

In areas of taxation the Commission proposed that:

1. The corporation be permitted to elect annually between the per-country and overall limitation, or the foreign tax credit.

2. The income of overseas branches be exempt from taxation until the income was remitted to the United States.

3. Foreign subsidiaries of the multinational corporations be allowed to file consolidated returns as domestic corporations.

4. The expending of capital costs in resources be permitted investors in foreign subsidiaries by obtaining a credit against dividends received.

The Commission also gave consideration to the question of exempting foreign income from United States tax, but decided against it.

Before any significant action could be taken on the Paley Report, the Truman Administration was replaced by the Eisenhower Administration, which transferred all the foreign aid programs to the new Foreign Operations Administration. With only 53 contracts for convertibility guarantees written, totaling $39.6 million, with expropriation guarantees totaling only $1.6 million, and applications pending totaling a mere $69.2 million, the program was still in its take-off stage and very few big corporations were ready to risk their capital abroad. Insurance by the Federal Government had been written only for 17 countries, 13 of them in Europe.

On August 7, 1953, at the request of the Eisenhower Administration, a Commission of Foreign Economic Policy was established consisting of five Senators, five Representatives, and five Presidential appointees. Clarence B. Randall was appointed Chairman, and Lamar Fleming, Jr., Vice-Chairman. The duties of the Commission were:

"To examine, study, and report on the subject of International Trade and on enlargement consistent with a sound domestic economy, our foreign economic policy, and the trade aspects of our national security and total foreign policy, and to recommend appropriate policies, measures, and practices."[16]

The Commission made a trip to Europe to obtain firsthand information concerning the capital needs of Western Europe. Inside the United States the Commission had 27 long meetings and heard 64 witnesses. Several study groups were established by the Randall Commission to interview businessmen and experts and to prepare papers for publication.

The Eisenhower Administration was careful to draw the members of both commission and study groups from the ranks of the internationalists and economic isolationists. It insisted that a compromise report acceptable to both groups should be produced. But to nobody's surprise, the Commission members could not resolve their differences and, as a result, the report bristles with majority and minority statements.

The Commission first recommended that the foreign aid and technical assistance programs be continued. As far as private investment abroad was concerned, the Commission

believed that it was too little, and therefore it suggested that
steps must be taken to increase the flow of capital from the
United States to friendly nations.

The Commission thought that the reason for the small
flow of private capital abroad was the concern of investors
over the unstable political, economic, and military situations
in Western Europe and other areas of the world. These
difficulties could be overcome if the foreign countries would
provide a secure "legal status for private capital and enterprise, domestic as well as foreign. United States investors can
hardly be expected to venture into countries' aid fields which
local capital and enterprise consider unattractive or insecure.
On the other hand, the United States investors will venture
into areas with political and economic stability which provide
fair and equitable treatment—and with it—an opportunity for
reasonable profit and assurance of remitting earnings."[17]

The Randall Commission also recommended:

1. That the U.S. Government continue to use the treaty
approach to establish rules for the protection of investments.

2. That the United States Anti-Trust laws acknowledge the
rights of each nation to regulate trade within its own borders;
but it should be made clear to all the countries hoping to get
private American investments that any laws restricting production or marketing arrangements would discourage the
United States businessmen in investing abroad.

3. The United States Government should establish a new
policy placing primary reliance on private investments for
assisting economic development abroad. Furthermore, the
Government should reduce the spending of tax money and
convince the foreign countries that the era of free aid was
over.

4. The Government, through a tax reduction of 14 percent, must encourage American corporations to invest in the
countries where the climate for capital investment is favor-

able. Removal of certain restrictions on the foreign tax credit should be given serious consideration. The 10 percent ownership requirement for crediting the foreign taxes of a foreign corporation should be eliminated. The interpretation of "in lieu of" income taxes must be liberalized and the overall limitation on foreign tax credit should be eliminated.

5. The Commission also recommended that the corporations be allowed the option of treating any direct foreign investment, either as a branch or subsidiary, for United States tax purposes.

6. The program of guarantee of "expropriation or convertibility of exchange be given a further period of trial and, during this period, guaranty coverage on a discretionary basis should be authorized against the risk of war, revolution and insurrection of new investments abroad."

7. The Commission also believed that the International Bank and the Export-Import Bank had an important role to play in financing the development of Western Europe and Japan. In cases of urgent political need for foreign financial assistance it was suggested that Export-Import loans be authorized, "although the risks might not be strictly bankable."

8. It was recommended that tariffs or import restrictions on raw materials should be determined on economic grounds. "The most effective contribution which the United States Government can make to the development of foreign sources of raw materials in which we, and the free nations are deficient generally, is to follow policies favorable to private investment abroad and to advocate among nations adherence to principles and practices hospitable to foreign investors."[18]

The Commission emphasized that the problem of tariff policy in the United States is directly and indirectly related to investments abroad.

Concerning trade with Communist nations, the Commission suggested that as long as it did not jeopardize the military security the United States should not object to trade between the West and the Soviet Bloc. They favored an embargo on goods sent to China and North Korea.

9. The Commission recommended direct subsidy to the merchant marine so that American shipping would be able to compete with foreign countries.

10. The Commission recommended that certain measures be taken to encourage the expenditures of American tourists in Western Europe and Japan.

Another important report on American investments abroad was the Report of the National Industrial Conference Board prepared by J. Frank Gaston at the request of the President's Committee for Financing Foreign Trade. This report was different from the other reports because it was based entirely upon a survey of 178 corporations representing about 90 percent of the direct foreign investments by American companies. Sixty percent of the companies responded to the survey and the results were published in April, 1951.

According to the results of the survey the problems facing the investors ranked in the following order:

1. Exports or import quotas.
2. Limitations on remittance of profits and convertibility.
3. Control of the capital investments by the recipient countries.
4. A genuine need for social legislation.
5. Lack of trained native administrators and technical staff.
6. Lack of roads, harbors, railroads, storage facilities, housing, hospitals, and shopping facilities for employees.
7. Multiple exchange rates.
8. Inadequate power facilities for the new industries.
9. Foreign restrictions on importation of personnel from investor countries.
10. Instability of regimes, fear of nationalization and expropriation.
11. Unequal treatment before the law with respect to property holdings, etc.
12. Requirement for reinvestment of earnings. (It should be pointed out that in all countries only .09 percent mentioned the require-

ment for reinvestment of earnings. There was a breakdown by regions and the highest percentage of companies reporting the problem was for Asia: 1.2 percent.)

There was variation in the ranking of these factors according to countries, though export and import quotas were rated first for every area; limitation on remittance of profits was second for all but Africa (where it ranked third), with a lack of trained personnel being ranked second. Of the all countries group, 51.4 percent reported export and import quotas as problems—the eighth ranking factor; inadequacy of housing was reported by 9.9 percent of the groups.

Three of the first four problems, export-import quotas, limitations on remittance profits and control of capital movements, were all sub-parts of the foreign exchange controls section in the questionnaire. The fourth, burden of social security legislation, was among the labor problems; the fifth, lack of trained personnel, was also under the labor problem subheading. It was interesting to discover that 21 percent reported no problems with regard to their investments.

Notes

1. Mira Wilkins, *The Emergence of Multinational Enterprise: American Business Abroad from the Colonial Era to 1914.* Cambridge: Harvard University Press, 1970, p. 23.

2. *U.S. Branch Factories Abroad,* Senate Document No. 258., 71st Congress, 3rd Session. 1931, Table 4.

3. Douglas C. Abbott, Canadian Minister of Finance, in a speech made in Washington, D.C., September 7, 1949, *New York Times,* September 8, 1949.

4. *New York Times,* October 31, 1949.

5. A report of National Association of Manufacturers, *Capital Export Potentialities after 1952*, New York, March, 1949.

6. Gordon Gray, *Report to the President on Foreign Economic Policies*, U.S. Government Printing Office, Washington, D.C. November 10, 1950, pp. 61, 62.

7. Ibid, p. 62.

8. Nelson A. Rockefeller, *Partners in Progress, A Report to the President* by the U.S. International Development Advisory Board, March, 1951, p. 79.

9. Ibid, p. 81.

10. Ibid, p. 82.

11. Ibid, p. 83.

12. *Report of the Committee on Foreign Relations, United States Senate*, 93rd Congress, First Session, October 17, 1973: Government Printing Office, Washington, 1973.

13. Ibid, p. 2.

14. Ibid, p. 3.

15. William S. Paley, *Resources for Freedom*, A Report to the President, Vol. I, June, 1952, pp. 64-65.

16. E. R. Barlow and Ira Wender: *Foreign Investment and Taxation*, Englewood Cliffs, N.J., Prentice-Hall, Inc., 1955, p. 86.

17. Clarence B. Randall, *Commission on Foreign Economic Policy*, "Report to the President and the Congress," Jan., 1954, pp. 18-19.

18. Ibid, p. 40.

2.
The Evolution of the
Multinational Corporations

Despite all the proliferation of recommendations, Presidential messages, and policy papers, private capital outflow between 1950 and 1955 was only 10 percent higher (in constant dollars) than it was in the period 1924-1929. Furthermore, most of this capital was invested in petroleum, bauxite, lumber, and other mineral resources in Canada, Latin America, and the Middle East.[1]

The Eisenhower Administration, in response to many requests from Europe and Japan, on March 30, 1954, and January 10, 1955, sent two messages to Congress asking for additional authorization to encourage the flow of private investments out of the United States:

> The whole free world needs capital; America is its largest source. In that light, the flow of capital abroad from our country must be stimulated and in such a manner that it results in investment largely by individuals or private enterprise rather than by government.
>
> An increased flow of United States' private investment funds abroad, especially to the underdeveloped areas, could contribute much to the expansion of two-way international trade. The underdeveloped countries would thus be enabled to acquire more easily the capital equipment so badly needed by them to achieve sound economic growth and higher living standards. This would do much to offset the false but alluring promises of the Communists.[2]

The Eisenhower policy in regard to foreign assistance was based mainly on private investments. To achieve fruitful results, the President emphasized maximum freedom and facilities for investments abroad. The rationale behind this policy was that the free flow of private investment, instead of foreign aid, across national boundaries is beneficial to the United States and to the world economy. Furthermore, it was believed that "the international investment process was improving the world's allocation of resources to the mutual benefit of parent, host, and other countries. Foreign investment also contributes to U.S. national income and helps stimulate U.S. exports." [3]

The reasons or underlying motives for the rapid growth of United States direct investments abroad during the later 1950's, apart from the Eisenhower Administration's encouragement, were numerous and they varied according to the type of investment. To clarify other factors underlying investment decisions in this area it is helpful to classify direct investments abroad by function:

1. Investments to develop foreign sources of raw materials and semi-manufacturers for American industry: petroleum, bauxite, iron ore and other minerals; primary metals; wood pulp and newsprint; and other industrial commodities including products of tropical agriculture.

2. Investments to promote the distribution and sale in foreign markets of goods produced in the United States or by direct-investment enterprises such as those of the petroleum companies in the Middle East.

3. Investments to provide services in foreign countries. These include direct investments in public utilities, transportation and communication, hotels, and various other service industries.

4. Investment in foreign manufacturing enterprises. [4]

Major factors, aside from the pressures and promises of the Truman and Eisenhower Administrations, to induce United States corporations to establish or expand manufacturing facilities in foreign countries, included the following realities:

1. Tariffs, import quotas, and currency controls which, especially before 1960, severely limited foreign markets for American-produced consumer goods.

2. Reduced transportation rates on locally produced goods and, in some cases—especially in the United Kingdom and Germany—substantially lower costs of production.

3. Excess capacity in most of the durable goods industries of this country which led many firms to look to foreign lands for more attractive investment opportunities.

4. Anticipation of higher profits from manufacturing enterprises in countries whose economies have been growing at a much more rapid rate than that of the United States.

5. Foreign trade barriers. The creation of a European Economic Community, and desire to benefit from the elimination of internal tariffs in an expanding market area.

6. The international role of the U.S. dollar. Restriction of nonresident convertibility for the major European currencies in 1958 which greatly facilitated the mobility of capital.

7. Foreign consumer preference for simplified models of various durable goods less expensive than those produced for sale within the United States.

8. Patent laws which, in some countries, require firms to manufacture locally in order to obtain patent protection and to achieve the legal status necessary to assert infringement claims.

9. Lower corporation income taxes and more generous depreciation allowances in certain countries; in some cases special tax and other financial inducements to stimulate the inflow of direct-investment capital.

10. A need to diversify product lines to avoid fluctuations in earnings.

11. The impact of antitrust laws on U.S. industry.[5]

The Eisenhower Administration also concluded that the fundamental forces impelling corporations to invest abroad were stability, security, and the quest for profit and the fear that their present or prospective market position would be lost to Western Europe and Japan. Therefore, every effort was made to make the climate favorable to investments abroad and to convince the investors of opportunities of an optimum return on their capital within a reasonable time period. Certain industries which by nature were international seized upon this opportunity and very quickly moved into areas where prospects were good and whose resources were essential to the development of industries in the United States and her allies.[6]

The effects of the direct investments abroad on the United States economy and their political impact do not lend themselves to facile or simple measurement. "The process established a vast complex of enterprises abroad; and producing with these facilities, new streams of goods and services," according to the U.S. Department of Commerce, "necessarily alters in many direct and indirect ways the existing structure of international transactions as well as that of domestic economics."[7]

The significant impact of the multinational corporations is in the internationalization of production and in the incipient development of a world economy. In this process the investment decisions and operations of companies are increasingly viewed in terms of world allocations of resources and of maximizing world welfare. The international corporations since the 1950's have become the most important vehicle for developing an economic system based on a more rational allocation of resources than has been the case in the past. It has also helped the development of resources in the developing nations. They have created a market for their raw materials, accelerated industrial growth, and helped in raising living standards in many countries. A good example is the development of the oil industry in the Middle East, Latin America, Africa, and Indonesia. The capital, technology, and market provided by the multinational corporations are responsible for the present extraordinary income, the affluence, and the industrial development of most of these nations.

"The internationalization of production brought about by the development of the multinational corporations is regarded by many analysts as the most important event to have occurred in many years and very likely its ultimate impact would be on a par with the industrial revolution of the 18th century. What is called into question by this development—which is likely to continue—is the whole concept of the traditional nation-state with its politics, sociology, and economics. In fact, the analytical implications of the development of the international company requires a rethinking and restructuring of our modes of thought."[8]

The traditional economic wisdom passed down to us by Adam Smith and Ricardo taught us that commodities move internationally while production factors are very nation-minded. The Ricardian theory of comparative costs as developed by Hecksher and Ohlin[9] to apply to nation states concluded that a country tends to export those goods which use intensively the country's abundant production factors and import those goods which use intensively the country's scarce factors. Hecksher and Ohlin argued that trade tends to equalize the relative returns to land, labor, and capital throughout the world.

Empirical testing of traditional theory has led to increasing doubts of its relevance to actual developments in international trade and investment. For instance: 1) Leontief found that United States exports were heavily labor-intensive[10] (the U.S. scarce factor): 2) in some cases free trade has actually widened the margin between factor prices; and, 3) there has been a continually increasing mobility of the factors of production assumed immobile in classical theory. The patent inability of the traditional model to explain the pattern of trade in manufactured goods, or the diffusion of comparative advantages through the investment process, necessitates theoretical models more applicable to present reality.

The multinational corporation has caused international production to outstrip foreign trade as the main channel of international economic relations in terms of size, rate of growth, and future potential. Following World War II, Western Europe, and many nations in Latin America, Asia and Africa welcomed investments from abroad of almost any kind. The multinational corporation broke through the walls of the nation state. The International Monetary Fund, the International Bank of Reconstruction and Development, the General Agreement on Tariffs and Trade, the Organization for Economic Cooperation and Development, and the United Nations Conference for Trade and Development have all advocated the liberalization of capital. The United States Government, as covered *supra*, sought policies to increase private investment abroad.

Over the last two decades the concurrent growth of the multinational corporations and the rise of nationalism in many countries have brought to the fore conflicting schools of thought that rest on varying assumptions and conclusions as to what determines the massive growth of international investment and what course it is likely to follow.

Professor Robert Gilpin of Princeton University groups the theoretical work of several economists into three sets of contrasting dichotomies:

1. Those who are for the multinational corporation and those who are against it.
2. Those who consider the multinational corporations as naturally evolving from economic and technological developments and those who emphasize public policies' role in the development of the multinational corporation.
3. Those who believe the multinational corporations are essentially defensive or market-protecting and those who believe the multinational corporations are more agressive or using monopolistic advantage to exploit markets.[11]

The three categorizations are not mutually exclusive. The pro- and anti-multinational arguments, as they relate to labor, technology, taxes, and the balance of payments, are dealt with in subsequent chapters. Professor Gilpin, in presenting the dichotomy of natural economic developments leading to multinationalism vis-à-vis internationalism resulting from public policies, combines some of the diverse present theories of multinationalism.

The Economic Position

Starting with the assumption that the growth of multinational corporations and direct investment are the result of the economic perception of protected markets (e.g., Common Market) and technological advances in transportation and communication, the question arises: Why is there direct investment as opposed to exports and licencing? The problem is one of integrating trade patterns with the investment process.

Four theories are developed that may partially act in

concert: 1. The theory of international oligopoly; 2. The product life-cycle theory; 3. The organic theory of investment; and 4. The currency boundary theory. The first theory, that of international oligopoly, has been developed by Charles Kindleberger and Stephen Hymer. Stephen Hymer in his M.I.T. thesis on "The International Operations of National Firms"[12] viewed direct investment as belonging to the theory of monopolistic competition rather than that of international capital movements. The large, mainly American-based firms take advantage of advanced technology, patents, special access to large amounts of capital, advertising, or some other advantages such as superior management. The main condition stimulating the direct investment of firms is that a firm must be able to make a higher income stream abroad than it could at home, and it must be able to make a higher income stream abroad than other local firms can earn in their own markets.

Until recently, most multinational corporations have been from the United States. Now European corporations, as a by-product of increased size, and as a reaction to the American invasion of Europe, are also shifting attention from national to global production and beginning to "see the world as their oyster." If the present trend continues multinationalization is likely to increase greatly in the next decade as giants from both sides of the Atlantic (though still mainly from the U.S.) strive to penetrate each other's markets and to establish bases in underdeveloped countries, where there are few indigenous concentrations of capital sufficiently large enough to operate on a world scale. This rivalry may be intense at first but will probably abate through time and turn into collusion as firms approach some kind of oligopolistic equilibrium. A new structure of international organization and a new international division of labor will have been born.[13]

Overlapping the oligopolistic theory is the "product-cycle" model as developed by Raymond Vernon[14] to further theoretically explain direct investment and market penetration on the part of large multinationals. The basic model identifies a number of phases beginning with the introduction of a product whereby market requirements outweigh profit maximization and labor costs. Exportation of a home-produced product develops a foreign demand but diffusion of technology may shift the advantage to potential foreign competition. Depending mainly on the size of the foreign market which develops and the tariff walls involved, direct foreign investment by multinationals will follow, and subsequently home exports will decline. As subsidiaries develop an efficiency of production, they in turn will be able to undersell the original home producers in third countries and eventually, maximizing available economies of scale, be able to undersell the original producers in their own country. Finally, the less developed countries with lower labor costs will become exporters of mature products. This last phase, as noted by Hirsch, will occur more likely where the product involved requires relatively little engineering, scientific and managerial skill.[15]

"In short, the threatened loss of an export market and the rise of foreign competitors is the all-powerful stimulus for the establishment of foreign subsidiaries. And, finally, in the standardized phase, production has become sufficiently routinized that the comparative advantage shifts to relatively low-skilled, low-wage economies. This is the case, for example, in textiles, electronic components and footwear."[16]

The product-cycle model of investment behavior by the multinationals is thus essentially defensive as opposed to the oligopolistic theory of Kindleberger and Hymer whereby direct investment is "aggressive."[17]

The third theory, the organic theory of investment, holds that a corporation invests abroad to maintain its position in a growing market. To maintain the profitability of existing investments, it is necessary to undertake new investments. To stop the outflow of investments not only cuts off future returns, but will undercut the present rate of return on investments. This position is one favored by the National Industrial Conference Board; that is, continued growth is a precondition to economic survival of the multinationals in an oligopolistic market. As the market expands, the firm operating abroad must also expand to maintain its position. In this view the creation of the Common Market necessitated the continued expansion of the American multinational, as a defensive strategy, to protect the home investments as well as foreign investments. As noted by Kindleberger, "the economist tends to be skeptical in the face of such an argument, but it is easy to understand how businessmen feel this way."[18]

The final theory as presented by Professor Gilpin is that multinationals cross national boundaries, taking advantage of secure currencies and exchange rates. Entrepreneurs from secure currency areas have an advantage over local enterprise and can, therefore, afford to pay more for real assets. Thus the international role of the U.S. dollar facilitated foreign investment, and may have been supplemented by an overvalued exchange rate, as was the case with the U.S. dollar in the late 1960's.

The Public Policy Position

On the other hand, whereas the above theories take into account economic and technological forces that motivate direct foreign investment, many have argued that the large movement of American capital to foreign-based subsidiaries is a result of governmental action or inaction. Thus the multinationals expand abroad to enhance their own growth and profits, minimizing their tax liabilities through deferral and foreign tax credit, and their culpability to U.S. antitrust laws.

The earnings of foreign subsidiaries of U.S. corporations

generally are not subject to U.S. tax until repatriated as dividends. The basic concept, since 1913, has been that the United States has no jurisdiction to tax foreign corporations except on their income from sources within the United States or on income effectively connected with U.S. activities. A limited exception to this general concept was enacted as sub-part F in the 1962 Revenue Act designed to tax current income of certain foreign-based U.S. subsidiaries in low tax-rate countries. This tax can be avoided if sufficient income is repatriated as a dividend to bring the effective rate of tax on foreign profits, both foreign and U.S., up to 90 percent of the tax which would have been paid had the foreign corporation been taxed as a domestic corporation.

Also since 1918, subject to certain limitations, a U.S. parent company may credit, against the U.S. corporate income tax imposed on foreign dividends from a subsidiary corporation, foreign income taxes attributable to the dividends distributed plus any foreign withholding taxes on them.[19]

Peggy Musgrave questions, "Why should the U.S. pursue a tax policy which will further reduce (U.S. production's) competitive advantage by artificially encouraging the movement of U.S. capital and technology to our competitors among developed countries, thereby worsening the position of production originating in the U.S. (as distinct from U.S.-owned foreign production) in world markets?"[20]

Robert Gilpin argues that "a favorable tax policy is the critical factor in the high rate of American foreign investment abroad."[21] "The high rate of foreign investment by American corporations is largely the consequence of an imperfect capital market abetted by present tax laws."[22]

The arguments for and against public policies designed to encourage or discourage direct investment abroad are included in subsequent chapters. Here the public policy question is raised very briefly as a theoretical explanation for the growth of U.S. foreign direct investment. It may be concluded that theories of direct investment are varied and largely in the formative state. Hopefully, the ever increasing interest in the growth of multinationals will generate a refinement of theories underlying their expansion.

There is no agreed definition of what constitutes a multinational corporation. Some authorities define it as a company whose foreign sales have reached a ratio of 25 percent of total sales. Others look to the distribution of ownership, the global products, and the mixed nationalities of management as the determining characteristics.

According to Professor Raymond Vernon of Harvard University, the definition of a multinational corporation is applied to any institution which tries "to carry out its activities on an international scale, as though there were no national boundaries, on the basis of a common strategy directed from a corporate center." Jacques Maisonrouge, President of IBM World Trade Corporation, defines the multinational corporation as one which: (a) operates in many countries; (b) carries out research, development and manufacturing in those countries; (c) has a multinational management; and (d) has multinational stock ownership.[23]

The Office of Foreign Direct Investment lists over 3,000 U.S. companies as multinational corporations.[24] *Fortune* Magazine's list of the 500 largest U.S. and the 200 largest foreign corporations includes the most important multinational corporations. In 1965 over 80 U.S. companies had over 25 percent or more of their assets, earnings, production, and employment overseas and 199 companies had 10 percent or more.[25] See appendix B, Tables 1 and 2 for a detailed listing.

A study of multinational corporations' investments by the

Organization for Economic Cooperation and Development (OECD) indicates that in terms of book value at the end of 1966, there was close to $90 billion in overseas direct investments by Belgium, Canada, France, Germany, Italy, Japan, the Netherlands, Sweden, Switzerland, the United Kingdom, and the United States. Thirty billion dollars, or 33 percent, was invested in the developing countries. Of this sum, $11.9 billion was invested in petroleum; $8.0 billion in manufacturing, and $2.8 billion in mining and smelting. The comparable total U.S. direct investment figure for 1966 was $54.5 billion, or about 60 percent of the global total. The United Kingdom was second with $16 billion, followed by France, Canada, Germany, and Japan.

This OECD survey also shows that despite the exaggerated allegations of Servan Schreiber, French politician and author of *The American Challenge*, about 40 percent of total direct investment abroad is held by the non-U.S. multinational corporations. It should be understood that the data presented by OECD are based on the book value which understates the current or market value. If the data are adjusted for current value, the $35 billion of the non-U.S. multinational corporations could easily reach $50 billion. This still excludes other countries not covered by the OECD study and also does not include portfolio investments, which are fairly substantial in terms of European investments in the United States.

The real significance and vitality of the multinational corporation is further revealed if we relate its annual output to investment, trade, and gross national products. According to a study of the Senate Committee on Finance, there is roughly a two-to-one relationship between output and asset values. Applying this ratio to the $90 billion in direct investment for 1966, the total value of international production associated with this direct investment would appear to be at least $180 billion. If we add to this portfolio investment, associated output rises to $240 billion. In comparison the $130 billion in exports from these countries is dwarfed by the output of their overseas holdings.[26]

Looking at the United States alone, direct investments in 1966 were about $55 billion, which implies about $110 billion in associated output. By 1970 direct investment of the American multinational corporations had reached $78 billion so that the total output figure would have risen to $156 billion. If portfolio investments are included, total long-term private investments in 1970 were $105 billion and estimated output could easily reach $210 billion. Output associated with American production abroad in 1970 was thus five times the size of U.S. exports. This disparity has already widened, since exports from 1970 have grown at the rate of only 7 percent a year while the output of the multinational companies is increasing at the rate of 10 percent.[27]

Another significance of the multinational corporations is the fact that, since 1968, net foreign investment income has been much greater than net receipts from the trade account. This shift, as compared to the earlier 1960's, has resulted from the decrease in our export surplus and continued increase in investment income, not in direct investment outflows.

In 1970 the export surplus from trade was $2.1 billion while the net income from investments abroad reached $3.5 billion. This compares with a $4.9 billion net balance on trade account and a $0.5 billion net balance on direct foreign investment account in 1960.[28] The trend is much more pronounced in this direction since 1970, as there has been a deficit in the trade account up to 1973 and a significant increase in income from investments abroad.

In 1971 net capital outflows from the United States came to $4.9 billion, reinvested earnings were $3.2 billion, and earnings from U.S. direct investments abroad surpassed $10.3 billion. In 1972 net capital outflows were only $3.4 billion, reinvested earnings increased to $4.5 billion and earnings were $12.4 billion. The difference between the 1971 and the 1972 figures reflect the influence of the 1971 dollar devaluation.

Broad earnings, the sum of direct investors' receipts of dividends, interest, branch earnings, royalties and fees, plus the investors' share of the affiliates' reinvested earnings, totaled $15.0 billion for 1972, up a record $2.3 billion from 1971. Identifiable corporate transactions had a net favorable impact of $8.9 billion on the 1972 balance of payments, up $4 billion from 1971.[29]

In terms of location, United States private direct investments were spread throughout the world:

(In millions of dollars)

	1971	1972*
Europe	27,740	30,714
Canada	24,106	25,784
Japan	1,821	2,222
Australia, New Zealand & South Africa	4,904	5,393
Latin American Republics and other Western Hemisphere nations	15,789	16,644
Africa	2,871	3,086
Middle East	1,661	2,053
Other Asian and Pacific nations	3,036	3,402
International, unallocated	4,270	4,733
All areas	86,198	94,031

Direct investment by industry was divided accordingly:

Mining and smelting	6,685	7,131
Petroleum	24,152	26,399
Manufacturing	35,632	39,478
Other industries	19,728	21,024

*Preliminary

In terms of earnings the multinational corporations in 1971 and 1972 received from:

Mining and smelting	499	418
Petroleum	3,856	4,552
Manufacturing	3,834	5,007
Other Industries	2,111	2,409[30]

Canada was the largest single recipient of United States direct investment, followed by the United Kingdom with more than $9.5 billion in 1972. In 1972 Canada received 27 percent of American direct investment abroad while the United Kingdom received 10 percent. Other major recipients of United States capital are:

(In billions of dollars)

	1971	1972
West Germany	5.2	6.3
Australia	3.7	4.1
France	3.0	3.4
Venezuela	2.7	2.7
Brazil	2.1	2.5
Japan	1.8	2.2
Belgium & Luxembourg	1.8	2.1
The Middle East	1.7	2.0
Mexico	1.8	2.0
Italy	1.9	2.0
Switzerland	1.9	1.9
The Netherlands	1.7	1.9
Argentina	1.4	1.4[31]

The growth of private investments abroad since 1929 shows the largest proportionate increases going to Europe, the Middle East, Africa and Oceania, with a smaller proportionate growth in Canada. The most dramatic percentage decrease was in United States direct investments to Latin America which dropped from 46.7 percent in 1929 to 17.7 percent in 1972. There was also a substantial shift in the composition of investments in the direction of petroleum and manufacturing and away from mining and smelting, trade, services, and other categories.

The ratio of earnings of the multinational corporations to direct investment has declined since 1950. Although total earnings rose from $1.8 billion in 1950 to $12.4 billion in 1972, the earnings compared to book value dropped from a high of 19 percent in 1951 to a low of 10 percent in 1967. They rose to 13 percent in 1972.

In terms of area, earnings from West European investments dropped considerably during the early 1960's, largely the result of rising competition in Europe. Since 1965 the earnings to direct investment ratio has improved. With earnings of $1.2 billion and direct investment of $14.0 billion, in 1965 the ratio was 8.5 percent. In 1972, with earnings of $3.7 billion and a direct investment of $30.7, the ratio was up more than 2 percent over 1971 to 12 percent.

Rates of return were significantly better in the developing countries. In 1971, with earnings of $4.3 billion and direct investment of $23.4 billion, the ratio was nearly 18.5 percent. In 1972, with earnings of approximately $5.1 billion and direct investment of $25.2 billion, it was 20.3 percent.[32]

Foreign investments in the United States in 1972 were $148.7 billion of which $59.8 billion were in long-term investments and $82.9 billion were in liquid assets. Between 1960 and 1970 total foreign investments and long-term investments both grew at an annual rate of 9 percent, whereas direct investment grew at an annual rate of 6 percent. In 1960 foreign direct investment was 16.9 percent of all foreign investment in the United States; it was down to 13.6 percent in 1970 and to 9.7 percent in 1972.

Total U.S. liabilities to foreigners break down by type of investment accordingly:

(In billions of dollars)

	1960	1970	1971	1972*
Foreign direct investments in U.S.	6.9	13.3	13.7	14.4
U.S. securities	10.0	25.6	30.1	38.6
Other nonliquid investments (including U.S. Government)	2.9	11.8	11.5	12.7
Total nonliquid investments	19.8	50.7	55.3	65.7
Liquid private foreign assets	9.1	22.6	16.6	21.4
Liquid official assets	11.9	24.4	51.2	61.5
Total liquid investments	21.0	47.0	67.8	82.9
Total foreign investments in U.S.	40.8	97.7	123.1	148.7[33]

Foreign direct investments in the United States and holdings of United States securities in 1971 and 1972 by area are as follows:

(In billions of dollars)	Direct Investment	Corporate & Other Bonds	Corporate Stocks
Western Europe			
1971	10.1	6.8	14.8
1972*	10.4	8.8	19.5
Canada			
1971	3.3	0.3	3.1
1972*	3.6	0.4	3.6
Japan			
1971	−0.2	−	0.1
1972*	−0.1	0.1	0.2
Latin America & other West. Hemisphere			
1971	0.3	0.2	2.6
1972*	0.3	0.3	3.1
Other foreign countries			
1971	0.2	0.1	0.6
1972*	0.2	−	0.8
Internatl. Organ. & others			
1971	−	1.0	0.3
1972*	−	1.4	0.4[34]

*Preliminary

The value of foreign direct investments in the United States increased $0.7 billion in 1972, double the 1971 rise. Especially noteworthy was the increase in foreign investment in U.S. securities. 1973 preliminary figures show an even greater increase. Net purchases of $2.3 billion of U.S. stocks in 1972 resulted in a $4 billion appreciation in the value of existing foreign holdings. Foreign bond holdings in the U.S. increased by $2.3 billion in 1972.

As a result of these and other minor increases, the nonliquid foreign assets in the United States increased $10.5 billion from 1971 to 1972. This increase, combined with an increase in foreign liquid assets of $15.1 billion, aided in the deterioration of the net investment position from 1970 on, as foreign capital investments in the United States increased more rapidly than U.S. capital investments abroad.

The earnings ratio of the multinational corporations has declined steadily since 1950. Although total earnings rose from $1.8 billion in 1950 to over $10 billion in 1971, the earnings compared with book value dropped from a high of 19 percent in 1951, to a little over 12 percent in 1971, which was a slight increase over the previous three years. In terms of area, earnings from Western European investments have dropped considerably throughout the 1960s from about 14 percent in 1960 to 10.7 percent in 1971. This decline in earnings of the multinational corporations was largely the result of rising competition in Europe. Rates of return were significantly better in the developing countries.

The petroleum industry was the star performer with earnings of more than 15 percent; manufacturing investments produced only 11 percent, and mining and smelting was at the bottom of the list with less than 9 percent.[35]

Foreign investments in the United States in 1972 were $148.7 billion of which $59.8 billion were in long-term investments, $82.9 billion were in liquid assets, and the rest in nonliquid, short-term assets.[36]

Direct investments from abroad were only 24 percent of the total long-term investments; the remainder was in portfolio investments reflecting a preference in Europe toward portfolio and other relatively liquid investments. The reverse is true for U.S. investments abroad. (See Exhibit 2-1, p. 60)

In terms of growth, total foreign assets in the United States grew during the years 1950-1972, from $17.6 to $149.0 billion. Of this sum in 1972 only $14.4 billion was in direct investments. The principal countries with direct investments in the United States in 1972 are Canada, the United Kingdom, the Netherlands, and Switzerland. (See Exhibit 2-3B) The direct investments are largely in manufacturing (50 percent), petroleum (23 percent), and insurance (17 percent); the rest was placed in trade, finance, and miscellaneous industries. (See Exhibit 2-3D)[3 7]

The net investment position of the United States in 1972, despite the twenty years of the deficit balance of payments, was very strong. It rose from $36.7 billion in 1950 to $50.1 billion in 1972. This is the result of the tremendous rise of U.S. assets abroad over the last twenty years—from $54 billion to $167 billion in 1970 and $199 billion in 1972. The most important factor accounting for this strong economic position is the direct investments of the multinational corporations. This large net asset position is an important measure of our international economic strength despite the difficulties the dollar has been encountering in the international money market.

The relaxation of the IET and OFDI controls[3 8] may well lead to the continued expansion of United States direct investment while at the same time permitting foreign investors to look to U.S. markets as well, encouraged by the dollar devaluation and the expansion of American markets.

During the period 1960-1972 U.S. direct investment in Europe more than quadrupled, to $30.7 billion. This rapid rise of investment has caused periodic concern in important European quarters about possible "American take-over" of existing business. But all studies and data in this area suggest that the preponderant amount of direct American investments in Europe has been in new industries, and very little has been spent on the purchase of existing corporations. In only 12 years the European share of total U.S. foreign direct investment rose from 21 percent to 33 percent. "On an overall basis, a study covering the year 1964 showed that U.S. enterprises accounted for about 6 percent of the total manufacturing sales in Europe—with U.S. representation somewhat stronger than that in 'advanced' industries in which large firms play a dominant role: machinery and transport equipment (automotive, for example). A highly visible exception is the computer industry in which U.S. companies have a larger market share." [39]

Canada still continues to be the largest single recipient of U.S. investment by a wide margin; but its share had decreased from 35 percent in 1960 to 27 percent of the total in 1972, to only $4.9 billion less than all of Western Europe. (See Exhibit 2-3A). Thus, during the decade of the 60's, American capital increased faster in Europe and the developing countries of the Middle East and Africa. The concentration of U.S. investments in Canada has already created resentment, leading Prime Minister Trudeau to say that "living next to the United States is like sleeping with an elephant." On the other hand, the Canadian businessmen realize that 63 percent of Canada's manufactured goods are exported—which means more jobs for Canadian workers. The United States investments in Canada contribute tremendously to the export capability of that nation.

Latin America's share of multinational corporations' investments abroad has decreased sharply from 26 percent in 1960 to less than 18 percent in 1972. However, U.S. total investments in Latin America represent 14 percent of our investments abroad; but in the last four years—due in part to the lack of stability and fear of expropriation of foreign assets—the rate of increase in U.S. investments in that region has slowed down more than expected.

The small and relatively unchanged amount of U.S. capital in Japan in two decades is about 2 percent of the total U.S. investments abroad—only $2.2 billion. This is certainly not the result of a lack of interest by the American corporations—rather it reflects the restrictions imposed by the Japanese Government for fear of control of their business enterprises by outsiders, and the special problems foreign corporations would present in an economy with such a close interrelationship of labor, business, and government.[40]

American corporations in 1970 invested more than six times on domestic operations than foreign, but gradually the ratio is being reduced. The rate of growth of overseas investments over the past decade is running at twice the rate of domestic expansion, whereas between 1960 and 1970 domestic investment in plant and equipment increased by 119 percent, investment by multinational companies rose by 247 percent. The reasons for this development are the following factors: 1) Rapid growth of markets abroad. 2) The foreign markets were less competitive than the United States' markets. 3) Lower production costs. 4) Free movement behind the trade and tariff walls. 5) Encouragement of the United States' Government facilities and welcome receptions by the host nations. 6) Competitive conditions inside the host countries required mobility, new facilities and expansion which in turn required ample direct investment.

Sales of the multinational corporations abroad are now more than two and one-half times our direct exports of manufactured goods and 75 percent larger than total U.S. exports. At the same time multinational corporations' sales outside the United States have been growing almost twice as fast as our exports during the past ten years, even though U.S. exports have more than doubled in that period.

> "Several factors underlie this development. Many foreign markets for our products are growing rapidly but—at the same time—are growing more competitive. Both the size of the markets and their competitiveness have made it attractive or necessary to invest abroad in order to tap them. Most sales of U.S. foreign manufacturing affiliates are in the local market abroad—78 percent in 1968. When we add another 14 percent of sales that go to the third markets overseas we find that only about 8 percent of sales are back to the United States.
>
> As foreign markets grow more sophisticated in their requirements it becomes necessary to tailor products to meet specific customer needs in specific markets. This does not mean that such plants necessarily limit U.S. exports of that product. Quite the contrary, the presence of a plant abroad to complete the final assembly often makes available an outlet for U.S. exports that otherwise would not have existed.
>
> The emergence of the multinational corporation has facilitated the development of worldwide markets and sources. The multinational corporation is a major phenomenon in the world." [41]

In order to understand the nature of the multinational corporation which will increasingly affect our economy and our way of life during the 1970's and 1980's we must bear in mind some of its distinctive characteristics:

1. Multinational corporations depend heavily on overseas income. There are many U.S. corporations now earning from one-fourth to one-half of their income abroad. The MNC is sensitive to policies affecting foreign investments which provide return flows of income that are a major positive factor in our balance of payments.

2. The multinational corporation is the only organization which has resources and scope to think, to plan, and to act with world-wide planning of markets and sources. Many international opportunities require capital and technology on a scale only large multinational corporations can supply.

3. The multinational corporation operates across national boundaries; it provides capital, it speeds up the transfer of technology. It hastens changes, creates cooperation, introduces important benefits and, at the same time, accelerates adjustment problems.

4. The development of the multinational corporation has aroused some concern among labor unions. (This will be discussed in the following chapter.) They claim there are major U.S. job losses resulting from these companies "which are characterized as job exporters."

As evidence of this *allegation*, it is said that about 50 percent of the U.S. international trade transactions are intracorporate which are assumed to result in lost jobs. Actually, many of these transactions result in increased exports from the United States that would have not been possible without the foreign plant.

One study shows that in 1957 exports from multinational corporations to the United States was only 6 percent of their total products; in 1965 it dropped to 4 percent, and in 1968 and 1970 it increased to 8 percent. Another study indicates that "among America's larger multinational corporations, their positive net trade balance with their affiliates increased 85 percent from 1960 to 1970." [4][2]

5. The multinational corporation is also a source of concern to some governments since, from its wide base, it is often able to influence politics and "to circumvent national monetary, fiscal, and exchange policies."

6. In the United States concern has been indicated about the possibility of distortions arising from price fixing and tax evasion by some of the multinational corporations.

7. Every study points out that multinational corporations tend to be companies that are growing at a much higher rate than any other manufacturing industries in the United States.

8. Despite all concerns (which we will deal with in the

following chapters) one thing, however, is clear: "These corporations are a major force in expanding both world trade and America's role in the world economy. Also, MNC'S are an integral part of our technological and managerial expertise. To seriously restrict the activities of these corporations in their foreign operations would be obviously a major step back from the relatively open and interdependent world we have tried to help build."[4] [3]

Exhibit 2-1
United States Investment Abroad

	1960	1965	1972
Total Investment of which:	$45 billion	$71 billion	$128 billion
Direct Investment	72%	69%	73%
Bonds	12%	14%	13%
Stocks	9%	7%	7%
Other	6%	10%	7%

Foreign Investment in the United States ————————————————

Total Investment of which:	$18 billion	$26 billion	$60 billion
Direct Investment	38%	34%	24%
Bonds	3%	3%	18%
Stocks	50%	55%	46%
Other	9%	8%	12%

Source: U.S. Department of Commerce. Bureau of Economic Analysis *Survey of Current Business*. August 1973, Vol. 53, Number 8 pp. 18-23.

Exhibit 2-2
**Sectoral Distribution of United States Foreign Direct Investment
in Developed and Developing Countries,
Yearend 1972**

Developed Countries	%
Manufacturing	51.2
Petroleum	22.1
Mining and Smelting	6.9
Other	19.8
Developing Countries	
Manufacturing	26.4
Petroleum	39.2
Mining and Smelting	10.8
Other	23.6

Source: U.S. Department of Commerce, Bureau of Economic Analysis, *Survey of Current Business*, September 1973, Vol. 53, No. 9, pp. 26-27.

Exhibit 2-3A
**Book Value of
United States Foreign Direct Investment Abroad,
at Yearend 1960, 1965 and 1972 – by Area**

(in billions of dollars
and percent of total)

	1960	1965	1972
Western Europe	6.7	14.0	30.7
percent	21.0	28.0	33.0
Canada	11.2	15.3	25.8
percent	35.0	31.0	27.0
Latin America	8.3	10.9	16.6
percent	26.0	22.0	18.0
Japan	0.3	0.7	2.2
percent	1.0	1.0	2.0
Other	5.4	8.6	18.7
percent	17.0	18.0	20.0
Total	31.9	49.5	94.0
percent	100.0	100.0	100.0

Source: U.S. Department of Commerce, Bureau of Economic Analysis, *Survey of Current Business* November, 1972, Vol. 52, Number 11, pp. 21-34 and September 1973, Vol. 53, Number 9, pp. 21-34.

Exhibit 2-3B
Total Book Value of Foreign Direct Investment
in the United States, Yearend 1972, by Country

	Millions of $	% Total
United Kingdom	4,581	31.9
Canada	3,614	25.2
Netherlands	2,331	16.2
Switzerland	1,595	11.1
Germany	807	5.6
Other Europe	1,126	7.8
Other	311	2.2
Total	14,363	100.0

Exhibit 2-3C
Additions to Foreign Direct Investment
in the United States in 1972, by Country

	Millions of $	% Total
Canada	273	38.6
United Kingdom	143	20.2
Netherlands	106	15.0
Japan	98	13.8
Switzerland	58	8.2
Other	30	4.2
Total	708	100.0

Source: U.S. Department of Commerce. Bureau of Economic Analysis. *Survey of Current Business*. August 1973. Vol. 53. Number 8. pp. 50-51.

Exhibit 2-3D
Book Value of
Foreign Direct Investment in the United States
at Yearend 1962, 1966 and 1972 — by Sector

(in billions of dollars and percent of total)

	1962	1966	1972
Manufacturing	2.9	3.8	7.2
percent	38.2	41.7	50.3
Petroleum	1.4	1.7	3.2
percent	18.4	18.7	22.6
Insurance & Finance	1.9	2.1	2.4
percent	25.0	23.1	16.8
Other	1.4	1.5	1.5
percent	18.4	16.5	10.3
Total	7.6	9.1	14.4
percent	100.0	100.0	100.0

Source: U.S. Department of Commerce, Bureau of Economic Analysis, *Survey of Current Business*, February, 1973, Vol. 53, Number 3, pp 29-40 and August, 1973, Vol. 53, Number 8, pp. 50-51

Exhibit 2-4
Value of Foreign Direct Investments in the United States by
Major Industry and Country, end of 1972

(millions of dollars)

	Total	Manufac-turing	Finance and Insurance	Petroleum	Other
All areas	14,363	7,228	2,411	3,243	1,481
Canada	3,612	2,194	310	268	840
Europe	10,441	4,781	1,936	2,959	764
United Kingdom	4,581	1,735	1,205	1,286	355
Netherlands	2,331	760	46	1,399	126
Switzerland	1,595	1,158	373	–	6
Other	1,933	1,128	312	274	219
Other areas	311	253	165	16	−123

Source: U.S. Department of Commerce, Bureau of Economic Analysis, *Survey of Current Business*, August 1973, Vol. 53, No. 8, p. 51.

Exhibit 2-5
Foreign Portfolio Investment in the United States, Yearend 1972,
by Nationality of Ownership

(in millions of dollars and percent)

	Total	Western Europe	Canada	Latin America	Other Countries	International Organizations & Unallocated
All portfolio investment						
1962						
amount	12,604	9,124	1,456	1,082	791	151
percent	100.0	72.4	11.5	8.6	6.3	1.2
1967						
amount	22,039	13,243	2,709	2,337	2,789	961
percent	100.0	60.1	12.3	10.6	12.6	4.4
1972						
amount	45,454	32,968	4,167	4,020	2,008	2,291
percent	100.0	72.6	9.2	8.8	4.4(a)	5.0
Stocks						
1962						
amount	10,336	7,697	1,242	785	563	49
percent	100.0	74.5	12.0	7.6	5.4	0.5
1967						
amount	15,511	10,512	2,539	1,271	1,068	121
percent	100.0	67.8	16.3	8.2	6.9	0.8
1972						
amount	27,649	19,548	3,596	3,014	1,100	391
percent	100.0	70.7	13.0	10.9	4.0(b)	1.4
Bonds						
1962						
amount	657	439	–	76	40	102
percent	100.0	66.8	–	11.6	6.1	15.5
1967						
amount	2,159	1,440	–	96	181	442
percent	100.0	66.7	–	4.4	8.4	20.5
1972						
amount	10,911	8,753	375	273	90	1,420
percent	100.0	80.2	3.5	2.5	0.8(c)	13.0
Other(d)						
1962						
amount	1,611	988	214	221	188	–
percent	100.0	61.3	13.3	13.7	11.7	–

	Total	Western Europe	Canada	Latin America	Other Countries	International Organizations & Unallocated
1967						
amount	4,369	1,291	170	970	1,540	398
percent	100.0	29.5	3.9	22.2	35.3	9.1
1972						
amount	6,894	4,667	196	733	818	480
percent	100.0	67.7	2.9	10.6	11.8(e)	7.0

a. Of which the Japanese account for 1.8 percent, or $810 million.

b. Of which the Japanese account for 0.9 percent, or $254 million.

c. Of which the Japanese account for 0.5 percent, or $58 million.

d. Other private long-term claims on foreigners reported by US banks and nonbanking concerns—mostly loans.

e. Of which the Japanese account for 7.1 percent, or $498 million.

Source: US Department of Commerce, Bureau of Economic Analysis, *Survey of Current Business*, August 1973, Vol. 53, No. 8, p. 21; October 1968, Vol. 48, No. 10, p. 20; August 1964, Vol. 44, No. 8, p. 24.

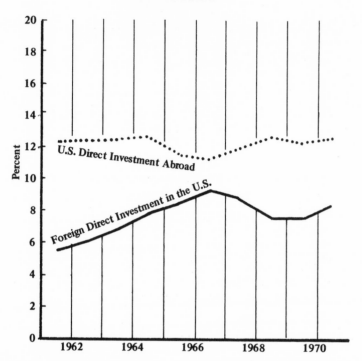

Exhibit 2-6
Rate of Return* on U.S. Foreign Direct
Investment Abroad and on
Foreign Direct Investment
in the United States

Source: U.S. Department of Commerce, Bureau of Economic Analysis, *Survey of Current Business*, February 1973, Vol. 53, No. 2, p. 34, September 1973, Vol. 53, No. 9, p. 33.

*Adjusted earnings (branch earnings, dividends, reinvested earnings, and interest) as a percent of direct investment position at the beginning of the year.

NOTES

1. Raymond F. Mikesell, *Promoting United States' Private Investment Abroad*, Planning Pamphlet No. 101, October, 1957, National Planning Association, Washington, D.C., p. 2.

2. *The President's Message to the Congress*, January 10, 1955.

3. Janet Bancroft, Congressional Research Service, *The Multinational Corporation*, Library of Congress, December 20, 1972.

4. Nasrollah Fatemi, Thibaut DeSaint Phalle, and Grace Keefe; *The Dollar Crisis*. Rutherford, N.J.: Fairleigh Dickinson Press, 1963, p. 163.
   See also the Report by the U.S. Chamber of Commerce, *Multinational Corporations*, Committee on Finance, U.S. Senate Feb. 21, 1973, 93rd Congress, First Session, pp. 633, 634.

5. Ibid., p. 165, & U.S. Department of Commerce, *Policy Aspects of Foreign Investment by U.S. Multinational Corporations*, January, 1972, p. 14.
   See also the ECAT Survey in Multinational Corp., op. cit., p. 817.

6. U.S. Department of Commerce, ibid., p. 14.

7. Fatemi, et als, *Dollar Crisis*, p. 166.

8. Office of International Investment, U.S. Department of Commerce, (A report to the Secretary, January, 1972).

9. B. Ohlin, *Interregional and International Trade*. Cambridge, Mass.: Harvard University Press, 1935.

10. W. Leontief, "Domestic Production and Foreign Trade: The American Capital Position Reexamined," *Proceedings of the American Philosophical Society*, Vol. 97., Sept. 1953, pp. 332-349.

11. R. Gilpin, *The Multinational Corporation and the National Interest*, prepared for the Committee on Labor and Public Welfare. United States Senate, 93rd Congress, First Session, October, 1973, pp. 1-7.

12. S. H. Hymer, "The International Operations of National Firms: A Study of Direct Investment (doctoral dissertation, M.I.T., 1960.)

13. S. H. Hymer, Prepared statement read before the Subcommittee on Foreign Economic Policy of the Joint Economic Committee, Congress of the United States, 91st Congress, Second Session, 1970, p. 907.

14. R. Vernon, "International Investment and International Trade in the Product Cycle," 80 *Q.J. Econ.* 190, 1966. This brief summary draws also on: Wells, E., "International Trade: The Product Life Cycle Approach," in *The Product Life Cycle and International Trade*, L. Wells, ed., 1972.

15. S. Hirsch, "The United States Electronics Industry in International Trade," in *The Product Life Cycle and International Trade*, L. Wells, ed., Harvard Business School, 1972, p. 50.

16. R. Gilpin, op. cit., pp. 3, 4.

17. C. P. Kindleberger, *American Investment Abroad*, Yale University Press, New Haven, Conn., 1969.

18. C. P. Kindleberger, *International Economics*, 4th ed., Richard D. Irwin, Inc., Homewood, Ill., 1968, p. 395.

19. "Multinationals: Perspectives on Trade and Taxes," Committee on Ways and Means, U.S. House of Representatives, 93rd Congress, First Session, July, 1973, pp. 2, 6.

20. Statement by Peggy Musgrave before the Committee on Ways and Means Panel on Taxation of Foreign Income. 93rd Congress, First Session, February 28, 1973, p. 5.

21. R. Gilpin, *The Multinational Corporation and the National Interest*, op. cit., p. 5.

22. Ibid., p. 51.

23. Ibid., p. 7.

24. The U.S. Government defines a U.S. multinational as having a U.S. ownership interest of at least 10%.

25. Ibid., p. 8.

26. U.S. Senate Committee on Finance, *Multinational Corporations*, (mimeographed file copy), February 21, 1973, pp. 44-45.
   For international breakdown of the stocks of foreign direct investment in 1967 and 1971, see appendix B, Table 4.

27. Ibid., p. 44.

28. Ibid., p. 45.

29. Bureau of Economic Analysis, Department of Commerce, *Survey of Current Business*, Sept. 1973, pp. 20-29.

30. Ibid.

31. *Survey of Current Business*, Sept. 1973, pp. 26, 28.

32. Ibid., pp. 24-29.

33. Derived from *Survey of Current Business*, August, 1973, p. 21.

34. Ibid.

35. U.S. Department of Commerce, *Memorandum for Secretary*, January 10, 1972.

36. U.S. Department of Commerce. *Survey of Current Business*. August, 1973, p. 21.

37. Ibid., p. 90, and *Survey of Current Business*, August, 1973, pp. 18-22.

38. Presidential Documents, Title 3. The Presidential Executive Order 11766, Modifying Rates of Interest Equalization Tax, January 29, 1974, and Federal Register Document 74, 3305. Filed February 7, 1974.

39. Peter G. Peterson, *The United States in the Changing World Economy* (A report for the President), December 27, 1971, Vol. II p. 43.

40. Ibid., p. 44.

41. Ibid., p. 46.

42. Ibid., pp. 47-48.

43. Ibid., p. 48.

3.
The Impact of
Multinational Corporations
on Employment:
Labor's View and Counter Views

The rapid growth of world economic integration and the emergence of the multinational corporation have evoked a not surprising response from organized labor, both domestic and international.

Trade unions at a national and international level are carefully considering their response to the new form of economic power represented by multinationals operating across national borders. As capital, managerial skill, and technology become increasingly internationalized, labor unions have developed an increasingly critical attitude of the effects of such flows on the level of domestic employment and other indicators of national economic well-being. The American labor unions are convinced that the activities of the multinational corporations result in the loss of jobs to American workers. "The international nature of these firms, moreover, puts them beyond the reach of collective bargaining and beyond regulatory powers of national government."[1]

American labor unions are not alone in their increasing

wariness. A resolution of the British Trade Union Congress in 1969 called attention to the transformations of British companies into multinationals "which, if not controlled by the extension of social ownership and/or a system of public accountability would create new problems of job security and economic difficulties both now and for the future of the British economy."[2]

Traditionally the labor unions have favored liberal free trade movements since the Reciprocal Trade Agreement of 1934. Little more than a decade ago George Meany, President of the AFL-CIO, appeared before the House Ways and Means Committee to lend his support to what became the Trade Expansion Act of 1962: "We can compete with anyone because we have the skill and know-how to do it."[3]

By contrast, in 1970 Andrew J. Biemiller, Director of the Department of Legislation of the AFL-CIO, stated before the House Ways and Means Committee: "The U.S. position in world trade deteriorated in the 1960's, with adverse impacts on American workers, communities, and industries. The deterioration continued in the 1970's with further job displacement of U.S. production and loss of American jobs. The basic causes are major changes in world economic relationships during the past 25 years, which accelerated in the 1960's. Among these changes are the Government-managed (sic) national economies, the internationalization of technology, the skyrocketing rise of investments of U.S. companies in foreign subsidiaries and the mushrooming growth of U.S.-based multinational corporations."[4]

In the view of the American labor unions, before the Second World War, imports embodying low-wage foreign labor were very small in volume and generally limited to goods not available in the United States. Over the last 25 years, however, and particularly in the latter 1960's, imports have risen faster than exports. The merchandise trade balance surplus averaging $5.4 billion from 1960 to 1964, and $3.3 billion from 1965 to 1968, dwindled and ran a deficit in 1971 of $2.9 billion. The deterioration in the U.S. merchandise trade balance resulted from strong foreign competition, particularly in areas such as home electronics, automobiles, textiles, pottery, and shoes. Labor further stresses that while high-technology items, such as computers and aircraft, still yield a trade balance, import of such items are rising more rapidly than exports.

Labor is particularly concerned about the impact that this rise in imports has on employment. Using Bureau of Labor Statistics estimates of employment related to exports, and the employment that would be required to produce imports that are most nearly comparable with domestic markets, labor cited potential job losses or job opportunities lost to be 527,000 between 1966 and 1969.[5]

(in thousands)

Employment related to	1969	2,651
merchandise exports	1966	2,464
Total		187
Employment required to	1969	2,538
produce imports	1966	1,824
Total		714
Employment required to produce imports		714
Less		
Employment related to merchandise exports		−187
Total		527[6]

The more recent labor estimates that close to a million jobs have been lost between 1966 and the present are generally based on projections of the Bureau of Labor Statistics study.

What has caused this trade deterioration? Nathaniel Goldfinger, Director of the AFL-CIO's Department of Research, cites the following reasons, here summarized:

1. The direct and indirect barriers to imports and export subsidies imposed by national governments.

2. The transfer of American technology and know-how reducing America's lead in this area.
3. The skyrocketing rise of U.S. foreign direct investment combined with licensing arrangements and patent agreements.
4. The increased sales by subsidiaries frequently in competition with U.S.-made products.
5. The growth of multinational corporations and banks juggling exports, imports, prices, dividends, and currencies internationally within the corporate structure.

He concludes:

> The major trouble, by far, is that American corporations and banks now have huge and increasing investments in foreign countries and they keep their American dollars there to expand their foreign holdings and often to avoid paying United States taxes on their foreign-earned profits.
>
> In the setting of the world economy of the early 1970's, there is an urgent need for the United States Government to face up to the realities of managed national economics, international technology transfers, American business investment in foreign manufacturing subsidiaries and the operations of multinational companies and international banks.
>
> ... The Foreign Trade and Investment Act of 1973, the Burke-Hartke bill provides a framework for dealing specifically and directly with the major causes of this country's deteriorating position in international economic relationships.[7]

Thus, as a concomitant of this assessment of the multinational corporations, labor has abandoned its traditional support for free trade and investment policies. Instead, the labor unions are pressing for restrictions on the movement of capital and overseas operations of the multinational corporations.

Labor is concerned not only with the transfer of entire production units overseas. They also point to the growing number of assembly plants established to assemble U.S.-made components which are then shipped back into the United States. The lower wage base of foreign manufacturing and the transportability of capital and technology relative to labor abetted this development.

In testimony before the Senate Committee on Finance, George Meany, President of the AFL-CIO, stated the following points:

1. The world economy has been changing considerably in the last 20 years. As part of that change, the American position in world trade has been deteriorating rapidly since the early 1960's. Imports shot up, while the rise of exports lagged far behind. Moreover, the U.S. position in world trade deteriorated in composition, as well as in total volume.

This deterioration has resulted in the net loss of about 900,000 job opportunities from 1966 to 1971. The situation was worsening in 1972. The industrial base of the American economy is being undermined and narrowed.

2. Some decline in America's economic position in the world was to be expected in the early years after World War II. This was the period in the late 1940's and 1950's when the war-ravaged economies of the other industrial nations were reviving, with the assistance of American aid. But this decline did not halt or taper off by the end of the 1950's when the other industrial nations were back on their feet. Instead, it accelerated in speed and widened in scope during the decade of the 1960's.

3. The major cause of this widespread deterioration could be found in the fact that other nations manage their economics carefully. They have direct and indirect subsidies for their exports and many restrictions and barriers to imports. The result is that foreign products have inundated the huge and still lucrative American market, while U.S. exports are often blocked or their expansion is retarded.

U.S. government policy, however, has not responded to these major changes in the world economy. Instead, government policy has been based on the 19th century theory of free trade and on world economic conditions of the late 1940's and 1950's which are hardly relevant in the 1970's.

4. The export of American technology has been reducing or eliminating America's technology and productivity leadership in many industries and product lines. U.S. firms have transferred American technology to their foreign branches and furthermore, there have been additional technology transfers through patent agreements and licensing arrangements of U.S. firms with foreign companies.

As a result, foreign plants operating with American technology probably are as efficient or nearly as efficient as similar factories in the U.S. But with wages and fringe benefits that frequently are 50 to 90 percent lower—and longer working hours—the unit-cost advantage can be substantial.

5. Sharply rising investments of U.S. companies in foreign subsidiaries have been key factors in the export of American technology, the displacement of U.S. production, and loss of American jobs.

Direct investments of U.S. firms in foreign facilities shot up from $3.8 billion in 1960 to $14.8 billion in 1971. The book value of such investments in foreign facilities rose from almost $32 billion in 1960 to more than $78 billion in 1971.

Although an estimated 25,000 foreign affiliates are controlled by about 3,500 U.S. corporations, the bulk of these foreign operations are highly concentrated among the corporate giants.

The sales of U.S. foreign affiliates in manufacturing, therefore, have been more than twice the volume of exports of manufactured goods from the U.S. in recent years. Some of these shipments have been to the U.S. where the goods and components are sold in direct competition with U.S. exports.

This process which displaces U.S. production and employment is encouraged and subsidized, according to George Meany, by the United States government. The deferral of Federal income taxes on earnings of foreign subsidiaries until the profits are repatriated and the full crediting of foreign tax payments against the U.S. income tax liability—both of these tax devices amount to about $3.3 billion per year.

6. The mushrooming growth of multinational corporations, most of them U.S. based, is a new factor in the accelerating deterioration of the American position in the world economy. Multinational corporations attempt to use a system approach to global production, distribution and sales, which are spread through plants, offices, warehouses, sales agencies and other facilities in as many as 40 or more countries. Such companies can and do juggle the production, distribution and sales of components and finished products across national boundaries and oceans, based on the decisions of the top executives for the companies' private advantage. They can and do transfer currencies across national boundaries, often beyond the reach of the central banks of the nations.

7. If the deterioration of the U.S. position in world trade is permitted to continue through the 1970's, the consequences could be widespread and far-reaching for American society.

"Unfortunately," concluded Mr. Meany, "international trade experts in government agencies, business and the universities usually show little interest and much less knowledge about the labor and social impacts of development in international trade and investment. As a result, so very little is known, in detail, about the employment impacts and other consequences for workers and communities.

"The rapid and widespread deterioration of the American position in the world economy is undermining and narrowing America's industrial base, with the potential of far-reaching adverse impacts, in the period ahead, if it is permitted to continue.

"The overdue action in late 1970 and early 1972, to bring about an increase in the value of major foreign currencies, such as the Japanese yen and German mark, in relation to the American dollar, can have only uncertain, uneven, and essentially temporary effects on the U.S. position in world trade."

In the setting of the world economy of the 1970's there is an urgent need for the U.S. Government to face up to the realities of managed national economies, technology transfers, American business investments in foreign manufacturing subsidiaries, and the operations of multinational companies and international banks.[8]

Mr. Meany's argument and his support of the Burke-Hartke Bill is based on the assumptions that foreign direct investment cuts exports and therefore reduces U.S. jobs. This new attitude proposes a radical change in United States policy; but to seek a change in governmental policies, however, implies that the effects of past policies are considered to be detrimental. It implies a causal connection between existing policies and the alleged undesirable impact on United States employment from foreign investment, which is worse than what the result would be if legislative changes in policy recommended by certain groups were put into effect.

For U.S. jobs to be increased by a reversal of existing policies toward the multinational corporations it would have to be shown that the drop in exports could be cured by such a policy reversal, and that other jobs would not be lost as a result of this new policy. Before this could be supported, however, it would have to be shown that the multinational corporations have been responsible for the drop in exports, increase in business and employment abroad, and the decrease in domestic employment. "And, even if these three statistical measures were in evidence, it would then have to be shown that the rise in investment caused the drop in exports which, in turn, caused a decrease in jobs."[9] It is easier to prove that a decline in exports causes a drop in employment than it could be shown that a rise in foreign investments caused a decline in exports. The complaints of labor have been intensified, since 1970, because of the poor policies of the administrations which have caused two recessions and a runaway inflation. If our economy were at the levels of full production and full employment, without a chronic inflation, labor could certainly continue its policy of free trade and international cooperation.

Labor's case is made difficult to prove statistically because, although investment abroad has risen, so also have exports and employment, both at home and abroad. There is practically no evidence that the multinationals have been responsible for the flight of capital and the drop in employment. But, to the contrary, domestic employment has risen in most companies that have also invested abroad. "Even in rare cases where a drop in exports and employment can be shown, it would have to be demonstrated further that in the absence of direct investment, foreign demand for the United States products would have remained the same as before, or could have been expanded."[10]

Given the facts that investment, exports, and jobs in most industry sectors investing abroad did rise before the recession of the 1970's, an alternative explanation has to be considered, namely, that exports will rise only with investment over the longer run, as growth occurs abroad. "This explanation is supported also by the location theory which indicates that with economic growth, production facilities tend to be located nearer the market. The shift in investment is needed to provide more marketing outlets; to permit local assembly, thus reducing transport costs and duties; to provide wider product selection through holding inventories close to the market; to get a prompt feedback on products from the market to production unit; to provide servicing and supply facilities; to reflect preferences for locally made goods, especially industrial purchases; and, very importantly, to gain markets which add to the demand for imports of sophisticated items in the lines produced only in the United States."[11]

This sequence of causation is reflected in a survey by the National Foreign Trade Council membership which gave the following reasons for investing abroad:

1. To jump tarriff and import barriers and regulations.
2. To reduce or eliminate high transportation costs.
3. To obtain or use local raw materials.
4. To obtain incentives offered by host governments.
5. To maintain existing market positions.
6. To participate in the rapid expansion of a market abroad.
7. To control quality in the manufacture of specialized products.
8. To follow customs abroad.
9. To obtain foreign technical, design, and marketing skills.

The same reason is given by the European and Japanese multinational corporations investing in Latin America, the Middle East, and the United States. "But this list of location factors—as modified by governmental intervention—is not the same among different industrial sectors. The extractive industries have their own rationale for investing, and even the labor unions recognize that raw materials are necessary for U.S. production. Equally, it is virtually impossible for the American industries to export the wide range of services sought in growing economies such as banking, insurance, accounting, consulting, engineering, hotels and rentals, and food processing which have to be located in the market being served. Even in the case of the manufacturing sector and the high technology segments, which are the targets of labor criticism, the unions ignore the fact that hardly any country is prepared to let her market be inundated with American goods. With an elementary knowledge of international trade it is obvious that "to impose a broad range of controls and erect a new control mechanism for all, direct investment has to pay a heavy cost to correct a few situations which have produced undesirable effects. It would be much better from the standpoint of public policy and the national interest to identify the types of situations that are undesirable and to seek correctives that do not themselves produce still unwanted results."[1][2]

The labor unions must recognize the fact that as a market expands, the problem facing the companies in the investment decision-making process is one of where to locate production facilities. If the market could be served from the existing plants no businessman in his right mind would take his money and business to a foreign country. In many instances of foreign direct investment, the alternative to not investing would be to leave the market to another company which will invest. In a report to the Senate Committee on Finance, the National Foreign Trade Council takes issue with both the labor contentions and the Burke-Hartke Bill. It states that "it is clearly evident that not to invest in most instances would merely leave the market to others. Also what is often found is that despite decisions by one company to set up production facilities adequate to serve a given market, other companies have felt the need also to enter and protect their portion of the market."[1][3]

Therefore, to choose labor's plans to reach full employment through restrictive measures such as import quotas, slowing the flow of technology and putting an end to investments abroad is to destroy the economic progress of the last three decades and "to multiply several-fold the effects of the 'beggar-thy-neighbor' policies of the 1920's which no one should want to repeat."[14] Instead of the Burke-Hartke Bill we should pursue a policy of partnership with the developed and developing nations and cure the present economic maladies through cooperation and expansion and not contractions or economic isolationism.

The Foreign Trade and Investment Act of 1973 (Burke-Hartke) represents a major legislative challenge to the multinational corporations and economic expansion of the United States. It would set up a new regulatory body, the "United States Foreign Trade and Investment Commission," to administer quotas, dumping laws, escape-clause action, adjustment assistance, and countervailing duties. It would limit the multinationals and other trade generally by quantitative limits on certain imports. It would change the customs law aiding interaffiliated multinational imports. It would establish control over movements of capital and technology abroad and effect changes in the tax treatment of foreign businesses, eliminating deferral privileges.[15]

In the study commissioned by the Industrial Union Department of the AFL-CIO in 1971 the claim was made that about 500,000 job opportunities were lost betwee 1966 and 1969, according to Bureau of Labor statistics.[16] George Meany has since updated these figures to nearly a million.[17] As further evidence of job loss, the president of the International Union of Electrical, Radio and Machine Workers in the United States presented a paper to the Organization for Economic Cooperation and Development showing a U.S. job loss of about 38,000 workers in the radio and TV industry and about 56,500 workers in the electronic component and accessories industry between 1966 and 1971.[18] In accordance with this type of assessment a majority of workers' organizations in the United States have developed an increasingly hostile attitude toward the multinational corporation and have endorsed the Burke-Hartke Bill.

Businessmen have strongly objected to labor's position on several accounts. Gerald H. O'Brien, Executive Vice-President of the American Importers Association, states that the Burke-Hartke Bill would curtail imports by one-third, which in turn would lose jobs, not save them. "If we limit imports, we reduce income in other countries and thereby reduce their ability to buy our exports. Countries that suffer from our restrictions will, in turn, raise barriers against American exports. Import restrictions also eliminate jobs of Americans whose livelihood depends on imports."[19]

The difficulties involved in attempting to isolate and estimate the net effects of foreign trade on United States domestic employment, as noted in a study by the Department of Commerce, are widely recognized by analysts in this field. Imports that are competitive with U.S. products are difficult to qualify due to varying rates of substitution between imports and domestic production among industries, seasonal variation, and cyclical factors. Moreover, the estimating technique overlooks the American workers employed in producing exports that could have been made abroad. "While it is difficult enough to estimate the aggregate effects of foreign trade on U.S. employment, it is even more speculative to attribute a finite portion of the effect to the foreign affiliates of American multinational corporations. Accordingly, it is difficult to link increased U.S. foreign investment with import growth and then posit a causal, quantifiable relationship between these phenomena and domestic employment."[20]

Several studies have been prepared by various business groups, government, and other independent organizations which counter labor's position. Some have tried to answer labor's allegations with more complete data and analysis thereof. Others have concentrated on the necessity for the multinationals to expand abroad to maintain their competitive position, advocating domestic manpower adjustment.

Responses to labor charges include three major arguments:

1. American multinationals as a whole have created more new jobs domestically than American companies who do not have foreign affiliates.

2. Foreign investments generate more exports than the imports they may displace.

3. Imports from foreign affiliates help preserve American jobs that would not exist without available imports.

The Center for Multinational Studies of the International Economic Policy Association, in a detailed study for the Senate Committee on Finance, asserts that there is ample evidence that multinational corporations have increased their *domestic* U.S. employment at a substantially greater rate than total U.S. private employment. The extent to which some jobs have been displaced or exported, as some labor spokesmen allege, depends on how much of the expanded production abroad might have been carried on successfully in the United States, given foreign tariffs, import controls, transportation costs and other factors. Most studies point out that little, if any, of the production could have been performed in the United States on competitive terms. But even assuming that some could have been retained, the evidence is that U.S. multinational companies create even more jobs in this country, not only in production related to exports to overseas affiliates, but also in managerial, scientific, technical, and services positions—which tend to be higher paid with higher skills.[2][1]

The Emergency Committee for American Trade during the ten-year period covered by its survey found that "American multinationals have increased their domestic employment (exclusive of employment gains through acquisition) more rapidly than the average manufacturing firm. Their rate of new job creation was about 75 percent greater than that of all other manufacturing firms."[2][2]

Business International in its second survey of 133 foreign investment intensive U.S. companies found that their overall U.S. net employment rose by 29.6 percent from 1960 to 1972, whereas employment by all U.S. manufacturing companies rose by 14.3 percent over the same period. "The high-foreign-investment-oriented sample increased its employment rolls on a net basis—at more than twice the rate that the average U.S. manufacturer did."[2][3]

These figures were supported by the U.S. Department of Commerce findings that foreign direct investment does not result in a job position loss: A reasonable interpretation of available evidence leads to the conclusion that U.S. foreign direct investment is not contrary to the interests of U.S. workers but may, in fact, be a positive factor in stimulating U.S. employment and activity." [2][4]

Another allegation by labor is that multinational corporations displace domestic production. This may be true of particular products but on the whole is disputed by the Business International Study. This study, involving one-sixth of the international business of all U.S. manufacturing corporations, indicates that imports from foreign affiliates have indeed risen rapidly, but that the overwhelming portion of that increase results from the U.S.-Canadian auto agreement. If you exclude the transport and petroleum sectors, imports from affiliates increased 396 percent during 1960-1972, while comparable exports to affiliates increased 438 percent.

The study also found that exports to affiliates, which were one-third less than exports to unrelated customers in 1960, were 55.7 percent in 1972. Exports to affiliates increased over three times as fast as exports to unrelated customers during 1960-1972.[2][5]

The transfer of U.S. goods and services across U.S. national boundaries in the above analysis does not take into account the full range of international business activity which includes transportation, tourism, communications, private finance, and the sale of technology stimulated by multinational growth.

The major issue that the labor unions have concentrated on is that the multinational corporations are responsible for exporting U.S. job opportunities. The suggested means for curbing a job loss, they suggest, is to restrict the free movement of capital and technology and to impose restrictions on certain imports. In labor's view, American business has been attracted abroad by the low wage levels in many countries.

Studies by business groups, however, take issue with this appraisal. A survey by the Emergency Committee for American Trade of seventy-four U.S. corporations shows that "57 percent of the respondents considered market demands the most important reason for the foreign investment decision. By contrast, only 5 percent of this group considered labor cost advantages as the primary cause of investing abroad."[26]

In the middle 1960's the United States had on an average more than twice the productivity of a typical French or German manufacturer; the big U.S. companies also paid more than twice as much in wages. In comparison their unit labor costs were about the same as those in a French or German company. Thus, after freight charges and tariffs were added, many U.S. companies had trouble exporting to major European markets. Rising foreign competition threatened the U.S. export market. There seems little doubt that during this period U.S. companies saw cost advantages in moving from the U.S. wage structure. However, the Tariff Commission found that in 1966 and 1970 all-firm unit labor costs abroad (i.e., in the seven countries where the multinational corporations have taken most of their capital) were generally *higher* than in the United States, except for Mexico and Brazil.[27] But it also found that unit labor costs in the U.S. of the multinational corporations were approximately 35 percent higher than the average for U.S. manufacturing. The multinational corporations, in moving abroad to capture a cost advantage, did little more than the domestic "standard" for the United States, or foreign multinationals. But they did obtain a significant advantage over all foreign competition.[28]

Unit labor costs—or the costs of labor per unit of manufacturing output—hinge on two sets of forces that now tend to move in opposite directions: those that determine the hourly labor compensation, such as wage rates, fringe benefits, and other labor costs; and those that determine labor productivity, or the relationship between hours worked and the number of units produced.

More recently a study by the First National City Bank suggests that the U.S. competitive position, taking ratios of a country's unit labor costs to the "trade weighted" costs of six of its trading partners, has markedly improved after deteriorating until 1969. Between 1962 and the first half of 1973, foreign unit labor costs rose much faster than U.S. because large increases in foreign hourly compensation were not offset by sharp gains in productivity.[29]

Thus the wage motive behind American foreign investment becomes less and less persuasive. There is fairly conclusive evidence that in such areas as consumer electronics, footwear, toys, and textiles low labor costs are a major motive behind foreign investments.[30] However, these items are manufactured or assembled in the developing world, whereas the bulk of U.S. foreign investment is concentrated in the higher wage areas of Western Europe. Thus while unit labor costs account for a significant proportion of total costs, they appear increasingly less important relative to other considerations except in the low skill, high employment industries.

The most general defense of foreign investment, vis-à-vis job loss, made by the multinationals is that they had no choice. That is they invest overseas because they have no realistic alternatives. As is pointed out by Sanford Rose in *Fortune* magazine: "If Proctor & Gamble had not gone to Algeria, for example, Unilever would have preempted the soap business. If Caterpillar Tractor had not gone to Britain, Vickers might today be that country's leading producer of bulldozers. If Squibb had not gone to Italy, it would have surrendered the Italian market to Hoffman-LaRoche."[3][1] The only real choice, in this view, is between the establishment of an American affiliate abroad or the establishment by a foreign competitor of an export-displacing facility. In other words, markets, employment and domestic production might have been less had they not done so. While investment may displace a particular export which is being lost in any case, the investment generates additional exports.

In general the job loss argument due to lower wages abroad does not hold up when countered by such arguments as lower productivity tending to even out the wage differentials in many other industries and the defensive argument that there was no other choice against foreign competition. One must be wary of generalities, however, for in those industries where lower wages are in fact a major consideration, the United States needs effective, updated programs designated to alleviate potential as well as actual job loss.

Instead of disrupting world trade and foreign investments, we should find ways and means to remedy cases where U.S. industries are experiencing difficulties due to foreign competition. "Adjustment assistance to domestic firms and adequate compensation and retraining opportunities for labor, plus insistence on more equitable trade and investment rates from our trading partners, afford better alternatives to insuring high levels of income and employment in the United

States and abroad than to the inward-looking alternatives presently espoused by U.S. organized labor.[32]

Solutions through the Burke-Hartke Bill are found to be counterproductive, although the bill raises important issues about the relationship between foreign direct investment and trade. The restrictions recommended would cripple the multinational corporations' trade and resales in the United States. Capital and technology needed for efficiency by the corporations would be restricted and detrimental to the national interests of the United States. The trade provisions of the bill would severely limit U.S. imports in a generalized sense, provoking retaliation by other countries, which would result in lower levels of trade, investment and, ultimately in fewer jobs both here and abroad.

Since the national interest requires continued efforts to maintain maximum freedom of movement for goods, capital, people, ideas, and full employment at home, we must ask what can be done to overcome some of the justifiable objections of the labor unions. Labor is one of the least mobile of the factors of production. And while many studies indicate that the activities of the multinational corporations create more jobs than they displace—a "most relevant fact from a national policy standpoint—it is cold comfort to the worker whose job has been displaced."[33]

Prior to the Trade Expansion Act of 1962, the President of the United States could provide increased protection against imports where an industry needed time to adapt its products or methods to new conditions. The Trade Expansion Act made possible the provision of direct assistance to firms or groups of workers to enable them to make necessary adjustments.

Adjustment assistance for workers under the Act consists of:

1. Trade adjustment allowances which replace unemployment insurance with a ceiling of 65 percent of the average weekly wage in manufacturing payable for 52 weeks (with a possible extension of 26 weeks to complete a training program).

2. Full access to counselling, job referral, testing and training programs available in the worker's area.

3. Relocation allowances if there is no suitable job in the worker's field and there is a suitable job in another city. No worker can be compelled to move.

However, eligibility for adjustment assistance has depended on two criteria to be established: Increased imports must have been the major factor causing injury to the industry, firm, or group of workers; and increased imports causing the injury must have resulted in the main from concessions granted under trade agreements.[34]

In practice the two criteria were extremely difficult to meet and no affirmative findings of serious injury were made between 1962 and 1969. Since that time the Tariff Commission, charged with the responsibility of determining eligibility, has certified some petitions but the basic problems remain: 1) It is an *ex post facto* approach;[35] and 2) The criteria are too narrow in scope.

The theory of adjustment assistance is nonetheless sound. The government, in removing tariff barriers as a result of the Kennedy Round negotiations, may be held in part responsible for job dislocations. Current issues facing U.S. trade policy such as renegotiating tariff and non-tariff barriers, preferences to the less developed countries, and other trade negotiations will be aided by an effective adjustment assistance program. Moreover, it is to the United States' competitive advantage to improve the skills of the American worker.

A comprehensive bill proposing adjustment assistance for workers harmed by the multinational corporations has been introduced by Senator Ribicoff. Under the Ribicoff Bill, adjustment assistance would be made available to workers and companies when there are economic and unemployment problems caused by: 1) changes in government procurement and budgetary priorities; 2) the relocation of United States firms to other areas in or outside the United States; 3) economic dislocation resulting from increased imports; and 4) any other economic dislocation caused, in whole or in part, by governmental action.[36]

More in keeping with the direct problems created by the multinational corporations there are three basic elements to be considered in an effective adjustment assistance program:

1. The criterion that increased imports must have been the major factor causing injury to the industry, firm, or group of workers should be modified so that increased imports need only cause such injury "in whole or in part."
2. The criterion that increased imports causing the injury must have resulted in the main from concessions granted under trade agreements should be eliminated.
3. Relief should be anticipated as necessary before serious injury has already occurred.[37]

In a study for the Senate Committee on Finance in 1972, The Center for Multinational Studies suggested the following program of adjustment assistance to the industries and workers whose jobs are displaced:

1. The present limited program of adjustment assistance must be overhauled, upgraded, redefined, reorganized, and given Federal Government direction.

2. Eligibility of industries and workers must be redefined so as to eliminate the requirement that the unemployment rate stems from increased imports due to negotiated tariff concessions. Instead, the new program should apply to import-related employment adjustments and also expand and improve in level and duration benefits and incentives for retraining and relocation of the displaced employees.

3. Mechanisms must be devised for "effective government-business-labor collaboration in a joint system of forecasting, planning, relocating, and transferring of the workers who are displaced as a result of the relocation of the industry. At the same time, the best research center should be established to develop projections of skills likely to be in short supply; and finally, public and private resources must be mobilized to facilitate the transfer of skills from declining industries to new employment opportunities with the least possible human cost and with the economic cost transferred from the individual to the economy as a whole."

4. Some formula must be discovered to provide a terminal point in an expanded program so that its costs do not become an additional burden on the competitiveness of the American economy—whether through the inflationary effects of financing by borrowing, or the additional cost of production involved in financing by taxation. Adjustment assistance must be temporary and only for the purpose of facilitating transition but it will be self-defeating if this program—like foreign aid and other obsolescent programs—becomes an integral part of the bureaucratic waste of Washington. It should be cut off the moment that there are no good reasons for its continuance.

"How the cut-off point can be defined, and how the responsibility for determinations should be allocated among Congress, the Executive Branch, and the independent agencies, such as the Tariff Commission, are extremely complex questions *but very important*."[38] The experience of the last twenty years shows that every program devised by Congress in the future must have a provision for its termination; otherwise, the inefficient and incompetent Washington bureaucrats would continue it indefinitely.

The success and feasibility of this program depends on the willingness of industry to disclose, as much as a year ahead of time, probable plant closings or relocations.

"What about the forecasting of skill needs? This may depend upon investment and plant expansion plans, and here too, a better system of industry reporting could be used; but, over and above this, ways must be found to induce such expansion in labor surplus areas. This is by no means a problem unique to the United States. A recent UNCTAD Survey shows that many countries have programs for inducing location in depressed areas.[39]

Finally, we must face the reality that dislocation is the price we pay for industrial progress. The magnitude of adjustment requirements are much greater in domestic, technological, and regional shifts than any that can be attributed to the activities of the multinational corporations or imports from foreign countries. The present plans and programs of government and industry are inadequate and inefficient. It is important, therefore, for the Congress to view this problem in its total national scope. "Is there not a better way of utilizing the billion dollars expended every year for unemployment compensation, relief, rehabilitation and welfare than to pass out government handouts for not producing? Those concerned about redistribution of wealth often forget the primary fact that for everybody to have more to consume, we must all produce more. The starting point is to train unemployed workers for gainful employment."[40] If we develop a cohesive program to achieve this program on a national basis any displacement problem caused by foreign imports, relocation of industry or investments abroad could be easily solved.

One aspect of the multinational corporations' operation which has caused a great controversy is the provision of items 806.30 and 807 of the U.S. Tariff Schedule. These items permit certain duty-free exemptions for U.S.-originated goods reentering the United States.

Item 806.30 provides that "metals processed in the United States could be further processed abroad and sent back to the United States upon payment of duty on the value added abroad." This bill was introduced in 1956 as a means of facilitating the processing of metals between the United States and Canada—the measure was not specifically limited to a contiguous country. Item 807 was introduced in the new tariff schedules adopted in 1963. It provides essentially for duty exemption on U.S.-origin products when imported into the United States as identifiable parts of an assembled article.

Thus a Mexican affiliate could make a radio with certain American-made parts, and the duty paid upon re-entry into the United States would be the full value of the imported product less the value of the components fabricated in the United States.[41] Although this exemption is a boon to multinational corporations' imports into the United States, offshore production is really distinct from most foreign investment by multinational corporations.

United States imports under tariff items 807.00 and 806.30 increased from $1 billion in 1966 to about $2.8 billion in 1971. These imports came typically from U.S.-owned factories over the border in Mexico and other low-wage countries. The AFL-CIO has urged the deletion of these and similar provisions from the Tariff Schedules ever since 1967.[42] The labor union contends that these two provisions have encouraged the multinational corporations to establish firms in Mexico whose industrialization program permits materials and components intended for assembly and re-export to enter a 12.5-mile zone along the United States-Mexico border duty free. This program was introduced by the Government of Mexico in 1965 in order to provide work for Mexican farm workers whose jobs were terminated by cessation of a prior U.S. program which allowed a number of Mexican farmers to enter this country. According to a statement by the AFL-CIO, the number of American plants operating in the Mexican border zone has grown from 30 in 1967 to about 250 in 1972.

As a result of numerous protests by labor unions, in August, 1969, the Administration in Washington asked the U.S. Tariff Commission to study the economic effects of these firms on employment in the United States. In September, 1970, the Commission submitted a comprehensive report indicating the following important points:

1. It would be difficult to appraise with certainty the effect of tariff items 806.30 and 807 on unemployment in the United States "owing to many uncertainties."

2. The repeal of these tariff items will not increase any substantial job opportunities for U.S. workers but would result in a $150-200 million deterioration in the United States balance of trade.

3. Repeal of items 806.30 and 807 would not considerably reduce the volume of imports of goods that presently enter the United States. "Rather the products would continue," according to the Commission's Report, "to be supplied from abroad by the same concerns but in many cases with fewer or no U.S. components—or by other concerns producing like articles without the use of U.S. materials. The effects of repeal on U.S. employment can only be estimated. Foreign assembly operations utilizing these provisions now provide employment for about 121,000 workers in other countries. Only a small portion of these jobs would be returned to the United States if items 807 and 806.30 were repealed. On the other hand, these provisions now supply employment for about 37,000 people in the United States. Repeal would probably result in only a modest number of jobs returned to the United States which likely would be more than offset by the loss of jobs among workers now

producing components for exports, and those who further process the imported products."[43]

A comprehensive study by the U.S. Chamber of Commerce, presented to the Senate Committee on Finance, makes the following points about the impact of multinational corporations on employment in the United States.[44]

1. The employment issue is by far the most critical element of the national debate surrounding multinational corporations. The charge that international corporations have weakened the American employment base is the heart of the labor union critique and the basis for the AFL-CIO campaign to legislate controls over foreign investments.

A basic problem in dealing with the employment picture is that the union crusade has been mounted in the middle of economic trouble, unemployment, inflation, and trade deficits. The United States trade balance has seriously weakened over the past four years, with a $2 billion deficit in 1971, the first such excess of imports over exports in 83 years. The unions are trying to hold multinational corporations responsible for that trend as well.

2. The findings of the Chamber of Commerce based on surveys, facts, and figures show that the world-wide employment by multinational corporations has increased steadily. One hundred and twenty-one firms that answered the questionnaire of the Chamber of Commerce stated that their total jobs in 1960 were 2.3 million, rising to 3 million in 1965, and 3.7 million in 1970. While the actual gains were larger in the second five-year period (712,455) during 1965-70, vs. (688,593) during 1960-65, the rate of increase was slower (23.8 percent vs. 29.9 percent), largely reflecting the recession in the United States.

In examining trends in the U.S. job levels during 1960-70,

it was discovered that domestic employment for the same 121 firms indicates a higher rate of increase than the national average during the decade of the 1960's. The gain was from 2.5 million jobs in 1960 to 3.3 million in 1970, representing a 31.1 percent rise, accomplished in the face of serious unemployment.

3. Among the 121 multinational corporations surveyed, only nine reveal a decline in U.S. jobs during the ten years, 1960-1970. Of these, two are aircraft manufacturers whose operations were sharply curtailed during 1965-1970 due to shifts in military spending. Two others are in the automotive field operating under the Canadian Automobile Agreement, revision of which is now sought by the U.S. Government.

4. A study commissioned by the U.S. Department of Commerce estimates that roughly 600,000 U.S. jobs have been created by foreign investments of the companies involved. This study distinguished three kinds of domestic employment generated by multinational corporations through their overseas activities. First are jobs that are necessary to produce capital goods and intermediate goods (often assembled abroad) required in overseas plants. Secondly are those jobs in the main offices of U.S. multinational enterprises required to administer overseas operations. Thirdly are jobs for supporting workers.[4][5]

5. The Chamber Survey and the Department of Commerce Studies reach very similar conclusions on the trend in employment. While the growth of foreign-based jobs occurred at a rapid rate during the 1960's, from a relatively small base, there are no indications that this phenomenon had any negative impact in the aggregate on U.S. employment. In fact, the very opposite appears to be the case.

First, American multinational corporations' domestic employment did not diminish, but rather grew, and did so far more rapidly than was the case for other companies in the general manufacturing sector during these years.

Second, this healthy domestic employment picture would undoubtedly have been even more rigorous were it not for the presence of a serious recession during 1970. In fact, the multinational corporations surveyed represented the healthiest part of the manufacturing sector in the midst of serious unemployment. It can only be assumed that with a real recovery in the United States these corporations will show even livelier growth rates in their payrolls.

Third, U.S. employment has been helped directly by foreign investment through the generation of exports. An estimated 25 percent of American exports are normally sent to overseas subsidiaries. This activity, together with home office administrative operations and supporting functions, creates substantial and growing employment.

Fourth, many (possibly most) overseas operations have been established for defensive purposes, to retain markets that would otherwise be lost due to tariff and trade barriers or to aggressive moves by foreign business competition. The typical management choice was between retaining or losing a market, not between U.S. or foreign operations.

Fifth, financial return flows by foreign subsidiaries help to strengthen the profitability of the American parent companies thereby permitting them to expand at home and to sustain increases in domestic employment.[46]

Finally, the Department of Commerce, in a comprehensive study of "Policy Aspects of Foreign Investment" in January, 1972, states:

"Labor's advocacy of restrictions on U.S. international trade and investment is ill-founded. Rather a satisfactory level of employment in the United States depends basically on a vigorous domestic economy and the ability of U.S.

industry to be competitive and profitable in the world economy. The recently announced economic policies, aimed at improving domestic productivity, and international competitiveness, promise to move the United States speedily in this direction.

In addition to a healthy domestic economy, labor and business must be assured that they will be able to compete fairly in foreign markets. In this connection efforts to eliminate various non-tariff barriers and other non-market factors are being intensified. On the other side of the coin, *active* surveillance of possible cases of "foreign dumping" in the U.S. market is of considerable importance. Also, a U.S. commitment to a free international environment must be accompanied by a readiness to assist in the cases of legitimate job displacement from imports by providing flexible and responsible adjustment assistance for workers and firms."[47]

Exhibit 3-1
Employment of All U.S. Firms and of MNCs
in Sample by Industry

| | United States Firms | | | | | | Majority-Owned Foreign Affiliates of U.S. Reporters | | | | | | | | |
| | All U.S. Firms | | | U.S. Reporters in 1970 Sample Survey | | | All Areas | | | Developed Areas | | | Developing Areas | | |
	1966 (Thousands)	1970 (Thousands)	AAR* 1966-70 (%)	1966 (Thousands)	1970 (Thousands)	AAR* 1966-70 (%)	1966 (Thousands)	1970 (Thousands)	AAR* 1966-70 (%)	1966 (Thousands)	1970 (Thousands)	AAR* 1966-70 (%)	1966 (Thousands)	1970 (Thousands)	AAR* 1966-70 (%)
All private industry	57,259	61,486	1.8	7,968	8,851	2.7	2,412	2,970	5.3	1,797	2,300	6.4	599	647	1.9
Manufacturing	19,095	19,224	.2	5,885	6,335	1.9	1,704	2,156	6.1	1,408	1,747	5.5	297	409	8.3
Food products	1,779	1,784	.1	235	260	2.6	119	141	4.3	82	102	5.6	37	39	1.4
Chemical & allied prod.	966	1,054	2.2	665	725	2.2	220	250	3.2	154	174	3.1	66	76	3.6
Primary & fabricated metals	2,702	2,698	.0	709	724	.5	86	103	4.6	67	79	4.2	20	23	3.6
Machinery	3,831	3,906	.5	1,617	1,860	3.6	555	731	7.1	486	615	6.1	69	116	13.9
Transportation equipment	2,210	2,063	-1.7	1,681	1,568	-1.7	421	546	6.7	382	474	5.5	39	72	16.6
Other	7,607	7,719	.4	978	1,198	5.2	303	385	6.2	237	302	6.2	66	83	5.9
Petroleum	486	480	-.2	479	522	2.2	296	271	-2.2	159	158	0	124	98	-5.7
Other industries	37,678	41,782	2.6	1,604	1,904	5.6	411	542	7.2	229	395	14.6	179	140	-6.0
Mining	349	357	.6	†	91	†	79	74	-1.6	28	45	12.6	51	29	-13.2
Trade	13,320	15,108	3.2	516	589	3.4	169	308	16.2	122	252	19.9	46	54	4.1
Other	24,000	26,317	2.3	†	1,314	†	163	161		79	98	5.5	82	58	-8.3

*AAR = Average annual rate of growth 1966-1970.
†Suppressed to avoid disclosure of data for individual reporters.
Source: U.S. Department of Commerce, Bureau of Economic analysis, International Investment Division and National Income and Wealth Division.

Exhibit 3-2
Industry Distribution of Employment
of Sample MNCs
(percent)

	U.S. Reporters in 1970 Sample Survey		Majority Owned Foreign Affiliates of U.S. Reporters					
			All Areas		Developed Areas		Developing Areas	
	1966	1970	1966	1970	1966	1970	1966	1970
All private industry	100.0	100.0	100.0	100.0	100.0	100.0	100.0	100.0
Manufacturing	73.9	71.6	70.6	72.6	78.4	76.0	49.6	63.2
Food products	2.9	2.9	4.9	4.7	4.6	4.4	6.2	6.0
Chemical & allied prod.	8.3	8.2	9.1	8.4	8.6	7.6	11.0	11.7
Primary & fabricated metals	8.9	8.2	3.6	3.5	3.7	3.4	3.3	3.6
Machinery	20.3	21.0	23.0	24.6	27.0	26.7	11.5	17.9
Transportation equipment	21.1	17.7	17.5	18.4	21.3	20.6	6.5	11.1
Other	12.3	13.5	12.6	13.0	13.2	13.1	11.0	12.8
Petroleum	6.0	5.9	12.3	9.1	8.8	6.9	20.7	15.1
Other industries	20.1	22.5	17.0	18.2	12.7	17.2	30.0	21.6
Mining	*	1.0	3.3	2.5	1.6	2.0	8.5	4.5
Trade	6.5	6.6	7.0	10.4	6.8	11.0	7.7	8.3
Other	*	14.8	6.8	5.4	4.4	4.3	13.7	9.0

*Suppressed to avoid disclosure of data for individual reporters.

Note—Calculated from data in table 3-1. Details may not add to totals because of rounding.

Source: U.S. Department of Commerce, Bureau of Economic Analysis, International Investment Division.

Exhibit 3-3
Employment and Payroll Costs Per Employee
of MNCs in Sample, by Area

	Employment			Payroll Costs per Employee		
	1966 ($)	1970 ($)	AAR* 1966 −70 (%)	1966 ($)	1970 ($)	AAR* 1966 −70 (%)
ALL INDUSTRIES						
United States	7,968	8,851	2.7	7,750	9,620	5.5
All foreign areas	2,412	2,970	5.3	3,920	4,900	5.7
Developed areas	1,797	2,300	6.4	4,230	5,350	6.0
Canada	440	474	1.9	6,000	7,990	7.4
U.K.	420	587	8.7	3,460	3,760	2.2
E.E.C. 6†	593	770	6.7	4,030	5,440	7.8
Other Europe	134	214	12.4	3,610	4,460	5.4
Japan	39	49	5.9	2,690	4,290	12.3
Aust., N.Z., S. Africa	171	206	4.8	3,170	4,580	9.6
Developing areas	599	647	1.9	2,950	3,250	2.5
Latin America	423	452	1.7	3,080	3,630	4.2
Other	177	196	2.6	2,630	2,370	−2.6
MANUFACTURING						
United States	5,885	6,335	1.9	8,290	10,300	5.6
All foreign areas	1,704	2,156	6.1	3,820	4,820	6.0
Developed areas	1,408	1,747	5.5	4,120	5,290	6.5
Canada	329	319	−0.8	6,030	8,460	8.8
U.K.	367	444	4.9	3,410	3,940	3.7
E.E.C. 6†	475	651	8.2	3,950	5,320	7.7
Other Europe	79	145	16.4	3,030	3,680	5.0
Japan	33	37	2.9	2,520	4,160	13.4
Aust., N.Z., S. Africa	125	151	4.8	2,900	4,240	10.0
Developing areas	297	409	8.3	2,400	2,810	4.0
Latin America	249	319	6.4	2,600	3,240	5.6
Other	48	90	17.0	1,350	1,290	−1.2

*Average annual rate of growth, 1966-70.
†European Economic Community Six

Source: U.S. Department of Commerce, Bureau of Economic Analysis, International Investment Division.

Exhibit 3-4A
Percentage Distribution of Sales of Foreign Manufacturing Affiliates
of U.S. Firms by Industry and Destination
1965, 1967 and 1968

	Local Sales			Exported to United States			Exported to Other Countries		
	1965	1967	1968	1965	1967	1968	1965	1967	1968
All Manu-facturing	82.0	79.0	77.9	4.2	6.9	7.9	13.8	14.1	14.2
Food Products	86.7	86.8	85.6	3.0	3.7	3.9	10.3	9.6	10.5
Paper & allied products	52.4	54.9	56.0	35.7	32.1	29.4	12.0	13.0	14.6
Chemicals	84.3	83.6	83.2	2.5	1.9	1.9	13.2	14.5	15.0
Rubber products	91.8	91.1	91.6	0.4	1.5	1.4	7.8	7.5	7.0
Primary & fabricated metals	75.4	73.3	73.7	5.9	8.4	8.5	18.7	18.3	17.8
Machinery, excl. elect.	77.5	73.2	75.3	3.1	3.4	4.1	19.4	23.4	20.6
Electrical machinery	88.1	88.1	87.9	1.5	1.3	1.7	10.4	10.6	10.4
Transpor-tation equipment	83.5	75.9	71.6	2.6	13.6	17.1	13.8	10.5	11.3
Other products	83.0	80.9	79.1	3.4	3.4	3.8	13.6	15.7	17.1

Source: U.S. Department of Commerce *Survey of Current Business* Sales of Foreign Affiliates of U.S. Firms 1961-65, 1967 and 1968

Exhibit 3-4B
Percentage Distribution of Sales of Foreign Manufacturing Affiliates
of U.S. Firms in All Areas, Except Canada, by Industry and Destination
1965, 1967 and 1968

	Local Sales			Exported to United States			Exported to Other Countries		
	1965	1967	1968	1965	1967	1968	1965	1967	1968
All Manu-facturing	82.1	81.0	80.5	1.4	2.0	2.3	16.4	17.0	17.2
Food Products	85.1	84.3	82.3	3.2	4.3	4.8	11.7	11.3	12.8
Paper & allied products	91.4	90.4	91.2	1.1	0.7	0.7	7.5	8.8	8.1
Chemicals	82.9	81.0	80.7	1.6	1.2	1.3	15.5	17.8	18.0
Rubber products	89.3	89.1	90.0	0.0	1.0	0.8	10.6	9.9	9.1
Primary & fabricated metals	84.9	80.7	81.0	0.5	4.7	4.3	14.6	14.6	14.7
Machinery, excl. elect.	74.7	70.4	73.1	1.9	1.9	2.4	23.3	28.0	24.5
Electrical machinery	86.2	86.1	86.1	1.0	0.9	1.6	12.8	13.0	12.3
Transpor-tation equipment	81.3	84.2	81.8	1.0	2.0	2.7	17.7	13.8	15.5
Other products	81.1	78.7	76.4	1.2	1.5	1.5	17.7	19.8	22.1

Source: U.S. Department of Commerce *Survey of Current Business* Sales of
Foreign Affiliates of U.S. Firms 1961-65, 1967 and 1968

Exhibit 3-5
Selected Multinational Manufacturing Corporations* of
Market Economies: A Profile of Foreign Content† of the
Corporation's Total Operations and Assets
(number)

Foreign Content	Sales	Assets	Production	Earnings	Employment	Total
More than 75 percent						
United Kingdom	2	1	–	3	2	8
Switzerland	3	–	–	–	3	6
United States	–	–	2	3	–	5
Sweden	3	–	–	–	–	3
Belgium	2	–	–	–	–	2
Netherlands-U.K.	1	–	–	–	1	2
50-74 percent						
United States	2	2	1	7	7	19
United Kingdom	–	–	–	1	–	1
Fed. Republic of Germany	4	–	–	–	–	4
Sweden	3	–	–	–	–	3
Japan	2	–	–	–	2	4
France	2	–	–	–	–	2
Italy	1	–	–	–	–	1
Netherlands	–	–	–	–	2	2
Belgium	1	–	–	–	–	1
Brazil	1	–	–	–	–	1
25-49 percent						
United States	14	5	3	7	11	40
Japan	15	–	–	–	1	16
Fed. Republic of Germany	13	–	–	–	1	14
France	8	–	–	–	–	8
United Kingdom	–	–	–	2	–	2
Italy	2	1	–	–	–	3
Sweden	3	–	–	–	–	3
Belgium	1	–	–	–	–	1
10-14 percent						
United States	6	4	–	2	1	13
Fed. Republic of Germany	7	–	–	–	–	7
France	6	–	–	–	–	6
Japan	2	–	–	–	–	2
United Kingdom	–	–	–	–	–	–
Less than 10 percent						
United States	1	5	2	–	2	10
Fed. Republic of Germany	3	–	–	–	–	3
Sweden	1	–	–	–	–	1
Total						193

* Selected from the 650 largest industrial corporations for which information on at least one measure of foreign content could be obtained. When information could be obtained on more than one measure, the highest figure was used to classify the corporation according to its percentage of foreign content.

† "Foreign content" refers to the ratio of the value of foreign sales, assets, production, earnings, or number of foreign employees with respect to the totals.

Source: Centre for Development Planning, Projections and Policies of the Department of Economic and Social Affairs of the United Nations Secretariat, based on table 1; *Belgium's 500 largest companies* (Brussels, 1969); *Entreprise*, No. 878, 6-12 July, 1972; Rolf Jungnickel, "Wie multinational sind die deutschen Unternehmen?" in *Wirtschafts dienst*, No. 4, 1972; Wilhelm Grotkopp and Ernst Schmacke, *Die Grossen 500* (Düsseldorf, 1971); Commerzbank, *Auslandsfertigung* (Frankfurt, 1971); Bank of Tokyo, *The President Directory 1973* (Tokyo, 1972); *Financial Times*, 30 March 1973; *Vision*, 15 December 1971; *Sveriges 500 Största Företag* (Stockholm, 1970); Max Iklé, *Die Schweiz als internationaler Bankund Finanzplatz* (Zürich, 1970); Schweizer Bankgesellschaft, *Die grössten Unternehmen der Schweiz* (1971); *Financial Times*, 15 May 1973; J.M. Stopford, "The foreign investments of United Kingdom firms", London Graduate School of Business Studies, 1973, (mimeo); *Multinational Corporations*, Hearings before the Subcommittee on International Trade of the Committee on Finance, United States Senate, 93rd Congress, First Session, February/March 1973; Nicholas K. Bruck and Francis A. Lees, "Foreign content of United States corporate activities", *Financial Analyst Journal*, September-October 1966; *Forbes*, 15 May 1973; *Chemical and Engineering News*, 20 December 1971; *Moody's Industrial Manual*, 1973; Sidney E. Rolfe, *The International Corporation* (Paris, 1969); Charles Levinson, *Capital, Inflation and the Multinationals* (London, 1971); *Yearbook of International Organizations*, 12th ed., 1968-1969, and 13th ed., 1970-1971; Institut für Marxistische Studien und Forschung, *Internationale Konzerne und Arbeiterklasse* (Frankfurt, 1971); Heinz Aszkenazy, *Les grandes sociétés européennes* (Brussels, 1971); *Mirovaja ekonomika i mezdunarodnyje otnosenija*, No. 9, 1970.

Exhibit 3-6
Growth in Trade, GNP, and Foreign Investment
of Industrial Countries, 1950 to 1970
(billions of dollars)

Economic Indicator	1950	1960	1970*	Aver. Annual Growth (%) 1950-1960	Aver. Annual Growth (%) 1960-1970
World exports	60.0	128.0	310.0	7.8	9.3
U.S. exports (f.o.b., merchandise)	10.3	20.6	43.2	7.2	7.6
U.S. imports (c.i.f., merchandise)†	9.6	16.4	42.5	5.5	10.0
Exports of other industrial countries**	26.5	54.4	156.2	7.7	11.1
Imports of other industrial countries**	29.9	58.1	157.2	6.8	10.5
U.S. foreign direct investment (book value)	11.8	32.0	78.1	10.5	9.4
—of which: U.S. direct investment in industrial countries**	5.2	17.7	46.4	13.2	10.2
Foreign direct investment in the United States (book value)	3.4	6.9	13.2	7.4	6.8
GNP of industrial countries† (including the United States)	449.0	873.0	1,923.0	6.8	8.2

*Preliminary.

†U.S. imports are reported c.i.f. to facilitate comparison with foreign import figures. The difference between f.o.b. and c.i.f. valuation is roughly 9% or 10% of f.o.b. values.

**The United Kingdom, Canada, Japan, France, Germany, Belgium, the Netherlands, Italy, Sweden, and Switzerland.

Source: Survey of Current Business, Sept. 1971, p. 42; *Policy Aspects of Foreign Investment by U.S. Multinational Corporations*, U.S. Department of Commerce, Jan. 1972, pp. 7-14; *International Financial Statistics*, International Monetary Fund (several issues); *United Nations Monthly Bulletin of Statistics* (several issues).

Notes

1. Department of Commerce, "Memorandum to the Secretary," February 21, 1972, p. 18.

2. This resolution was moved by the Chemical Workers' Union as noted by David Lea in J. H. Dunning, ed., *The Multinational Enterprise.* George Allen & Unwin, Ltd. 1971, p. 147.

3. *New York Times*, March 4, 1973, sec. 3, p. 2.

4. Hearings before the Committee on Ways and Means. House of Representatives, 91st Congress, Second Session, May, 1970, p. 1001.

5. This figure was cited by Biemiller as 700,000, ibid., p. 1008 and has been elsewhere quoted as 500,000 in many documents. one source of 527,000: *Needed: A Constructive Foreign Trade Policy*, Industrial Union Department, AFL-CIO.

6. *Source:* Derived from Bureau of Labor Statistics reported in *Tariff Commission Report*, 1973, p. 677.

7. *New York Times*, March 4, 1973, Section 3, p. 2, col. 6.

8. Subcommittee on International Trade, Committee on Finance, U.S. Senate. Statement by George Meany, May, 1971.

9. *National Foreign Trade Council's Report*, November, 1971, p. 5. Also see the U.S. Senate Committee on Finance (File Copy), November 1973, and the Report of the U.S. Department of Commerce, *Policy Aspects of Foreign Investment by U.S. Multinational Corporations*, January, 1972.

10. Ibid., p. 7.

11. Ibid., p. 8.

12. Ibid., p. 7.

13. Committee on Finance, United States Senate (File Copy), February 21, 1973, pp. 620-72.

14. Ibid.

15. Foreign Trade and Investment Act of 1973, S. 151 & H.R. 62, 93rd Congress, First Session, SS 301, 401, 402, and 501 (1973).

16. Supra, p. 72.

17. Supra, p. 74.

18. O.E.C.D., Social Affairs Division, Programme for Employers and Unions, Regional Trade Union Seminar on International Trade 7-10, Dec. 1971: Part III, (c) *A Case Study of the Electric Sub-Assemblies and Components Industry* by Paul Jennings, Paris, pp. 5-15.

19. *New York Times*, March 25, 1973, Business Section, p. 14.

20. U.S. Department of Commerce, *Policy Aspects of Foreign Investment by U.S. Multinational Corporations*, January, 1972, p. 21.

21. Robert G. Hawkins, *Job Displacement & Multinational Firms*, Center for Multinational Studies, Paper No. 3, June, 1972.

22. Emergency Committee for American Trade, *The Role of the Multinational Corporation in the United States and World Economies*. Based on an analysis of the International Economic Subcommittee for American Trade of E.C.A.T. of 74 U.S. Corporations, Washington, 1972, p. 5.

23. Business International, *The Effects of U.S. Corporate Foreign Investment 1960-1972*. New York, 1974, p. 56.

24. U.S. Department of Commerce, *The Multinational Corporation, Vol. I, Studies in Foreign Investment*, Washington, D.C. (A study undertaken by the Bureau of Economic Analysis on employment and payroll costs of 298 U.S. multinational companies and their 5,237 majority owned foreign affiliates indicates that the employment growth of U.S. parent companies employment growth exceeded that of all U.S. firms from 1966 to 1970). See exhibits at the of the Chapter.

25. Business International, op. cit., pp. 3, 4.

26. The Emergency Committee for American Trade, *The Role of the Multinational Corporation in the United States and World Economies*, February, 1972, p. 11.

27. The seven countries are the United Kingdom, Belgium-Luxembourg, West

Germany, France, Canada, Mexico, and Brazil. See Tariff Commission, op. cit., 1973, p. 638.

28. Ibid., p. 638.

29. F.N.C.B. *Monthly Economic Letter*, January, 1974, p. 13. The six countries are: the United States, the United Kingdom, France, Germany, Italy, and Japan.

30. E.C.A.T., op. cit., p. 77.

31. Sanford Rose, "Multinational Corporation in a Tough New World," *Fortune*, August, 1973, p. 53.

32. *Policy Aspects of Foreign Investment by U.S. Multinational Corporations*, U.S. Department of Commerce, January, 1972, p. 24.

33. Committee on Finance, U.S. Senate, February 21, 1973, p. 125.

34. Department of Labor, *United States International Economic Policy in an Interdependent World* (the Williams Commission Report), U.S. Government Printing Office, Washington, D.C., Vol. 1 pp. 139-394.

35. National Planning Association, *U.S. Foreign Economic Policy for the 1970's: A New Approach to New Realities*, 1971, p. 208.

36. See S. 3739, 92nd Congress, Second Session, 1972.

37. See Bart S. Fisher, "The Multinationals and the Crisis in United States Trade and Investment Policy," 53 *Boston University Law Review*, 308 (1973), p. 360.

38. Senate Committee on Finance, *Multinational Corporations*, Feb. 21, 1973, pp. 125-128.

39. Ibid., pp. 128-129.

40. Ibid., p. 129.

41. Tariff Commission Report No. 332.61, 1970, p. 9.

42. Tariff Commission, 1973, op. cit., p. 130.

43. U.S. Tariff Commission, *A Report on Items 806.30 and 807*, September, 1970.

44. U.S. Chamber of Commerce, *United States Multinational Enterprise Survey*, (1960-1970), pp. 25-30.

45. Study of Professor Robert B. Stobaugh of Harvard Business School, for the Department of Commerce, January 1972.

46. Chamber of Commerce of the United States, *Multinational Enterprise Survey*, February 14, 1972.

47. U.S. Department of Commerce, *Policy Aspects of Foreign Investment by Multinational Corporations*, January, 1972, pp. 28-29.

4.

The Multinational Corporations and the Transfer of Technology

The transfer of technology, largely to other industrialized nations, by American multinational corporations has attracted considerable attention both here and abroad. During the 1960's widespread concern was growing in Europe over U.S. technological domination. It was feared that European countries were too small to support the large outlays on research and development necessary in those industries that are technology-intensive. But more recent findings show that throughout the 1960's Europe steadily improved its trading position in high-technology products.[1] By 1967 (with the exception of the aerospace industry, which was heavily aided by U.S. Government expenditures) industry-financed research and development and nuclear energy research was undertaken in European countries on a par with the United States. The European countries have not been able to achieve the cooperation amongst themselves necessary for integrating technological developments. However, individual European countries have done well on their own, facing the "American challenge" to indigenous industrial technology.[2]

The tables have turned. In the 1970's concern has been growing in the United States over the narrowing of the "technological gap," and Americans are expressing concern over the European and Japanese challenge. The erosion of the United States competitive advantage in industries that require high technology has motivated critics to take a protectionist stance. The Burke-Hartke Bill would delegate to the President the authority to prohibit any holder of a U.S. patent from either manufacturing a patented product or process outside the United States, when, in the President's judgment, such prohibition would contribute to increased employment in the United States.[3] Policies are advocated that would protect high-technology industries from foreign competition and give government subsidies to certain industries. However, it may be argued that just as European reactions to U.S. technological domination in the 1960's were often exaggerated, so the United States reactions to the closing of the technological gap may often be exaggerated, and the prospective challenge to the multinational corporations counterproductive.

It is difficult to define just what technology is, and, correspondingly, it is difficult to measure. Technology is the stock of knowledge of industrial arts. In the broad sense it includes a craftsman's know-how as well as industrial applications of scientific theories and laws. In this sense international direct investment flows may be its agent. The Bureau of Economic Analysis narrows the transfer of technology down by using data on U.S. receipts and payments of fees and royalties as a narrower measure. Most royalties and fees are payments for the use of technology. However, there are technological transfers not included in royalties and fees.

The transfer of technology by U.S. companies produces real benefits for the United States in the form of net royalties and fees—$2.8 billion in 1972, 75 percent of which came from U.S. affiliates abroad. Receipts have been expanding at a compound annual rate of 12.8 percent since 1960. Payments of royalties and fees to foreigners are relatively small by comparison—less than \$0.3 billion in 1972—yet their growth rate from 1960 to 1972 was 11.5 percent.[4]

Transactions in Royalties and Fees:
Foreign Direct Investment-Related
and with Unaffiliated Foreign Residents
(millions of dollars)

Area	Receipts 1960	1965	1970	1971	1972*	Payments 1960	1965	1970	1971	1972*
Europe										
D.I.	131	381	700	828	957	16	28	42	50	93
Unaffil.	140	189	256	279	284	35	61	100	110	121
Canada										
D.I.	95	185	320	350	395	17	38	62	64	45
Unaffil.	23	27	35	33	41	2	3	4	5	7
Lat. Amer.										
D.I.	96	174	264	281	272	1	–	–	–	–
Unaffil.	20	24	47	46	48	1	2	5	3	4
Japan										
D.I.	7	20	66	80	101	–	1	4	1	–
Unaffil.	48	66	202	225	245	–	1	4	4	6
Other										
D.I.	74	165	270	325	366	1	–	2	2	–
Unaffil.	17	30	44	43	53	–	–	–	–	–
Total										
D.I.	403	924	1,620	1,865	2,090	35	68	111	118	138
Unaffil.	247	335	583	626	670	40	67	114	123	138

Source: Table derived from *Survey of Current Business*, December, 1973, pp. 16-17.
Note: Details may not add up to totals due to rounding.
* Preliminary figure
– Under one million

Receipts of royalties and fees from Japan grew especially rapidly, making up 6.8 percent of all receipts in 1965 and moving to 12.5 percent in 1972. This phenomenon reflects the multinational corporations' attempts to enter the Japanese market via licensing of technology and processes as an alternative to direct investment, which has not been allowed to any great extent by the Japanese authorities.

The leading industrialized countries outside the Western Hemisphere account for most of the growth in total receipts of royalties and fees. U.S. companies earn much more in royalties and fees through direct investment abroad than from unaffiliated foreigners, $2.1 billion, as compared to $0.7 billion in receipts from unaffiliated foreigners in 1972.[5]

These figures demonstrate that the multinational corporation is clearly an important channel for the transmission of technology abroad. However, they do not take into account the full range of services provided under contract to foreigners that may involve technological transfer. Moreover, figures on royalties and fees shed little light on the actual costs and benefits involved in technological transfer.

Studies by economists have shown that a significant proportion of the growth in productivity levels in the industrialized Western nations can be attributed to technological progress in addition to capital expenditure and the upgrading of labor skills. While this lends a difficult variable to growth model theory hence reluctantly considered by many economic theorists, technology nonetheless is an important concomitant of economic growth and has the greatest impact on employment, both in numbers employed and in skills required. Owing to its crucial role, a great deal of theoretical work has been done to integrate technology into growth and trade models to include its effects on employment.[6]

The growth in importance of industry-financed technology has led to greatly increased competition in research and development on the part of the major multinational corporations.[7] And it has led many of the industrialized nations to look for policy incentives that would increase research and development in their respective countries where it is assumed technological progress will increase output and employment. However, the multinational corporations themselves are the most successful in the management of technology. Research and development in American industry increased by 5 percent annually in real terms between 1966 and 1971—a period that included three years of economic recession, government cutbacks in funding, and growing public hostility toward science and technology.[8]

The success of the multinational corporation is often ascribed to its ability to manage technology. Having invested large sums of money in the development of a new product or process, it is in the interest of the corporation to maximize its returns on this investment by transferring the new technology into production in as many locations as possible. The "higher" the technology, the bigger the investment needed and hence the greater the incentive to establish production subsidiaries abroad.

Advocates of the multinational corporation consider this transfer of capital and technology as beneficial in raising the standard of living and improving the allocation of the world's resources. Critics abroad fear technological domination by the United States and are wary of what may be called "improved" standard of living. Critics in the United States argue that we are losing our competitive advantage in trade through the diffusion of technology and losing jobs in the process. The President of the A.F.L.-C.I.O., George Meany, has stated before the Senate Finance Committee that the most disturbing aspect of United States trade policy is that it allows the exporting of sophisticated technology that is used abroad to create jobs to manufacture products that will compete with American goods.[9]

There is no doubt that the comparative advantage gained from high technology innovation is decreased when the technology is transferred to foreign competitors. "However, research and technology, like other forms of ideas, cannot be imprisoned. The United States experience with government secrecy in both the atomic energy and missile technology areas since World War II shows that in the most sensitive areas, at most a delay factor can be introduced. The flow of basic scientific information now appears to be such that any advanced industrial nation can reproduce innovations." [10]

Moreover, efforts to control licensing and the transfer of technology may well lead to a further increase in research and development on the part of foreign firms eager to compete with United States products. Canada and the European countries are well aware of the benefits to be gained by stepping up their own research in those industries involving higher technology.[11] It should be added that these same countries are already concerned over the fact that almost all of the research and development of the American multinational corporations is done in the United States.[12]

The flow of technology is a two-way street and no country has a monopoly on innovations and inventiveness. Any limitations by the United States would invite retaliation by other countries which may limit or restrict foreign licensing of indigenous inventions. During the last twenty-five years the economic and political relations of the nations all over the world have been dramatically changed by events beyond the control of any power. Among these events have been the expansion of trade, the transfer of capital, the expanding operations of the multinational corporations, and the heightened economic importance of the ever-increasing pace of technological advance. The conjuncture of these dynamic forces has created many important issues and problems for business, labor, and national policy makers.

"The multinational corporation is clearly an important channel for the transmission of technology abroad. It overshadows, according to some observers, exports, licensing of technology, and the free exchange of scientific information as a means of transferring U.S. technology. Advocates of multinational corporations view it as a vehicle for raising living standards abroad—in part through the diffusion of technology—and improving the world allocation of resources. Critics in Europe, Canada, and labor unions, on the other hand, claim that it is undermining indigenous industry and leading to the control of key sectors of their industrial base by U.S. capital. To critics in the United States, technology transfers by multinational firms are closing the technological gap and eroding America's competitive advantage by combining U.S.-developed technology with efficient, low-cost foreign operations based on cheap labor." [13]

The National Commission on Technology, Automation, and Economic Progress in its report to the President and Congress stated:

> The vast majority of people quite rightly have accepted technological change as beneficial. They recognize that it has led to better working conditions by eliminating many, perhaps most, dirty, menial, and servile jobs; that it has made possible the shortening of working hours and the increase in leisure; that it has provided a growing abundance of goods and a continuous flow of improved and new experience for people and thus added to the zest for life. [14]

Similarly, the view that international exchange of technology is both necessary and beneficial is supported by another government-sponsored panel on the International Transfer of Technology reported to a Senate Committee:

"If we are going to solve the major problems facing humanity—overpopulation, air pollution, water pollution, and many others—we need a vast generation and exchange of new technology ... practically all economists agree that a free flow of technology contributes in important ways to a rising standard of living both in this country and elsewhere. ... The exchange of technology among economically developed nations and its application to research, production, and management are increasingly seen as vital elements in the development and maintenance of buoyant national economies."[1][5]

However, the optimistic views of economists concerning the benefits of technology transfer are not shared by everyone. There are many who dispute the surveys and argue that the "export" of the American technology has reduced the potential of expansion for United States trade, has contributed to intensified import competition in the U.S. market, and has caused the loss of many job opportunities in this country. Legislation has been proposed which would severely restrict the rights of multinational firms to engage in international technological transfer.

In order to get an impartial, clear answer to the questions raised by both sides, it is important to analyze the relationship between technology and trade so as to evaluate the effects of technology transfers on the American labor market and on trade. Before the Second World War, most economists and governments tended to focus their analysis of international trade on questions of "factor endowments, factor mobility, and the theory of comparative advantage." It is only over the last twenty years that concerted efforts have been made to integrate technological considerations into the theory of international trade in the Western world.

On the quantitative side, only limited information is available which can throw light on the subject in attempting to evaluate the influence of technology on trade. The well-known Danish economist, Professor Erik Hoffmeyer, in a thorough study of the pattern of trade in the United States, discovered that some corporations in this country "tended to specialize in research-intensive goods and, as a result, the exports of these corporations had increased twenty times in the period between World War I and the mid-fifties, while exports of traditional goods merely trebled."[1][6]

More recent research in this area by Professor Donald Keesing indicates a high correlation between U.S. technological research and development expenditures "in relation to sales and U.S. share of OECD countries' exports of manufacturers." The evidence discovered as a result of an industry-by-industry survey leaves little doubt of a positive relationship between export performance and technological advancement in the United States.[17]

Another study by Dr. Michael Boretsky shows that the progress and expansion of U.S. trade depends largely upon the export of higher-technology products. Furthermore, Boretsky states that "for the past several years the United States has been losing its technological leadership in production and export of such products, and that if this trend is not reversed, the United States will face a continually worsening balance of payments position." This loss in competitiveness, according to Boretsky, is the result of a number of factors such as increased intensity of foreign firms' technological research efforts, slower rates of productivity increase by U.S. firms, and the ability of foreign countries to purchase and assimilate relatively new technologies from innovator countries.[18]

Professor Raymond Vernon has suggested the theory of "product cycle." According to this theory he assumes that the United States—in the future—will find its greatest export competitiveness in the production and sale of technologically advanced products. "Forces in the U.S. economy such as its highly skilled and educated labor force, the high income character of its demand market, the need for labor saving devices and the availability of risk capital would encourage the expenditure of a research and development fund and would make it the natural development grounds for technological products."[19]

Once developed, according to the "product cycle" theory,

a new product would at first be created inefficiently; it would embody a high degree of labor content and its price would be very high. During the development stage production would be principally for the American market and any foreign sales would be serviced from American firms. As the product begins to improve in price and quality, the costs of labor and materials would drop. During this stage of development exports will climb and the increasing foreign demand might well cause the establishment of sales and service facilities abroad. As the product improves and its production becomes more standardized, the size of the foreign market grows, the difficulties of providing the foreign market mount, and the firm has no choice but to invest and establish factories in foreign countries. At this time the multinational corporation would continue to export machinery and components for sale to the subsidiary. As product standardization becomes almost complete and the technology is spread widely, trade competition in manufacturing at this stage would be determined almost exclusively on the basis of costs, productivity, and efficiency of firms.[20] Less developed countries in the final analysis become exporters of mature products to U.S. markets.

The United States Tariff Commission, in its exhaustive study of the multinational corporations, found that the multinational corporations in the high-technology industries (based on R & D intensity) continue to generate a better ratio of new exports to imports than do other firms in the high-technology class. The direct erosion of U.S. comparative advantage in trading high-technology goods is concentrated in the performance of the non-multinational firms.[21]

The Commission found that the U.S. multinational corporations, while they are clearly the leaders in the large net flow of technology to foreign countries in recent years, have not had the expected effect of eroding the United States' trade advantage in high-technology goods.

High-technology manufactured goods, and agricultural products (which are also technology-intensive in the United States) have had very positive effects on the trade accounts for many years, while low-technology manufactured goods and raw materials have registered deficits.

(in billions of dollars)

	1960	1965	1970	1971
High-technology manufactured goods	+6.6	+9.1	+9.6	+8.3
Agricultural products	+1.0	+2.1	+1.5	+1.9
Low-technology manufactured goods	−0.9	−2.9	−6.2	−8.3
Raw materials	−1.7	−2.8	−2.5	−4.1[22]

Multinational corporations between 1966 and 1970 produced more than four times as much in new exports as in new imports in the high-technology category, easily outperforming the aggregate new U.S. exports of high-technology items, which were only about 1.2 times as large as aggregate new imports in this class. Further, new exports of high-technology goods to affiliates represented about half the aggregate new U.S. exports of such items, while imports from affiliates were only 13 percent of aggregate new imports. Thus the multinational corporations have had a directly favorable effect on the U.S. trade in high-technology goods.[23]

It is quite understandable that the multinational corporations do well in the trade balance of high-technology goods because the activities which generate and implement the technological innovative process—both the funding and the professional labor required in research and development—with few exceptions were overwhelmingly carried out by the multinational firms.

The evidence that multinational corporations play a significant role in the superior position which the United States still retains as an exporter of high-technology goods, however, still leaves open the question of the indirect trade effects. Foreign sales by multinational affiliates in high-technology items rose considerably faster than U.S. exports of these items, although the rise was much less steep than it was in medium- and low-technology items. How many of the new foreign markets found by multinational affiliates could have been obtained by U.S.-based corporations depends on the assumptions made. The Tariff Commission estimated the possible erosion of U.S. export markets for high-technology goods by new sales of the multinational affiliates between 1966 and 1970 to be a maximum of 18 percent of the affiliates' new foreign sales. This estimation assumed that U.S. exporters could have done at least as well as in 1966 against foreign competition in the markets for the high-technology goods.[24] Whether one attributes this 18 percent (or $1.6 billion) of new sales as an erosion caused by the multinationals depends on this assumption. In any case the indirect effects on U.S. trade produced by the U.S. multinational affiliates' foreign sales were probably relatively small compared to total new foreign sales by these affiliates.[25]

Hence, while many studies and theories indicate that the United States is losing its competitive edge in high technology goods, it is by no means clear that the U.S. multinational corporations are the responsible culprits. Many spokesmen for the corporations themselves have pointed out that the contrary may be the case; that if the multinational corporations had not moved ahead as vigorously as they have in areas of high technology, financed by increasing markets, and motivated by competition, the competitive edge in areas of high technology would have been foregone.

The Manufacturing Chemists Association, after surveying the chemical industry, on December 31, 1972, submitted the following statement to the Senate Committee on Finance:[26]

"The highly developed industry of the modern world is

based on publication and free exchange of scientific information and the competitive sale or licensing of technology. Any country which would attempt to isolate itself from this communication and exchange would rapidly find that obsolescence was shutting it out of world trade in technology-based products such as those of the chemical industry. The U.S.S.R. and Communist China have found themselves in that position. The U.S. is as vulnerable to that obsolescence as any country. It has no monopoly on science or technology. Even as far back as the 1930's and 1940's, six out of fifteen important product developments of E.I. DuPont de Nemours & Company were based on foreign inventions. This picture is not changing. Out of thirty great innovations of the past decade (nineteen of which are chemical), eleven of them were based on foreign discoveries or developments. Of the top ten chemical companies leading in research and development expenditures only three were in the U.S., and it is estimated that the $1.7 billion or so that was spent by the chemicals and related industries in the U.S. for their own research represents only about 40 percent of the free world effort."

Referring to technological innovations and gaps, a report by OECD in 1972 comments:

"A more open and liberalized world, together with growing research and development activities in a wider number of countries, and changing patterns in the relative sizes of member countries' R & D efforts, have meant greater opportunities for all countries to absorb and benefit from the results of foreign R & D, and—for many countries—the need to concentrate resources in sectors if they are to achieve international levels of excellence.

"Furthermore, there is some empirical evidence which shows that successful innovations have already in the past relied heavily on inputs of foreign knowledge. In a study of the history of successful innovations in the United Kingdom, J. Langrish identified 158 important ideas used in 51 innovations. Of these ideas, approximately one-third were generated within the firms making the innovations, one-third came from outside the firm but within the United Kingdom, and one-third originated in foreign countries. Thus, even in a member country with a relatively large research and development effort, successful innovations have in the past relied to a considerable extent on imported knowledge."

Although there are many reasons for maintaining a healthy American research and development activity, as mentioned above, technological developments and exchange have a direct bearing on our balance of trade. Five U.S. companies with high research in chemical industries had a 5.2 percent increase in sales and exports. United States exports in eight technologically intensive industries, including the chemical industry, were 28.9 percent of the total exports of the industries; whereas, in sixteen other less technology-intensive industries, U.S. exports were only 17.3 percent of the world total.[27]

The IBM Corporation, in a letter to Senator Abraham Ribicoff on January 18, 1973, in defense of the role of the multinational corporations and the export of technology stated:

"The record shows clearly that the U.S. has benefited every bit as much as other nations. Protectionist legislation now before the Congress would authorize the President to prohibit the licensing of U.S. patents and know-how for foreign manufacture. The sponsors of this legislation claim that checking the flow of American ingenuity to foreign manufacturing operations would increase U.S. exports, protect U.S. jobs, and reestablish American dominance in several key industrial areas. The two-way flow of invention and innovation played a major role in the accelerated postwar recovery rate of many nations.

"For the U.S. in particular, technology transfer has had two benefits:

"First: The creation of new markets for technology-intensive U.S. products and techniques. These include heavy automotive equipment, atomic energy, data processing, chemicals, petroleum, and aircraft.

"Second: Foreign technology has led to the rapid expansion of many U.S. companies. These companies, with bases of research, development, and production throughout the world, have direct access to overseas technology.

"IBM, for example, has cross-licensing arrangements with dozens of European companies, including Philips in The Netherlands, ICI in the United Kingdom, and Siemans in Germany. It has similar agreements with some fifteen Japanese companies. IBM's magnetic-tape-manufacturing facility in Boulder, Colorado, was set up under a cross-licensing agreement with the Sony Corporation of Japan. It uses Sony patents and a great deal of the technical know-how of the Japanese company.

"An important part of the development work on the IBM computer systems, IBM system, 360, and IBM system, 370, was done in the company's eight overseas development laboratories."[28]

However, the labor unions disagree with these surveys, research studies and theories and allege that the export of American technology has been reducing or eliminating America's technology and productivity leadership in many industries and product lines. American firms, according to labor spokesmen, have transferred American technology and know-how to their foreign subsidiary plants. And there have been additional technology transfers through patent agreements and licensing arrangements of U.S. firms with foreign companies.

As a result, labor unions contend that foreign plants,

created and operated efficiently with American capital and technology, with wages and costs 50 to 90 percent lower than in the United States (and additional advantages of lower taxes), can undersell and take away jobs from American labor.

So while the pace of productivity advance of the American economy during 1947-1971 shot up about 45 percent from the rate of advance during 1919-1947—a yearly rate of 5.2 percent per year during 1947-1971, as against 2.2 percent per year in the previous 28 years—the transfer of American technology and know-how contributed substantially to sharp advances of productivity in other countries.[29]

Floyd Smith, President of the International Machinists, in answer to the advocates of free trade and free investments, stated: "Perhaps protectionism is a dead end but it is just as likely that free trade, without any safeguards, is economic suicide."

The question is often asked, Why is labor getting so worried about multinational corporations, and why are labor unions abandoning their traditional support of free trade?

The labor unions' answer cites two fields in particular which have caused a major displacement and great unemployment in the United States. Three unions list 19 companies that have shut down or curtailed U.S. operations since the middle of 1969.

A Westinghouse color television plant in Edison, N.J., transferred production to Japan and Canada this year; a Sperry-Rand computer plant shifted assembly operations to Germany and Japan; and Emerson which has imported all its radios since 1966, arranged with the Admiral Corporation to have TV sets manufactured in Taiwan for sale in the United States.

The unions also charge that Taiwan's largest employer, with 12,000 workers, is now General Instrument Corporation, which has shut down operations in Massachusetts and

Rhode Island during the past two years. Other companies on the union list include Singer, IBM, General Electric, Ampex, Raytheon, Motorola, Sylvania, and Philco-Ford.

The Department of Commerce, while admitting some job displacement as a result of multinational investments abroad, states that labor's allegations are exaggerated and unfounded. "The charge that multinational corporations' foreign production displaces U.S. exports appears to arise from a small number of specific cases; the working assumption ought to be that the establishment of facilities abroad may displace particular exports, but not exports generally."

Even if the assumption of some displacement were true, the advantages of exchange of technology is so great that no country can progress without it.

"The magnitude of trade advantage resulting from innovation will depend not only on a continuing stream of new products but also on the intensity of that stream and on the rate at which the new knowledge becomes available for production outside of the innovating country. Of course, the intensity of the development stream will determine the amount of potentially exploitable technology available to the innovating country. The rate of diffusion will limit the time period within which the technology may be exploited by exporting the technology-embodying product, assuring the country of innovation that it will not also be the one in which the product may be most cheaply produced."[30]

The claim that exports of technology by firms within the innovating country are detrimental to the labor interest has not been supported by facts because of the following reasons:

1. Any immediate loss of jobs which might result from exports of technology would be substantially mitigated by exports of component parts to the subsidiary and by the return of royalties, fees and profits to the parent firm.

2. The subsidiary being the first firm with the innovation

can increase its production and its demand for more machines and components from the United States.

3. The subsidiary will have advantages in building up an efficient industry to the extent that no local firm will be able to equal it for a considerable time after they have obtained the actual technology. All exports of machinery and components from the United States during this period represent more profits and jobs.

4. The multinational corporations taking technology abroad tend to create a market for their products by introducing foreign consumers to the products which the subsidiaries are not able to produce in sufficient quantities. The result would be additional demand not only for goods but for more high-technology U.S. products.[31]

Although there are few nations as primary sources of technological innovations, recent experience has shown that it is not difficult for any industrial country either to innovate or to initiate and improve upon the technology of other nations.

"Caution should be exercised so as not to place too much emphasis upon the United States as a generator of technology—it is the leading innovator, but the United States has also benefited from work done in foreign countries. A recent OECD study of the 'technology gap' investigated a selected group of 140 innovations and found that some 60 percent had originated in the United States. However, the study also noted several instances where U.S. innovations were based on foreign scientific breakthroughs, but few instances of the reverse process were discovered."[32]

As other industrialized nations become more like the United States in terms of their demand markets for high-technology goods, and as they increase their domestic ability to produce new technologies while retaining comparatively lower labor rates, American firms will feel strong pressures to export their technologies through foreign investment. Of course, any barriers to trade or national preferences given to domestic firms which act in such a way as to reduce the opportunities for the exploitation of technology through exporting will only add to the pressure for direct investment and the export of technology. In this respect the current strictures raised by the AFL-CIO against the activities of multinational firms should not be dismissed lightly, even though their proposals to curb and regulate the activities of multinational companies would probably serve to make more difficult improvements in our long-term balance of payments.

The multinational firm has become one of the principal vehicles for the exporting of capital, technical knowledge and management know-how from the United States. Although the percentage of U.S. investment in Europe compared to all European investment is relatively slight, the effect of the multinational firm has almost certainly been disproportionate to its size. By bringing technical knowledge and management know-how to Europe it has not only acquainted its potential customers with the benefits deriving from high-technology products, but it has also presented a competitive challenge to European firms to imitate American technology and to strive for new technological developments of their own. Through the direct and indirect effects of its technological exports, the multinational firm has assisted in narrowing the "technology gap." The OECD study previously mentioned studied this gap carefully and found that differences in technology did exist in some industries, but not in others. It also found that in some instances the availability of technology had not been a problem to European firms; in these cases a "gap" developed because European firms had not utilized available technology. One example of this lack of management perceptiveness is cited in a study of the electronic components industry.[33] It notes that although basic transistor technology became available for license from the Bell Laboratories in the mid-1950's, many prominent European firms did not realize the importance of this innovation until they were faced with the competition of American subsidiaries in Europe some time later. In the past several years, though, the "technology gap" has narrowed, and probably remains in a broad sense only with respect to the less developed countries, Eastern Europe, and the U.S.S.R. With the industrialized nations it continues only in a few industries.[34]

Although the multinational firm is the principal channel of commercial technology diffusion, it is by no means the only one. Substantial amounts of technology have also been transferred to unaffiliated firms. In particular, Japan has acquired vast amounts of foreign technology without allowing, until very recently, significant amounts of foreign investment. In Europe, also, significant transfers have occurred between unaffiliated firms. The Japanese case is a special one, because the Japanese were able to manipulate their investment and import regulations so as to make licensing agreements the only practical way in which technological advantages could be used to advantage in the Japanese market.[35]

The export of American technology has enabled multinational corporations, in a short period, to dominate faster growing European industries such as transportation equipment, chemicals and synthetics, electronic components, machinery, and food processing. By 1966 American multinational corporations controlled 33 percent of the petroleum refining capacity, 25 percent of the European automotive industry, 12 percent of the European chemical industry, 16 percent of electronic production, 80 percent of electronic data processing, and 27 percent of new investments in the machinery industry. These facts show that the technologically advanced American industries have been responsible for the present hegemony of the multinational corporations.[36]

The results of our studies and research, so far, point out the following conclusions:

A. A large portion of American exports is directly related to technological advantages enjoyed by U.S. industry. These technological advantages depend upon the continued research and exchange of ideas and technology with other nations.

B. Available evidence strongly indicates that the United States has not been a net supplier of new technologies to the world. It has, however, benefited substantially from the free international flow of technology by acquiring foreign scientific invention, foreign innovations, and an unqualifiable amount of technology through acquisition of foreign patents and the grantback of improvements made by foreign firms on licensed U.S. technology.

C. The extent of the technological gap between the United States and Western Europe has not been as wide as some writers have alleged. That gap has, however, now been narrowed in part by technology transfers by U.S. multinational corporations, and in part by the innovative capacities of the Europeans themselves.

D. The multinational companies have been responsible for the spread of American technology and the narrowing of the gap. But they have not been the sole cause of such a narrowing. The Western European and Japanese corporations have increased their research expenditures and investments in innovation and technological progress.

E. "To the extent that multinational firms have reduced the opportunities for exporting by diffusing technology before a foreign-owned company was capable of imitation, the United States might conceivably derive a short benefit from the regulation of such transfers. The potential benefit, of course, would be an extension of the time available for exploiting the technology by exporting."[3][7]

This short-term benefit might well prove illusory. The multinational firm has frequently made its initial entry into foreign markets on the basis of its superior technology. By reason of its foreign investments, the multinational corporation has been able to extend the useful life of its technologies beyond the time when its exports—because of cost considerations—would no longer be competitive.[38]

However, it is extremely important to understand that the cost of research and development done in the United States can only be justified when it is spread over the largest available market. The very high cost of bringing a new product on the market includes an almost unbelievably complex amount of testing to meet expanding U.S. Government requirements. Therefore, the development of technology in any industry must be based on world-wide use of the new innovation and not restricted to use in the United States. Any American company would pare down its research and development effort if the resulting new technology was not usable in other countries. Shipments of goods to the United States from plants abroad, using U.S. technology, are minimal. A restriction on the use of this technology abroad would hurt the U.S. economy and the U.S. worker, and would in no way change the present level of imports or the level of U.S. employment.[39]

F. The economic recovery of Europe and Japan has allowed these countries to acquire the capital resources necessary to foster their own research and development and innovate their technological breakthroughs. Although the dollar expenditures for research and development in the United States still exceed that of any other nation ($14 billion annually in the United States; $5 billion in Japan, and $5 billion in West Germany), research expenditures in this country have been declining as a percentage of gross national product. As a result, several countries are now devoting a greater percentage of their income for technological research than the United States industries. Western Europe has more scientists and engineers working on industrial research than we have.

The effect of this increased emphasis on research and development abroad is indicated by the fact that 45 percent of U.S. patent applications are now of foreign origin. It is not surprising then that the Germans invented the rotary engine, which may be destined to revolutionize the automotive industry; that the Italians invented the radial tire; that the French developed and put into operation transfer machines to improve the manufacturing efficiency and quality of motor vehicle engines and other mechanical components; and that the Japanese have been leaders in the adaptation of computer technology to automobile production.[40]

G. Experience with past efforts of nations to control the international flows of capital and technology indicate that it would not be possible to control the exports of technology. Such a measure would be administratively difficult to manage and would not operate effectively. Apart from the technical difficulties inherent in operating a program to control the export of technology, there are other problems which the critics of the multinational corporations have ignored in their discussions: First, no nation would abandon its national interests to enforce an unrealistic program dictated by the United States. Second, such controls would tend to undermine a principal rationale for the acceptance of U.S. investments by other nations. This in itself would deprive U.S. corporations of access to new technology in foreign countries. Third, since technology is little more than knowledge in the minds of other individuals, restraint might have to be placed on the movement of individual inventors and innovators.[41]

H. Finally, every study points out the fact that U.S.

exports of manufactured goods depend upon product differentiation, whereas other industrial nations rely on price differences to export.

As a result, once a U.S. product reaches the height of its maturity, foreign firms start to imitate and modify that product to meet local needs and produce it more cheaply because of lower research and development costs. Today the competitive life of U.S. products (because of research progress in Europe and Japan), is about one-half the product life of goods produced prior to World War II.[42]

It is almost impossible to quantify the relationship between direct investment abroad and the transfer of U.S. technology for the following reasons:

The interrelationship which exists among employment, trade, technology, and foreign direct investment is highly complex.

The limited data available upon which we can base any conclusion show that the export of technology has helped both the U.S. economy and the labor market.

Despite all allegations, one thing is clear: The multinational corporations are among the most important vehicles for the transfer of commercial technology both to and from the United States. They not only export technology but through acquisitions and mergers of hundreds of foreign firms they have acquired billions of dollars' worth of foreign technology.

If the United States is to maintain its technology lead, policies must be adopted to encourage and stimulate research and development in the private sector as a means of strengthening the international competitive position of American industry as well as improving the standard of living and the quality of life in America and the world.

EXHIBIT 4-1
United States Multinational Corporations:
Research and Development Expenditures
in Manufacturing, Home Country and Abroad, 1966
(millions of dollars and percentage)

		Expenditures		
Item	Total	Home Country	Abroad	% of Total Spent Abroad
All manufacturing	**8,124**	**7,598**	**526**	**6**
Food products	154	136	18	12
Paper and allied products	67	64	3	4
Chemicals	1,332	1,258	74	6
Rubber products	131	127	4	3
Primary and fabricated metals	322	312	10	3
Non-electrical machinery	833	743	90	11
Electrical machinery	1,917	1,814	103	5
Transportation equipment	2,671	2,537	134	5
Textiles and apparel	29	29	–	–
Lumber, wood and furniture	86	25	61	71
Printing and publishing	17	17	–	–
Stone, clay and glass	107	103	4	4
Instruments	393	372	21	5
Other	65	61	4	6

Source: Centre for Development Planning, Projections and Policies of the Department of Economic and Social Affairs of the United Nations Secretariat, based on United States Senate, Committee on Finance, *Implications of Multinational Firms for World Trade and Investment and for United States Trade and Labor* (Washington, D.C., 1973).

Notes

1. See Yvan Fabian, Alison Young. *R & D in OECD Member Countries: Trends and Objectives*. Paris, 1971.

2. Keith Pavitt. "Technology in Europe's Future" *Research Policy* I, August, 1972.

3. Foreign Trade and Investment Act of 1973, S 151 & H.R. 62, 93rd Congress, First Session, s 602 (a).

4. Mary Frances Teplin, "U.S. International Transactions in Royalties and Fees: Their Relationship to the Transfer of Technology," *Survey of Current Business*, Dec. 1973, p. 14.

5. Ibid., p. 16.

6. See Edward Dennison and Jean-Pierre Poullier, *Why Growth Rates Differ*, Washington, D.C., 1967.

7. Expenditures on research and development appear to be concentrated in a few firms. In 1964, out of 2,000 U.S. firms, 28 accounted for 63 percent of the total R & D. See O.E.C.D., *Gaps in Technology: General Report*, Paris, 1968, p. 15.

8. Keith Pavitt, "Technology, International Competition and Economic Growth," *World Politics*, January, 1973, p. 183.

9. *New York Times*, March 28, 1974, p. 67, col. 2.

10. Center of Multinational Studies, *The Benefits and Problems of Multinational Corporations*, December, 1972 (mimeographed copy).

11. See, for instance, O. M. Solandt, "Science, Policy and Canadian Manufacturing Industries," *The Canadian Forum*, Jan/Feb., 1972, p. 40.

12. According to Mansfield, estimated expenditures on R & D by American subsidiaries abroad amount to about only 4 percent of the corresponding expenditures made by parent companies at home. Edwin Mansfield, "The Multinational Firm and Technological Change" (mimeographed manuscript to be published in *The Multinational Enterprise and Economic Analysis*, ed. J. H. Dunning.)

13. *Policy Aspects of Foreign Investment by U.S. Multinational Corporations*, U.S. Department of Commerce, January, 1972, p. 30.

14. International Economic Sub-Committee of the Emergency Committee for American Trade, February, 1972, p. 42.

15. Senate Committee on Finance, February 21, 1973, p. 784.

16. U.S. Department of Commerce, op. cit., p. 31.

17. D. Keesing, "The Impact of Research and Development on United States' Trade," *Journal of Political Economy*, February, 1967, pp. 38-48.

18. M. Boretsky, "Concerns About the Present American Position in International Trade, *Technology and International Trade*, 1971, pp. 18-66.

19. R. Vernon, "International Investment and International Trade in the Product Cycle," *Quarterly Journal of Economics*, May, 1966, pp. 190-93.

20. Ibid., p. 200-205.

21. U.S. Tariff Commission, *Implications of Multinational Firms for World Trade and Investment and for U.S. Trade and Labor*, 93rd Congress, First Session, Washington, D.C., Feb., 1973, p. 604.

22. Ibid., p. 570.

23. Ibid., p. 578.

24. Ibid., p. 556.

25. Ibid., p. 557.

26. Manufacturing Chemists Association, *The Role of the Multinational Corporations in the Chemical Industry* (mimeograph), Dec. 31, 1972. Also reported in *Chemical Age*, Vol. 105, No. 2867, July 28, 1972.

27. William Gruber and Raymond Vernon, "The Technology Factor in a World Trade Matrix" *The Technology Factor in International Trade*, R. Vernon ed., New York, 1970, p. 235.

28. *IBM's Memorandum to Senator Abraham Ribicoff*, Chairman, Sub-Committee on International Trade, Committee on Finance, United States Senate, January 18, 1973.

29. American Federation of Labor, *An American Trade Union View of International Trade and Investment*, February 21, 1973, pp. 8-9.

30. U.S. Department of Commerce, op. cit., p. 33.

31. "Gaps in Technology: General Report," Organization for Economic Cooperation and Development, Paris, 1968.

32. U.S. Department of Commerce, op. cit., pp. 34-35.

33. J. Tilton, *International Diffusion of Technology: The Case of Semiconductors*, Brookings Institution, p. 66.

34. T. Ozawa, *Imitation, Innovation, and Japanese Exports in the Open Economy: Essays on International Trade and Finance* (Kenen and Lawrence, ed.) New York, Columbia University Press, 1968, p. 75.

35. U.S. Department of Commerce, op. cit., p. 34.

36. R. Hellmann, *The Challenge to U.S. Dominance of the International Corporation* New York, Dunellen, 1970, p. 60.

37. Memorandum for the Secretary of Commerce, by Assistant Secretary Harold B. Scot, January 10, 1972.

38. Ibid.

39. Statement to the International Trade Sub-Committee of the Senate Finance Committee by the Chairman of the Monsanto Company, December 31, 1972.

40. The National Association of Manufacturers, *U.S. Stake in World Trade: The Role of the Multinational Corporation*, New York, 1971, pp. 40-42.

41. The U.S. Department of Commerce, op. cit., p. 36.

42. R. B. Stobaugh, *The Product Life-Cycle of U.S. Exports and International Investment* (manuscript quoted by Senate Committee on Finance, February, 1973).

43. Ibid., p. 570.

5.
Multinationals
and the Tax Controversy

One of the more interesting questions raised by the rapid growth of the multinational corporations is the method by which income from foreign sources of these companies is taxed. The questions raised for economic policy by the functioning of the existing system of company taxation, or by the adoption of a new system, are complex and important. The interaction of the national systems of taxation have direct and indirect effects on the international flows of investment and trade.

The choice of a particular system of taxation in the past has, for the most part, been dictated by domestic policy considerations. Domestic policy considerations center on the issues of whether or not to tax retained profits, and how taxing retained profits more or less heavily than profits which are distributed as dividends will affect the level of capital formation and the allocation of funds for competing outlets of investment.

However, international considerations are playing an increasingly important role in influencing the systems of multinational taxation. International considerations center on the impact of the system of taxation upon the balance of capital transactions, upon the form taken by private direct and portfolio investment, and upon the government's share of revenue from international investment income.

The effective corporate tax rates of developed countries do not differ greatly, ranging from 35 percent for Japan to 50 percent for France and Canada (with the United States at 50 percent).[1] The system of taxation, however, varies from country to country with further differences in their practical application due to technicalities of law and administrative practices. The basic differences in the systems center on the distinction between retained and distributed profits and the degree of alleviation of economic double taxation.[2]

Foreign direct investment subjects the multinational corporation to taxation in the parent (home) country, and also in the host (source) country. Without some form of relief this potential of double taxation can prove a barrier to foreign investment. Therefore, many of the developed countries, such as the United States, provide relief from double taxation in the form of credits against domestic taxes for foreign taxes paid. The general U.S. policy has been to give credit up to the amount of the effective U.S. tax (50 percent) for foreign taxes paid on earnings from overseas subsidiaries to prevent the inequity of double taxation.

United States tax policies relating to foreign source income are the outgrowth of decades of experience and study. Many of the prior loopholes were corrected in the Revenue Act of 1962. The present application of the Revenue Code to U.S. multinational corporations' operations abroad has been coordinated with the tax systems through 23 effective tax treaties with various nations. (see Infra p. 160.)[3]

The basic concept behind U.S. taxation of foreign source

income is, with certain exceptions, that the United States has no jurisdiction to tax foreign corporations except on their income from sources within the United States or otherwise connected with United States activities. Multinational affiliates can operate abroad as branches or as subsidiaries. The principal advantage of operating in the form of a subsidiary is that its income from sources outside the United States generally is not subject to current U.S. taxation. This income becomes subject to U.S. tax only when, and if, it is paid to the parent U.S. corporation as a dividend, interest, or service charge, or is repatriated to the United States as the result of liquidation. Tax on income not repatriated is "deferred" until the income is returned to the parent corporation. Thus, retained earnings of a foreign subsidiary generally may be reinvested without diminution by reason of the imposition of U.S. tax.

The principal exception to the basic concept of deferral of subsidiary income is the "Subpart F" base company income of certain U.S.-controlled foreign base corporations which is taxed currently as the income of the United States shareholders as if it had been paid as a dividend. Subpart F, which came into the tax laws in the 1962 Revenue Act,[4] imposes this exception that, when a corporation is a "controlled foreign corporation" (C.F.C., at least 50 percent owned by U.S. shareholders with "deemed distributed foreign income") a pro rata portion of the undistributed earnings of the foreign base company is taxable to those of its U.S. shareholders owning 10 percent or more of its stock.[5] The purpose of Subpart F was to eliminate double taxation. Also, if the controlled foreign corporation has certain types of "tainted" income, the U.S. shareholders are taxed currently regardless of repatriation.[6]

The purpose of Subpart F was to eliminate "tax haven" abuse. Before 1962 it was alleged that foreign subsidiaries abused their deferral privileges by using the foreign company, in a low tax country, as a "base company" for the accumulation of profits that should have rightfully been taxed to the domestic parent.

The other main tax advantage of operating abroad in the form of a subsidiary as opposed to a branch only affects subsidiaries located in less developed countries. The parents of subsidiaries are entitled to a "deemed" credit for foreign tax against repatriated dividends. The formula for estimating this credit differs according to whether the corporation is in a less developed country, in which case the tax rate can be reduced to a maximum of 6 percent. This results from the calculation of the deemed paid foreign tax credit whereby subsidiaries in developed countries are required to "gross up" and subsidiaries in less developed countries are not. The latter are not required, under the United States Code, to include in their income the portion of foreign corporations' income required to pay foreign income tax, but are allowed an indirect foreign tax credit for such income taxes.[7]

Branches, on the other hand, are taxed in the same manner as domestic corporations but are allowed a "direct" tax credit for foreign taxes. The tax credit operates so that when the foreign tax is lower than the U.S. tax, the United States collects the difference. The principal advantage of operating abroad in the form of a branch is that losses incurred by the foreign operations can be offset against U.S. source income for purposes of determining tax liability. Operating losses of subsidiaries can only reduce U.S. income tax liability of the parent corporation when the subsidiary is liquidated or sold.

It is possible for U.S. multinational affiliates to take advantage of the tax benefits afforded to both branches and subsidiaries by opening as a branch which in the initial stages incurs a loss, and then once operating becomes profitable, incorporating.

It should be noted that those U.S. corporations which qualify under the Domestic International Sales Corporations (DISC) legislation of 1971 are not subject to the same U.S. taxation on earnings and profit as are other subsidiaries. To qualify as a DISC 95 percent of a corporation's gross receipts must consist of sales of U.S. export property and 95 percent of its assets must be qualified as export sales. DISCs may defer tax on half of their income, as compared to overseas subsidiaries producing the same goods abroad, which can defer U.S. tax on all their income. However, the reduction of the extent of deferral is offset by their being taxed at a 24 percent rate rather than 48 percent. They are also not subject to foreign taxes to the same extent as foreign operating subsidiaries.

The Burke-Hartke Bill, reintroduced on January 3, 1973, proposes five amendments to the present Internal Revenue Code concerning multinational corporations.[8] The purpose of this bill, according to Senator Hartke, "is to stem the outflow of U.S. capital, jobs, technology and production." The bill would amend the Subpart F provisions to apply generally so that the undistributed earnings of all U.S.-controlled foreign subsidiary corporations would be taxed currently as income to their U. S. shareholders. It would legislate deferral privileges for foreign subsidiaries out of existence. In the case of corporate stockholders, both forms of foreign tax credit would be replaced by deduction for foreign taxes paid. The net result would be that shareholders of all multinational affiliates would be taxed currently, and would only be allowed to take foreign taxes as a deduction.

The Treasury Department, representing the Administration's point of view, issued a memorandum on June 11, 1973, that opposed the Burke-Hartke amendments and generally supported the present law. The Administration believes that the tax system is generally fair, proposing tax changes relating to "foreign tax haven manufacturing corporations." The proposals attempt to supply some objective standards to support a grant of Treasury discretion in the proposed legislation relative to "tax holidays" and "runaway plants."[9]

The Administration would expand Subpart F in a limited way. United States shareholders would be taxed on undistributed foreign earnings if the controlled foreign corporation engaged in manufacturing or processing makes new or additional investment in countries allowing a "tax holiday" or if it is a "runaway plant." There has been an increasing tendency for countries to attract investment in manufacturing by providing tax "holidays" from their income tax. To the extent that this influences investment decisions, it causes tax distortions that the Administration believes should be neutralized.[10]

The Administration also believes that the United States should tax currently the income of a corporation that is taking advantage of lower tax rates on manufactured goods destined for the U.S. market. The "runaway plant" provision would apply to a U.S.-controlled foreign corporation that has more than 25 percent of its receipts from manufacture of goods destined for the United States and that is subject to a significantly lower tax rate.[11]

There are many objections to the Burke-Hartke proposal that eliminates deferral altogether. The multinational corporations contend that taxation of undistributed earnings of foreign subsidiaries would place an undue burden on the U.S. shareholders of foreign corporations as opposed to domestic corporations. Domestic corporations are taxed on their dividend income and not on their undistributed earnings. Elimination of deferral abridges the fundamental principle of taxing income only when it is realized by U.S. stockholders.

It is also argued that the foreign affiliate in a low-tax

country without deferral would be paying more net taxes than his foreign counterpart. This would clearly give the foreign counterpart a competitive advantage. The after-tax profit of the American-owned subsidiary would be lower than a foreign-owned firm, assuming the same sales and costs. As a result, U.S. common stock values would deteriorate as foreign stocks would stand to gain in preference.

The case against deferral also revolves around the principle of tax neutrality. Proponents of the Burke-Hartke Amendment which would eliminate deferral argue that deferral violates the principle of tax neutrality by favoring American investors who place their investments in a low tax country. The American investor who invests in a low tax rate country is privileged to the extent that more is available for reinvestment purposes than for domestic corporations.[12] The present law, according to Senator Hartke, amounts to an interest-free government loan which—because profits are not repatriated—amounts to an outright tax exemption. The tax laws should not artificially encourage or discourage foreign investments.[13]

It is argued by proponents of the Burke-Hartke Bill that deferral also violates tax neutrality in differentiating between a subsidiary and a branch. Multinational corporations can open branches in order to be able to deduct losses from domestic incomes. Then in later years branches incorporate to take advantage of deferral. Also, if a U.S. corporation conducts exploration and production activities for oil and minerals through a branch operating abroad, it can deduct intangible drilling expenditures or mine development expenses against its U.S. income and can also claim a percentage depletion on its income from production abroad.

In addition to the questions raised regarding domestic and international tax neutrality there are other important considerations brought to bear on the elimination of deferral as opposed to retaining or expanding the present law. The National Foreign Trade Council has estimated that were deferral privileges and tax credits abolished, multinational corporations in developed countries would be effectively taxed in the range of 71-77 percent, an average increase of nearly 50 percent.[14] The much higher rates of effective taxation would probably result in a substantial amount of disinvestment by multinational corporations presently operating abroad. Investment by American firms in developing countries, with their lower tax rates, would decline since the lower rate would no longer offer an advantage, and those countries might then increase their tax rates to United States levels. These changes would come precisely at a time when the multinational corporations have to expand in order to provide the country with much needed oil and raw materials.

Some constitutional lawyers believe that the amendments not only violate certain long-accepted principles, but they may be subject to constitutional objections based on *Eisner v. Macomber*[15] since they involve the taxing of one entity based upon the undistributed profits of the other. Furthermore, they abridge the fundamentally sound principle of taxing income only when it is realized. Undistributed earnings of controlled foreign corporations are not realized by the U.S. taxholders. The philosophy behind tax deferral law is that the country in which the income is earned has the primary right to tax it. Violation of this principle will play into the hands of the host countries and give them an excuse to levy more taxes on the foreign firms.[16]

To measure the aggregate national effects of tax change is admittedly a complex and controversial calculation, but the effects on individual corporations could be very easily calculated. They will be undoubtedly adverse; and this in itself would harm the economy as a whole.

The study on this subject by the American Cyanamid

Company indicates that the tax provisions of the Burke-Hartke Amendment would force it to withdraw from many foreign markets and to decrease exports by about 50 percent with a proportionate loss in domestic employment. The Bendix Corporation has declared that adoption of the Burke-Hartke amendments "would be extremely serious for the company, and that a significant share of their direct exports would not have been possible in the absence of their foreign investment base." Goodyear believes that "the tax provision alone of the Burke-Hartke Bill could seriously impair not only our foreign operations but also our domestic operations."[17]

On the other hand, additional arguments presented by the advocates of the Burke-Hartke amendments include:

A. The tax deferral provision in the present law is inconsistent with our national policies to discourage the flow of capital abroad. Examples of such policies are: controls on foreign direct investment, the interest equalization tax, the Federal Reserve limits on foreign loans by U.S. commercial banks. The rate of U.S. investment abroad is so large as to be a major concern. Direct foreign investment has averaged about $8 billion a year recently and now aggregates near $90 billion. Profits are close to $42 billion from output produced abroad of about $200 billion. U.S. taxes paid on foreign profits have been about 5 percent, or about $1 billion. These compare with domestic corporate investment in the United States of about $30 billion annually, domestic profits considerably under $100 billion, and U.S. manufactured exports of some $50 billion. Corporation taxes paid on domestic profits are in the magnitude of 40 percent or more even after the reduction for foreign tax credit.

B. The opponents of the Arabs and the multinational oil corporations allege that speculation against U.S. dollars comes from oil-rich countries and multinational corporations.

Time and the oil crisis proved that there was very little truth
to this allegation.

C. The Administration's proposals, according to Senator
Hartke, do virtually nothing to close lucrative tax loopholes
for the American-based multinational corporations. Despite
the President's assertion in his trade message that tax changes
will not solve our trade problems, taxation is a major part of
the problem.

D. Finally, advocates of the Burke-Hartke Bill argue that
substantial revenues could be raised by taxing earnings of
subsidiaries currently. Peggy Musgrave has estimated that the
privilege of deferral permits affiliates an annual tax saving of
about $900 million.[18]

It is submitted that tax considerations in the past have
been an important factor in corporate decisions to allocate
resources. However, they are seldom the dominant consideration. The elimination of deferral would alter this. The
elimination of deferral would place a very harsh tax burden
on the multinational corporations' investment decisions precisely at a time when the United States stands to gain from
international movements of trade and capital and is facing
the fast growing competition of foreign multinational corporations.

The Administration's proposals to extend Subpart F in a
limited way is also open to question. Subpart F was enacted
as a revenue measure and as a means of preventing tax
avoidance. However, as is noted by the Tariff Commission,
"it has not generated any significant revenue and its complex
provisions have produced a fruitless expenditure of business
and accounting time."[19] The Administration's position on
"tax holiday" incentives overlooks the fact that many foreign
countries grant incentives because they consider them appropriate. The proposal would penalize American investors in
those countries and encourage them to invest in high-tax

countries.[20] There are numerous political and technical problems regarding "tax havens" of the multinational corporations. They are caught in the web of labor union politics, Middle Eastern affairs, and multinational lobbying.

The tax incentives are defined too broadly. Once an American-owned enterprise is "tainted," its future earnings are taxed punitively.

The runaway plant proposal is also unrealistic because the proportion of United States' imports from U.S.-controlled foreign corporations has been estimated to be "quite nominal." The proposal would help insure that the control of foreign operations producing for the U.S. market would be under foreign ownership. If tax holidays and incentives distort economic decisions, the appropriate remedy would appear to be bilateral negotiations under GATT rules or treaty negotiations. The United States should not give up economic benefits available to U.S. investors without securing other inducements in the bargain.[21]

The second tax issue raised by the Burke-Hartke Bill is whether the foreign tax credit should be eliminated and be replaced by deductions. An important aspect of tax reform which the bill does not consider, as it eliminates the tax credit altogether, is that multinational corporations may use either a per-country or overall foreign tax credit. Specifically, the taxpayer may elect the "overall" or the "per country" limitation subject to the requirement of consistency once a choice of method is made. The overall limitation permits advantageous averaging of foreign tax rates. It permits tax credits that could not be used under the per-country limitation, encouraging multinational corporations into low-tax jurisdictions in order to spread foreign tax credits. Peggy Musgrave has estimated that the overall limitation constitutes a revenue loss of approximately $230 million.[22]

Senator Hartke has indicated that the amendment that would abolish the foreign tax credit system is open to compromise on the basis of double taxation. He has added, however, that credits should not be permitted for "tax havens" or low-tax foreign jurisdiction.[23]

The credit against U.S. taxes for foreign taxes paid in the source country where income is earned developed out of Congressional recognition of the unfairness and discrimination involved in double taxation of income. The Revenue Act of 1918[24] provided for a credit against U.S. taxes in the case of any "income, war profits and excess profits taxes." The 1921 Revenue Act[25] narrowed the scope of the tax credit by providing that the tax credit allowed could not exceed the total U.S. tax on all of the taxpayer's foreign income. The taxpayer could not use his foreign tax credits to offset income from U.S. operations. In 1932[26] the limitation was tightened to provide that the amount allowed as a credit for taxes paid to any one country could not exceed U.S. tax on income derived from that country.

In 1958 it was recognized that the per-country limitation could lead to double taxation. Accordingly there was established a two-year carryback and a five-year carryover of foreign taxes which cannot be used as a credit in a particular year.[27] In the 1962 Revenue Act it was provided that a domestic parent corporation must "gross up" the foreign tax paid by the subsidiary with respect to dividends repatriated, as well as the amount of the dividend itself.[28] This has the effect of increasing the amount of income taxed and was directed to reducing foreign direct investment.[29]

The Administration proposal would modify the present system under which the United States bears the cost during the loss years but receives none of the revenue during the profitable years. Where a U.S. taxpayer has deducted foreign losses against U.S. income, such losses would be taken into account to reduce the amount of foreign tax credit claimed by such a taxpayer on foreign earnings in later years.[30]

The proponents of the present law argue that foreign direct investment is beneficial to the United States. The Burke-Hartke proposal would substantially increase the tax cost of foreign investment, with the increase being proportional to the foreign tax rate. Consequently, U.S. corporations would be forced to reduce, and perhaps eliminate, their foreign direct investments. We do not know the repercussions of reduced foreign direct investment. Would domestic investments be increased? Would foreign tax systems be changed in recognition of the abolition of the foreign tax credit by the United States? Would other countries adopt similar measures resulting in reduced investments by their companies in the United States? Consequently it would be very unwise to take any action which hurts the American economic interests in the United States, Western Europe, and the developing nations.

The foreign tax credit serves a very important purpose. It prevents confiscatory taxation of foreign source income, as compared with the taxation of other kinds of income, and assures effective competition with foreign industry both at home and abroad. As mentioned above, replacement of the credit by a deduction, and elimination of deferral privileges, would increase the effective total tax rate on foreign earnings to over 70 percent.

Repeal of the credit, according to witnesses before the Ways and Means Committee of the House of Representatives, would curtail domestic employment, have an adverse effect on the balance of payments by decreasing foreign investments, invite possible retaliation, and require negotiations of treaties. It would defeat the principle of double taxation of foreign source income. Moreover, it would destroy a stable tax system which people have relied on for fifty years, the existence of which has contributed so much to the expansion of the American economy.

Those who compare foreign taxes to state taxes, and use the state tax system as an example, ignore important facts.

The state taxes are small; foreign taxes are high. Giving a credit for state income taxes would result in a state takeover of federal revenues. The credit for foreign income tax recognizes the proposition that the taxing jurisdiction of the taxpayer's nationality should forego its tax, where necessary, to avoid double tax on the same income. This is because the source country provides the primary governmental benefits required to earn the income; whereas, in the case of domestic companies, such benefits are jointly supplied by the state, local, and federal government. The state gives a credit for taxes paid in other states. This is a more comparable analogy than the federal allowance of a deduction for taxes paid to states.

The two limitations on foreign tax credit, according to the multinational corporations and some economic analysts, are essential to the survival of American investments abroad: the "overall" to assure that the host countries do not increase their tax rates; and the "per country" to prevent losses in one country from spilling over to reduce the credit for taxes actually paid to another.

"The tax credit mechanism is nearly universal. The few countries which don't use it, as France and The Netherlands, levy no taxes on income earned abroad by their nationals."[31]

Senator Hartke and Congressman Burke, in support of their bill, present the following arguments:

A. Foreign investments export jobs from the United States and should therefore be discouraged. The tax credit has been responsible for the loss of jobs. Foreign tax credits in 1970 amounted to about $4 billion and represent a substantial concession to foreign investments.

B. The tax credit for foreign taxes contrasts with a deduction for state and local taxes. Why should a dollar in state taxes save the corporation 48 cents in U.S. taxes while a dollar in foreign taxes saves a full dollar of U.S. taxes?

C. The full credit has encouraged foreign governments to increase the tax rate on U.S. corporations, thus transferring revenues from the U.S. Treasury to their own.

D. "A practical tax credit," contends Senator Hartke, "would recognize that in many ways the United States does provide benefits to the foreign investments of its nationals. It would prevent preemptions by foreign governments of the U.S. ability to tax the profits of nationals from foreign investment. It would also give U.S. corporations, which are parents of foreign subsidiaries, a stake in keeping foreign income taxes down to reasonable levels."[32]

The third major tax provision of the Burke-Hartke Bill is the imposition of straight-line depreciation on subsidiaries. Under the present law, accelerated methods of depreciation such as double declining balance or sum of the years' digits may be used for property outside the United States. Branches and subsidiaries are permitted to take the depreciation allowance they are entitled to in the source country. Burke-Hartke would limit "any property which either is located outside the United States or is used predominantly outside the United States (to) an allowance computed under the straight line method on the basis of the useful life of the property in the hands of the taxpayer" in the case of a branch and would limit the depreciation allowance to straight-line in calculating earnings and profits of a subsidiary.[33]

Senator Hartke argues that rapid depreciation has been a significant factor in the imbalance of the current economic expansion. Its use for foreign investment adds to inflationary pressures encouraging a boom in business investment in machinery. It also is an excessive incentive toward foreign direct investment.[34]

The multinational corporations argue that the present system should be continued because foreign investments tend to carry more risk than domestic investments and should be written off before they are nationalized or confiscated. Furthermore, the laws of many countries permit faster write-offs than the United States. For instance, in the United Kingdom approximately 94 percent of a capital investment may be recovered in the first year as compared with only approximately 19 percent in the United States. In five years 99 percent can be recovered in the United Kingdom, whereas only 58 percent can be recovered in the United States. West Germany, France, Italy, and Canada also have comparably high capital recovery rates.[35]

It is submitted that the imposition of a straight-line depreciation would be very damaging to multinational subsidiaries placing them at a severe disadvantage in high-tax countries. Foreign multinational corporations already have a significant advantage over U.S. multinational corporations in their present respective depreciation allowances. Imposition of the straight-line depreciation would be punitive to U.S. foreign direct investors and would weaken the U.S. position in international trade.

The fourth tax amendment of the Burke-Hartke is the technology control provision. The proposal would recognize as ordinary income the transfer of technology in reorganizations by corporations. This "runs counter to the very idea of corporate reorganization which is that there is not more than a formal change in the original investment involved."[36]

Finally the Burke-Hartke Bill would repeal the law which permits a tax exemption to individual American citizens who work and earn incomes outside the United States. Under the present law, any U.S. citizen who is a bona fide resident of, or present for 17 of 18 months in foreign countries may be excluded from U.S. income tax. This exclusion is limited to $25,00 after three years of bona fide residence, and $20,000 in other cases.[37]

Senator Hartke would like to terminate this foreign earned income exclusion clause.

The Administration and opponents of the Hartke amendment believe that termination of the present law is against the national interests. The reasons cited are:

A. This law is an incentive for Americans to work abroad and transfer their savings to the United States.
B. It helps the job market in this country.
C. The United States benefits, both politically and economically, from having trained American citizens stationed abroad.
D. Individual income tax rates are often high abroad and little U.S. revenue would be realized with or without the exclusion.
E. Employees abroad often face high living costs, high indirect foreign taxes, additional costs of schooling, housing, and travel. The earned income exclusion can be justified as compensation for these factors and hardships which they endure.
F. Because of inflation adjustments in the exclusion limits should be raised and not lowered.
G. Elimination of the exclusion would force the industry to hire foreign nationals.[38]

The Burke-Hartke Bill received some attention especially from the labor unions. There have been long hearings on the bill both at the Senate Committee on Finance and the Ways and Means Committee of the House of Representatives. But so far, because of strong opposition by members of Congress, the press, and the business community, no action has been taken. The reason given by analysts and the Congressional Research Service is that the bill's approach is not realistic. It ignores the fact that a host of reasons influence any particular firm to invest abroad.

One major reason for foreign investment is the unavailability of certain natural resources and agricultural products in the United States. Investments abroad in petroleum, woodpulp, bauxite, iron ore, nickel, copper, uranium, and tropical fruits are essential to the well-being of this country and hardly anybody has expressed opposition to this kind of investment.

However, there is some controversy over the non-manufacturing or service sectors. The multinational corporations contend that services such as banking, advertising, packaging, and engineering can neither be exported from the United States nor imported back to this country and, therefore, should be excluded from the debate.

Labor is not in total agreement and contends that tax privileges encourage the transfer of American technology to a foreign manufacturing plant and thus help to erode the U.S. position in foreign trade. Furthermore, labor asserts that any investment abroad is a drain on domestic capital in the United States.

A survey of multinational firms by business study groups refutes both Senator Hartke's claims and labor's contentions. Tax incentives, according to the surveys, have never been a major factor. In most developed countries tax rates are roughly equivalent of the U.S. corporate rate. Special tax incentives for the initial investment exist only in a few countries, such as Luxembourg and Ireland, which do not, however, attract the bulk of U.S. investment in manufacturing.

In a statement before the Senate Finance Committee, the chairman of the Xerox Corporation presented the following arguments in opposition to the Burke-Hartke Bill:

"Protectionists assert that a principal reason for multinational corporation is the avoidance of taxes. Indeed, the tax provisions of the Burke-Hartke Bill are premised upon this assertion. This premise is simply not true."

A thorough study shows that in order to avoid the double taxation of income earned abroad most industrial nations have adopted one of two systems. One is to exempt foreign income from home country taxes while the other is to allow a credit for foreign taxes paid. The United States along with Canada, Germany, Japan, Mexico, and the United Kingdom have adopted the latter system. The credit is limited to the U.S. income tax liability associated with the foreign source income thereby insuring that the total tax burden will be the higher of either the U.S. or foreign tax on income.

In the case of Xerox this system has resulted in a total tax burden on its overseas earnings of 50.2 percent which is substantially equivalent to the U.S. tax rate upon purely domestic operations.

Under the Burke-Hartke amendment Xerox's tax would have been 75 percent or 50 percent more than the burden upon domestic operations. "This result would not only make it virtually impossible for U.S.-based corporations to compete in foreign markets, it would make it economically unattractive for them to even attempt to do so."[39]

The Emergency Committee for American Trade in a statement declared: "The notion that foreign investment is motivated by tax loopholes and foreign tax shelters is as erroneous as the notion that U.S. firms locate overseas to take advantage of lower labor rates."[40]

"Sufficient detailed analysis of the adverse consequence of the tax provisions of legislation along the lines of the 1972 Foreign Trade and Investment Bill has been made by knowledgeable authorities to establish that U.S. firms are not motivated by tax advantage—under either U.S. or foreign law—in making foreign investment, that U.S. tax revenues from foreign subsidiaries would be lost, in whole or part, rather than re-derived from substitute domestic operations; and that repatriated foreign earnings pay their full share of the tax bill of U.S. multinational corporations on a tax neutral basis."[41]

Thus, the proposed imposition of current tax on overseas earnings would cripple corporate operations by compelling the payment of dividends, thereby depriving the subsidiary of the multinationals abroad of capital for expansion and competition.

Similarly the proposal by Senator Hartke to repeal the foreign credit would involve a return to double taxation. Not only would this place American multinational corporations at a disadvantage with respect to their foreign competitors, it would constitute the abandonment of reciprocal tax agreements with other countries. "To prohibit U.S. citizens and corporations by domestic law from benefitting from these provisions would constitute a unique example of unilateral yielding of equitable U.S. tax treatment for individuals and firms while maintaining those advantages for foreign firms and individuals investing in the United States."[42]

An international comparison of total tax burden on foreign investment answers the question whether foreign direct investment provides U.S. multinational corporations with gaping tax loopholes. Such a comparison has been made by the National Trade Council and refutes the notion that foreign investment is motivated by the desire to avoid high domestic taxes.

The following figures show the current effective tax rates on income earned by wholly-owned manufacturing subsidiaries operating in selected countries with substantial U.S. investment.

The National Foreign Trade Council's comparison shows that the heaviest tax burden of all—56.2 percent vs. 50.9 percent in the United States, results from investment in

Canada where the book value of U.S. manufacturing investment is more than twice as high as in any other country and
almost as much as total investments in Western Europe. The

United States	50.9%
Canada	56.2%
France	51.2%
Germany	48.8%
Italy	53.9%
Japan	47.8%
Mexico	48.5%
Netherlands	48.6%
United Kingdom	50% in 1973
Brazil	30% plus other taxes on earnings
Columbia	40% plus other taxes on earnings
Venezuela	Progressive to 50%
Saudi Arabia	50%
Belgium	40%
Iran	50%[43]

average of total tax burdens of U.S.-owned foreign subsidiaries in the above countries compared, weighted by book
value of United States manufacturing investments in 1970, is
51.1 percent, which is slightly higher than the U.S. corporate
tax, counting both Federal and average state income taxes as
reduced by the Federal income tax deduction. Even where
the tax is lower, as in Germany and Japan, the differences are
too small to constitute significant motivation for foreign
investment.[44]

Furthermore, the small differences are offset by the
general inclination of other countries to apply higher indirect
taxes than prevail in the United States. This is an element of
taxation not included in the above comparison. The following comparison shows the percentage of indirect tax revenue
levied in different countries:

United States	30.4%	Japan	39.6%
Canada	48.4%	Mexico	N/A
France	42.9%	Netherlands	29.6%
Germany	39.4%	United Kingdom	47.2%[45]
Italy	41.3%		

Of the eight foreign countries mentioned above, and of 43 countries ranked according to the percentage of tax revenues from indirect taxes, only the Netherlands has a lower percentage than the United States. These fact comparisons of income tax rates hardly support the claim that the multinational corporations invest abroad because of low tax rates.

Even though U.S. Federal tax liabilities are reduced by the foreign tax credit, multinational corporations, both American and foreign-owned, pay billions of dollars to state and local authorities in the United States as well as abroad. A survey by the National Association of Manufacturers indicates that 83 multinational companies, which earned $18.3 billion before taxes, on sales of $152 billion, paid $8.5 billion or about 46 percent of their income in taxes.[46]

Finally, the Burke-Hartke tax proposals to eliminate the present system create a new situation by abrogating double taxation treaties signed by the United States with the following nations:[47]

Australia	1953	Luxembourg	1964
Austria	1957	Netherlands	1947
Belgium	1953	New Zealand	1951
Canada	1941	Norway	1951
Denmark	1948	Pakistan	1959
Finland	1971	South Africa	1946
France	1945	Sweden	1940
West Germany	1954	Switzerland	1951
Greece	1953	Trinidad&	1970
Ireland	1951	Tabago	
Italy	1956	United Kingdom	1945
Japan	1955		

The present U.S. tax, according to many impartial studies, reflects a very complex and complicated situation and it is in the best interest of the United States to continue the present arrangement and allow American industry to compete successfully in foreign markets by foreign investments as well as by exports. Congress in 1961 and 1962 held lengthy hearings on taxation of foreign source income and concluded then that the United States must continue to encourage U.S. direct foreign investments. This is even more true today as foreign competition has greatly increased.

The issue is not one of merely closing "tax loopholes." Many that may have existed were closed in 1962. Rather, at stake are tax issues of fundamental importance to both the United States and the international economy.

The possibility, submitted by the proponents of change, that up to $3.5 billion in additional tax revenue could be gained cannot be supported and documented on the basis of the data and models now available; the proponents of the change clearly have the burden of proof that substantial losses would not outweigh the gains sought. "The revenue gain might, as suggested above, prove illusory in the long run, as the income being taxed dried up under competitive pressure." [48]

Notes

1. Report of the President's Task Force on Business Taxation, September, 1970, p. 41.

2. For a concise exposition of the corporate tax systems of the OECD countries see *Company Tax Systems in OECD Member Countries*, Organization for Economic Cooperation and Development, Paris, 1973.

3. Tariff Commission, 1973, p. 896.

4. Internal Revenue Code, Section 952.

5. Exceptions to Subpart F occur in the case of certain corporations in less developed countries, corporations involved in exporting, and where a C.F.C. has agreed to repatriate as dividends an amount sufficient to bring its foreign and domestic tax up to 90 percent of the taxes that would have been paid were it a domestic corporation. See I.R.C. of 1954, Section 5.

6. "Tainted" income includes income from the sale of goods which are either purchased from or sold to a related party; income from services performed by the foreign corporation for or on behalf of a related party; and "foreign personal

holding company income"—income from the sale or exchange of stock or securities, or income from dividends, interest, rents, or royalties. See I.R.C., 1954, Section 954 (c), (d), (e).

7. The deemed credit is calculated by multiplying the foreign income taxes paid by a fraction: The numerator is the dividend paid to the parent; the denominator in developed countries is the amount of accumulated earnings after the payment of foreign taxes; the denominator in less developed countries is the amount of total accumulated earnings prior to payment of foreign taxes. The credit is then grossed up (added to the dividend actually sent back) in developed countries, and not grossed up for less developed countries. The credit (and the dividend actually repatriated) is then multiplied by the prevailing U.S. tax rate. The credit is then subtracted from the resulting figure, giving the final tax liability of the parent. See I.R.C. of 1954, Sections 901, 902.

8. Burke-Hartke (H.R. 62 and S. 151), Sections 102-105. The Burke-Hartke amendments would legislate: (1) the deferral privilege out of existence, (2) the repeal of the foreign tax credit, (3) affiliates to use the straight line method of depreciation only, (4) recognition of all gains realized by a parent from the transfer of patents and copyrights to affiliates, and (5) the repeal of Section 911 of the Internal Revenue Code which permits American citizens—residents abroad for at least 17 months—to be exempt from federal tax up to $20,000 of foreign earned income.

9. Committee on Ways and Means, U.S. House of Representatives, *Multinationals: Perspectives on Trade and Taxes*; 93rd Congress, First Session, July, 1973, p. 2.

10. Ibid., p. 3.

11. Ibid., p. 3.

12. See L. Krause and K. Dam, *Federal Tax Treatment of Foreign Income*, Brookings, 1964, pp. 56-62.

13. Committee on Ways and Means, op. cit., p. 6.

14. Derived from *Economic Implications of Proposed Changes in the Taxation of U.S. Investments Abroad*, National Foreign Trade Council, June, 1972, p. 12.

15. 252 U.S., 189.

16. Committee on Ways and Means, op. cit., pp. 4, 5.

17. Center for Multinational Studies *The Benefits and Problems of Multinational Corporations*, December 26, 1972. (Manuscript submitted to the Senate Committee on Finance.)

18. Musgrave, "Tax Preferences to Foreign Investment," in *The Economics of Federal Subsidy Programs*, Joint Economic Committee, 92nd Congress, Second Session, 1972.

19. Committee on Finance, United States Senate, "Implications of Multinational Firms for World Trade and Investment and for U.S. Trade and Labor," 93rd Congress, First Session, February, 1973, p. 905.

20. Committee on Ways and Means, July, 1973, op. cit., p. 5.

21. Ibid., p. 5.

22. Op. cit., p. 188.

23. Stated in a speech to the Board of Governors, Electronic Industries Association, January 26, 1973.

24. 40 Stat. 1057, ch. 18, sections 222, 238.

25. 43 Stat. 227, ch. 136, sections 222 (a) (5) and 228 (a).

26. 47 Stat. 169, ch. 209, section 131 (b) (1).

27. Internal Revenue Code of 1954, section 904 (e).

28. 76 Stat. 960, amending Internal Revenue Code of 1958, sections 78, 902.

29. Tariff Commission, 1973, op. cit., pp. 874, 875.

30. Committee on Ways and Means, op. cit., p. 7.

31. Ibid., pp. 8-9.

32. Statement by Senator Hartke before the Ways and Means Committee, July, 1973.

33. Burke-Hartke, Section 104. See B. Fisher, "The Multinationals and the Crisis in United States Trade and Investment Policy," 53 *Boston University Law Review* 308, 1973, p. 352.

34. House Ways and Means Committee, op. cit., p. 11.

35. Derived from Supporting Testimony by Dr. Pierre Rinfret, Rinfret-Boston Associates, Inc. offered to the House Committee on Ways and Means, Hearings on Tax Reform, Feb. 7, 1973.

36. B. Fisher, op. cit., p. 353.

37. Committee on Ways and Means, op. cit., p. 12.

38. Ibid.

39. "The Multinational Corporations," statement before Subcommittee on International Trade Committee on Finance, U.S. Senate (file copy, manuscript), February 21, 1973.

40. The Emergency Committee for American Trade, 1972.

41. *New Proposals for Taxing Foreign Income*, National Association of Manufacturers, December, 1972.

42. Ibid.

43. "Economic Implications of proposed change in the taxation of U.S. Investment Abroad," National Foreign Trade Council publication, June 1972, as quoted in the Report of the Committee on Finance, U.S. Senate, February, 1973.

44. Ibid.

45. *Financial Times*, London, April 13, 1972.

46. National Association of Manufacturers, *New Proposals for Taxing Foreign Income*, New York, 1972.

47. Tariff Commission 1973, op. cit., p. 896.

48. For further information, see Peggy Musgrave, *Tax Preferences to Foreign Investment*, Joint Economic Committee: The Economic of Federal Subsidy Program, Part II, *International Subsidies*, Government Printing Office, Washington, D.C., June 1972. Also statements by Dr. N. R. Danielian, before the Joint Economic Committee, July 31, 1972.

6.
The Impact of the Multinational Corporations on the United States Balance of Payments

The United States balance of payments has registered a deficit in almost every year since 1950 regardless of the type of measurement used. This fact has occasioned a great deal of analysis and research. Some experts focus on the trade account, others on the world monetary problems, inflation, the government sector, or the capital account. In this past year the balance of payments problem has taken on added dimension due to the world energy shortage and rising costs of raw materials.

Multinational corporations, prime movers of private capital, have concurrently come under closer scrutiny. The multinational corporations are the main agents of foreign direct investment. This capital outflow, for accounting purposes, is a debit item in the balance of payments, that includes money spent on corporate capital stock, bond purchases, plant purchases, and similar investment.

In the early 1960s the United States direct investment abroad was increasing rapidly, and more than doubled between 1962 and 1965. The deteriorating balance of payments at that time led to voluntary investment controls, which, it was assumed, would have a favorable impact on the United States' payment position. In 1968 controls on such capital outflows were made mandatory and continued to be mandatory until February 1974. Investment controls have encouraged affiliates abroad to reinvest their earnings without repatriation and have greatly increased foreign borrowing. This, of course, is not reflected in the balance of payments.

A cursory glance at foreign direct investment as a debit item on the balance of payments (see Exhibit 6-1) fails to take into account many positive and negative effects ascribed to this capital outlay. In a broad sense foreign direct investment has been a major factor in the economic growth of the world, making available not only capital but also technology and managerial skills. The United States, in turn, receives raw materials, remitted earnings, and an increased export demand. However, opinions vary greatly in the weighing of the costs and benefits of multinational direct investment.

Direct investment by the United States multinational corporations abroad affects the balance of payments in the following manner.

1. There are a variety of trade flows generated by U.S. direct investment abroad. There may be exports of capital equipment, raw materials or semiprocessed goods, and finished goods. The presence of U.S.-based affiliates may also indirectly stimulate demand for American products. On the other hand, U.S. exports may be displaced and imports from affiliates into the United States may replace formerly U.S.-produced goods.
2. There is usually an initial outflow of capital from the parent company, although in recent years funds have been increasingly obtained abroad. The direct investment then generates a stream of earnings in subsequent years in the form of dividends, interest, and branch profits. There may be other remittances such as royalties and fees for the use of patents and managerial services.
3. Other items on the balance of payments may be affected, such as

travel, transportation, interest payments on foreign borrowings, and other services related to foreign investment. These items are relatively small compared to the above trade and capital flows.

It is often overlooked that foreign multinational corporations have direct investments in the United States that also affect the balance of payments. This will be discussed subsequently in this chapter.

One other potential impact of the multinational corporations on the balance of payments is the short-term capital funds that multinational corporations move across international boundaries. Varying interest rates and exchange rates have made international monetary management a source of potential profit or loss in itself. Unfortunately, the balance of payments impact of multinational short-term capital movements have largely resisted quantification.

The Effect of Direct Investment on the Trade Account

On the positive side, it is submitted that direct investment stimulates the demand for exports of capital goods, exports for further processing, and the resale of finished products. The demand for exports of capital goods appears to be the least tenable benefit. Initially an affiliate may purchase capital goods from the parent corporation, but once it becomes established, it usually either purchases such equipment from third countries or manufactures it locally.[1] Exports for further processing are a more convincing benefit, particularly in the automotive industry. The most significant demand for exports by affiliates is for resales without further manufacture.

A study by Business International of 133 United States corporations found that between 1960 and 1972 exports to affiliates increased 484 percent as compared to a 154 percent increase in total U.S. exports of nonagricultural goods. Exports for further processing rose to $2.7 billion in 1972 while exports of finished products to affiliates rose to $4.4 billion.[2]

In the aggregate U.S. merchandise exports shipped to majority-owned affiliates of U.S. multinational corporations increased from $7.8 billion in 1966 to $13.0 billion, in 1970, an average annual gain of 13.5 percent. U.S. imports from such affiliates rose from $5.8 billion in 1966 to $10.9 in 1970, an average annual gain of 17.2 percent. In 1966 exports to U.S. affiliates accounted for 26.7 percent of all U.S. merchandise exports, rising to 31.0 percent in 1970 (see Exhibit 6-4 at end of chapter).

On the other hand, the overall effect of U.S. corporate foreign direct investment, it may be argued, is negative in terms of the balance of trade. Negative factors to be considered include U.S. imports from United States affiliates abroad, exports of affiliates to third countries, the affiliates' sales in local markets abroad that displace U.S. exports and the narrowing of the U.S. comparative advantage through the diffusion of managerial and technical know-how.

A complete assessment of the multinational corporations' effect on U.S. exports and imports would entail estimating trade flows that would have occurred if the multinationals' foreign affiliates did not exist. The principal difficulty facing all analysts is that it is impossible to know exactly what would happen if the United States firms did not make direct investments abroad. It is an open question subject to somewhat futile theorizing. It can be assumed at one extreme that the United States would export all the goods that the multinational affiliates now provide the world markets. At the other extreme, it can be assumed that foreign competitors closer to markets and with a cheaper supply of labor would have preempted the markets. The truth probably lies somewhere in the middle.

The Effect of Direct Investment on the Capital Account

Initially, when a United States parent company is setting up a branch or a subsidiary abroad, there is usually a large outlay of capital from the parent. Later on the investment in different countries is financed in large part out of funds obtained abroad or from revenues of the affiliates. In subsequent years there is a return flow of income to the parent company in the form of dividends or remitted earnings. And there may also be other types of income payments, such as dividends, royalties, and fees. Thus, the multinational affiliate, even if it were a negative factor on the balance of trade, may be a positive factor on the balance of payments if it repatriates enough earnings from abroad.

According to Professor Jack N. Behrman, a former Assistant Secretary of Commerce, the receipts of the multinational corporations normally pay for the initial capital outflow in the balance of payments within about two years.[3] It is estimated that more than $6 billion was returned to parent corporations in the United States in the forms of interest, dividends, and branch earnings in 1970, and that such earnings may amount to over $17 billion by 1975.[4] In 1970 the long-term capital outflows that go toward setting up and financing affiliates were $4.4 billion, and was down to $3.3 billion in 1972.[5] The multinational corporations, by repatriating their earnings, and by fairly paying taxes, thus can generate a positive effect on the balance of payments.

The question asked by many analysts is how long a period of time elapses between the initial outflow of capital and a positive return on capital investment registers on the balance of payments. Again this depends on the assumptions made. That is, whether the investment abroad supplements or substitutes for investment by foreign firms, and whether investment abroad does or does not reduce domestic investment. A study by Professors G. C. Hufbauer and F. M. Adler for the Department of the Treasury present the following assumptions:

1. U.S. investment abroad adds to capital formation in the host country—that is, it supplements rival foreign investment—while at home it adds to some capital formation.
2. U.S. investment abroad does not change total capital formation either in the host country or in the United States. It then substitutes rival foreign investment and leaves domestic investment unchanged.
3. U.S. investment abroad adds to capital formation abroad, but leaves domestic investment unchanged.[6]

The results depend considerably upon the initial assumptions made. However, in general, it may be stated that time is the essential factor. In the short run, direct investment is a negative factor in the balance of payments. In the longer run, the results of direct investment will have a positive effect on the balance of payments.[7]

The deterioration in the United States balance of payments since 1950 has raised the question of whether the capital outflow caused by multinational corporations has contributed to the deterioration, or whether it has helped save it from complete collapse. Particularly since the Foreign Direct Investment Regulations (FDIR) affected mandatory controls in 1968 extensive theoretical and empirical research has been directed toward this issue.

However, intensive analysis of this nature overlooks the major causes of the United States balance of payments deficits. Although the United States' balance of payments had been slowly losing ground through the 1950s, much of the deficit at that time was attributed to the dollar becoming a reserve currency. By 1960 the deficit was significant enough to call into question international confidence in the dollar. As was concisely stated in a Fairleigh Dickinson

University study in 1963, the new dimension added to the balance of payments difficulties was the heavy unilateral transfers by the government of the United States "composed largely of military expenditures abroad and economic and military grant assistance to foreign countries."[8]

Basically, the situation was brought about by a belief on the part of the policy makers in Washington that the economic and financial resources of the United States were inexhaustible. This belief has been shared and encouraged by successive administrations, regardless of political affiliation. Half-hearted attempts have been made by different administrations to remedy the chronic deficit with few long-term results.

There is also the temptation on the part of many to look to the private sector of the economy to solve the problem, while it is the government itself which must bear the primary responsibility. Initially the United States provided aid to rebuild the war-torn nations of World War II on a grant basis rather than in repayable loans. Even when the foreign aid program was on a loan basis currency devaluations could circumvent genuine repayment.[9] Secondly, the United States undertook the maintenance of troops and the dispatching of military equipment to foreign countries, which became an automatic guarantee to financial prosperity to those countries providing a surplus in their balance of payments and a deficit in the United States account. Finally, the growing cost of the Vietnam War, compounded by the inflationary spiral, assured the United States its present problems in balancing the accounts.

The United States "basic" balance of payments, which includes long-term capital in addition to the current account, indicates that the private sector has been in surplus in every year since 1950. Merchandise trade was in surplus from 1950 until 1970, registered a deficit in 1971 and 1972, and again was in surplus in 1973. Private services have been in surplus since 1950 increasing to over a $6 billion surplus in 1973, reflecting the substantially higher profits of the U.S. firms abroad. The government sector, on the other hand, has been running a deficit of around $7 billion every year since 1967 and has continuously been in deficit since 1950.[10]

Even the "liquidity" balance of payments, which includes U.S. monetary reserve assets and liquid liabilities, shows that the private sector has been in near balance from 1960 until 1969 and again in 1973. In a very real sense, then, the United States has a continuing balance of payments deficit because administrations have chosen to continue the mistakes of their predecessors.

Beginning in 1968, however, the deteriorating situation began to reach crisis proportions and in the first two quarters of 1971 it was in large part responsible for the destruction of the Bretton Woods monetary system. The causes of collapse were many and the roots can be traced to the many years of unlimited spending for foreign aid, the Vietnam War, inflation, the structural decline in the relative position of U.S. agricultural commodities and industrial goods, other military expenditures overseas, and, finally, the loss of confidence in the managers of the United States economy in Washington.

The unstable condition of the economy and the Administration's blundering and muddling encouraged the rapid outflow of capital. Many Europeans who hoped that the Nixon Administration would curb inflation and would create an environment favorable to investment in the United States (after 1970) started to withdraw their funds from U.S. security markets in response to the Nixon recession and sharp decline in stock prices. They were followed by many Americans who exported their capital in search of more attractive rates of return abroad and repayment of Euro-dollar debts.

Offsetting the rise in capital-outflow and government

spending overseas since 1969, has been the rapid increase in remitted earnings from multinational corporations as well as fees and royalties. The remitted earnings, fees, dividends, and royalties grew rapidly from $2.9 billion in 1960 to over $10.3 billion in 1971 and to $12.4 billion in 1972. As a result, the capital generated from our foreign direct investments abroad has now replaced the balance of trade as the single most important positive contributor to our balance of payments.

American direct investments abroad rose from a book value of a $31.9 billion at the end of 1960 to $94.3 billion by the end of 1972, spread throughout the world but concentrated most heavily in Canada and Western Europe (see Supra p. 61). This enormous expansion was financed by $25.2 billion of reinvestment of foreign earnings and $36.9 billion of direct investment capital outflows by U.S. multinational corporations from 1961 to 1972 inclusive.[11]

These capital outflows, however, were more than counterbalanced by the income on U.S. direct investments and the acquisition of more than $3 billion by sales of securities abroad. From 1961 through 1972 U.S. direct investors received $61.5 billion in interest, dividends, and branch earnings, and further $14.6 billion in direct investment fees and royalties. This amounted to balance of payments receipts of $76.1 billion in the same period compared with $33.9 billion of capital outflows for a net balance of payments advantage to the United States of $42.2 billion.

In 1972 net capital outflows were only $3.4 billion and earnings returned to the United States amounted to $12.4 billion. Thus, in 1972, while the country had a deficit of balance of payments in almost every account, the multinational corporations produced a surplus of $9 billion.

"Beyond the income and capital outflow statistics there is

the important contribution of direct investment to the merchandise trade balance of multinational firms." The U.S. Department of Commerce conducted a survey of direct investment of 3,000 multinational corporations for the year 1966. The results indicated that 23,000 affiliates of multinational corporations in 1966 sold $5.9 billion in the United States but at the same time bought $7.8 billion from their parents in this country. More significantly as the total figures include imports of petroleum and minerals from affiliates, U.S. sales by manufacturing affiliates totaled "$2.7 billion and U.S. exports to them $5.3 billion, for a $2.6 billion surplus in 1966." [12]

The 1973 Tariff Commission Report indicates that for the years 1966 and 1970 the multinational corporations were highly important in maintaining a merchandise trade surplus (especially in 1970), and a large and growing surplus on the private services account (principally from income on U.S. direct investment abroad) (see Exhibits, pp. 198-99). The surplus on the current account generated by the multinational corporations more than compensated for the net outflow of long-term and nonliquid short-term capital in both years. Of the $4.1 billion surplus on identifiable private transactions in 1966, almost $3.2 billion resulted from the operations of the multinational corporations. In 1970 the multinational corporations generated surplus on identifiable transactions had grown to $5.8 billion, while the balance for the aggregate private sector declined to $3.4 billion, indicating a steep decline and a negative balance for the nonmultinational portion of the private sector.[13]

Another factor distorts the quantitative measurement of the manufacturing affiliates' trade balance; the United States-Canadian Automobile Agreement of 1966 has resulted in an excess of U.S. imports of automotive supplies and automobiles from Canada over exports. This, of course, is included in the special survey in the accounts of the U.S. auto manufacturers. The "free trade" in automobile and parts between the United States and Canada is a special case, since the agreement was reached with the accord of both industry and labor in the two countries. "Removing exports and imports to and from Canadian transportation industry manufacturing affiliates, 1970 United States' sales by affiliates were $2.4 billion; U.S. exports to affiliates in Canada were $6.2 billion, and the adjusted multinational corporations trade balance was a surplus of $3.8 billion for the special survey MNC surplus including the remaining, smaller direct investors, the total trade surplus of multinational corporations in 1970 was well over $4 billion." [1 4]

The direct investment of the United States corporations overseas often takes the form of export of capital equipment needed in the new productive facilities. It also includes export of capital equipment for replacement purposes. A Department of Commerce report shows that, in some cases, the foreign affiliates purchase United States equipment because it is supplied directly by the parent company, but more often it is purchased from other U.S. suppliers for reasons of cost, quality, or familiarity. [1 5]

The practice of U.S. affiliates to buy U.S. capital equipment varies by region, being particularly low in Europe, where alternative sources of supply are usually available, and much higher in Latin America and other less-developed countries, where the equipment is often not produced locally. There is also variation by industry, with affiliates needing advanced technology equipment more likely to buy in the United States than those using simpler equipment that is widely produced. Where the purchases are made also depends at times on the source of financing. Capital equipment is commonly bought on medium- and long-term credit, and when such credit is obtained abroad it is likely to be tied to sales of local products. Since the adoption early in 1965 of Commerce's voluntary restraint program covering foreign direct investments, U.S. firms have resorted to large-scale foreign borrowing, long-term as well as short-term, to finance their operations abroad.[16]

A large part of multinational corporations' exports to foreign affiliates consists of raw materials or semimanufactured goods, such as parts and components, intended for further processing or assembly. In 1965, such exports alone amounted to $1,728 million or about one-third of total United States exports to the affiliates. Of this amount, $1,497 million went to manufacturing plants abroad and $231 million to non-manufacturing affiliates.[17]

Unlike capital equipment, parts and components are often produced by the parent companies, who therefore have direct interest in selling them to their foreign affiliates. Indeed, such sales are one of the factors considered in setting up production facilities abroad.

Exports of goods for further processing are highly concentrated. Nearly half of the reported total went to automotive plants abroad, mainly in Canada, and most of the rest went to affiliates in the machinery, chemicals, and rubber products industries. Four U.S. firms accounted for half of the total, whereas 105 parents did not report any such exports. Goods for further processing are more likely to be bought from the parent companies by affiliates located in areas where the United States has a dominant or long-established trading position such as Latin America and Canada and by affiliates in less-developed areas than by affiliates located in Western Europe where parts and components are more readily available. There are also differences between industries, some requiring highly specialized parts and components available only from the parents and others using more standardized goods that are widely available.

In general, according to a study by the Department of Commerce, U.S. affiliates abroad are more likely to obtain from the United States the goods they need for further processing than are their counterpart local firms. To this extent, foreign direct investment increases U.S. exports. However, it seems likely that this advantage diminishes with the passage of time and that the buying practices of U.S. affiliates generally tend to become more like those of local firms, particularly where cost considerations favor purchase outside of the United States.[18]

Foreign affiliates also act as sales agents for the parent corporations. United States exports of finished manufactured goods intended for resale amounted to $2,247 million in 1965, and about 44 percent of total exports to foreign affiliates. It is rather interesting that more than 50 percent of the exports went to affiliates engaged solely in manufacturing than in trade or distribution. Another $273 million in finished manufactured exports were sold through the affiliates on a commission basis.[19]

The above facts and figures are the convincing evidence that multinational corporations and their affiliates play a great role not only in selling American products all over the world but also contribute annually billions of dollars to the deteriorating balance of payments.

Multinational corporations also serve U.S. exports indirectly. The presence of the American corporations abroad creates foreign interest and awareness of American products, thereby leading to greater demand for goods made in the United States as well as for goods made abroad by the U.S. affiliates. Such awareness and interest may affect sales of products quite unrelated to those handled by the multinational corporations.

While it is very difficult to assess the impact of the indirect influence of the multinationals, businessmen generally attribute considerable importance to it and economists have often stressed the income effects of foreign direct investment. Such investment it is held, expands directly and indirectly the economic base and increases local incomes, thereby creating a greater demand for products from other countries, including the United States. This argument has much validity for investment in developing nations. Investments in these areas usually increase national product, employment, income, purchasing power and imports of goods from the parent countries. With respect to investments in developed areas like Canada, Japan, and Western Europe, the consequences may have been different, if there were enough local funds to provide for needed investments. However, in view of the enormous amounts of the multinational corporations' capital, and technology available, and the dire need in Western Europe, Japan and Canada for all the investments and technology which they used to help build up the industrial sector, direct investment was essential to their development. "It is probable, therefore that, U.S. investment in these areas has significantly raised their national incomes and thereby led to increased purchases from the United States. The effects on the United States exports cannot be estimated with any precision although they are probably substantial." [20]

Contrary to the above analysis the opponents argue that production abroad by affiliates of the multinational corporations may displace similar goods that would otherwise have been exported directly from the United States. Much foreign investment is undertaken because lower wage rates abroad promise higher profit margins. The result is an export of capital, jobs, and technology at the expense of U.S. economy and trade balance.

The Department of Commerce disagrees with the displacement theory and states that the extent to which such export displacement actually occurs is a controversial matter. "On one hand, it is asserted that there is little displacement of U.S. exports by the output of foreign affiliates. U.S. companies set up production facilities abroad, in this view, only when they are on the verge of losing their export market anyway. If they do not produce the goods abroad, non-U.S. firms would do so and the United States would lose both the exports and the income. Foreign direct investment is regarded as 'defensive' in the sense of being aimed at the retention of foreign markets."[2][1]

An intermediate position taken by some analysts is that there is no doubt that some displacement of U.S. exports takes place as a result of certain types of investment abroad but only for a limited period of time. Hence, while U.S. investment abroad may displace U.S. exports for a time, it will in the end preserve foreign markets for U.S. goods, and exports lost will be more than offset in the long run by earnings from the investments and by U.S. exports that are stimulated by such investment.

Judgment on these matters depends largely on the assumptions made about substitution possibilities. The proponents of the classical theory of Hufbauer and Adler argue that American investment abroad increases capital in the foreign countries and decreases funds for investment at home. Because of the additional production abroad, the United States exports decline and unemployment increases.

The followers of the reverse classical theory minimize the export displacement argument and contend that investment abroad merely substitutes for investment that would otherwise be undertaken by foreign corporations, and that net capital formation is not changed either at home or abroad. On these assumptions, U.S. exports will be equally displaced by investment of non-U.S. firms if U.S. corporations do not undertake such investment abroad. The most realistic assumptions undoubtedly lie somewhere between the two extremes but opinions differ as to precisely where.

Both groups, however, agree that the assumption concerning displacement of exports applies only to investment in manufacturing. Foreign direct investment of other types, such as mining, petroleum, utilities, or trade, is not likely to displace U.S. exports significantly.

It is surprising that in all the debates regarding multinational corporations no mention has been made of foreign direct investment in the United States. The rapid growth in the international operations of U.S. multinational corporations has been paralleled by growth in foreign direct investment in the United States. Such investment increased from $6.9 billion in 1960 to $14.4 billion in 1972 (Exhibits 2-3, 2-4). Foreign investment in U.S. manufacturing industries rose from $2.6 billion in 1960 to $7.2 billion in 1972.

Responding to the attractiveness of U.S. stock prices, the two devaluations of the dollar, the relatively lower rate of inflation here than in the other major industrial countries, less U.S. dependence on outside oil than in Western Europe and Japan, foreign direct and portfolio investment in the United States has increased substantially in 1972 and 1973.

The developed countries of Western Europe and Canada were responsible for virtually all of the $14.4 billion in direct investment in the United States at year's end 1972. The breakdown of foreign investment in the United States by nationality of ownership has remained almost static since 1962, with United Kingdom investors holding 32 to 33 percent of the total, followed by Canadians with 25 to 27 percent, Dutch with 14 to 16 percent, Swiss with around 11 percent, other Europeans with 11 to 14 percent, and all other investors with 2 to 4 percent. Although the total book value of Japanese foreign investment in the United States still is insignificant, the Japanese invested almost $100 million in the United States in 1972, 14 percent of the 1972 increase.

The sectoral pattern of foreign investment in the United States has shown a significant shift away from insurance and finance to greater emphasis on manufacturing and petroleum. The manufacturing share increased from 38 percent at the end of 1962 to 50 percent at the end of 1972, while petroleum showed smaller growth, increasing from 18 percent to 23 percent.[22]

The direct investment in the insurance and finance sector fell from 25 percent a decade ago to 17 percent by the close of 1972, with the other sector dropping from 18 percent to 10 percent during this period. Sectoral investment patterns vary significantly among countries. The Swiss, Canadians, and other Europeans tend to invest heavily in manufacturing, while Dutch investments are largest in the petroleum sector. The United Kingdom has a more balanced investment posture, with holdings divided more evenly among the manufacturing, finance and insurance, and petroleum sectors.

During the last five years, stocks have been the preferred portfolio instrument of foreign investors. Although stocks still account for the majority of foreign investment in the United States, their relative importance declined from 50 percent of the total foreign investment at the close of 1960 to 46 percent at year's end 1972.

Another popular investment by foreigners has been in bonds, whose shares increased from 3 percent in 1960 to 18 percent in 1972. Two-thirds of the portfolio investment in the United States has been undertaken by Europeans, with Canadians responsible for an additional 9 to 12 percent, Latin Americans 9 to 11 percent, and Middle Eastern investors for the remaining 8 to 17 percent.

In the case of stocks, Europeans were responsible for 70 percent, Canadians for 14 percent, Latin Americans for 11 percent, and Middle Easterners for 7 percent at the end of 1972.

The energy crisis makes it very difficult to forecast the near term future for foreign investments in the United States. However, in the absence of major changes in the factors attracting foreign investments to the United States in 1973, it is likely that both direct and portfolio investment in the United States will continue to grow. The dollar devaluation and inflation in Western Europe and Japan will continue to make both direct and portfolio investment in the United States attractive.[23]

The growth in the United States activities of foreign controlled multinational corporations offers further confirmation of the following two points:

1. The flow of capital, technology, and other resources associated with foreign direct investment is a two-way street. U.S. firms, for example, control only about 60 percent of the total foreign assets of all multinational corporations.[24]

2. Low wage rates are not a major factor in the majority of foreign investment decisions. In this connection, it is interesting to note that some Japanese corporations are now building manufacturing plants in the U.S. market to produce products previously exported to the United States.

Finally, the pattern of growing foreign direct investment in the United States dramatizes the constantly changing character of the market place and overriding importance of market demands in foreign investment decision.[25]

A survey of several American multinational corporations concerning the balance of payments, reveals the following facts:

1. IBM's balance of trade in manufactured goods—exports minus imports—rose from $52 million in 1960 to $277 million in 1970.

In a period of ten years between 1962 to 1971, IBM's contribution to the United States balance of payments exceeded $3.7 billion. In 1971 alone, IBM contributed $765 million to the U.S. balance of payments. Approximately two-thirds of this amount represented the return on IBM's overseas investments in the form of dividends and royalty payments; most of the remainder was accounted for by IBM's export trade.[26]

2. The American tire industry's contribution to the balance of payments of the United States between 1964 and 1971 amounted to $2.6 billion. Fifty percent of this sum came from the royalties, dividends and fees of the investments in the foreign countries.[27]

3. The automobile industry's record of the balance of payments has not been as favorable as other industries. The value of the exports of cars from the United States to other countries has changed very little in the past two decades while other car-producing countries such as Japan and Germany have increased their exports to the United States tenfold. The result has been a decline from a $1 billion surplus in 1951 to $2 billion deficit in 1971. The only favorable market for American automobile industry is Canada. This is a special relationship resulting from the 1965 Automotive Products Trade Act. The Act provides for duty-free trade by manufacturers between the two nations in vehicles and components. U.S. motor vehicle manufacturers have been able to integrate the operations of their Canadian subsidiaries with their own U.S. operations in order to achieve production specialization.[28]

4. Xerox's contribution to the U.S. balance of payments between 1967-71 was $370.5 million. The 1971 contribution alone amounted to $109.4 million. Export sales to Xerox foreign affiliates constituted the major single portion of Xerox's positive balance of payments contribution with

export revenues during the 1967-71 period totaling $223 million, or 48 percent of the total inflow. Dividends from foreign affiliates amounted to $134.4 million, or 29 percent for the period 1967-71. Income from interest, royalties, and fees exceeded $111 million, or 23 percent of the total.

Xerox's capital outflows during 1967-71, totaled $98.2 million, or less than 21 percent of the total receipts from the affiliates and other customers.

The compound growth of Xerox's international activities has been very fast. Net income from international operations has grown from 18 percent of consolidated corporate income in 1967 to 43 percent in 1971 and 47 percent for 1972.

This performance has enabled Xerox to finance a major portion of its overseas activities from overseas income. As a result, only 14 percent of Xerox's current total permanent overseas investment represents capital transferred from this country. At the same time Xerox has repatriated over one-half its earnings from its international affiliates.

Xerox also claims that overseas investment has not been at the expense of domestic investment. Domestic manufacturing comprised two-thirds of the Xerox worldwide total in both 1967 and 1972, even though, during that period, domestic and foreign expansion experienced a compound growth rate of approximately 11 percent per year.

"What Xerox has experienced is, in effect, an accelerating growth spiral; that is, foreign investment raises foreign demand, which raises exports, which increases both domestic jobs, and foreign earnings which raises foreign investments."[29]

5. The Kennecott Corporation in response to an inquiry of the Subcommittee on International Trade, stated that a narrow spirit of isolationism in regard to multinational corporations seems unwise in view of the realities that this country depends so much on the outside world for raw

materials. Multinational corporations have not only increased world production and trade but they "give the United States an assured flow of critical materials in time of war or crisis which might not be the case if development were left to others."

The multinational corporations, according to the Kennecott Corporation, also have furnished the strongest element in this country's foreign accounts, whether we look at the performance of individual industries, or at the awesome statistics as recorded for the entire economy by the Department of Commerce. In the decade 1961-70, net capital outflows of the mining and smelting industry ran to about $2 billion. But receipts from abroad, including dividends, interest and branch profits, ran to $4.8 billion. Net contribution of the mining and smelting industry to the balance of payments was, therefore, close to $3 billion.

This contribution is the more impressive when we consider where mining investments are made. The chief threat to the dollar of recent years has come from Western Europe. But little mining investment is made in Europe for the good reason that nature has deposited useful minerals in Canada, South America, the Middle East, Africa, Asia, and Australia.[30]

6. The case of Clark Equipment Company merits special study and scrutiny. It shows very clearly how multinational corporations can serve both the exports and the balance of payments of the United States.

In 1950 total export sales of the Clark Equipment Company amounted to $5 million. Export sales from the U.S. plants in 1971 surpassed $85 million, but total consolidated sales of the parent company to its foreign affiliates in that year reached $741.5 million. Consolidated overseas sales of the subsidiaries accounted for 29 percent of the total sales, or $218 million. For 1972 the total sales both inside and outside the United States amounted to $900 million, of which $267 million, or 30 percent, came from the overseas sales.

As to the contribution of Clark's operations overseas to the balance of payments funds flowing from these operations, they totaled $629 million in the ten-year period 1962-71, while funds flowing from the United States totaled $122 million, a net inflow of $507 million. Almost $250 million of this total inflow was recorded during the last three years. "Not only have these funds helped the overall U.S. trade balance, but they have helped support Clark's domestic growth, contributed to the new product development programs, expanded production, and created jobs in Clark's domestic plants as well as overseas."

Between the years 1962 and 1971, Clark has invested some $68 million overseas, or an average of just over $6 million per year. Domestic investment during the same period totaled $208 million.[31]

7. The chemical industry's contribution to the United States balance of payments has been very positive. According to the Bureau of Census of the Department of Commerce, the 1972 foreign trade surplus of the industry approximated $2 billion, and the industry has provided a trade surplus of $19 billion over the past ten years.[32]

Overall investment income from U.S. direct investment abroad increased from $5.4 billion in 1966 to $9.46 billion in 1971.[33]

Furthermore, this investment income has exceeded U.S. capital outflows associated with chemical investment abroad. In 1966, U.S. direct investments abroad in chemicals and related products amounted to $3.7 billion.[34] This amount increased to $4.5 billion in 1971. In 1971, when U.S. recorded a trade deficit of over $2 billion, investment income far exceeded direct investment outflow and contributed a positive $4.7 billion to the balance of payments.

A special survey of international economic activities of some 298 U.S. multinational companies includes forty-one companies that manufacture and sell chemicals and allied products show that in 1970 investment in foreign affiliates approximated $2.6 billion. The resulting data are believed to be representative of the U.S. chemical industry.

According to the Department of Commerce Survey, U.S. merchandise exports of these chemical companies rose from over $1.5 billion in 1966 to over $2 billion in 1970.[35] During the same period, U.S. merchandise imports of these companies rose from $664 million to only $788 million. Thus, the trade surplus of these chemical companies increased from about $800 million to about $1.2 billion during this five-year period, a margin of about $400 million.[36]

The multinational chemical companies, according to the Manufacturing Chemists Association, in 1966 exported $1,560 million in merchandise, 41 percent of which went to majority owned affiliates.

Of the $633 million of merchandise shipped to foreign affiliates in 1966, $316 million was intended for resale (which can be attributable in part to the establishment of a stronger marketing effort resulting from the existence of the affiliates), $53 million of which was in the nature of capital equipment for use by the affiliates and $265 million of which was in the nature of products which required further processing. The comparable 1970 figures were $749 million worth of merchandise shipped to majority-owned foreign affiliates, $440 million of which was for resale and $283 million of which was intended for further processing.[37]

Imports into the United States of products made by foreign affiliates is relatively small and is hardly indicative of any desire to supply the U.S. market from abroad. In 1966, the net sales of goods and services of these majority-owned affiliates of U.S. chemical companies was $5,143 million, of which $123 million came from sales to the U.S. In 1970, the comparable figures were $7,875 million in net sales, of which only $169 million was derived from sales to the United States.

Net returns from the chemical industry from overseas, after taxes, each year have always exceeded capital outflow. From 1966 to 1970, the income received by U.S. chemical companies from their foreign affiliations increased from $312 million to $462 million. In 1966 the chemical industry's contribution to balance of payments was $604 million, but in 1971 it was close to $1.7 billion.[3][8]

8. The Eaton Corporation, responding to some questions concerning its international activities, has submitted the following summary of its activities for the twelve-year period commencing 1960:

In 1960, Eaton's worldwide net sales totaled $391 million. Of this amount, $21.5 million represented export sales from the United States. Approximately 1,500 men in the United States were responsible for the production of $21.5 million in exports. In 1961, Eaton decided to expand its world trade and establish affiliates abroad.

By 1966 net worldwide sales were up 124 percent to $878 million, of which $42 million represented export sales from the United States. At that time, in spite of a significant increase in direct foreign investments of some $30 million, Eaton was maintaining reasonable job parity as between domestic and foreign employments.

Eaton has, moreover, made a significant contribution to the U.S. balance of payments. Since 1960, Eaton has spent or invested $130 million in overseas business operations, from which it has recovered $544 million in trade dollars, dividends, royalties, and other payments.

On a flow-of-funds basis, Eaton's outflow has thus been

$130 million compared with an inflow of $544 million, resulting in a net favorable contribution of $414 million to the U.S. balance of payments. These funds have played an important role in expansion of Eaton's production, supplying of capital and equipment to support the competitiveness of domestic jobs.[39]

Eaton's overseas operations import $17 million in goods each year from U.S. corporations. This is in addition to Eaton's own 1971 exports of $74 million. On the import side of Eaton's total $11.6 million in imports to the United States in 1971, only $646,000 were from its own affiliates abroad.

9. Monsanto Corporation, in answer to the question why the U.S. needs strong multinational companies, stated:

The world chemical industry includes a large number of multinational corporations with only three of the first ten located in the United States:

U.S.	Foreign	1971 Sales ($ millions)
Dupont		3,848
	I.C.I. (United Kingdom	3,733
	Hoechst (Germany)	3,665
	Montedison (Italy)	3,460
Union Carbide		3,038
	BASF (Germany)	2,948
	Bayer (Germany)	2,928
	AKZO (Netherlands)	2,314
	Rhone-Poulenc (France)	2,191
Monsanto		2,087

All the foreign firms are strongly competitive, and have foreign operations which make them truly multinational. Most of them are owned or controlled to a major degree by the national governments and in all cases are an integral part of the planned economies which are common to all major industrial countries except the United States.

Multinational corporations are now being charged with causing the problems that a number of them warned about and worked hard to avoid. Many of those who opposed

multinationals in the public forums helped create the very
conditions about which they are concerned. While agreeing
for the most part with the analysis of U.S. trade problems, it
is wrong to blame the multinational corporations for the
nation's woes. Destruction of the multinational corporations
would not solve any problem, but would damage American
exports and create more trade and balance of payments
deficit.[40]

The U.S. Chamber of Commerce, in a survey of sixty-four
multinational corporations, recently reported the following
points:

While U.S. multinational corporations have expanded both
exports and imports rapidly and substantially, they are
making a major contribution to export development, enjoy a
growing balance of payments and trade surplus, and have,
accordingly, increased their U.S. employment more rapidly
than the national average.

First of all, multinational corporations have broadened
their surplus of exports over imports in the face of serious
weakness in the American trade position.

Second, this strong balance of payments and trade surplus
has been accomplished despite the presence of severe inflationary trends which make U.S. products less competitive in
the world market. It can only be assumed that with a
reduction in the rate of inflation this multinational trade and
balance of payments surplus will be further enlarged.

Third, the rate of expansion in exports and imports has
been more rapid among smaller multinational corporations,
strengthening the belief that larger companies underwent
internationalization earlier and most of this longer-term shift
has already occurred.

Fourth, even multinational corporations that have added
most substantially to their imports have in the aggregate

shown no decline in U.S. employment, but, quite the contrary, have added substantially to domestic job levels. In general U.S. multinational firms have been conspicuously absent from those industries that have experienced a weakening in international competitiveness, negative trade balances, and declining U.S. employment levels.

Fifth, American affiliates abroad sell 92 percent of their production in other countries and only 8 percent in the United States. When cars shipped from affiliates in Canada are excluded, affiliate exports to the United States are exceedingly modest (4.2 percent of total sales).

Sixth, while imports from affiliates have represented an enlarged part of total U.S. imports, all of this proportionate gain has been contributed by Canadian cars. If Canadian motor vehicles are excluded, U.S. imports from affiliates have actually declined slightly as a proportion of total imports.[41]

Exhibit 6-1
U.S. International Transactions: 1960 to 1972
[In millions of dollars. Minus sign (−) denotes debits]

Type of Transaction	1960	1965	1968	1969	1970	1971	1972*
Exports of goods and services[1]	27,490	39,408	50,603	55,502	62,870	66,150	73,546
Merchandise, adjusted, excluding military[2]	19,650	26,438	33,576	36,417	41,963	42,787	48,840
Transfers under U.S. military agency sales contracts	335	830	1,392	1,512	1,478	1,922	1,166
Travel and transportation	2,701	3,795	4,723	5,170	5,946	6,165	7,134
Miscellaneous services	865	1,253	1,679	1,864	2,057	2,378	2,614
Income on U.S. investments abroad[3]	3,939	7,092	9,233	10,539	11,426	12,898	13,792
Imports of goods and services	−23,383	−32,310	−48,178	−53,591	−59,307	−65,400	−77,765
Merchandise, adjusted, excluding military[2]	−14,744	−21,496	−32,964	−35,796	−39,799	−45,453	−55,656
Direct defense expenditures	−3,087	−2,952	−4,535	−4,856	−4,852	−4,816	−4,707
Travel and transportation	−3,665	−5,113	−6,288	−6,954	−8,007	−8,597	−9,717
Miscellaneous services	−789	−952	−1,377	−1,422	−1,484	−1,630	−1,796
Income on foreign investments in the U.S.[3]	−1,098	−1,797	−3,013	−4,564	−5,167	−4,903	−5,889
Unilateral transfers (excl. military grants), net	−2,292	−2,835	−2,909	−2,946	−3,207	−3,574	−3,764
U.S. Government capital flows, net	−1,104	−1,598	−2,268	−2,193	−1,584	−1,892	−1,581
Loans and other long-term assets	−1,213	−2,454	−3,714	−3,477	−3,287	−4,178	−3,815
Foreign currencies and other short-term assets, net	−528	−16	62	89	−16	182	163
Repayments on credit[4]	637	872	1,383	1,195	1,718	2,104	2,071
U.S. private capital flows, net	−3,878	−3,793	−5,383	−5,424	−6,886	−9,781	−8,339
Direct investments abroad[3]	−1,674	−3,468	−3,209	−3,254	−4,400	−4,765	−3,339
Foreign securities	−663	−759	−1,226	−1,494	−942	−909	−619
Claims reported by U.S. banks:							
Long-term	−153	−232	358	317	175	−565	−1,250
Short-term	−995	325	−105	−867	−1,122	−2,373	−2,263
Claims reported by U.S. nonbanking concerns:							
Long-term	−40	−88	−220	−424	−586	−109	−219

Type of Transaction	1960	1965	1968	1969	1970	1971	1972
Foreign capital flows, net	**2,120**	**383**	**9,414**	**12,309**	**5,945**	**22,485**	**20,967**
U.S. Government nonliquid liabilities to other than foreign official reserve agencies	215	66	110	267	-433	-486	214
Other foreign private capital:							
Direct investments in the United States[3]	141	57	319	832	1,030	-67	322
U.S. securities other than Treasury issues	282	-357	4,389	3,112	2,190	2,282	4,502
Other long-term, reported by U.S. banks and nonbanking concerns	7	270	787	861	1,135	303	562
Short-term, reported by U.S. nonbanking concerns	-91	149	759	91	902	-24	139
Long-term, reported by U.S. banks	–	–	–	–	–	-249	148
U.S. liquid liabilities to private foreigners	308	131	3,809	8,662	-6,240	-6,691	4,816
U.S. liquid liabilities to foreign official agencies	1,258	-18	-3,101	-517	7,637	27,615	9,676
Other readily marketable liabilities to foreign official agencies[5]	–	-38	534	-836	-810	-539	400
Nonliquid liabilities to foreign official reserve agencies reported by U.S. Government	–	123	1,806	-162	535	341	189
Transactions in U.S. official reserve assets, net	2,145	1,222	-880	-1,187	2,477	2,348	32
Allocations of special drawing rights (SDR)	–	–	–	–	867	717	710
Errors and omissions, net	-1,098	-477	-399	-2,470	-1,174	-11,054	-3,806

Source: U.S. Bureau of Economic Analysis, Survey of Current Business, June 1972 and March 1973.
* Preliminary.
– Represents normal zero.
1. Excludes transfers of goods and services under U.S. military grant programs.
2. Excludes exports of goods under U.S. military agency sales contracts identified in Census export documents, and imports of goods included under direct defense expenditures identified in Census import documents, and reflects various other balance-of-payments adjustments (for valuation, coverage, and timing) to Census statistics.
3. Excludes reinvested earnings of foreign incorporated affiliates of U.S. firms of U.S. incorporated affiliates of foreign firms.
4. Includes sales of foreign obligations to foreigners.
5. Includes changes in nonliquid liabilities reported by U.S. banks and in investments by foreign official agencies in debt securities of U.S. Government corporations and agencies, private corporations, and State and local governments.

Exhibit 6-2
U.S. Basic Balance by Area, 1972*
(in billions U.S. dollars)

	Global†	EC	Japan	Canada	Other Developed	Developing Countries	Communist Countries	International Organizations and Unallocated
Trade								
Exports	48.8	11.8	5.0	12.6	4.6	13.9	0.9	—
Imports	-55.7	-12.6	-9.1	-14.4	-4.4	-14.8	-0.4	—
Net Trade	-6.9	-0.8	-4.1	-1.8	0.3	-0.9	0.5	—
Services (non-Military)								
Investment Income Receipts	10.8	2.0	0.4	2.0	1.0	4.9	—	0.5
Investment Income Payments	-5.7	-2.7	-0.9	-0.6	-1.0	-0.3	—	-0.2
Net Investment Income	5.1	-0.7	-0.5	1.4	**	4.6	—	0.3
Travel Income	3.4	0.5	0.2	1.0	0.3	1.4	**	**
Travel Expenditures	-6.4	-1.8	-0.2	-1.0	-1.1	-2.2	**	**
Net Travel	-3.0	-1.3	—	—	-0.8	-0.8	—	—
Royalties and Fees Net	2.8	0.8	0.4	0.4	0.4	0.8	—	—
Other Services and Private Remittances								
Net	-0.6	-0.2	0.2	-0.3	-0.3	-0.1	0.1	-0.2
Net Non-Military Services Balance	4.3	-1.4	0.1	1.5	-0.7	4.5	0.1	0.1
Government (Military and Foreign Aid)								
Military Sales	1.2	0.3	**	**	0.2	0.6	—	—
Military Expenditures	-4.7	-1.9	-0.8	-0.2	-0.3	-1.5	—	—
Net Military	-3.5	-1.6	-0.7	-0.2	-0.1	-0.9	—	—
Government Grants (excluding military)	-2.2	—	**	—	—	-1.9	—	-0.3
Government Long-Term Capital Flows	-1.3	**	**	—	-0.1	-1.1	-0.1	-0.1
Net Foreign Aid	-3.5	**	**	—	-0.1	-3.0	-0.1	-0.4
Net Government	-7.0	-1.5	-0.6	-0.2	-0.2	-3.9	-0.1	-0.4

	Global†	EC	Japan	Canada	Other Developed	Developing Countries	Communist Countries	International Organizations and Unallocated
Private Long-Term Capital								
U.S. Direct Investment Abroad	-3.4	-1.0	-0.2	-0.4	-0.5	-0.9	**	-0.4
Foreign Direct Investment in U.S.	0.2	-0.1	**	0.1	0.1	**	**	**
Net Portfolio Investments	3.7	3.0	0.2	-0.7	1.3	-0.2	**	0.2
Other Long-Term Private Capital	-0.7	0.1	0.3	-0.2	**	-1.1	**	**
Net Long-Term Private Capital Flows.	-0.2	2.0	0.3	-1.1	1.0	-2.2	**	-0.1
Basic Balance	-9.8	-1.7	-4.3	-1.6	-0.3	-2.5	0.4	-0.4

Source: Council of Economic Advisors *International Economic Report of the President* 1974. p 96.
* May not add due to rounding.
† Global data are preliminary and other estimates.
** Less than $50,000,000.

Exhibit 6-3
U.S. Basic Balance by Area, 1973*
(in billions U.S. dollars)

	Global	EC	Japan	Canada	Other Developed	Developing Countries	Communist Countries	International Organizations and Unallocated
Trade								
Exports	69.9	16.7	8.4	15.4	6.7	20.0	2.7	—
Imports	−69.1	−15.4	−9.7	−17.2	−5.8	−20.4	−0.6	—
Net Trade	0.8	1.3	−1.3	−1.8	0.9	−0.4	2.1	—
Services (Non-Military)								
Investment Income Receipts	16.2	3.0	0.7	2.5	1.4	8.1	**	0.5
Investment Income Payments	−8.6	−4.2	−1.1	−0.8	−1.7	−0.6	**	−0.2
Net Investment Income	7.6	−1.2	−0.4	1.7	−0.3	7.5	**	0.3
Travel Income	4.2	0.7	0.4	1.1	0.4	1.6	**	**
Travel Expenditures	−7.0	−2.1	−0.2	−1.1	−1.1	−2.3	−0.1	−0.1
Net Travel	−2.8	−1.4	0.2	**	−0.7	−0.7	−0.1	−0.1
Royalties and Fees Net	3.2	1.2	0.5	0.4	0.4	0.7	**	—
Other Services and Private Remittances Net	−1.5	−0.2	0.1	−0.3	−0.2	−0.6	**	−0.3
Net Non-Military Services Balance	6.5	−1.6	0.4	1.8	−0.8	6.9	−0.1	−0.1
Government (Military and Foreign Aid)								
Military Sales	2.2	0.4	**	0.1	0.4	1.3	—	—
Military Expenditures	−4.6	−2.2	−0.8	−0.2	−0.3	−1.1	—	—
Net Military	−2.4	−1.8	−0.8	−0.1	0.1	0.2	—	—
Government Grants (excluding military)	−2.2	**	—	—	—	−2.0	—	−0.2
Government Long-Term Capital Flows	−1.6	**	0.6	—	−0.1	−1.6	−0.4	−0.1
Net Foreign Aid	−3.8	**	0.5	—	−0.1	−3.6	−0.4	−0.3
Net Government	−6.2	−1.8	−0.2	−0.1	—	−3.4	−0.4	−0.3

	Global	EC	Japan	Canada	Other Developed	Developing Countries	Communist Countries	International Organizations and Unallocated
Private Long-Term Capital								
U.S. Direct Investment Abroad	-4.0	-2.1	-0.1	-0.3	-0.5	-0.7	**	-0.3
Foreign Direct Investment in U.S.	1.9	0.8	0.2	0.1	0.2	0.6	**	**
Net Portfolio Investments	3.8	1.6	0.7	-0.2	1.3	**	**	0.4
Other Long-Term Private Capital	-0.8	**	0.3	-0.1	**	-0.7	-0.3	**
Net Long-Term Private Capital Flows	0.9	0.3	1.1	-0.5	1.0	-0.8	-0.3	0.1
Basic Balance	**2.0**	**-1.8**	**	**-0.6**	**1.1**	**2.4**	**1.3**	**-0.4**

Source: Council of Economic Advisors, *International Economic Report of the President*, 1974 p. 97
* Estimated. May not add due to rounding.
** Less than $50,000,000.

Exhibit 6-4
U.S. private balance of payments summary
Aggregate, MNC-generated & non MNC-generated
1966 & 1970*
(In millions of dollars)

Item	1966			1970		
	Aggregate	MNC Generated	Non-MNC Generated	Aggregate	MNC Generated	Non-MNC Generated
Merchandise trade balance	3,824	2,023	1,801	2,164	2,048	116
Exports	29,287	7,826	21,461	41,963	12,988	28,975
Imports	-25,463	-5,803	-19,660	-39,799	-10,940	-28,859
Balance on services	4,016	4,473	-457	4,453	6,400	-1,947
Dividends, interest, & branch earnings, net	3,786	3,370	416	4,150	4,802	-652
Fees and royalties, net	1,285	1,192	93	1,902	1,747	155
Other services, net	-1,055	-89	-966	-1,599	-149	-1,450
Remittances & other transfers net	-613	–	-613	-1,012	–	-1,012
Balance on current account	7,227	6,496	731	5,605	8,448	-2,843
Long-term capital, net	-3,006	-3,252	246	-1,940	-2,422	482
Direct investment, net	-4,026	-4,026	0	-3,912	-3,912	–
Other long-term, net	1,020	774	246	1,972	1,490	482
Basic balance (Current Acct. plus long-term capital)	4,221	3,244	977	3,665	6,026	-2,361
Non-liquid short-term capital, net	-104	73	-177	-482	-531	49
Liquid short-term capital claims	-14	-150	136	252	351	-99
Balance on identifiable transactions	4,103	3,167	936	3,435	5,846	-2,411

Source: Principally from the Bureau of Economic Analysis, U.S. Department of Commerce; MNC data partly estimated by the Tariff Commission in consultation with the Bureau of Economic Analysis.
* Excludes all government transactions on current and capital accounts

Exhibit 6-5
U.S. Merchandise Trade,
Aggregate and with Majority-Owned Affiliates
of U.S.-Based Multinational Corporations
1966 and 1970
(in millions of dollars)

Item	U.S. Total	With Majority-Owned Affiliates				
		Total	Manufac-turing	Petrol-eum	Mining & Smelting	Other
1966						
Exports	29,287	7,826	5,293	527	105	1,901
Imports	−25,463	−5,803	−2,719	−1,523	−682	−879
Trade balance	3,824	2,023	2,574	−996	−577	1,022
1970						
Exports	41,963	12,988	9,042	733	105	3,108
Imports	−39,799	−10,940	−6,751	−2,657	−770	−762
Trade balance	2,162	2,048	2,291	−1,924	−665	2,346

Source: Bureau of Economic Analysis, U.S. Department of Commerce.

Exhibit 6-6
U.S. Private Services Accounts
Aggregate and MNC-Generated,
1966 and 1970
(millions of dollars)

Account	Aggregate Private Services	MNC-Generated Services
1966		
Dividends, interest, and branch profits, net	3,786	3,370
Fees and royalties, net	1,285	1,192
Other services, net	−1,055	−89
Balance on services	4,016	4,473
1970		
Dividends, interest, and branch, profits, net	4,150	4,802
Fees and royalties, net	1,902	1,747
Other services, net	−1,599	−149
Balance on services	4,453	6,400

Source: Principally from the Bureau of Economic Analysis, U.S. Department of Commerce; MNC data partly estimated by the Tariff Commission in consultation with the Bureau of Economic Analysis.

Exhibit 6-7
U.S. Private Current Account,
Aggregate and MNC-Generated
1966 and 1970
(millions of dollars)

Item	Aggregate			MNC-generated		
	Credits	Debits	Balance	Credits	Debits	Balance
1966						
Merchandise trade	29,287	−25,463	3,824	7,826	−5,803	2,023
Services	11,705	−7,689	4,016	6,424	−1,951	4,473
Net transfers	−	−613	−613	−	−	−
Current Account	40,992	−33,765	7,227	14,250	−7,754	6,496
1970						
Merchandise trade	41,963	−39,799	2,164	12,988	−10,940	2,048
Services	17,351	−12,898	4,453	9,600	−3,200	6,400
Net transfers	−	−1,012	−1,012	−	−	−
Current Account	59,314	−53,709	5,605	22,588	−14,140	8,448

Source: Principally from the Bureau of Economic Analysis, U.S. Department of Commerce; MNC data partly estimated by the Tariff Commission in consultation with the Bureau of Economic Analysis.

Exhibit 6-8
U.S. Private Capital Account,
Aggregate and MNC-Generated
1966 and 1970*
(millions of dollars)

	1966		1970	
Item	Aggregate	MNC-Generated	Aggregate	MNC-Generated
Long-term capital, net	**−3,006**	**−3,252**	**−1,940**	**−2,422**
Direct investment:				
Credit	86	86	1,030	1,030
Debit	−4,112	−4,112	−4,942	−4,942
Securities transactions:				
Credit	909	594	2,190	822
Debit	−482	0	−942	0
Other long-term:				
Credit	705	180	1,310	1,112
Debit	−112	0	−586	−444
Nonliquid short-term				
capital, net	**−104**	**73**	**−482**	**−531**
Credit	296	279	902	987
Debit	−400	−206	−1,384	−1,518
Balance on nonliquid				
capital	**−3,110**	**3,179**	**−2,422**	**−2,953**
Liquid short-term				
capital claims†	−14	−150	252	351
Balance on identifiable				
capital flows	**−3,124**	**−3,329**	**−2,170**	**−2,602**

Source: Principally from the Bureau of Economic Analysis, U.S. Department of Commerce; MNC data partly estimated by the Tariff Commission in consultation with the Bureau of Economic Analysis.

* Excludes all government transactions on capital account.

† Data on liquid liabilities to private foreigners generated by the MNCs are not available.

Exhibit 6-9
Contrasting U.S. Balance of Payments Performance
by the MNCs in Six Countries* and Japan
1966 and 1970
(millions of dollars)

	Current Account	Trade Balance	Services Balance	Long Term Capital	Basic Balance
Six Countries*					
Values					
1966	2,074	1,351	723	−1,088	986
1970	3,429	2,196	1,233	−893	2,536
Change (1966-70)					
Amount	1,355	845	510	195	1,550
% of					
1966 value	65	63	71	18	157
Japan					
Values					
1966	343	207	136	−56	287
1970	624	294	330	−110	514
Change (1966-70)					
Amount	281	87	194	−54	227
% of					
1966 value	82	42	143	−96	79

Source: Bureau of Economic Analysis, U.S. Department of Commerce.

* United Kingdom, West Germany, Belgium-Luxembourg, France, Brazil, and Mexico.

Exhibit 6-10
Balances of Payments of Seven Key Countries, 1966 and 1970
(in millions of U.S. Dollars)

	1966			1970			Net change: 1966-70		
		With United States			With United States			With United States	
	Global	Aggregate	MNCs	Global	Aggregate	MNCs	Global	Aggregate	MNCs
Current account balance									
Canada	−933	−1,867	−1,453	1,208	−275	−329	2,141	1,592	1,124
United Kingdom	967	139	−666	2,916	520	−880	1,949	381	−214
Belgium-Luxembourg	−30	78	−272	914	−18	−460	944	−96	−188
France	172	−21	−328	310	−537	−812	138	−525	−484
West Germany	−286	−611	−446	322	−259	−665	608	352	−219
Brazil	74	−51	−116	−500	−308	−241	−574	−257	−125
Mexico	−310	−405	−246	−1,050	−421	−371	−740	−16	−125
Capital account balance*									
Canada	1,132†	961	1,052	601†	877	662	−531	−84	−390
United Kingdom	−79	378	215	−219	−1,195	−38	−140	−1,573	−253
Belgium-Luxembourg	34	N.A.	100	−372	N.A.	115	−406	N.A.	15
France	−68	176	89	1,590	590	452	1,522	414	363
West Germany	885	252	335	1,166	29	310	281	−223	−25
Brazil	51	224	279	445	447	403	394	223	124
Mexico	233	220	102	452	356	425	219	136	323
Basic balance**									
Canada	114	−756	−324	1,988	584	294	1,874	1,340	618
United Kingdom	1,138	549	−421	3,204	−117	−1,342	2,066	−666	−921
Belgium-Luxembourg	−18	154	−168	638	−46	−384	656	−200	−216
France	328	108	−244	916	−260	−396	588	−368	−152
West Germany	129	−436	−149	−276	−431	−463	−405	5	−314
Brazil	114	179	172	−168	100	95	−282	−79	−77
Mexico	−147	−285	−176	−596	−181	−46	−449	104	130

* Non-liquid capital, long and short term. ** Balance on current and long-term capital accounts.
† Includes net errors and omissions.

Notes

1. See Wm. N. Hazen, "U.S. Foreign Trade in the Seventies," 6 *Columbia Journal of World Business*, Sept.-Oct., 1971, p. 47.

2. Business International. *The Effects of U.S. Corporate Foreign Investment*, 1960-1972. New York, N.Y., 1974, pp. 15-17.

3. J. N. Behrman, "Foreign Investment Muddle: The Perils of Ad Hoccery." Columbia Journal of World Business, Fall 1965, p. 54.

4. *Newsweek*, April 24, 1972, p. 66.

5. U.S. Department of Commerce, *Statistical Abstract*, 1973, p. 766.

6. G. C. Hufbauer, and F. M. Adler, *Overseas Manufacturing Investment, The Balance of Payments*, U.S. Department of Commerce, 1968.

7. See Tariff Commission Report, *Implication of Multinational Firms for World Trade*, 1973, p. 171.

8. N. S. Fatemi, T. de Saint-Phalle, and G. M. Keeffe, *The Dollar Crisis*. Fairleigh Dickinson University Press, 1963, p. 293.

9. C. J. Hynning, "Balance of Payments Controls by the United States," 2 International Lawyer 400, 1968, p. 412.

10. *International Economic Report of the President*, Feb. 1974, pp. 29-30. See Exhibits 6-2, 6-3.

11. Bureau of Economic Analysis, Department of Commerce, *Survey of Current Business*, September, 1973, pp. 20-29.

12. Center for Multinational Studies: *The Benefits and Problems of Multinational Corporations*, (a manuscript) Dec. 26, 1972.

13. Tariff Commission Report, *Implications of Multinational Firms for World Trade* Feb. 1973, pp. 173, 4.

14. Op. cit.

15. U.S. Department of Commerce, *Policy Aspects of Foreign Investment*, January, 1972, p. 67.

16. Ibid., p. 69.

17. Ibid., p. 69.

18. Ibid., pp. 68-69.

19. Ibid., p. 69.

20. Ibid., p. 70.

21. Ibid.

22. U.S. Department of State, "The U.S. Role in International Investment," December, 1973, pp. 9-10.

23. Ibid., p. 19.

24. Stefan H. Robock, and Kenneth Simmonds, "International Business: How Big Is It—The Missing Measurement," *Columbia Journal of World Business*, May-June, 1970.

25. "Emergency Committee for American Trade," Statement Before the Senate Subcommittee for Finance, February 24, 1972.

26. International Business Machine Corporation, Report to Congress, January 18, 1973.

27. The Report of the Rubber Manufacturing Association, February 21, 1973.

28. Report of the Motor Vehicle Manufacturers Association, December 29. 1972.

29. Xerox Corporation statement to the Senate Committee on Finance, February 21, 1973.

30. Kennecott Corporation, "Statement before Subcommittee on International Trade," December 29, 1972.

31. Clark Equipment Company, "Statement to Senate Committee on Finance," February 21, 1973.

32. "The Multinational Corporation," *Studies on U.S. Foreign Investment*, Vol. 1, Department of Commerce, Study 3.

33. *Survey of Current Business*, Department of Commerce.

34. Ibid.

35. Special Survey of U.S. Multinational Companies, 1970.

36. Ibid.

37. Ibid.

38. U.S. Direct Investment Abroad, Senate Finance Committee, pp. 403-04.

39. Statement by The Eaton Company, February, 1973.

40. Monsanto Company's statement to the International Trade Sub-committee of the Senate Finance Committee, December 31, 1972.

41. U.S. Chamber of Commerce, *United States Multinational Enterprise Survey*, January, 1973.

7.
The Multinational Corporation and National Sovereignty

The previous chapters have concentrated primarily on the major costs and benefits that the growth of the multinational corporations have incurred in the United States, and the policy implications thereof. However, an assessment of the multinational corporations' effect on employment, technology, taxation, and the balance of payments of the United States is only a part of the larger issue, the internationalization of investment and production.

In the future, the assets, sources of supply, production facilities, work force, and markets of the multinational corporation will be increasingly transnational. The nationality of corporations in all probability will be an increasingly fictitious appellation. One of the main agents of the contemporary internationalization of world affairs is the multinational corporation. Its objectives and interests to a degree already transcend national interests.

This internationalization by multinational corporations has been encouraged by both home and host nations who seek to develop sources of supply, production facilities, and markets. Nevertheless, in a fundamental sense multinational corporations are a challenge to the traditional concept of the nation-state. Their economic power necessitates a rethinking of traditional economic theory and policy. Politically they have at times proved themselves too powerful a lobby—as in the ITT case—and legally they are often beyond the power of international courts.

The impact of the multinational corporation thus raises questions ranging from sovereignty over resources to collusion over distribution and disruption of national priorities. The desired concurrence of multinational corporations' objectives and the nation-states' objectives in areas such as trade and investment flows, technological and managerial transfers, repatriation of earnings, and termination of investments is not automatically guaranteed by an "invisible hand."

Multinational corporations have attained a more global strategy than has ever been evidenced by private business enterprise. Their emphasis on technology and skills has brought about major contributions to international economic development, making them highly desirable on the one hand, while at the same time presenting a host of debatable issues on a national and international scale. Their success in developing commercially viable products and processing technological knowledge is unique while at the same time their command of resources and markets raises crucial questions for national policy makers. The multinational corporations' growth incentive has encouraged them to invest in and develop areas of the world that are in great need of capital and increased labor demand. The freer exchange of commodities, technology and skills has enhanced international economic development. However, no scheme of world order can afford to ignore the enormous power wielded by these corporations who can operate increasingly independent of national authority, or the fact that at present no international authority exists which can effectively control them.[1]

The economic impact is only one aspect of the effect of

the multinational corporations. Their operations must also be viewed in a social, cultural, and political context. The perceived threat to a country's sovereignty has highlighted the need for regulation on a national level in both the capital exporting and the host countries.[2]

The enormous size, wealth, and mobility of the multinational corporations have caused many to allege that politically they have ceased to be ordinary corporation citizens of both home and host countries in any meaningful sense. It is alleged that multinationals operating in developing nations are states within states. In the developed nations the fear of United States domination is commonly voiced and the American policy makers themselves have been increasingly aware of their responsibility or lack thereof in regulating multinational corporations.

As early as 1952, in a statement before the Security Council of the United Nations, Dr. Musaddeq, then Prime Minister of Iran, stated that the Anglo-Persian Oil Company with a worldwide perspective of production and market planning, had interests that were often contrary to the interests of the Persian government, and that as a result for three decades it subverted governments which were not ready to accept all the dictates of the corporation.

Extensive hearings in 1973 before the Senate Foreign Relations Committee on International Telephone and Telegraph's involvement in the overthrow of President Allende in Chile are a more recent example of the concern about subversion on the part of the multinationals.

In most of the developing countries fears of the multinationals' involvement in issues of "sovereignty" or "accountability" are voiced loudly and clearly. The 1953 overthrow of the Musaddeq Government in Iran, the ITT interference in Chile, and President Nixon's threatening remarks to the government of Libya on the nationalization of some of the U.S. oil companies holdings are brief examples of the concern that U.S. affiliates serve their own interests, and potentially serve U.S. government interests to the detriment of host countries.

> The size of the United States economy and the subsequent pervasive power of the U.S. Government in the economic sphere far exceed the economic muscle of any other nation. Practically without exception the M.N.C.'s have a stake in the United States that precludes in practical terms any attempt to enter into a head-on confrontation with the U.S. Government on a matter of fundamental policy. Moreover, not many M.N.C.'s, in the final analysis, are "world" companies with a truly international outlook; most of them remain basically U.S. firms which merely have significant international operations. Therefore, they remain oriented to the U.S. economic system and basically are accountable to the U.S. Government.[3]

From a different perspective, Leonard Silk of the *New York Times* editorialized that:

> The danger is not that corporations will pursue their pecuniary interests, especially if they do so within the constraints of competition, but that they will corrupt and capture the powers of government and transfigure national values and institutions to serve their corporate interests.[4]

The Chairman of the United States Tariff Commission, in his report to the Senate Committee on Finance, mentions several major examples of foreign complaints about the multinationals:

1. *Size and economic power.* The leading multinationals are very large in relation to the economies of their host countries. If G.N.P. is considered in comparison to a company's annual revenues, then General Motors is about the size of Belgium, Standard Oil of New Jersey is as large as Denmark; General Electric is the equivalent of Greece; and I.B.M. is as large as Norway and Portugal. The sheer size

raises fears about the ability of the host government to continue to guide the national destiny and control the multinationals within its borders. "There are worries that a country could become economically and even politically subservient to the power of giant multinational enterprises."

2. *Trading with the Enemy Act of 1917 and the Export Control Act of 1949.* These acts forbid sales of many items to Cuba, North Korea, North Vietnam, Communist China, the U.S.S.R., and other countries. A United States corporation often finds itself in conflict with the host government which has either no such restrictions, or different laws. This situation occurred when France tried to sell French aircraft to China. Because they contained some United States' parts, the U.S. government blocked the sale. But recently, in the case of Canada and Argentina, the Nixon Administration— fearing nationalization of the American subsidiaries—agreed to the sales of cars and trucks to Cuba.

3. *Antitrust legislation* of the United States is intended to protect competition in domestic business and foreign trade without taking into consideration the domicile or nationality of the affected party. A European subsidiary that sells little or none of its output in the United States and does all of its business with other countries, may not escape United States' antitrust liability. The United States government intervened in Gillette's acquisition of Bran, and Litton's acquisition of Triumpf-Alder in Europe, because both companies were making similar products in the United States. With respect to European investments in the United States, the Europeans allege that the extra-territorial application of the antitrust laws will make European companies vulnerable even in operations outside the United States. The vagueness and uncertainty of the antitrust laws are the cause of real concern to foreign firms operating in the United States.

4. *Buy-American policy of multinationals.* Although this policy is not official, the foreign countries complain that the

multinational subsidiaries are under strong pressure from home offices sensitive to the domestic critics and government suasion to buy U.S. equipment and supplies. The critics do not realize that foreign nationals have policies and transfer laws and restrictions, and that no country's hands are clean in the field of the government procurement and "buy-local" policies.

5. *Complaints relative to ownership.* The U.S. multinational corporation always prefers wholly-owned subsidiaries. Full ownership permits flexibility and selective centralization of management and thus realization of the enhanced benefits of multinational operation. However, host countries usually prefer some equity participation by local residents, and laws sometimes are passed to enforce such preferences. One factor is the desire to share in the control, production, management, and profits of a multinational's local subsidiary; another factor stems from the suspicion that a management independent from local control will make decisions helpful to its own interests and harmful to the local political and economic interests.

6. *Acquisition of foreign corporations by multinationals.* Canadians and Western Europeans vociferously complain that when multinationals buy an industry they make a number of changes which cause disruption and dissatisfaction amongst the businessmen and employees of the firm. Furthermore, the charge is, that "national ownership of technology and know-how is renounced to the proprietary interest of the U.S. parent; the top manager is often a U.S. national; the firm becomes subject to U.S. laws; there is possible loss of meaningful annual financial reports for the acquired company; the parent company may decide to cut production or shut down the acquired company in favor of another operation in another country; and the research and development effort is likely to be concentrated in the United States." [5]

7. *Neocolonialism.* Another source of resentment of the host countries against the multinationals is that their presence has been responsible for cultural, political, and economic influence by the home government. "Beyond these popular and perhaps unconsequential factors, however, the magnitude of American investment abroad has aroused more serious resentment with both economic and political ramifications. In 1968 United States companies owned 43 percent of the capital of all Canadian industry, and along with a few other countries, controlled 60 percent of Canada's mining and manufacturing companies. In the United Kingdom, U.S.-owned firms supplied 10 percent of the output of British factories and 17 percent of Britain's visible imports. Penetrations of such proportions is perforce a matter for public policy concern." [6]

The most serious problem confronting multinationals in the future is how to establish partnership in host countries. At present most subsidiaries are wholly owned by the parent company and local investors are excluded from attractive investment areas. If they want to invest in the subsidiaries they must buy stocks of U.S. parent firms; yet foreign investors in such firms can have only a miniscule voice in determining the policies of these companies in their own countries.

The difficulty in weighing the costs and benefits of multinational corporations in the host countries in many ways parallels the home countries' diverse evaluations. Policy implications often depend on the assumptions made, and host countries often merely rely on generalizations that multinationals are a challenge, that foreign control is dangerous, or that multinational corporations' interests do not coincide with national interests.

Countries in need of capital and technology must weigh the balance of payments effect of foreign direct investments, which though initially favorable, may over time constitute a drain on currency reserves from repatriation of earnings, transfer pricing, royalties and fees and dividend payments to the home countries' stockholders. There is also the additional concern that the multinational will withdraw its investment, finding the local economic or political conditions unfavorable. While the U.S. multinational investor is to some degree protected by the Hickenlooper Amendment[7] which cuts off aid to expropriating countries, the host country has few guarantees that the multinational investor will continue to find its investment necessarily profitable.[8]

8. *Lack of reciprocity.* Foreign countries which generally have welcomed American investments complain that there is a lack of reciprocity for their multinationals to invest in the United States. Foreign corporations, according to federal and state laws, cannot invest in the United States in coastal shipping, domestic aviation, hydroelectric power generation, leasing or mining of federal lands, insurance, alcoholic beverages (in some states), many banking activities, and domestic radio communications. All officers of any firm that has defense contracts must be American citizens.[9]

The wealth, power, mobility, and aggressiveness of multinational corporations have caused fear and suspicion in host countries. They contend that their sovereignty is endangered, that their national companies have been pushed out of markets and weakened economically. "Although these threats may not materialize, or may be offset by the benefits to local industry, certain problems or negative effects have been noted. The entry and subsequent activity of a single, large multinational company is frequently beneficial to all and may not disrupt local markets, but the fact is that several multinational companies often enter all at once. This simultaneous entry into an area of market opportunity is characteristic of oligopolistic competition in the United States in which the competing large enterprises employ similar methods of analyzing and exploiting new investment opportunities." [10]

A study by the Senate Committee on Finance indicates that the operations of the multinational corporations, even in the developed areas of the world, are under very close scrutiny and suspicion. "Large U.S. firms operating in Europe and elsewhere are under constant suspicion, if only because of their sheer size in relation to the economies in which they have affiliates. It may be corporate policy at I.B.M. to be an exemplary corporate citizen in every country in which it operates—and that policy is carried out with reasonable faithfulness—but I.B.M.'s control of 60 to 70 percent of the European computer market still rankles in every major capital on the continent. To mention another example, Common Market officials admittedly raised no formal objection to Westinghouse's recent acquisition of A.C.E.C., a large Belgian electrical equipment manufacturer—but, privately, they opine that the deal was 'just a little too easy' for the American firm." [11]

The thinking of the officials of the European Community is that the arrival of the U.S. multinational corporations is not in itself detrimental to the interests of the host countries. In fact, the evidence put out by the European community shows that the multinationals have brought to Europe positive benefits in terms of employment, faster economic growth, more international trade, and higher levels of technology. However, the European economic leaders would like to see European-owned business develop on a multinational basis within the community as vigorously as the U.S. multinationals are penetrating the area. As barriers to such development they cite the superior financial muscle of the U.S.-owned firm and its access to better capital markets and banking facilities than smaller European competitors enjoy; the American M.N.C.'s larger home-based research and development effort, competitive national incentive programs to attract foreign investments; and the legal and tax barriers which still hinder cross-border mergers among European community firms. In the framing of community policy, therefore, the stress is on removing the obstacles to the development of the European firm rather than on throttling the opportunities available to Americans.[1][2]

If the worldwide integrative role of the multinational is controversial, its importance and usefulness to the interrelationship of developed market economies is beyond doubt. Most of the developed market economies serve both home and host countries.

"During the period 1968-1970, inward direct investment flows were on the average only 20 percent of the outward flows for the United States; 30 percent for Japan; 63 percent for the United Kingdom and the Federal Republic of Germany, and 90 percent for the Netherlands. The opposite is the case with most of the other countries. In France inward direct investment flows were almost twice as high as the outward flows; in Italy and Canada, a little more than twice; in New Zealand, three times higher; in Belgium, four times, and in Australia, Spain, Portugal, and South Africa, 7.5 to 12 times greater than outward flows."[1][3]

As far as the United States is concerned, according to a report of *Business International*, more than one-third of its manufacturing output is represented by the top 187 U.S. multinational manufacturing corporations with subsidiaries and trade all over the world. In certain industries, such as automotive, pharmaceutical, and fabricated metal products, the consolidated sales of these corporations account for more than three-fourths of the sales of all U.S. firms, and in petroleum refining, chemicals, rubber, and electric machinery, for more than half. A group of 264 multinationals is responsible for half of all U.S. exports of manufactured goods. In 1971 U.S. multinationals exported $4.8 billion for direct investment abroad and brought home approximately $9 billion in interest, dividends, royalties, and management fees. Furthermore, given the practice of extensive local borrowing, their control of overseas assets is substantially higher than the book value of long-term equity and debt held abroad.[13]

The foreign nations complain, without valid reasons, that their investment activities in the United States are very limited. Foreign investment in the United States is mainly portfolio investment. Whereas 80 percent of the American investment in Europe is direct investment, 70 percent of European investment in the United States is in portfolio form, almost equally divided between stocks and bonds. Thus the book values of U.S. investments in other developed countries, with the exception of the Netherlands, is several times higher than the book value of direct investments of those countries in the United States. The U.S. direct investment in Western Europe is 3.5 times higher than the Europeans' investment in the United States; it is seven times more in the case of Canada and 70 times more in the case of Latin America.[14]

Sixty percent of total direct investment in the United States belongs to the British, Dutch, and Swiss multinationals. Although recently the oil-producing governments of the Middle East and some European and Japanese corporations have penetrated the petroleum industry, manufacturing, and the service sector of the United States, there is no single industry in which they have assumed an important role.[15]

With the exception of Japan, the opposite is true in the case of the other developed economies, where foreign multinationals account for an important share of production, employment, exports, and investment. Multinationals in Japan are subject to most restrictive regulations. In 1968 only 2.3 percent of total fixed assets and 1.66 percent of total sales in manufacturing belonged to foreign corporations. The multinationals' share of the Japanese oil and rubber industries is much higher (60 percent in oil and 19 percent in rubber).

As a result of recent Japanese liberalization measures, the share of the multinationals in Japanese joint ventures has increased.[16]

In Canada, foreign multinationals represent one-third of total business activity. They account for 60 percent of manufacturing output and 65 percent of mining and smelting production. U.S. multinationals account for 80 percent of total direct foreign investment and the United Kingdom for most of the rest. In England, American multinationals represent almost 70 percent of the total stock of foreign direct investment. They are also responsible for 13 percent of total manufacturing production, employ 9.2 percent of the labor force, and account for one-fifth of all manufacturing exports. In Belgium multinationals are responsible for a quarter of the gross national product, one-third of total sales, 18 percent of employment, and 30 percent of exports. More than half of the total foreign direct investment is accounted for by U.S.-controlled affiliates.[17]

"In the Federal Republic of Germany, Italy, and France, foreign penetration is less pronounced, with the United States accounting for at least half of it, except in the case of France where its share is less than half."[18]

Based on an objective study of the United Nations, the multinationals are very important in a developed market economy. Their role varies in different industrial sectors. "There is a high concentration in a fairly small number of industrial sectors characterized by fast growth, export-orientation and high technology—sectors which are regarded as key sectors by host countries." Without multinationals' high technology, managerial skill, research and development, many industries would never have attained the present great achievements. Thus, there is a very high percentage of multinational investment in oil, chemicals, automotive industries, computers, and electronics. The U.S. multinationals control more than half of the petroleum industry in Belgium; three-fifths of the food, tobacco, refineries, metal manufacturing, instrument engineering, computer, and technical manufacturing industries in the United Kingdom; 80 percent of computers and electric data-processing equipment in the European community.

In the service sector, the multinationals' presence is considerable in the hotel and recreation industries, consulting, public relations, and banking.[19]

"If the role of the multinational corporation in the national allocation of resources on a world-wide basis is debatable, its importance in intertwining the economies of most developed countries is commendable."

"Through its capacity to move capital, technology, and entrepreneurship across national frontiers, the multinational corporation has become the main vehicle for the internationalization of production, which is acquiring growing importance in international economic relations."[20]

Any objective study of the multinational corporations shows that the issues raised by them are not only complex but their implications in international relations and economic development are far-reaching. On the surface the multinational corporations produce economic benefits for both the home and the host countries. For the host country, there is a net addition to output, which is always greater than the investing company's earnings, remitted or unremitted. But the question is always asked: "Does not the home country undermine its own export base, and actually lose balance of payments income?" The research of the Department of Commerce and the judgment of businessmen seems to be that they cannot hold markets by exports alone and that production abroad is a far better guarantee of foreign markets.[21]

The positive contributions of multinational corporations to the many facets of development have been recognized everywhere. At the same time the problems raised have become increasingly apparent. The generally welcome reception given to the multinationals in the host countries, as vehicles for scarce capital, modern technological know-how, skills, mobility, and as a link to the world market, recently has been tempered by suspicion and concern.

In the search for solutions, both the home and the host countries have failed to come out with acceptable solutions. Some radicals in host countries suggest nationalization. A few politicians in the United States have tried to blame the multinationals for all the ills of the country. Both approaches are unwise and harmful to the interests of both home and host countries.

"In the first place, most of the issues identified are interrelated, whether they pertain to sovereignty, size, concentration, competition, *dependencia*, development objectives, 'truncated' development, monetary and payments disequilibrium, labor relations, alternative means for the sale or transfer of technology, location of industries, or equitable distribution of benefits. Secondly, many key issues already identified do not lend themselves to frontal attack at the international level, given the present world realities. An untimely debate on solution on which no possible agreement can be reached may, in fact, block progress. Finally, while some issues can no doubt be singled out for special study, a concerted approach is still needed so that the essence of the problem is not missed and a basis is laid down for future evolution." [22]

So far both the home and the host governments have failed to come out with an acceptable plan. Therefore, the time has come for the United Nations to prepare a general guideline and then set up a flexible machinery capable of implementation. There is, of course, no unique solution whereby the interests of all parties can be reconciled. Nor is there a ready means of attaining "the accepted goal of greater distributive justice in the international context. Few can doubt, however, that the issues raised by multinationals have a direct bearing on the international community. All the governments and the corporations, at this point, agree that some measures to protect the multinationals against arbitrary confiscation and to provide for their accountability to the national and international community should be introduced."

A conference organized by the United Nations in 1973 on the "Problems and Prospects of the Multinational Corporations" discovered some disturbing trends both in the home and host countries.

Among the most evident trends affecting the operations of multinationals have been a number of recent cases of nationalization and expropriation. Furthermore, many restrictive measures aimed at multinationals have been introduced. In many countries, developing as well as developed, a substantial sector has been reserved for nationals only. "In addition to certain sectors, such as defense, in which most governments prohibit foreign ownership, a number of industries, such as transport, communications, banking and insurance, have increasingly come to be reserved for national ownership."

Recently there have been new trends in some countries to restrict foreign investments in the areas of electronics, computers, automotives, oil, and aeronautics.

Another very significant development is the recent attempt by many host countries to gain participation and control of policy-making, production, and pricing. The Organization of Petroleum Exporting Countries has adopted a plan to phase out the multinational corporations in ten years. Because of the very strong financial position, the O.P.E.C. members have suggested "joint venture" with multinationals in the home countries as well.[23]

Some countries have announced a selective investment policy and have established some form of machinery for screening foreign investors. In January, 1973, Canada proposed The Foreign Investment Review Act; in Australia there are many restrictions such as curbs on exports of minerals and surveillance of intra-company accounts. Mexico requires foreign investment to be registered with the National Foreign Investment Registry. It also requires a 60 percent domestic ownership of auto parts manufactured in the country.

Japan is an exception to this trend. In 1973, through a series of progressive measures, she liberalized foreign investment regulations.

At the regional level, the most significant foreign investment regulations were adopted by Bolivia, Chile, Colombia, Peru, Ecuador, and Venezuela.[24] Current multinationals are required to sell majority holdings to local investors, and new foreign investors must take minority positions, within a period of 15 to 20 years, in order to be eligible for the Andean Pact Trade Concessions. Several economic sectors are closed to direct foreign investment, and foreign investors in these sectors have been given three years to divest themselves of 80 percent of ownership.

In the European Community, a major recent development affecting multinationals is the rule of competition. A recent ruling by the European Court makes future restrictive agreements between multinationals very difficult. The expansion of the European Community from six to nine members is a prelude to new regulations, especially in areas of competition and direct taxation.

In the United States too, a coalition of labor, protectionists, and politicians, for different reasons, criticize multinationals and suggest stricter scrutiny of their activities. The numerous Congressional investigations, the long and comprehensive reports of the Tariff Commission, the Senate Committee on Finance, the Burke-Hartke Bill, are indicative of concern, misunderstanding, and of an emotional and simplistic approach to a very complex situation. Although the outcome of the investigations in the United States is as yet uncertain, the bargaining position of the multinationals all over the world has been eroded and as a result they have started to reevaluate their position. Fortunately, their response has not been limited to the defense of their activities but aimed at positive measures which attempt to deal with some fundamental causes of criticism.[25] On the whole many multinationals have taken steps to correct mistakes of the past and to negotiate directly with the host countries for new arrangements. Attempts by administrations and a few stubborn corporations to induce others to adopt common programs against certain host countries, such as Libya and Iraq, have been generally rejected. The policies, the guidelines, and the priorities of the host countries have been followed. New arrangements for joint venture and participation in the oil industry have been implemented in Iran, Saudi Arabia, Kuwait, Algeria, Libya, and Iraq. "Attempts have been made to increase the local contents of goods produced (e.g., the local contents of Sears products range from 80 to 90 percent) and foreign participation in decision-making and management (e.g., Xerox, Black and Decker Manufacturing, Texaco, Exxon, First National City Bank, Westinghouse, and I.M.A., among others, have foreign directors.)" Several multinationals have offered shares for local subscription in developing nations and fade-out agreements have been concluded in several recent investments abroad.[26]

Furthermore, the International Chamber of Commerce has produced a set of guidelines for the multinationals' investment abroad. These guidelines include local equity ownership, local participation in management, and promotion of local personnel to positions of responsibility, as well as suggestions for protection of the rights of the multinationals in the host countries. Multinationals are also asked to act as good citizens of the host country, promoting the social and economic welfare of the workers, respect for national laws, support of priorities, policies, and social objectives of the host country.[27]

While these self-imposed guidelines are great steps forward, their efficacy has been questioned and both the host countries and labor have labeled them mere window dressing. Thus a large part of the international trade union movement not only advocates measures on the part of the public authorities to control multinational corporations on a national and international basis, but is also concerned with organizing itself better to deal with these corporations on a bilateral basis.

At its Tenth World Congress, held in London in July, 1972, The International Confederation of Free Trade Unions adopted a resolution on multinational corporations in which it proposed a research program concerned with (a), the position and development trends in the process of multinational concentrations; and (b), the publication of information on the decision-making structures of multinational concerns, their internal organization, their accounting system and the basic features of their investment policy; and (c), the effects of the spread of multinational concerns on national economic policy and the carrying out of democratic reforms.[28] There have been several other resolutions passed by the I.C.F.T.U., World Conference of Labor, World Federation of Trade Unions, and Oil Workers' Anti-Monopolist World Conference calling for coordinated action by the workers to meet the threat of multinational corporations which are growing because of the increased internationalization of capital in the search for a maximization of profits.[29]

Another problem facing the multinationals, not through fault of their own, is the fear and suspicion expressed against the policies of their home governments. The host countries mention too many examples of gunboat and dollar diplomacy. For example, the United States Foreign Assistance Act of 1961, as amended by Senator Hickenlooper, states that "aid will be cut off for any country that expropriates and has not, within six months of such action, taken appropriate steps to discharge its obligations under international law." As late as October, 1973, President Nixon warned Colonel Gaddafi of Libya "to remember Dr. Musaddeq [sic] of Iran and what happened to him after nationalizing Iran's oil industry in 1953." The host countries now are saying that it would be helpful if the attitude of the home countries could be made explicit through the adoption of the Calvo Doctrine,[30] or some other declarations initiated by the United Nations. This would improve the atmosphere and allay the host countries' fears of foreign domination. Some screening and even auditing of the operations of the multinationals, and requirements for greater disclosures, would promote trust and mutual interests.[31]

During the last two years a number of host countries have introduced the Calvo Clause in their foreign investment laws. They threaten to penalize any corporation which appeals to its home government for help in cases of dispute. "Such unilateral application of the Calvo Doctrine by host countries, however, will tend to be largely ineffective unless it is also adhered to by home countries. Willingness on the part of home countries to accept such measures as the Calvo Doctrine will be increased if the host countries adopt policies such as 'national treatment'; i.e., non-discriminatory treatment, as compared with national enterprise." [32]

Moreover, the home countries should ask for reciprocity from the host governments by asking them to add to the Calvo Clause provisions guaranteeing security and economic rights to the multinationals, "such as procedures for compensation following nationalization and even the use of a specified formula determining the level of such compensation." [33] Although many host countries would regard these guarantees as a violation of their sovereignty, it would facilitate the acceptance of the Calvo Clause by home countries and give assurance to the multinationals that their rights would be protected. Disputes and tensions often arise out of suspicion, uncertainties, and vacillations of policies. Recently many multinationals have realized that their past policies of reliance on the power of the home governments and money must end and a new era of mutual interests and partnership should begin. [34]

This is demonstrated by the new policy implemented in the Middle East and Latin America where machinery for the screening or review of foreign investments has been established. This gesture of cooperation has removed an important source of uncertainty. Even in places where nationalization has taken place there may still be room for contributions by multinationals in the areas of service, technology, and marketing. Furthermore, the new tendency in Socialist countries to enter into joint ventures demonstrates the possibility of mutual beneficial arrangements even in centrally planned economies. Yugoslavia is a special case. It was the first Socialist country to permit minority participation by multinationals. A constitutional amendment of 1971 goes so far as to offer a guarantee against expropriation and nationalization, once a joint venture contract has been concluded and implemented.

The relationships between multinationals and the host countries so far have varied in different countries. "The institutions which have to deal with multinational corporations are frequently scattered in host countries. Policies are not well coordinated and their execution is often feeble and haphazard. There is a general need for the whole apparatus affecting multinational corporations to be kept under review. As a beginning, broad policy measures such as development planning, objectives and strategy, and trade and fiscal policies require a thorough review and appraisal. More specifically, measures such as investment incentives and machinery for dealing with multinational corporations also need to be considered." [35]

The review process must be centralized in an agency especially created for the purpose. Such agency must be international and should be able to build up a nucleus of competent people equipped to deal with technical, complex problems facing multinationals and host governments. [36]

The present uncertainty and confusion stems from the fact that there is no coordination nor even consultation among the host countries. Several countries (Brazil, Chile, Colombia, Mexico and Jamaica) require affiliates of the multinationals to float shares on the local stock exchanges; other have proposed local equity participation, leading in some cases to total local ownership. [37] The International Chamber of Commerce has recommended that the host country should "take appropriate measures, principally by encouraging the creation or development of an effective capital market, to facilitate the purchase of equity in domestic and foreign-owned enterprise by local interests." [38] Some multinational corporations have opposed this suggestion based on their experience that the presence of a narrow local capital market in many host countries eventually leads to the accumulation of such large shares in a few powerful, local hands, that local participation on a broad basis is rendered impossible. Furthermore, such a concentration would cause conflicts between local ownership interests, favoring a high dividend payment policy, and foreign interests which opt for reinvestment of profits and growth.[39]

In countries where some form of participation in the decision-making of the multinationals exists, like Iran, Iraq, and Saudi Arabia, the exercise of this role through a development corporation has facilitated coordination; but still, conflict and strain hinder maximum efficiency and cooperation.

To avoid future conflicts and confrontation the United Nations Study Group has recommended certain measures which will be examined in the next chapter.

Notes

1. United Nations, Department of Economics and Social Affairs, *Multinational Corporations in World Development*, 1973, pp. 71-72.

2. For example, Francois Mitterrand during his candidacy for President of France stated "We do not want a Europe of the stateless multinational conglomerates. You haven't made a social Europe, a Europe of the people. That will be my mission." *New York Times*, May 11, 1974, p. 3.

3. A Report of the United States Tariff Commission to the Committee on Finance. U.S. Senate, February, 1973, p. 145.

4. *New York Times*, March 5, 1974, p. 33.

5. United States Tariff Commission Report, January 16, 1973.

6. Senate Committee on Finance, February, 1973, p. 149.

7. 22 U.S.C. Section 2370 (e) (1) (1964).

8. For instance, Solitron's pulling out of Curacao. See *Island Territory of Curacao v. Solitron Devices, Inc.*, 489 F. 2d 1313 (1973).

9. Ibid., pp. 151-52.

10. A Report of the United States Tariff Commission to the Senate Committee on Finance, February, 1973, p. 133.

11. Ibid., p. 134.

12. Ibid., p. 138.

13. *Business International*, "The Effects of the United States Corporate Foreign Investment," 1960-1970, New York, 1972.

14. R. Helmann, *The Challenge of the United States Dominance of the Multinational Corporation*, New York, 1970, p. 60.

15. Ibid.

16. See Japan's Ministry of Trade and Industry, *Report on Foreign Owned Firms in Japan*, Tokyo, 1968.

17. See *Financial Times*, "United States Industry in Great Britain," January, 1972, and D. Van Den Buleke, *The Foreign Companies in Belgian Industry*, Ghent, Belgian Productivity Center, 1973.

18. United Nations Study, pp. 16, 17.

19. United Nations Study, p. 18.

20. Ibid.

21. E. Sidney Rolfe, *The Multinational Corporation*, Foreign Policy Association, February, 1970, p. 54.

22. United Nations Study, p. 75.

23. United Nations Study, p. 76. The Kuwait government on May 14, 1974, agreed to a joint venture with Gulf Oil and British Petroleum Corporation. The new agreement gives the Kuwait government a 60 percent share and provides that in 1979 there will be renegotiation of the present arrangement. Gulf and British Petroleum will receive a sum of $112 million in return for their 50-50 Kuwait oil interests being acquired by the government. A four-man committee composed of

two representatives of Kuwait and one each from British Petroleum and Gulf will administer the new corporation.

24. Andean Group.

25. The most recent studies have come from the Sub-Committee on Multinational Corporations of the Senate Committee on Foreign Relations, and the Sub-Committee on International Trade of the Senate Committee on Finance, and the United Nations Department of Economic and Social Affairs.

26. Emergency Committee for American Trade, *The Role of the Multinational Corporation in the United States' and World Economies*, Washington, D.C., 1973.

27. See International Chamber of Commerce, *Guidelines for International Investment* (Paris, 1972).

28. International Labor Office, *Multinational Enterprises and Social Policy*, Geneva, 1973, pp. 83-88.

29. Ibid., p. 89.

30. The Calvo Doctrine is named after a distinguished Argentinian jurist, Carlos Calvo. He argued that a state could not accept responsibility for losses suffered by aliens, and foreigners have no rights not accorded nationals. The attempts to embody this doctrine in Latin American laws and constitutions did not quite succeed. The arbitral decisions covering the doctrine are almost evenly split. William W. Bishop, *International Law*, Little, Brown, Boston, 1962, pp. 710-721.

31. United Nations Study, op. cit., p. 97.

32. R. Vernon, *Sovereignty at Bay: The Multinational Spread of the United States Enterprise*, New York, 1971, p. 279.

33. See P. Kindleberger, *American Business Abroad*, New Haven, Yale University Press, 1969, p. 68. Also Vernon, pp. 278, 279.

34. The United Arab Emirates, on May 12, 1974, took over the distribution of gasoline and oil products throughout its territory. One of the member regions, Abu Dhabi, in January, 1974, took over its local distribution from the group consisting of British Petroleum, the Caltex Petroleum Corporation, and Royal Dutch Shell (*New York Times*, May 15, 1974), p. 65.

35. United Nations Study, op. cit., pp. 83-84.

36. Ibid.

37. A. O. Hirsham, *How to Disinvest in Latin America and Why? Essays in International Finance, No. 6,* Princeton University Press, November, 1969.

38. The International Chamber of Commerce, op. cit., Article 3.

39. United Nations Study, op. cit., p. 84.

8.
A Program of Action

Rocketing into notoriety, the term multinational throughout the world has become "a modish label" to be used in every discussion of big corporations exploiting small nations, as the tool of neocolonialism. Used that way, the term obscures, instead of illuminating "an important phenomenon" which is indubitably a strong factor in global economy.

"One does not have to be a European—or Asian or Latin American—to feel that in quite a few cases the words multinational corporation have become a slightly mealy-mouthed euphemism for big American company with large overseas interest." [1] Most people ignore the fact that there are other big multinationals in this world such as Shell, British Petroleum, Unilever, Philips, Nestlé, Alcan Aluminum, and Massy-Ferguson. As the foreign business of multinationals spreads, the number of governments to whose pressures they must respond grows. The more truly multinational the enterprises get, the more complicated they become, simply because they have to deal with too many governments and scores of new problems. In pursuit of its corporate aims—profit maximization, growth, or whatever goal attracts it—the multinational corporation has come face to face with two different complex questions. Will it largely escape national controls and so frustrate national economic policies? Will the fact that the policies governing international trade and investment are national policies impair the operation of multinational corporations and prevent them from contributing as much as they could to world income and productivity?

In the past, many options were open to multinationals. They had access to many capital markets; they could finance in one place what was forbidden to finance in another; they could take their business where taxes were low and profits high; they could decide on production, expansion, extraction and distribution. But lately the situation has changed. The factors that helped them to escape national jurisdiction, the dynamic of investments and international production, ideas about national interests of the home country and the immobility of the host country, all keep changing. Many issues that in the past were familiar problems of foreign investment are transformed into political, economic, and social issues. Contracts, agreements, and government guarantees are no more binding and are very easily violated. The diplomatic, economic, and military pressures of the home governments are ineffective and even often push the host governments toward expropriation of the property of the corporation.

It is because of this situation of confusion, uncertainty, and chaos that many sober heads call for creation of an international body that would provide the kind of public oversight of multinational corporations that governments normally provide at home. "There might be an international incorporation procedure; there would almost certainly have to be agreement on rules and principles to apply to multinational corporations in general or to some key features of their behavior; these standards would have to be enforced by some kind of intergovernmental action." [2] Based on the foregoing realities of the facts, on July 28, 1972, the

Economic and Social Council of the United Nations passed a resolution recognizing the following points:

1. "The growing interdependence of economic and social development in the various parts of the world.

2. "Economic and social conditions are continually undergoing changes which require regular scrutiny to ensure the unimpeded and equitable progress towards the attainment of an integrated world economy within the framework of the International Development Strategy for the Second United Nations Development Decade.

3. "Taking note of the statement in the World Economic Survey, 1971, which says (with reference to the multinational corporations) that while these corporations are frequently effective agents for the transfer of technology as well as capital to developing countries, their role is sometimes viewed with awe since their size and power surpass the host country's entire economy. The international community has yet to *formulate a positive policy and establish effective machinery* for dealing with the issues raised by the activities of these corporations,

4. "Noting also the resolution adopted at the Fifty-sixth Session of the International Labor Conference concerning the social consequences of the activities of multinational corporations,

5. "Noting further in the resolution adopted at the third session of the United Nations Conference on Trade and Development. . . . Considering the possible adverse impact of restrictive business practices, including among others those resulting from the increased activities of multinational enterprises, on the trade and development of developing countries, the conference decided that an *ad hoc* group of experts . . . should be set up to make a further study of restrictive business practices . . . .

6. "Requests the Secretary-General, in consultation with governments, to appoint from the public and private sectors,

and on a broad geographical basis, a study group of eminent persons intimately acquainted with international, economic, and social problems and related international relations, to study the role of multinational corporations and their impact on the process of development . . . and to submit recommendations for appropriate international action, the study group to consist of not less than 14 or more than 20 persons. . . .

7. "Further requests the Secretary-General to support the report of the study group, together with his own comments and recommendations, to the Economic and Social Council at its fifty-seventh session at the latest, and to inform the Council at its fifty-fifth session of the progress made in the implementation of the present resolution." [3]

A group of eminent persons met at the headquarters of the United Nations in September, 1973. For three weeks they studied several position papers, research studies, proposals, and recommendations. Finally, the Department of Economics and Social Affairs of the United Nations presented a comprehensive recommendation for their deliberation and possible approval.

Since the tensions and conflicts that arise from the operations of multinational corporations are international in character, programs which are limited to one side, or to only some of the parties concerned, are unlikely to be adequate. In fact, some of the programs, though desirable from the point of view of the initiator, may generate a series of reactions which are not entirely predictable.

"Thus, efforts to raise the bargaining power of one side may induce the other to take similar action. This is especially the case in the long run, as has been frequently illustrated in the field of raw materials, where substitutes may be developed and sellers' monopolies may nurture buyers' monopsonies." [4]

Moreover, experience has shown that the one-sided measure can seldom succeed, regardless of how much power or money is behind it. The power of multinationals has failed because it was one-sided. The plan of certain host countries in obtaining larger revenues from the multinational corporations may backfire, and shift the burden to the consumers, including many developing countries—rather than result in a reduction of the corporations' profits.

International laws and measures are clearly necessary to achieve a balanced and more equitable solution. Those which appear to be ripe for immediate consideration and approval are briefly assessed below:

1. "The least that the international community can do is to provide a forum. The purpose of a forum may range from the airing of views to discussion and studies of issues that may lead to action. The United Nations already provides a general framework for such a forum. What should be considered is whether a more systematic effort should be launched. It has been suggested that the Economic and Social Council might consider whether the discussion of multinational corporations should become a more or less regular feature of its agenda, and establish a subsidiary body which might permit the expression of views by all the parties concerned. Because of the political nature of many issues that confront multinationals, it would probably be desirable to keep the main forum at a high level. A hearing procedure is essential for issues that concern private as well as government interests. Expanding work in the United Nations on multinationals should be augmented by a corresponding work program within the Secretariat.

2. "In order to guide and assist the host governments and the multinationals, an appropriate institution for collecting data analysis, dissemination of appropriate information, studies by government agencies, private research institutions, the United Nations Secretariat must establish a multinational

corporation center. At present enough information is lacking in the areas of: (a) interaffiliate flows of goods and services and their pricing; (b) the international distribution of specific activities such as the generation of technology and skills, as well as managerial and equity control; (c) the actual financial flow of international direct investment, as distinct from the capitalization of know-how, the revaluation of assets, and the transfer of second-hand equipment since the common practice of including these items in investment statistics results in serious distortion; (d) the specific effects that such firms have on governmental policies on matters such as tariff structures, credit availability, legislation on industrial property and restrictive business practices, as well as access to alternative sources of supply of goods and services." [5]

At present it is almost impossible to get any detailed information from the corporations or their governments. For example, during the energy crisis, the United States Government had to depend on the reports of the oil companies. A number of those reports were disputed because of their inaccuracy or distortion. Much of the work both for the corporations and the governments could be performed more accurately at a reduced cost through the elimination of duplications if we could centralize all data and information in the United Nations.

3. "In view of the vast amount of information and knowledge that is concentrated in a few corporations, it is recommended that the United Nations become involved in assisting national and regional programs concerning multinationals. In most of the developing host nations vital programs are hampered because of lack of adequate technological information. The United Nations Office of Technical Assistance should be expanded and made responsible for technical assistance to the host governments. Technical assistance should be broadly extended to include the review of

machinery and procedures for dealing with multinational corporations. For example, it would be the responsibility of this group to screen not only the operations of the multinationals but the qualifications of future investors. In some cases, they may even need outside help in the negotiating process. Since the host governments will be facing teams of competent economics, lawyers, engineers and business managers, it would be to their interest to use the service of the United Nations experts. Here again, much preparatory work would be required, including the building up of a corps of key multi-disciplinary personnel, so that technical cooperation teams could be organized and dispatched with a minimum of delay.

"Such assistance is particularly important, since the results of negotiations with multinational corporations directly affect the distribution of benefits among the participants and also have implications for income distribution within the host country. Negotiations determine more specifically how key decisions are made, the extent and type of contribution of local and foreign imports, the size of the market for the final product, and at times even delineate the kind of impact that the activity may have on governmental policies and in the social and political fields." [6]

4. Technical assistance should be supplemented by training activities. The expertise needed for dealing with multinationals is usually hard to obtain from traditional institutions. Special schools, under the United Nations, should be established for the development of instructional materials from case studies of developing as well as developed host countries.

A particular area for case studies would be an analysis of selected contractual arrangements with multinationals. The study of past mistakes of both governments and corporations could aid future negotiations. Model contracts incorporating the essential features could be developed for ready reference.

The collection of documents, analysis and dissemination of their facts and conclusions, technical assistance and training programs could be implemented and coordinated in the United Nations. This center should become the main body for guiding, assisting and reconciling the interests of the host governments with multinationals.

Thus, technical cooperation in all fields is essential to the transfer of technology to devloping countries. The expansion of this channel could help to lessen the dependence of developing nations on the multinationals, "which often insist on a complete package that may contain ingredients that are not entirely acceptable to the host." [7]

5. International efforts by the United Nations can bring harmony to the present national conflicts. The degree of harmonization attainable is intimately related to the cohesion of the world community.

The most important area for uniformity and harmonization is taxation. As a result of conflicts in taxation system of many countries, the Economic and Social Council in July, 1970, set up an Ad Hoc Committee to study tax laws of developed and developing nations and suggest ways and means:

(a) For the elimination of double taxation and tax incentive problems,
(b) Exchange of information,
(c) Interest on deferred credits,
(d) Non-discrimination,
(e) Treatment of non-permanent residents,
(f) Income from immovable property,
(g) Capital gains.

After months of research and investigations, the Ad Hoc Committee in September, 1973, submitted their recommendation and a draft convention for the approval of the Social and Economic Council and the General Assembly.[8]

The United Nations Report is very emphatic about a uniform tax regulation. "Since the profit of multinationals are world-wide, questions always arise as to which part of total profit should be attributed to a particular enterprise or taxed by a particular authority. To some extent, bilateral international tax treaties have eliminated double taxation, and screening by tax authorities of such practices as transfer pricing has deterred payment evasions. A more systematic multinational effort needs to be pursued. In particular, the possibility of developing simplified procedures or rules concerning the allocation of profits for tax purposes needs to be explored." [9]

The U.N. Committee on taxation found the present tax system complicated, cumbersome and conflicting. As a result it suggested several reforms to be implemented by the United Nations:

(a) The home and the host countries should agree to avoid double taxation.

(b) The issue of transfer pricing, which at present is virtually at the discretion of the multinationals with the exception of petroleum and certain other products, must be adjusted through an international agreement. "The disparity between the expertise of tax officials in developing countries and that of multinational corporations is usually too large to allow the reasonableness of transfer prices to be correctly evaluated. This is an area in which initiatives taken at a regional level as in the Andean Group, or at an international level through technical cooperation, would be particularly rewarding. A withholding tax on interest paid by affiliates, which at times absorbs a large part of their operating income, or alternatively, taxation of the operating income of affiliates without any deduction for interest, has also been suggested, provided that a degree of fairness in implementation can be guaranteed." [10]

(c) The United Nations Ad Hoc Expert Group has prepared four reports in which it points out that in the relationship between developed countries and multinationals many inconsistencies exist regarding transfer pricing. It would be easy for an international tax court to examine and then eliminate the sources of confusion and conflict and establish a fair and equitable system which could be applied to all corporations and countries. On October 4, 1971, John Connally, then Secretary of Treasury, in an address to the International Fiscal Association, stated that "international codes of conduct should be developed and enforced with respect to international fiscal matters. We should promptly explore the feasibility of creating a continuing secretariat with a staff of experienced fiscal experts and more frequent and thorough discussions among the representatives of participating nations. This might be accomplished under the aegis of an existing international organization or through the creation of a new organization, perhaps affiliated with an existing body." [11]

The developing nations, also through the United Nations, have expressed willingness to a uniform and stable method of integrating the corporate tax and personal income tax to be established under the aegis of an international organization.

(6). The most urgent point at issue among many developing nations is that of competition for foreign investment. There are no existing organizations to help developing nations and multinationals on the nature of investment, tax policy, priorities, and the benefits available under various countries' tax systems. It would be beneficial to both corporations and home and host governments if a world-wide investment policy body representing all the combined parties should be constituted. "Wide publicity given to discussions in such a policy body could at least alert the developing countries to the dangers they now face in (a) competing with each other for multinational corporation investment, and (b) failing to take full advantage of tax relief afforded by, or negotiable with, the developed countries." [12]

A United Nations study has suggested that multinational

corporations should be taxed under the formula now in use by states of the United States. Under this suggested approach, a taxing country would allocate to itself a share of multinational firm's aggregate profits, the proportion being calculated on the basis of a number of factors, such as the percentage share in the corporation's world-wide payroll paid within the taxing country, the proportion of its world-wide sales made within the country, and possibly others, including property ownership. Each of these apportioned factors would be given a stated weight. The weighted factors would then be averaged and the resulting average for the factors would be the proportion that would be applied to the corporations world-wide profits in order to determine the amount of profit taxable by the country concerned.[13]

What seems clear from different studies of the United Nations tax experts and the organization for Economic Cooperation and Development, is that the present tax system is somewhat incoherent and unacceptable to all parties concerned. Therefore, the top on the agenda of the United Nations should be a draft agreement to harmonize national policies on taxes and assist both the home and host countries to eliminate sources of conflict and tension.

Another area for international harmonization is restrictive business practices. As early as 1947, the United Nations Conference in Havana drew up a charter for an International Trade organization, suggesting elimination of restrictive business practices. A similar attempt was made in the early 1950's by an Ad Hoc Committee established by the Economic and Social Council. Unfortunately, in both cases no agreements could be worked out between the member nations of the United Nations, and the Economic and Social Council decided to suspend examination of the question.[14]

Although the 1947 attempt and 1951 resolution failed to achieve their objectives, owing to the lack of agreement, lately there has been a renewed interest in this area. Three groups—the United Nations Conference on Trade and Development, the European Community, and the Organization for Economic Cooperation and Development—have produced valuable reports which could become a part of a broader approach to multinational corporations by the United Nations.

The United Nations Ad Hoc Committee's report is very emphatic "on the need for continuing discussions on restrictive trade and business practices and finding appropriate solutions to a number of pressing problems." Furthermore the report underscores the desirability of drawing up guidelines on restrictive business practices.[15]

The European community's policy on investment is supervised by a supranational organization with investigative and punitive power. Although some people think that this pattern could not be applied globaly at this time, but eventually the United Nations must establish an international machinery to ensure the accountability of multinational corporations, to arbitrate the differences, to legislate a uniform tax system, to protect the rights and interests of the corporations in different areas of the world, and finally put an end to restrictive business practices. This international organization should have the power to investigate all the complaints and to adjudicate them.[16]

The United Nations Study group concluded that in theory, all the above guidelines could be codified in a multilaterally negotiated charter and the United Nations has both facility and the personnel to administer it. But in discussions with member states, it has been revealed that there is considerable resistance to a powerful supranational machinery. Since a cohesive effort by the member nation states, at this time, is not possible, it has been suggested that a less powerful kind of machinery such as GATT should be set up. A general agreement on investment and multinationals, patterned after GATT, is both timely and desirable. This agreement would lay down a limited set of universally accepted principles. The agency set up to administer the agreement would have the power to investigate and make recommendations. As the agency gains prestige and reputation, its authority and decisions would be accepted by the countries and the corporations involved.[17]

Some general agreement on a code of conduct for multinationals and host governments is difficult but is not impossible. However, the tendency is that such a code must be in general terms, and its enforcement might be limited by nations' unwillingness to establish a strong agency to administer it. Moreover, there is hope that if the agency succeeds, it could gradually expand its activities and serve as a mediator for the settlement of the disputes.

The United Nations Study, after examining all options and obstacles, concludes:

"For the present, as a first step towards dealing with this problem, corporations which satisfy certain criteria of 'multinationality' and which agree to observe certain requirements, such as minimum disclosures, periodic reports and disavowal of restrictive business practices, might be registered with an agency of the United Nations, such as Center for multinational corporations. These corporations would be subject to international screening. At the same time, there is a presumption that they would be internationally accountable and socially responsible. In the event of a dispute, they might use the good offices of the United Nations body to conduct an independent study and report.

"A more formal internationalization or denationalization of corporations might be the chartering in special instances of supranational corporations or 'cosmocorps.' Under this suggestion an international company law would be established and administered by a body of the signatory countries. A variant of a supranational corporation can actually be found in the International Bank for Reconstruction and Development which is a specially created public financial institution. Another is the agreement establishing Interum Arrangements for a global commercial communications satellite system, which has private as well as public participation." [18]

The nearest model for internationalization of multinationals is the model of the proposed European Company in the European Community. This company, created by a European Community Act, would not be a part of any national legal system but would be operating under the European Community law. There are a number of new ideas introduced with respect to company structure. Thus, according to recommendations made by the commission, employees would be given certain rights and privileges to participate in the administration of company, although these rights and responsibilities would not apply to the decision-making process at the management level. [19]

The recent proposals for the creation of an international authority for the regulation or exploration of resources of the sea-bed beyond the limits of national jurisdiction "indicate further possibilities for the creation of supranational machinery." [20]

Without a strong international authority, concluded the United Nations Study, disputes involving multinational corporations and host countries fall within national jurisdiction, which are often inadequate or conflicting. The convention on the settlement of investment disputes provides a limited machinery for conciliation and arbitration but its work has thus far been very limited, chiefly on account of the non-participation of many countries, notably in Latin America, on the grounds that disputes in these territories should come under national jurisdiction.

The first case submitted for arbitration under the convention on the Settlement is that of Morocco against Holiday Inn. Since then many developing nations have included in this agreement a clause according to which all the disputes would be submitted to arbitration through the channel of the Settlement of Investment machinery. The possibility of a wider use of this machinery has been recommended by the United Nations. In addition, other machinery, such as conciliation and arbitration through the International Chamber of Commerce, might also be explored.[21]

"In view of the difficulty of attempting to 'settle' disputes, the emphasis might be placed on prevention. Technical cooperation in the preparation of the model contracts and the development of a multidisciplinary team for aid in negotiation with multinational corporations as suggested above might be one of the first steps in this direction."[22]

The adoption of the Economic and Social Council Resolution on multinationals and the meeting of a group of prominent persons, representing many countries in 1973, need to be followed by the charting of a program action for the United Nations. Although opinions may differ concerning some far-reaching proposals, there is hardly any doubt that all parties agree that an international agreement, regulating relations between multinational and governments is essential to the future economic welfare of the world. Some proposals, indeed, can be implemented immediately, while others will require further study to prepare the ground for more difficult negotiations in the future.[23]

Notes

1. William Diebold, *The United States and the Industrial World*, New York: Praeger, 1972, p. 198.

2. Ibid., pp. 199-200.

3. Economic and Social Council Resolution, 1721 (L111), July 28, 1972.

4. United Nations, Department of Economic and Social Affairs, *Multinational Corporations in World Development*, 1973, p. 86.

5. Ibid., p. 87.

6. Ibid., p. 88.

7. Ibid., p. 88.

8. United Nations, Tax Treaties Between Developed and Developing Countries, Fourth Report, 1973, New York, pp. 47-48.

9. Op. cit., p. 89.

10. *Tax Treaties Between Developed and Developing Countries*, Second Report, 1970. This report discusses all the problems of the present tax system and recommends a panel of experts to be established by the United Nations to assist in preparation of a uniform system.

11. Quoted in the United Nations Report on Multinationals, 1973, p. 90.

12. Ibid., p. 90.

13. Ibid., p. 91.

14. The Economic and Social Council Resolution No. 375, 1951.

15. The United Nations Conference on Trade and Development, *Restrictive Business Practices in Relation to the Trade and Development*, Geneva, 1973.

16. Report of Organization for Economic Cooperation and Development, *Market Power and the Law*: Report of the OECD Committee of Experts on *Restrictive Business Practices*, Paris, 1970.

17. See Paul Goldberg and Charles Kindleberger, "Toward a GATT for Investment: A Proposal for Supervision of the International Corporation," *Law and Policy in International Business* (Summer, 1970).

18. For more information on the subject of Supranation Corporation see George W. Ball, "Cosmocorp: The Importance of Being Stateless," *Columbia Journal of World Business* (November, December, 1967), and testimony before the House Sub-committee on International Trade (Washington, D.C., May 1971).

19. The Commission of the European Communities proposal is contained in a special supplement to *European Community Bulletin*, No. 8, 1970.

20. United Nations The Official Records of the General Assembly, XXVIth Session and XXVIIth Session, Supplement No. 21, "Peaceful Uses of the Sea-Bed."

21. International Chamber of Commerce, *Rules of Conciliation and Arbitration* (Paris, 1971).

22. United Nations Study, p. 95.

23. Ibid., p. 103.

Appendix A
Excerpts from Recent Resolutions
of United Nations Bodies
Relevant to the Issue
of Multinational Corporations

1. **Economic and Social Council resolution 1721 (LIII).** The impact of multinational corporations on the development process and on international relations.

"The Economic and Social Council,

"Recalling, that, according to the Charter of the United Nations, the creation of conditions of stability and well-being is necessary for peaceful and friendly relations among nations based on respect for the principle of equal rights and self-determination of peoples,

"Recognizing the growing interdependence of economic and social development in the various parts of the world,

"Aware that economic and social conditions are continually undergoing changes which require regular scrutiny to ensure unimpeded and equitable progress towards the attainment of an integrated world economy within the framework of the International Development Strategy for the Second United Nations Development Decade,

"Taking note of the statement in the *World Economic Survey, 1971* which says, with reference to the multinational corporations, that 'while these corporations are frequently effective agents for the transfer of technology as well as capital to developing countries, their role is sometimes viewed with awe, since their size and power surpass the host country's entire economy. The international community has yet to formulate a positive policy and establish effective machinery for dealing with the issues raised by the activities of these corporations',

249

"*Noting also* the resolution adopted at the fifty-sixth session of the International Labour Conference, concerning the social consequences of the activities of multinational corporations and the convening by the Governing Body of the International Labour Office of a meeting concerning the relationship between multinational undertakings and social policy,

"*Noting further* that, in resolution 73 (III) on restrictive business practices adopted at the third session of the United Nations Conference on Trade and Development, considering the possible adverse impact of restrictive business practices, including among others those resulting from the increased activities of multinational enterprises, on the trade and development of developing countries, the Conference decided that an *Ad Hoc* Group of Experts on Restrictive Business Practices should be set up to make a further study of restrictive business practices followed by enterprises and corporations which have already been identified and which are adversely affecting the trade and development of the developing countries, including among others such practices which may stem from cartel activities, business restrictions practised by enterprises and multinational corporations, export prohibitions, agreements on market distribution and allocation, the typing of the supply inputs including raw materials and components, restrictions specified in contracts for the transfer of technology, arbitrary transfer pricing between the parent company and its affiliates, and monopoly practices,

"1. *Requests* the Secretary-General, in consultation with Governments, to appoint from the public and private sectors and on a broad geographical basis a study group of eminent persons intimately acquainted with international economic, trade and social problems and related international relations, to study the role of multinational corporations and their impact on the process of development, especially that of the developing countries, and also their implications for international relations, to formulate conclusions which may possibly be used by Governments in making their sovereign decisions regarding national policy in this respect, and to submit recommendations for appropriate international action, the study group to consist of not less than 14 nor more than 20 persons;

"2. *Recommends* that the study group appointed by the Secretary-General be informed of the conclusions of the *Ad Hoc* Group of Experts on Restrictive Business Practices established by the United Nations Conference on Trade and Development at its third session, and the comments on them of the Trade and Development Board's Committee on Manufactures, so that, among the various aspects of the problem, the important one referred to the *Ad Hoc* Group of Experts can be taken into account in the global study of multinational corporations envisaged in paragraph 1 above;

"3. *Recommends* further that the study group take advantage of and take into account research being carried out in this field by other international organizations, particularly that of the Governing Body of the International Labour Office as a result of the resolution concerning the social consequences of the activities of multinational corporations adopted at the fifty-sixth session of the International Labour Conference;

"4. *Further requests* the Secretary-General to support the report of the study group, together with his own comments and recommendations, to the Economic and Social Council at its fifty-seventh session at the latest and to inform the Council at its fifty-fifth session of the progress made in the implementation of the present resolution."

2. **General Assembly resolution 2626 (XXV).** International Development Strategy for the Second United Nations Development Decade. Adopted by the General Assembly on 24 October 1970.

"(50) Developing countries will adopt appropriate measures for inviting, stimulating and making effective use of foreign private capital, taking into account the areas in which such capital should be sought and bearing in mind the importance for its attraction of conditions conducive to sustained investment. Developed countries, on their part, will consider adopting further measures to encourage the flow of private capital to developing countries. Foreign private investment in developing countries should be undertaken in a manner consistent with the development objectives and priorities established in their national plans. Foreign private investors in developing countries should endeavour to provide for an increase in the local share in management and administration, employment and training of local labour, including personnel at the managerial and technical levels, participation of local capital and reinvestment of profits. Efforts will be made to foster better understanding of the rights and obligations of both host and capital-exporting countries, as well as of individual investors."

3. **United Nations Conference on Trade and Development resolution 56 (III).** Foreign private investment in its relationship to development. Adopted on 19 May 1972.

"1. *Affirms* the sovereign right of developing countries to take the necessary measures to ensure that foreign capital operates in accordance with the national development needs of the countries concerned, including measures to limit the repatriation of profits;

"2. *Expresses* its concern not only at the total amount of the financial outflow brought about by private foreign investment but also at its excessive utilization of local financial resources as well as the effects of certain marketing contracts among foreign companies that disrupt competition in the domestic markets, and their possible effects on the economic development of the developing countries;

"3. *Recognizes* that private foreign investment, subject to national decisions and priorities, must facilitate the mobilization of internal resources, generate inflows and avoid outflows of foreign reserves, incorporate adequate technology, and enhance savings and national investment;

"4. *Urges* developed countries to take the necessary steps to reverse the tendency for an outflow of capital from developing countries, by fiscal or other appropriate measures, such as tax exemption of reinvestments of profits and other earnings accruing to private capital investments."

4. United Nations Conference on Trade and Development resolution 73 (III). Restrictive business practices. Adopted on 19 May 1972.

"1.*Recommends* that:

"(a) Every effort should be made with the view to alleviating and, where possible eliminating, restrictive business practices adversely affecting the trade and development of developing countries;

"(b) Co-operation among developed and developing countries through an exchange of information and consultations and other means could contribute to the alleviation and, where possible, elimination of restrictive business practices adversely affecting both the developed and developing countries;

"(c) Attention should be paid to the possibility of drawing up guidelines for the consideration of Governments of developed and developing countries regarding restrictive business practices adversely affecting developing countries;

"2. *Calls* upon the UNCTAD secretariat to pursue further its studies in this field and to give urgent consideration to formulating the elements of a model law or laws for developing countries in regard to restrictive business practices;

"3. *Further calls* upon all member countries in particular the developed countries and competent international organizations, such as the World Intellectual Property Organization and the International Chamber of Commerce, to extend their fullest co-operation to the UNCTAD secretariat in this regard;

"4. *Decides* to establish an *Ad Hoc* Group of Experts on Restrictive Business Practices consisting of an adequate number of governmental and non-govermental experts to be nominated by the Secretary-General of UNCTAD after consultations with Governments. This Expert Group will be responsible to the Committee on Manufactures, to which it shall submit its report as soon as possible;

"5. The terms of reference of the *Ad Hoc* Group of Experts shall include the following, bearing in mind that the work shall be carried out in the context of liberalization and expansion of trade in manufactures and semi-manufactures of interest to developing countries;

"(a) The identification of all restrictive business practices including among others those resulting from activities of multinational corporations and enterprises which adversely affect the trade and development of developing countries with a view to submitting recommendations to the Committee on Manufactures for alleviating and, where possible, eliminating, such practices;

"(b) Further study of restrictive business practices followed by enterprises and corporations, which have already been identified, and which are adversely affecting the trade and development of developing countries, including among others such practices which may stem from: cartel activities; business restrictions practised by enterprises and multinational corporations; export prohibitions; agreements on market distribution and allocation; the tying of the supply of inputs including raw materials and components; restrictions specified in contracts for the transfer of technology, arbitrary transfer pricing between the parent company and its affiliates; monopoly practices;

"(c) In addition to the practices already referred to in the present resolution in carrying out its studies and submitting its recommendations to the Committee on Manufactures, more attention than in the past should be given to such practices, among others, applied by enterprises and corporations and adversely affecting the trade and development of the developing countries, as those in relation to licensing arrangements and related agreements referring to the use of patents and trade-marks; market sharing; pricing policy and participation of firms of developing countries in industrial projects of multinational corporations;

"(d) In carrying out its studies and submitting its recommendations to the Committee on Manufactures, the Group of Experts shall give special consideration to the position of the least developed among the developing countries;

"(e) It shall examine the possibility of drawing up guidelines for the consideration of Governments of developed and developing countries regarding restrictive business practices adversely affecting developing countries;

"(f) It shall take fully into account those studies which have been and are being carried out by the other international organizations of relevance to work in this area, and shall work in close co-operation with them;

"(e) It shall examine the possibility of drawing up guidelines for the consideration of Governments of developed and developing countries regarding restrictive business practices adversely affecting developing countries;

"(f) It shall take fully into account those studies which have been and are being carried out by the other international organizations of relevance to work in this area, and shall work in close co-operation with them;

"6. *Requests* the Committee on Manufactures to consider the Expert Group's report and recommend appropriate remedial action on restrictive business practices;

5. **United Nations Conference on Trade and Development resolution 39 (III). Transfer of technology. Adopted on 16 May 1972.**

"3. *Invites* the developing countries to establish institutions, if they do not have them, for the specific purpose of dealing with the whole range of complex questions connected with the transfer of technology from developed to developing countries, and takes note of the wishes of the developing countries, that these institutions should *inter alia*:

"(a) Be responsible for the registration, deposit, review and approval of agreements involving transfer of technology in the public and private sectors;

"(b) Undertake or assist in the evaluation, negotiation or renegotiation of contracts involving the transfer of technology;

"(c) Assist domestic enterprises in finding alternative potential suppliers of technology in accordance with the priorities of national developing planning;

"(d) Make arrangements for the training of personnel to man institutions concerned with the transfer of technology;

"4. *Invites* the developing countries to take the specific measures they deem necessary to promote an accelerated transfer of adequate technology to them under fair and reasonable terms and conditions;

"5. *Recommends* that developed market-economy countries facilitate an accelerated transfer of technology on favourable terms to developing countries, *inter alia*, by:

"(a) Providing capital and technical assistance and developing scientific and technological co-operation;

"(b) Endeavouring to provide possible incentives to their enterprises to facilitate an accelerated transfer of their patented and non-patented technology to developing countries on fair and reasonable terms and conditions and by assisting these countries in using effectively imported techniques and equipment;

"(c) Assisting developing countries to absorb and disseminate imported technologies through the provision of necessary information and technical assistance, such as training in planning and management of enterprises and in marketing, as well as other forms of scientific and technological co-operation;

"(d) Endeavouring to provide their enterprises and their subsidiaries located in developing countries with possible incentives to employ wherever possible local labour, experts and technicians as well as to utilize local raw materials, to transfer specifications and technological processes used in production to local enterprises or competent organizations, and also to contribute to the development of know-how and expertise by training staff in the developing countries;

"(e) Designating institutions able to provide information to developing countries concerning the range of technologies available;

"(f) Assisting through their over-all co-operation programmes in the application of technology and in its adaptation to the production structures and economic and social requirements of developing countries at their request;

"(g) Taking steps to encourage and promote the transfer of the results of the work of research institutes and universities in the developed countries to corresponding institutions in developing countries;

"(h) Participating actively in the identification of restrictive business practices affecting the transfer of technology to developing countries with a view to alleviating and, where possible, eliminating these practices in accordance with paragraph 37 of the International Development Strategy for the Second United Nations Development Decade;

"6. *Recommends* that the socialist countries of Eastern Europe, in accordance with their economic and social systems, undertake to facilitate the accelerated transfer of technology on favourable terms to developing countries *inter alia* through agreements on trade, economic and scientific and technical co-operation;"

"11. *Recommends* that the international community, in recognition of the special position of the least developed among the developing countries should:

"(a) Assist such countries, for instance by the establishment and/or consolidation of information centres and applied technology institutes;

"(b) Furnish on easier terms the specialized institutions of such countries with the results of research relevant to their economic development;

"(c) Give special consideration to the terms, conditions and costs of transfer of technology to such countries;"

6. **General Assembly resolution 3016 (XXVII).** Permanent sovereignty over natural resources of developing countries. Adopted on 18 December 1972.

"1. *Reaffirms* the right of States to permanent sovereignty over all their natural resources, on land within their international boundaries as well as those found in the sea-bed and the subsoil thereof within their national jurisdiction and in the superjacent waters;

"2. *Further reaffirms* its resolution 2625 (XXV) of 24 October 1970, containing the Declaration on Principles of International Law concerning Friendly Relations and Co-operation among States in accordance with the Charter of the United Nations, which proclaims that no State may use or encourage the use of economic, political or any other type of measures to coerce another State in order to obtain from it the subordination of the exercise of its sovereign rights and to secure from it advantages of any kind;

"3. *Declares* that actions, measures or legislative regulations by States aimed at coercing, directly or indirectly, other States engaged in the change of their internal structure or in the exercise of their sovereign rights over their natural resources, both on land and in their coastal waters, are in violation of the Charter and of the Declaration contained in resolution 2625 (XXV) and contradict the targets, objectives and policy measures of the International Development Strategy for the Second United Nations Development Decade;

"4. *Calls upon* Governments to continue their efforts aimed at the implementation of the principles and recommendations contained in the aforementioned resolutions of the General Assembly and, in particular, of the principles enunciated in paragraphs 1 to 3 above;

"5. *Takes note* of the report of the Secretary-General on permanent sovereignty over natural resources and requests him to supplement it with a further detailed study on recent developments, taking into account the right of States to exercise permanent sovereignty over their natural resources, as well as the factors impeding States from exercising this right;

"6. *Requests* the Economic and Social Council to accord high priority, at its fifty-fourth session, to the item entitled 'Permanent sovereignty over natural resources of developing countries', together with the report of the Secretary-General and the present resolution, and to report to the General Assembly at its twenty-eighth session."

7. **Economic and Social Council resolution 1737 (LIV).** Permanent sovereignty over natural resources of developing countries. Adopted on 4 May 1973.

"1. *Reaffirms* the right of States to permanent sovereignty over all their natural resources, on land within their international boundaries, as well as those of the sea-bed and the subsoil thereof within their national jurisdiction and in the superjacent waters;

"2. *Emphasizes* that both the exploration and the exploitation of such natural resources shall be subject in each country to national laws and regulations;

"3. *Declares* that any act, measure or legislative provision which one State may apply against another for the purpose of suppressing its

inalienable right to the exercise of its full sovereignty over its natural
resources, both on land and in coastal waters, or of using coercion to
obtain advantages of any other kind, is a flagrant violation of the
Charter of the United Nations, contradicts the principles adopted by
the General Assembly in its resolutions 2625 (XXV) and 3016 (XXVII)
and obstructs the attainment of the goals and objectives of the
International Development Strategy for the Second United Nations
Development Decade, and that to persist therein could constitute a
threat to international peace and security;

"4. *Recognizes* that one of the most effective ways in which the
developing countries can protect their natural resources is to promote
or strengthen machinery for co-operation among them having as its
main purpose to concert pricing policies, to improve conditions of
access to markets, to co-ordinate production policies and, thus, to
guarantee the full exercise of sovereignty by developing countries over
their natural resources;

"5. *Urges* the international financial organizations and the United
Nations Development Programme to provide, in accordance with the
priorities established in national development plans, all possible
financial and technical assistance to developing countries at their
request or for the purpose of establishing, strengthening and supporting, as appropriate, national institutions to ensure the full utilization
and control of their natural resources;

"6. *Requests* the Secretary-General to complete the study of the
political economic, social and legal aspects of the principle of
permanent sovereignty over natural resources referred to in Council
resolution 1673 D (LII) and to include therein the aspects of the
permanent sovereignty of States over their natural resources of the
sea-bed and the subsoil thereof within the limits of national jurisdiction
and in the superjacent waters;

"7. *Further requests* the Secretary-General to submit to the General
Assembly at its twenty-eighth session, through the Economic and Social
Council, the study referred to in paragraph 6 above."

8. **United Nations Conference on Trade and Development resolution
75 (III). Export promotion. Adopted on 19 May 1972.**

"*The United Nations Conference on Trade and Development,*

"*Bearing in mind* the International Development Strategy for the
Second United Nations Development Decade and, in particular,
paragraph 36 thereof,

"*Recognizing* that promotion of the exports of developing countries
is a necessary complement to removal of the external obstacles to those
countries' exports,

"*Noting* with appreciation that the large-scale technical assistance project financed by the United Nations Development Programme for training and advisory services to preference-receiving countries in the implementation of the generalized system of preferences has already become operational,

"1. *Recognizes* that developing countries should actively continue and intensify the implementation of appropriate measures for export promotion:

"2. *Urges* developed countries, due consideration being given to measures undertaken for the reduction and, if possible, elimination of tariff and non-tariff barriers to the exports of developing countries, to take measures to promote the exports of developing countries through the provision of technical and financial assistance to developing countries for the purpose of:

"(a) Studies and research including exchange of commercial information on a continuous basis on the export prospects for products from developing countries;

"(b) Standardization, packaging, design and quality control of products from developing countries;

"(c) Organizing international trade fairs with a view to securing increased export opportunities for products from developing countries;

"(d) Formulating and implementing programmes for training executives and experts at all levels in the field of trade promotion;

"3. *Requests* the appropriate international organizations to provide technical and financial assistance to developing countries in the field of export promotion;

"4. *Urges* developed countries to consider measures to facilitate exports from developing countries through appropriate means, such as, where possible, the establishment of national centres in developed countries for the promotion of imports from developing countries or other import facilitation measures;

"5. *Recognizes* with appreciation the financial and other support given by the developed countries to the UNCTAD/GATT International Trade Centre and recommends that such support should, if possible, be increased;

"6. *Requests* developed countries and the international organizations concerned to continue to lend their technical and financial support to the work programmes of regional, subregional and national trade promotion centres in order to enable them, in co-operation with other agencies, to collect and disseminate commercial information on a continuing basis, and to supplement the export efforts of developing countries to promote trade with developed countries and among themselves;

"7. *Requests* developed countries and the international organizations concerned to assist, where necessary, in creating or strengthening national trade promotion centres and associations thereof in the developing countries in order to achieve the objectives stated in paragraph 6 above;

"8. *Recommends* to developing countries to co-operate among themselves in order to intensify the export promotion of their products in the markets of developing and developed countries;

"9. *Recommends* regional trade promotion centres to assist developing countries in taking advantage of the trade opportunities resulting from regional and subregional co-operation plans and of the export possibilities in such cases where aid is provided in untied form;

"10. *Requests* the Secretary-General of UNCTAD together with the Director-General of GATT to continue their efforts to ensure that the International Trade Centre is fully equipped to enable it, in co-operation with the Food and Agriculture Organization of the United Nations and the United Nations Industrial Development Organization, to pursue effective and co-ordinated programmes of assistance to developing countries in the field of export promotion and to pay particular attention to the problems of the least developed countries;

"11. *Urges* developed countries to take into account the special market situations prevailing in developing countries and the special needs of developing countries for adopting certain export promotion measures as part of their efforts to achieve diversification and promotion of their exports;

"12. *Requests* developed countries and international financial organizations, including the regional development banks, recognizing the need for developing countries to improve their export financing facilities, to give active consideration to means to bring about such an improvement."

9. United Nations Conference on Trade and Development resolution 45 (III). Charter of the economic rights and duties of States. Adopted on 18 May 1972.

"1. *Decides* to establish a working group composed of Government representatives of 31 member States, to draw up the text of a draft charter. The Working Group shall be appointed as soon as possible by the Secretary-General of UNCTAD in consultation with States members of the Conference;

"2. *Decides* that the Working Group shall use as basic elements in its work:

"(a) The general, special and other principles as approved by the Conference at its first session;

"(b) Any proposals or suggestions on the subject made during the third session of the Conference;

"(c) All documents mentioned above and other relevant resolutions adopted within the framework of the United Nations, particularly the International Development Strategy for the Second Development Decade;

"(d) The principles contained in the Charter of Algiers and the Declaration of Lima;

"3. *Further decides* that the draft prepared by the Working Group shall be sent to States members of the Conference in order that they can forward their suggestions, it being understood that the Working Group shall reconvene to elaborate the draft charter further in the light of comments and suggestions to be received from Governments of member States;

"4. *Recommends* to the Trade and Development Board, that it examine, as a matter of priority, at its thirteenth session, the report of the above-mentioned Working Group, and the comments and suggestions made by member States of the Conference and transmit it with its comments to the General Assembly at its twenty-eighth session;

"5. *Invites* the General Assembly, upon receipt of the above-mentioned report of the Trade and Development Board, and the views expressed by Governments during the consideration of the item in the General Assembly, to decide upon the opportunity and procedure for the drafting and adoption of the charter."

10. Resolution concerning the Social Problems Raised by Multinational Undertakings adopted at the fifty-sixth session of the General Conference of the International Labour Organisation.

"The General Conference of the International Labour Organisation,

"Considering that one of the striking features of economic evolution in recent years is the increasingly rapid development of multinational undertakings and international conglomerates of undertakings,

"Considering that this evolution, while offering certain possibilities, raises new social problems, the extent of which will increase, as regards employment, conditions of work and industrial relations,

"Considering that because of the international character of these social problems the International Labour Organisation is eminently qualified to deal with them,

"Considering that the Sixth Asian Regional Conference of the International Labour Organisation (Tokyo, 1968) agreed to recommend that the Governing Body of the ILO should consider at one of its forthcoming sessions the question of labour-management relations, including multinational undertakings,

"Considering that the Ninth Conference of American States Members of the ILO (Caracas, 1970) invited the Governing Body of the ILO to place on the agenda of an early session of the Inter-American Advisory Committee of the ILO the question of the effects of the policies of

multinational corporations on working and living conditions in the countries where they operate,

"*Considering* the resolution (No. 73) on multinational corporations adopted by the Metal Trades Committee at its Ninth Session (Geneva, January 1971),

"*Noting* that the Governing Body of the ILO decided at its 182nd (March 1971) Session to provide for an appropriation for the organization of a technical meeting on the possibilities of action by the ILO regarding the relationships between multinational undertakings and social policy,

"1. *Notes* with satisfaction the decision of the Governing Body of the ILO to consider holding a technical meeting on the possibilities of action by the ILO regarding the relationship between multinational undertakings and social policy, to be attended by a large number of employers' and workers' representatives;

"2. *Expresses* the wish that this meeting should be held as soon as possible;

"3. *Requests* the Governing Body to decide, in the light of the conclusions reached at this meeting, what action the ILO should take on the question, including its examination by the International Labour Conference at a future session."

Note: A number of reports of the Secretary-General are also relevant to the issue of multinational corporations. See, for instance, *The impact of multinational corporations on the development process and on international relations: Progress report of the Secretary-General* (E/5334 and E/5381); *The International Development Strategy. First over-all review and appraisal of issues and policies, report of the Secretary-General* (United Nations publication, Sales No.: E.73.II.A.6), Direct investment, pp. 67-69; *World Economic Survey, 1971. Current Economic Developments* (United Nations publication, Sales No.: E.72. II.C.2), Capital movements, p. 10; *Promotion of private foreign investment in developing countries: report of the Secretary-General* (E/5114), paragraphs 15-19; *Permanent sovereignty over natural resources: report of the Secretary-General* (E/5170). See also the summary records of the discussions on multinational corporations at the fifty-third and fifty-fourth sessions of ECOSOC (E/SR.1831-1834, 1836; E/AC.6/SR.585-587; E/AC.6/SR.630-632; E/SR.1858).

Appendix B
Tables

Appendix B

TABLE 1
The 650 Largest Industrial Corporations*
of the Market Economies, by Country
and by Size—1971
(sales in millions of dollars)

Country*	Over 10,000	5,000-10,000	1,000-4,999	500-999	300-499	Total
	Number of corporations with sales† of					
United States	3	9	115	115	116	358
Japan	–	–	16	31	27	74
United Kingdom	–	1	14	22	24	61
Federal Republic of Germany	–	–	18	10	17	45
France	–	–	13	9	10	32
Canada	–	–	2	7	8	17
Sweden	–	–	2	6	5	13
Switzerland	–	–	4	2	2	8
Italy	–	–	4	2	–	6
Netherlands	–	1	1	2	2	6
Belgium	–	–	1	2	2	5
Australia	–	–	1	1	2	4
South Africa	–	–	–	1	2	3
Spain	–	–	–	–	3	3
Argentina	–	–	–	1	1	2
Austria	–	–	–	–	2	2
India	–	–	–	1	1	2
Brazil	–	–	1	–	–	1
Luxembourg	–	–	1	–	–	1
Mexico	–	–	1	–	–	1
Netherlands Antilles	–	–	–	1	–	1
Zaire	–	–	–	–	1	1
Zambia	–	–	–	–	1	1
Netherlands-United Kingdom	1	1	–	–	–	2
United Kingdom-Italy	–	–	1	–	–	1
TOTAL, number of corporations	4	12	195	213	226	650
TOTAL, sales	76,131	83,807	379,297	147,703	86,069	773,007

Source: Centre for Development Planning, Projections and Policies of the Department of Economic and Social Affairs of the United Nations Secretariat, based on the listing in *Fortune*, July and August 1972, of the 500 largest industrial corporations in the United States and the 300 largest industrial corporations outside the United States.

* Countries are arranged in descending order of total number of corporations listed.

† Sales are based on figures adjusted by *Fortune* and are not necessarily identical with those reported by corporations.

TABLE 2
Foreign Content of Operations and Assets of Manufacturing Corporations of Market Economies with Sales of Over $1 Billion, 1971

Rank (a)	Company	Nationality	Total sales (millions of dollars)	Foreign Content as Percentage of					Number of subsidiary countries (c)
				Sales (b)	Production	Assets	Earnings	Employment	
1	General Motors	USA	28,264	19(j)	—	15(g)	19(j)	27(e)	21
2	Standard Oil (N.J.)	USA	18,701	50(j)	81(e)	52(h)	52(j)	—	25
3	Ford Motors	USA	16,433	26(j)	36(h)	40(h)	24(j)	48(e)	30
4	Royal Dutch/Shell Group	Neth./UK	12,734	79(j)	—	—	—	70(j)	43
5	General Electric	USA	9,429	16(j)	—	15(h)	20(j)	—	32
6	International Business Machines	USA	8,274	39(j)	—	27(h)	50(j)	36(e)	80
7	Mobil Oil	USA	8,243	45(j)	—	46(h)	51(j)	51(e)	62
8	Chrysler	USA	7,999	24(j)	22(e)	31(h)	—	24(e)	26
9	Texaco	USA	7,529	40(j)	65(e)	—	25(e)	—	30
10	Unilever	Neth./UK	7,483	80(j)	—	60(h)	—	94(i)	31
11	International Telephone and Telegraph Corp.	USA	7,346	42(j)	60(h)	61(h)	35(j)	72(h)	40
12	Western Electric	USA	6,045	—	—	—	—	—	—
13	Gulf Oil	USA	5,940	45(j)	75(e)	38(h)	21(j)	—	61
14	British Petroleum	UK	5,191	88(j)	—	—	—	83(j)	52
15	Philips' Gloeilampenfabrieken	Neth.	5,189	—	67(h)	53(h)	—	73(i)	29
16	Standard Oil of Calif.	USA	5,143	45(j)	46(j)	9(h)	43(h)	29(h)	26
17	Volkswagenwerk	FRG	4,967	69(j)	25(j)	—	—	18(j)	12
18	United States Steel	USA	4,928	—	—	—	—	—	—
19	Westinghouse Electric	USA	4,630	—	—	—	—	—	—
20	Nippon Steel	Japan	4,088	31(k)	—	—	—	2(k)	5

21	Standard Oil (Ind.)	USA	4,054	—	—	16(e)	—	—	24
22	Shell Oil (subsidiary of Royal Dutch/Shell)	USA	3,892	—	—	—	—	—	—
23	E.I. du Pont de Nemours	USA	3,848	18(j)	12(h)	12(g)	—	23(j)	20
24	Siemens	FRG	3,815	39(j)	17(j)	—	—	—	52
25	ICI (Imperial Chemical Industries)	UK	3,717	35(j)	42(h)	25(h)	—	27(j)	46
26	RCA	USA	3,711	—	—	—	—	—	18
27	Hitachi	Japan	3,633	—	—	—	—	—	—
28	Goodyear Tire and Rubber	USA	3,602	30(g)	—	22(g)	30(g)	—	22
29	Nestle	Switz.	3,541	98(j)	—	90(h)	—	96(h)	15
30	Farbwerke Hoechst	FRG	3,487	42(j)	17(i)	—	—	—	43
31	Daimler-Benz	FRG	3,460	44(j)	12(j)	28(j)	—	—	12
32	Ling-Temco-Vought	USA	3,359	—	—	—	—	—	—
33	Toyota Motors	Japan	3,308	31(k)	—	1(k)	—	11(g)	6
34	Montedison	Italy	3,270	37(h)	—	—	—	—	14
35	British Steel	UK	3,216	—	—	—	—	—	18
36	BASF	FRG	3,210	47(j)	17(j)	16(h)	—	18(j)	14
37	Procter and Gamble	USA	3,178	25(j)	—	—	25(j)	—	24
38	Atlantic Richfield	USA	3,135	—	—	—	—	—	12
39	Mitsubishi Heavy Industries	Japan	3,129	—	—	—	—	—	—
40	Nissan Motor	Japan	3,129	28(k)	—	1(k)	—	6(g)	10
41	Continental Oil	USA	3,051	—	—	20(d)	—	—	27
42	Boeing	USA	3,040	—	—	—	—	—	—
43	Union Carbide	USA	3,038	29(j)	25(h)	26(h)	22(e)	43(h)	34
44	International Harvester	USA	3,016	25(j)	19(h)	26(h)	10(g)	32(e)	20
45	Swift	USA	2,996	16(j)	—	—	—	—	—

TABLE 2
Foreign Content of Operations and Assets of Manufacturing Corporations of Market Economies with Sales of Over $1 Billion, 1971

Rank (a)	Company	Nationality	Total sales (millions of dollars)	Foreign Content as Percentage of					Number of subsidiary countries (c)
				Sales (b)	Production	Assets	Earnings	Employment	
46	Eastman Kodak	USA	2,976	33(k)	20(h)	27(k)	19(j)	40(k)	25
47	Bethlehem Steel	USA	2,964	2(e)	—	—	—	—	—
48	Kraftco	USA	2,960	—	—	—	—	—	16
49	Fiat	Italy	2,943	36(j)	—	43(j)	—	—	25
50	August Thyssen-Hütte	FRG	2,904	21(j)	—	—	—	—	17
51	Lockheed Aircraft	USA	2,852	3(d)	—	—	—	—	10
52	Tenneco	USA	2,841	—	—	—	—	—	14
53	British Leyland Motors	UK	2,836	14(j)	—	—	—	12(j)	33
54	Renault	France	2,747	41(k)	—	—	—	—	23
55	AEG-Telefunken	FRG	2,690	29(j)	8(j)	—	—	10(j)	31
56	Matsushita Electric Industrial	Japan	2,687	23(k)	—	—	—	1(k)	27
57	Bayer	FRG	2,649	54(j)	19(j)	—	—	16(j)	3
58	Greyhound	USA	2,616	—	—	—	—	—	—
59	Tokyo Shibaura Electric	Japan	2,553	13(k)	—	1(k)	—	15(k)	22
60	Firestone Tire and Rubber	USA	2,484	—	—	—	26(e)	24(d)	33
61	Litton Industries	USA	2,466	17(j)	—	—	—	—	13
62	Pechiney Ugine Kuhlmann	France	2,462	12(k)	—	—	—	—	29

	Company	Country							
63	Occidental Petroleum	USA	2,400	46(j)	—	—	—	—	21
64	Cie Francaise des Petroles	France	2,395	49(k)	—	—	—	—	28
65	Dunlop Pirelli Union	Italy/UK	2,365	52(k)	—	—	87(k)	—	28
66	Phillips Petroleum	USA	2,363	—	42(e)	—	—	—	37
67	Akzo	Neth.	2,307	84(i)	—	—	—	66(i)	19
68	General Foods	USA	2,282	21(j)	—	18(h)	3(e)	—	20
69	British-American Tobacco	UK	2,262	93(j)	100(l)	—	—	84(j)	54
70	General Electric	UK	2,218	24(j)	10(h)	82(j)	92(h)	13(j)	36
71	North American Rockwell	USA	2,211	—	—	—	—	—	—
72	Rhone Poulenc	France	2,181	47(i)	24(h)	—	—	17(d)	27
73	Caterpillar Tractor	USA	2,175	53(j)	14(h)	25(g)	—	18(i)	14
74	ENI	Italy	2,172	—	—	—	—	—	39
75	National Coal Board	UK	2,159	—	—	—	—	—	—
76	Nippon Kokan	Japan	2,122	29(k)	—	—	—	1(k)	4
77	BHP (Broken Hill Proprietary)	Austla.	2,100	—	—	—	—	—	—
78	Singer	USA	2,099	37(j)	—	54(h)	75(j)	66(h)	30
79	Monsanto	USA	2,087	24(j)	—	25(d)	31(j)	—	23
80	Continental Can	USA	2,082	—	—	—	—	—	11
81	Borden	USA	2,070	7(d)	—	12(d)	13(d)	—	—
82	McDonnell Douglas	USA	2,069	—	25(h)	—	—	22(d)	24
83	Dow Chemical	USA	2,053	40(j)	34(h)	—	45(j)	60(e)	18
84	W.R. Grace	USA	2,049	35(j)	—	—	39(j)	—	—
85	Ruhrkohle	FRG	2,043	22(j)	—	—	—	—	—
86	United Aircraft	USA	2,029	11(d)	—	—	—	—	—
87	Rapid American	USA	1,991	—	—	—	—	—	—
88	Union Oil of Calif.	USA	1,981	—	—	—	—	8(d)	—
89	International Paper	USA	1,970	10(l)	—	—	—	—	11
90	Gutehoffnungshütte	FRG	1,962	38(i)	—	—	—	—	19

TABLE 2

Foreign Content of Operations and Assets of Manufacturing Corporations of Market Economies with Sales of Over $1 Billion, 1971

Rank (a)	Company	Nationality	Total sales (millions of dollars)	Foreign Content as Percentage of					Number of subsidiary countries(c)
				Sales (b)	Production	Assets	Earnings	Employment	
91	Xerox	USA	1,961	30(j)	—	—	38(j)	38(j)	23
92	Honeywell	USA	1,946	35(k)	—	20(d)	—	24(d)	24
93	Sun Oil	USA	1,939	—	—	—	—	—	21
94	Saint-Gobain-Pont-à Mousson	France	1,914	19(k)	—	—	—	—	13
95	American Can	USA	1,897	—	—	—	—	—	24
96	General Dynamics	USA	1,869	—	—	—	—	—	16
97	Ciba-Geigy	Switz.	1,843	98(i)	—	—	—	71(h)	37
98	Krupp-Konzern	FRG	1,843	23(j)	3(j)	—	—	3(j)	15
99	Minnesota Mining and Manufacturing	USA	1,829	36(j)	30(h)	29(h)	29(h)	40(h)	29
100	Beatrice Foods	USA	1,827	4(d)	—	—	5(d)	—	13
101	ELF Group	France	1,825	—	—	—	—	—	—
102	Mannesmann	FRG	1,823	41(j)	11(j)	—	—	12(j)	15
103	R.J. Reynolds Industries	USA	1,816	—	—	—	—	—	—
104	Cities Service	USA	1,810	—	—	—	—	—	25
105	Citroën	France	1,792	33(k)	—	—	—	—	13
106	Bolse Cascade	USA	1,786	—	—	—	—	—	—
107	Ralston Purina	USA	1,746	34(j)	—	—	—	—	26
108	Sperry Rand	USA	1,739	31(j)	—	28(h)	—	42(h)	27
109	Coca-Cola	USA	1,729	—	—	30(d)	11(d)	—	11
110	Burlington Industries	USA	1,727	4(h)	—	8(h)	—	—	—

111	Cie Générale d' Electricité	France	1,699	20(k)	—	—	—	—	14
112	Courtaulds	UK	1,696	22(j)	—	—	—	16(j)	31
113	Armco Steel	USA	1,696	—	—	3(d)	—	11(d)	—
114	Consolidated Foods	USA	1,689	36(k)	—	—	—	—	10
115	Peugeot	France	1,685	—	—	—	—	—	—
116	Uniroyal	USA	1,678	27(j)	—	30(h)	75(j)	—	20
117	American Brands	USA	1,627	—	—	—	—	—	—
118	Ashland Oil	USA	1,614	1(d)	—	4(d)	2(d)	2(d)	17
119	Bendix	USA	1,613	49(e)	14(h)	10(h)	—	—	20
120	Robert Bosch	FRG	1,607	39(j)	8(j)	—	—	20(j)	23
121	ARBED	Lux.	1,604	—	—	—	—	—	—
122	Textron	USA	1,604	26(d)	—	—	—	—	13
123	U.S. Plywood-Champion Papers	USA	1,600	—	—	—	—	—	—
124	Brown Boveri	Switz.	1,599	76(j)	—	—	—	82(h)	11
125	Sumitomo Metal Industries	Japan	1,598	37(k)	—	—	—	—	3
126	Gulf and Western Industries	USA	1,566	—	—	—	—	—	14
127	TRW	USA	1,544	—	—	—	—	—	16
128	Associated British Foods	UK	1,525	32(j)	—	—	34(j)	24(j)	—
129	National Steel	USA	1,522	—	—	10(d)	9(d)	27(d)	15
130	Owens-Illinois	USA	1,508	—	—	27(h)	—	—	—
131	CPC International	USA	1,500	50(j)	46(h)	—	51(j)	—	22
132	Michelin	France	1,500	50(i)	—	—	—	—	13
133	Rheinstahl	FRG	1,483	23(i)	—	—	—	—	—
134	Kobe Steel	Japan	1,466	—	—	—	—	—	—
135	National Cash Register	USA	1,466	45(j)	41(h)	35(h)	60(h)	—	42

Rank (a)	Company	Nationality	Total sales (millions of dollars)	Foreign Content as Percentage of					Number of subsidiary countries (c)
				Sales (b)	Production	Assets	Earnings	Employment	
136	United Brands	USA	1,449	—	—	—	—	—	—
137	Georgia-Pacific	USA	1,447	—	—	—	—	—	—
138	Aluminium Co. of America	USA	1,441	—	—	—	—	—	28
139	Hoesch	FRG	1,431	26(i)	—	7(d)	—	—	14
140	Alcan Aluminium	Canada	1,431	—	—	42(h)	—	—	33(g)
141	American Home Products	USA	1,429	19(d)	—	14(d)	14(d)	—	27
142	American Standard	USA	1,410	36(j)	28(h)	30(h)	33(j)	—	21
143	U.S. Industries	USA	1,407	45(e)	—	—	5(e)	—	—
144	Hoffmann-LaRoche	Switz.	1,402	80(j)	—	—	—	83(h)	—
145	Standard Oil (Ohio)	USA	1,394	—	—	—	—	—	—
146	Republic Steel	USA	1,385	—	—	—	—	—	—
147	GKN (Guest, Keen and Nettlefolds)	UK	1,377	16(j)	—	31(j)	38(j)	21(j)	27
148	KF (Kooperativa Förbundet)	Sweden	1,376	9(i)	—	—	—	—	13
149	FMC	USA	1,354	9(d)	—	—	—	—	19
150	Petrofina	Belgium	1,350	90(i)	—	—	—	—	21
151	Amerada Hess	USA	1,349	—	—	—	—	—	—
152	Warner-Lambert	USA	1,346	36(j)	33(h)	32(h)	33(g)	—	47
153	Getty Oil	USA	1,343	—	—	—	—	—	19
154	Reed International	UK	1,330	—	—	—	—	—	13
155	Allied Chemical	USA	1,326	—	—	—	—	6(d)	14

156	Colgate-Palmolive	USA	1,310	52(j)	—	50(h)	88(d)	70(d)	55
157	Raytheon	USA	1,308	6(d)	—	—	13(h)	13(h)	18
158	Genesco	USA	1,307	—	—	—	—	—	13
159	B.F. Goodrich	USA	1,300	—	—	—	—	—	24
160	Weyerhaeuser	USA	1,300	—	—	2(d)	—	—	12
161	Mitsubishi Electric	Japan	1,294	—	—	—	—	—	—
162	Taiyo Fishery	Japan	1,292	13(k)	—	—	—	21(k)	25
163	American Cyanamid	USA	1,283	18(j)	—	18(d)	20(h)	17(d)	27
164	Signal Companies	USA	1,281	—	—	—	—	—	16
165	Ishikawajima-Harima Heavy Industries	Japan	1,280	32(k)	—	—	—	13(k)	8
166	Whirlpool	USA	1,274	—	—	(4(d))	—	—	—
167	Inland Steel	USA	1,254	—	—	—	—	—	—
168	Columbia Broadcasting System	USA	1,248	—	—	—	—	—	—
169	Metallgesellschaft	FRG	1,248	22(j)	6(j)	—	—	—	19
170	Thomson Brandt	France	1,246	23(k)	—	—	—	—	17
171	PPG Industries	USA	1,238	—	—	—	18(e)	—	10
172	Celanese	USA	1,236	19(j)	—	22(h)	—	—	21
173	American Motors	USA	1,232	34(d)	—	9(d)	—	—	10
174	Pepsi Co.	USA	1,225	—	—	—	—	52(d)	25
175	Pemes (Petróleos Mexicanos)	Mexico	1,214	—	—	—	—	—	—
176	Philip Morris	USA	1,210	—	—	—	—	—	11
177	Volvo	Sweden	1,196	69(k)	26(h)	—	—	—	13
178	Deere	USA	1,188	—	—	—	—	—	14
179	Marathon Oil	USA	1,182	—	—	—	—	4(d)	—
180	Imperial Tobacco Group	UK	1,173	5(j)	—	—	—	11(j)	13

Rank (a)	Company	Nationality	Total sales (millions of dollars)	Foreign Content as Percentage of					Number of subsidiary countries (c)
				Sales (b)	Production	Assets	Earnings	Employment	
181	Kawasaki Steel	Japan	1,162	27(k)	—	—	—	14(k)	18
182	Hawker Siddeley Group.	UK	1,151	36(j)	—	40(j)	—	18(j)	20
183	Borg-Warner	USA	1,148	—	—	—	—	—	21
184	Carnation	USA	1,148	—	—	—	—	—	—
185	Olin	USA	1,145	—	—	—	—	—	18
186	Idemitsu Kosan	Japan	1,145	—	—	—	—	—	—
187	Johnson and Johnson	USA	1,140	25(e)	—	27(e)	25(d)	40(d)	18
188	General Mills	USA	1,120	—	—	—	—	—	—
189	Teledyne	USA	1,102	—	—	—	—	—	—
190	Mitsubishi Chemical Industries	Japan	1,095	—	—	—	—	—	—
191	Reynolds Metal	USA	1,093	54(l)	28(h)	32(d)	4(d)	—	—
192	Usinor	France	1,092	18(j)	—	—	—	—	—
193	Rio Tinto-Zinc	UK	1,087	74(j)	—	82(j)	71(j)	71(j)	20
194	Italsider	Italy	1,080	—	7(h)	—	—	—	—
195	British Insulated Callender's Cables	UK	1,080	35(j)	—	—	55(j)	36(j)	17
196	Nabisco	USA	1,070	—	—	—	—	—	16
197	Wendel-Sidelor	France	1,067	37(k)	—	—	—	—	—
198	Bristol-Myers	USA	1,066	—	—	—	—	—	15
199	Combustion Engineering	USA	1,066	—	—	—	—	—	12
200	Salzgitter	FRG	1,061	—	—	—	—	—	12

201	Standard Brands	USA	1,057	5(d)	—	—	9(d)	—	10(d)	—	26
202	Mead	USA	1,056	—	—	—	—	—	—	—	13
203	Kennecott Copper	USA	1,053	—	—	—	—	—	—	—	13
204	Norton Simon	USA	1,052	—	—	—	—	—	—	—	—
205	Petróleo Brasileiro (Petrobras)	Brazil	1,044	74(l)	—	—	—	—	—	—	—
206	Ogden	USA	1,043	—	—	—	—	—	—	—	—
207	Eaton	USA	1,036	23(h)	—	25(h)	—	22(h)	—	35(e)	—
208	Henkel	FRG	1,033	—	—	—	—	—	—	29(j)	8
209	Campbell Soup	USA	1,032	—	—	—	8(d)	—	—	—	7
210	Massey-Ferguson	Canada	1,029	90(g)	62(g)	84(g)	—	—	—	—	22
211	Iowa Beef Processors	USA	1,015	—	—	—	—	—	—	—	—

Source: Centre for Development Planning, Projections and Policies of the Department of Economic and Social Affairs of the United Nations Secretariat, based on table 1; *Belgium's 500 largest companies* (Brussels, 1969); *Entreprise*, No. 878, 6-12 July, 1972; Rolf Jungnickel, "Wie multinational sind die deutschen Unternehmen?" in *Wirtschafts dienst*, No. 4, 1972; Wilhelm Grotkopp and Ernst Schmacke, *Die Grossen 500* (Düsseldorf, 1971); Commerzbank, *Auslandsfertigung* (Frankfurt, 1971); Bank of Tokyo, *The President Directory 1973* (Tokyo, 1972); *Financial Times*, 30 March 1973; *Vision*, 15 December 1971; *Sveriges 500 Största Företag* (Stockholm, 1970); Max Iklé, *Die Schweiz als internationaler Bankund Finanzplatz* (Zürich, 1970); Schweizer Bankgesellschaft, *Die Grössten Unternehmen der Schweiz* (1971); *Financial Times*, 15 May 1973; J.M. Stopford, "The foreign investments of United Kingdom firms", London Graduate School of Business Studies, 1973, (mimeo); *Multinational Corporations*, Hearings before the Subcommittee on International Trade of the Committee on Finance, United States Senate, 93rd Congress, First Session, February/March 1973; Nicholas K. Bruck and Francis A. Lees, "Foreign content of United States Corporate activities", *Financial Analyst Journal*, September-October 1966; *Forbes*, 15 May 1973; *Chemical and Engineering News*, 20 December 1971; *Moody's Industrial Manual*, 1973; Sidney E. Rolfe, *The International Corporation*, (Paris, 1969); Charles Levinson, *Capital, Inflation and the Multinationals* (London, 1971); *Yearbook of International Organizations*, 12th ed., 1968-1969, and 13th ed., 1970-1971; Institut für Marxistische Studien und Forschung, *Internationale Konzerne und Arbeiterklasse* (Frankfurt, 1971); Heinz Aszkenazy, *Les grandes sociétés européennes* (Brussels, 1971); *Mirovaja ekonomika i mezdunarodhyje otnosenija*, No. 9, 1970.

a. Corporations are ranked in descending order of sales.
b. Total sales to third parties (non-affiliate firms) outside the home country.
c. Countries in which the parent corporation has at least one affiliate, except in the case of Japan, where the number of foreign affiliates is reported.

d. 1964.   g. 1967.   j. 1970.
e. 1965   h. 1968.   k. 1971.
f. 1966.   i. 1969.   l. 1972.

Table 3

Multinational Corporations of Selected Developed Market Economies:
Parent Corporations and Affiliate Networks by Home Country, 1968-1969

Home Country*	Total Parent		Parent Corporations with Affiliates in				Affiliates	
	Number	Percentage	1 Country	2-9 Countries	10-19 Countries	Over 20 Countries	Minimum Number†	Percentage
United States	2,468	33.9	1,228	949	216	75	9,691	35.5
United Kingdom	1,692	23.3	725	809	108	50	7,116	26.1
Federal Rep. of Germany	954	13.1	448	452	43	11	2,916	10.7
France	538	7.4	211	275	42	10	2,023	7.4
Switzerland	447	6.1	213	202	26	6	1,456	5.3
Netherlands	268	3.7	92	149	20	7	1,118	4.1
Sweden	255	3.5	93	129	24	9	1,159	4.2
Belgium	235	3.2	137	88	8	2	594	2.2
Denmark	128	1.8	54	69	4	1	354	1.3
Italy	120	1.7	57	54	3	6	459	1.7
Norway	94	1.3	54	36	4	–	220	0.8
Austria	39	0.5	21	16	2	–	105	0.4
Luxembourg	18	0.2	10	7	1	–	55	0.2
Spain	15	0.2	11	4	–	–	26	0.1
Portugal	5	0.1	3	2	–	–	8	–
Total	7,276	100.0	3,357	3,241	501	177	27,300	100.0

Source: Centre for Development Planning, Projections and Policies of the Department of Economic and Social Affairs of the United Nations Secretariat, based on *Yearbook of International Organisations*, 13th ed., 1970-1971.

* Countries are arranged in descending order of number of parent corporations.

† "Minimum number of affiliates" refers to the number of "links" between parent corporations and host countries. Two or more affiliates of a particular corporation in a given foreign country are counted as one "link".

Table 4
Market Economies: Stock of Foreign Direct Investment
(Book Value), 1967, 1971
(millions of dollars and percentage)

Country(a)	1967		1971(b)	
	Millions of Dollars	Percentage Share	Millions of Dollars	Percentage Share
United States	59,486	55.0	86,001	52.0
United Kingdom	17,521	16.2	24,019	14.5
France	6,000	5.5	9,540	5.8
Federal Rep. of Germany	3,015	2.8	7,276	4.4
Switzerland	4,250(c)	3.9	6,760	4.1
Canada	3,728	3.4	5,930	3.6
Japan	1,458	1.3	4,480(d)	2.7
Netherlands	2,250	2.1	3,580	2.2
Sweden(e)	1,514	1.4	3,450	2.1
Italy	2,110(f)	1.9	3,350	2.0
Belgium	2,040(f)	0.4	3,250	2.0
Australia	380(f)	1.9	610	0.4
Portugal	200(f)	0.2	320	0.2
Denmark	190(f)	0.2	310	0.2
Norway	60(f)	0.0	90	0.0
Austria	30(f)	0.0	40	0.0
Other(g)	4,000(g)	3.7	6,000	3.6
Total	108,200	100.0	165,000	100.0

Source: Centre for Development Planning, Projections and Policies of the Department of Economic and Social Affairs of the United Nations Secretariat, based on table 11; Organisation for Economic Co-operation and Development, *Stock of Private Direct Investments by DAC Countries in Developing Countries, End 1967* (Paris, 1972); United States Department of Commerce, *Survey of Current Business*, various issues; Bundesministerium für Wirtschaft, *Runderlass Aussenwirtschaft*, various issues; Handelskammer Hamburg, *Deutsche Direktinvestitionen in Ausland* (1969); Bank of England, *Quarterly Bulletin*, various issues; Hans-Eckart Scharrer, ed., *Förderung privater Direktinvestitionen* (Hamburg, 1972); Toyo Keizai, *Statistics Monthly*, vol. 32, June 1972; Canadian Department of Industry, Trade and Commerce, "Direct investment abroad by Canada, 1964-1967" (mimeo) (Ottawa, 1971); Skandinaviska Enskilda Banken, *Quarterly Review*, No. 2, 1972.

Note: According to the Organisation for Economic Co-operation and Development, *op. cit.*, " ... by the stock of foreign investment ... is understood the net book value to the direct investor of affiliates (subsidiaries, branches and associates) in LDC's ... Governments of DAC member countries decline all responsibility for the accuracy of the estimates of the Secretariat which in some cases are known to differ from confidential information available to the national authorities ... Any analysis of detailed data in the paper should therefore be done with the utmost caution ... ", p. 4.

a. Countries are arranged in descending order of book value of direct investment in 1971.

b. Estimated (except for United States, United Kingdom, Federal Republic of Germany, Japan and Sweden) by applying the average growth rate of the United

States, United Kingdom and Federal Republic of Germany between 1966 and 1971.

   c. Data from another source for 1965 ($4,052 million) and 1969 ($6,043 million) seem to indicate that the 1967 and 1971 figures are probably relatively accurate. See, Max Iklé, *Die Schweiz als internationaler Bank und Finanzplatz* (Zurich 1970).

   d. *Financial Times*, 4 June 1973.

   e. The figures for Sweden are for 1965 and 1970 instead of 1967 and 1971 and they are in current prices for total assets of majority-owned manufacturing subsidiaries.

   f. Data on book value of foreign direct investment are only available for developing countries. Since the distribution of the minimum number of affiliates between developing countries and developed market economies correlates highly with the distribution of book value, the total book value has been estimated on the basis of the distribution of their minimum number of affiliates. For Australia, the average distribution of the total minimum number of affiliates has been applied.

   g. Estimated, including developing countries.

Table 5
Average Size* of United States and United Kingdom Foreign
Affiliates by Area, in Selected Years
(thousands of dollars)

Area	United States			United Kingdom	
	1950	1957	1966	1965	1968
Developed market economies	1,221	2,299	2,413	1,822	2,105
Canada	1,825	3,171	3,172	2,903	3,282
Western Europe	769	1,564	1,885	920	1,063
European Economic Community	651	1,371	1,867	925	1,172
United Kingdom	1,219	2,342	2,449	–	–
Japan	333	1,350	1,424	551	771
Southern hemisphere	1,019	1,846	1,657	2,429	2,879
United States	–	–	–	3,001	3,867
Unallocated				5,372	3,954
Developing countries†	2,083	2,548	2,096	1,600	1,575
Africa	840	1,344	2,158	1,479	1,412
Asia	1,956	2,615	2,037	1,506	1,424
Western hemisphere	2,220	2,639	2,106	2,027	2,299
Unallocated	. . .	8,748	4,710	467	5,298
Total	1,589	2,472	2,350	1,742	1,919

Source: Centre for Development Planning, Projections and Policies of the Department of Economic and Social Affairs of the United Nations Secretariat, based on United States Department of Commerce, *United States Direct Investments Abroad, 1966, Part I: Balance of Payments Data*, (Washington, D.C.,

1970) and *Survey of Current Business*, various issues; United Kingdom Department of Trade and Industry, *Trade and Industry*, various issues.
 * Book value of foreign direct investment divided by number of affiliates.
 † The developing countries comprise the countries and territories of Africa (other than South Africa), Asia and the Pacific (other than Australia, China, the Democratic People's Republic of Korea, the Democratic Republic of Viet-Nam, Japan, Mongolia, New Zealand and Turkey) and Central and South America and the Caribbean (other than Puerto Rico and the United States Virgin Islands).

Table 6
United States Multinational Corporations:
Number of Foreign Affiliates
by Area, 1950, 1957 and 1966

	1950		1957		1966		Aver. annual rate of growth (%)	
Area	Number	Percentage distribution	Number	Percentage distribution	Number	Percentage distribution	1950-1957	1957-1966
Developed market economies	**4,657**	**62.8**	**6,105**	**59.4**	**15,128**	**65.0**	**3.9**	**10.6**
Canada	1,961	26.4	2,765	26.9	4,360	18.7	2.9	5.2
Western Europe	2,236	30.1	2,654	25.8	8,611	37.0	2.5	14.0
European Economic Community	1,003*	13.5	1,225	11.9	4,063	17.5	2.9	14.3
United Kingdom	695	9.4	842	8.2	2,310	9.9	2.8	11.9
Israel	44	0.6	44	0.4	103	0.4	–	9.9
Japan	57	0.8	137	1.3	531	2.3	13.3	16.2
Southern hemisphere	359	4.8	505	4.9	1,523	6.5	5.0	13.0
Developing countries	**2,760**	**37.2**	**4,048**	**39.4**	**7,718**	**33.2**	**5.6**	**7.4**
Africa	175	2.4	270	2.6	683	2.9	6.4	10.9
Asia†	524	7.1	727	7.1	1,599	6.9	4.8	9.2
Western Hemisphere	2,061	27.8	3,051	29.7	5,436	23.3	5.8	6.6
Unallocated	–	–	119	1.2	436	1.9	–	15.5
Total	**7,417**	**100.0**	**10,272**	**100.0**	**23,282**	**100.0**	**4.8**	**9.5**

Source: Centre for Development Planning, Projections and Policies of the Department of Economic and Social Affairs of the United Nations Secretariat, based on United States Department of Commerce, *United States Direct Investments Abroad, 1966, Part I: Balance of Payments Data* (Washington, D.C., 1970).
 * Excluding Luxembourg.
 † Including Turkey and Oceania (other than Australia and New Zealand).

Table 7
Ownership Patterns of Foreign Affiliates
in Selected Developed Market Economies
(number, value in millions of dollars and percentage)

Affiliates in:	Wholly Owned (more than 95%)	Majority Owned (50-95%)	Minority Owned (less than 50%)
Australia(a)			
Manufacturing			
Number	1,641	516	148
Percentage	71.2	22.4	6.4
Value	140.2	455	171
Percentage	69.1	22.5	8.4
Mining			
Number	44	15	13
Percentage	61.1	20.8	18.1
Value	178	82	20
Percentage	63.7	29.2	7.0
Austria(b)			
Number	720	345	225
Percentage	55.8	26.7	17.4
Value	162	44	38
Percentage	66.3	18.1	15.6
Belgium(c)			
Value	1,422	216	283
Percentage	74.0	11.2	14.7
France(d)			
United States-owned			
Number	181	94	43
Percentage	56.9	29.6	13.5
Others			
Number	66	93	40
Percentage	33.2	46.7	20.1
Federal Republic of Germany(e)			
Number	5,020	1,108	1,633
Percentage	64.7	14.3	21.0
Value	4,720	535	674
Percentage	79.6	9.0	11.4
Japan(f)			
United States-owned			
Number	16	28	23
Percentage	23.9	41.8	34.3

Table 7 (continued)
Ownership Patterns of Foreign Affiliates
in Selected Developed Market Economies
(number, value in millions of dollars and percentage)

Affiliates in:	Wholly Owned (more than 95%)	Majority Owned (50-95%)	Minority Owned (less than 50%)
Others			
Number	10	15	8
Percentage	30.3	45.5	24.2
New Zealand(f)			
Number	421	120	33
Percentage	73.4	20.9	5.7
United Kingdom(g)			
United States-owned			
Number	384	52	105
Percentage	71.0	9.6	19.4
Value	2,726	517	370
Percentage	75.4	14.3	10.2
Others			
Number	277	51	62
Percentage	71.0	13.1	15.9
Value	1,278	480	63
Percentage	70.2	26.3	3.5

Source: Centre for Development Planning, Projections and Policies of the Department of Economic and Social Affairs of the United Nations Secretariat, based on Australian Bureau of Census and Statistics, "Overseas participation in Australian mining industry, 1967" and "Overseas participation in Australian manufacturing industry, 1962-1963 and 1966-1967" (mimeos), (Canberra); Oskar Grünwald and Ferdinand Lacina, *Auslandskapital in der österreichischen Wirtschaft* (Vienna, 1970); Banque Nationale de Belgique, *Bulletin d'Information et de Documentation*, vol. 2, October 1970; Société d'Editions Economiques et Financières, *Les Maisons Financières Françaises* (Paris, 1966); Deutsche Bundesbank, *Monthly Report*, January 1972; Bank of Tokyo, *The President Directory*, 1973 (Tokyo, 1972); Roderick S. Deane, *Foreign Investment in New Zealand Manufacturing* (Wellington, 1970); United Kingdom Board of Trade, *Board of Trade Journal*, 26 January 1968.

a. 1966-1967 for manufacturing; 1967 for mining. "Wholly owned" is defined as 75 per cent or more owned. "Value" is in terms of value of production.

b. 1969. Limited liability companies only. "Wholly owned" is defined as 100 per cent owned. "Value" is in terms of nominal capital.

c. 1960-1967. "Wholly owned" is defined as 100 per cent owned. "Value" is in terms of book value.

d. 1965.

e. End of 1970. "Wholly owned" is defined as 90 per cent or more owned. "Value" is in terms of nominal capital.

f. 1964. "Wholly owned" is defined as 100 per cent owned.

g. End of 1965. "Wholly owned" is defined as 100 per cent owned. Branches are included. "Value" in terms of book value.

Bibliography

Ball, G.W. "Cosmocrop: The Importance of Being Stateless." *Columbia Journal of World Business* (November-December 1967).

Bancroft, J. *The Multinational Corporation: A Background Survey.* International Relations Foreign Affairs Division, Congressional Research Service, Washington, D.C., Library of Congress (December 1972).

Barlow, E.R., and Wender, I. *Foreign Investment and Taxation.* Englewood Cliffs, N.J.: Prentice Hall, 1955.

Behrman, J.N. "Foreign Investment Muddle: The Perils of Ad Hoccery." *Columbia Journal of World Business* (Fall 1965).

———. *National Interests and the Multinational Enterprise.* Englewood Cliffs, N.J.: Prentice Hall, 1970.

———. *U.S. International Business and Governments.* New York: McGraw-Hill, 1971.

Business International. *The Effects of U.S. Corporate Foreign Investment, 1960-1972.* New York: 1974.

Denison, E., and Poullier, J.P. *Why Growth Rates Differ.* Washington, D.C.: Brookings, 1967.

Diebolt, W. *The United States and the Industrial World.* New York: Praeger, 1972.

Dunning, J.H., ed. *The Multinational Enterprise.* London: George Allen & Unwin, Ltd., 1971.

Emergency Committee on American Trade. *The Role of the Multinational Corporation in the United States and World Economies.* Washington, D.C.: 1972.

Fabian, Y., and Young, A. *R & D in OECD Member Countries: Trends and Objectives.* Paris: 1971.

Fatemi, N.S., deSaint Phalle, T., and Keefe, G. *The Dollar Crisis.* Rutherford, N.J.: Fairleigh Dickinson University Press, 1963.

Fisher, B.S. "The Multinationals and the Crisis in United States Trade and Investment Policy. *Boston University Law Review*, vol. 53, p. 308 (1973).

Gilpin, R. *The Multinational Corporation and the National Interest.* Washington, D.C.: U.S. Government Printing Office, 1973.

Goldberg, P., and Kindleberger, C.P. "Toward a GATT for Investment: A Proposal for Supervision of the International Corporation." *Law and Policy in International Business* (Summer 1970).

Gray, G. *Report to the President on Foreign Economic Policies.* Washington, D.C.: U.S. Government Printing Office, 1950.

Hazen, W.N. "U.S. Foreign Trade in the Seventies." *Columbia Journal of World Business* vol. 6 (September-October 1971).

Hellman, R. *The Challenge to U.S. Dominance of the International Corporation.* New York: Dunellen, 1970.

Hirsham, A.O. "How to Disinvest in Latin America and Why." *Essays in International Finance* No. 76, Princeton, International Finance Section (November 1969).

Hufbauer, G.C. and Adler, F.M. *Overseas Manufacturing Investment, The Balance of Payments.* Washington, D.C.: Department of Treasury, 1968.

Hymer, S.H. "The Efficiency (Contradictions) of Multinational Corporations." *American Economic Review* vol. 60, no. 2 (May 1970).

Hynning, C.J. "Balance of Payments Controls by the United States." *International Lawyer* vol. 2, p. 400 (1968).

International Chamber of Commerce. *Guidelines for International Investment.* Paris: 1972.

International Economic Policy Association. *The United States Balance of Payments: From Crisis to Controversy.* Washington, D.C.: 1972.

International Labour Office. *Multinational Enterprises and Social Policy.* Geneva: 1973.

Keesing, D. "The Impact of Research and Development on United States' Trade." *Journal of Political Economy* (February 1967).

Kindleberger, C.P. *American Business Abroad.* New Haven, Conn.: Yale University Press, 1969.

Krause, L.B. "The International Economic System and the Multinational Corporation." Philadelphia. *Annals* (September 1972).

Krause, L.B., and Dam, D. *Federal Tax Treatment of Foreign Income.* Washington, D.C.: Brookings, 1964.

Mikesell, R.F. *Promoting United States' Private Investment Abroad.* Planning Pamphlet No. 101, National Planning Association. Washington, D.C.: 1957.

National Association of Manufacturers. *New Proposals for Taxing Foreign Income.* New York: 1972.

　　　U.S. Stake in World Trade: The Role of the Multinational Corporation. New York: 1971.

National Foreign Trade Council. *Economic Implications of Proposed Changes in the Taxation of U.S. Investments Abroad.* New York: 1972.

282 MULTINATIONAL CORPORATIONS

National Planning Association. *U.S. Foreign Economic Policy for the 1970s': A New Approach to New Realities.* Washington, D.C.: 1971.
Organization for Economic Co-operation and Development. *Company Tax Systems in OECD Member Countries.* Paris: 1973.
———. *Gaps in Technology: General Report.* Paris: 1968.
———. *Market Power and the Law: Report o the OECD Committee of Experts on Restrictive Business Practices.* Paris: 1970.
. Social Affairs Division, *Programme for Employers and Unions, Regional Trade Union Seminar on Internationl Trade.* Paris: 1971.
Paley, W.S. *Resources for Freedom.* A Report to the President. Washington, D.C.: June 1952.
Pavitt, K. "Technology in Europe's Future." *Research Policy* vol. 1 (August 1972).
———. "Technology, International Competition and Economic Growth." *World Politics* (January 1973).
Peterson, P.G. *The United States in the Changing World Economy.* Vols. 1 & 2. Washington, D.C.: U.S. Government Printing Office, 1971.
Randall, C.B. *Report to the President and the Congress.* Commission on Foreign Economic Policy. Washington, D.C.: January 1954.
Robock, S.H., and Simmonds, K. "International Business: How Big is it? The Missing Measurement." *Columbia Journal of World Business* (May-June 1970).
Rockefeller, N.A. *Partners in Progress.* A Report to the President by the U.S. International Development Advisory Board. New York: Simon and Schuster, 1951.
Rolfe, S.E. *The Multinational Corporation in the World Economy.* New York: Praeger, 1970.
Rose, S. "Multinational Corporation in a Tough New World." *Fortune* (August 1973).
Ruttenberg, S. "Needed: A Constructive Foreign Trade Policy." *AFL-CIO* (1971).
Servan-Schreiber, J.J. *The American Challenge.* New York: Atheneum, 1968.
Solandt, O.M. "Science, Policy and Canadian Manufacturing Industries." *The Canadian Forum* (January-February 1972).
Teplin, M.F. "U.S. International Transactions in Royalties and Fees: Their Relationship to the Transfer of Technology." *Survey of Current Business* (December 1973).
United Nations Conference on Trade and Development. *Restrictive Business Practices in Relation to the Trade and Development of Developing Countries.* Geneva: 1973.
United Nations, Department of Economics and Social Affairs. *Multinational Corporations in World Development.* New York: 1973.

U.S. Chamber of Commerce. *United States Multinational Enterprise Survey*. Washington, D.C.: 1972.
U.S. Commission on International Trade and Investment Policy. *United States International Economic Policy in an Interdependent World*. Washington, D.C.: U.S. Government Printing Office, 1971.
U.S. Council of Economic Advisors. *International Economic Report of the President*. Washington, D.C.: U.S. Government Printing Office, 1974.
U.S. Department of Commerce, Office of International Investment. *Report to the Secretary*. January 1972.
U.S. Department of Commerce. *Policy Aspects of Foreign Investment*. Washington, D.C.: U.S. Government Printing Office, January 1972.
U.S. Department of State. *The U.S. Role in International Investment*. Washington, D.C.: December 1973.
U.S. House of Representatives, Committee on Ways and Means. *Multinationals: Perspectives on Trade and Taxes*. Washington, D.C.: U.S. Government Printing Office, 1973.
U.S. Senate, Committee on Finance. *Multinational Corporations*. A Compendium of Papers Submitted to the Subcommittee on International Trade, 93rd Congress, 1st Session. Washington, D.C.: U.S. Government Printing Office, 1973.
U.S. Senate, Committee on Foreign Relations. *Report of the Committee on Foreign Relations*. 93rd Congress, 1st Session. Washington, D.C.: 1973.
U.S. Senate, Committee on Labor and Public Welfare. *The Multinational Corporation and the National Interest*. 93rd Congress, 1st Session. Washington, D.C.: U.S. Government Printing Office, 1973.
U.S. Tariff Commission. *Economic Factors Affecting the Use of Items 807.00 and 806.30 of the Tariff Schedules of the United States*. Washington, D.C.: U.S. Government Printing Office, 1970.
———. *Implications of Multinational Firms for World Trade and Investment and for United States Trade and Labor*. Report to the Committee on Finance, U.S. Senate, 93rd Congress, 1st Session. Washington, D.C.: U.S. Government Printing Office, 1973.
Vagts, D.F. "The Multinational Enterprise: A New Challenge for Transnational Law." *Harvard Law Review* vol. 83, no. 739 (1970).
Vernon, R. "International Investment and International Trade in the Product Cycle." *Quarterly Journal of Economics* (May 1966).
———. *Sovereignty at Bay*. New York: Basic Books, 1971.
Vernon, R., ed. *The Technology Factor in International Trade*. New York: National Bureau of Economic Research, 1970.
Wells, L.T., ed. *The Product Life Cycle and International Trade*. Boston: Harvard Business School, 1972.

Wilkins, M. *The Emergence of Multinational Enterprise: American Business Abroad from the Colonial Era to 1914.* Cambridge: Harvard University Press, 1970.

Index